图解易经

读懂中国文化第一书

高永平 著

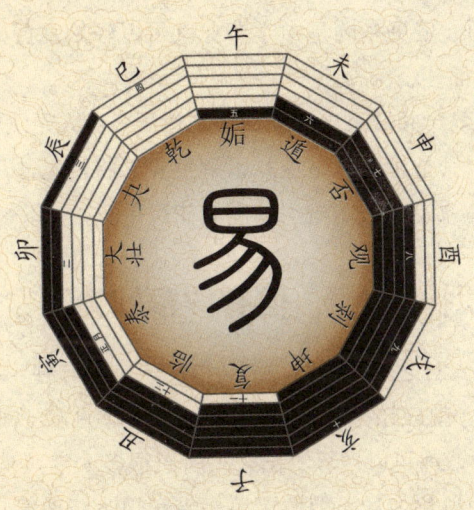

江西科学技术出版社

编者序

《易经》也有"傻瓜学法"

●《易经》很难学，但不难用

提起《易经》，你可能会马上想到如下内容：

一、它是中国上古时期的一本奇书，神秘得"玄玄乎乎"，好像没几个人知道它到底想说啥；二、它神通广大，上可达天堂，下可入地狱，学会它就可以在阴阳两界、黑白两道任意驰骋，并全身而退；三、它极其难学，要是没有爱因斯坦的高智商，或没有深山里的道士指点，最好别试，否则死得很惨。

真的如此吗？其实，几千年来，很多人都在制造"易经没法学"的假象。原因可能有两种：一、自己未悟透，任督二脉没通，自己写的书首先会让自己"朦胧"；二、自己明白了，但不想告诉你，所谓"江湖千金诀，点破不值钱"。人家费了半天劲终于弄懂的东西，几句话就让你明白了，凭什么呀？

读《易经》之前，我们要知道两个问题：一、《易经》思想是"百姓日用而不知"的，就如同《亮剑》中李云龙所说："其实兵书中的那些东西我们一直在用，只是不知道有这么个名词。"二、高深的道理都在生活中的小事小物上有"映像"，所以，没有讲不通的理，只有不知道如何讲通理的人。不过，《易经》中确实有一些读了哲学博士后可能还不明白的东西，但更多的是中学毕业就可以轻松掌握的内容。问题的关键在于你要获取它的哪个侧面。

如果你的理想是在易学领域杀出一条血路，达到多数人无法企及的巅峰，那么本书可能对你没用；如果你只是想用《易经》了解世界，将占筮法用到生活中，为日常决策增加一个"参谋"，本书就是一本难得的高效使用手册。

●《易经》没有"神通力"，但有"预知力"

提到占筮，不信的人对之不屑一顾，而迷信的人觉得有种"超自然"的力量在主宰世界。既然"超自然"，就应该是"万金油"，上至外星生物，下至人类前途，远至牛郎织女，近至门前小树，都可以"算"出来。所以很多人学《易经》前抱着"学功夫"的目的，希望得到某种神秘力量，能像诸葛亮借东风火烧曹船、布八卦阵抵挡十万雄兵；或者看山姆大叔不顺眼，念力一动，把洲际导弹引爆在他们的老窝；要是学会飞檐走壁、穿墙而过、隐蔽身形的功夫也行；最差也应该能知道怎么弄可以中彩票……

《易经》虽然神奇，但它并没有人们想象的那些"神通力"。不过，有些人宁愿相信它的神通，而不愿相信它的平凡。《易经》的作者是有极高智慧的人，但他们一定是人而不是神，也要吃饭、生病、如厕。他们不能摆脱地球引力，不会七十二变，不能长生不死。

《易经》有的是"预知力"，且范围很广：测知过去、了解当下、预知未来；测事业、财运、婚姻……不过，这些是懂得《易经》原理后才能做到的。对于初学者，先要驱除上面那些妄念，将它的作者看成是平常人，将这本经书看成是平常的书。

● "潜"入《易经》，发现天机

《易经》的预知力是否有科学依据？一些科学家给出了回答，只是不太好懂。比如心理学家荣格认为，心理和物理事件的发生在时间上存在平行的关系。这是一种共时性现象，《易经》的"同声相应，同气相求"反映的就是这种规律。宇宙形成时，万物都遵循共同的规则生成，因此多种独立系统在功能结构和信息传递上有"同步共振"的关系。在这些系统中，可归为同类的事物在平行地运行，所以我们可以举一反三、闻一知十。

把他的话翻译一下，可以这样解释：比如古人夜观天象，发现天上的某颗星星变暗或熄灭，那么人类的某个帝王就要辞世。这两个看似不相干的事情之间可能没有因果关系，但会在同一时间发生。这就是"同声相应"。如果某个人进入潜意识状态，就可以预知这种"相应"。这是《易经》占筮的理论依据。

有人认为，潜意识与人体经络有很深的关系。进入潜意识状态，体内经络系统便可以和《易经》世界接通，这可能就是"医易同源"的原因。潜意识又称"右脑意识""宇宙意识""祖先脑"，是大脑中的一股神秘力量，是人类原本具备却隐藏起来的能力。要开发潜意识，学《易经》是捷径。潜意识最易受图像刺激，卦象就是包藏万物的图像；起卦时只有进入潜意识状态，才能得到符合实际的卦象；断卦时也只有进入潜意识状态才能发现"天机"，得出令人震惊的结论。

●《易经》在四大领域都登峰造极

说了这么多，好像《易经》只有占筮一种用途。其实非也。马克思曾说："人类把握世界的方式有四种：哲学、科学、劳动实践、宗教信仰。"而用孔子的话说，《易经》有四种运用之道：学习哲理、指导行动、创制器物、卜筮预测。《易经》的伟大就在于它在这四大领域都登峰造极。

一、**学习哲理**：《易经》64卦、384爻中蕴藏着极其丰富的人生哲理，它就像一本字典，只要对号入座，所有人生课题都能从中找到答案。

二、**指导行动**：《易经》的卦辞爻辞不仅对人生事象做出了描述，而且还有针对性地给出了处事之法、应变之策、化解之道，学完《易经》的人绝不会成为书呆子。

三、**创制器物**：《易经》中不仅蕴藏着抽象的精神性的东西，还有很多具体形象的规律，它可以激发我们艺术创作、工具发明、科技探索的灵感。

四、**卜筮预测**：追根溯源，《易经》是本卜筮之书。卜筮就是向《易经》这位无所不知的万能老师求教。卜筮在"二诸葛、赵半仙"的手中是骗人的把戏，但在智者手中则是帮助我们透视人生、优化行为的良师益友。

● 学《易经》的五类人

读《易经》的好处太多了，三百六十行，或三千六百行的人都可以从中汲取精髓。不过，学完之后的人可以分为五类：

一、**浅尝辄止者**：大多数人学《易经》是浅尝辄止。他们并不想皓首穷经，只要了解其基本原理，可以时不时用其占筮，就达到目的了。

二、**半懂不懂者**：耐心不够，看了一些书就用小半桶水逛荡，给人算卦、看八字、测风水、起名字……以此为业，或持一家之说而坐井观天。

三、**深入泥潭者**：读书认真，好追根溯源，但学得越深入越感到糊涂。矛盾很多，解又解不开，放又放不下，骑虎难下，抓狂又拧巴。

四、**易界老好人**：博览群书，记忆超群，且大肚能容，最后得出一个"易道广大，无所不包"的结论。他们类似于学术界的老好人，知道很多，但创见少。

五、**精通易理者**：有师从，得其真传，或悟性高，自学成才。这样的人品德高尚、处事周全、言谈有理、行为有节、制物精密，遇事时不需靠卜筮帮忙拿主意，这就是所谓的"善易者不卜"。

● 使用《易经》的三个步骤

大多数人都属于上面的第一类，只想获得一个认识事物的独特视角——卜筮。此时，学习的"性价比"最重要。如何用最少的时间掌握《易经》中最重要、最根本的知识？这些知识又是什么呢？简单地说，《易经》的核心知识有三类：64卦、384爻、4096种卦变，其用途如下：

第一步，了解当下：64卦是有关人生的64个专题，只要摇得一卦，就可以从《易经》中找到你所需的专题，获知自己当前处于什么境况中。

第二步，指导行为： 知道了现况，该怎么做呢？64卦中的384爻描述了384种处境，《易经》分别提供了最佳对策，由此你知道了应该怎么做。

第三步，预测未来： 64卦中的每一卦都可以变出64卦，结果共有4096种卦象转变，代表事情在未来的4096种变化。你得到的卦一定是其中的一种，因此你知道了未来是什么样。

● 本书的两大部分和四大特点

本书分为上下两篇：上篇有三章，将前人对《易经》的研究成果汇聚一炉，主要介绍其基础理论和相关知识。不管你对它一无所知还是多有所学，都可以得到收获。

下篇分为两章，第一章告诉你起卦的简单方法，让你在几分钟内就能得到一卦，而后可以到下一章中去"查字典"，就如同用傻瓜相机照相一样，任何人都能速成。第二章详解六十四卦。详细来说，本书有如下特点：

一、精美图解： 本书采用现代图解手法，穿插300幅精美手绘插图、100多个表格，让你在阅读中拥有清晰的思路和轻松的心情。

二、通俗解读：《易经》的原文很晦涩，本书在全译其原文的基础上，在每一卦每一爻后面都加入"启示"小节，用通俗的语言和生动的故事为你扫清所有阅读障碍，准确理解原著的精妙。

三、趣味古图： 本书给每一卦都配以古籍《断易天机》中的古图，并对图中谜语般的寓意进行破解，为你研读六十四卦增加趣味性。同时，本书将《推背图》中的六十象插入相对应的卦中，作为卦意在历史故事上的延伸。

四、运势预测： 本书在每一卦的最后面都加入"运势预测"速查表，工作、感情、财运、疾病等八个方面的运势都可以速查答案。

在本书的编辑过程中，我们得到了一些专家的鼎力支持，也有很多读者对本书的制作提出了宝贵意见，在此一并感谢。由于水平有限，书中难免存在差错，恳请广大读者批评指正。

编者谨识

2012年2月

目录

诸葛八卦村：依据《易经》建造的古村 1-4
易学传承人物图 5-8
编者序：《易经》也有"傻瓜学法" 10
《易经》六十四卦卦序 19
本书阅读导航 20
六十四卦中的处世之道 22

上 篇
群经之首：玄妙的中国式智慧

第一章　中国最古老深邃的经典

1. 《易经》的地位：世界上最智慧的书 56
2. 《易经》的由来：人更三圣，世历三古 62
3. 《易经》的观念：天人合一 64
4. 《易经》的内核：矛盾的对立统一 68
5. 《易经》的唯物性：排斥神创论 70
6. 《易经》的四大法门：象数义理 72
7. 《易经》的遗韵：对中国文化的影响 78
8. 《易经》的演绎：山医命相卜 84
9. 《易经》的后代：术数的演变 86
10. 《周易》的两条腿：《经》与《传》 88

第二章 《易经》的骨架：简单的哲理

1. 河图洛书：难解的"宇宙魔方" 90
2. 太极：万物的本源 94
3. 阴阳：古老的辩证法 96
4. 四象：阴阳的消长变化 102
5. 八卦：世界的八种元素 104
6. 重卦：六十四卦的多种排序 108
7. 五行：原始的系统循环论 116

第三章 《易经》的血肉：系统的结构

1. 六爻：六十四卦的基本单位 124
2. 爻位：将事物划分为六个层级 126
3. 爻位的属性：难知、誉、凶、惧、功、易知 130
4. 当位：判断吉凶的基本前提 134
5. 承：阴爻对阳爻的支撑 136
6. 乘：阴爻对阳爻的压制 138
7. 据：阳爻对阴爻的压制 140
8. 比：相邻卦爻的关系 142
9. 应：相隔两位之爻的呼应 144
10. 中：内外卦的两个吉位 146
11. 象形：根据卦形寻找可类比的事物 150
12. 吉凶断语：对爻象的综合推断 152

下 篇
《易经》正文详解

第一章　起卦预测很简单

　　1. 最古老的起卦法：揲蓍布卦 160

　　2. 最简单的起卦法：金钱卦 164

　　3. 起卦之后：查表断吉凶 166

第二章　六十四卦详解

　　1. ䷀ 乾：乾为天卦 168

　　2. ䷁ 坤：坤为地卦 177

　　3. ䷂ 屯：水雷屯卦 183

　　4. ䷃ 蒙：山水蒙卦 188

　　5. ䷄ 需：水天需卦 194

　　6. ䷅ 讼：天水讼卦 199

　　7. ䷆ 师：地水师卦 204

　　8. ䷇ 比：水地比卦 209

　　9. ䷈ 小畜：风天小畜卦 214

　　10. ䷉ 履：天泽履卦 219

　　11. ䷊ 泰：地天泰卦 224

　　12. ䷋ 否：天地否卦 229

　　13. ䷌ 同人：天火同人卦 234

　　14. ䷍ 大有：火天大有卦 239

　　15. ䷎ 谦：地山谦卦 244

　　16. ䷏ 豫：雷地豫卦 249

17. 随：泽雷随卦 254

18. 蛊：山风蛊卦 259

19. 临：地泽临卦 264

20. 观：风地观卦 269

21. 噬嗑：火雷噬嗑卦 274

22. 贲：山火贲卦 279

23. 剥：山地剥卦 284

24. 复：地雷复卦 289

25. 无妄：天雷无妄卦 294

26. 大畜：山天大畜卦 299

27. 颐：山雷颐卦 304

28. 大过：泽风大过卦 309

29. 坎：坎为水卦 314

30. 离：离为火卦 319

31. 咸：泽山咸卦 324

32. 恒：雷风恒卦 329

33. 遁：天山遁卦 334

34. 大壮：雷天大壮卦 339

35. 晋：火地晋卦 344

36. 明夷：地火明夷卦 349

37. 家人：风火家人卦 354

38. 睽：火泽睽卦 359

39. 蹇：水山蹇卦 364

40. 解：雷水解卦 369

41. 损：山泽损卦 374

42. 益：风雷益卦 379

43. 夬：泽天夬卦 384

44. ䷫ 姤：天风姤卦 390

45. ䷬ 萃：泽地萃卦 395

46. ䷭ 升：地风升卦 400

47. ䷮ 困：泽水困卦 405

48. ䷯ 井：水风井卦 410

49. ䷰ 革：泽火革卦 415

50. ䷱ 鼎：火风鼎卦 420

51. ䷲ 震：震为雷卦 425

52. ䷳ 艮：艮为山卦 430

53. ䷴ 渐：风山渐卦 435

54. ䷵ 归妹：雷泽归妹卦 440

55. ䷶ 丰：雷火丰卦 445

56. ䷷ 旅：火山旅卦 450

57. ䷸ 巽：巽为风卦 455

58. ䷹ 兑：兑为泽卦 460

59. ䷺ 涣：风水涣卦 465

60. ䷻ 节：水泽节卦 470

61. ䷼ 中孚：风泽中孚卦 475

62. ䷽ 小过：雷山小过卦 480

63. ䷾ 既济：水火既济卦 485

64. ䷿ 未济：火水未济卦 490

附录

1.《系辞传》原文 496

2. 易经名词释义 501

3. 易学古籍概览 505

4. 六十四卦圆图的来历 509

《易经》六十四卦卦序

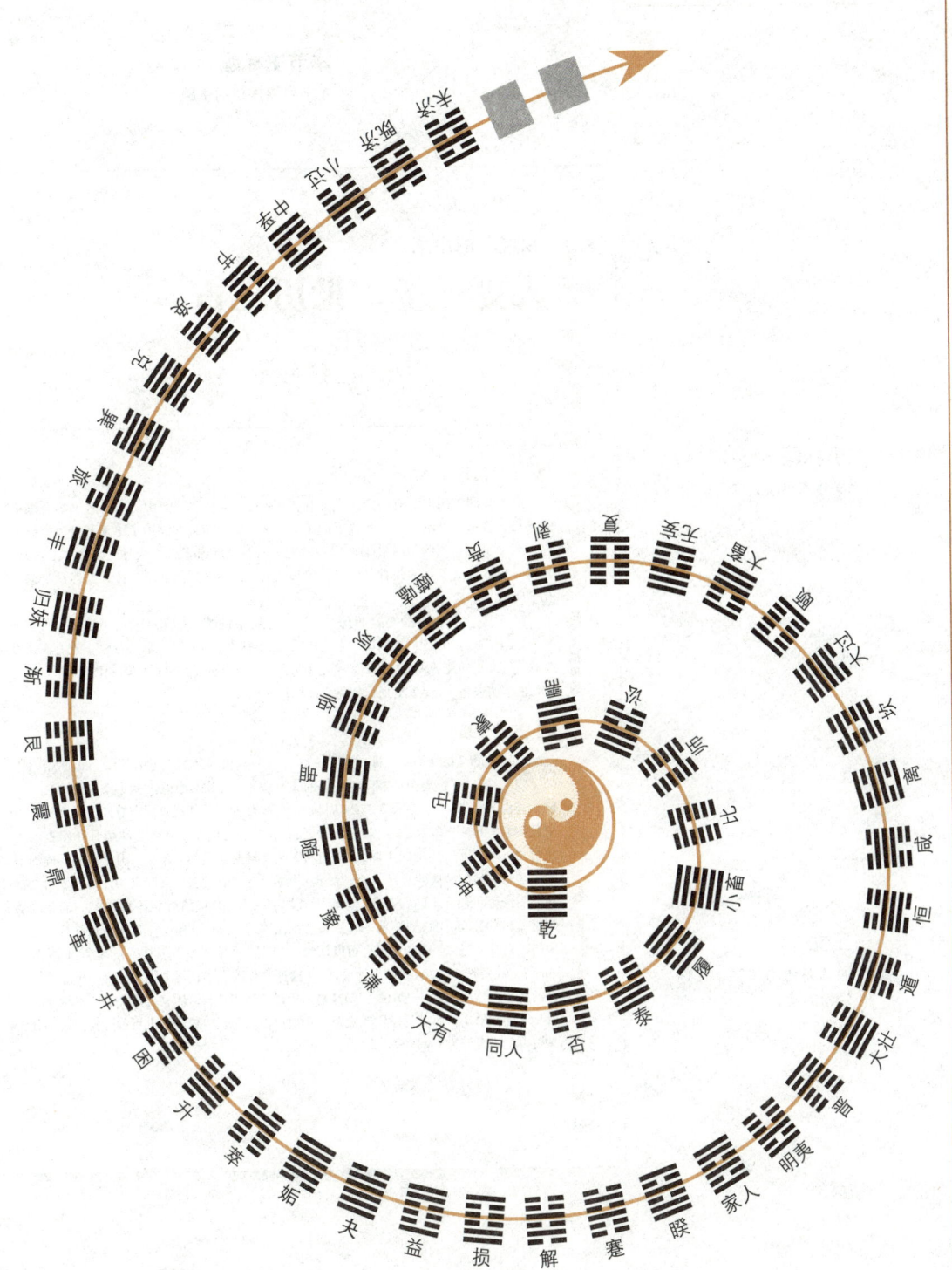

本书阅读导航

本节主标题
本节所要探讨的主题。

小标题
简述本小段的内容。

正文
通俗易懂的文字,让你轻松阅读。

《易经》的由来

人更三圣,世历三古

对于《易经》产生的年代,历来说法不一。据学者们考证,它大约产生在5000年前,也有人认为是7000年前。其成书的年代可能在商末周初。对于《易经》的内容,一般认为它源于河图、洛书。

古老的传说

对于河图、洛书,有一个古老的传说:在远古时代,黄河中出现了背上画有图形的龙马,洛水中出现了背上有数字的灵龟,圣人伏羲依此而画出了先天八卦。殷商末年,周文王在受到囚禁时又根据伏羲的先天八卦演绎出了后天八卦,也称文王八卦,并进一步推演出了六十四卦,作了卦辞和爻辞。而经文后面的《易传》是春秋时期的孔子所著。

《易经》又有"人更三圣,世历三古"的说法:它的成书经历了上古、中古、下古三个时代,即"三古";书中内容由伏羲、文王、孔子三个圣人完成,即"三圣"。也有人认为爻辞是周文王的儿子周公写的,三圣之中为什么没有提到周公呢?根据汉儒的解释,因为古代的宗法观念,子从父,所以把周公省略了。

三种《易》

最原始的《易经》有三种,即"三易"。一是神农时代的《连山易》,二是黄帝时代的《归藏易》,三是周文王被囚时所著的《周易》。《周礼》中说:"太卜掌三易之法,一曰《连山》,二曰《归藏》,三曰《周易》,其经卦皆八,其别皆六十有四。"《御览》中记载:"《连山》八万言,《归藏》四千三百言。"和《周易》从乾、坤两卦开始表示天地与"天人之际"的学问不同,《连山易》是从艮卦开始的,象征"山之出云,连绵不绝";《归藏易》是从坤卦开始的,表示万物皆生于地,终又归藏于其中。也有人对"三易"的产生年代有不同的看法。东汉大儒郑玄认为,夏代的易学是《连山》,商代的易学是《归藏》,周代的易学是《周易》,但目前并无定论。《连山易》和《归藏易》已经失传,只有《周易》流传至今。可以认为,"三易"虽有差别,但其核心内容大同小异。

孔子诠解的《易》被称为《易传》,这种"孔氏易"只是《周易》的一小部分。广义的易学包括伏羲易、连山易、归藏易、周易、河洛理数、医易、焦氏易、杨雄易、京房易、邵氏易……而"易学"支流范围则更广泛,包括术数学的上百种分支,这些分支又可根据内容分为三六九等。

图解易经

62

20

图解标题
针对内文所探讨的重点图解分析，帮助读者深入领悟。

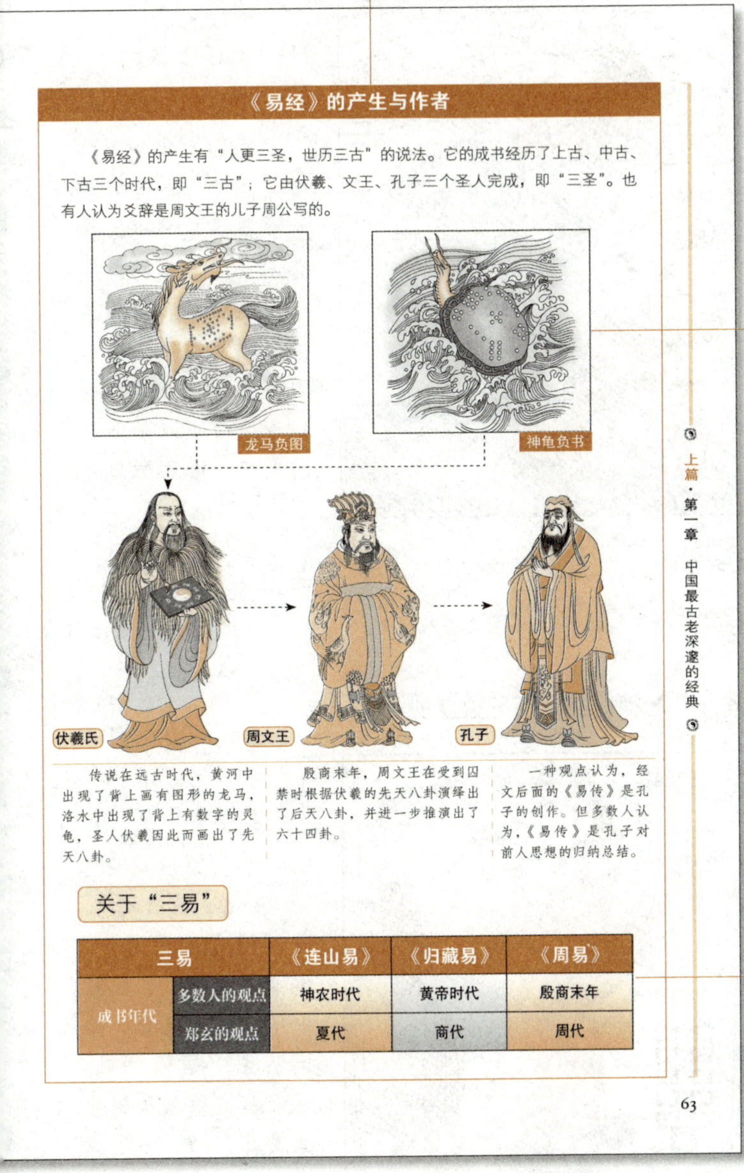

《易经》的产生与作者

《易经》的产生有"人更三圣，世历三古"的说法。它的成书经历了上古、中古、下古三个时代，即"三古"；它由伏羲、文王、孔子三个圣人完成，即"三圣"。也有人认为爻辞是周文王的儿子周公写的。

龙马负图

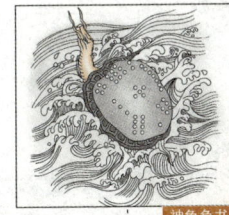
神龟负书

插图
较难懂的抽象概念运用具象图画表示，让读者可以尽量形象直观地理解原意。

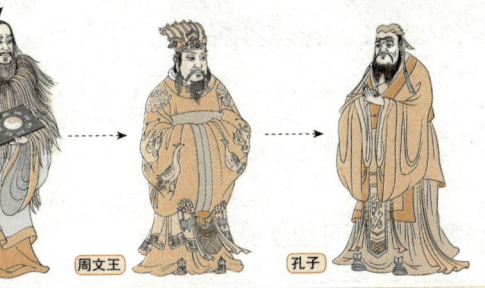

伏羲氏　　　周文王　　　孔子

传说在远古时代，黄河中出现了背上画有图形的龙马，洛水中出现了背上有数字的灵龟，圣人伏羲因此而画出了先天八卦。

殷商末年，周文王在受到囚禁时根据伏羲的先天八卦演绎出了后天八卦，并进一步推演出了六十四卦。

一种观点认为，经文后面的《易传》是孔子的创作。但多数人认为，《易传》是孔子对前人思想的归纳总结。

关于"三易"

三易		《连山易》	《归藏易》	《周易》
成书年代	多数人的观点	神农时代	黄帝时代	殷商末年
	郑玄的观点	夏代	商代	周代

图表
将隐晦、生涩的叙述，以清楚的图表方式呈现。此方式是本书的精华所在。

上篇·第一章　中国最古老深邃的经典

63

21

六十四卦中的处世之道

1 乾卦

▶代表刚健不息，积极进取　　▶得此卦者需要柔顺者的辅佐

乾的本意是刚健而又刚健，与柔顺相对立。得乾卦者，虽有创业的本领，但缺守成的功夫。因为性格阳刚而成事，也会因为阳刚而败事。身处逆境时可以是迎风的火把，进入顺境则容易忘乎所以。

2 坤卦

▶代表宽厚包容，消极被动　　▶得此卦者不可独立创业

坤象征大地，可以包容、滋生万物。得坤卦者，应当收敛，谨行慎言才无过失。不可做鸡头，应该做牛尾，耐住寂寞，寻找明主，等待时机。不着痕迹地服从领导可成就大功。一旦成势便具载舟覆舟之力。没有知遇的机会便一事无成。

3 屯卦

▶代表脆弱，因阻力而停滞　　▶得此卦者要重视远处之害

屯象征创业的艰难，如同草木刚刚破土，不能利用。但长势不可逆转，坚定信念则前程无量。得屯卦者，如同初生的稚嫩之躯，最怕受伤害，同时也最易受伤害。惹不起但躲得起，为了前途最好忍气吞声，先求保全，积聚力量。

4 蒙卦

▶代表蒙昧时期，需要教育　　▶得此卦者应择师友

蒙象征幼稚者需要启蒙，但必须动机纯正。得蒙卦者容易猜疑，猜疑生于不自信。要明白"疑人不用，用人不疑"。蒙也代表启蒙教育，璞玉待雕，当求良工巨匠；孟母择邻，为了远墨近朱。教不严师之惰，为尊长者要感受到社会责任。

23

5 需卦

▶代表寻求发展，遇到险阻　　▶得此卦者不可贪嗟来之食

需象征需要，维生需要营养，遇事需要等机会。得需卦者如同禾苗需要雨水，这是事物的正常需要，只是暂时没有被满足。此时资源稀缺，不过，尽管只有一杯水，大家也都能润润嗓子。虽有险阻在前，终可因目的纯正而可成功。

6 讼卦

▶代表争执不下，要打官司　　▶得此卦者忍为上策

讼既是争讼打官司，这对双方都不利，恃强争胜，结果必然凶险。得讼卦者大都面临纷争之事。麻烦来了，肯定不能算吉，此时应该以静制动，避免两败俱伤，尽量借助外力化解纷争。如果恃势欺人则会激化矛盾。

7 师卦

▶代表战争忧患，强烈抗争　　▶得此卦者不可成为乌合之众

师象征在柔顺的外表下埋伏着凶险与机遇，看你如何选择。得师卦者，因众成势，但有隐忧。因为与聚众相比，服众更难。驾驭众人时，正则使之浑然一体，可成大业；邪则为乌合之众，一旦失控则为害惨烈。

8 比卦

▶代表亲附他人，宜速不宜缓　　▶得此卦者不宜结成朋党

比象征相亲相爱，和睦相处，但如果看到别人团结，心里不安才去团结则有凶险。得比卦者可能有两种情况：朋比、党附。前者基于情性，后者基于利益；前者生狎昵，后者酿党争。自己属于哪种情况需要具体分析。

9 小畜卦

▶代表小有积蓄，不可贪大　　▶得此卦者要利益均沾

小畜表示企图心旺盛，但力量不足，需要休养生息。得小畜卦者不可贪大，在时机未成熟时需要自我克制，蓄养精神，积蓄力量，争取支援。虽暂时没有下雨，但时机一到雨必下。

10 履卦

▶代表躬身行事，有惊无险　　▶得此卦者应循规蹈矩

履象征虽然踩了老虎尾巴却没有受到伤害，可以亨通。得履卦者虽然有惊无险，但应该遵照"礼"来行事，非礼勿动，非礼勿视，非礼勿听。量力而行，安守本分，不可一意孤行，逞强冒进，以避免不必要的摩擦和麻烦。

11 泰卦

▶代表通泰无滞，君子占上风　　▶得此卦者应维持现状

泰象征万事如意，无论干什么事都会亨通。得泰卦者安如泰山，大吉大利，事半功倍。然而泰极则否至，要想持盈保泰，应有危机意识、忧患意识，修德进业，让泰的状态尽量得到延长。

12 否卦

▶代表闭塞变坏，万事隔绝　　▶得此卦者最忌自暴自弃

否与泰相反，表示天地不通，万事隔绝，不吉到了极点。得否卦者凶，事倍功半，所得很少。在最黑暗时要学会居卑示弱，韬光养晦，积蓄力量，等待时机。冬天来了，春天便不远。一旦机遇出现，又是一个全新的我。

13 同人卦

▶代表齐心协力，广结社交　▶得此卦者应融于众人

同人象征团结众人才能有所收获。得同人卦者要善于借鸡下蛋，借助他人的力量成事。一个篱笆三根桩，一个好汉三个帮，大石头没有小石头垫脚就没有稳固的根基，能化敌为友才是干大事者的气度。

14 大有卦

▶代表物归我有，谷仓满溢　▶得此卦者不可独自占有

大有象征高高在上，拥有天下。此时应虚怀若谷，不可骄傲伤人。得大有卦者虽然当前的势头很好，但结果却难说。别人看中的只是利益，无利则作鸟兽散；不懂辩证法，"大有"将会成为一无所有。所以应该与他人分享利益。

15 谦卦

▶代表谦虚谨慎，甘居人后　　▶得此卦者不可失去自尊

谦就是谦虚，可以亨通，即使开始困难，最终也会受到赏识。得谦卦者，谦虚则有百利而无一害。谦之精义在于"敬"，敬人要戒势利，敬业要戒懈怠，敬物要戒奢侈。谦而不媚不傲，万事皆可成。

16 豫卦

▶代表悠然自得，安逸享受　　▶得此卦者不要滋生怠惰

豫象征一片和乐的景象。得豫卦者不要为物所累、片面追求"大"而"全"。志可得，意不可满，不要消磨掉锐气、进取心，有童心才能有生命力，时机一到就应该立即行动。如果陷入怠惰，便将失去大势。

17 随卦

▶代表退让一步，随遇而安　▶得此卦者应随从众人

随象征虚心随和，同时保障身心的安乐，这样才能得到信赖。得随卦者不可固执己见，应随和众人，从善如流。居高位、有大事业之人，一旦受身边人左右，就该用新桃换旧符。自己的历史应该自己写，别将笔墨付他人。

18 蛊卦

▶代表积弊已久，坏到极点　▶得此卦者不可昏然混日子

蛊象征衰败时有新力量诞生，并最终使混乱的局面归于平静，此时利于建立新的功业。得蛊卦者往往是祸起萧墙，机构内部出了严重的问题，善始而难善终。此时应大刀阔斧，将革命进行到底，推翻了重来，开辟新天地。

19 临卦

▶代表亲近下属，经常巡视　　▶得此卦者要为众人谋利

临卦表示如果有愿望就可以实现。得临卦者在思想上容易给自己设置边界，善守成，不善开拓。应抓住时机，以霹雳手段占据主动地位。居高临下，积极给予，以高尚的人格来感召，以威信维持纪律。

20 观卦

▶代表凝视观察，透视原因　　▶得此卦者应施惠于人

观卦表示在上者要体察下情才能得到拥戴、受到敬仰。观是"下仰瞻上"之意，别人要"观"我，而不是我要"观"别人。得观卦者要有所保留，停于雾里，示人以朦胧美，别让人一览无余。

21 噬嗑卦

▶代表全力应战，排除障碍　　▶得此卦者难得糊涂

噬嗑就是咀嚼，咬碎食物，象征铲除障碍才能亨通。得噬嗑卦者要学会含糊其辞、打擦边球。模糊是一种修养境界，模棱两可之间，许多事情可顺利解决。如果太过认真、较真，会失去人心，或把事情搞砸。

22 贲卦

▶代表装饰修饰，文教礼制　　▶得此卦者要掩藏不足

贲表示装饰事物，使人赏心悦目，但如果过份则适得其反。得贲卦者要懂得自我修饰，隐蔽缺陷。因为距离产生美，美在朦胧中。无论出于何种目的，装饰都是一种修养。不懂得装饰自己就是自我贬低。

23 剥卦

▶代表走向衰落，即将崩溃　　▶得此卦者应以静制动

　　剥就是剥落，小人得势，君子失势，如同墙面被逐层剥落。得剥卦者，衰势已成，不可逆转，放弃是种明智的选择。但此处的山穷水尽并不影响日后的柳暗花明，要积蓄力量，等待机遇。等来日重整旗鼓，改弦更张。

24 复卦

▶代表出现生机，利于行动　　▶得此卦者应该进取

　　复象征万物在轮回中不断反复，生机勃勃，也象征生命复始，有利于做事。得复卦者如同大病初愈，身体虚弱但又在凋零中充满生机，百废待兴，此时是施展才能的好时候。但欲速则不达，不可操之过急，养足元气才可行动。

25 无妄卦

▶ 代表不可妄为，不可强行　　▶ 得此卦者不可有非分之想

无妄就是不要有妄念。坚持正义则无往不胜，走向邪道则必然不利。得无妄卦者的客观条件不成熟，如果有妄念、妄动则会带来灾祸。如果循规蹈矩、只耕耘而不问收获、不作非分之想，就会相安无事。

26 大畜卦

▶ 代表积蓄包容，有大丰收　　▶ 得此卦者最贵慈悲心

大畜象征家有大的积蓄，只要找到明路必然发达。得大畜卦者，占据天时就会有大的积蓄。此时要适可而止，不可贪恋二尺硬土、乘势向外扩张。运作事情要有城府，保守机密，否则不容易成事。

27 颐卦

▶代表注重养生，言语节制　　▶得此卦者应加强修养

颐象征保养，保养身体才能得到健康，休整之后才能健康发展。得颐卦者要懂得正确的养生之道，这包括饮食、语言两个方面。饮食、言语都要有节制，适可而止，吃饭要八分饱，说话前要三思。

28 大过卦

▶代表纠正偏差，拯治弊病　　▶得此卦者应矫枉过正

大过是大的过度，要暴发行动，到了一定关口必须果断行动，不要错过。得大过卦者，矫枉必须过正，不过正则不能矫枉。矫枉过正是成大业者必备的气魄和胆识。拯危救弊要有壮士断腕的魄力，瞻前顾后则会失去良机。

29 坎卦

▶代表险中有险，困上加困　▶得此卦者步步当心陷阱

坎是坎坷、陷入困境，在失落之中不可改变自己的信念。得坎卦者大都处于险难中，明枪易躲暗箭难防，如果前面有陷阱，与其抢一秒，不如停三分。不可害人，但要防人，尽管阴谋防不胜防，但身正不怕影子斜。

30 离卦

▶代表依附附丽，亲近辅助　▶得此卦者最怕引火烧身

离象征无限光明，但火焰要有所依附，依附正当则可以持续光明。得离卦者往往心绪不定，性急者易败事。不可冲动，否则烧伤了别人的同时也熄灭了自己。为他人作嫁衣也是一种享受，有其名无其实总比名实两缺要强。

31 咸卦

▶代表心灵感应，认同欣赏　▶得此卦者要从争取人心着手

　　咸表示不可三心二意，动机纯正才可以吉利。得咸卦者，大多是两情相悦，心灵沟通，互补而双赢。但别高兴得太早，令你头痛的事可能在后头。因为"唯女子与小人难养也，近之不逊、远之则怨。"

32 恒卦

▶代表不动摇，坚持不懈　▶得此卦者不可虎头蛇尾

　　恒象征持之以恒，动机纯正并持之以恒便会成功。"恒"有两个含义：不动摇，坚持不懈。得恒卦者，主旨是增加才德，而不是做事。与人共事方面应具有平衡的能力，起到"和稀泥"的作用。适合从事内部工作，而不是外勤。

33 遁卦

▶代表隐遁躲避，以退为进　　▶得此卦者应看破功名利禄

　　遁就是退避，但这不是因为胆小。韩信受胯下之辱却终成大事就是说明。得遁卦者，身退不如心退，如果心有不甘，身退便无意义。"大隐隐于朝，中隐隐于市，小隐隐于野。"英雄处于末路，要学会保护自己，留得青山在。

34 大壮卦

▶代表过于强猛，易生过失　　▶得此卦者得意时别忘形

　　大壮就是壮盛，不但要"大"而且要"正"才能成功。得大壮卦者要凭实力说话，虽是大器晚成，但可以施展拳脚。媳妇终于熬成了婆，但前面的路还长得很，躁动、过于强猛容易生过失。

35 晋卦

▶代表日出地面，加官晋爵　▶得此卦者可在左右逢源中成事

晋就是前进、上升，只有忠于职守的人才能得到提升。得晋卦者，最大的乐趣在于进取，最大的欣慰在于得到他人的赏识。已经赢得了上上下下的普遍尊重，但在鲜花掌声中切记成就来之不易。此时有人暗中妒忌，需慎防。

36 明夷卦

▶代表光明熄灭，小人得势　▶得此卦者要韬光养晦

明夷表示坏到极点，曙光就在眼前，只需要最后坚持一下。得明夷卦者最好低调些，不显山不露水。保护好自己，如果为了做事而伤了自己，天大的本事也无法再施展出来。

37 家人卦

▶代表家里要有尊卑次序　　▶得此卦者要以和为贵

家人象征一家人和睦团结，相亲相爱。得家人卦者，家和则万事兴，家不和则外人欺，家丑不可外扬。父是父，子是子，家中要有明确的角色意识；男主外，女主内，治家应该有明确分工。

38 睽卦

▶代表背离反目，亲友疏散　　▶得此卦者应减少猜疑心

睽象征反目，此时不能成就大事，只能做小事。得睽卦者，亲近的人容易反目成仇。如果十件事中有九件事愉悦，仅一件事有毛病，不要太计较。缘分尽即分手，没有必要结冤仇。气归气，还是要想想往日的情谊，对方的好处。

39 蹇卦

▶代表跛足行走，面临困难　　▶得此卦者求人艰难

蹇指瘸腿，走路困难。得蹇卦者如同跛脚之人难以走远路，进退两难，不可能亨通，只有遇到相助的人才能继续前进。事情往往坏在行为的不协调上，这会留下太多遗憾。

40 解卦

▶代表在险中行动，如病初愈　　▶得此卦者已经显现转机

解就是释放，脱离险地后要回到初始状态才能休养生息。得解卦者可驱散乌云见太阳，全部烦愁瞬间消。没有解不开的死结，不必在使气斗胜上折磨身心。相逢一笑泯冤仇，如果变被动为主动，会功到自然成。

41 损卦

▶代表减损自己，增益他人　▶得此卦者别追求完美

损就是损失，为了根本利益需要做出牺牲，这样大家都能得利。得损卦者，善吃小亏则将占大便宜。比如植树，如果没有适时地砍掉多余的小树，便不利于其他树的生长，不能在总体上促进树林的壮大。

42 益卦

▶代表增加增强，可获上应　▶得此卦者要讲究分流

益表示得利，但不可能永远得利，诚信和善良才能不失根本。得益卦者，损己益人必然会得到回报。大家都追求各自的利益，难以实现利益的最大化。大家追求共同利益则会有意外的收获。

43 夬卦

▶代表果决除奸，要讲策略　　▶得此卦者不可优柔寡断

夬就是决断，也象征清除小人。得夬卦者处在十字路口，不可在一棵树上吊死，不想决断也得做出决断。当断不断反受其乱，抗衡不了就应该变换思路，战略大转移。此时不可莽撞，要柔中带刚，有充分准备后再决断。

44 姤卦

▶代表不期而遇，聚散不定　　▶得此卦者要学会推销自己

姤指意外相遇。得姤卦者，碰到机遇才能有所为。此时，个人价值的实现与机遇有直接关系。要学习毛遂自荐，遇上识货之人才能获得撬动地球的支点。不过，有时这种相遇并不是好兆头，必要时要明智地退出。

45 萃卦

▶代表物以类聚，聚集精华　　▶得此卦者重在蓄势

　　萃指聚集，聚集使物资丰富，人们团结，势力变大，利于进取。得萃卦者如同不同的事物汇聚一堂，可以竞争，但不要相残。物以类聚，大家能在同一方寸之地扎根，是缘分。虽然是借他人之壳上市，但可以往自己口袋装钱。

46 升卦

▶代表顺畅无忧，蓬勃向上　　▶得此卦者可创新高

　　升指上升。得升卦者乘势而上可以图谋发展，应利用良好的机遇将志向行于天下。丑小鸭此时已经变成白天鹅，但要记住自己曾经是鸭类。造成陈胜起义失败的因素之一就是他怕儿时的伙伴说他年轻时为人佣耕。

47 困卦

▶代表气衰力竭，陷入困境　　▶得此卦者要从容不迫，徐谋出路

困指受困。得困卦者如同杨志卖刀，英雄处于末路。如果自得其乐、坚持原则、坚持不懈才能得到解脱。此时不要画地为牢，外面的世界很精彩，走出囚禁自己的无形高墙，会发现自己一直在坐井观天。

48 井卦

▶代表力不从心，变得保守　　▶得此卦者应独善己身

井水永远干净，象征美德。但打水的水桶可能倾覆，所以平静中暗藏着凶险。得井卦者如同井水一样，不枯不竭，不满不溢；不通江河，却是活水；所求不多，只想持平；与世无争，没有风波。

49 革卦

▶代表变革改革，转换势态　▶得此卦者有应改之弊病

革指改革。积习成积弊，不破则不立，破字当头，立就在其中。得革卦者需要批判和改革，改革需要坚决彻底，不可半途而废。改革是很难的，处处有既得利益者作梗，需要胆识和气魄。但开弓没有回头箭，要咬紧牙关挺住。

50 鼎卦

▶代表推陈出新，重在养贤　▶得此卦者处于鼎新之时

鼎象征王权的威严，有威严才可做事，但威严过重会适得其反，所以要内含谦逊。得鼎卦者要吐故纳新，一日新方能日日新。鼎新的要点在立不在破，在化不在变，变与破是化与立的基础。原材料已经准备好，等着厨师调和吧。

51 震卦

▶代表雷声不断，惩戒邪恶　　▶得此卦者声威显赫

震象征打雷、地震。得震卦者多有受惊、变动，人人恐惧，此时要从容镇静，不可慌张失措。春雷虽然反映了春的威势和功勋，但别以为已经干出了惊天动地的伟业，与司晨的公鸡一样，功成身退才可以给人留下好念想。

52 艮卦

▶代表两山对峙，互不干涉　　▶得此卦者不可越雷池半步

艮象征稳重、静止。得艮卦者，最突出的特点是"稳"，稳定如山，静止不动，恒久不变，相当有定力。此时要当止则止，所思所虑不超出本位，不超越一步，不轻举妄动，如果冒进会招致接连的灾难。

53 渐卦

▶ 代表顺应变化，缓慢上升　▶ 得此卦者有积善、积恶之分

渐象征水慢慢浸透，有渐进的含意。从量变到质变的过程就是"渐"。得渐卦者，循序渐进才能水到渠成，遇事不可慌张，如果急躁则有损失。趋势存在于苗头中，好趋势应发扬，坏趋势应制止。

54 归妹卦

▶ 代表感情冲动，强迫结合　▶ 得此卦者受到笼络羁縻

归妹指少女出嫁，此时要两厢情愿，不可强迫，否则应立刻终止。得归妹卦者，往往一厢情愿地用热脸去贴他人的冷屁股，人家未必领情。怀柔、和亲里反映了虚伪与无能。事关人格自尊，不要自取其辱。

55 丰卦

▶代表万丈光芒，绝对盛大　　▶得此卦者最好功成身退

丰指丰收、收获了果实。得丰卦者，一切都得到了满足，但极盛必衰，盛景中有衰退的趋势，盛大中暗藏凶险，此后会进入衰败的淡季，要居安思危。狡兔死，猎狗烹；飞鸟尽，良弓藏，应该以退为进。

56 旅卦

▶代表羁旅于外，寄人篱下　　▶得此卦者要耐得住寂寞

旅指旅行，这是不安定的行为，因为旅途中缺少照应。得旅卦者如同旅行在外之人，举目无亲，孤立无援，无法倾诉。征程漫漫，要经历风霜雨雪才能见到希望。此时要耐得住寂寞，需要信念的支持。

57 巽卦

▶代表柔软适应，变化莫测　　▶得此卦者万事皆可亨通

巽指风吹大地，风跟随着风。此时要顺从，但不可盲从，要顺从正人君子。得巽卦者如同风一样无孔不入、能聚能散，可以不断调整自己来顺应环境的变化。但不要陷入无原则性的危险中，优柔寡断则会进退两难。

58 兑卦

▶代表言语沟通，带来喜悦　　▶得此卦者应为悦己者容

兑指流通滋润、因言语带来喜悦。此时应相互交流，彼此受益。得兑卦者，往往左右逢源、讨好卖乖，容易失去人格和灵魂。以言悦人多属阿谀，以貌悦人多为皮肉生意。所以要学会自重、自强与自立。

59 涣卦

▶代表涣散分裂，民心反离　　▶得此卦者要随遇而安

涣指涣散，但不完全等于凶险，此卦凶中藏吉，同心同德则可化险为夷。得涣卦者如同风行水上，平地要起波澜。没有不散的筵席，好朋友也不能厮守一生。情缘将尽，猜疑已生，间隙已成，不要最终闹个不欢而散。

60 节卦

▶代表节制限制，掌握分寸　　▶得此卦者难逃窘迫

节指节俭、节制。节俭持家，节制做人，便可亨通。得节卦者，没有规矩难成方圆，有法度总比没有要好。然而时事在变，法度也在变，如果呆板迂腐，没有与时俱进的变通，便是自捆手脚、作茧自缚。

61 中孚卦

▶代表信守承诺，感化万物　　▶得此卦者要守信用

中孚指孵卵不能延误时日，此时要守信，或教化他人时要守信。得中孚卦者往往很诚信。"信"是人的道德底线，人不可以突破这个底线。持中守信则身和、家和、国和、天下和。

62 小过卦

▶代表小有过错，不应做大事　　▶得此卦者要留有余地

小过指小的过度、小过错。得小过卦者虽是守成之才，但难成大气候。得大过卦者善治国，得小过卦者善持家。所以得小过卦不可做大事，应该做小事。务实地规划可得顺利，做事留有余地才能保证安全。

63 既济卦

▶代表成功渡过，大功告成　　▶得此卦者维持现状最重要

既济指渡河成功。得既济卦者处于完美状态中，但完美也是句号，是谢幕时的掌声。现在到了该料理后事的时候，应该留下一份总结。不过，物极必反，完美时容易陷入懈怠、混乱，所以说守成比创业更难。

64 未济卦

▶代表事情未成，混乱无序　　▶得此卦者面临新起点

未济指渡河尚未成功，秩序混乱、时运不济就是"未济"。得未济卦者虽然混乱无序，但此时也是一个新开始的过渡期。这喻示着吉凶未定，使人对未来产生希望。如同种子刚刚播下，新的一次轮回开始了，一切都未确定。

上篇

群经之首 玄妙的中国式智慧

虽然《易经》一书只有不到三万字，但从古至今，解读它的著作汗牛充栋。本篇化繁为简，将前人对它的认识用几章内容高度概括，让你在最短的时间内对它有一个总体的认识。

本篇内容提要

第一章　中国最古老深邃的经典
第二章　《易经》的骨架：简单的哲理
第三章　《易经》的血肉：系统的结构

第一章

中国最古老深邃的经典

《易经》也称《周易》，在古代是帝王之学，是政治家、军事家、哲学家的必修之术。但从本质上来讲，它是一本关于"卜筮"的书。它对中国文化产生了极其巨大的影响。本章将带着你从头来了解它。

《易经》的地位

世界上最智慧的书

华夏文化博大精深，源远流长。在这大海般辉煌灿烂的文化宝藏中，有一朵奇葩被誉为华夏文明之源，它就是《易经》，后人称为"经典中之经典，哲学中之哲学，智慧中之智慧"。

最具智慧的三本书

中外很多学者一致认为，世界上最具智慧的书籍有三本：一是中国的《易经》，二是印度的《吠陀》，三是欧洲的《圣经》。这三本书中，《吠陀》和《圣经》都兼有史书和宗教典籍的性质，而《易经》则与历史和宗教没有直接关系，它探讨的是整个世界的运行规律，神秘性远超《吠陀》和《圣经》。

《易经》是中华文化最古老的典籍之一，是中国传统文化的代表作之一，是中国古代最重要的哲学著作之一。儒家、道家、兵家、农家、医家、法家、杂家等无不将《易经》思想收纳于其理论、思想之中。所以说，《易经》思想贯穿于中国古代所有文化之中，是中国文化的源头和枢纽。

在商周之际，《易经》经周文王整理和注述而由卜筮之书转入"天人合一"的思想学术领域。自此开始，《易经》一书成为中国传统文化的基础，成为儒家、道家思想的共同源头，被历代学者推为"群经之首"。要研究中国文化，无论是春秋战国时期的儒、道、墨等诸子百家，还是唐、宋以后的儒、佛、道等诸家之学，都要论及《易经》。汉朝时期，汉武帝将《易经》列为儒家五经之首。从此以后，《易经》一直是儒家必修的首要经典。

人类历史上最具智慧的三本书

在人类历史上，公认最具智慧的书籍有三本：中国的《易经》、印度的《吠陀》和欧洲的《圣经》。其中，《吠陀》和《圣经》兼有史书和宗教典籍的性质，而《易经》则与历史和宗教没有直接关系，它探讨的是整个世界的运行规律。

《易经》

中华文化的总源头、根本经典，它从上古时期的伏羲氏（生活于距今10000至8000年的新石器时代早期）画卦，到周文王（公元前11世纪）写卦辞、爻辞，最后由孔子写系辞（公元前5世纪），跨越了几千年的历史。

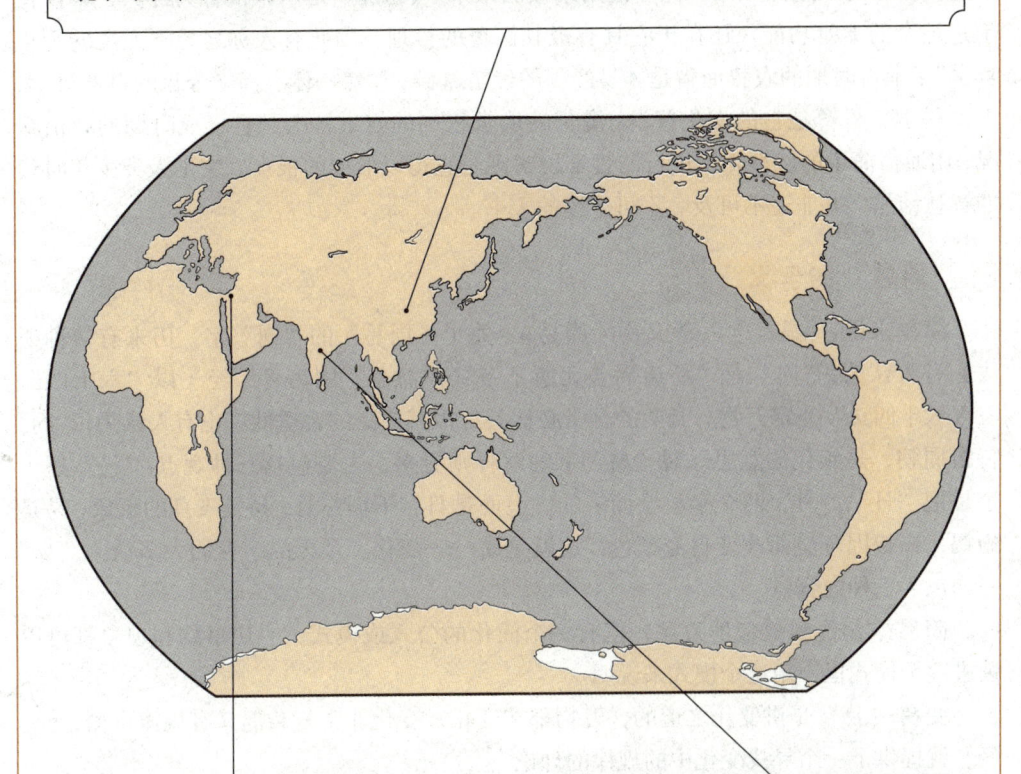

《圣经》

基督教的根本经典，成书年代从公元前15世纪到公元1世纪左右。内容包括古代中东、南欧一带的民族、社会、政治、军事等多方面情况。它是世界上印数最多、发行最广、翻译文种最多的书籍，现共有14000种不同语言版本的《圣经》。

《吠陀》

古印度的根本经典，意为"神圣的知识"，包括四部本集，成书年代从公元前20世纪到公元前5世纪左右。其内容为祭祀、宗教、哲理、神秘主义等，体裁主要是诗歌。但由于秘密传授，它直至19世纪才刊印于世，且很多内容已经遗失。

"人类的少年哲学"

《易经》是中国传统文化的开山之作，也是凝结着远古先民睿智卓识的哲学著作，正如欧洲心理学家荣格所说："谈到世界的唯一智慧宝典，首推中国的《易经》。在科学方面我们所得到的定律常常是短命的，或被后来的事实所推翻。唯独中国的《易经》相传六千年之久，亘古常新，依然具有价值，与最新的原子物理学有很多相同的地方。"

《易经》上通天文，下通地理，中通人事，以无所不包的终极原理来统摄万物。通过对《易经》的研究，不但可以穷究天人之理、通晓古今之变，还可以学到基本的处世法则，对指导人生有重大意义。

从起源上看，作为群经之首、万象之源的《易经》是一本卜筮之书。卜筮可以推知过去，也可以遥测未来，但多被用来预测未来。《易经》之所以被称为经典，不仅在于它神奇的卜筮功能，还在于它具有极其深奥的哲理，因此有人称之为"人类的少年哲学"：上古时期的农牧渔猎是《易经》的经济基础；浑然一体、尚未分化的自然科学、人文科学、哲学是它的文化背景；漫长的追求权利的奴隶社会是它形成时期的政治状况；用通俗简单的感性知识进行的哲学思辨则是它得以形成的根本。它是人类少年时代的智慧结晶，并非遥不可及、不可卒读的天书。

"周易"的含义

简单来说，《易经》一般又称《周易》。关于《周易》的"周"字，历来有多种说法。有人认为，"周"是"易道周普无所不备"的意思，因为《易经》以"六十四卦三百八十四爻"笼罩万物，卦爻的含义必然具有极其广泛的普适性。也有人认为，"周"特指周朝，是年代的意思。对"易"字的解释则更多，主要包括三种观点："易"这个字是把"日"、"月"两个字重叠而来的，上面是日，下面是月；易是飞鸟的形象；易是蜥蜴，蜥蜴因环境而改变自身颜色，这就是易——变化。今天的学者们大多认为"易"一词包含三种内容：

简易："易"虽然包罗万象，但有一个简化的公式或模式，一切事物和现象都可以装进这个模式里，用这个模式来说明。

变易："易"是讲变化之道的，万物都在变化，变化非常复杂但又有规律可循，《易经》就提供了一个寻找变化中的规律的理论。

不易："易"虽讲变化，但大道是永恒的，变化之道是不变的，人们学习《易经》后可以运用规律"以不变应万变"。

研究《易经》的思想家

《易经》自产生之日起，其智慧就像血液一样渗透到我们社会生活的各个领域中。《易经》不仅旁及天文、地理、兵法、哲学、数学、医学，并渗透到中国社会的政治、经济、军事、科技、文化、教育等各个领域。

在几千年历史中，研究《易经》而卓有成就的人都是经邦济世的大人物。他们或为

《易经》对后世的影响

《易经》是中华文化之根，它大约产生于新石器时代早期，是中国进入文明社会的标志。它是我国最早的文化典籍，对文字、儒学、道教、中医、术数、哲学、民俗文化等产生了重要影响。此外，现代科学的各个分支中也都能找到《易经》的身影。

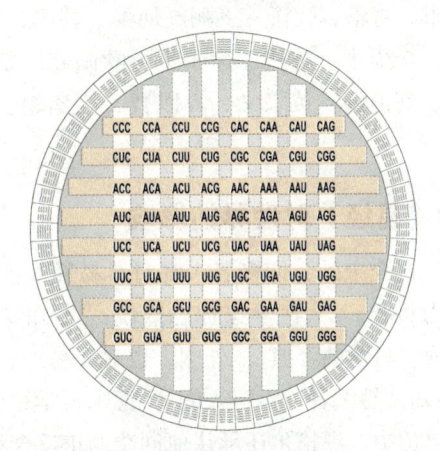

武术与《易经》

太极拳是中华武术与养生艺术的完美融合，它是武当派创始人张三丰依据《易经》之理、中医经络学、道家导引吐纳法综合而成的一种拳术，其中包含阴阳动静之道。

DNA与《易经》

1984年，中国学者秦新华最先提出遗传密码与六十四卦的吻合关系。1988年，学者杨雨善进一步证明基因的64个密码与伏羲先天六十四卦有一一对应关系。

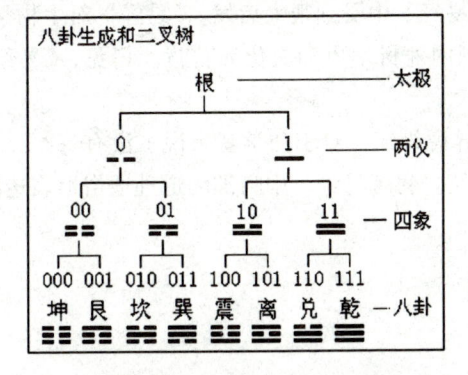

计算机与《易经》

数学家莱布尼茨发现，八卦与数学中的八阶矩阵有关，六十四卦正是从0到63这64个自然数的完整的二进制数形。他提出二进制运算法则，促进了计算机的产生。

中医与《易经》

易学阐述阴阳变化之理，中医研究人体阴阳消长的机制，两者在认识论和方法论上有共通之处。"易具医之理，医得易之用"，所以又称"医易同源"。

圣贤、帝王，或为名相、名将，或为名医、高僧，或为诗人、思想家，推动着中国乃至世界文明的发展。

《易经》思想起源于伏羲、神农和黄帝，成熟于周文王、姜尚、周公、老子和孔子，发扬光大于张良、董仲舒、东方朔、孔安国、司马迁、孟喜、焦延寿、京房、费直。

在他们之后，精通《易经》的名人非常多，如刘向、刘歆、虞翻、诸葛亮、陆绩、王肃、管辂、阮籍、王弼、何晏、郭璞、干宝、韩康伯、孔颖达、一行、李通玄、孙思邈、李虚中、陈抟、徐子平、欧阳修、刘牧、周敦颐、程颐、朱熹、邵雍、朱升、梁寅、刘伯温、黄宗羲、方以智、沈孝瞻、顾炎武、陈梦雷、王夫之、全祖望、尚秉和……

☯ 《易经》对世界的影响

古今中外，许多名人都对《易经》推崇备至。唐朝宰相虞世南曾说："不读易，不可为将相。"大医学家孙思邈说："不知易，不足以言太医。"科学家钱学森把《易经》称为"科学的经典"。外国人也对《易经》赞赏有加，如日本明治维新时的组阁原则是："不知《易》者，不得入阁。"德国哲学家黑格尔称"《易经》包含着中国人的智慧"，在其自传中，黑格尔还承认他创造的正反合辩证逻辑定律得自《易经》的启发……

近现代有很多受易理启示而获得诺贝尔奖者：德国的汉森堡，其论文是《测不准原理》；丹麦的玻尔教授，其论文是《相生相克原理》，他被授予爵士徽章，在选择徽章标志时他选用了《易经》太极图，并在庆贺会上以太级八卦纪念章赠人；中国的杨振宁、李政道的论文《不对等定律》也获得诺贝尔奖，他们自称这个发现得益于《易经》的启示。

此外，德国数学家莱布尼茨发明二进制（后来为计算机所用）与《易经》八卦暗合。在商业界，丰田、三星的创始人也从《易经》中受到很大启发。《易经》对生物学、社会学、天文学等现代科学的贡献早已被国内外科学界和文化界首肯。可见，《易经》对世界的影响是何等的广泛而深远！

然而，《易经》文字古奥，注疏众多，异说纷纭，对于初学者来说，没有一本深入浅出的入门书籍作引导，很容易产生畏难情绪。将《易经》中晦涩的道理通俗地表达出来，正是本书的目的。

"周易"的含义

"周易"两个字到底是什么意思，古今学者提出多种说法，下面是常见的说法。

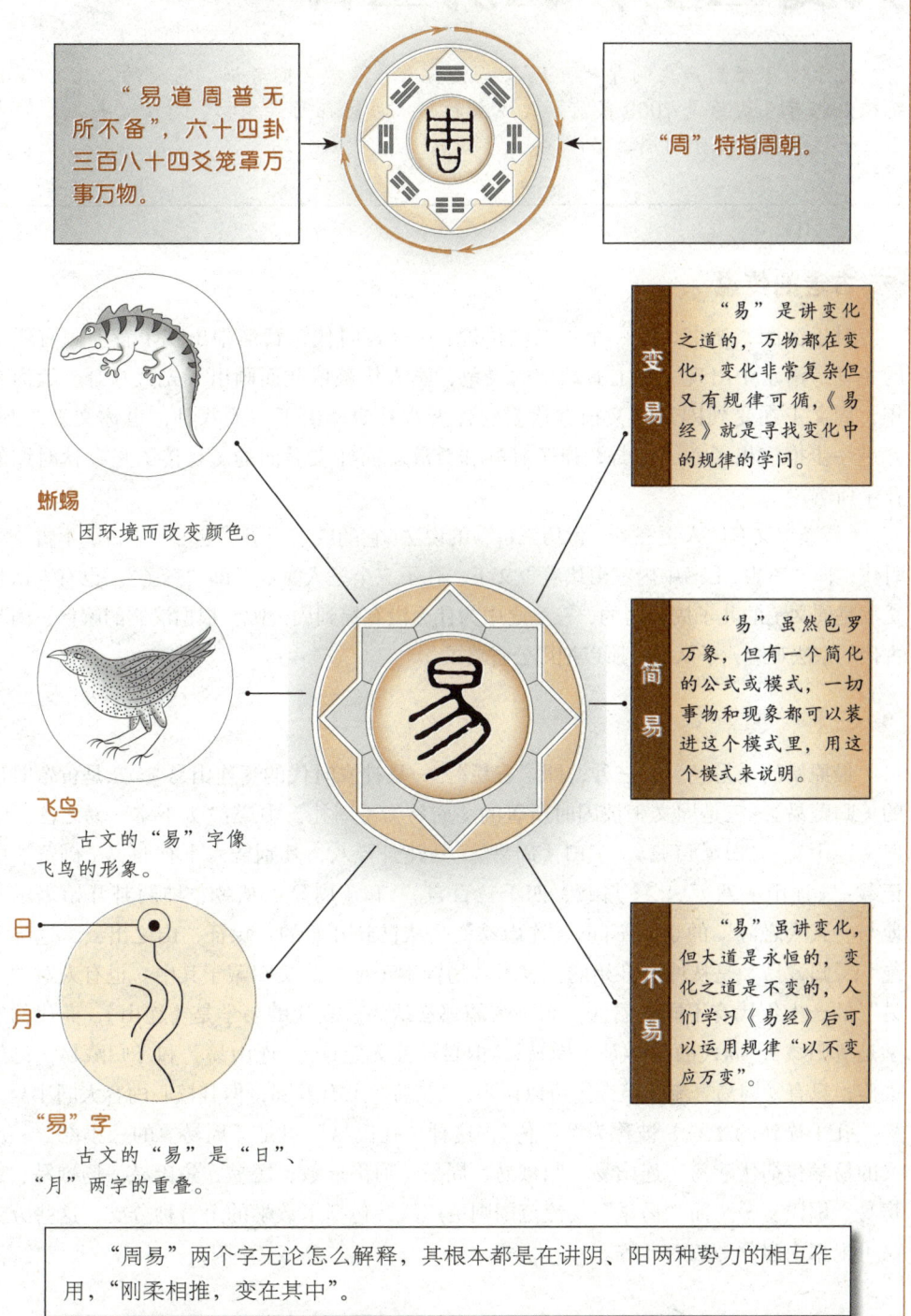

"易道周普无所不备"，六十四卦三百八十四爻笼罩万事万物。

"周"特指周朝。

变易：“易”是讲变化之道的，万物都在变化，变化非常复杂但又有规律可循，《易经》就是寻找变化中的规律的学问。

蜥蜴
因环境而改变颜色。

简易：“易”虽然包罗万象，但有一个简化的公式或模式，一切事物和现象都可以装进这个模式里，用这个模式来说明。

飞鸟
古文的"易"字像飞鸟的形象。

日
月

不易：“易”虽讲变化，但大道是永恒的，变化之道是不变的，人们学习《易经》后可以运用规律"以不变应万变"。

"易"字
古文的"易"是"日"、"月"两字的重叠。

"周易"两个字无论怎么解释，其根本都是在讲阴、阳两种势力的相互作用，"刚柔相推，变在其中"。

上篇·第一章　中国最古老深邃的经典

61

《易经》的由来

人更三圣，世历三古

对于《易经》产生的年代，历来说法不一。据学者们考证，它大约产生在5000年前，也有人认为是7000年前。其成书的年代可能在商末周初。对于《易经》的内容，一般认为它源于河图、洛书。

古老的传说

对于河图、洛书，有一个古老的传说：在远古时代，黄河中出现了背上画有图形的龙马，洛水中出现了背上有数字的灵龟，圣人伏羲依此而画出了先天八卦。殷商末年，周文王在受到囚禁时又根据伏羲的先天八卦演绎出了后天八卦，也称文王八卦，并进一步推演出了六十四卦，作了卦辞和爻辞。而经文后面的《易传》是春秋时期的孔子所著。

《易经》又有"人更三圣，世历三古"的说法：它的成书经历了上古、中古、下古三个时代，即"三古"；书中内容由伏羲、文王、孔子三个圣人完成，即"三圣"。也有人认为爻辞是周文王的儿子周公写的，三圣之中为什么没有提到周公呢？根据汉儒的解释，因为古代的宗法观念，子从父，所以把周公省略了。

三种《易》

最原始的《易经》有三种，即"三易"。一是神农时代的《连山易》，二是黄帝时代的《归藏易》，三是周文王被囚时所著的《周易》。《周礼》中说："太卜掌三易之法，一曰《连山》，二曰《归藏》，三曰《周易》，其经卦皆八，其别皆六十有四。"《御览》中记载："《连山》八万言，《归藏》四千三百言。"和《周易》从乾、坤两卦开始表示天地与"天人之际"的学问不同，《连山易》是从艮卦开始的，象征"山之出云，连绵不绝"；《归藏易》是从坤卦开始的，表示万物皆生于地，终又归藏于其中。也有人对"三易"的产生年代有不同的看法。东汉大儒郑玄认为，夏代的易学是《连山》，商代的易学是《归藏》，周代的易学是《周易》，但目前并无定论。《连山易》和《归藏易》已经失传，只有《周易》流传至今。可以认为，"三易"虽有差别，但其核心内容大同小异。

孔子诠释的《易》被称为《易传》，这种"孔氏易"只是《周易》的一小部分。广义的易学包括伏羲易、连山易、归藏易、周易、河洛理数、医易、焦氏易、杨雄易、京房易、邵氏易……而"易学"支流范围则更广泛，包括术数学的上百种分支，这些分支又可根据内容分为三六九等。

《易经》的产生与作者

《易经》的产生有"人更三圣，世历三古"的说法。它的成书经历了上古、中古、下古三个时代，即"三古"；它由伏羲、文王、孔子三个圣人完成，即"三圣"。也有人认为爻辞是周文王的儿子周公写的。

龙马负图

神龟负书

伏羲氏

周文王

孔子

传说在远古时代，黄河中出现了背上画有图形的龙马，洛水中出现了背上有数字的灵龟，圣人伏羲因此而画出了先天八卦。

殷商末年，周文王在受到囚禁时根据伏羲的先天八卦演绎出了后天八卦，并进一步推演出了六十四卦。

一种观点认为，经文后面的《易传》是孔子的创作。但多数人认为，《易传》是孔子对前人思想的归纳总结。

关于"三易"

三易		《连山易》	《归藏易》	《周易》
成书年代	多数人的观点	神农时代	黄帝时代	殷商末年
	郑玄的观点	夏代	商代	周代

《易经》的观念

天人合一

古人将人和自然看成一个有机整体，认为人和宇宙万物都存在着密切的联系，人是万物之"灵"，是宇宙之精华，每个人都是一个小宇宙。"天人合一"是大小"两个宇宙"之间的固有联系和内在统一。

天地与人的关系

《易经》中用乾、坤二卦分别代表天和地，万物"统"于天。地与天相辅相成、对立统一，但它毕竟是"顺承天"的。天为父，是生命之源；地为母，是一切生命得以存在的基础。人在天地间，与它们不可割离。尽管人受天地所生，只是万物中的一员，但人不同于万物，因为人有超越万物的感情和理智，这种灵性被赋予了神圣的使命，用《易经》的话说就是："裁成天地之道，辅相天地之宜。"天地提供了人类生存所需要的一切，人类在从中汲取能量的同时就要"裁成"、"辅佐"天地顺利地运行，这是"天人合一"思想的宗旨。

"天人合一"思想的核心

天地有其运行的规律，人类社会也有其运行的规律，不是哪种规律顺应另一种规律，而是两者相互对应、并行不悖。它们的关系的本质是"映射"，而不是"决定"。所以"人之命，天注定"的说法不正确，"人定胜天"的观念也狭隘，将天与人平等、辩证地结合才符合"自然大道"。也正是因为天道与人道的"映射"关系，我们才可以通过观察天地万物的运行来预测人类社会中的事情。如：衍生于《易经》的星象学认为，天空中某颗星星的明暗发生了变化，人类社会中的某些事物也会发生变化。不是星星的变化决定人的变化，也不是人的变化决定星星的变化，而是两者受一种统一的规律支配，同时变化。

《易经》描绘的这种"映射"的规律把整个宇宙都囊括在内，使所有事物都处于普遍联系的链条中。这种"全息性"或"相互感应"的思维模式构建了一个包罗天、地、人、事、物在内的不可分割的世界。理解这个道理便会用整体、辩证、全息、系统的方法去思考和行动，而不是把事物割裂、孤立、片面化。

天人合一：天与人的"映射"

"天人合一"思想的核心是：天地有其运行的规律，人类社会也有其运行的规律，不是哪种规律顺应另一种规律，而是两者相互对应、并行不悖。它们的关系的本质是"映射"，而不是"决定"。

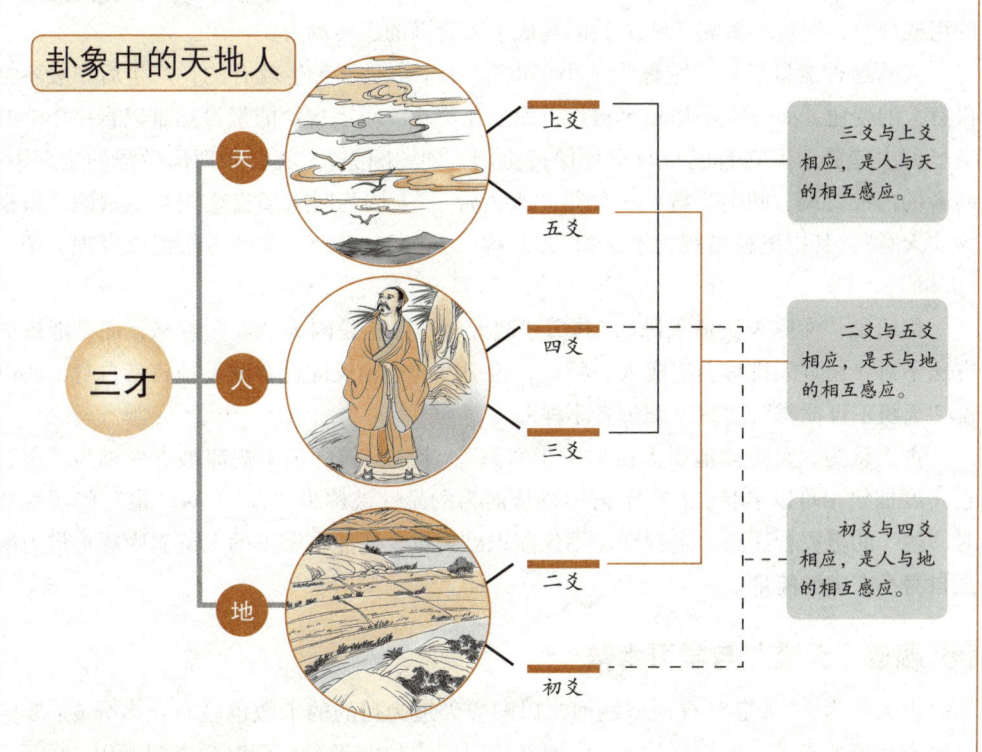

卦象中的天地人

三才
- 天 —— 上爻 / 五爻
- 人 —— 四爻 / 三爻
- 地 —— 二爻 / 初爻

三爻与上爻相应，是人与天的相互感应。

二爻与五爻相应，是天与地的相互感应。

初爻与四爻相应，是人与地的相互感应。

万物的"普遍联系"

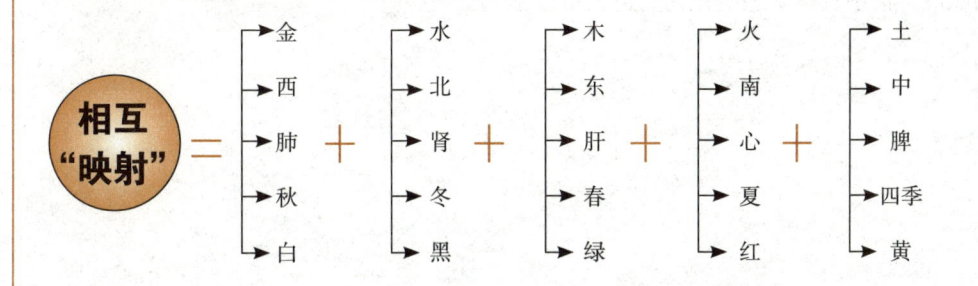

相互"映射" = （金／西／肺／秋／白） + （水／北／肾／冬／黑） + （木／东／肝／春／绿） + （火／南／心／夏／红） + （土／中／脾／四季／黄）

《易经》描绘的这种"映射"的规律把整个世界都囊括在内，使所有事物都处于普遍联系的链条中。这种"全息性"或"相互感应"的宇宙思维模式为人们构建了一个包罗天、地、人、事、物在内的不可分割的世界。

为何会有"天人合一"

为何会有"天人合一"？遵照这种"合一"的规律，我们应该怎么做？

宇宙如同一个巨大的流动旋涡，在特定的时间、地点会形成特定的时空场，它与此时此地诞生的小旋涡（人）的能量场有关联：一方面，小旋涡生于大旋涡中，并追随其运转的大趋势；另一方面，虽然单个的小旋涡对大旋涡的影响极其微小，但作为大旋涡的组成部分，所有小旋涡的能量共同构成了大旋涡的运转动力。

人的这种能量场被佛陀称为"小宇宙"。小宇宙是人天生就有的，产生后一般不会再有大的变化。而时空场却随宇宙运行而变化不止。小宇宙的能量虽然难以直接影响时空场的大趋势，但它若能与时空场保持协调，即"顺势"，就会表现出较强的生命力。两者的内在协调、映射、统一，就是"天人合一"。因为时空场玄奥而难以观测，被视为"天意"，其中奥秘被视为"玄机"，总称"天机"。借助一定的方法可以发现、预言"天机"。

俗话说"泄露天机遭天谴"，其实"遭天谴"并不是因为"天"发怒，而是泄露的方法不对。预言天机常会造成人心骚动，这引发的连锁反应也会殃及预言者自身，所以说"天机不可泄露"，"察见渊鱼者不祥"。

古人认为，是否该泄露天机取决于"德"。宇宙运转的根本规律被古人称为"道"，它高度抽象，难以名状；人在宇宙中顺势而为的品性被称为"德"。对"道"的了解和对"德"的把握若达到一定程度，不仅能识破天机，还能在宇宙的大旋涡中顺势借力增强自身小宇宙的能量。

顺应"天道"与学习术数

古人认为，"天道"有众多侧面，以顺应天道为目的的术数也就有众多分支：要顺应居家环境的天道，可以学风水学；要顺应时空方位的天道，可以学奇门遁甲；要顺应社会和人生的天道，可以研读《易经》原文；要顺应个人命运的天道，可以学四柱学；要顺应生活中具体事态变化的天道，可以学六爻法……

天人合一的本质

宇宙演化出人的过程相似于树木结出果实的过程。种子长成树，当树成熟后，结出的果实中又有它的种子，所以树木与其果实的本质是统一的，只是表现形式有异。宇宙与人的关系的本质与此类似。

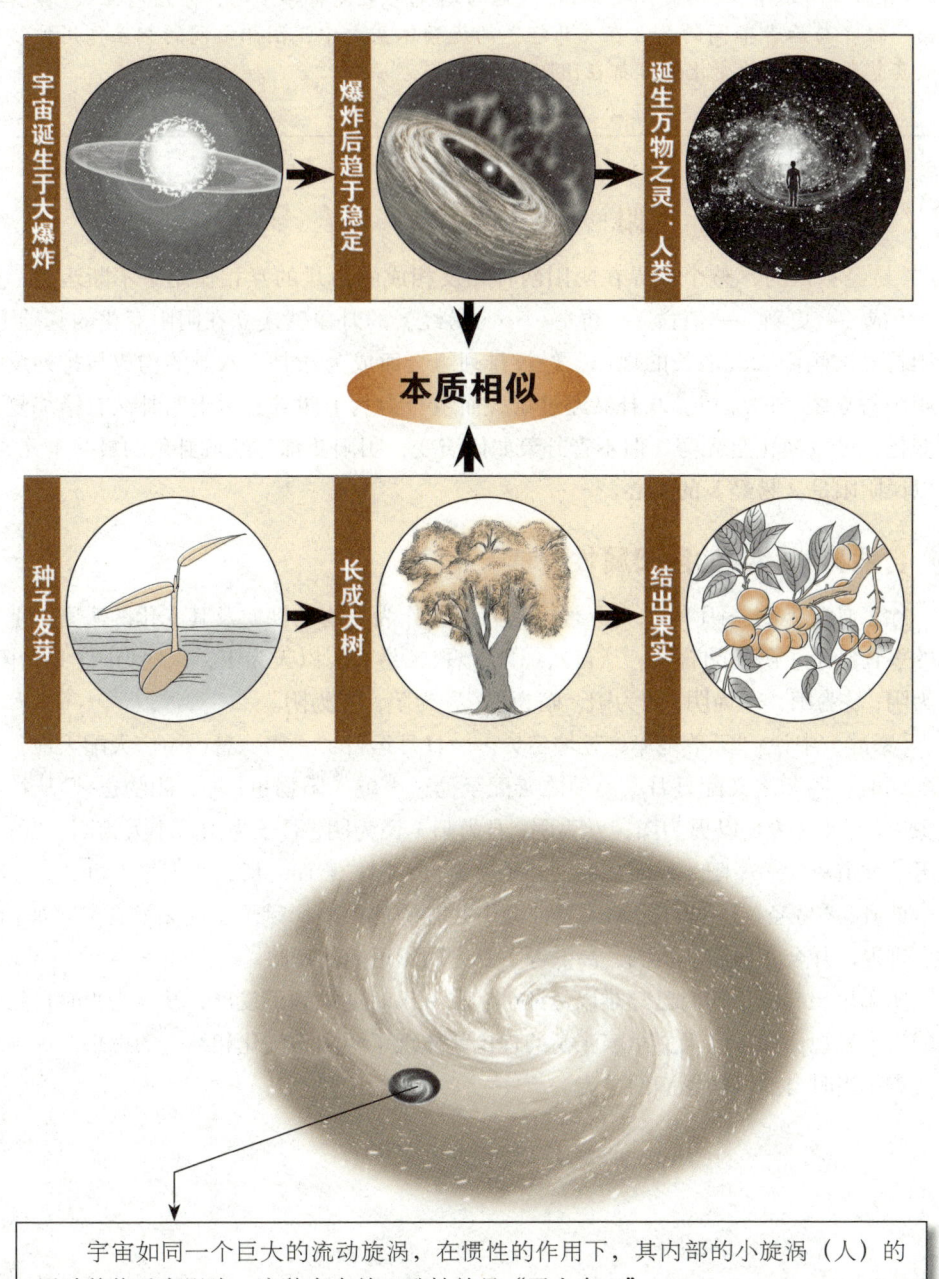

| 宇宙诞生于大爆炸 | → | 爆炸后趋于稳定 | → | 诞生万物之灵·人类 |

本质相似

| 种子发芽 | → | 长成大树 | → | 结出果实 |

宇宙如同一个巨大的流动旋涡，在惯性的作用下，其内部的小旋涡（人）的运动趋势受它影响，这种内在的一致性就是"天人合一"。

《易经》的内核

矛盾的对立统一

《系辞》中说:"一阴一阳之谓道。"这与马克思主义哲学中的"矛盾对立统一规律"如出一辙。与后者不同的是,在《易经》的庞杂体系之中,阴阳之间的相互作用被演化得极其复杂,万物的变化规律都在阴阳的范围内。

《易经》的核心:阴阳

《易经》认为,整个世界在阴阳两种相反相成的力量的互相作用下不断运动、变化:生成 — 更新 — 消亡 — 再造……《易经》的卦象就建立在阴阳变化的基础上:阴阳符号按阴阳二气消长的规律,经过排列组合而成为八卦。八卦的构成与排列反映了阴阳对立统一的思想。八卦又经过重叠而组合为六十四卦。六十四卦又有错综复杂的变化,可以演化至无穷。但不管卦象如何演变,阴阳爻都是组成卦象的最基本元素。所以说阴阳是《易经》的核心。

自然界和社会的阴阳属性

除了卦象上的一阴一阳,《易经》还将阴阳作为万物的性质及其变化的法则,把具体的事物赋予了阴阳的含义。从自然现象上看,《易经》以天为阳,以地为阴;日为阳,月为阴;暑为阳,寒为阴;明为阳,暗为阴;昼为阳,夜为阴。

《系辞》中说:"天尊地卑,乾坤定矣……日月运行,一寒一暑……广大配天地,变通配四时。阴阳之义配日月,易简之善配至德……乾,阳物也;坤,阴物也。"从社会现象上看,《易传》以男为阳,女为阴;君为阳,民为阴;君子为阳,小人为阴。"乾道成男,坤道成女……阳一君而二民,君子之道也。阴二君而一民,小人之道也。"

此外,《易经》还对自然和人类社会中共有的抽象规律赋予了阴阳的含义,如:刚柔、进退、开合、伸屈、贵贱、高低等,都是阴阳思想的反映。

阴阳思想起源于何时已经难以考证,它在秦汉时期得到了发展,并成为当时自然科学的指导思想。如东汉天文学家张衡的理论就体现了阴阳与气化相结合的思想,这一思想代表了当时自然科学思潮的主流。

阴阳：矛盾的对立统一

《易经》认为，整个世界在阴阳两种相反相成的力量的互相作用下不断运动、变化。除了卦象上的一阴一阳，《易经》还将阴阳作为事物的性质及其变化的法则，把具体的事物赋予了阴阳的含义。

自然现象与阴阳

天为阳，地为阴

暑为阳，寒为阴

日为阳，月为阴

明为阳，暗为阴

昼为阳，夜为阴

社会现象与阴阳

男为阳　女为阴　君为阳　民为阴　君子为阳　小人为阴

除以上两大类现象外，《易经》也以阴阳来解释自然和社会中共有的现象，如刚柔、顺逆、进退、开合、伸屈、贵贱、高低等。《易经》认为，无论是社会生活，还是自然现象，都存在着对立面，而这个对立面就是阴阳。

《易经》的唯物性
排斥神创论

《系辞》中的"生生之谓易"是对"易是什么"的最好回答，也是对《易经》核心思想的透彻说明。"生生"的观点驳斥了"神创论"，是彻底的唯物主义，常被称为"古代朴素唯物主义"。

☯ "生生"的两层含义

《易经》认为，世界不是由一个万能的"主宰者"来创造生命，而是万物遵循一定的变化法则使得自身不断地更新，这就是"生生"。详细来说，它包括两方面：

事物都处在连续不断、时刻不停的变化过程中。由A变化为B，可以称之为A生B；再由B变化为C，可以称之为B生C，无始无终、循环往复以至无穷。这是"生生"规律的体现。

人类社会的演化规律也在于"生"，生动地把这个过程描述出来，就是言简意赅、意蕴深远的"生生"一词。宇宙从混沌未分的"无极"而来，无极动而生太极，太极分阴阳两仪，再由阴阳分化出太阴、太阳、少阴、少阳这四象，四象分化而为八卦，八卦代表着世界的八种基本属性，可以用"天地风山水火雷泽"来概括。《说卦》认为，"乾，健也；坤，顺也；震，动也；巽，入也；坎，陷也；离，丽也；艮，止也；兑，说也。"八卦又分出六十四卦，但六十四卦并不代表事物演化过程的终结。六十四卦最后两卦为"既济"和"未济"，象征事物发展到最后必然有一个结果，但这个结果作为一个"节点"，以它为开始将展开另一次全新的演变。所以，"物不可穷也，故受之以未济终焉"。这个演化的过程体现在人伦关系中，就是《易经》中说的："天地絪缊，万物化醇，男女构精，万物化生……有天地，然后有万物；有万物，然后有男女；有男女，然后有夫妇；有夫妇，然后有父子；有父子，然后有君臣；有君臣，然后有上下；有上下，然后礼仪有所错。"

☯ 人是万物之灵

《易经》还认为，天地以"生"为"德"，这就把"生"的客观运动附加上了主观意义，把没有智慧和灵性的事物演化融入了人类有情有智的社会中，这包含着《易经》作者认为的人类生命的目的，以及人类作为万物之灵的与众不同的本质。

"生生"的含义

《易经》认为，世界不是由一个万能的"主宰者"来创造生命，而是万物遵循一定的变化法则使得自身不断地更新、变化。

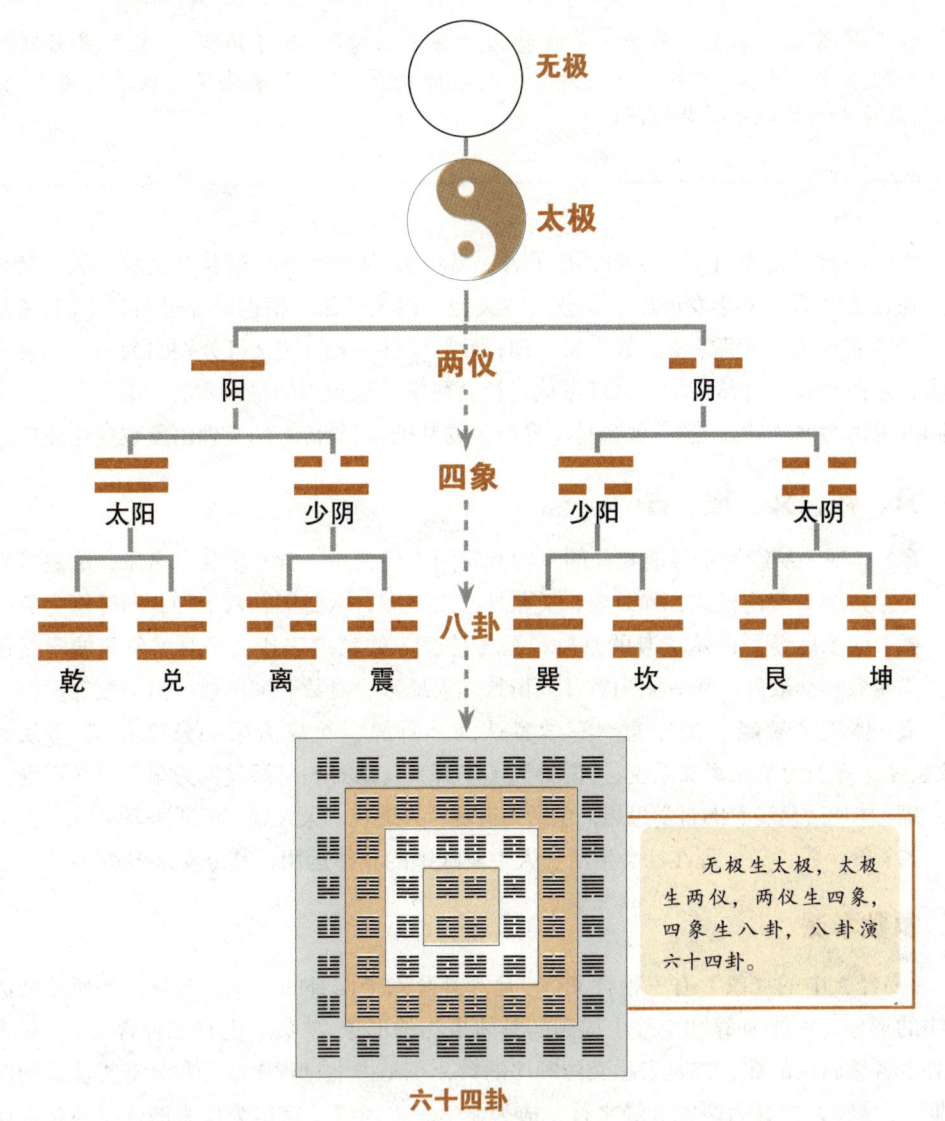

无极

太极

两仪
阳　　阴

四象
太阳　少阴　少阳　太阴

八卦
乾　兑　离　震　巽　坎　艮　坤

六十四卦

无极生太极，太极生两仪，两仪生四象，四象生八卦，八卦演六十四卦。

天地 → 万物 → 男女 → 夫妇 → 父子 → 君臣 → 上下 → 礼仪

《易传》中说："有天地，然后有万物；有万物，然后有男女；有男女，然后有夫妇；有夫妇，然后有父子；有父子，然后有君臣；有君臣，然后有上下；有上下，然后礼仪有所错。"

《易经》的四大法门
象数义理

古人将易象、易数、易义、易理称为"易之四德"。简单地说，"象"是卦及其所象征的事物的形象，"数"反映卦象中的数理关系，"义"表达了伦理道义的思想，"理"是对万物的规律所做的探讨。

六十四卦最初没有文字说明。孔子著《易传》，从象数角度解释卦爻辞，赋予其哲理。在孔子之后，易学发展出"象数"、"义理"两大学派。根据研究思路的不同，《易经》研究者分为四大派：象、数、义、理；而象与数、义与理又可分别归为一类。有人认为，象数派接近自然科学，义理派接近社会科学。象数讲的是事实的"必然"性，义理则着重讲为何会"必然"。象数是《易经》的基础，《易传》的义理由象数变化而出。

☯ 象、数、义、理、占

象：体现《易经》符号能象征的事物及时间方位关系，含有现象、意象、法象等含义，是宇宙统一理论模式，除卦象、爻象外，太极图、八卦图、六十四卦图等都为象。

数：是《易经》占筮求卦的基础，是《易经》的数理表达，是对"象"的定量研究，除筮数、爻数外，还有阴阳数、大衍数、天地数、卦数、河图数、洛书数等。

义：体现《易经》的原意。有学者认为，卦辞、爻辞为第一意义系统，《彖》、《象》、《文言》为第二意义系统，《说卦》、《序卦》、《杂卦》、《系辞》为第三意义系统。

理：体现《易经》的哲学思想，包括天道观、人道观、天人观、辩证法等。

占：象、数、义、理在社会生活、人生实践中的具体运用，其分支众多。

☯ 象数学派

《易经》中的"象"有三种含义：一是八卦及六十四卦的形状，二是八卦所象征的事物的形象，三是卦辞和爻辞中提到的具体事物的形象。"数"也有三种含义：一是表示卦中各爻属性的数，二是表示爻位顺序的数，三是占卜过程中的一种计算方法。两汉时期，《易经》被尊为儒家五经之首，成为显学。以孟喜、京房为代表的两汉易学家认为，《易经》中最重要的是象，一切卦辞和爻辞都是以象为基础的，所以他们从象数角度解释《易经》。经过一段时间的衰落，北宋时期的华山道士陈抟重新振兴了象数学派。陈抟创制了包括太极图在内的各种图式，用以解说《易经》卦象爻辞。他的继承者邵雍则以创制的"皇极经世"图取代汉朝的"天人感应"说。

两派六宗

《四库全书提要》把《易经》研习流派分为两大类：象数派和义理派。象数派分为占卜、礼祥、图书三宗；义理派分为老庄、儒理、史事三宗。

象数派

占卜宗
把《易经》当成占卜用书，这也是《易经》最古老的用途。

礼祥宗
谈灾论变、预言吉凶祸福。
代表人物
焦延寿、京房

图书宗
创立各种图式，讨论宇宙生成变化之理。
代表人物
陈抟、邵雍

义理派

老庄宗
尽黜象数，以老庄道家观点解释易理。
代表人物
王弼、韩康伯

儒理宗
继承汉儒思想，从儒家角度阐释《易经》。
代表人物
周敦颐、程颐、朱熹

史事宗
用历史事实证明并发挥易理。
代表人物
杨万里、司马光、欧阳修

国学大师南怀瑾把易学的"两派六宗"扩充成"两派十宗"，两派包括道家易学、儒家易学；十宗包括占卜、礼祥、图书、老庄、儒理、史事、医药、丹道、堪舆、星相。

义理学派

汉末儒生以象数解《易经》，过于追求卦辞、爻辞与卦象的一一对应，这使得他们的体系变得非常复杂。孔子写易传时就出现了义理派，但成体系的义理派开始于三国时的少年天才王弼。王弼针对当时象数学派的弊病，提出了"一爻为主说""爻变说"和"适时说"，驳斥汉儒牵强附会的"按文责卦"的方法，主张着重领会和把握《易经》的根本义理。北宋王安石等人则从历史角度解《易经》，不追究卦象本身的意义，而是引用历史事实证明《易经》理论的正确性。

后来，人们又戏把《易经》分为学者派和江湖派，突出了阳春白雪和下里巴人的差异。江湖派利用《易经》衍生出的众多占卜术谋生，虽然略显低俗，但在群众中影响力很大；学者派则探究《易经》中的高深哲理，对预测生活琐事不感兴趣。

"象数"与"义理"的核心内容

在汉代，孟喜、焦延寿、京房、郑玄等人以象数解易，创立卦气、纳甲、爻辰、互体等学说，"象数学"由此产生。北宋邵雍又创"先天学"，使象数的含义不断扩展，演变成包含天文、历法、乐律、养生在内的庞杂的象数体系，与"术数"难以划分清晰的界限。一般以"象数"为探究宇宙生成秩序的自然哲学，而以"术数"为占测人事祸福的方法。对于象数之学，后世褒贬不一。赞成者认为象数学丰富了易学，不仅与《易经》吻合，也与天地万物之理相符，实用而科学；否定者认为象数背离《易经》原意，不是易学正宗，与哲学毫不相干，走上"存象忘意"的歧途，甚至有些学者把某些"象数"派分支斥之为"下里巴人"。

与象数不同，"义理"体现了《易经》的哲学思想，提出"一阴一阳之谓道""天地感而万物化生""刚柔相推而变在其中""生生之谓易""穷则变，变则通，通则久"等关于宇宙根本规律的命题，认为人应该待时而动、自强不息，要有忧患意识。但也宣扬"天尊地卑"的等级观念以及"自天佑之，吉无不利"的神灵思想。"义理"经后世发挥而至为庞杂。三国的王弼以老庄玄学解说易理，宋代的程颐、朱熹以理学解说易理，张载以气学解说易理，杨简以心学解说易理……均以自己的见解来发挥，其中不少已偏离《易经》原意。

义理学派也可以以卦辞、爻辞的含义结合实际情况来断卦。但卦爻辞内涵坚深，不容易掌握。

易学的"象数"与"义理"

易学从产生至今,其两大学派"象数派"与"义理派"的斗争始终没有停止过。然而,这两者在根本上是统一的,它们的对立与互补就如同太极图中的两条"阴阳鱼"。

"象"指卦象、爻象,卦有卦象,爻有爻象。总释一卦称为"大象",分释各爻称为"小象"。

"义"指卦名、卦爻辞的含义,反映社会的伦理道义。文王演易便包含伦理的论述,而孔子注易则使其完善。

"数"指《易经》64卦、384爻的排列关系,它们反映卦义,也反映其中的数理关系,并隐含现代科学知识。

"理"指《易经》的原理、道理,反映《易经》对事物规律的探讨,即"易道之分析",是深邃的哲学思想。

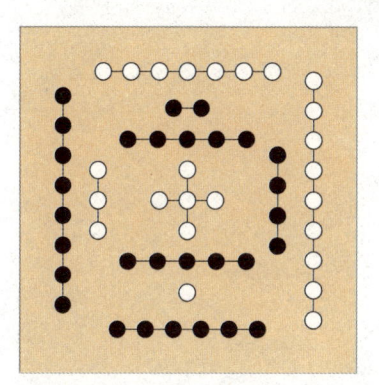

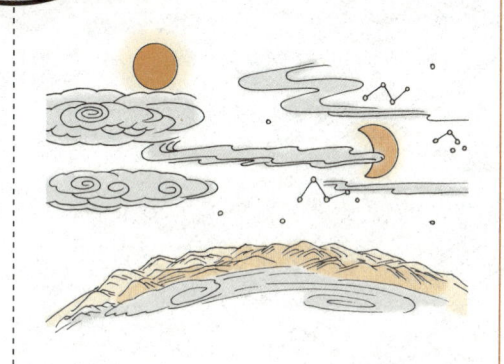

将"象、数、义、理"中阐释的哲理和规律应用于社会生活,以此预测人生命运,被称为"占""占筮"等,其分支众多,后人一般统称其为"术数"。

王弼扫象：促进了"义理"与"象数"的互动

两汉时期的易学沿袭数百年，不但一味拘泥于象数，而且在对《易经》的解读上更是支离繁杂，尤其是其"灾异说"，大大偏离了《易经》的正道。两汉以后，易学在发展中逐渐形成两个对立互补的派别：象数派与义理派，开启义理学派的王弼以"尽黜象数""全废象数"为大旗，扫落了汉代象数之积弊，并以此衍生出了很多对后人颇有影响力的错误观点，"象数对于义理而言无足轻重，甚至可以被全然抛弃"就是之一。

王弼是三国时期之人，去世时虽年仅二十四岁，但对易学贡献巨大。鉴于象数易学理论上的失误，以及由此导致的烦琐推衍，他经过冷静思考，完成了有划时代意义的易学著作《周易注》与《周易略例》，批判地超越了汉易象数学家的思路，重新界定了象数在易学架构中的位置，提倡"得象忘言、得意忘象"，努力使易学的研究向《易传》的思路复归。

这种"王弼易学"是对两汉象数易学的一次革命，带来了易学发展的新契机。从此，"象数学派"与"义理学派"之间逐渐形成了相反相成的互动格局，促进了易学的繁荣。

"象数易学"中的精华

以儒家为代表的易学主要为义理派，主要用于丰富哲学思想、提升个人修养；以江湖派为代表的易学为术数派，主要用于占筮、预测。

虽然象数易学的某些分支被后人演化为包含封建迷信的理论，但象数之学的基本理论有着悠久的历史，以及深厚的哲学内涵。比如本章要介绍的内卦、外卦、体卦、用卦、互卦、错卦、综卦、交卦、消息卦等理论，这些基本的卦变理论是解读《易经》经文的依据，也可以作为断卦的方法。

易学代表人物

历史上的易学研究者众多，他们创造了很多断卦方法，但今天我们常用的主要有三类：卦辞断卦法、卦象断卦法、纳甲筮法。

易学代表人物

- 汉朝：孟喜、焦延寿、京房、郑玄
- 三国：虞翻、陆绩、王弼
- 东晋：韩康伯
- 唐朝：李淳风、袁天罡、孔颖达
- 宋朝：陈抟、邵雍、张载、程颐、朱熹
- 明朝：来知德
- 清朝：王夫之、胡煦、李光地

象数派

- 赞成者：认为象数学丰富了易学，不仅与《易经》吻合，也与天地万物之理相符，实用而科学。
- 否定者：认为象数背离《易经》原意，不是易学正宗，与哲学毫不相干，走上"存象忘意"的歧途。

义理派

义理学派的开创者

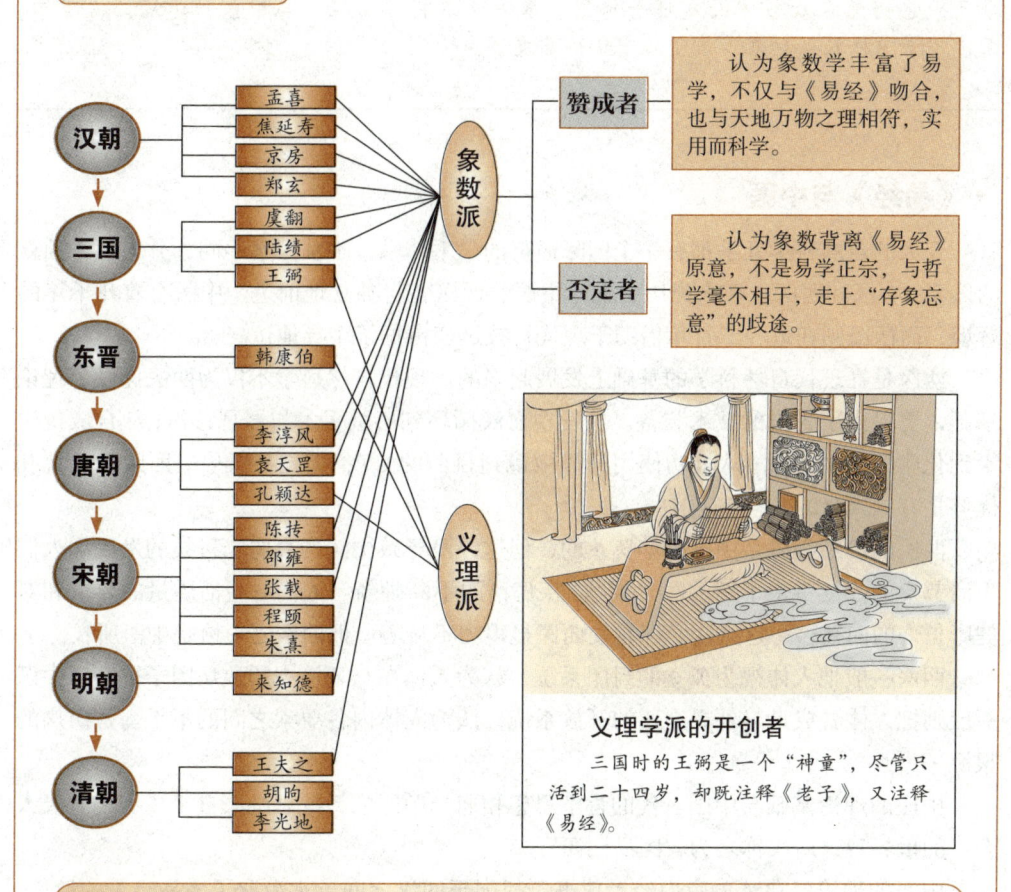

三国时的王弼是一个"神童"，尽管只活到二十四岁，却既注释《老子》，又注释《易经》。

此外，还有一些易学大师，如周文王、孔子、郑玄、朱熹等。

象数易学中的概念

内卦　外卦　体卦　用卦　互卦　错卦　综卦　交卦　消息卦

象数易学中的以上卦变理论是解读《易经》经文的依据，也可以作为断卦的方法。

《易经》的遗韵
对中国文化的影响

  《易经》自产生以来，一直对中国的政治、经济、军事、民俗发挥着巨大的影响。今天，它仍然在众多方面发挥着作用。很多学者将《易经》与中医、建筑、物理学、遗传学等学科联系起来，希望从中获得启发。

☯ 《易经》与中医

  今天的自然科学几乎都有一个国际通行的学术体系，唯独医学不同，分为两大独立的体系：中医和西医。在人类历史上，中医、西医各自独立地前进。中医有着几千年的辉煌，而西医则在近一二百年借助于现代科技迅速占据了主导地位。

  西医是在现代自然科学的基础上发展起来的。现代自然科学不仅为西医提供了理论基础，更提供了先进的技术装备。从发现血液循环到心脏手术与器官移植；从合成抗生素到化学药物的出现；从最初使用的显微镜到目前的CT、核磁共振……西医的成就和优势是有目共睹的。

  西医的诊断手段是中医望尘莫及的，但这并没导致中医的衰弱。科技的发展和人们生活节奏的改变带来了新的医学难题：疾病谱的不断翻新、人们对生活质量的要求和对健康长寿的向往……这些医学课题使西医显得力不从心。但西医之短恰是中医所长。

  西医一般把人体视为孤立的封闭系统，认为人体在与环境中的致病因子抗衡。中医一般则把人体看成是与外界沟通的开放系统，认为人体内各要素之间的不平衡是疾病的根源……

  中医的理论基础与中国古代的哲学思想相通，中医的系统思维来自于《易经》天人合一的世界观，后人称之为"医易同源"。

  中医的理论经典《黄帝内经》成书于战国至两汉之间，它汲取了《易经》的精华，并把它创造性地和医学相结合，使中医成为一门具有很高哲理思想的自然科学。其中的阴阳五行学说、气化学说、经络学说、脏象学说、药物归经、药的升降沉浮、四气五味、五运六气学说、子午流注学说等，都与《易经》有着深厚的渊源。特别是阴阳学说，直接来源于《易经》，并在医学理论中得到了充分的演绎。

中医与《易经》的渊源

中医的理论基础是与《易经》哲学思想相通的,人们称之为"医易同源"。

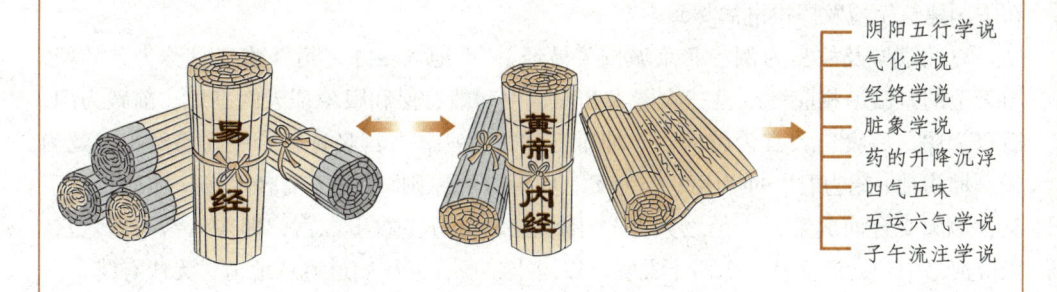

- 阴阳五行学说
- 气化学说
- 经络学说
- 脏象学说
- 药的升降沉浮
- 四气五味
- 五运六气学说
- 子午流注学说

阴阳与五行的结合

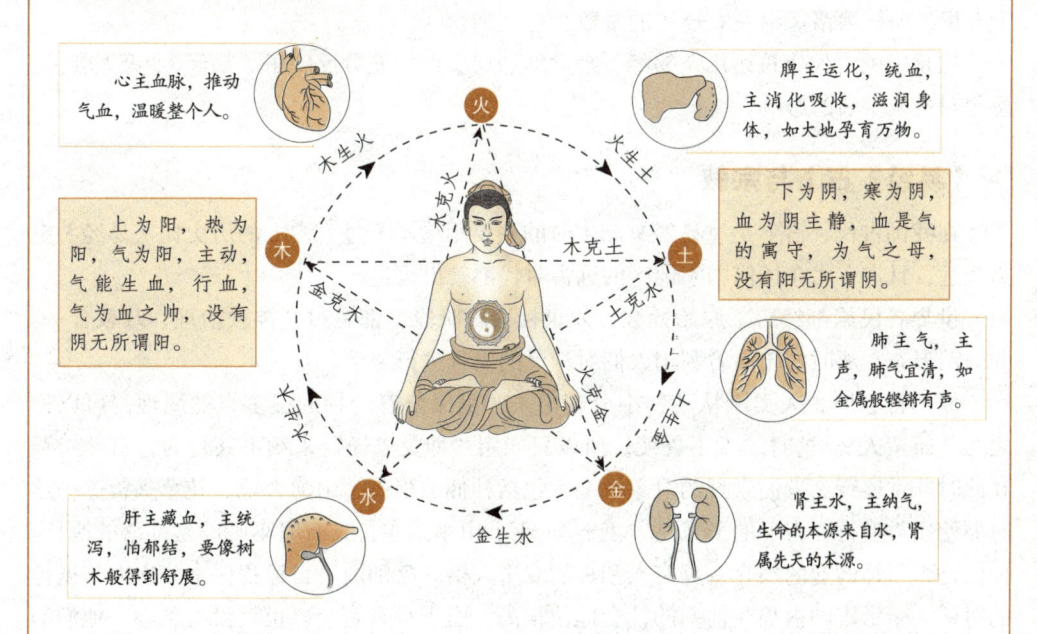

心主血脉,推动气血,温暖整个人。

脾主运化,统血,主消化吸收,滋润身体,如大地孕育万物。

上为阳,热为阳,气为阳,主动,气能生血,行血,气为血之帅,没有阴无所谓阳。

下为阴,寒为阴,血为阴主静,血是气的寓守,为气之母,没有阳无所谓阴。

肺主气,主声,肺气宜清,如金属般铿锵有声。

肝主藏血,主统泻,怕郁结,要像树木般得到舒展。

肾主水,主纳气,生命的本源来自水,肾属先天的本源。

当阴阳观念与中医结合后,形成了一种方法论。中医认为人体疾病的产生、发展超越不了这个规律。

☯ 《易经》与建筑

《易经》对中国建筑的影响也极为深远。它以其"意"与"象"结合的思维模式，以及阴阳协调的思想，孕育了世界上独一无二的中国古代风水学，同时也使得这一学问在中国建筑领域发挥得淋漓尽致。

以北京城及故宫为例，北京城按《易经》"天地人三才之道"将皇宫称为紫禁城，与天上的紫微垣相应。故宫三大殿太和殿、中和殿、保和殿象征天阙三垣。前殿为阳，后寝为阴，后寝三大宫为乾清宫、坤宁宫和交泰宫。三宫名称皆合乎《易经》中乾为天、坤为地；乾为君、坤为臣；乾为父、坤为母的原则。"乾天清轻上扬，坤地重浊下凝，地天交合而成泰，人伦之大吉"。围绕三宫又分左右十二宫，即东六宫与西六宫，以应河洛中轴运枢之妙。东西十二宫，以应十二辰，象征妇道遵从地道，无成有终。

北京城门，外城七门，喻为面南向明而治；内城九门，喻为九五之尊统御四宇。皇城大门南有天安门，北有地安门，东有东安门，西有西安门，象征先天八卦"乾天坤地、离日坎月"的格局。午门、神武门、东华门、西华门又为朱雀、玄武、青龙、白虎等天象二十八宿。内城东南崇文门、西南宣武门，象征左文右武。东北安定门、西北德胜门，象征文治武功，怀柔天下。东直门、西直门，象征日月出没的阴阳大道。中轴线十五里，象征河洛运枢左右逢源的常数。

这是中国古代建筑运用《易经》理念的经典实例，充分反映了《易经》"天人合一"思想对古人生活的影响。

☯ 《易经》占卜与宗教

在我国古代，占卜是《易经》产生时的主要用途。不过，占卜的历史比《易经》更为久远，且占卜术在任何国家地区的远古时代都曾出现过。

世界各民族都经历了原始社会、奴隶社会等阶段，都有过"神教治理、政教合一"的政治形态，那时的统治者利用人们对神灵的崇拜进行统治。

原始社会时，人类刚从动物中分离出来，仍保留着动物的很多自然属性，可以称之为"野蛮人"。这时的人不畏死，所以只能用"神灵鬼怪"来约束其行为，自然崇拜在此时非常盛行。人们崇拜的对象很杂，包括神仙、祖先、山河大地、花草鸟兽……这时原始宗教盛行，占卜的形式是"巫卜"。巫卜由巫师主持，有时巫师即是部落的酋长。他们是人与神沟通的媒介，具有人和神的双重人格。巫师通过自设程序来完成人与鬼神的对话，暗示吉凶祸福。他们的社会地位很高，由于没有剩余，也就没有私心，他们的所为都是为了部族的生存。

古代建筑与《易经》的渊源

《易经》对中国古代建筑的影响颇为深远。但由于天灾人害,如今保存下来的能反映《易经》思想的完整建筑群已经不多,故宫是尚存的经典。

故宫的建筑布局

后寝为阴。后寝三大宫为乾清宫、坤宁宫和交泰宫,皆合乎《易经》中乾为天,坤为地的思想,地天交合而成泰,人伦之大吉。

前殿为阳。故宫三大殿:太和殿、中和殿、保和殿,象征天阙三垣。

后寝三大宫与东六宫、西六宫,合之十五,应河洛中轴运枢之妙。东西十二宫,又应十二辰,象征妇道遵从地道。

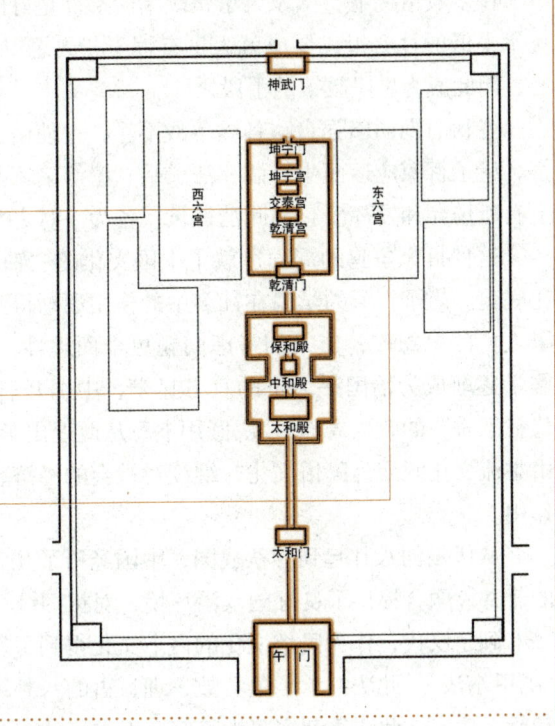

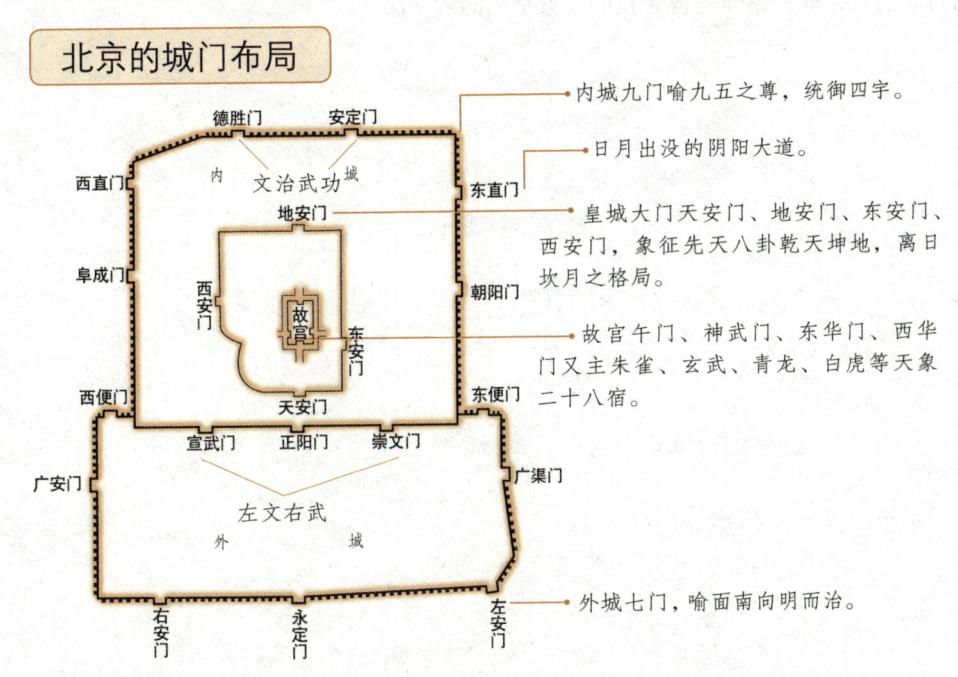

北京的城门布局

- 内城九门喻九五之尊,统御四宇。
- 日月出没的阴阳大道。
- 皇城大门天安门、地安门、东安门、西安门,象征先天八卦乾天坤地,离日坎月之格局。
- 故宫午门、神武门、东华门、西华门又主朱雀、玄武、青龙、白虎等天象二十八宿。
- 外城七门,喻面南向明而治。

上篇·第一章 中国最古老深邃的经典

占卜术在我国古代政治中的兴衰

我国在周朝就设有卜筮之官，专为统治者占卜。后代王朝也大多设有此职，但未记录于正史。《史记》中记载，我国从三皇五帝到夏商周，统治者都用占卜来决定军国大事。在多数情况下，国家大事是统治阶层商量好的，但在高度垄断、物质匮乏、百姓文化水平低的社会里，要成就大事有赖于"天恩"。占卜术对"天意"的传达便于统一人心，因此成为愚民政策的手段之一。

春秋时期弱肉强食，各国争战不止，迫使诸侯们为了达到富国强兵的目的而广纳贤言，诸子百家应运而生，儒、法、兵、墨等诸家都曾领风骚。各家都在《易经》的基础上有所扬弃和发挥。它们此消彼长，各为一时之"显学"或"隐学"。

这种百家争鸣的局面造就了中国文化的"轴心时代"，为中国文化奠定了雄厚的文化底蕴。诸子百家的学说在社会中的作用逐渐得到了人们的认同，各种思想的竞争丰富了人们的思想库，使人们考虑问题更全面理性，"决疑用卜"变得没有必要了。其后，儒学逐渐成为治国平天下的官方显学，中国开启了"以儒学代替宗教"替代"以占卜代替宗教"的政治局面。"决疑用卜"从此退出了政治舞台，由官方显学变为民间隐学，由主流文化蜕变为民俗文化，继续对社会的经济、科技、教育、军事等众多方面发挥着作用。

从伏羲创八卦起到春秋战国，中国经历了几千年的"政占合一"的历史。这为部族的兼并、融合提供了良好的政治环境，对祖国统一和民族和睦起到了积极作用。

到了汉代，作为民俗文化的占卜文化得到了发展，最有代表性的是西汉京房发明的"纳甲筮法"。此法继承了象、数、理、占的八卦易占形式，改进了演数方法，使之简单易行。后来，此法逐渐完善为我们今天常用的六爻法。

占卜的五个时期

占卜在我国古代有悠久的历史，它在不同的历史时期有不同的作用和价值。它的兴衰过程从侧面反映了先民们世界观的发展。

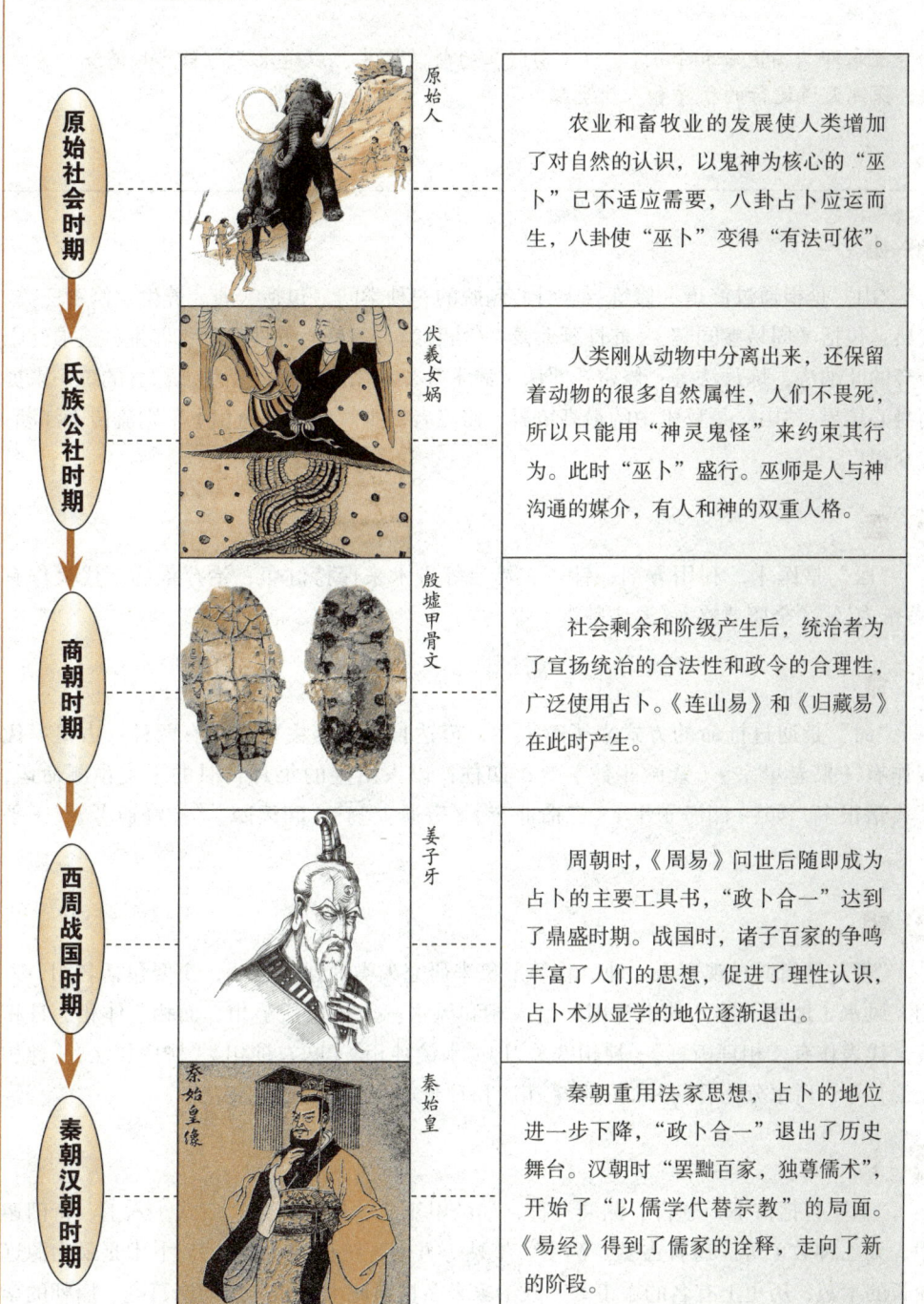

时期	图示	说明
原始社会时期	原始人	农业和畜牧业的发展使人类增加了对自然的认识，以鬼神为核心的"巫卜"已不适应需要，八卦占卜应运而生，八卦使"巫卜"变得"有法可依"。
氏族公社时期	伏羲女娲	人类刚从动物中分离出来，还保留着动物的很多自然属性，人们不畏死，所以只能用"神灵鬼怪"来约束其行为。此时"巫卜"盛行。巫师是人与神沟通的媒介，有人和神的双重人格。
商朝时期	殷墟甲骨文	社会剩余和阶级产生后，统治者为了宣扬统治的合法性和政令的合理性，广泛使用占卜。《连山易》和《归藏易》在此时产生。
西周战国时期	姜子牙	周朝时，《周易》问世后随即成为占卜的主要工具书，"政卜合一"达到了鼎盛时期。战国时，诸子百家的争鸣丰富了人们的思想，促进了理性认识，占卜术从显学的地位逐渐退出。
秦朝汉朝时期	秦始皇	秦朝重用法家思想，占卜的地位进一步下降，"政卜合一"退出了历史舞台。汉朝时"罢黜百家，独尊儒术"，开始了"以儒学代替宗教"的局面。《易经》得到了儒家的诠释，走向了新的阶段。

《易经》的演绎
山医命相卜

五术即"山医命相卜",它以《易经》为哲学根基,以追求人与自然和谐统一为目的,探窥天道运行的秩序和人生奥秘。

山

"山"是指通过修道、修炼寻求身心超脱的一种学问,包括玄典、养生、修密三类。玄典:包括《周易参同契》《养性延命录》《悟真篇》等修心养性的书;养生:追求健康长寿的吐纳法、炼丹法等;修密:咒法、武术等,利用运动以及精神、意念的统一来提高身心境界。"山"是秘术中的最高境界,修习者极少。而"医命相卜"则流传于江湖,受众很广。

医

"医"是医术,利用方剂、针灸、灵治等方术来保持健康、治疗疾病,代表作有《黄帝内经》《金匮要略》《温病条辨》等。

命

"命"是通过推命的方式来了解人生、穷达自然。其主要分支有两种:占星:代表作有《果老星宗》《紫微斗数》等;四柱:以人出生的年月日时的干支预测命运,其典籍很多,如:《渊海子平》《三命通会》《穷通宝鉴》《滴天髓》《神峰通考》《子平真诠》等。

相

"相"是指通过观察人、地、物等形象来研究人类命运的方法,主要包括名相、人相、风水(地相)等。其中常用的是人相和风水。人相包括手相、面相、体相、骨相等,代表作有《相理衡真》《神相铁关刀》《水镜神相》《麻衣神相》《柳庄相法》《神相全编》等;风水分为看门井灶的阳宅相法和看龙穴砂水向的阴宅相法。

卜

"卜"包括占卜、选吉、测局三种,如纳甲筮法、梅花易数、三式(六壬、奇门遁甲、太乙神数)等。还有占梦、测字、签贴等方术,统称为"杂卜"。卜术是最为源远流长的术数,历史上有名的军事家、政治家大多精通此术,如三国的诸葛亮、唐朝的李淳风、明朝的刘伯温等。

五术的代表作

五术是古人从《易经》中衍生出来的认识世界、认识自我、适应世界、改变人生的思想和方法，被广泛运用于社会生活的各个方面。

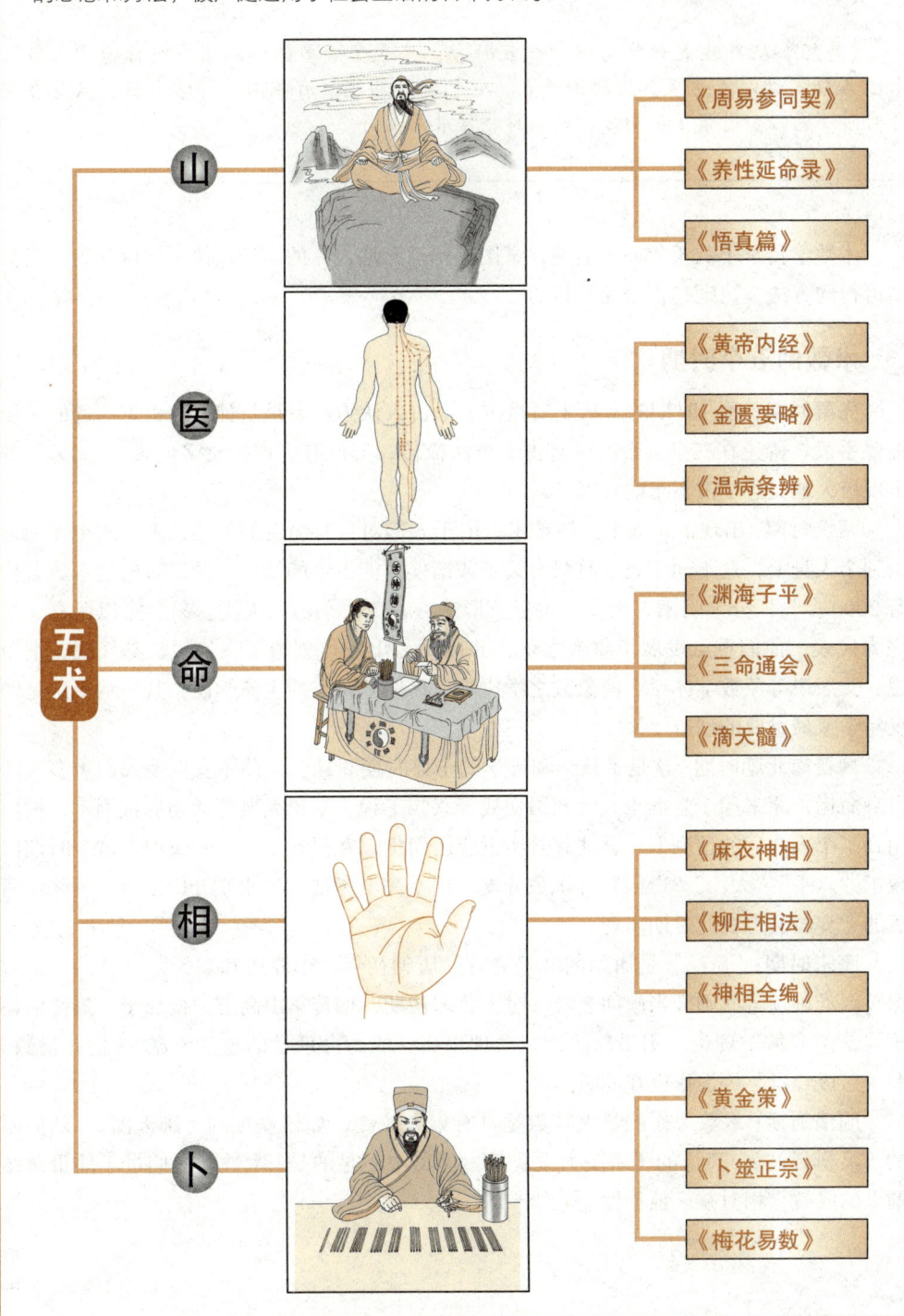

```
         ┌─ 山 ─── [图] ─── 《周易参同契》
         │                  《养性延命录》
         │                  《悟真篇》
         │
         ├─ 医 ─── [图] ─── 《黄帝内经》
         │                  《金匮要略》
         │                  《温病条辨》
         │
五术 ────┼─ 命 ─── [图] ─── 《渊海子平》
         │                  《三命通会》
         │                  《滴天髓》
         │
         ├─ 相 ─── [图] ─── 《麻衣神相》
         │                  《柳庄相法》
         │                  《神相全编》
         │
         └─ 卜 ─── [图] ─── 《黄金策》
                            《卜筮正宗》
                            《梅花易数》
```

上篇・第一章　中国最古老深邃的经典

《易经》的后代
术数的演变

　　《易经》从产生之始就与道学相互融合，产生了众多的预测术，统称为"术数"。术数各分支都以《易经》为理论源点，它们和《易经》有相同的哲学内核，只是在演绎时对《易经》进行了不同方向的阐释、发展和变异。

　　术数学传承了数千年而不衰绝，试图揭示"天地人"的演变规律，并以此为人类提供可行的方法，达到趋吉避凶的目的。

☯ 术数的五个时期

　　先秦时期： 远古时期的术数主要是占卜。古人认为占卜是与神灵和祖先沟通的一个重要手段。传说在三皇五帝时就有占卜方法流传，但没有确切的文字记载。《周易》的出现极大地促进了占卜术的发展。

　　两汉时期： 出现了相面术、解梦术，由于人们对自身命运的关注，占卜法更多地运用到个人身上，这不同于先秦时只有天子或诸侯才能占卜的情况。两汉时期的术数著作有2000多卷，分为阴阳、天文、占星、形法、蓍龟、杂占六大类。易学家以孟喜、京房为代表，他们重点发展了象数之学，并以此为出发点创造了飞伏说、卦气说、纳甲说、爻辰说等象数学体系，使象数之学成为《易经》研究的主流学说，其中纳甲法是两汉易学家最重要的创造。

　　魏晋南北朝时期： 这是术数学和佛学的全盛时期。社会动荡不安促使人们更多关注自身命运，原来用于立继承人、两国交战、兴修工程、祭祀大典等活动的预测术，被应用到了个人命运的预测上。金钱起卦法也应运而生，并得到了广泛的应用。这个时期出现了"六壬""太乙""奇门"等术数分支，据不完全考证，风水学开山宝典——郭璞所著的《葬经》也在此时期出现。

　　唐宋时期：《易经》是唐朝的九经之首。唐朝初年，李淳风和袁天罡合著的《推背图》因准确预言武则天当政而名震一时。北宋初期，据传华山高道"扶摇子"陈抟创建了"紫微斗数"理论，用星象法进行命理预测，成为命理学的重要流派。《梅花易数》和《皇极经世》等著作也在此时问世。

　　明清时期： 术数著作的最大特点是具有集大成性，如任铁樵的《滴天髓》，刘伯温的《灵棋经注》，袁详的《六壬大全》等。但美中不足的是：术数学者们过于注重总结前人的成就，相对缺乏独创性。

术数与科学

术数知识在古代有非常重要的地位，但近代以来，科学的发展让人们逐渐对它产生了排斥。有人认为：术数不是科学。下面探讨一下术数与科学的关系。

在我们受到的社会教育中，科学知识被认为是客观而符合真理的。科学的一个预期功能是预测未来，而术数系统的初衷同样也是发挥知识的预测功能。上至帝王、下至百姓，社会各个阶层都深受其影响。这是术数历经几千年而不衰的一个原因。

术数与一般科学的相同点是：其理论都可以被任何人无限次地检验。但两者也有本质区别，一般科学的基层公理是人们可以理解的，被视为"必然"，如：1+1=2；平面内的两条直线最多只能有一个交点……科学之所以被称之为科学的一个重要条件是：其理论可以被证明。而术数知识的基层公理都是玄奥的，无法依据常识来理解或证明。

如：为什么五行只有五种？为什么天干甲乙的五行属木？干支纪年法被发明时，其第一年的干支是如何确定的……整个术数系统的摩天大厦都建立在这些常人无法探究其"所以然"的基层公理之上。这种神秘性类似于牛顿说的"上帝是第一推动力"。国学大师南怀瑾甚至怀疑这是"一种高级的人类"留给我们的遗产。不过，术数学公理的无法证明性似乎并不重要，因为古人认为他们以此作出准确的预测，就心满意足了。这就是术数被视为"玄"但却没被历史的流沙埋没的根本原因。

玄奥的知识并非不可理解。古人说：游浅水者见鱼虾，游深水者见鱼鳖，游深渊者见蛟龙。人们的根器和造化的不同使得经验范围有层级上的差异。

各有所长的术数分支

在历史的变迁中，术数的很多分支已经淡出了百姓的生活。至今仍备受关注的不超过十种，它们各有所长：想知道自己或他人的命运，可以学四柱学、紫微斗数等；想预测具体事情的结果，可以学六爻法、梅花易数、三式（奇门遁甲、六壬、太乙神数）等；想识人鉴人，可以学相学；想以环境改运，可以学风水学……

《周易》的两条腿
《经》与《传》

《周易》包括《经》和《传》两部分内容。《经》是全书的核心，《传》则是解释《经》的。一般认为《经》是周文王和周公共著的，《传》则是后人积累并由孔子整理成的。

《经》是一部占筮书，《传》是一部哲学书，也可以说《经》是带有哲学色彩的卜筮书，《传》是带有卜筮色彩的哲学书。两者合为一体才叫《周易》，现在也称为《易经》。

《经》

《经》分为《上经》和《下经》，《上经》三十卦，《下经》三十四卦，共六十四卦。每一卦由卦画、标题、卦辞、爻辞组成。六十四卦是由"乾坎艮震巽离坤兑"这八卦重叠演变而来的。每个卦画都有六个爻，爻分阴阳，阳性之爻简称为"九"，阴性之爻简称为"六"。卦爻从下向上排列成六行，依次叫做"初、二、三、四、五、上"。六十四卦共有三百八十四爻。每卦的标题与卦辞、爻辞的内容有关。卦辞在爻辞之前，起说明题义的作用。爻辞是每卦内容的主要部分，其内容按六爻的顺序排列。

《传》

《传》共有七种十篇，分别是：《彖》（tuàn）上下篇、《象》上下篇、《文言》《系辞》（上、下篇）、《说卦》《杂卦》和《序卦》。古人把这十篇叫做"十翼"，意思是：《传》是附属于《经》的羽翼，用来解说《经》的内容。

《彖》是对《易经》卦名和卦辞的注释。

《象》是对《易经》卦名和爻辞的注释。

《文言》对乾坤二卦作了进一步的解释。

《系辞》与《彖》《象》不同，它不是对卦辞、爻辞的逐项注释，而是对《易经》的整体评释，是《易经》的哲学纲领和必读之篇，是"十翼"中最重要、最有代表性的文字。它也是古代第一部对《易经》的产生、原理、意义及易卦占法的全面系统的说明，阐发了许多《易经》经文中没有的思想。

《说卦》是对八卦卦象的具体说明，是研究象表易学的理论基础之一。

《杂卦》将六十四卦以相反或相错的形态排成两两相对的综卦和错卦，从卦象中看卦与卦之间的联系。

《序卦》讲述了六十四卦的排列次序。

《易经》的内容

《易经》包括《经》和《传》。《经》分为《上经》和《下经》,《传》共七种十篇。古人把这十篇叫做"十翼"。

《易经》内容框架

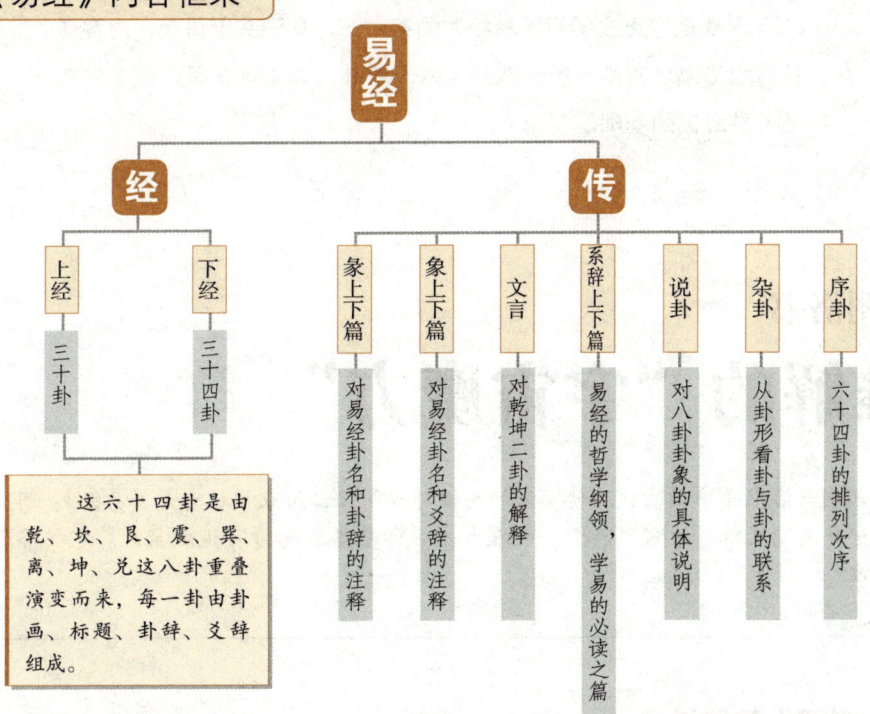

```
                        易经
              ┌──────────┴──────────┐
              经                    传
          ┌───┴───┐   ┌──────┬──────┬──────┬──────┬──────┬──────┐
         上经   下经  彖上下  象上下  文言  系辞上下  说卦  杂卦  序卦
                      篇      篇            篇
         三十卦 三十四卦
```

- 彖上下篇：对易经卦名和卦辞的注释
- 象上下篇：对易经卦名和爻辞的注释
- 文言：对乾坤二卦的解释
- 系辞上下篇：易经的哲学纲领，学易的必读之篇
- 说卦：对八卦卦象的具体说明
- 杂卦：从卦形看卦与卦的联系
- 序卦：六十四卦的排列次序

这六十四卦是由乾、坎、艮、震、巽、离、坤、兑这八卦重叠演变而来，每一卦由卦画、标题、卦辞、爻辞组成。

卦的六爻

外卦（上卦）：上爻、五爻、四爻
内卦（下卦）：三爻、二爻、初爻

阳爻称为"九"　阴爻称为"六"

例：

六二
初九

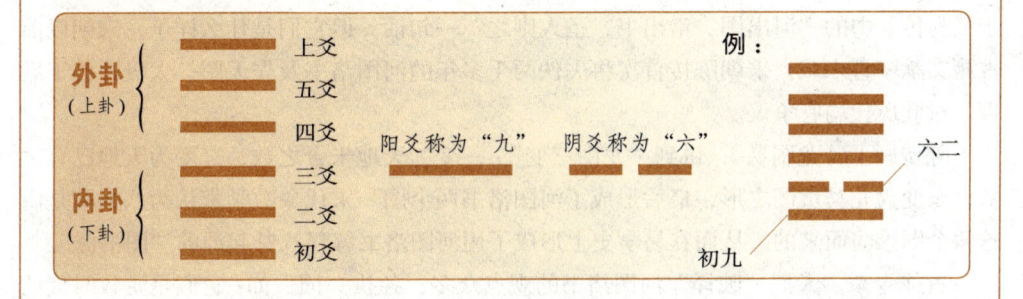

对于学习《易经》的人来说，《系辞》之所以非常重要，在于它对《易经》的产生、原理、意义、占法等方面进行了全面系统的说明，它是《易经》的哲学纲领，阐发了经文中没有的思想。

第二章

《易经》的骨架：简单的哲理

本章是你正式学习《易经》的第一课，从源头上讲起，内容涉及河图洛书、阴阳五行、八卦与六十四卦、天干地支等，这些内容是《易经》的基础。

河图洛书

难解的"宇宙魔方"

河图与洛书是中国古代流传下来的两幅神秘图像，历来被认为是《易经》、阴阳五行乃至中华文明之源。太极、八卦、九星等术数学基本概念皆可追源至此。它被誉为"宇宙魔方"。

❾ "破译"河图洛书

河图洛书的来历被公认为中华民族文化之源的千古之谜。河图与洛书两个词最早记录在《尚书》中，在《易传》和诸子百家的著述中也多有记述。最有名的出处来自于《易传》中的"河出图，洛出书，圣人则之"一句话。但它们是什么样子，宋朝以前古籍文献一直未载，宋朝陈抟首次将失佚两千多年的河图洛书及先天图、太极图传于后世，对此历代均有争议。

陈抟画了《龙图易》，讲到"龙图三变"：一变为天地未合之数，二变为天地已合之数，三变为龙马负图之形，最后形成了河图洛书两个图。宋代象数学家认为八卦就是由这两个图推演而来的，从而在易学史上形成了用河图洛书解释八卦起源的"图书派"。

古往今来，人们"破译"河图洛书的观点众多，各执一词，如：它们是游牧时代的气候图、方位图，是天文星象图，是甲骨文，是易数矩阵，是史前文明遗留下来的遗物，是星外来客馈赠地球人的礼物……

1987年在河南出土了形意墓，它距今约6500年。此墓的星象图中便有河图。据考证，此图内容可上溯至25000年前，可以认为，那时的人们已精通河图洛书之数。这证明了邵雍认为的"河图乃上古星图"的结论。

河图、洛书的各种图式

传说中，河图与洛书都是源自上古时期，在几千年的历史中，人们对它们的理解并不完全一致，各时代的古籍中所记载的河图洛书的图式也有很大的差别。这里选取三种图式供读者参考。

1. 刘氏河图、洛书

北宋刘牧称九宫图为河图，称十数图即五行生成图为洛书。见于刘牧的《易数钩隐图》及南宋朱震的《易卦图说》。

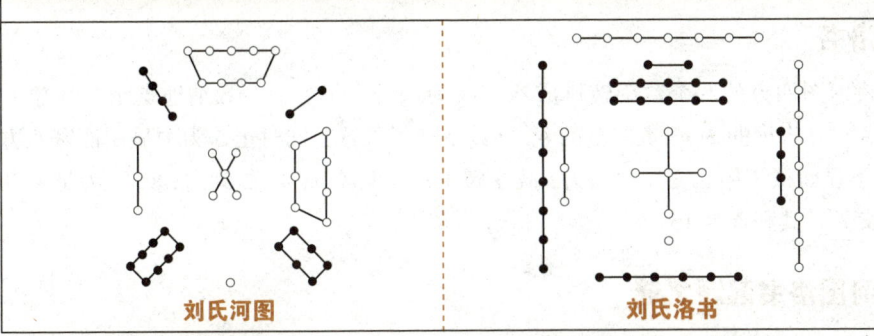

刘氏河图　　**刘氏洛书**

2. 蔡氏河图、洛书

南宋蔡元定称十数图为河图，称九数图为洛书，与刘牧刚好相反。蔡元定与朱熹合著的《易学启蒙》中对此作了详尽的解释。

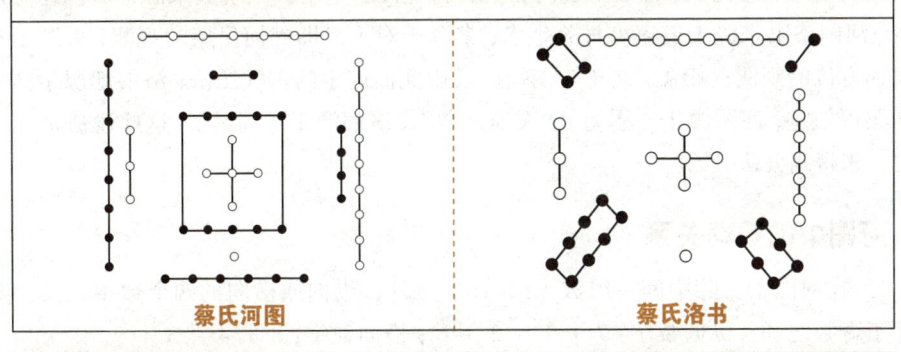

蔡氏河图　　**蔡氏洛书**

3. 万氏河图、洛书

清代万年淳画出了一个外方内圆的河图图式和外圆内方的洛书图式，记载在他的著作《易拇》之中。

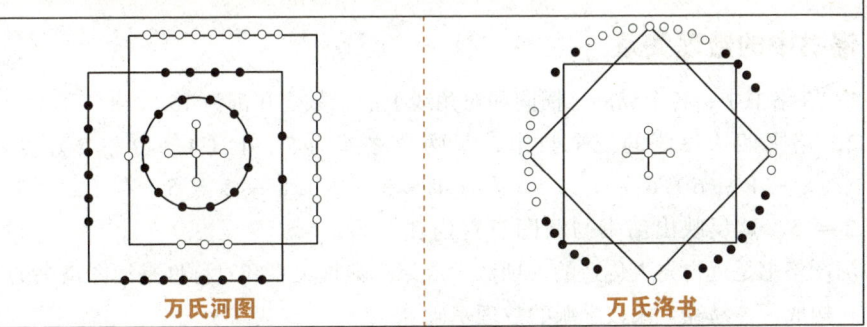

万氏河图　　**万氏洛书**

河图

河图用十个黑白圆点表示阴阳、五行、四象。

北方：一个白点在内，六个黑点在外，表示玄武星象，五行为水。

东方：三个白点在内，八个黑点在外，表示青龙星象，五行为木。

南方：二个黑点在内，七个白点在外，表示朱雀星象，五行为火。

西方：四个黑点在内，九个白点在外，表示白虎星象，五行为金。

中央：五个白点在内，十个黑点在外，表示时空奇点，五行为土。

洛书

将河图四方的八个数旋转排成八方而为八卦，每方一个数纳地支十二气象，就是洛书。只是将火的2、7数与金的4、9数变换了位置，同时土5为中显用而寄八方，土10则不显而藏于用。变化之后为：载9履1；左3右7；4、2为肩；8、6为足。九个数纵横交叉，其和皆为15。

河图洛书起源之谜

古书对河图洛书的来历有七种不同观点：1. 伏羲得河图，画八卦；2. 黄帝得河图，作《归藏易》；3. 尧帝得龙马图；4. 舜帝得黄龙负河图，大禹得洛书；5. 商汤至洛得洛书；6. 文王受洛书、应河图；7. 成王观河、洛，得龙图、龟书。围绕其来源，后世还有以下观点：河图洛书来源于道家炼丹养生术；来源于对天河即银河星象的观测；来源于对古气候、方位的观测；来源于北斗斗柄指向及由此而产生的古代历法；洛书起源于彗星的气体尾巴轨迹；河图源于《周易》"天地之数"，洛书源于《周易》。这些说法都是一家之言，未得到公认。

河图中的数理关系

1. 在河图中，除中间一组数（5，10）之外，纵向或横向的四个数字，其偶数之和等于奇数之和。纵向数字：7 + 1 = 2 + 6；横向数字：8 + 4 = 3 + 9。

2. 四侧或居中的两数之差相等。上（7 - 2）、下（6 - 1）、左（8 - 3）、右（9 - 4）、中（10 - 5），其差均为5。

洛书中的数理关系

1. 在洛书中，各个纵向、横向和对角线上的三数之和都为15。

2. 洛书四边每侧的三个数中，某两数之差为5：上（4 - 9 - 2），9 - 4 = 5；下（8 - 1 - 6），6 - 1 = 5；左（4 - 3 - 8），8 - 3 = 5；右（2 - 7 - 6），7 - 2 = 5。这反映出洛书与河图有着内在联系。

河图洛书是远古先人创造的一项数学成果。数理关系和对称性是河图洛书的基本特点。它构成了《易经》象数学派的数理基础。

河图与洛书

河图与洛书之间是有联系的，如果将河图四方的八个数旋转而排成八方，就是洛书。

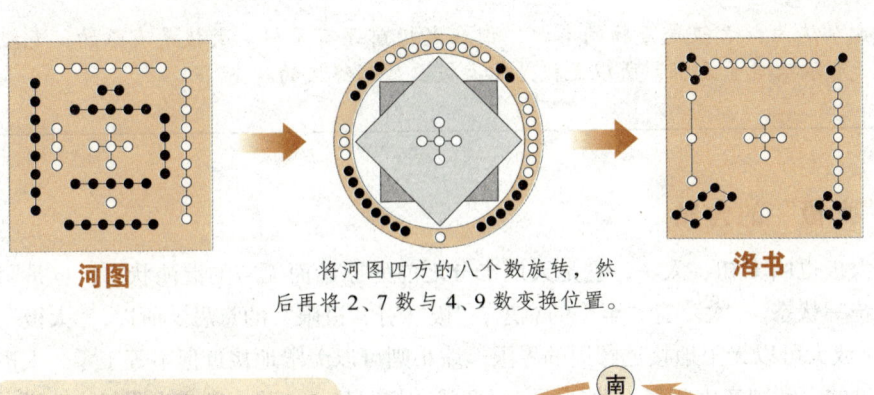

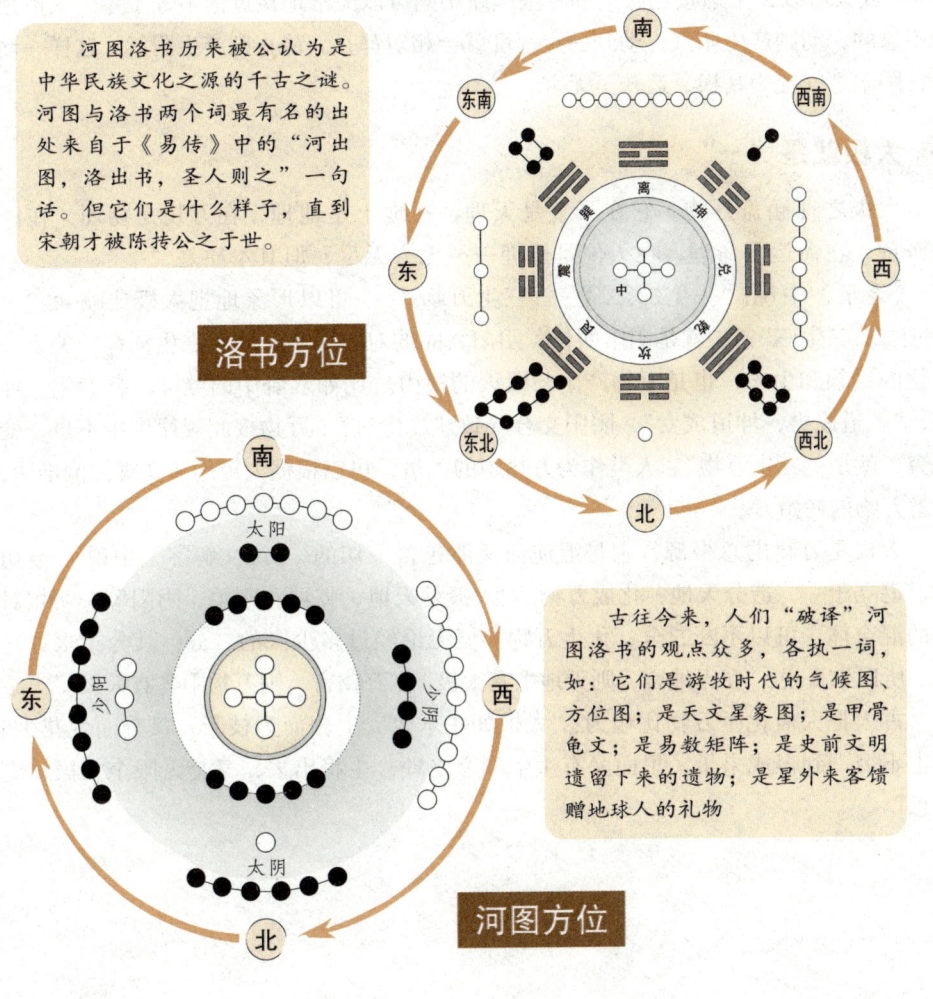

河图

将河图四方的八个数旋转，然后再将2、7数与4、9数变换位置。

洛书

河图洛书历来被公认为是中华民族文化之源的千古之谜。河图与洛书两个词最有名的出处来自于《易传》中的"河出图，洛出书，圣人则之"一句话。但它们是什么样子，直到宋朝才被陈抟公之于世。

洛书方位

河图方位

古往今来，人们"破译"河图洛书的观点众多，各执一词，如：它们是游牧时代的气候图、方位图；是天文星象图；是甲骨龟文；是易数矩阵；是史前文明遗留下来的遗物；是星外来客馈赠地球人的礼物

太极

万物的本源

古人认为，太极是万物的本源，但在太极前还有无极。太极是有限的，无极是无限的。有限来自于无限，所以无极是比太极更原始终极的状态。

"太极"的含义

太极也叫太初、太一，它是天地未分之前的原始而无穷的混沌状态，也是阴阳相合的统一状态。"太"有"至"的意思，"极"有"极限"的意思。所以，"太极"的意思是：放大可以无限地接近圆周的界限，缩小则可以无限地接近但不等于零。太极是运动不息的，动则产生阳气，动到一定程度就会相对静止，静止则产生阴气。这样一动一静，阴阳之气互为其根，运转至无穷。

太极就是"一"

太极之理涵盖万物。它在天上是天理，在地上是地理，在万物是物理，在医学是医理，在命运是命理，在人伦是伦理……无穷无尽，但其本质是"一"。

《老子》中说："一生二，二生三，三生万物。"一可以形象地把太极比喻为"一"。"一生二，二生三"，二就是阴阳两仪。阴阳之间的对立斗争又相互滋生依存的关系，是事物的纲领和由来，也是事物产生与毁灭的根由。比如八卦中的乾坤，乾为阳，坤为阴，"乾道成男，坤道成女"，阴阳交合导致"二生三"；万物按此规律生生不息，变化无穷，就是"三生万物"。人类作为万物中的一员，可以根据太极的演变规律倒推回去，了解万物的初始。

太极是万物的总根源，它是混沌而又能包含一切的。《说文解字》中说："惟初太极，道立于一，造分天地，化成万物。"太极是天地、乾坤、刚柔、阴阳等一切相对事物的混合体，可以不断二分，化生万物。但无论经过多少次的二分，其分子永远是太极。所以朱熹说："在天地言，则天地中有太极；在万物言，则万物中各有太极。"

古人把太极化生万物比喻为："太极如一木生。上分而为枝干，又分而生花生叶，生生不穷。到得成果子，里面又有生生不穷之理，生将出去，又是无限个太极，更无停息"。

万物的本源：太极

太极是万物最核心、本质的发源地。阴阳两仪、四象、八卦、六十四卦……都从太极演变而来。

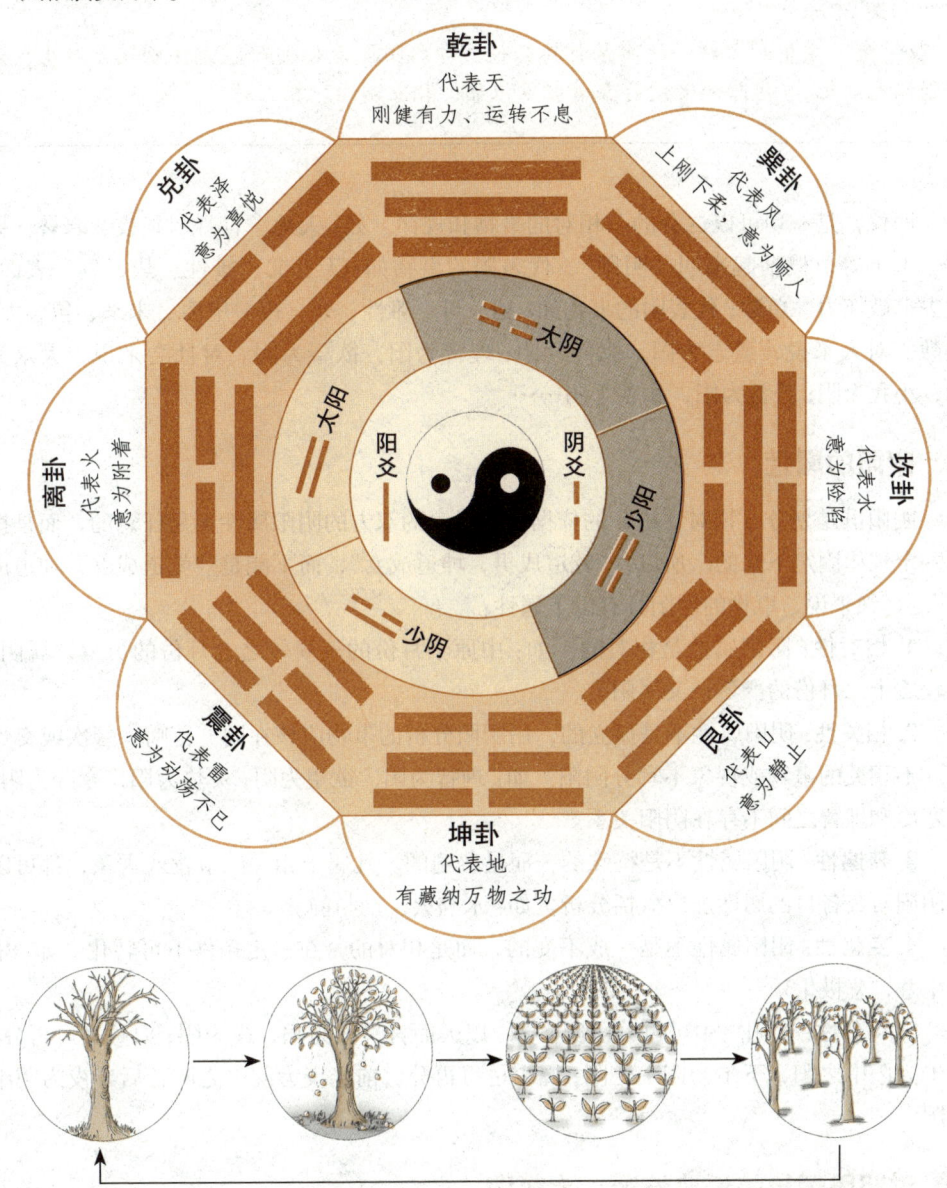

乾卦
代表天
刚健有力、运转不息

兑卦
代表泽
意为喜悦

巽卦
代表风
上刚下柔，意为顺入

离卦
代表火
意为附着

坎卦
代表水
意为险陷

震卦
代表雷
意为奋动不已

艮卦
代表山
意为静止

坤卦
代表地
有藏纳万物之功

太阴、少阳、少阴
阳爻、阴爻

太极如树。当它作为一个种子时，里面有无穷的奥秘。幼苗出土后分出枝干，再分出叶与花……得到成熟的果子，里面又有无穷奥秘，落地生根后又会长出无限个"太极"。

阴阳

古老的辩证法

《易经》中把对立统一的事物称为两仪，即阴阳。古人认为："无阳则阴无以生，无阴则阳无以化。"阴阳两者间存在着相互依靠、相互制约、相互转化等关系。

两仪，是一切可以二分的、相对的事物和规律。如：天地、日月、昼夜、寒暑、男女、上下等，概括起来叫"阴阳"。代表阳的事物如：天、父、雄性、热、昼、表面、过去、破坏力、单数；代表阴的事物如：地、母、雌性、寒、夜、里面、未来、包容力、复数。对人来说，意志为阳，躯体为阴；理智为阳，欲望为阴。对社会来说，大众为阳，小我为阴；公益为阳，私利为阴……

☯ 阴阳的属性

阴阳虽是划分万物对立统一的依据，但对立的双方的阴阳属性不是任意的，而是按照一定规律固定下来的。所以，"乾道成男，坤道成女"，而不能是"乾道成女，坤道成男"。详细来说，事物的阴阳具有以下属性：

1. 相对性： 阴阳属性是相对的。如：中原十月份的气候较之七月份的炎夏，属阴；但较之十二月份的严冬，又属阳。

2. 相关性： 阴阳属性不是孤立的，用阴阳分析的事物应该在同一范畴、层次或交点上。不相关的事物或现象不宜分阴阳。如：理智为阳，欲望为阴；炙热为阳，寒冷为阴，而寒冷和理智之间不存在阴阳关系。

3. 普遍性： 阴阳属性不是特殊的，而是普遍的。凡属于相关的事物或现象，都可以用阴阳对其各自的属性加以概括分析。如：水与火、动与静。

4. 变化性： 阴阳属性不是一成不变的，而是相对的，在一定条件下可转化。如：乐极生悲，悲极生乐。

5. 可分性： 阴阳之中可再分阴阳。如：以天而言，昼为阳，夜为阴；白昼又可再分，上午为阳中之阳，下午为阳中之阴；黑夜也可再分，前半夜为阴中之阴，后半夜为阴中之阳。

☯ 对阴阳理论的经典诠释：太极图

阴阳理论渗透到了中国传统文化的方方面面，如哲学、宗教、历法、中医、书法、文学、建筑、占卜等。对阴阳思想的最形象的图示就是北宋时出现的太极图。它以一条曲线将圆形分为两半，形成一半白一半黑，白者像阳，黑者像阴，白中又有一个黑点，黑中又有一个白点，表示阳中有阴，阴中有阳。分开的两半像两条鱼，俗称"阴阳鱼"。

阴阳与五行的结合

把阴阳与五行相结合是中国古代人民的一项杰出贡献。此后，阴阳与五行两个词被紧紧联系到了一起，并称"阴阳五行"，对整个中国文化产生了深远影响。

什么是阴阳？

阴阳说认为万物都有阴阳两个对立面，并以阴阳来解释自然界的各种现象，阴阳的对立和统一，是万物发展的根源。

什么是五行？

五行即木、火、土、金、水。古人认为这五种元素是构成宇宙的最基本物质，宇宙万物及其发展变化都是由这五种元素不断运动和相互作用的结果。

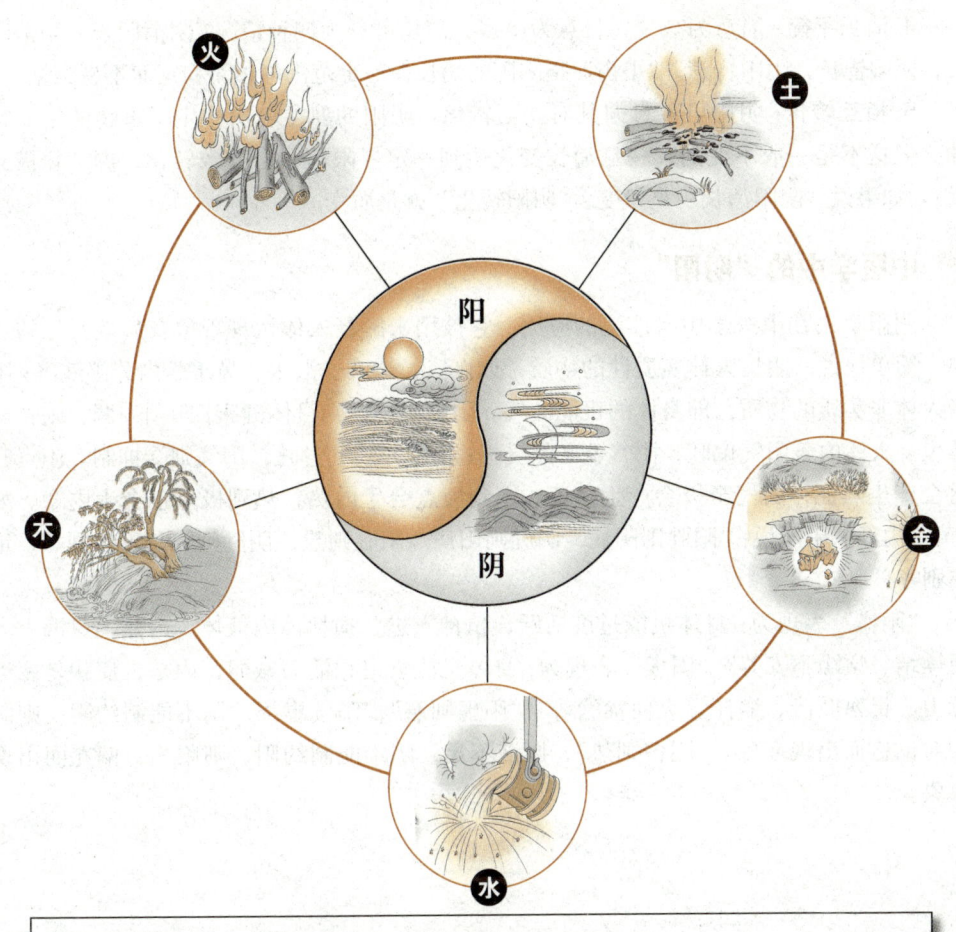

火　土　金　水　木

阳　阴

阴阳五行学说是中国古代朴素的唯物论和辩证法思想，它认为世界在阴阳二气的推动下产生、发展和变化；五行这五种基本物质是构成世界不可缺少的元素，它们与阴阳一同处于不断的运动变化中。

阴阳学说

阴阳学说早在夏朝就已形成。此说认为，任何事物都包含着对立统一的两个方面。"阴阳"就是对相关事物或同一事物内部对立双方的属性的概括。阴阳之间是对立统一、互根互用的，它们始终处于运动变化中。阴与阳之间有如下几种关系：

1. 交感相错：交感指阴阳的交互作用，相错指这种相互作用十分复杂。阴阳交感是万物得以产生和变化的前提。

2. 对立制约：阴与阳是对立、矛盾的。如：上与下、水与火。在属性对立的基础上，阴阳还存在着相互抑制、约束的性质，表现为"阴强则阳弱、阳胜则阴退"的动态联系。

3. 互根互用：阴阳任何一方都不能脱离对方而单独存在。如：没有上就没有下。在相互依存的基础上，某些范畴的阴阳还体现出相互滋生、相互为用的特点。

4. 消长平衡：消意为减少，长意为增多。消长可分为四种情况：阴消阳长，阳消阴长，阴阳皆长，阴阳皆消。"平衡"指阴阳的消长在一定范围内相对稳定而不易察觉。

5. 相互转化：阴阳可各自向其对立面转化。阴阳的孰主孰次决定了事物的主要特性。但这不是一成不变的，一旦消长变化达到一定界限值，会导致转化，即"物极必反"。如果说"阴阳消长"是量变，"阴阳转化"就是质变。

中医学中的"阴阳"

阴阳学说在中医学中有广泛的应用。它被用来解释人体生理现象及病理变化的规律。简单地说，阴指人体实质性的物质，如血液、津液、泪水、鼻水、内分泌液等；阳指人体非实质的物质，即身体的机能和气。阴阳协调，则身体健康；阴阳失调，则百病丛生。人体内若阳气偏旺，阴气就必然受损；相反，阴气过旺，阳气则受抑制。阳气旺盛会产生热证，阴气至极会产生寒证。寒到极点会生内热，热到极点也会生内寒。如《黄帝内经》中所说："阳胜则阴病，阴胜则阳病。阳胜则热，阴胜则寒。重寒则热，重热则寒。"

"阳盛"表现为：身体机能过度活跃，精神亢进，损耗体内液体，内热、口渴、大便燥结、烦躁不安等。"阳虚"表现为：身体机能衰退，活力减弱，内寒，症状是疲乏无力、畏寒肢冷、盗汗、大便稀溏等。"阳虚则寒"，阳气虚损，阳不能制约阴，则阴相对偏盛而出现寒象。"阴虚则热"，阴液不足，阴不能制约阳，则阳相对偏亢而出现热象。

阴阳学说的完美诠释：太极图

太极图是古代哲学家、炼丹家等解说阴阳理论的模式图。此图有很多种，其中陈抟公布的太极图又称"先天太极图"。朱熹认为，陈抟是向世外高人——隐士、道士学来的。后来，周敦颐将此图改造为今天常见的太极图。

阴阳的属性

阳：运动 ▶ 外向 ▶ 上升 ▶ 温热 ▶ 明亮 ▶ 无形 ▶ 兴奋 ▶ 外延 ▶ 主动 ▶ 刚性 ▶ 方形 ▶ 山南水北

阴：静止 ▶ 内向 ▶ 下降 ▶ 寒冷 ▶ 晦暗 ▶ 有形 ▶ 抑制 ▶ 内收 ▶ 被动 ▶ 柔性 ▶ 圆形 ▶ 山北水南

阴阳的关系

- 阴阳对立：互相对立，互相矛盾
- 阴阳互依：无阴不阳，无阳不阴
- 阴阳消长：阴消阳长，阳消阴长
- 阴阳互含：阴中有阳，阳中有阴
- 阴阳互生：阴极生阳，阳极生阴
- 阴阳互化：化阴为阳，化阳为阴

多种太极图

太极图有很多种，如周敦颐之图、陈抟之图、来知德之图、张景岳之图、端木国瑚之图。但只有陈抟和周敦颐的太极图流传广泛。

来知德的太极图

来知德的太极图以居中的黑白二线代表原始太极图中的两点。来氏认为："此图为圣人作易之原。理气象数，阴阳老少，往来进退，常变吉凶，皆寓于其中。"

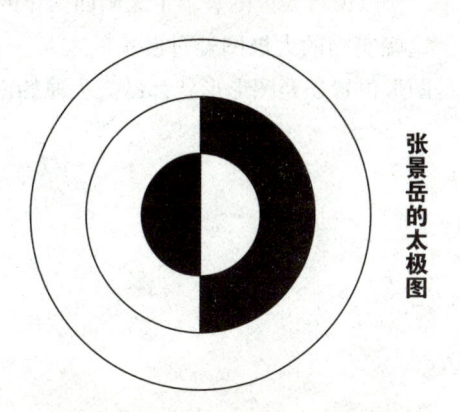

张景岳的太极图

张景岳的太极图中，内圈左黑右白，中圈左白右黑，最外圈全白，以示阴阳循环，象征生生不息。一般认为此图从立论到作图，均源于周敦颐的太极图。

上篇·第二章 《易经》的骨架：简单的哲理

太极图的产生

太极图是对阴阳学说的完美诠释。"太极"一词首见于《系辞》，但无图形。直到宋代才由陈抟传出太极图。现代学者经过研究，对太极图的产生有如下观点：

远古之人把日看做是天的实质性内容。古人看天主要是看天的变化，如昼夜变换、四季更替等，这些都与太阳的运动有关。古人在长期的天文观测中发明了立杆测日影的仪器——晷仪。晷仪中心及圆周各有圆孔，以备立竿（圭表）。在盘中心立有一个定表，圆周则立一个游表，逐日流动。每日午时测影，日影皆投向表的北方。圆盘半径依冬至所测日影长度为准。夏至太阳由北回归线往南移时用游表测日影，并在日影尽头作记。这时游表在定表南边，圆盘按逆时针方向，日转一孔，直到冬至太阳南移到南回归线为止。日影逐日增长，到冬至最长，由游表点达定表点。这样就在圆盘上留下了太阳秋冬二季的视运动投影图。然后将圆盘和游表转180度，将游表转到定表的北边，日转一孔，直到夏至太阳北移到北回归线为止。日影逐日缩短，到夏至则无影。这样就在圆盘上留下了太阳春夏二季的视运动投影图。将四季投影图合起来看，据这些晷数制图，就可获得原始实测的太极图。

将圆盘按二十四节气划分成二十四等份，每份显示出十五天中的日影盈缩情况。再将圆盘用六个同心圆等分半径成六，每等份代表四个影长单位，表示一个月的日影盈缩情况。后将二十四节气日影长度点用曲线连接起来，阴影部分用黑色描出来，即成太极图。

图中大圆圈表示地球绕太阳公转的轨迹。圆盘逆时针方向移动，表示太阳周年视运动右行，游表顺时针方向移动，表示太阳周日视运动左行。太极曲线表示地球自转的轨迹，即赤道。黄道与赤道之间的交角叫黄赤交角，即阴阳鱼的鱼尾角。这个交角现在为23度26分，由此造成太阳直射点在地球上的往返移动称为"回归运动"，这便产生了四季。所以说，太极图表示了太阳回归年的阴阳节律周期。

这幅实测的太极图经过漫长的岁月，经后人改造而成现代流行的太极图，但其无论是图形位置还是图形形状都已失去原始面目，是一种抽象化的太极图。

太极图的由来

陈抟公布的"先天太极图"反映了地球绕太阳公转及绕地轴自转造成明暗交叠的阴阳面。而这个发现来源于古代的天文观测仪器——晷仪。

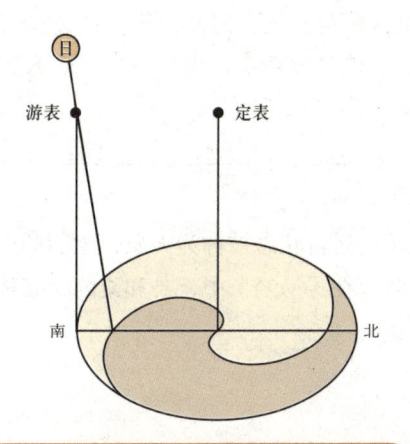

晷仪中心及圆周有圆孔，可立竿。在盘中心立定表，圆周则立游表，逐日流动。每日午时测影，夏至时在日影尽头作记，日转一孔，冬至时游表点达到定表点。

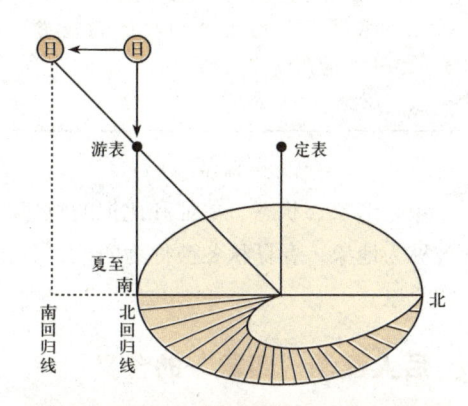

随着时间推移，圆盘上便留下了太阳秋冬二季的视运动投影图。将圆盘和游表转180度，按照同样的方法记录轨迹，就可获得秋冬二季的视运动投影图。

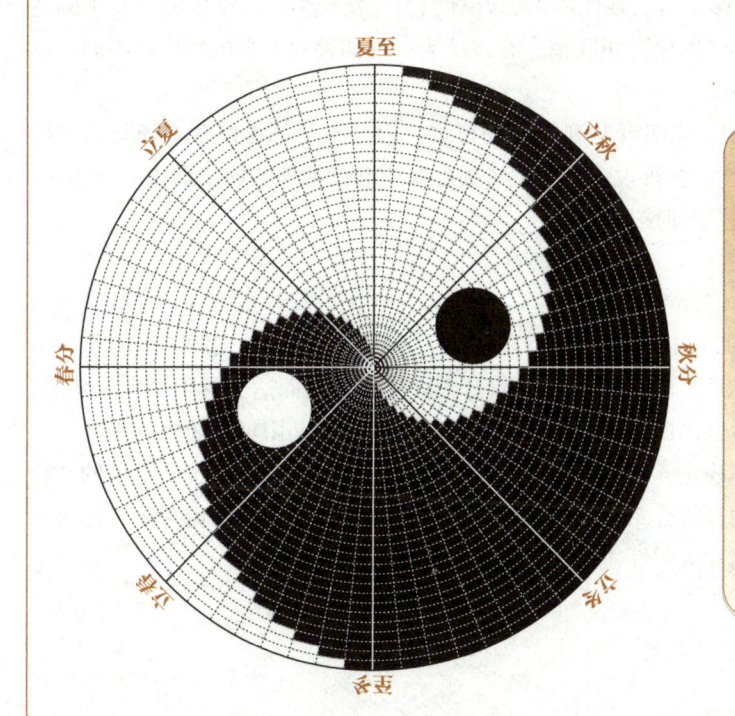

先天太极图

将四季的投影图合并就可得到原始的实测太极图。大圆图表示地球公转的轨迹，即黄道；S曲线表示地球自转的轨迹，即赤道。这幅实测图经周敦颐改造而成现代流行的太极图，但无论是图形位置还是形状都已失去原始面目，是一种抽象化的太极图。

四象

阴阳的消长变化

阴阳两仪对立统一，阴中有阳，阳中有阴，阳极阴生，阴极阳生，此消彼长，相互转化。根据阴阳的成分和程度的轻重，两仪又被分为四象：少阴、少阳、太阳（老阳）、太阴（老阴）。

象是形象、状态、象征和比拟的意思。天体的运行状态被称为天象，地面的地形状态被称为地象，春夏秋冬被称为四象，又叫四时。在《易经》中，卦和爻的状态称为卦象和爻象。

☯ 后人赋予"四象"的含义

《周易正义》中认为，两仪所生四象为金木水火，震木为春，离火为夏，兑金为秋，坎水为冬，各主一时。而土则分别旺于四季，即每个季节的最后一月。四象的含义又被后人演化，月亮的四象是：望、朔、上弦、下弦；地支的四象是：子、午、卯、酉；方位的四象是：东、南、西、北；神兽的四象是：青龙、白虎、玄武、朱雀……

四象的概念被现代人搭配以越来越多的事物。比如，现代物理学中有难以融合的四种基本力：电磁力、弱作用力、强作用力、万有引力。物理学家们难以解开其中的谜团，也将之与《易经》的"四象"相联系。有人认为，这四种基本力虽然形式不同，但都是阴阳结合力。

世界上可以一分为四，或四者并列的事物很多，但并不是都可以拿来硬套为"四象"。企图与"四象"挂钩的各种说法大都把《易经》中高度抽象的规律细化、具体化。结果是可以立"一家之言"，却挂一漏万。

☯ "四象"的本义

在《易经》的本义中，四象特指"少阴、少阳、太阳（老阳）、太阴（老阴）"。少阴和少阳是事物的初始状态，较为稳定。少阳是阳性逐渐增加而达到阴阳平衡的状态，少阴是阴性逐渐增加而达到阴阳平衡的状态。太阳与太阴分别是阳极与阴极的表现，是事物发展的终极状态，不稳定，即将产生变化，向相反的方向运动。这也是常说的"物极必反"的道理。本书中篇将介绍摇卦法，摇卦时三个钱币都是背面则记为阳，都是正面则记为阴。这也是太阴和太阳性质的转化在卦象中的一个体现。

四象：阴阳的消长

在《易经》的本义中，四象特指"少阴、少阳、太阳（老阳）、太阴（老阴）"。少阴和少阳是事物的初始状态，较为稳定；老阴和老阳是事物发展的终极状态，不稳定。

四象的变化

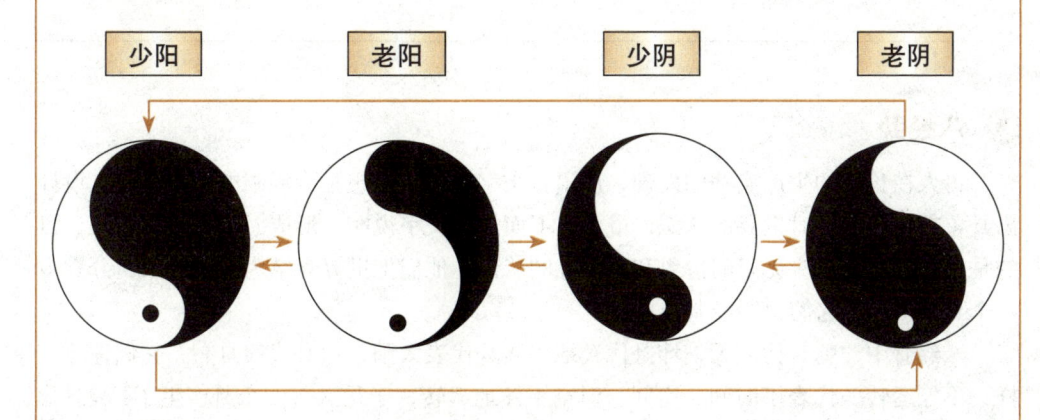

少阳　　老阳　　少阴　　老阴

"少阳—老阳—少阴—老阴"这四象之间的变化关系非常复杂。在图中，少阳和老阴看似一样，实则不同。在少阳时，阳占据主动、积极、上升的状态；而老阴时，阴占据上升状态。少阴和老阳的关系同理。

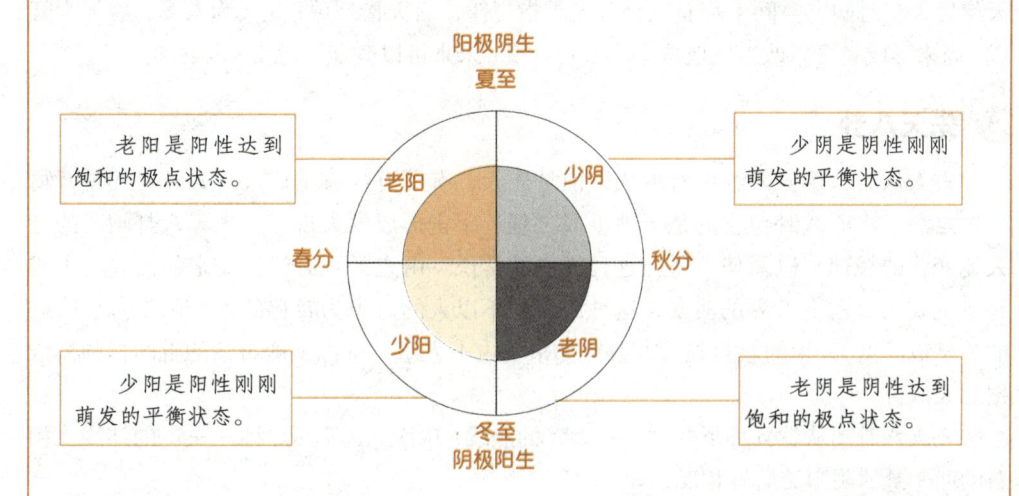

阳极阴生
夏至

老阳　少阴

春分　　　　秋分

少阳　老阴

冬至
阴极阳生

老阳是阳性达到饱和的极点状态。

少阴是阴性刚刚萌发的平衡状态。

少阳是阳性刚刚萌发的平衡状态。

老阴是阴性达到饱和的极点状态。

可一分为四的事物不都是《易经》中的"四象"。企图与"四象"挂钩的各种说法大都是把《易经》中高度抽象的规律细化、具体化。结果是可以立"一家之言"，却挂一漏万。

八卦
世界的八种元素

八卦源于古人对宇宙生成、日月与地球的关系、农业社会和人生哲学的认识。它们代表了构成天地万物的八种元素。

八经卦

古人在长期的生产实践中发现，用语言文字来表达思想是有局限的，于是圣人设计出卦象来表达自己对世界的认识，最后在下面加上文字说明，形成一个完整的系统。目的是用有限的卦对应无限的世界和对世界的认识。他们把世界总结为八种现象，分别由八个卦来表示，它们也叫经卦或单卦。

八经卦中，乾卦代表天，坤卦代表地，离卦代表太阳，坎卦代表月亮，它们像球一样，不停运转，代表了时间、空间。时空不停地运转，于是又有四个卦产生了：震卦代表雷，雷震动以后，有了气流，就是风；巽卦代表风，气流震动得太厉害，一摩擦又会产生电，这就是"雷风相薄"；艮卦代表高山陆地，兑卦代表海洋河流。

八卦分为两种：先天八卦和后天八卦。先天八卦揭示了宏观世界的规律，反映了宇宙、地球诞生初期的万物状态。后天八卦反映的是自然界和人类社会的具体状况。先天与后天在时间、空间上都有区分。先天指规律，后天指现象；先天为未成，后天为既成；尚未形成者可以改变，既成事实不可改变；未来可以改变，现实不可改变。

先天八卦

古人认为，宇宙万物没有形成以前是先天，有了万物就是后天。先天之气是万物生发之源，先天八卦包含的是天地生成之理、宇宙形成的大现象。先天八卦阐明的是天地变化的规律，以及使人适应这种规律的学说。由先天八卦演变而来的伏羲六十四卦也主要用于占卜世界的演变，这种演变是不以人的意志为转移的。如用于占卜国运的《皇极经世》，用的就是先天八卦。如果要占卜人事，推测一般事情的吉凶，则需依据后天八卦。

先天八卦图从乾到坤形成"天—地"的经线；从坎到离形成"水—火"的纬线，相对的两个卦的阴阳爻恰好相反，如：

天地定位：乾卦纯阳，坤卦纯阴，它们一南一北、一上一下，相互对峙。
山泽通气：艮为山居西北，兑为泽居东南。山与泽是相对立的两种事物。
雷风相薄：巽为风居西南，震为雷居东北，它们造成了"相薄"的状态。
水火不相射：离为日居东，坎为月居西。水火不容，故一东一西。

先后天八卦

八卦分为两种：先天八卦和后天八卦。它们的五行属性、卦象属性相同，但也有各自的数字属性、方位属性等，如下图所示。以乾卦为例，在先天八卦中，乾卦对应数字之一、五行之金、方位之南、卦象之天。

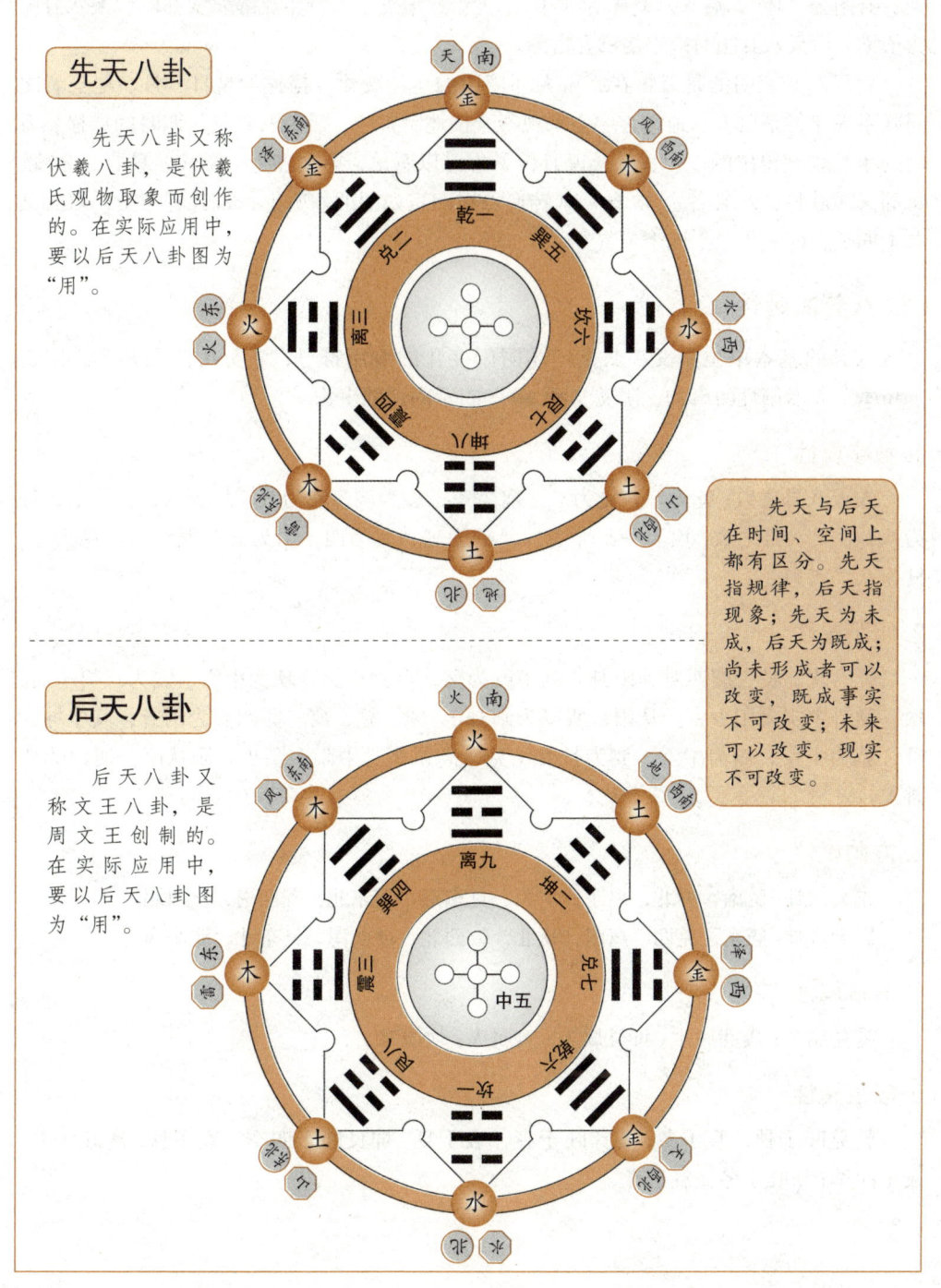

先天八卦

先天八卦又称伏羲八卦，是伏羲氏观物取象而创作的。在实际应用中，要以后天八卦图为"用"。

后天八卦

后天八卦又称文王八卦，是周文王创制的。在实际应用中，要以后天八卦图为"用"。

先天与后天在时间、空间上都有区分。先天指规律，后天指现象；先天为未成，后天为既成；尚未形成者可以改变，既成事实不可改变；未来可以改变，现实不可改变。

后天八卦

后天八卦又称文王八卦，是周文王改造先天八卦而创制的。周文王在研究先天八卦的过程中发现它与实际有不符的地方，于是改变了方位，使其符合自然万物的变化规律。他还在卦中增加了数字九，同时多出了中土的位置。后人在实际应用中，大多以先天八卦图为"体"，后天八卦图为"用"。天干、地支、五行生克等要素都以后天八卦图为依据。后天八卦图对应于洛书九宫图。

后天八卦表明的是万物在宇宙大环境中的运动变化，描述的是日、月、地三者之间联系规律，是以人、地作为中心来观察、描述宇宙的。后天八卦是从四时的推移、万物的生长收藏得出的规律，从《说卦传》中可以看出，万物春生、夏长、秋收、冬藏，每周天360日，八卦各主45日，其转换点在四正四隅的八节上，每卦有三爻，八卦共二十四爻，即一年二十四个节气。

八卦的属性

八卦的基本单位是爻，爻是记述阴阳变化的专用符号，它分为阴阳两类，阳爻"▬▬"表示阳性的事物，阴爻"▬ ▬"表示阴性的事物。

1. 数字属性

先天八卦之数：乾为一，兑为二，离为三，震为四，巽为五，坎为六，艮为七，坤为八；后天八卦之数：坎为一，坤为二，震为三，巽为四，中为五，乾为六，兑为七，艮为八，离为九。

2. 阴阳属性

乾、坎、艮、震四卦为阳卦，其中乾为父，艮为少男，坎为中男，震为长男（震、坎、艮卦中阴多阳少，阴从阳，所以为阳卦）。坤、兑、离、巽四卦为阴卦，其中坤为母，兑为少女，离为中女，巽为长女（兑、离、巽卦中阳多阴少，阳从阴，所以为阴卦）。

3. 方向属性

先天八卦：乾南，坤北，离东，坎西，兑东南，震东北，巽西南，艮西北。

后天八卦：震东，兑西，离南，坎北，乾西北，坤西南，艮东北，巽东南。

4. 五行属性

乾兑属金；震巽属木；坤艮属土；离属火；坎属水。

5. 旺衰属性

乾兑旺于秋，衰于冬；震巽旺于春，衰于夏；坤艮旺于四季，衰于秋；离旺于夏，衰于四季；坎旺于冬，衰于春。

八卦释义

宇宙的现象可总结出八种，分别由"乾、坤、震、巽、坎、离、艮、兑"八个卦来表示。

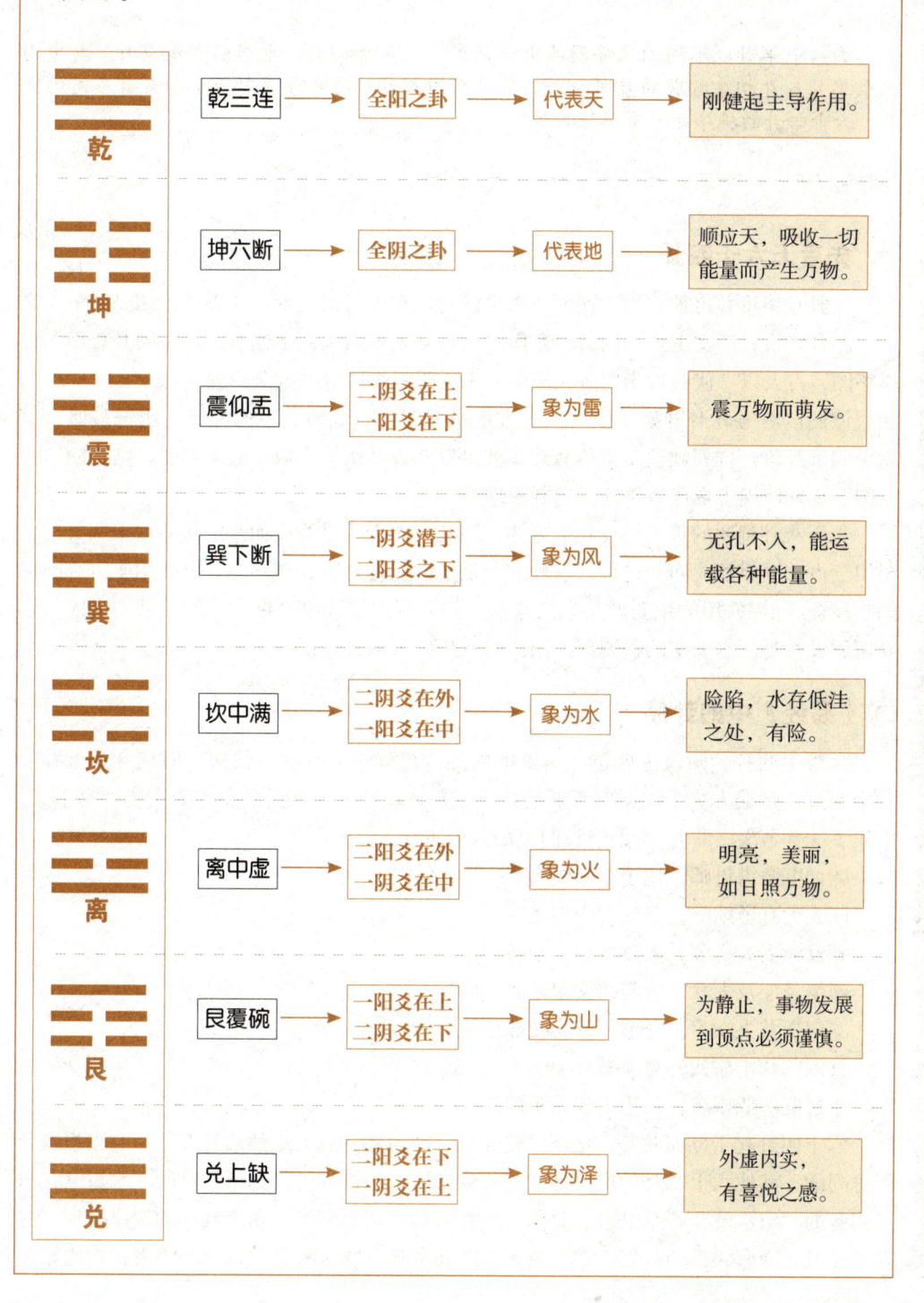

卦	名称	→	阴阳	→	象	→	释义
☰	乾	乾三连	全阳之卦		代表天		刚健起主导作用。
☷	坤	坤六断	全阴之卦		代表地		顺应天，吸收一切能量而产生万物。
☳	震	震仰盂	二阴爻在上 一阳爻在下		象为雷		震万物而萌发。
☴	巽	巽下断	一阴爻潜于 二阳爻之下		象为风		无孔不入，能运载各种能量。
☵	坎	坎中满	二阴爻在外 一阳爻在中		象为水		险陷，水存低洼之处，有险。
☲	离	离中虚	二阳爻在外 一阴爻在中		象为火		明亮，美丽，如日照万物。
☶	艮	艮覆碗	一阳爻在上 二阴爻在下		象为山		为静止，事物发展到顶点必须谨慎。
☱	兑	兑上缺	二阳爻在下 一阴爻在上		象为泽		外虚内实，有喜悦之感。

重卦
六十四卦的多种排序

由八个单卦以不同的次序两两重合就产生了六十四卦，也叫别卦或重卦。其中由八个单卦自身相叠所成的卦叫纯卦，其卦名同单卦。历代学者对六十四卦有不同的阐发，六十四卦的排序也就有了很多种。

先后天六十四卦

八卦互相重叠可得到六十四卦，六十四卦也有先后天之别：伏羲六十四卦属于先天六十四卦体系；而文王六十四卦、京房的八宫卦属于后天六十四卦。六十四卦有很多种排序图，古人以"伏羲六十四卦大横图"来说明六十四卦的成卦原理。

该图以右方乾卦开始，阳气向左方依次减弱，直到最右方的坤卦为阴气最盛，共六十四个卦象，排列规整，错落有致。如果以0表示阴爻，以1表示阳爻，则这幅"大横图"正好体现了现代数学的二进制原理。

先天八卦阐明的是天地变化的规律，因此由先天八卦演变而来的伏羲六十四卦也主要用于占筮世界的大演变过程，这种演变是不以人的意志为转移的。例如用于占筮国运的《皇极经世》，用的主要就是先天八卦。如果要占筮人事，推测一般事情的吉凶，则要用后天八卦。本书中的预测理论用到的就是后天八卦体系。

《易经》中的卦序

太极生两仪，两仪生四象，四象生八卦，在数学上是加一倍法；但从八卦重叠成六十四卦，是乘方法。周文王所著的卦辞就是解释这六十四卦的。朱熹在《周易本义》中作了《卦名次序歌》，有助于我们记忆六十四卦：

乾坤屯蒙需讼师，比小畜兮履泰否；
同人大有谦豫随，蛊临观兮噬嗑贲；
剥复无妄大畜颐，大过坎离三十备；
咸恒遁兮及大壮，晋与明夷家人睽；
蹇解损益夬姤萃，升困井革鼎震继；
艮渐归妹丰旅巽，兑涣节兮中孚至；
小过既济兼未济，是为下经三十四。

六十四卦起于乾坤两卦，是在"乾为天、坤为地，有天地然后有万物"的思想指导下排列的。其他六十二卦的次序是以卦象相错的方法排列的，如第三卦的"水雷屯"与第四卦的"山水蒙"两个卦象。此外，还有的卦按由小到大、由大到小的规律排列，这在《序卦》中有详细的论述。如"盈天地之间者唯万物，故受之以屯。屯者，物之始生

伏羲六十四卦大横图

古人以"伏羲六十四卦大横图"来说明六十四卦的成卦原理。该图以右方乾卦开始，阳气向左方依次减弱，直到左方的坤卦为阴气最盛，共六十四个卦象，排列规整，错落有致。如果以 0 表示阴爻，以 1 表示阳爻，则这幅"大横图"正好体现了现代数学的二进制原理。

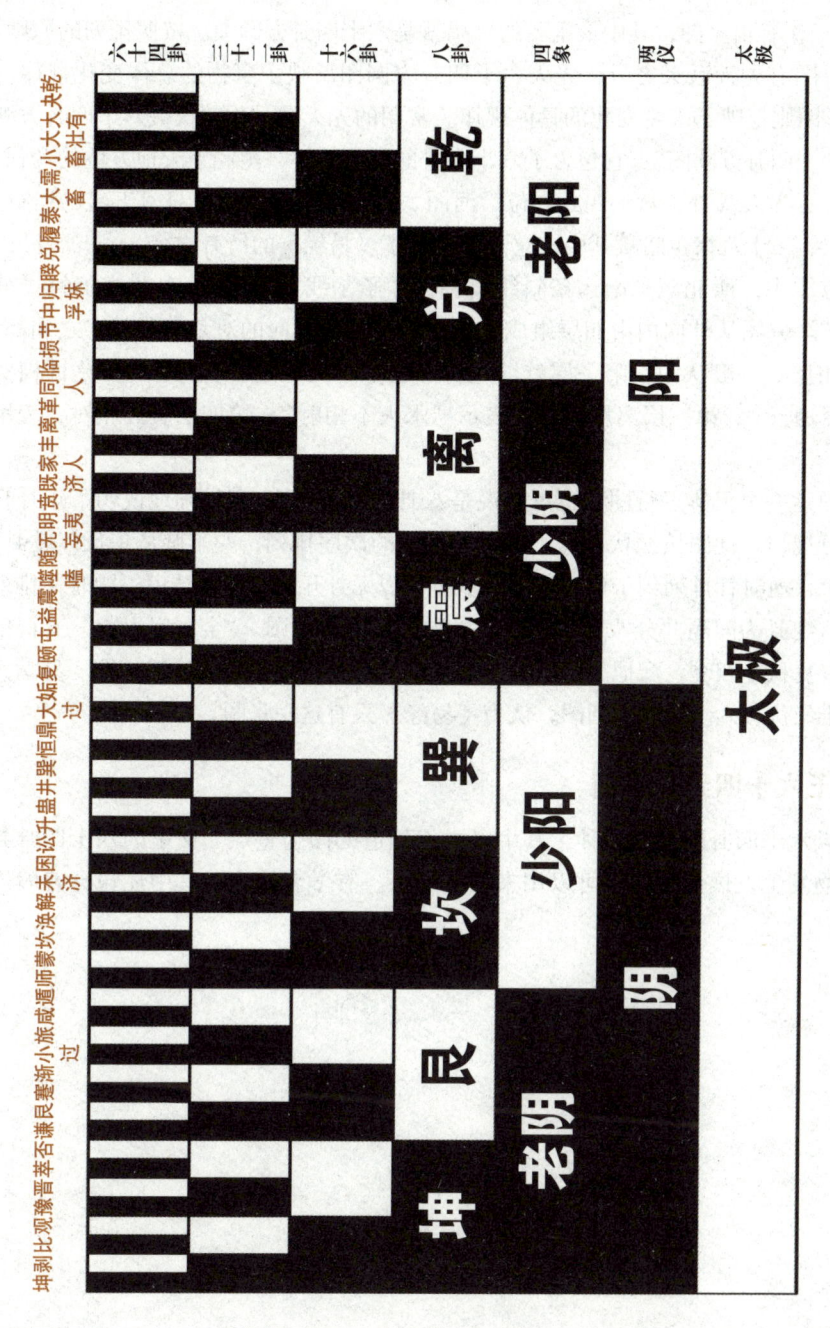

也"。由于屯卦是万物开始生长的时期，所以排在第三位。"物生必蒙，故受之以蒙"：万物开始生长时期，先必有个萌芽的阶段，所以屯卦后为蒙卦。

六十四卦除了《周易》中起于"乾坤"终于"未济"的排序外，还有圆图排列，方阵排列，圆中布方的排列，以及八宫法的排列等。

六十四卦方圆图

《易经》有很多图，其中最重要的一幅就是六十四卦方圆图。按照排列的原则不同，六十四卦图有先天后天之分，先天六十四卦方圆图反映了事物的总体变化规律，后天六十四卦图则反映了事物变化的具体规律。常用的先天图又称"伏羲六十四卦方圆图"，简称"六十四卦方圆图"。它包含了六十四卦的变化之妙，蕴涵了天地方位的变化之理。该图包含了先天八卦、六十四卦方位、河图、洛书等内容，以及日月五星的运行规律，十二纲纪、二十八宿也暗藏其中，它几乎囊括了《易经》的所有内容。

在方图中，西北至东南这条斜线被称为"子午线"，西南至东北这条斜线被称为"卯酉线"。方图从外向内由四层组成，每层沿子午线方向的对角两卦数字之和都是九，且卦象相反。一般认为，第一层乾坤相对，表示"天地定位"；第二层兑艮相对，表示"山泽通气"；第三层离坎相对，表示"水火不相射"；第四层震巽相对，表示"雷风相薄"。

圆图是一个天体运行图，也可以说是八卦的"历法"，它精确地说明了年月日和四季的运行规律。此图按照伏羲六十四卦大横图的次序排列，左半圆从午位以乾卦开始，复卦结束，逆时针排列到子位；右半圆从午位以姤卦开始，坤卦结束，顺时针排列到子位。以八纯卦为间隔共分八宫，正好形成先天八卦方位图。"金木水火土"五行依次运行而成春夏秋冬四季，配地支和二十四节气，便是一幅完整的天体运行图。易学大师陈抟极力推崇伏羲六十四卦方圆图，认为《易经》只有这一张图。

文王六十四卦卦序图

后天六十四卦图有很多种，其中以文王创造的图为重点。文王的六十四卦卦序包含着事物发生发展的顺序，可以用来预测人事。有学者认为，其中还包含着殷周时代的历史。

六十四卦方图和圆图

在六十四卦方圆图中，方图代表地，为空间，由四个层次组成；圆图代表天，为时间，方位与先天八卦相同。

六十四卦方图

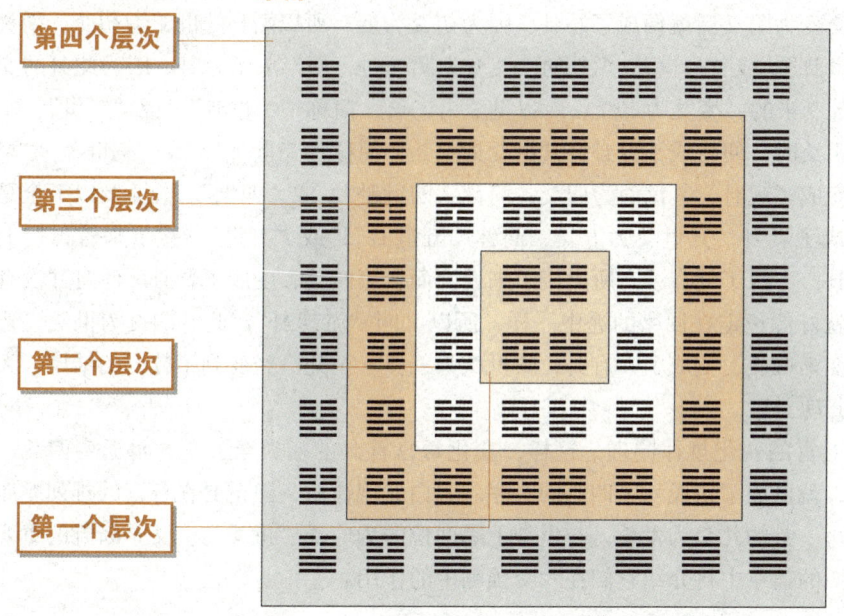

东南

- 第四个层次
- 第三个层次
- 第二个层次
- 第一个层次

西北

六十四卦圆图

乾 巽 兑 坎 离 艮 震 坤

圆图的卦序就是伏羲六十四卦次序，从乾卦始逆时针排列一周而成圆形。

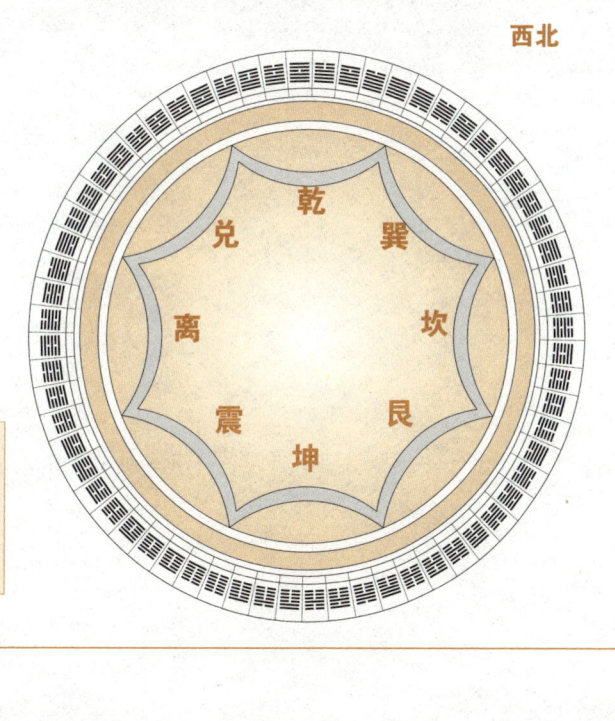

八宫卦序

在古人对六十四卦的众多排序中，汉代京房的"八宫学说"独树一帜。八宫卦，又称"京房六十四卦"，与伏羲六十四卦、文王六十四卦都不同。它以八卦为八宫，八卦自身重复、逐爻变化而变出本宫的其他七卦。每宫八卦，八宫共六十四卦。这种排法属于后天八卦系统。依据八宫卦序可推知各爻的世爻和应爻，这是六爻预测的理论元素之一。

八宫的各宫变化规律都相同，以乾宫为例来说明：六爻纯阳的乾卦，世爻在上九爻。其初爻变为阴爻后就便成了姤卦，因为初爻为变，所以姤卦的世爻为初爻，简称姤卦为"一世卦"，或"一世"。姤卦的二爻变为阴爻时，便形成了遁卦，因为此卦的变爻是根据姤卦变来的，变爻为二爻，所以世爻为二爻，简称"二世卦"，或"二世"。遁卦三爻变为阴爻时，便变成了否卦，其世爻为三爻，简称"三世卦"，或"三世"。变至四爻时，便变成了观卦，其世爻为四爻，简称"四世卦"，或"四世"。五爻及以下全是阴爻时便变成了剥卦，其世爻为五爻，简称"五世卦"，或"五世"。接下来若再往上变就成了坤卦，不属于乾宫了。所以接下来返回而变第四爻，变成了晋卦。此时并没有变完，晋卦就好像正走在回家的途中一样，所以又叫"游魂卦"，此卦四爻为世爻。晋卦继续往回变第三爻，变成了大有卦，其世爻为三爻。至此已经变到了乾宫的结尾，大有卦也称"归魂卦"。

其他七宫的变化规律同理。这样，变化每宫首卦的初爻至五爻，再返变四爻，最后变三爻，就形成了京氏六十四卦的卦序。明白此规律后，熟记卦在各宫的排列顺序便可推算出每一卦的几爻为世爻，与世爻上隔两位的为应爻。世爻与应爻是断卦的重要因素，在后面的篇章中将介绍它们在六爻预测中的作用。

六十四卦方圆图

伏羲六十四卦方圆图实际上就是先天六十四卦卦序。古人以六十四卦卦序反映一年的阴、阳二气变化。冬至一阳来，夏至一阴至。先天六十四卦主要反映事物总体的变化规律。

方图的卦序

六十四卦方图是先天六十四卦次序的倒图。图中，西北角至东南角是条斜线，以先天八卦的次序排列着八纯卦，这样就将六十四卦分成了两半，四层对角的卦象相反。

圆图的卦序

圆图的卦序就是先天六十四卦的排列次序，从乾卦开始逆时针排列一周而成圆形。乾一兑二离三震四逆行，巽五坎六艮七坤八顺行，将六十四卦分成了八宫。

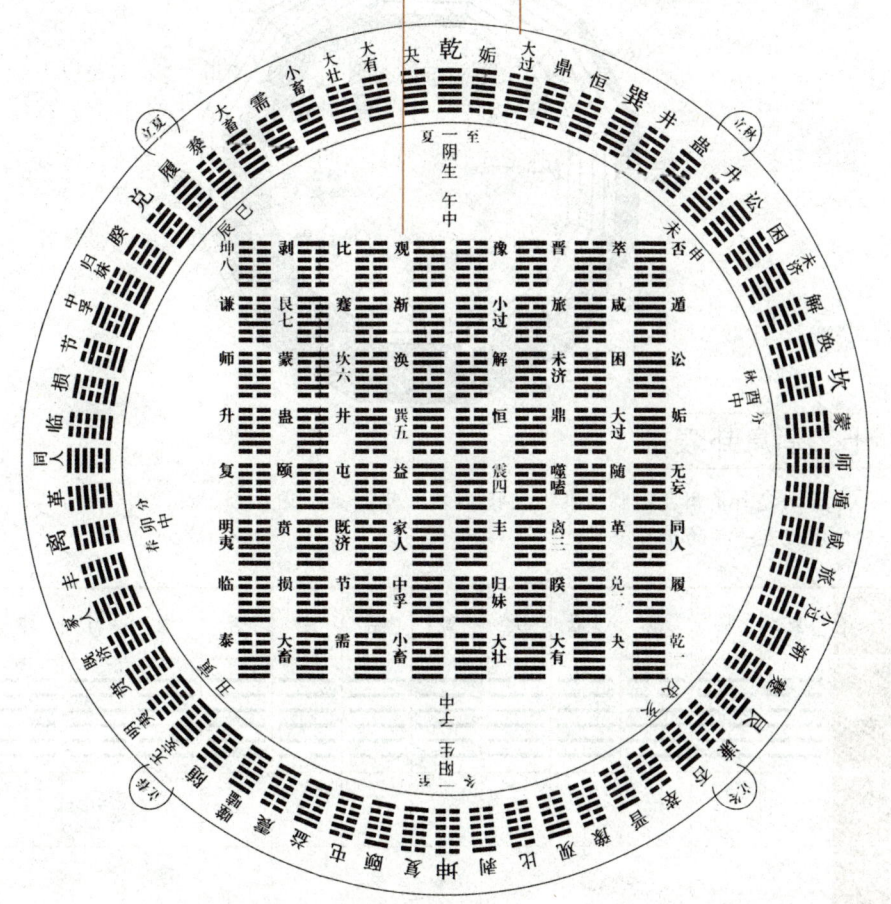

此图简称方圆图或先天图。圆图为天为时间，方图为地为空间。事物总是由阴（坤）到阳（乾），由阳（乾）到阴（坤）周而复始地变化。事物的阴阳既对立（在圆图中以上下示之）又统一（统一在一圆内）。

十二消息卦

在六十四卦中，有十二个卦较为特殊，人们称为"十二消息卦"，它们的卦爻变化完美地体现了阴阳消长的规律。

十二消息卦

此图简明地画出了一年十二个月与十二地支、二十四节气的关系，并且与六十四卦对应起来。自复卦一阳生，至乾卦达到极盛而生出阴性，阴性又至坤卦达到极盛。

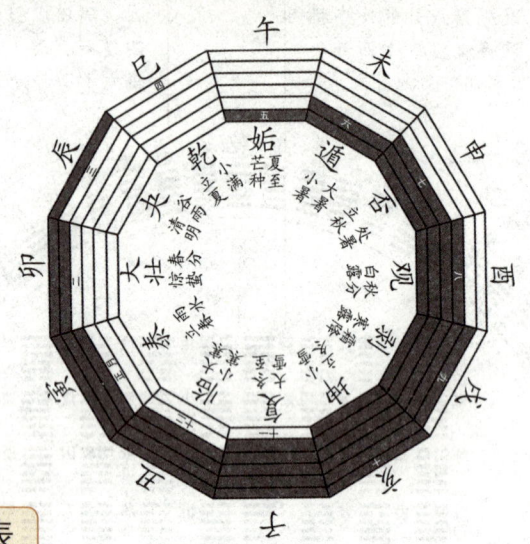

十二消息卦表

十二消息卦是用复、临、泰、大壮、夬、乾、姤、遁、否、观、剥、坤十二卦，分别依次代表一年的十二个月。

卦名	复	临	泰	大壮	夬	乾	姤	遁	否	观	剥	坤
卦象												
月份	十一	十二	一	二	三	四	五	六	七	八	九	十
季节	冬		春			夏			秋			冬
阴阳变化	阴 → 阳						阳 → 阴					
	阳息阴消						阴息阳消					

八宫卦卦序

《易经》六十四卦可以按照宫位的规则列为"八宫",简称"八宫卦",每个经卦统领一宫,每宫有八个卦。这种八宫卦序主要用在六爻预测中。

八宫卦

八宫卦	乾宫 金	震宫 木	坎宫 水	艮宫 土	坤宫 土	巽宫 木	离宫 火	兑宫 金
首卦	乾	震	坎	艮	坤	巽	离	兑
一世卦	姤	豫	节	贲	复	小畜	旅	困
二世卦	遁	解	屯	大畜	临	家人	鼎	萃
三世卦	否	恒	既济	损	泰	益	未济	咸
四世卦	观	升	革	睽	大壮	无妄	蒙	蹇
五世卦	剥	井	丰	履	夬	噬嗑	涣	谦
游魂卦	晋	大过	明夷	中孚	需	颐	讼	小过
归魂卦	大有	随	师	渐	比	蛊	同人	归妹

四种较特殊的卦

下面四种卦较为特殊,其中六冲卦多为不吉,六合卦多为吉,游魂卦和归魂卦在预测疾病时多为不吉,且游魂比归魂更凶。

六冲卦	乾	坤	坎	离	艮	兑	震	巽	无妄	大壮
六合卦	泰	否	豫	贲	复	困	旅	节		
游魂卦	需	讼	颐	晋	大过	明夷	中孚	小过		
归魂卦	师	比	蛊	渐	随	同人	大有	归妹		

五行
原始的系统循环论

五行学说最早在道家学说中出现。它强调整体观念，描绘事物的结构关系和运动形式。如果说"阴阳学说"是古代的对立统一学说，则"五行学说"就是原始的系统循环论。

五行学说的起源

五行学说的起源一直争议颇多。第一种观点认为：五行说是古人自发的观念，并无确切的创始人，春秋时期以前就有朴素的五元素说。第二种观点认为：五行说出自中国现存最早的医学典籍《黄帝内经》，该书以五行配五脏，对五行学说的内容有详尽的记载。第三种观点认为：孟子创造了五行学说。《荀子》里记载子思、孟子是五行的创始者。现代学者范文澜认为："孟子是五行学说的创始者，孟子有'五百年必有王者兴，由尧舜至于汤五百年有余岁……由汤至于文王五百年有余岁……由文王至孔子五百年有余岁……'等近乎五行推运的说法。比孟子稍后的邹衍扩大了五行学说，成为阴阳五行家。"

五行学说认为金、木、水、火、土五种元素构成宇宙万物。它们各有不同的属性，分别对应太阳系的五颗行星：金星、木星、水星、火星、土星；以及人间的五德：义、仁、智、礼、信。古人认为，这五类事物在天、地、人之间形成映射关系，比如天上的木星有了变化，地上的木类之物，以及人的"仁"性也会有相应的变化。

五行之间存在着生、克、乘、侮等关系。五行的"相生""相克"关系可以解释事物之间的相互联系，而五行的"相乘""相侮"则可以用来表示事物之间平衡被打破后的相互影响。

五行的特性

五行作为五种符号，代表可以划分为五类的事物状态。五行的特性虽然来自木、火、土、金、水五种自然物质，但实际上已远远超越了这五种具体物质本身，具有更广泛而普遍的意义。

1. 金的特性：金主义，其性刚，其质烈。具有清洁、肃杀、收敛性质的事物，均可归属于金。金曰"从革"，从为顺从、服从，是金的"柔和"特性的体现；革为变革、改革，是金的"变易"之性的表达。

2. 木的特性：木主仁，其性直，其质和。具有生长升发、条达性质的事物，均可归属于木。木曰"曲直"，曲为屈，直为伸，所以木有能屈能伸的特征，伸则舒其条达之性，屈则还其柔和之质。木可纳水土之气，树木的主干挺直向上生长，树枝曲折向外舒

五行之间的"映射"

易经源自于河图洛书，而河图洛书为上古时期的星象图。因此易经中的公理性知识也源自于星象，比如五行学说。古人认为，宇宙万物虽各有不同的属性，但都可纳入五大类，并分别对应太阳系中的"金木水火土"五星。

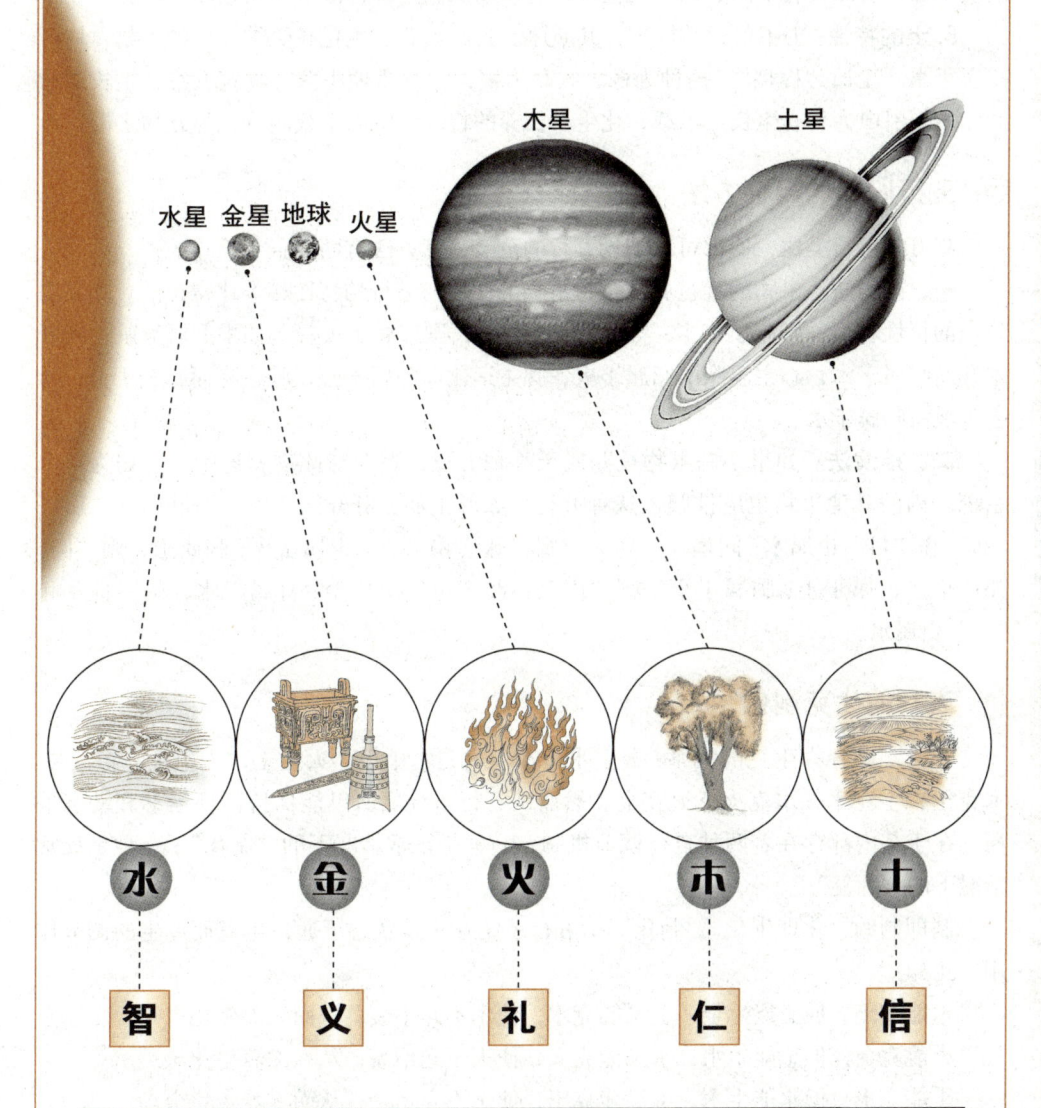

水星　金星　地球　火星　　木星　　　土星

水　金　火　木　土

智　义　礼　仁　信

古人认为，这五类事物在天、地、人之间形成映射关系，比如天上的木星有了变化，地上的木类之物，以及人的"仁"性也会有相应的变化。

展，生长繁茂，随风招摇。

3. 水的特性：水主智，其性聪，其质善。具有寒凉、滋润、向下的性质的事物，均可归属于水。水曰"润下"，润为湿润，下为向下，所以水具有滋润寒凉、性质柔顺、流动趋下的特性。

4. 火的特性：火主礼，其性急，其质恭。具有温热、升腾性质的事物，均可归属于火。火曰"炎上"，炎为热，上为向上。火在燃烧时能发光放热，火焰飘浮于上，光热四散于外，所以火有发热、向上的性质，有驱寒保温之功，锻炼金属之能。

5. 土的特性：土主信，其性重，其质厚。具有承载、生化、受纳性质的事物，均可归属于土。土曰"稼穑"，播种为稼，收获为穑，土有播种庄稼、收获五谷、生长万物的作用。引申为具有生长、承载、化生、长养的特性。所以土载四方，为万物之母。

五行归类的两种方法

将万物进行类比，便都可以纳入五行的范畴，其方法有两种：

一、归类法。事物的五行属性是将事物的性质与五行的特性相类比得出的。如某物与木的特性相似，则归属于木；与火的特性相似，则归属于火等。如果配属五脏，则肝主升而归属于木，心主温煦而归属于火，脾主运化而归属于土，肺主降而归属于金，肾主排泄而归属于水。

二、推演法。如果某一事物被归属于某种五行，那么与此物相连的、可划为一个系统之内的其他事物也应被归入这种五行。如肝主筋、肝开窍于目，而肝属木，所以"筋"和"目"也属木；同理，心属火，则"脉"和"舌"也属于火；脾属土，则"肉"和"口"也属于土；肺属于金，则"皮毛"和"鼻"也属金；肾属于水，则"骨"和"耳"也属水。

五行的生克制化

五行之间存在生克的关系：金生水，水生木，木生火，火生土，土生金；金克木，木克土，土克水，水克火，火克金。然而，五行系统之所以能保持循环运动和动态平衡，在于其内部存在着两种自行调节机制，一种是正常情况下的"制化"；一种是反常情况下的"胜复"。

制即制约，化即生化。"制化"指五行系统在正常状态下通过生克而产生的调节作用。比如：

木能克土，但土能生金，金又能克木，使木不亢不衰，从而滋养生化火。
火能克金，但金能生水，水又能克火，使火不亢不衰，从而滋养生化土。
土能克水，但水能生木，木又能克土，使土不亢不衰，从而滋养生化金。
金能克木，但木能生火，火又能克金，使金不亢不衰，从而滋养生化水。
水能克火，但火能生土，土又能克水，使水不亢不衰，从而滋养生化木。

五行的引申意义

　　五行作为五种符号，代表可以划分为五类的事物状态。五行的特性虽然来自木、火、土、金、水五种自然物质，但实际上已远远超越了这五种具体物质本身，具有更广泛而普遍的意义。

	金	
	具有清洁、肃杀、收敛性质的事物，均可归属于金。	"肃杀"之性属金
	木	
	具有生长升发、条达性质的事物，均可归属于木。	"升发"之性属木
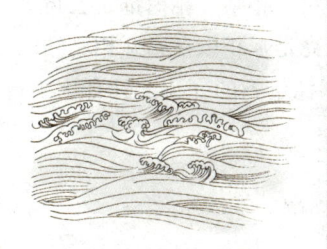	水	
	具有寒凉、滋润、向下性质的事物，均可归属于水。	"向下"之性属水
	火	
	具有温热、升腾等性质的事物，均可归属于火。	"升腾"之性属火
	土	
	具有承载、生化、受纳性质的事物，均可归属于土。	"生化"之性属土

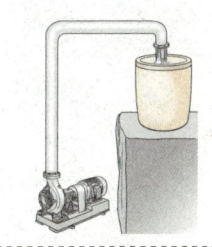

正是这种相反相成的生克制化，调节并保持了事物结构的相对协调和平衡。相生相克的过程是事物消长的过程，在此过程中，当出现不平衡的情况时，事物自身会通过相生相克的调节而重新出现平衡。正是这种在不平衡之中求得平衡，而平衡又立刻被新的不平衡所替代的循环运动，推动着事物的变化发展。

五行的胜复

"胜复"指五行系统在反常情况下，即在局部出现较大不平衡的情况下，通过相克而产生的一种大循环的调节。胜复调节可使一时偏盛或偏衰的五行由不平衡而恢复平衡。

"胜"指因为某行之气太过而导致对自己所克之行的过度克制。胜气一旦出现，势必招致一种相反的力量将其压抑下去，即所谓"复气"。胜气重，则复气重。胜气轻，则复气轻。所以《素问》说："有胜之气，其必来复也。"

例如，火气太过，则过分克金，使金气偏衰；金衰不能制木，则木偏胜而加剧制土，土受制则减弱制水之力，水便越发旺盛，而把太过的火克伐下去，使其恢复正常。

反之，如果火不足则不能克金，引发金偏盛，金盛则加强制木，使木衰而无法制土，这将引起土盛制水，水衰则制火力减弱，从而使火气得到恢复，以维持系统的正常运转。

如果只有"胜"而没有"复"，即五行之中的一行太过而没有另一行制约时，则系统的和谐关系就被破坏，导致紊乱。生多为克、泄多为克、相乘、相侮都是五行关系走极端的情况，相似于四象中的老阴和老阳。五行的生与克是互相依存、互相制约的。没有生，则没有事物的发生与成长；没有克则没有在协调稳定下的变化。只有生中有克、克中有生，相反相成、协调平衡，事物才能生化不息。

五行归类的两种方法

将万物进行类比，便都可以纳入五行的范畴，其方法有两种：归类法、推演法。下面以五行中的"木"为例来说明。

绿色

木

春季

巽

> 根据归类法，绿色、东方、春季、巽卦、鸡、树、风、肝脏都属于"木"的范畴；根据推演法，肝脏主怒，华荣于爪，开窍于目，与胆互为表里，所以怒、爪、目、胆也都属"木"。

阴阳五行观的发展

"阴阳家"是春秋战国百家争鸣中的一家,后来逐渐消失了。他们的学说被充分融入易学、儒学、道学、医学当中,但也正是因为这种融入,使得阴阳学说在中国传统文化中随处可见、举足轻重。

在易学史上,邹衍最早把阴阳和五行概念结合起来,提出系统的阴阳五行说——五德终始说,即阴阳五行的象数与天命观相结合的一种哲学。邹衍"深观阴阳消息",以阴阳、五行概念为核心,以阴阳、五行之气的运动为宇宙的普遍规律,以此讨论极小至无限大的空间,以及从天地生成到现在的时间。他在讨论空间时说:"必先验小物,推而大之,至于无限";在讨论时间时说:"先序今以上至黄帝,学者所共术,大并世盛衰,因载其禨祥度制,推而远之,至天地未生,窈冥不可考而原也"。成书于战国的《吕氏春秋》将当时广为流行的五行说和阴阳说进一步具体化;《十二纪》中描述了一年五气运行对应的天象、气象、物象,并以此为据制定出一年十二个月的"政令之所行"律令。

至秦汉,阴阳五行学说开始成为统摄万物的哲学体系。西汉时,阴阳五行学说逐渐被世人所公认,其表述体系最终的完成者是《淮南子》和董仲舒,他们分别代表"道"和"儒"两大学派,占据着不同学术领域,但又互通、互补、互融。道、儒在发展中给易学增添了新的元素,儒学、道学、易学的融通共进,促进了中国传统文化的繁盛。

五行与"天地人"

天

五行	木	火	土	金	水
季节	春	夏	长夏	秋	冬
气候	风	热	湿	燥	寒

地

五行	木	火	土	金	水
方位	东	南	中	西	北
畜	鸡	羊	牛	马	猪
色	苍	赤	黄	白	黑
味	酸	苦	甘	辛	咸

人

五行	木	火	土	金	水
脏	肝	心	脾	肺	肾
窍	目	舌	口	鼻	耳
体	筋	脉	肉	皮毛	骨
志	怒	喜	思	忧	恐

五行的"胜复"

"胜复"指五行系统在反常情况下,即在局部出现较大不平衡的情况下,通过相克而产生的一种大循环的调节。胜复调节可使一时偏盛或偏衰的五行由不平衡而恢复平衡。

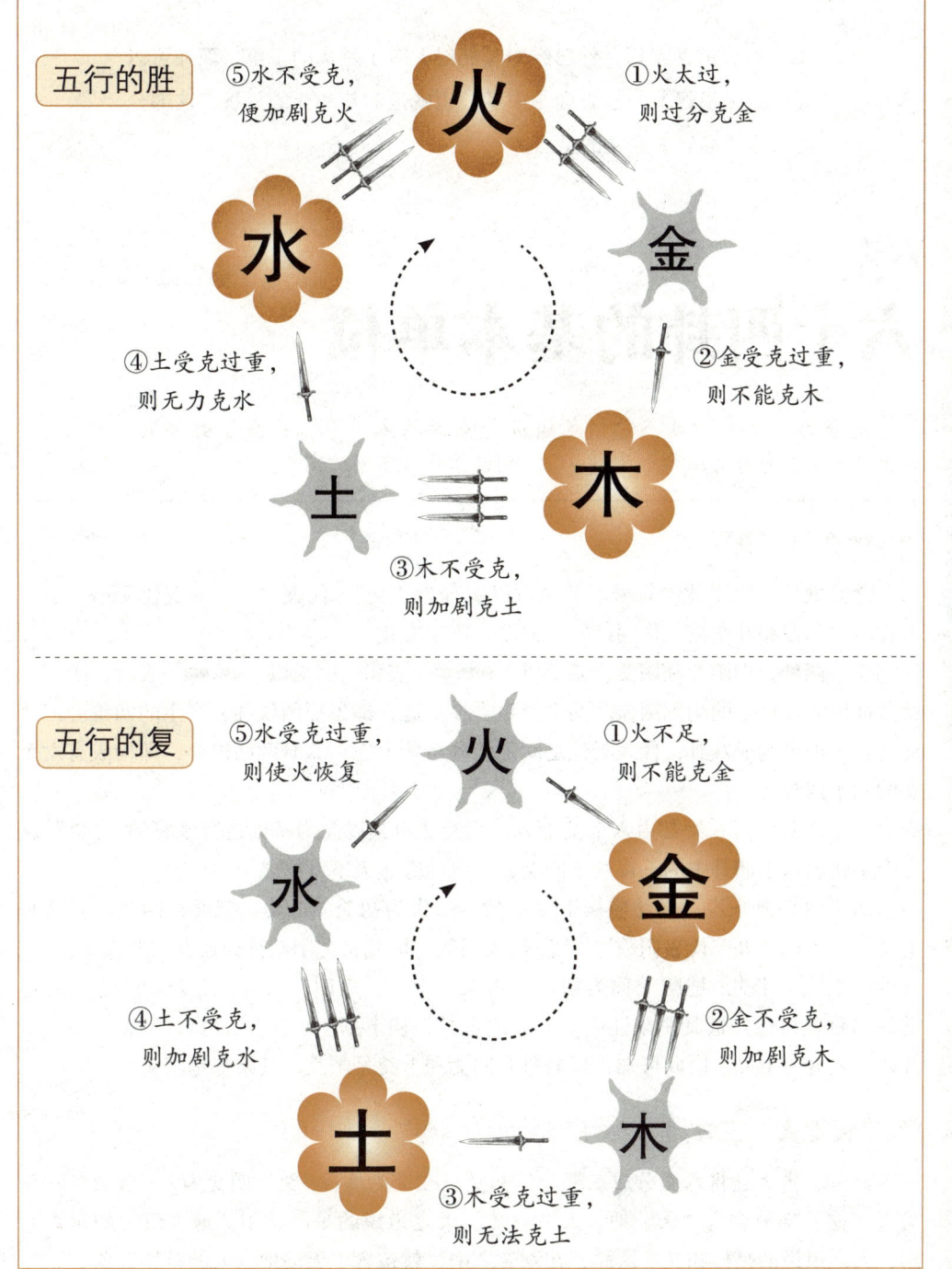

五行的胜

- ①火太过,则过分克金
- ②金受克过重,则不能克木
- ③木不受克,则加剧克土
- ④土受克过重,则无力克水
- ⑤水不受克,便加剧克火

五行的复

- ①火不足,则不能克金
- ②金不受克,则加剧克木
- ③木受克过重,则无法克土
- ④土不受克,则加剧克水
- ⑤水受克过重,则使火恢复

第三章

《易经》的血肉：系统的结构

读过前两章后，你已经对《易经》有了基本的了解，现在可以深入到《易经》的核心理论中了，也就是对卦和爻的分析。这部分内容是《易经》原文的重点。

六爻

六十四卦的基本单位

爻分为阴爻和阳爻，它们是组成卦象的基本单位，构成了卦象的交错变化。六十四卦中，每卦都由六个爻组成，不同的爻代表不同的寓意。

什么是"爻"

爻是效仿天地变化的符号。爻又可以解释为"交"，代表"易"的变化交错。宇宙万物时时都在相互交流、作用，发生关系，产生变化。

爻有两种，即阳爻和阴爻，阳爻以"▬▬▬"表示，阴爻以"▬▬ ▬▬"表示。阴阳二爻象征由太极衍生的阴阳两仪。两个爻组合在一起，即象征两仪和合产生的四象。三个爻组合，即可构成八卦，代表天地之间的八种事物形态。八卦两两组合，即构成有六个爻的六十四卦。

六十四卦的每一卦都由六个爻组成，六爻法也是以此为基础进行预测的。"爻"这一个字代表六十四卦中的三百八十四爻，并以此穷尽天下万物之象。

对于每一卦来说，卦爻应从下往上数，依次为初爻、二爻、三爻、四爻、五爻和上爻。古人以"九"代表阳数，"六"代表阴数，因此又把阳爻称为初九、九二、九三、九四、九五、上九；把阴爻称为初六、六二、六三、六四、六五、上六。这样，通过爻的名称就可以知道其阴阳性质。如火地晋卦，从下到上依次为：初六、六二、六三、九四、六五、上九。由此可知，晋卦只有四爻和上爻是阳爻，其余都是阴爻。

"天地人"三才

此外，古人还将六爻分成三部分，初爻、二爻为地；三爻、四爻为人；五爻、六爻为天，这三部分合为"天、地、人"三才。天之道说的是阴和阳，地之道说的是柔和刚，人之道说的是仁和义。这样，在六爻之中，就包含了天、地、人的万物万象。

不同数量的爻的组合

不同数量的爻组合在一起会得到不同的"象"：两个爻组合在一起构成四象；三个爻组合在一起构成八卦；六个爻组合在一起构成六十四卦。实际上，卦爻的数量并不固定，可以有十几个甚至几十个爻的卦，但由于太过复杂，其实用性较差。

两个爻组合为四象

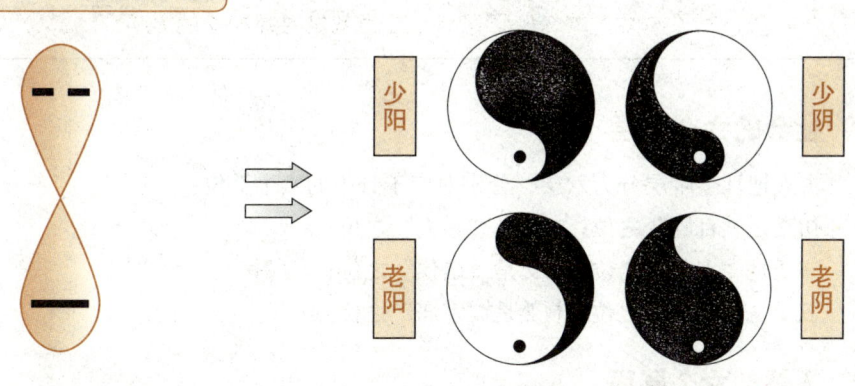

少阳　少阴
老阳　老阴

三个爻组合为八卦

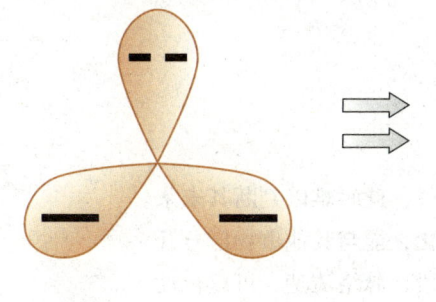

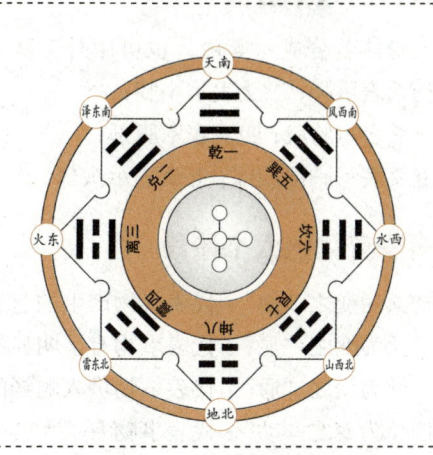

天南　泽东南　风西南　火东　川西　水西　雷东北　山西北　地北

乾一　兑二　离三　震四　巽五　坎六　艮七　坤八

六个爻组合为六十四卦

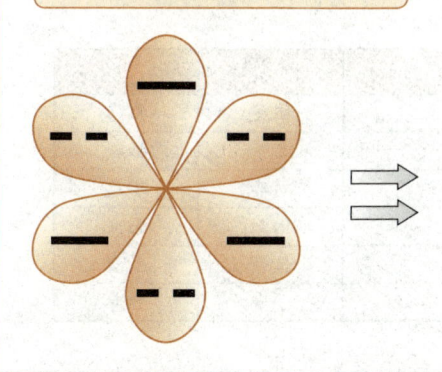

爻位
将事物划分为六个层级

一个六爻卦中，不同的爻位表示不同状态的事物，或同一事物的不同状态，也可以表示系统中的不同层次或事物的不同阶段。但其前提是可以将这些事物分成六等份。在一卦中，从初爻到上爻，对应于事物的产生—发展—成长—壮大—成功—衰败的全过程。

☯ 社会的六个阶层

古人把社会阶层分为六层，分别对应于卦中的六个爻位：
初爻是"百姓"之位；二爻是"大夫"之位；
三爻是"大公"之位；四爻是"诸侯"之位；
五爻是"天子"之位；上爻是"宗庙"之位。

☯ 人体的六个层面

人身体若分成六等份，也可用卦爻从下到上表示从脚到头的不同部位：
初爻表示脚；二爻表示小腿；
三爻表示胯股；四爻表示腹部；
五爻表示胸部颈部；上爻表示头部。

☯ 事物变化的六个阶段

初爻为变之"始"：代表事物产生的起始阶段，此时难以判断其未来。
二爻为变之"显"：代表事物有了明显的变化，能与其他事物区分开。
三爻为变之"通"：代表事物进入顺畅的阶段，脉络清楚，可以行动。
四爻为变之"动"：代表事物有了大转变，可以展开决定性的大动作。
五爻为变之"成"：代表事物发展到成功完满的阶段，但也快结束了。
上爻为变之"终"：代表事物发展到最终阶段，已经回到最后的归宿。

	地域	身体	官阶	六亲	身命
上爻	首府	头面	宗庙	祖父	归隐
五爻	州省	胸项	天子	父亲	知命
四爻	城镇	腰腹	诸侯	妻妾	不惑
三爻	区县	胯股	大公	伯叔	而立
二爻	市井	腿胫	大夫	母亲	成童
初爻	乡村	足趾	百姓	子女	胎养

六爻——事物的六个层级

不论何种事物，只要可以将其分成六个层级，就可以用六个爻来表示。下图以古代国家的社会等级来比喻一卦六爻的性质及作用。

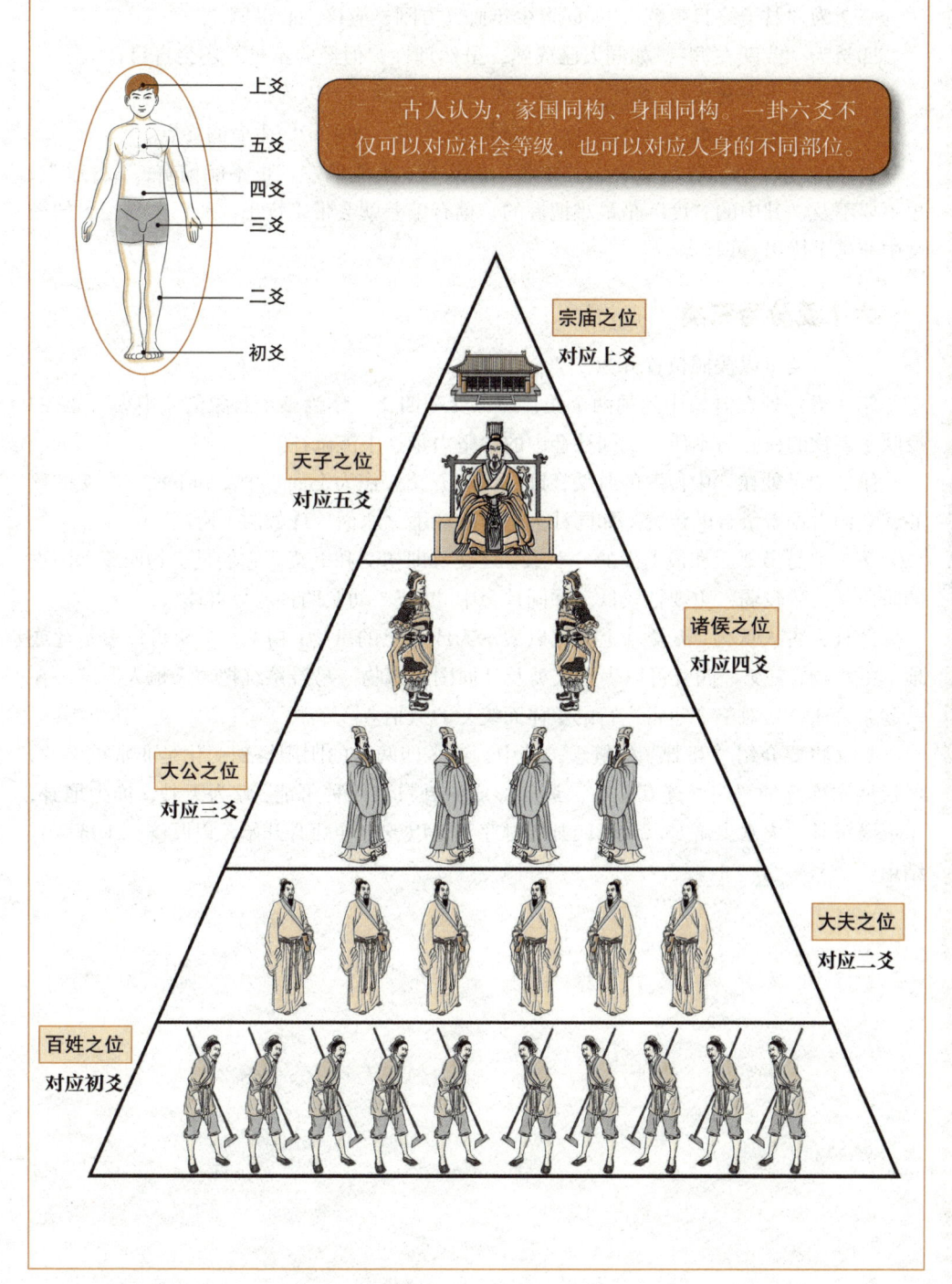

- 上爻
- 五爻
- 四爻
- 三爻
- 二爻
- 初爻

古人认为，家国同构、身国同构。一卦六爻不仅可以对应社会等级，也可以对应人身的不同部位。

宗庙之位 对应上爻

天子之位 对应五爻

诸侯之位 对应四爻

大公之位 对应三爻

大夫之位 对应二爻

百姓之位 对应初爻

上篇·第三章 《易经》的血肉：系统的结构

乾卦卦辞中的事物阶段

下面以乾卦的爻辞为例，说明一个六爻卦中不同爻位对应的事物发展阶段。

初爻为"潜龙勿用"，如同小孩初生，太过稚嫩，显现不出天赋如何。

二爻为"见龙在田，利见大人"，如同小孩已经会说话，可以学文化了。

三爻为"君子终日乾乾"，如同青少年血气方刚，应该小心谨慎。

四爻为"或跃在渊"，如同人已成熟，虽然理性，但经验不足，还会盲目冒险。

五爻为"飞龙在天"，如同人已事业成功，但会助长自以为是之气。

上爻为"亢龙有悔"，物极必反，如同人已衰老，即将走向生命的终点。

卦爻的这六个阶段也反映出"中庸"的道理：不能偏左，也不能偏右；不可过头，也不要不及。其中的"度"是最难把握的，稍有偏差就会带来忧患，所以《易经》的经文中充满了忧患意识。

六个爻分为三类

一卦六爻可以按照位置分为三类：

第一类是处在卦象中间的两个爻，即三爻和四爻。作为整个卦象的"中央"，它们反映了事物的核心与本质。如同社会中的中坚力量、中流砥柱。

第二类是处在"中位"的卦爻，即二爻和五爻。作为上面三个爻和下面三个爻的核心，它们占据着最吉的位置。如同社会中得心应手、八面玲珑的两个阶层。

第三类是最下面和最上面的"本末"之爻，即初爻和上爻。它们是事物萌芽和消亡的阶段，力量较弱，重要性较低。如同社会中"老""幼"两种弱势群体。

此外，古人认为：五爻、上爻可以表示天或天上的事物；初爻、二爻可以表示地或地下的事物；三爻、四爻可以表示人类及其周围的事物。易卦系统把"天地人"统一在一起来表述，是对整个宇宙进行的整体而统一的概括。

后文将要介绍"互卦"的概念，其中，三、四两爻的阴阳搭配变化是非常重要的，经过两次连续的"四爻连互"后，最后形成的卦只有四种可能：乾为天卦，坤为地卦，水火既济卦，火水未济卦。六十四卦的排序正是以乾、坤两卦开始，以既济、未济两卦结束。

六爻——事物的六个阶段

乾卦六个爻的爻辞说明了不同爻位的普遍状况，突出反映了事物的发展阶段。下面就以乾卦爻辞为例，说明人的一生与不同爻位之间的对应关系。

五爻
"飞龙在天"，如同人已事业成功，但会助长骄奢淫逸、自以为是之气。

上爻
"亢龙有悔"，物极必反。如同人已衰老，将走向生命的终点。

四爻
"或跃在渊"，如同人已成熟，虽然理性，但经验不足，还会盲目冒险。

三爻
"君子终日乾乾"，如同青少年血气方刚，应该小心谨慎。

初爻
"潜龙勿用"，如同小孩初生，太过稚嫩，显现不出天赋如何。

二爻
"见龙在田，利见大人"，如同小孩已经会说话，可以学文化了。

爻位的属性
难知、誉、凶、惧、功、易知

爻位不同，反映事物的基本状态也不同，如同《易传》中所说："其初难知，其上易知""二爻多誉，三爻多凶，四爻多惧，五爻多功"。

☯ 初爻难知

古人对初爻的评价是："其初难知""初爻多朦"。"初"指"初爻"，初爻表示事物处于刚刚产生的时候，它将来向什么方向发展、怎么发展、能不能发展，都难以预料。因此，《易经》中的初爻爻辞大都是含糊、不太被肯定的词句。就如同一个孩子刚生下来，他未来能成为什么样的人物，有无限的可能性，不适合在此时对他的人生做评判和推断。

☯ 二爻多誉

二爻和四爻都是阴爻的位置，但位置不同导致一个多誉，一个多惧。二爻处在内卦（下面三个爻组成的卦）的中间，居于核心地位，它还与五爻相应，相当于有后台支持，所以多誉。在古代，二爻相当于贵族的"门客"，这些人很得上层及当权人物的赏识。他们几乎什么都会，天文、地理、政治、经济、军事、医学、术数……什么问题都能处理。二爻与五爻相应，说明"士大夫"可获得领导者的支持，他们的工作因此而得心应手。他们除了为主人出谋划策、平定祸乱外，还有时间陶冶情操，玩弄琴棋书画，活得不亦乐乎。所以说"二爻多誉"。

☯ 三爻多凶

三爻和五爻都是阳爻的位置，但一个多凶，一个多功，因为它们在卦中的贵贱位置不同。三爻是内卦的最上位。对于内卦来说，三爻表示事物发展到了最终阶段，已经穷途末路。三爻与上爻相应，希望得到上爻的支持，但上爻是外卦（上面三个爻组成的卦）的最上面的一个爻，也代表事物发展到了穷途末路的状态，自身难保而无力支援三爻，而且两个弱者在一起反而会带来更多凶险。此时的三爻叫天天不灵，叫地地不应，所以说"三爻多凶"。如果三爻是阳爻，凶险略小，如果是阴爻，不利的情况可能更重。

三爻和五爻的位置应当由阳爻占据，这如同"天尊地卑""男尊女卑"是天经地义的道理一样。如果被阴爻占据，则相当于"男卑女尊"，如同武则天、慈禧太后掌握朝政大权。

六爻——事物的六种属性

古人将一卦六爻对应人类社会中的等级关系，得出了不同爻位有不同的属性的结论。这些结论对于今天的人来说仍然有借鉴意义。

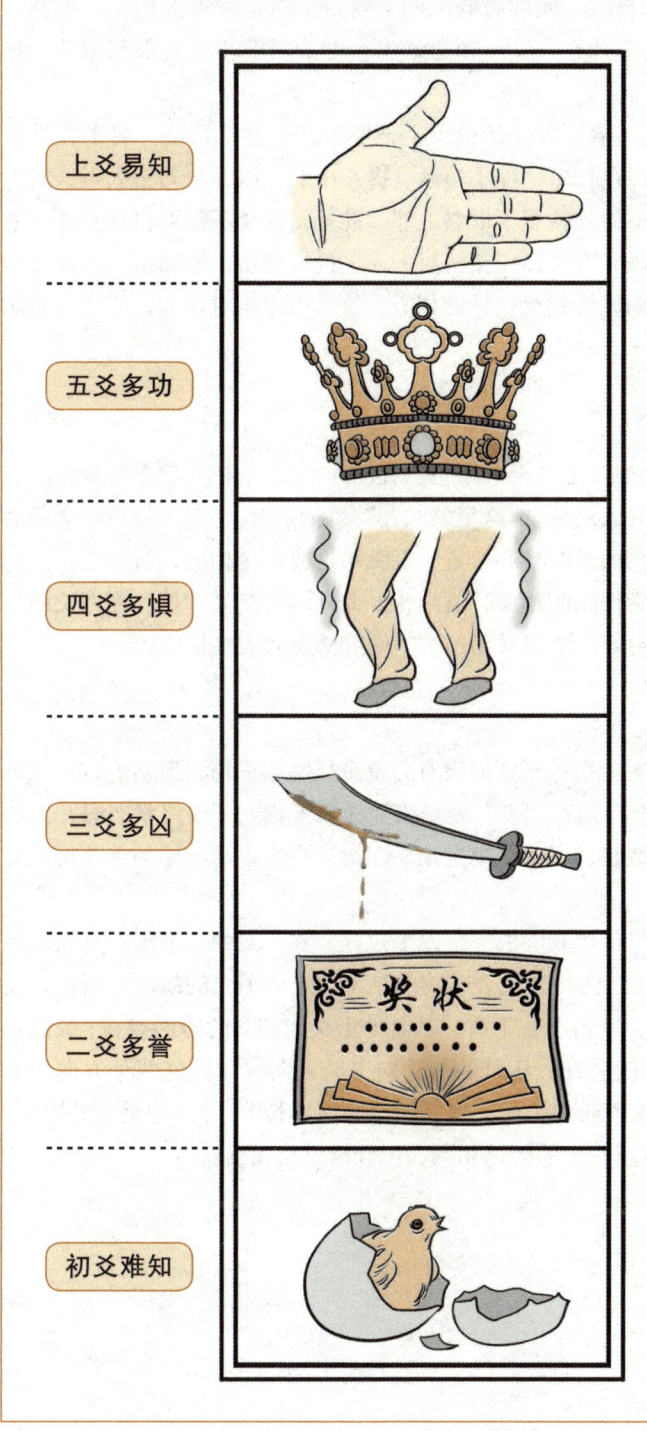

上爻易知	上爻处于外卦的"末路"阶段，想了解其全过程易如反掌，可以盖棺定论，所以"易知"。
五爻多功	五爻处于外卦的核心，是至尊至吉之位，如同君王大权在握，可号令天下，所以"多功"。
四爻多惧	四爻处于外卦的最下位，初生而较为脆弱。且贴近君王五爻，伴君如伴虎，所以"多惧"。
三爻多凶	三爻处于内卦的"末路"阶段，达到了阶段性的终点，叫天不灵、叫地不应，所以"多凶"。
二爻多誉	二爻处于内卦的核心，得心应手，游刃有余，八面玲珑，还受五爻支持，所以"多誉"。
初爻难知	初爻处于内卦的最下位，如同事物初生，要向哪儿发展、怎么发展、能否发展，都"难知"。

四爻多惧

四爻不仅不处在核心的"中位",而且贴近至尊的五爻君王,伴君如伴虎,所以多惧。四爻与初爻相应,初爻在内卦的最下位,表示事物刚刚产生,非常脆弱。四爻是外卦的最下位,是外卦的萌芽阶段,同样脆弱。两个弱者虽然在位置上相应,也都有上进的想法,但难下决心,既不甘心,又不知道该怎么办。周围环境又限制重重,难以自主。

四爻靠近君王之位,处在"承"五爻的位置上,要烘托、支持君王。君王在其头顶,直接指挥他。他终日看人眼色行事,谨小慎微、提心吊胆。因为与君王太近,君王可以觉察到他的一切言行,一不留神就犯了欺君之罪。此外,四爻不仅要衬托五爻,还要压制三爻。稍有差错,五爻怪罪下来,三爻挤对上来,说斩就斩,斩完也不知道为什么斩的。如果四爻与五爻的阴阳属性相反,异性相吸,情况可以相对缓和,如果同为阴性或阳性,则如履薄冰。

五爻多功

五爻得外卦的核心位置,是君王、至尊之位。在一个六爻卦中,五爻是最吉的位置。因此人们也把皇帝称为"九五之尊",这里的"九"是指阳爻,"五"是指五爻的爻位。五爻与二爻相应,二爻处在内卦的核心位置,五爻与这样的爻相应,自然为吉。如果五爻是阳爻,二爻是阴爻,它们阴阳相应,就更吉。此外,五爻又"据"在四爻阴位上,有支撑者,其所处环境就更好。所以《易经》中的五爻爻辞大多是比较好的。

上爻易知

上爻可代表宗庙、祖宗、太上皇等。它们没有力量直接影响事物,但它们有种无形的凝聚力。《易传》中说:"其上易知","上"就是指上爻。事物到了最终状态时,发展的全过程及结果都能看得清清楚楚,可以盖棺定论。因此,代表事情结尾的上爻爻辞大都非常肯定。

六爻反映了事物从小到大、从始到终的完整发展过程。在一卦中,下层的卦爻代表事物的根本、基础、原动力;上层的卦爻代表事物的结尾、走向消亡的阶段。所以,要想知道事物是从哪里发展来的,要由上往下看,从卦的上爻向初爻的方向寻找;要想知道事物将发展到哪儿,要由下往上看,从卦的初爻向上爻方向寻找。这两个方向代表两种不同的发展过程:一种是由里向外,代表事物的"顺向成长";另一种是由外向里,可以对事物"追根溯源"。两者反映出的规律相同,但分析思路相反。

六爻——中庸之道的演绎

可以把初爻看做事物的产生阶段，二、三、四、五爻看成变化阶段，上爻看成消亡阶段；也可以把三爻、四爻看成事物的核心和发展的开始，所以压力重重；它们分别向上下变化，二爻和五爻是发展的中间阶段，不偏不倚而为吉；初爻和上爻是萌芽和消亡阶段，过犹不及，物极必反。

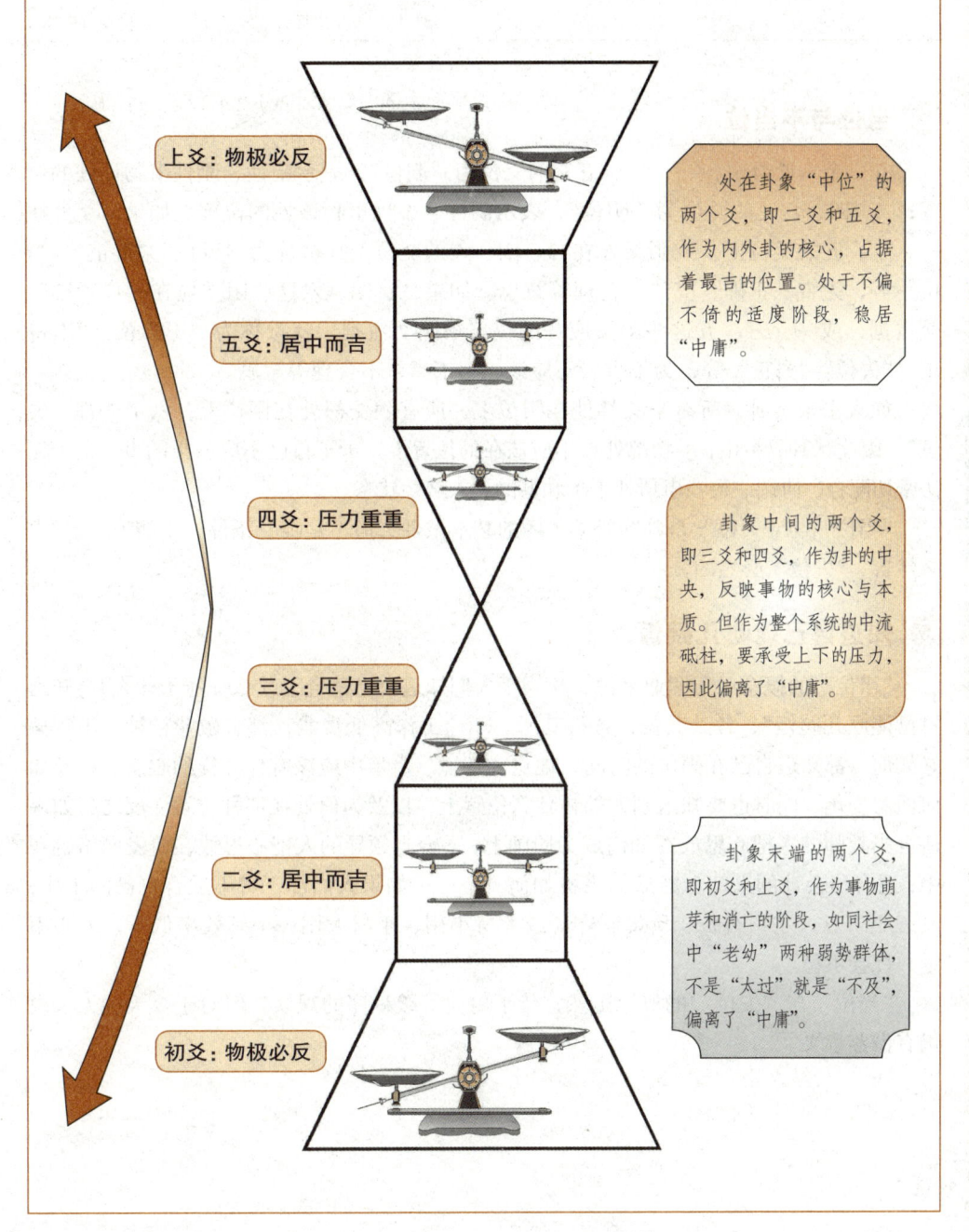

上爻：物极必反

五爻：居中而吉

四爻：压力重重

三爻：压力重重

二爻：居中而吉

初爻：物极必反

处在卦象"中位"的两个爻，即二爻和五爻，作为内外卦的核心，占据着最吉的位置。处于不偏不倚的适度阶段，稳居"中庸"。

卦象中间的两个爻，即三爻和四爻，作为卦的中央，反映事物的核心与本质。但作为整个系统的中流砥柱，要承受上下的压力，因此偏离了"中庸"。

卦象末端的两个爻，即初爻和上爻，作为事物萌芽和消亡的阶段，如同社会中"老幼"两种弱势群体，不是"太过"就是"不及"，偏离了"中庸"。

当位

判断吉凶的基本前提

爻和爻位都有阴阳之分，阳爻应在阳性的位置上，阴爻应在阴性的位置上。这就是《易经》中的"当位"的含义。

☯ 当位与不当位

在一个六爻卦中，一、三、五爻的爻位为"阳位"，表示阳性、刚性事物该处的位置；二、四、六爻的爻位为"阴位"，表示阴性、柔性事物该处的位置。如果阳爻处在一、三、五的爻位上，或阴爻处在二、四、六的爻位上，被称为"得位""得正""当位"等，为吉、正确、应该、合理等意思。如果二、四、六这些阴爻应在的位置被阳爻占据，或一、三、五这些阳爻应在的位置被阴爻占据，就被称为"不当位""不得正""失位""失正"等，为不吉、不应该、不正当、不合理等意思。

如火水未济卦，所有阳爻都处在阴位上，所有阴爻都处在阳位上，六个爻都"失位"。因此其卦辞指出：事物都处在不应该在的位置上，干了自己不应该干的事。由于无法密切配合、协调一致，事情处于不和谐的"未济"状态。

"当位"与"失位"是判断卦爻吉凶的基本条件，但不是唯一条件，不能说"当位"必然吉，"失位"必然凶。

☯ 知道自己能吃几碗饭

"当位"的概念对于职业来说，相当于人们知道自己适合干什么，能干什么，"知道自己能吃几碗饭"，各处其位，各得其所。不论工作高低贵贱，都有敬业精神。不管偏好如何，都知道自己在固定的时间、地点、环境、事情中应该有什么样的心态，以及如何面对变化。同时也要知道别人处在什么位置上，以及为何处在那种位置。反之，如果适合当教师的人把心思放在如何成为厨师上；适合当领导的人把心思放在研发网络游戏中；适合当会计的人却琢磨航天飞机如何升空……如果人们都干着不适合自己的工作，或三心二意、左顾右盼、玩忽职守，或大材小用、小材大用……则效率低下、人心不定、社会不稳。

"当位"与"失位"的概念虽然宣传了封建等级秩序的观念，但对于今天的人来说仍有借鉴意义。

当位：在该在的位置上

爻和爻位都有阴阳之分，阳爻应在阳性的位置上，阴爻应在阴性的位置上。符合这种情况称之为"当位"，反之则为"失位"。

爻的阴位与阳位

阴位
阳位
阴位
阳位
阴位
阳位

火风鼎卦各爻的当位与失位

阳爻在阴位：失位
阴爻在阳位：失位
阳爻在阴位：失位
阳爻在阳位：当位
阳爻在阴位：失位
阴爻在阳位：失位

"当位"与"失位"的概念虽然宣传了封建等级秩序的观念，但对于今天的人来说仍有借鉴意义。比如钥匙和锁的关系，某把钥匙如果开属于自己的锁就叫"当位"，反之为"失位"。

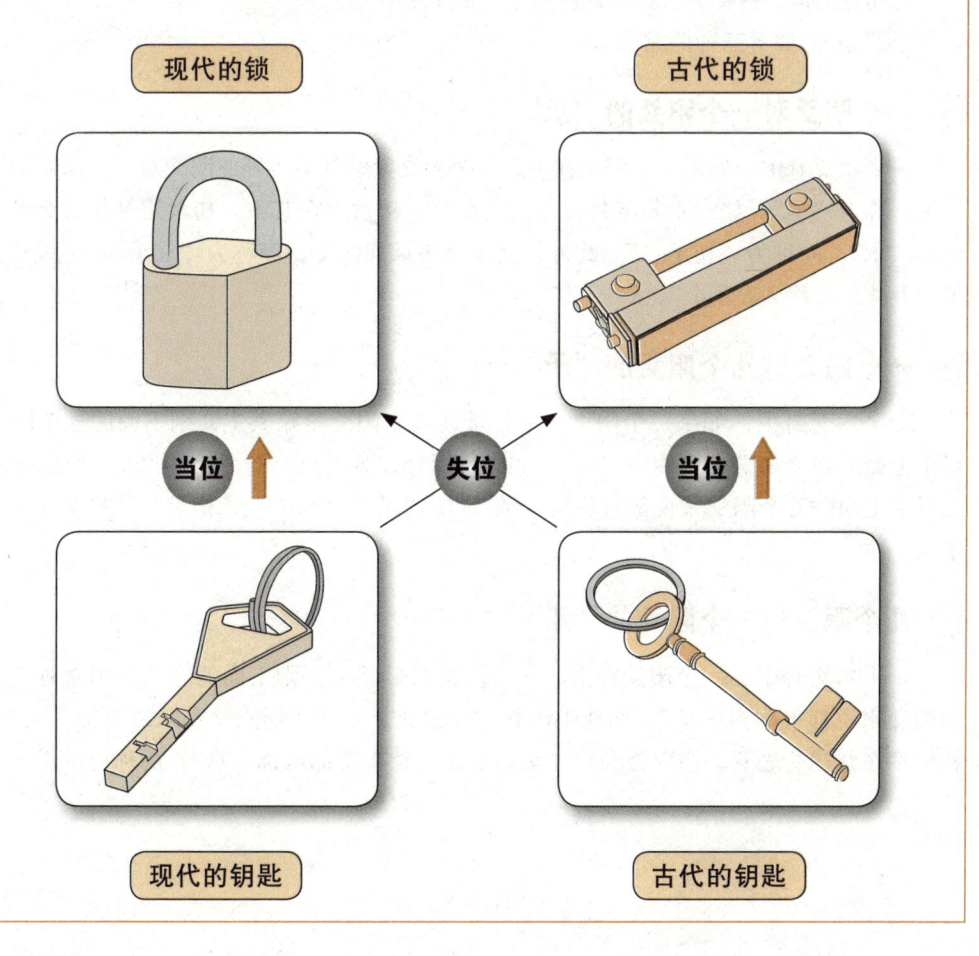

现代的锁

古代的锁

当位　　失位　　当位

现代的钥匙

古代的钥匙

承
阴爻对阳爻的支撑

"承"是烘托、支撑、承上之意。如同天在上、地在下；阳在上、阴在下。古人认为这是大自然的基本规律。

在一个六爻卦中，如果阴爻与阳爻紧邻，且阴爻在阳爻之下，就称此阴爻"承"此阳爻。在下的阴爻帮助、支持、支撑在上的阳爻，这是有利的。如同一个君王需要众多的臣属、群众支持一样，没有群众支持便无法站得稳。

汉朝以前的著作分析卦爻辞时，较多见"承"的概念。借助这样的"爻位之象"，用很简单的语言就可以把卦爻的关系、内涵及状态表示出来。比如仅凭"初承二"三个字，就可知初爻是阴爻，二爻是阳爻，而且二者都"失位"。尽管如此，阴爻对上面的阳爻仍起着支持、帮助、支撑、烘托及承上启下的作用。

"承"分为如下三种情况：

☯ 一个阴爻对一个阳爻的"承"

一个六爻卦中，如果一个阳爻在上，一个阴爻紧贴其下，则此阴爻对于上面的阳爻来说，称为"承"。如火水未济卦。九二爻在上，初六爻在其下。初六爻对九二爻来说可称"承"，简称为"初承二"。此外，六三爻还承九四爻，简称为"三承四"；六五爻承上九爻，简称"五承上"。

☯ 一个阴爻对几个阳爻的"承"

一个六爻卦中，如果一个阴爻在下，接连几个阳爻紧贴其上，则下面的这个阴爻对于上面的阳爻来说都可称为"承"。如天风姤卦，卦中只有初六爻是阴爻，所以初六爻对它上面的五个阳爻来说都可称为"承"，即初承二、初承三、初承四、初承五、初承上。

☯ 几个阴爻对一个阳爻的"承"

一个六爻卦中，一个阳爻在上，数个阴爻紧贴其下。则下面的这几个阴爻对上面的阳爻来说都可称为"承"。如地山谦卦，九三爻是阳爻。初六爻及六二爻都是阴爻，并且都在九三爻之下。初六爻和六二爻对于九三爻来说都可称"承"，简称初承三、二承三。

承：支撑与帮助

在一个六爻卦中，如果阴爻与阳爻紧邻，且阴爻在阳爻之下，就称为此阴爻"承"此阳爻。成语"承上启下"中的"承上"就来源于《易经》中这个"承"的概念。

> 在下的阴爻帮助、支持、支撑在上的阳爻，这是有利的。如同臣属、群众支持君王一样，没有群众支持，君王便无法站得稳。

"承"的三种情况

一个阴爻对一个阳爻

如果一个阳爻在上，一个阴爻紧贴其下，则此阴爻对于上面的阳爻来说，称为"承"。如火水未济卦。九二爻在初六爻之上，初六爻对九二爻来说可称"承"，简称为"初承二"。

一个阴爻对几个阳爻

如果一个阴爻在下，接连的几个阳爻紧贴其上，则下面的这个阴爻对于上面的阳爻来说都可称为"承"。如天风姤卦，卦中只有初六爻是阴爻，所以它对上面的五个阳爻都可称为"承"。

几个阴爻对一个阳爻

如果一个阳爻在上，接连的几个阴爻紧贴其下，则下面的这几个阴爻对上面的阳爻都可称"承"。如地山谦卦，初六爻及六二爻都在九三爻之下，所以这两个阴爻对于九三爻都可称"承"。

阴爻对阳爻的压制

乘

"乘"即占据到对方的上面去。"乘"与"承"的意思相反，但两者都是阴爻对阳爻来说的。如果说"承"是支持，那么"乘"就是压制。

在一个六爻卦中，如果阴爻与阳爻紧邻，且阳爻在阴爻之下，就称此阴爻"乘"此阳爻。"乘"如同臣属命令君王、小人压制君子，这被古人视为不正当的现象。阴性事物应该在下，阳性事物应该在上。如同乾天在上、坤地在下一样，这是自然界的规律。但如果表示天的阳爻在表示地的阴爻之下，便是本末倒置。如同小人骑到了君子之上，或臣下骑到了君主之上。这被认为是不吉利、不顺利的状况。

"承"有三种情况，而"乘"只有两种情况。

一个阴爻对一个阳爻的"乘"

一个六爻卦中，如果一个阴爻在上，一个阳爻在其下，则此阴爻对下面的阳爻称为"乘"。如在水地比卦中，上六爻对九五爻就称为"乘"，简称"上乘五"。这两个爻虽然阴阳性质相反，可是它们都"当位"，这使不吉的状况有所改善。

几个阴爻对一个阳爻的"乘"

一个六爻卦中，接连几个阴爻都在一个阳爻上面，这几个阴爻对这个阳爻都可称"乘"。如地山谦卦，六四、六五、上六爻都在九三爻的上面。这三个阴爻对九三爻来说都为"乘"，简称为四乘三、五乘三、上乘三。它们都乘九三爻之危，占据其上的位置，欺压它。对于九三爻来说，这是很被动的局面。

可以做个比喻，"乘"相当于俗话说的"小二管大王"，大王的级别本来比小二高，应该是小二接受大王的管制。但小二的父亲是大王的顶头上司，或大王有一些把柄落在小二的手上，所以，大王也不能不把小二放在心上，这使得大王在行为上会显得很被动。

一个阴爻对几个阳爻不为"乘"

一个六爻卦中，一个阴爻在几个接连的阳爻上面，这个阴爻对这几个阳爻不可称为"乘"。如泽天夬卦，上六爻对下面几个阳爻的关系不以"乘"论。可见，"乘"和"承"不同，"承"有三种情况，而"乘"只有两种。

乘：压制与占据

在一个六爻卦中，如果阴爻与阳爻紧邻，且阳爻在阴爻之下，就称此阴爻"乘"此阳爻。

天应在上，地应在下。同样，阴爻应在下，阳爻应在上。然而，如果阴爻在上，压制、管理在下的阳爻，如同臣属命令君王、小人压制君子，这被古人视为不正当的现象。

"乘"的两种情况

一个阴爻对一个阳爻

如果一个阴爻在上，一个阳爻在其下，则此阴爻对于下面的阳爻称为"乘"。如水地比卦中，上六爻对九五爻可称为"乘"，简称"上乘五"。

几个阴爻对一个阳爻

如果接连几个阴爻都在一个阳爻上面，这几个阴爻对这个阳爻都可称"乘"。如地山谦卦，六四、六五、上六爻都在九三爻的上面。这三个阴爻对九三爻来说都为"乘"。

一个阴爻对几个阳爻

如果一个阴爻在几个接连的阳爻上面，这个阴爻对这几个阳爻不可称为"乘"。如泽天夬卦，上六爻对下面的几个阳爻的关系不以"乘"论。

据
阳爻对阴爻的压制

"据"有占据、凭借压制、居高临下等含义。同样都是阳爻位于阴爻之上，"承"是阴爻对于阳爻来说的，而"据"则是阳爻对于阴爻来说的。

"据"分为三种情况：

☯ 一个阳爻对一个阴爻的"据"

在一个六爻卦中，如果一个阳爻位于一个阴爻之上，则此阳爻对这个阴爻来说称为"据"。如在未济卦中，九二爻在初六爻上，可称为"二据初"。同理，未济卦中还有"四据三"和"上据五"。

☯ 一个阳爻对几个阴爻的"据"

在一个六爻卦中，如果一个阳爻位于连续的几个阴爻之上，则此阳爻对这几个阴爻都可称为"据"。如在火地晋卦中，九四爻在初六、六二、六三爻上，可称为"四据初""四据二""四据三"。

☯ 一个阳爻对五个阴爻的"据"

在一个六爻卦中，如果只有一个阳爻，它在卦中偏上的位置，也就是四爻或五爻的位置，则此阳爻对其余五个阴爻都可称为"据"。

如雷地豫卦，只有九四爻是阳爻，它又在卦中偏上的位置，它对其余五个阴爻都可称"据"。所以，豫卦九四爻的爻辞是"据有五阴"。此外，初爻到三爻组成的坤卦也有顺从之意，所以卦辞中还有"坤以众顺"之辞。九四爻在众多的阴爻包围中，象征受到众人拥戴维护。众人主动承担各种负担，齐心合力将事情完成，事情当然顺利。但这也把九四爻惯坏了，它会由此养成贪图安逸、喜欢享受的习惯，厌恶艰苦朴素。这样的人一般适合做公关性质的工作，而不适合埋头苦干。

"据"与其他的卦爻性质合在一起，可以有更多的推断。如山水蒙卦，上爻与二爻是阳爻，其余都是阴爻，所以可以称二爻"应五据初"：二爻与五爻"阴阳"相应，所以叫"应五"，二爻在初爻之上，所以叫"据初"。再如火雷噬嗑卦，其上爻爻辞"据五应三"，因为上爻阳爻在五爻阴爻之上，所以上爻对五爻可以称"据"，简称"上据五"或"据五"；上爻阳爻与三爻阴爻"阴阳"相应，简称"应三"，统称为"据五应三"。

据：从相反的角度看"承"

前面介绍的"承"与"乘"都是阴爻对阳爻来说的，而"据"是阳爻对阴爻来说的。"据"有占据、压制、居高临下等含义。如果某阴爻"承"某阳爻，也可以说此阳爻"据"此阴爻。

如果臣属处于主动状态，可以称为臣属"承"君主。同样，如果阴爻处于主动状态，称此阴爻"承"它上面的阳爻。

如果君主处于主动状态，可以称为君主"据"臣属。同样，如果阳爻处于主动状态，称此阳爻"据"它下面的阴爻。

据的三种情况

一个阳爻对一个阴爻

如果一个阳爻位于一个阴爻之上，则此阳爻对这个阴爻来说称为"据"。如在未济卦中，九二爻在初六爻上，可称为"二据初"。同理，未济卦中还有"四据三"和"上据五"。

一个阳爻对几个阴爻

如果一个阳爻位于连续的几个阴爻之上，则此阳爻对这几个阴爻都可称为"据"。如在火地晋卦中，九四爻在初六、六二、六三爻上，可称为"四据初""四据二""四据三"。

一个阳爻对五个阴爻

如果卦中只有一个阳爻，且在偏上的位置，也就是四爻或五爻的位置，则此阳爻对其余五个阴爻都可称为"据"。

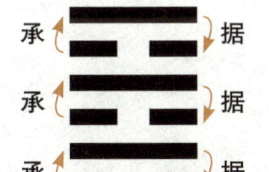

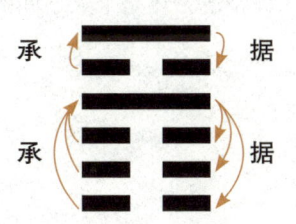

比
相邻卦爻的关系

在一个六爻卦中，相邻两爻在位置上的接近关系称之为"比"。就如同两个朋友在一起"肩并肩"地前行一样，容易产生摩擦或互助。

比为对比、比较、亲近之意。只有类似、有共性的事物才可以比较。所以，人可以和人比身高，但不能和茶杯比。在卦象中，只有相邻两爻才可以"比"，而相隔的两爻一般不以"比"来看待，因为相隔遥远而难以了解、理解、沟通、比较。在群体中，每个成员的作用都要通过分析它左邻右舍的配合来决定。从卦爻的"比"的关系中就可以看出邻近的组织或个人的配合关系。

"比"的原则

"比"的原则是"同性相斥，异性相吸"：一个阳爻与一个阴爻会"异性相吸"，所以容易接近与亲近，这种"比"叫"亲比"；而两个阳爻或两个阴爻则会"同性相斥"，不容易接近与亲近，难以融洽相处，如同两个人不团结，常吵嘴打架，或互相排挤，这种"比"叫"敌比"。

如在鼎卦中，九四爻与六五爻、上九爻与六五爻、初六爻与九二爻之间，是异性相吸的"亲比"关系；而九三爻与九四爻、九二爻与九三爻之间，是同性相斥的"敌比"。

最重要的"比"

一卦六爻中，共有五对"比"的关系，其中只有一组"比"最重要，即四爻与五爻的"比"。五爻是君王之爻，是一卦中最重要的爻。因此它的"比"的关系比其他爻的"比"更重要。可以和它相比之爻为上爻和四爻，而上爻象征处于虚位的事物，如太上皇、宗庙、祖宗等，已经退居幕后，虽然还有资格和影响力，但已经没有实权。所以四爻与它的"比"最重要。从现实中来看也是如此，处于四爻的人物与五爻的人物的关系配合好了，对大局最为有利。

在不同的机构或群体中，通过卦爻的"比"可以看出相邻单位、部门和人员之间的配合关系。无论是集团之间的大体情况，还是个人之间的细小关系，都可以通过卦爻的"亲比"与"敌比"来分析。

亲比与敌比

在卦象中，只有相邻两爻才可以"比"，而相隔的两爻一般不以"比"来看待，因为相隔遥远而难以了解、理解、沟通、比较。从卦爻的"比"的关系中可以看出贴近的组织或个人的配合关系。

异性相吸——亲比　　　　比的原则：同性相斥，异性相吸　　　　同性相斥——敌比

一个阳爻与一个阴爻会"异性相吸"，如同磁铁的两极相互吸引，这种"比"叫"亲比"。

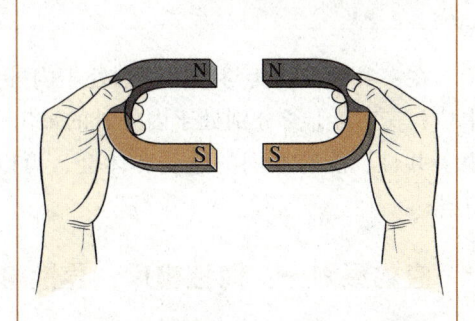

两个阳爻或两个阴爻会"同性相斥"，如同磁铁的同极相互排斥，这种"比"叫"敌比"。

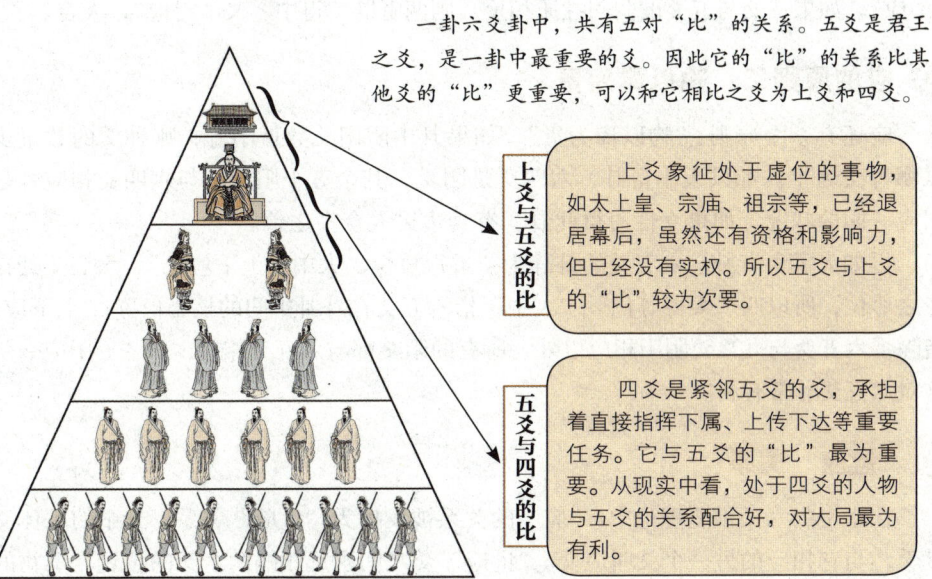

一卦六爻卦中，共有五对"比"的关系。五爻是君王之爻，是一卦中最重要的爻。因此它的"比"的关系比其他爻的"比"更重要，可以和它相比之爻为上爻和四爻。

上爻与五爻的比：上爻象征处于虚位的事物，如太上皇、宗庙、祖宗等，已经退居幕后，虽然还有资格和影响力，但已经没有实权。所以五爻与上爻的"比"较为次要。

五爻与四爻的比：四爻是紧邻五爻的爻，承担着直接指挥下属、上传下达等重要任务。它与五爻的"比"最为重要。从现实中看，处于四爻的人物与五爻的关系配合好，对大局最为有利。

在不同的机构或个体中，无论是集团之间的大体情况，还是个人之间的细小关系，都可以通过卦爻的"亲比"与"敌比"来分析。

应

相隔两位之爻的呼应

"应"是相应、相互呼应、支援、观望之意。在一个六爻卦中，相隔两爻的两个爻之间都有相互呼应的关系，这被称为"应"。

在一卦中，初爻与四爻分别处于内外卦的最下位；二爻与五爻分别处于内外卦的中位；三爻与上爻分别处于内外卦的最上位。由于处在相似的位置上，它们互相间有很多共性，能有共同的感受和体会，可以相互理解、照顾、呼应，这种关系称之为"应"。

☯ 应的原则一：同性相斥，异性相吸

与"比"相同，应也符合"同性相斥，异性相吸"的原则。在相应的两个爻中，如果一个是阳爻，一个是阴爻，为"阴阳相应"或"得应"，是一种相互吸引的"应"，就像一方的观点或行为与另一方能一拍即合、相互呼应、心有灵犀、引起共鸣。如果相应的两爻都是阴爻或阳爻，则"同性相斥"，是一种相互排斥的"应"，被称为"敌应"或"不应"。如果二爻与五爻的阴阳性质相反，则两者既"得中"又"得应"，大吉。

☯ 应的原则二：物以稀为贵

应还有一个原则："物以稀为贵"。如果卦中阴阳爻数量不等，哪种爻的数量少就以哪种爻为主。如风天小畜卦，六四爻是阴爻，其余五个阳爻都与六四爻相应，是众阳应一阴的状况。如果女性占得此卦，有身边男人众多之象。

再如火天大有卦，六五爻的卦辞为"柔得尊位，大中，上下应之"。六五爻处在君王之尊位，所以叫"柔得尊位"；"大中"指六五爻在外卦中间的核心位置；"上下应之"指除了六五爻与九二爻阴阳相应以外，所有的阳爻都与六五爻相应，即"五阳应一阴"。这对六五爻非常有利。

☯ "世应"关系

在京房的六爻预测理论中，"应"的关系被发挥为"世应"关系。卦中的主体爻叫世爻，与它相应的另一个爻叫应爻。"世应"爻之间永远相隔两个爻的位置。事物的本源、主体通过世爻来表达，与它相对应、呼应的客体用应爻来表达。

应：与"比"类似的关系

"比"是相邻的两个爻的关系，"应"则是相隔两爻的两个爻的关系，两者的共同之处是，都符合"同性相斥，异性相吸"的原则。

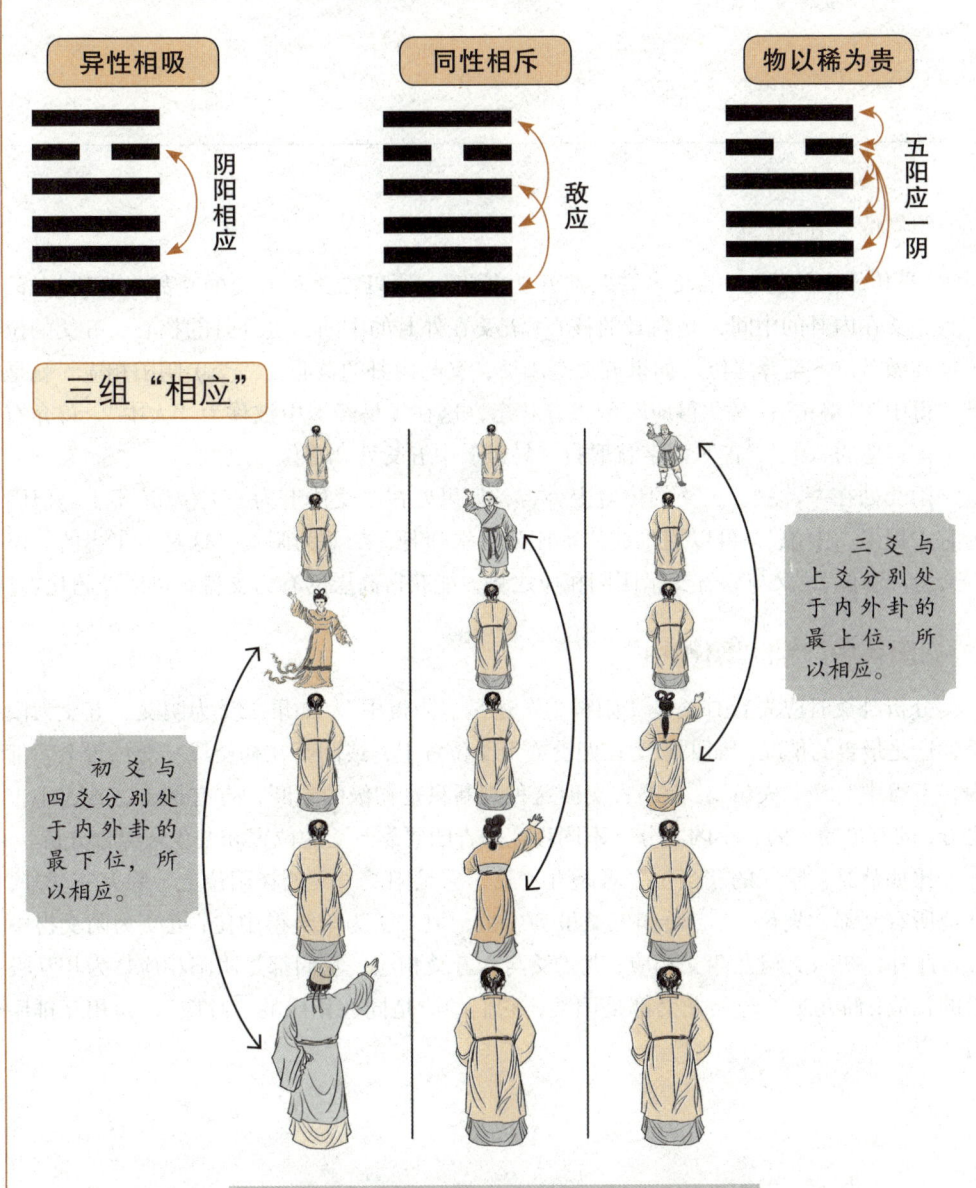

异性相吸

阴阳相应

同性相斥

敌应

物以稀为贵

五阳应一阴

三组"相应"

初爻与四爻分别处于内外卦的最下位，所以相应。

三爻与上爻分别处于内外卦的最上位，所以相应。

二爻与五爻分别处于内外卦的中位，所以相应。

由于处在相似的位置上，这些卦爻之间有很多共性，能有共同的感受和体会，可以相互理解、照顾、呼应，这种关系称之为"应"。

内外卦的两个吉位

在一个六爻卦中，二爻与五爻可以视为阴阳两种事物的核心。不论阳爻或阴爻，只要处在二爻或五爻的位置就叫"得中""处中""中位"等。

"中位"的概念

《易传》中认为，"二爻多誉"、"五爻多功"，所以二爻和五爻的爻辞大都比较好。因为二爻在内卦的中间，是内卦的核心；五爻在外卦的中间，是外卦的核心。五爻的位置被称做君位、至尊之位。如果五爻是阳爻，又与内卦的核心（二爻）阴阳相应，就是既"得中""得正"，又"得应"的大好状态，这在《易经》中被称为"大中"。蒋介石字中正，他的"中""正"两字就取自《易经》中五爻处"尊位"之意。

阳爻处在一、三、五爻的位置上为吉，如果处在二爻位上为"失位"，不吉。但因为它占据了"中位"，可以遇难成祥。比如地水师卦，二爻为阳爻，这是不正当的。但二爻为"中位"，又与六五爻呈阴阳相应之势，能获得高层的有力支持，可以逢凶化吉。

"阳得中"和"阴得中"

分析卦爻时应先看卦爻是"阳得中"还是"阴得中"。如果二爻为阴爻、五爻为阳爻，这是最吉的情况。如果阳爻在四爻或上爻位置上，或阴爻在初爻或三爻位置上，都为"不得中"又"失位"，为不吉。但这种判断只是初级的判断，吉有最吉、吉、小吉之分；凶有最凶、凶、小凶之分。不同程度的吉凶要靠卦爻的位置和变化来综合分析。

比如鼎卦，唯一的"当位"者是九三爻，它是阳爻，又处在阳位上。除九三爻外，其他所有爻都"失位"。二爻和五爻虽为中位，但二爻为阳爻得中位；五爻为阴爻得中位。此外，初六爻与九四爻相应；九二爻与六五爻相应，它们都是阴阳相应，为相互吸引的相应；而九三爻与上九爻都是阳爻，它们的应是同性相斥的"敌应"，是相互排斥的"应"。

二爻和五爻：内外卦的核心

二爻和五爻是卦的"中位"，它们分别为内外卦的核心，所以《易经》中的二爻和五爻的爻辞大都比较好。

乾为天卦
- 得中、当位、敌应
- 得中、失位、敌应

天火同人卦
- 得中、当位、得应
- 得中、得位、得应

离为火卦
- 得中、失位、敌应
- 得中、当位、敌应

是否"得中"只是判断卦爻吉凶的一个角度，要想全面判断一卦六爻的吉凶，要把前面介绍的所有概念糅合到一起，相互参考，下面以鼎卦为例来综合分析卦爻。

火风鼎卦

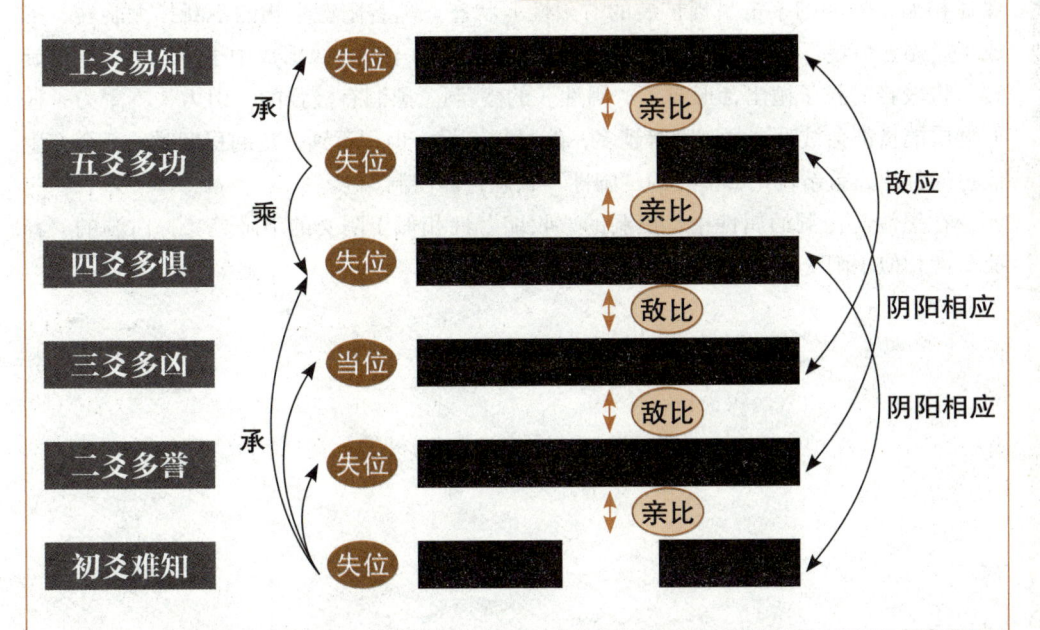

爻位	当位/失位	比	应
上爻易知	失位	亲比	敌应
五爻多功	失位	亲比	
四爻多惧	失位	敌比	阴阳相应
三爻多凶	当位	敌比	
二爻多誉	失位	亲比	阴阳相应
初爻难知	失位		

承、乘、承 关系

鼎卦中，唯一的"当位"者是九三爻，此外所有爻都"失位"。在二爻和五爻中，二爻为阳爻得中位；五爻为阴爻得中位。初六爻与九四爻相应；九二爻与六五爻相应，它们都是阴阳相应，为相互吸引的相应；九三爻与上九爻都是阳爻，是同性的应，为相互排斥的"敌应"。

五爻：阳爻的至尊

如果在一、三、五爻的位置上都是阳爻，那么一爻不如三爻的位置更好，三爻不如五爻的位置更好，即阳爻越靠近五爻越好。因为五爻是君王尊位，它是一、三、五数中最大的一个阳数，是阳气最充盛的位置，既"多功"又"得中"，还与下卦的核心——二爻相应，所以是六个爻位中最好的。

二爻：阴爻的至吉

"阴"性事物的吉凶与"阳"性事物是相反的。阳象征天、活力及能量，以升发扩大为吉，越向上越好；而阴象征地、收敛及聚拢，以沉降凝聚为吉，越向下越好。所以，卦中阴爻离二爻越近越好，二、四、六爻以二爻最吉，四爻次吉，六爻最凶。

事物的发散和聚集

可以把阳爻比喻为清气，以向上升为运动趋势；阴爻为浊气，以向下降为运动趋势。那么阴气由外向内、由上而下、向凝聚的方向发展则吉，在卦中表现为阴爻由外卦向内卦发展；阳气由内向外、由下而上、向发散的方向发展则吉，在卦中表现为由内卦向外卦发展。

阴阳爻的这种反向的运动趋势与"宇宙大爆炸"及"黑洞""白洞"的理论相似。爆炸初始，混沌的宇宙呈现扩展的"阳性"状态。随着阳性事物的不断扩大旋转，形成了星系、恒星。恒星继续旋转压缩，会把较轻的粒子抛出，形成中子星。中子星再旋转，将较轻的粒子抛出，形成了"阴性"的黑洞。黑洞有极强的吸引力、凝聚力，任何物质能量都会被吸进去。吸得越多，能量越充足，但积蓄到一定的程度时，又会产生能量的释放，重新转化成扩展的"阳性"状态，即白洞。

在黑洞与白洞的属性中，黑洞的"收缩"性相似于阴爻的下降趋势，白洞的"释放"性相似于阳爻的上升趋势。

爻位吉凶与阴阳爻的性质

在一卦中，五爻是阳气最充盛的位置，二爻是阴气最充盛的位置，所以二爻与五爻是卦中的大吉之位。阴阳的吉凶位置取决于阴阳之气的运动趋势，就如同宇宙中的黑洞与白洞。

影响爻位吉凶的因素

大吉之爻 这四种关系全都满足。

小吉之爻 这四种关系满足两到三种。

得中 当位 亲比 得应

小凶之爻 这四种关系满足一到两种。

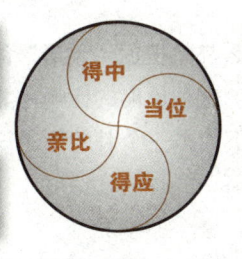

大凶之爻 这四种关系满足零到一种。

阴阳之气的运动趋势

阳爻越靠近五爻越好，阴爻越靠近二爻越好。这种性质是由阴阳爻的运动趋势决定的。

黑洞 → 阴爻 （相似于） 浊气下降

清气上升 阳爻 ← 白洞 （相似于）

阳爻如同清气，以向上升为运动趋势；阴爻如同浊气，以向下降为运动趋势。物理学中，黑洞的"收缩"性相似于阴爻的下降趋势，白洞的"释放"性相似于阳爻的上升趋势。

象形
根据卦形寻找可类比的事物

某些事物的结构、形象可以用来比喻六十四卦中的卦象，这种比喻称之为"象形"。

六十四卦中，有很多卦的卦名都是根据"象形"的规律起出来的，卦辞爻辞中也有很多词句与"象形"的含义有关。这种象形的比喻一方面有助于后人记住其卦象，另一方面也有助于人们理解其卦辞。下面举三个卦的例子说明"象形"的含义。

☯ 鼎卦之象

鼎是青铜器时代最重要的器种之一，它本来是古代的烹饪之器，相当于现在的锅，用以烹煮和盛贮肉类。一般来说，鼎有三足的圆鼎和四足的方鼎两类，又可分为有盖的和无盖的两种。但后来，鼎逐渐退出了炊具的位置，而演变为国家重器、权力的象征，"鼎"字也被赋予"显赫""尊贵""盛大"等引申意义。这种传统从夏朝、商朝、周朝直至秦汉，延续了两千多年。这期间，鼎一直是最常见和最神秘的礼器。

在《易经》中，火风"鼎"卦的卦象结构就与鼎的象形结构相对应。鼎卦初爻是阴爻，与鼎的脚相对应，它上面的三个阳爻象征鼎身的大肚子。鼎身上面是鼎口，这与三至五爻的兑卦的卦意（兑为口）相合。鼎卦五爻象征鼎的两个提耳，这与四至上爻的离卦的卦意相合。

☯ 两种吃的卦象

山雷颐卦象征嘴和吃。卦中只有两个阳爻，分别在最上面和最下面，象征嘴唇，中间的四个阴爻象征牙齿。而火雷噬嗑卦象征的也是吃的形象，两卦的不同在于：噬嗑卦的四爻是阳爻，象征吃东西时被食物硌到了牙齿，还没有咽下去，要继续吃就必须把食物咬碎，因此会发出声音，并带来一定的危险。噬嗑卦中，三至五爻为坎卦，坎代表险陷、危险的事物。而二至四爻为艮卦，代表山，有阻止之意。有石头那么硬的东西在口中阻止下咽，要小心，慢慢吃才安全。

三种"象形"之卦

六十四卦中，很多卦的卦名和卦象是相互吻合的，下面以其中三个卦为例，说明卦名与卦象之间的吻合关系。理解这种关系有助于我们更透彻地理解卦意。

"鼎"卦之象

火风鼎卦的各爻分别对应古代的鼎的各个部位。

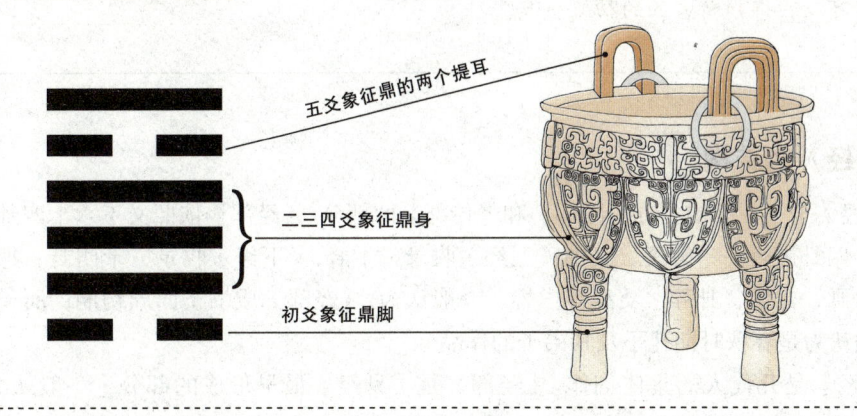

五爻象征鼎的两个提耳

二三四爻象征鼎身

初爻象征鼎脚

"颐"卦之象

山雷颐卦象征嘴和吃。两个阳爻象征嘴唇，四个阴爻象征牙齿。

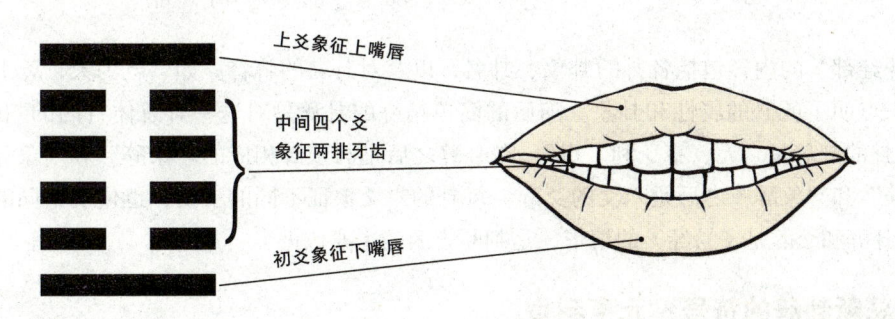

上爻象征上嘴唇

中间四个爻象征两排牙齿

初爻象征下嘴唇

"噬嗑"卦之象

火雷噬嗑卦象征吃东西时被食物硌到了牙齿，继续吃就得咬碎食物。

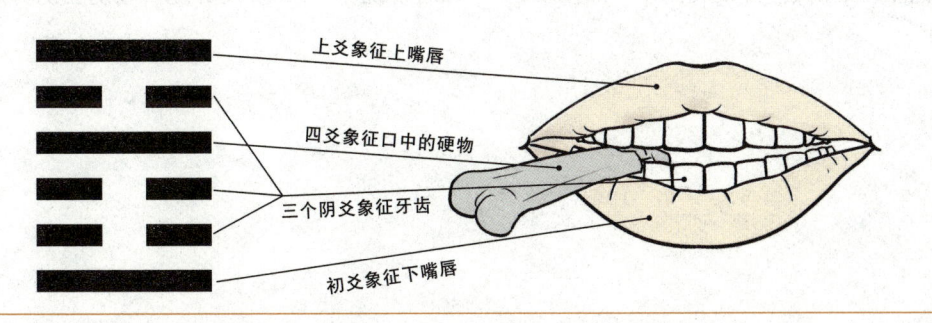

上爻象征上嘴唇

四爻象征口中的硬物

三个阴爻象征牙齿

初爻象征下嘴唇

吉凶断语
对爻象的综合推断

根据前面的卦爻理论，可以推断出六十四卦各爻的吉凶情况。《易经》将吉凶分为很多等级，并分别赋予它们名称，如"元、亨、利、贞；吉、凶、悔、吝"等，查询这些断辞可以获得判断吉凶的初级信息。

《易经》的结构

《易经》全书在结构上分《经部》和《传部》两部分。《经部》依照文王六十四卦卦序对六十四卦进行一一解读，其中《上经》收录三十卦，《下经》收录三十四卦。每卦都包含卦画、标题、卦辞、爻辞等内容。一般认为，《经部》成书于西周初期，而《传部》则被认为是春秋时期孔子及其弟子的作品。

《易经》是几代人的集体创作。《经部》是《易经》最早形成的部分，一般认为，六十四卦的卦画由伏羲推演而来，周文王作卦辞，即对卦象整体的吉凶解释，并确定了《易经》以"乾"为第一卦；后来周文王之子、周武王之弟周公又进一步对每卦六爻进行分析，创制了"爻辞"。《经部》的卦辞和爻辞都非常简单精练，但往往让后人不知所云。

《经部》的内容包括各卦的卦象、卦名，以及对卦名的解释。如"乾为天，乾上乾下"，点明了乾卦的属性和卦象。随后的简单精练的卦辞是对这一卦总体吉凶的判断。如乾卦的卦辞是"元、亨、利、贞"。在卦辞之后是与该卦相应的"彖辞"和"象辞"。"彖辞"和"象辞"之后是六爻的爻辞。每卦的六爻象征不同的事物，也代表不同的吉凶。卦辞和爻辞是《易经》的精华，是判断吉凶的主要依据。

总断卦辞的符号：元亨利贞

"元、亨、利、贞"四字是《易经》卦辞的总断符号，是最基本的占断用语。这四个字在《易经》中出现的频率非常高，其重要性非同一般。它们原本被用来形容人的品德，后来人们又发展出了"四德解说""四时解说""四个阶段解说"等说法说明其功用。

《易经》经文的作者

从《易经》各卦卦象的确定到卦辞、爻辞、文言等文字内容的完成，经历了很长的时间。《易经》是几代人的集体创作，是古代先贤共同的智慧结晶。

一般认为，六十四卦的卦画由伏羲推演而来，卦辞由周文王所作，即对整体卦象的吉凶解释。后来周文王之子周公又进一步对各卦六爻进行分析，创制了"爻辞"。下面以乾卦为例来说明。

乾 乾上乾下 ——— 伏羲演卦

乾：元，亨，利，贞。——— 周文王作卦辞

初九：潜龙勿用。

九二：见龙在田，利见大人。

九三：君子终日乾乾，夕惕若厉，无咎。

九四：或跃在渊，无咎。

九五：飞龙在天，利见大人。

上九：亢龙有悔。

用九：见群龙无首，吉。

彖曰：大哉乾元，万物资始，乃统天。……

象曰：天行健，君子以自强不息。……

文言曰："元"者，善之长也。……

（周公作爻辞）

伏羲

周文王

周公

一般认为，"彖""象"和"文言"是孔子所作，但附于《传部》内。东汉的郑玄将"彖"和"象"与六十四卦经文合在一起，并列于每卦爻辞之后。魏晋时期的王弼将"文言"拆开，附于"乾""坤"两卦之后，直至今日。

上篇·第三章 《易经》的血肉：系统的结构

《易经》六十四卦，有的卦的卦辞中"元亨利贞"四字全有；有的卦有"元亨利""元利贞""亨利贞"三个字；有的卦有"元亨""元贞""亨利""亨贞"或"利贞"两个字；有的卦有"亨""利""贞"一个字；也有的卦四个字全都没有。

"元亨利贞"四个字是分开解释的，简单来说，它们的意思分别是"大""通""有利""正固"，详细来说，分为以下几种情况：

一、元：有开始、大吉之意，也象征从无到有、从有到小、从小到大、从大到强、从强到久的过程。元分为三种：1."元吉"是大吉；2."元亨"是大亨；3."元夫"有元老之意。

二、亨：有向上、亨通、通达之意，组织筹划并执行控制，将"元"的精神落实，就为亨。亨分为三种：1."亨"是亨通；2."元亨"是大亨；3."小亨"是古人的一种祭祀。

三、利：有有益、收获、和谐、凝聚人心之意。如同振臂一呼，应者云集。利分为四种：1."无不利"指所做之事很有利；2."无所利"指所做的事情皆无利；3."利某"或"不利某"指对某人或某事有利或不利；4."利贞"指所做之事有利。

四、贞：有收藏、正固、占筮之意。可理解为对理想的坚持与忠诚，遇到挫折不回头，不会顾此失彼、三心二意、见异思迁、遗忘目标。贞分为五种：1."贞吉"是所占之事吉；2."贞凶"是所占之事凶；3."贞厉"是所占事有危险；4."可贞"是所占之事可行；5."利贞"是所占之事有利。

吉凶的六个等级：吉吝厉悔咎凶

"吉、吝、厉、悔、咎、凶"不仅是卦辞和爻辞的吉凶标志，也是对吉凶程度的具体划分。只有懂得这几个术语的基本含义，才能初步理解卦辞爻辞的内涵。

生活中，我们常常用吉来表示好的事情，凶表示不好的事情。在占筮中，吉凶也是代表着好与不好最基本的术语。吉指吉祥、吉利，预示着有所得，会走向成功等；凶指凶险、凶恶，预示着有所失，会走向失败等。吉凶因程度不同而分为六种，按由好到坏的顺序依次是：吉、吝、厉、悔、咎、凶。

基本的占断用语：元亨利贞

"元、亨、利、贞"四字是《易经》卦辞的总符号，是基本的占断用语。这四个字在《易经》中出现的频率非常高，其重要性非同一般。

元

"元"有开始、大吉之意，也象征从无到有、从小到大的过程，如同盘古开天辟地。

亨

"亨"有向上、亨通、通达之意，组织筹划并执行控制，如同一步步地迈向目标。

利

"利"有有益、收获、和谐、凝聚人心之意。如同振臂一呼，应者云集。

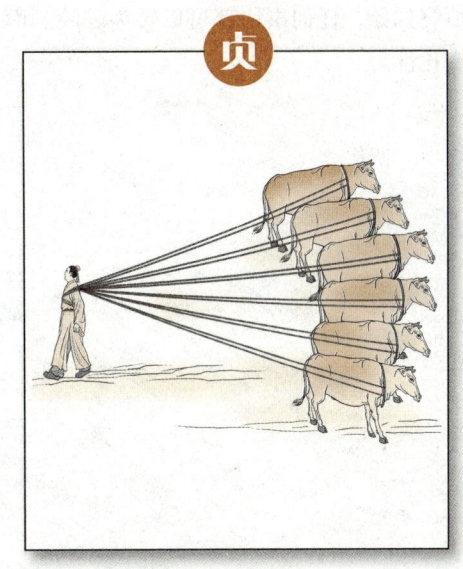

贞

"贞"有收藏、正固、占筮之意。可理解为对理想的坚持与忠诚，不会顾此失彼、遗忘目标。

一、吉：1."吉"是吉祥、吉利；2."初吉"指事情的开始时吉，此外还有"中吉""终吉"，都是指事情不同阶段的吉祥；3."贞吉"指占筮得到此卦为吉；4."大吉"指非常吉祥；5."元吉"同"大吉"。

二、吝：1."吝"是艰难、羞辱之意；2."小吝"是遭遇小人而艰难；3."终吝"指到最后还是艰难；4."贞吝"是所占的事将遇艰难。

三、厉：1."厉"是危险，但吉凶未定；2."有厉"是有危险的意思；3."贞厉"指所占筮之事有危险。

四、悔：1."悔"是后悔、忧虑，有烦恼；2."有悔"是有困厄；3."悔有悔"是困扰之事接踵而至；4."无悔"是无困扰；5."悔亡"是过去的困扰已经消失。

五、咎：1."咎"是出了过失、灾患，要承担责任，但比"凶"的结果要好一些；2."为咎"是将成为灾患；3."匪咎"是指不是灾患；4."何咎"是不构成什么灾患；5."无咎"即无灾患。

六、凶：1."凶"是祸殃，凶险，是最坏的结果。2."终凶"指事情的最终结果为凶；3."有凶"指有灾祸；4."贞凶"指占筮得到此卦为凶。

《易经》中没有"祸福"的概念

以上断辞的目的是让人们通过不同的概念来辨别吉凶的差异，这带有积极的精神，与"祸福"的消极态度不同。《易经》中没有"祸福"的字眼。"祸福"是后人强加于《易经》的概念。在《易经》看来，吉凶是相互转化的，没有永恒的吉或凶。转换了角度、条件、标准来判断，得到的结论往往差别很大。从某个角度看是吉，从另一个角度看可能就是凶。吉凶的这种变化性、多角度性比吉凶的程度更重要。如果不慎始如终、慎终如始，任何事情都可以转为凶险。而"祸福"的含义则相对固定，无法表达出这种变化性。

吉凶的六种程度

吉凶因为程度不同分为六种，按由好到坏的顺序依次是：吉、吝、厉、悔、咎、凶。

吉 吉是吉祥、吉利

吝 吝是艰难、羞辱之意

厉 厉是危险，但吉凶未定

凶 凶是祸殃、凶险、最坏的结果

咎 咎是出了过失，要承担责任

悔 悔是后悔、忧虑，有烦恼

下篇

《易经》正文详解

用《易经》来预测其实很简单，六十四卦和三百八十四爻就像一本薄薄的字典，等着你去查看。起卦后，根据固定的方法查找卦辞和爻辞，就可以迅速得到此卦的吉凶情况。

本篇内容提要

第一章　起卦预测很简单
第二章　六十四卦详解

第一章
起卦预测很简单

要运用《易经》占算，首先要有占算的前提，那就是卦象。如何得到卦象呢？很简单，两三分钟就可以搞定。起卦的方法很多，本章主要介绍两种。其中，"金钱起卦法"是最实用的。

最古老的起卦法
揲蓍布卦

《易经》占筮的起卦法很多，最古老的是"揲蓍法"：用五十根蓍草来摆演出卦象。古人选取"蓍草"起卦，是取其久远而生生不老之意。

⑨ 揲蓍布卦很烦琐

朱熹在《周易本义》对此法有详细描述：

从五十根蓍草中先抽出一根，停放一边，始终不用，以象征天地未开之前的太极。把余下的四十九根随意分开，分握于两手之中，左手象征天，右手象征地。从右手中抽出一根，夹在左手小指与无名指之间，象征人。放下右手中的蓍草，用右手数左手中的蓍草，每四根一数，象征四季，最后余下四根或四根以内，夹在无名指之间，象征闰月。再用左手数右手放下的蓍草，也是四根一数，最后剩下四根或四根以内，夹在中指与食指之间。小指中的一根与左右手数余下的蓍草，合起来肯定是九或五，这是第一变。

把第一次余下的九或五根除去，再把四十或四十四根蓍草，分握两手，从右手中取出一根，夹在左手的小指，然后分别每四根一数，左右手余下的加上小指的一根，一共是八或四，这是第二变。再把余下的三十二或三十六根蓍草，以同样方法数，余下的合计一定是八或四，这是第三变。

经过以上三变，得到一卦的第一爻。三变中，九和八为多数，五或四为少数。三变中如果两多一少，即是九、四、八，九、八、四或五、八、八时为"少阳"，符号为"━━"。如果三变中两少一多，即五、四、八，五、八、四或九、四、四为"少阴"，符号为"━ ━"。三变都是少数，即五、四、四时，为"老阳"，符号为"〇"，三变都

最古老的起卦法——揲蓍布卦

揲蓍布卦虽然不深奥，但摇卦过程太烦琐，古人以此进行预测的频率并不高。

1 事先准备好五十根蓍草。卜之前默念要问卦的事情。

2 在布卦之前，先要取出一根，只用其余四十九根。

3 把剩下的四十九根蓍草随意分成两堆，这叫做"分二"。

4 从其中一堆中取出一根夹在手指间，这叫做"挂一"。

5 将剩下的蓍草四个一组地数，这叫做"揲四"。

6 将每一堆余下的草放在一起，这叫做"归奇"。至此就完成了一变。

7 将在一变中挂一和归奇的蓍草除去，然后再把前面的步骤重复一遍。

8 按以上方法完成二变与三变。

9 画出完整的卦象，至此揲蓍布卦法全部完成。

$36÷4=9$
$32÷4=8$
$28÷4=7$
$24÷4=6$

下篇·第一章 起卦预测很简单

是多数，即九、八、八为"老阴"，符号为"✗"。摇卦时用上面的方法重复六次，便可得到六爻。

烦琐可清除杂念

古人对待预测术很虔诚，特别是对神灵的膜拜和祈求更是如此。用揲蓍法获得的卦象非常准确，这来自于诚心诚意的祈求。它以烦琐的细节来拖延时间，换取内心的平静，使不存杂念的心灵能充分与天地交感，获得摇卦时最需要的"天人感应"。这种烦琐就是卦象准确的代价。

以诚心取卦

古人在用揲蓍法布卦时，对占卜前的状态有近似宗教仪式般的"规矩"：

1. 占卜前一晚早睡，不做任何事。清晨早起头脑清醒、体力充沛是布卦的好时机。
2. 如厕后要洗手，饭后要漱口。
3. 晚上11点后不卜，因在两日交接之时，天地混沌未明，且精神疲倦。
4. 不可以玩笑或嬉戏的态度占卜。
5. 心未定不卜，心不诚不卜，赌博之事不卜，奸秽盗淫之事更不可卜。
6. 一事只一卜，不可反复请示。
7. 无事不要试卦。
8. 心意已决之事不卜，可凭借智慧做判断之事不卜。
9. 占卜的地方最好在干净整洁的书桌上。占卜时的思维不要受到外物的影响，所以不宜在闹市、卧室或厕所等环境中。

"诚心"的真正含义

古人认为按以上规矩来做是尊重神灵。实际上，真正起作用的不是神灵，而是求卦者的潜意识。只要意念集中、真心诚意，钱币就会与摇卦者的心灵接通，并把信息准确地显示在卦象中。这种"诚"包括如下含义：

1. 摇卦者在预测之前必须确定有此事，不能假设或无中生有；
2. 摇卦者不要对断卦者的能力或预测术本身持有成见、偏见或怀疑；
3. 心诚才能意念集中，不受外界因素干扰。

有疑则卜，无疑则不卜

《易经》最根本的占筮原则是：有疑则卜，无疑则不卜。占筮原则直接影响到卜卦结果是否灵验，但怎样做才能灵验呢？这里有几条自古流传下来的注意事项。

1 占筮前一晚早睡，不做任何事。

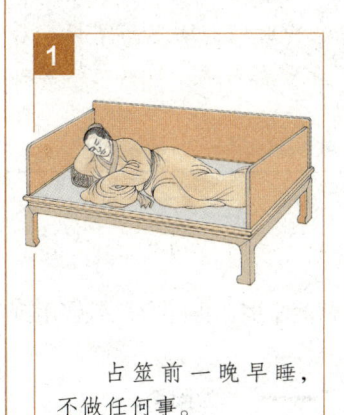

2 如厕后要洗手，即净身（净口、净手）。

3 晚上11点后不卜，因在两日交接之时，天地混沌未明。

4 心未定或心不诚不卜、奸秽盗淫之事不卜。

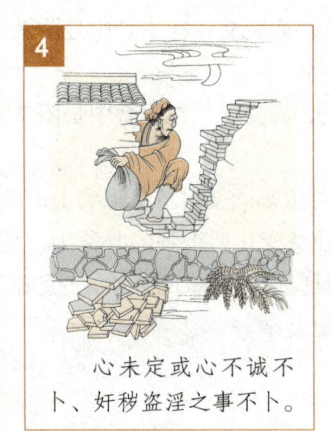

5 一事只一占，今日占明日又占，如此即不灵。

6 惟挚诚可以感动神明，所以无事不要试卦。

7 心意已决、可以智慧判断之事不卜，借占卜术赌博，坐吃山空者不卜。

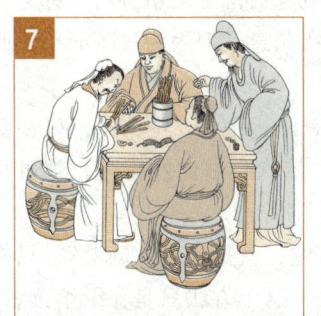

8 最好在神案或无杂物的书桌上进行，占卜之事，以简洁之词写在红纸上。

9 占卦须客观，且要心定，不受外物影响。

下篇·第一章　起卦预测很简单

最简单的起卦法

金钱卦

用蓍草来布卦，通过三演十八变才得到一卦，不但浪费时间，还不易掌握。后来，人们化繁为简，以摇掷铜钱代替了蓍草布卦。这种"金钱起卦法"传说是战国奇人鬼谷子发明的。

金钱起卦法

取三枚相同的钱币合于双手中，上下摇动数下使钱币翻滚摩擦，再随意抛撒钱币到桌面或平盘等硬物上，这时会出现四种情况：

1. 三枚铜钱中有两枚正面向上，这是少阳之象，记做"——"，为阳爻；
2. 三枚铜钱中只有一枚正面向上，这是少阴之象，记做"— —"，为阴爻；
3. 三枚铜钱都是正面向上，这是老阴之象，记做"✕"，为变爻，在主卦中是阴爻，在变卦中是阳爻；
4. 三枚铜钱都是反面向上，这是老阳之象，记做"〇"，为变爻，在主卦中是阳爻，在变卦中是阴爻。

如此连续六次就得到了六个爻，可以构成一个完整的卦象。画爻时按从下到上的顺序排列。老阳和老阴被称为"动爻"，意为：变动之爻。动爻变化后得到的卦称为"变卦"或"之卦"，而开始摇出的卦称为"主卦"。"主卦"对应所测之事的开始，"变卦"对应所测之事的结局。因为动爻和变卦的存在，卦象变得更复杂。

六十四卦金钱课

还有一种用钱币摇卦的预测法：六十四卦金钱课。它的起卦法更简单，后人称之为"文王八卦"或"金钱课"。用这种方法只能获得笼统的初级信息，但因为过于简单，此法流传很广。

具体做法是：取六个相同的钱币，有数字的一面代表阳，记为"——"，另一面代表阴，记为"— —"。然后合掌将六个钱币摇摆数次，依次自右向左排开，就可得到卦象。

这种起卦方法比上面的方法更为简便，但存在一个问题，就是没有"动爻"，只能测知事情的当前状态，而无法显示日后的发展趋势。所以，这个方法只是介绍给读者，但不推荐使用。

化繁为简的金钱卦

用蓍草布卦浪费时间且不利于掌握。后人化繁为简，用摇钱币的方法取而代之，俗称"金钱卦"。另外，还有一种"金钱课"更简便。

金钱起卦法

1 先准备三枚相同的钱币，以乾隆通宝最佳。

2 直接将钱币合在手掌中。

3 在摇晃钱币之前，诚心默想欲问之事，或将要问的事情说出来。

4 摇晃钱币，顺势将钱币轻轻丢到桌案前。

按顺序完成以上四步之后，便得到了一爻，记录方法如下。用同样的方法再摇五次，把结果从下到上排列开来，就得到了一个六爻卦。

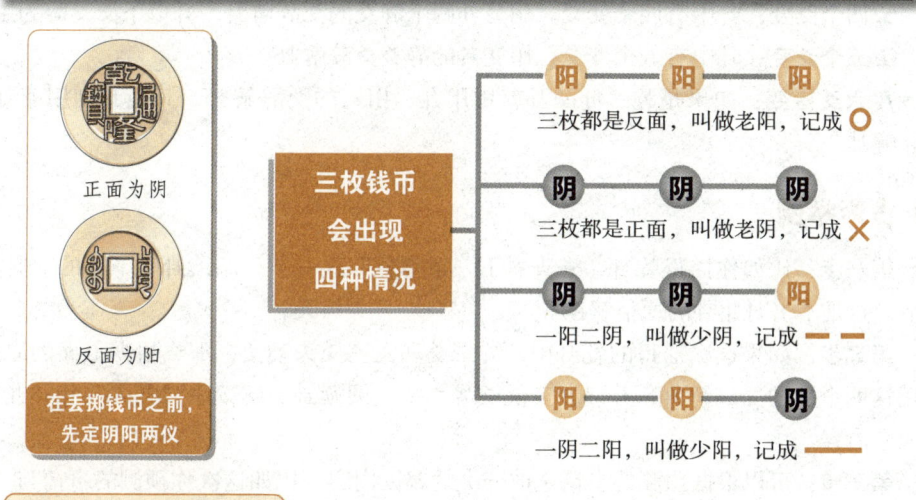

正面为阴

反面为阳

在丢掷钱币之前，先定阴阳两仪

三枚钱币会出现四种情况：

- 阳 阳 阳 —— 三枚都是反面，叫做老阳，记成 ○
- 阴 阴 阴 —— 三枚都是正面，叫做老阴，记成 ×
- 阴 阴 阳 —— 一阳二阴，叫做少阴，记成 — —
- 阳 阳 阴 —— 一阴二阳，叫做少阳，记成 ——

六十四卦金钱课

取六枚相同的钱币 → 确定正面和反面 → 合掌后摇晃数下 → 随意摆在桌面上 → 查《易经》原文

下篇·第一章 起卦预测很简单

165

起卦之后
查表断吉凶

前面已经介绍了两种起卦的方法，其中最常用的就是"金钱卦"。根据这种方法得到一个卦后，我们就可以根据下一章中的内容占断吉凶了。

☯ 如何选取卦爻辞

得到一卦后，可以先看此卦卦辞，卦辞是对卦象内容的整体概括。卦辞所提示的哲理带有很大的抽象性、包容性、多维性、启示性，是广义的、多层次的、富于变化的。所以不可拘泥于文句的直接含义，呆板地理解。由于《易经》原文晦涩难懂，为了方便读者理解，本书下一章只用白话解读每一卦。

除了卦辞外，还可以根据爻辞占断吉凶。那么，在不同的卦中用哪一爻的爻辞呢？这里有许多讲究。一卦得出后，会有以下七种情况：

1. **六爻不变**：卦中六个爻都不是变爻，这叫"静卦"，用本卦的卦辞解卦。
2. **一个爻变**：卦中有一个变爻，就用这个变爻的爻辞解卦。
3. **二个爻变**：卦中有两个变爻，用这两个变爻的爻辞解卦，以上爻为主。
4. **三个爻变**：卦中有三个变爻，用本卦卦辞结合变卦卦辞作综合考虑。
5. **四个爻变**：卦中有四个变爻，用另外两个静爻的爻辞解卦，并以下爻爻辞为主。
6. **五个爻变**：卦中有五个变爻，用变卦的静爻爻辞解卦。
7. **六爻皆变**：如果是乾、坤两卦就用用九、用六的爻辞解卦，其他卦则用变卦的卦辞解卦。

☯ 占断举例

第一步：比如你摇得乾卦，先查看下一章"乾"这一节，阅读卦辞下面的"启示"一节，这是本书对此卦的通俗解读。

第二步：如果这次摇得的乾卦中，九二爻和九三爻为动爻，那么根据上面的原则，要用这两个爻的爻辞解卦，并以九三爻爻辞为主。阅读卦爻解读中"九二"和"九三"的相应内容。

第三步：可以根据预测的事情选取分类的解读内容。比如这次你预测的事情与"爱情"有关，那么可以到"乾卦运势速断"里阅读"爱情"那一部分的内容。

通过以上三个步骤，你对此次所摇的卦便有了从整体到细节的全方位掌握。

常用的断卦法

得到一卦后，如何从中获得所需信息？古人的断法主要有四种，在下一章中，我们主要用第一种，也就是根据卦辞爻辞来断卦。

断卦的四种方法

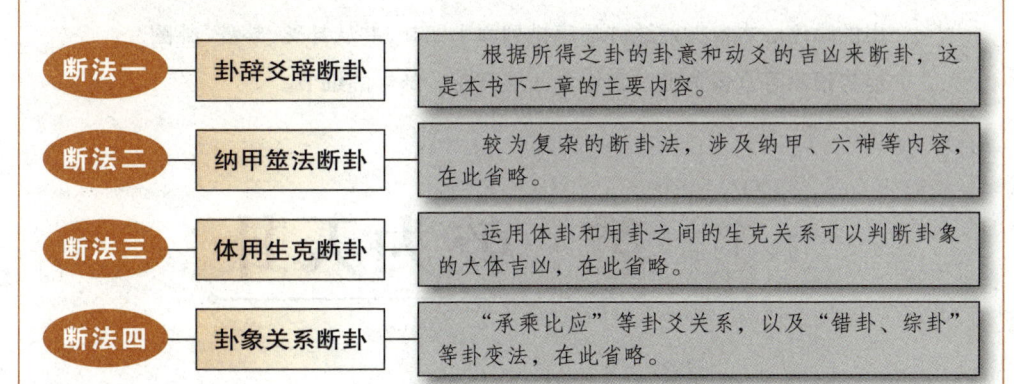

- **断法一** — 卦辞爻辞断卦 — 根据所得之卦的卦意和动爻的吉凶来断卦，这是本书下一章的主要内容。
- **断法二** — 纳甲筮法断卦 — 较为复杂的断卦法，涉及纳甲、六神等内容，在此省略。
- **断法三** — 体用生克断卦 — 运用体卦和用卦之间的生克关系可以判断卦象的大体吉凶，在此省略。
- **断法四** — 卦象关系断卦 — "承乘比应"等卦爻关系，以及"错卦、综卦"等卦变法，在此省略。

取爻辞的原则

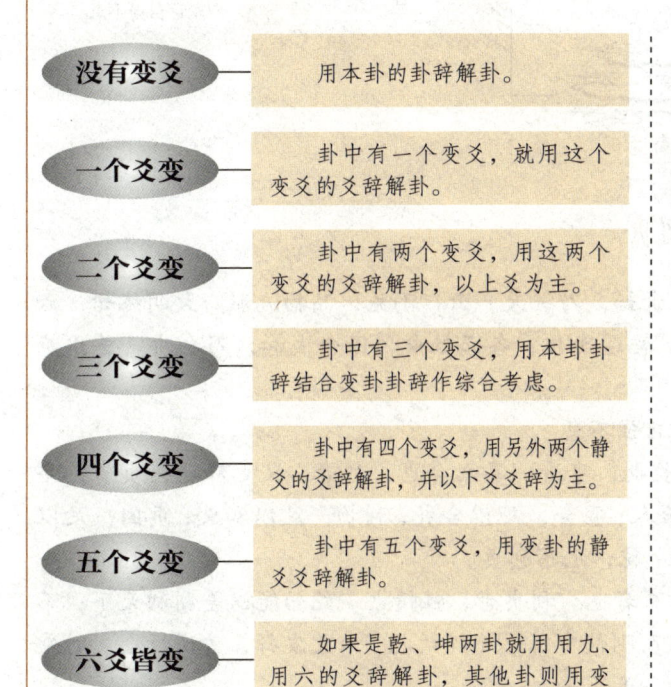

- **没有变爻** — 用本卦的卦辞解卦。
- **一个爻变** — 卦中有一个变爻，就用这个变爻的爻辞解卦。
- **二个爻变** — 卦中有两个变爻，用这两个变爻的爻辞解卦，以上爻为主。
- **三个爻变** — 卦中有三个变爻，用本卦卦辞结合变卦卦辞作综合考虑。
- **四个爻变** — 卦中有四个变爻，用另外两个静爻的爻辞解卦，并以下爻爻辞为主。
- **五个爻变** — 卦中有五个变爻，用变卦的静爻爻辞解卦。
- **六爻皆变** — 如果是乾、坤两卦就用用九、用六的爻辞解卦，其他卦则用变卦的卦辞解卦。

例一

摇得乾卦，二爻和三爻为动爻。根据原则，取三爻的爻辞。

例二

摇得否卦，初爻至四爻都为动爻，根据原则，取五爻的爻辞，并参考变卦卦辞。

第二章

六十四卦详解

六十四卦有固定的排列顺序，也就是《易经·序卦传》里面列出的顺序。本章按照这种顺序排列六十四卦，并从卦爻、卦辞、卦图、运势预测等众多角度，为你全面展开每一卦中的细节。

第①卦 乾：乾为天卦

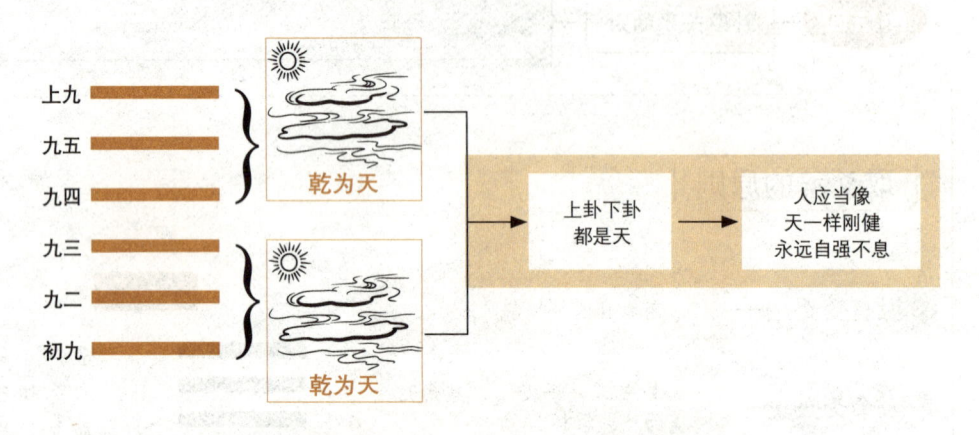

上九	乾为天	
九五		
九四		上卦下卦都是天 → 人应当像天一样刚健永远自强不息
九三	乾为天	
九二		
初九		

【原文】 乾，元亨，利贞。

彖曰： 大哉乾元，万物资始，乃统天。云行雨施，品物流形。大明终始，六位时成，时乘六龙以御天。乾道变化，各正性命，保合太和，乃利贞。首出庶物，万国咸宁。

象曰： 天行健，君子以自强不息。

文言曰： "元者，善之长也，亨者，嘉之会也，利者，义之和也，贞者，事之干也。君子体仁，足以长人；嘉会，足以合礼；利物，足以和义；贞固，足以干事。君子行此四者，故曰：乾，元亨利贞。"

文言曰： 乾元者，始而亨者也。利贞者，性情也。乾始能以美利利天下，不言所利。大矣哉！大哉乾乎？刚健中正，纯粹精也。六爻发挥，旁通情也。时乘六龙，以御天也。云行雨施，天下平也。

《断易天机》解乾卦

六龙行天之卦，包容万物之象

乾卦点睛

乾为天的极至，其本意是日出时光气舒展，代表刚健，与柔顺相对立。得乾卦者，虽有创业的本领，但缺守成的功夫。因为性格阳刚而成事，也会因为阳刚而败事。身处逆境时可以是迎风的火把，进入顺境则容易忘乎所以。

刘邦得此卦，开创大汉朝

传说刘邦在芒砀山发动起义的时候曾占得乾卦，后来他推翻了秦朝统治，并战胜了项羽，成为汉朝开国之君。

卦图详解

◆一个官人登上云梯，是利于进取之意。

◆一只鹿在云中，象征"天行健，自强不息"的精神。

◆一个工匠在琢玉，去表可见其宝，说明过于阳刚则"打磨"后才可成才。

◆巨石上有一块玉正在放射光芒，象征阳刚之气很旺。

下篇·第二章 六十四卦详解

【译文】"乾"是卦名,"元亨,利贞"是卦辞,意思是:"乾卦,初始亨通,有利于坚守正道。"用白话来说便是目前处于开始阶段,不过不要因为开始的顺利而忘乎所以,要明白事物的开始离成功还很遥远。

彖辞说: 多么伟大啊,阳气的始生!万物因它而生,乃至天体也被它控制着(即天气因阳生而转暖)。它使天空布云施雨,(在雨水的滋润下)万物开始了生长,在大地上显露出了本来的形象;太阳反复运行,使六个时辰处于美好的白天;乾卦的六爻控制着天体的寒来暑往。天体的运行规律,赋予万物不同的性质和寿命,经常保持阴阳的均衡和合,才是利于坚守的正道。阳气不但使万物拥有了生命,而且使万国都因此安宁。

象辞说: 天体运行刚健而永不停息,君子应当效法天道,自强不息。

文言说: 元是仁善之首,亨是美好的相会,利是正义的和谐,贞是做事的主干。君子体仁,足以成为众人的首领;美好的聚会,足以符合礼教;利益万物就可以合于道义;坚贞守正就足以干成事业。君子要效法乾卦的这四种品德,所以说,"乾,元亨利贞"。

文言说: 乾元是阳气初始而亨通。利贞是人之性情。阳气用美丽与利益使天下受益,却不表明自己的贡献。伟大啊!这难道不是乾的伟大之处吗?刚健而中正,是纯粹的精华啊。六爻发动,可以广通万物之情,六爻的变化,代表着天气的变化,云行雨施,润泽天下而享太平。

【注释】**彖:** 原义是一种牙齿锐利的兽的名字,据说这种兽能咬断金属。在《易经》中为断的意思,彖辞即对每一卦的断语,即相当于卦辞与爻辞。而此处的"彖曰"是周公或孔子对卦辞的解释。

象: 象在《易经》中借指卦象。象辞便是对卦象的解释。以前儒家将解释卦辞(象)的象辞称为大象,将解释爻辞(象)的称为小象。象辞的作者,一般认为是周公。

文言: 文言是周公制礼时的作品,孔子收集整理。文言中的"子曰"部分为孔子之言。文言是在孔子出生前就有的解经文字,但其内容已脱离了《易经》卦辞与爻辞的本意,而是带有更强的哲理性与政治色彩。

用九与用六: 六十四卦只有乾坤两卦是纯阳纯阴卦。占得乾卦而六爻都动时取"用九"为占辞,占得坤卦而六爻都动时取"用六"为占辞。

【启示】乾的性质是刚健不息。所以两个单卦乾相叠代表"刚健而又刚健",刚健的性质增加了一倍,称为"至健"。这种"刚健"对于官运、考学都较有利,但对于与人相处之事,如感情、家运都不吉,具体表现为个性倔强,固执己见,难以接受旁人的劝告,不够圆融、虚荣心强、爱逞能。乾卦有外实内虚之象,所以不可冒进或走极端,不可专权行事、唯我独尊。成于刚健也容易失于刚健。身处逆境可以是迎风的火把,进入顺境则容易忘乎所以。得此卦者虽有创业的本领,但缺守成的功夫,需要一个好的助理来辅佐。下一卦坤卦正好可以担当这个重任。

乾卦卦辞是"元亨利贞",什么叫"元亨"呢?比如一粒种子开始发芽,什么能够挡住它的生长？你可以在上面压一块大石头，但种子还会是破土而出，因为最初的生命力是极其强大的。这就叫"元亨"。什么叫"利贞"？比如太阳按自己的轨道运行，不紧不慢，在天上留下有规律的影迹；当你心中产生理想后，不断向目标迈进，这都叫"利贞"。所以，不要因为开始的顺利而忘乎所以，要明白开始时离成功还很远，只有坚持不懈才会达到美好的终点。

乾卦卦辞为何总提到龙呢？龙是神话中最高贵的动物，足以象征乾阳的至高无上；同时龙又是善变之物，能够潜水、行地、飞天，海陆空三栖。在乾卦中，"潜"是人生奋斗之始，"现"是小试锋芒之时，"惕"是初获成就之日，"跃"是一举成功之机，"飞"是事业大成之际，"亢"是事业极盛时期。乾卦六爻分别表示这六种状态，用龙比喻依次是：潜龙、见龙、惕龙、跃龙、飞龙、亢龙，他们展示了阳气萌生、增长、盛壮、衰亡的全过程，暗示了人生六个阶段的行为策略。

初九：潜龙勿用。

初九是爻的名称。其中"九"表示阳爻，"初"表示第一个。此句爻辞的意思是：身居下位，时机还没有成熟，所以应当像潜藏的龙一样不要施展你的才干。

【原文】象曰：潜龙勿用，阳在下也。

文言曰：初九曰："潜龙勿用。"何谓也？子曰："龙，德而隐者也。不易乎世，不成乎名；遁世无闷，不见是而无闷；乐则行之，忧则违之；确乎其不可拔，潜龙也。"

【译文】象辞说：初九之所以"潜龙勿用"，是因为此阳爻的位置处于最下面的位置。

文言说：孔子说："潜龙勿用"是具有龙的品德而隐藏起来的人啊。这种人不会因世俗的影响而改变自己，不去争逐世俗的功名；归隐而不因清贫而苦闷，也不因无官无禄而苦闷；做自己愿意做的事，不做违反自己意愿的事，坚定自己的志向而不动摇，这就是潜龙啊。

孔子将爻辞的含义上升到了更高的哲学范畴，更为细致地教导人们该如何"潜"。龙的品德是能大能小，能屈能伸，能隐能显。在此，孔子重点讲了龙的隐。在孔子看来，隐并非是委曲求全，而是自得其乐。

【启示】阳气初生的阶段，位卑力薄，一切刚刚起步，要养精蓄锐。如同学行未成、人微言轻之时，不可强行出头、多管闲事，因为还没有兴云作雨的能力和条件。只能等待，像卧龙一样潜伏水中。

九二：见龙在田，利见大人。

九二：龙出现在田野之上，有利于见到大人物，并以此来发展自己。

【原文】象曰：见龙在田，德施普也。

文言曰：九二曰："见龙在田，利见大人。"何谓也？子曰："龙，德而正中者也。

庸言之信，庸行之谨，闲邪存其诚，善世而不伐，德博而化。易曰：'见龙在田，利见大人。'君德也。"

【译文】 象辞说："见龙在田"指的是九二阳爻已来到地上，可以发挥它的养生万物之德了。

文言说：孔子说："见龙在田，利见大人。"是指那些具有龙的品德而又能保持中正的人啊。说话守信用，做事谨慎，防范恶意的诽谤影响自己的信誉，以美德利天下不争不伐，以博大的道德感化世人。"见龙在田，利见大人"，这正是君王的道德啊。

【启示】 气质刚健，既有足够的雄心和魄力，又能妥善行事，便具备了成功的素质。虽有更高的能力，可是不容易发挥出来。此时要抓住机遇，借助大人物来发展自己。比如周文王贿赂纣王，从而得到了征讨诸侯的大权，壮大了国力。再如1982年刘永行四兄弟变卖家产，筹资一千元创业，20年后资产达83亿。

九三：君子终日乾乾，夕惕若厉，无咎。

九三：君子终日自强不息，每天晚上对自己进行深刻反省，保持警惕的心，检查自己的失误之处，才不会给自己带来灾难。

【原文】 象曰：终日乾乾，反复道也。

文言曰：九三曰："君子终日乾乾，夕惕若厉，无咎。"何谓也？子曰："君子进德修业，忠信，所以进德也；修辞立其诚，所以居业也。知至至之，可与言几也。知终终之，可与存义也。是故，居上位而不骄，在下位而不忧。故乾乾，因其时而惕，虽危无咎矣。"

【译文】 象辞说：九三的"终日乾乾"，即反复运行，永不停息的意思。

文言说："君子终日乾乾，夕惕若厉，无咎。"是什么意思呢？孔子说：君子提高自己的道德修养主要凭借的便是忠信二字，所以修养才能够得到提高。言语动听但要建立在诚实的基础上，所以能保持自己的业绩。知道时机来临，就想办法得到它；知道运势到了终点，便保存一颗正义之心。这就是，不因上位为骄傲，不因位下而忧郁。所以君子自强不息，时刻谨慎防范，虽然处于危地而不会有灾难。

【启示】 事业将成而未成，如龙刚刚飞起在半空，既不能凭借崇高威望获得尊重，又失去了立足保身之地。进不能只顾向上飞，退又不能返回地面。这是最尴尬的不上不下时期。如同刚从监狱里出来的周文王，上面有纣王，下面有诸侯。如果受到纣王的猜忌，则又要大难临头；如果引起诸侯不满，也会有凶险。

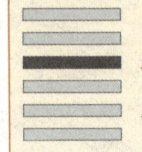

九四：或跃在渊，无咎。

九四：根据不同时机，可以一跃九天，也可以复沉于渊，都不会有什么灾难。

【原文】象曰：或跃在渊，进无咎也。

文言曰：九四："或跃在渊，无咎。"何谓也？子曰："上下无常，非为邪也。进退无恒，非离群也。君子进德修业，欲及时也，故无咎。"

【译文】象辞说："或跃在渊"，是说前进（或归隐）不会有灾难的意思。

文言说：孔子说：跃上去与退下来要审时度势，灵活掌握，这不属于邪恶。该进该退不是一成不变的，这样做不会脱离君子的群体。君子提高道德修养来建立功业，总是不想错过时机，所以没有灾难。

【启示】处于多惧之地，如果一直处在当前的位置上就凶险了。只有"跃"和"渊"是解决的办法。跃是升到上位；渊是回到下位。如同武王发展成当时最大的诸侯国。殷商三分之二的天下都由武王管辖的。此时他再给纣王送礼，纣王也明白心腹大患是武王。所以他只有两种出路，或者推翻纣，或者交出土地，归隐保全。

九五：飞龙在天，利见大人。

九五：飞龙遨游于天际，有利于见到大人物。

【原文】象曰：飞龙在天，大人造也。

文言曰：九五曰："飞龙在天，利见大人。"何谓也？子曰："同声相应，同气相求；水流湿，火就燥；云从龙，风从虎。圣人作而万物睹，本乎天者亲上，本乎地者亲下，则各从其类也。"

【译文】象辞说："飞龙在天"，是指大人物将会出现而大有作为的意思。

文言说：孔子说：相同的音阶之间会产生共鸣，相同的气味之间会互相吸引（动物之间凭气味寻找自己同类的异性）；在平地之上水向湿润的地方流动，同样可以燃烧的东西，火在干燥的物体上火苗旺，云总是跟从着龙，风总是跟从着虎。圣人兴起，万物都可以看到。以天作为本类的事物会亲近天，以地作为本类的事物会亲近地，就是"各从其类"的道理啊。

【启示】此位置在所有卦里都是最吉的，称为"君位"，代表事物发展到最完美的阶段。皇帝通称为"九五之尊"就是这么来的。其德高位高，品德、才智、地位兼备。客观条件已尽善尽美，这是一飞冲天、大展鸿图的时候。已经是君王，还要见大人物吗？天外有天，人外有人，君王之上是祖先或百姓中有能力辅佐天下的人。

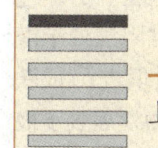

上九：亢龙有悔。

上九：龙向上飞得太高了，便会有后悔的事情发生。

【原文】象曰：亢龙有悔，盈不可久也。

文言曰：上九曰："亢龙有悔。"何谓也？子曰："贵而无位，高而无民，贤人在下位而无辅，是以动而有悔也。"

【译文】象辞说："亢龙有悔"，是说物不可以终盛，会盛极而衰，阳极而阴生之意。

文言说：孔子说：尊贵却没有职位权柄，身份高却没有臣民，下面有贤人却无法来到上面给予辅佐，所以此爻为动爻便会有后悔的事发生。

【启示】客观形势上处于极盛，在主观意识上也满盈了，到了止进而退的时候，如果进而不退就要走向反面。凡事不可以走极端，就像人不能吃得过饱。由于阳升阴降，上九无法下降到九五之位。就好比君王已经把位子传给了太子，自己没权利了，没有考虑好退路，便开始后悔。

用九：见群龙无首，吉。

用九是乾卦独有的一个爻。在乾卦六爻全变的时候才取用。此爻意思是：出现一群龙而没有首领，不过每条龙都能各尽其职，这很吉祥。

【原文】象曰：用九，天德不可为首也。

【译文】象辞说：阳刚之德不会自以为是，显示自己首领的地位。

【启示】各卦爻辞都只有六个，唯独乾卦多出"用九"、坤卦多出了"用六"。"用九"意味着六个阳爻全变为阴爻，乾变为坤。"用六"意味着六个阴爻全变为阳爻，坤变为乾。这表现了乾坤互相转化的思想。

"用九"所得之卦既不完全是乾，也不完全是坤。是乾，却将变为坤；变坤，却又仍然是乾。他处在乾坤转变之中，刚健与柔和二者兼备。刚健者勇于进取，其弊是咄咄逼人；柔和者亲切宽厚，其弊是软弱被动。两者兼备，尽善尽美。爻辞说，群龙无首会吉祥，尽管没有首领，但每条龙都各尽其职，做好分内事。这是统治者最高明的统治方法，也就是老子的"无为而治"。

【原文】文言曰：潜龙勿用，下也；见龙在田，时舍也；终日乾乾，行事也；或跃在渊，自试也；飞龙在天，上治也；亢龙有悔，穷之灾也；乾元用九，天下治也。潜龙勿用，阳气潜藏；见龙在田，天下文明；终日乾乾，与时偕行；或跃在渊，乾道乃革；飞龙在天，乃位乎天德；亢龙有悔，与时偕极；乾元用九，乃见天则。

【译文】文言说："潜龙勿用"，是因为位在下。"见龙在田"，是因为处于顺时进位的时候。"终日乾乾"是正在做事情。"或跃在渊"是试一试自己的能力。"飞龙在天"是临君而开始治理国家。"亢龙有悔"是因为穷途末路而带来的灾难。

"乾元用九"中讲的是治天下最理想的方法。"潜龙勿用"，是因为此时阳气处于潜藏时期；"见龙在田"是阳气来到地面，天下变得光明；"终日乾乾"是与时俱进；"或跃在渊"是因为乾道的变革；"飞龙在天"是以天德治天下；"亢龙有悔"是事物发展到了极限；"乾元用九"是天道的法则。

【原文】文言曰：君子以成德为行，日可见之行也。潜之为言也，隐而未见，行而未成，是以君子弗用也。君子学以聚之，问以辨之，宽以居之，仁以行之。

易曰："见龙在田，利见大人。"君德也。九三，重刚而不中，上不在天，下不在田。故乾乾，因其时而惕，虽危无咎矣。九四，重刚而不中，上不在天，下不在田，中不在人，故或之。或之者，疑之也，故无咎。

夫大人者，与天地合其德，与日月合其明，与四时合其序，与鬼神合其吉凶。先天而天弗违，后天而奉天时。天且弗违，而况于人乎？况于鬼神乎？亢之为言也，知进而不知退，知存而不知亡，知得而不知丧。其唯圣人乎？知进退存亡，而不失其正者，其唯圣人乎？

【译文】文言说：君子以成全美德作为自己的行为，这种行为在日常生活中便可以体现出来。潜的意思就是隐伏而不显露，做事还没有成就，所以君子在这种情况下不发挥自己的作用。

君子学习要日积月累，积少成多，多向别人请教以解决不懂的地方，以宽容的胸怀与人相处，以仁爱之心去做事。《易经》中说"见龙在田，利见大人"，这是君王应具备的道德。九三爻刚爻与刚爻重，上不在天道中，下不在地道中，所以只能自强不息，时刻谨慎。这样，虽然处危地却不会有灾难。

九四爻的处境与九三爻一样，所以会迷惑。惑的意思，便是怀疑。所以没有灾难。大人物具有天地的道德，具有日月普照万物的品质，顺应四时变化的规律，懂得占卜预知吉凶。在顺应天道上为天下人做出表率，根据天时的变化安排所做的事物。天与他的行为是一致的，何况是人呢？何况是鬼神？

所谓的"亢"，是指知进忘退，知存忘亡，知得忘失。只有圣人吧，能够全面考虑到进退存亡，并且不失正道。

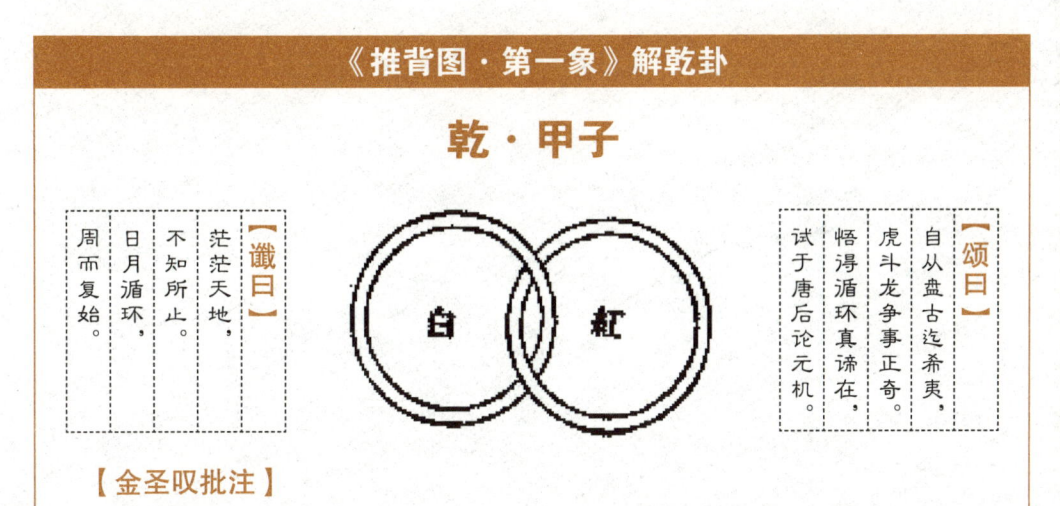

《推背图·第一象》解乾卦

乾·甲子

【谶曰】

茫茫天地，
不知所止。
日月循环，
周而复始。

【颂曰】

自从盘古迄希夷，
虎斗龙争事正奇。
悟得循环真谛在，
试于唐后论元机。

【金圣叹批注】

此象主古今治乱相因，如日月往来，阴阳递嬗，即孔子百世可知之意。红者为日，白者为月，有日月而后昼夜成；有昼夜而后寒暑判；有寒暑而后历数定；有历数而后统系分；有统系而后兴亡见矣。

▶ 乾卦运势速断

- **运势**—地位提升,名利双收,凡事谦和为贵,应坚忍不拔,把握机会。
- **事业**—春风得意,如日中天,但要提高警惕,修心养性,冷静处世。
- **爱情**—常有矛盾,不可逞强,应多沟通迁就,刚柔并济,不以自我为中心。
- **疾病**—病多为头脑、神经之病,应细心调养。若变卦有解仍为吉。
- **经商**—十分顺利,有大展宏图的机会。不可操之过急,应审时度势而后动。
- **诉讼**—自己一方有理,应该据理力争。
- **出行**—一人独行,或伙伴分散。不宜独行,如果结伴而行则吉。
- **人生**—个性鲜明,有主见,能感知"命运"的存在,适合进入政界。

第②卦 坤：坤为地卦

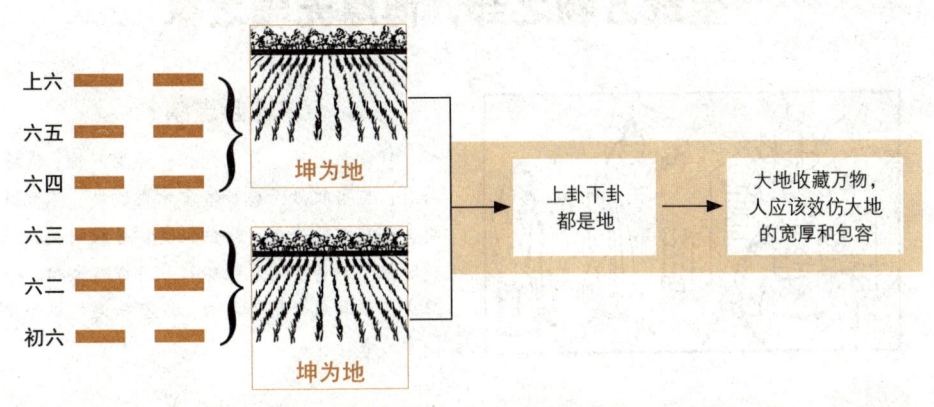

上六
六五
六四
六三
六二
初六

坤为地
坤为地

上卦下卦都是地 → 大地收藏万物，人应该效仿大地的宽厚和包容

【原文】坤，元亨，利牝马之贞。君子有攸往，先迷，后得主，利西南得朋，东北丧朋。安贞吉。

彖曰：至哉坤元，万物资生，乃顺承天。坤厚载物，德合无疆。含弘光大，品物咸亨。牝马地类，行地无疆，柔顺利贞。君子攸行，先迷失道，后顺得常。西南得朋，乃与类行；东北丧朋，乃终有庆。安贞之吉，应地无疆。

象曰：地势坤，君子以厚德载物。

文言曰：坤至柔而动也刚，至静而德方，后得主而有常，含万物而化光。坤道其顺乎？承天而时行。

【译文】坤卦，初始亨通，利于像母马那样保持温顺的德行。君子有所行动，起初会迷失方向，后得到主人，到西南方向可以得到朋友，在东北方向则丧失朋友。安于正道则会吉祥。

彖辞说：至大无际啊，坤元的始生！万物都借助你得以生成，你顺应着秉承着天道。大地深厚负载万物，品德博大没有边际。包容无限而广大，各类事物都因你而亨通。牝马属于地上的动物，驰骋四野没有疆界。阴柔温顺利于正道。君子行动的开始会迷失方向，随后便会掌握行动的常规法则。西南得朋，是能够见到自己的同类；东北丧朋，却会得到结婚的喜庆。安于正道的吉祥，是与无边无际的地道相应的。

彖辞说：大地顺应天而行，君子应效法大地，以深厚的道德负载万物。

文言说：坤是最柔顺的，然而它却可以变得极其刚健；坤是安静的，但它的品德却是方正不邪。它是顺着乾阳运行的，但却有着自己的规则。它包容万物，化生的功能广大无边。坤道便是顺应之道吧？它顺应天道的四季运行。

【启示】乾是阳性的，坤是阴性的。阳处于主导地位，阴处于附从地位，乾讲的是刚强者的进取哲学，坤讲的是柔顺者的辅佐哲学。两者到一起才可以发挥"和合化生"的

下篇·第二章 六十四卦详解

177

《断易天机》解坤卦

生载万物之卦，博厚无疆之象

坤卦点睛

坤象征大地，可以包容、资生万物。得坤卦者，应当收敛，谨行慎言才无过失。不可做鸡头，应该做牛尾，耐住寂寞，寻找明主，等待时机。不着痕迹地服从领导可成就大功。一旦成势便具载舟覆舟之力。没有知遇的机会便一事无成。

刘邦得此卦，能屈能伸

在"楚汉相争"时，刘邦曾占得坤卦，在与项羽的争斗中，刘邦能屈能伸，最终经过四年的战争而获胜，建立了大汉王朝。

卦图详解

◆金甲神人腾云驾雾而来，在台上抛文书与下面的官人，代表大利学业。

◆一个官人恭恭敬敬地坐着，说明柔顺才可得吉。

◆一只母马姿态谦卑，也代表柔顺。

◆十一个口字，叠加在一起，代表吉祥的"吉"字。

作用。一切生命都直接（植物）或间接（动物）靠大地为生。大地的特性是：宽厚、包容、承担、柔顺、居后、随从、消极、被动、平静和顺、外虚内实。天的刚健要依靠地的柔顺才能得以发挥力量，没有地的承载就无所谓天的刚健。得坤卦者应和顺，刚强则凶。积极争取会有烦难，不可为追求私利而使用计谋。以柔和制刚强、以静制动则吉，如能协同互利则更吉。谨行慎言即使不能得到赞赏，也可免除灾祸。

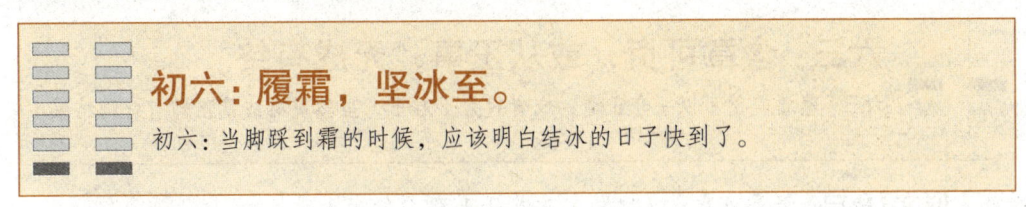

初六：履霜，坚冰至。

初六：当脚踩到霜的时候，应该明白结冰的日子快到了。

【原文】 象曰：履霜坚冰，阴始凝也。驯致其道，至坚冰也。

文言曰：积善之家，必有余庆；积不善之家，必有余殃。臣弑其君，子弑其父，非一朝一夕之故，其所由来者渐矣，由辩之不早辩也。易曰："履霜，坚冰至。"盖言顺也。

【译文】 象辞说：当脚踩到霜的时候，说明阴气开始聚集，由此可知，寒冷的冬天将要到了。

文言说：积善行的人家，必定会有更多的吉庆留给后代；积恶行的人家，必定会有更多的灾难留给后代。臣子弑君篡位，儿子杀死父亲，这种事情都不是一朝一夕的缘故，而是长期积累逐渐发展成这样的，是因为对这种恶性事件没有及早防范造成的。《易经》中说"履霜，坚冰至"，指的就是这种发展趋势。

【启示】 要见微知著，防微杜渐。所以，一开始就要谨小慎微。这正是阴柔品格的特点和优点。不但要细心觉察微小迹象，还要从中预测发展趋势。一叶知秋，而这种见识还不够高远，应该在夏天就预见到秋天的霜与冬天的冰，这便是文王的智慧，也是为臣者必须具备的远见。

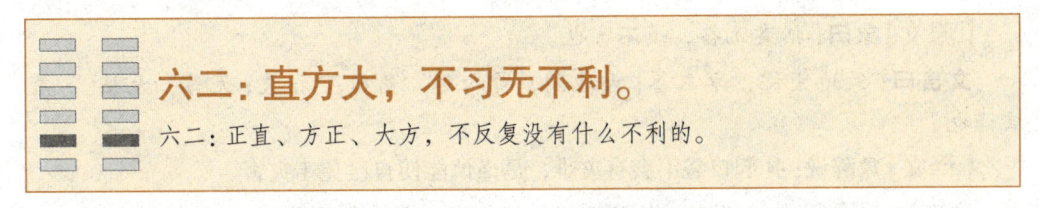

六二：直方大，不习无不利。

六二：正直、方正、大方，不反复没有什么不利的。

【原文】 象曰：六二之动，直以方也。不习无不利，地道光也。

文言曰：直其正也，方其义也。君子敬以直内，义以方外，敬义立而德不孤。"直方大，不习无不利"；则不疑其所行也。

【译文】 象辞说：六二为动爻，正直而方正，不重复没有不利的，这是因为地道广大。

文言说：直指的是六二爻的正直，方指的是合乎道义。君子亦应当以恭敬的态度使内心保持正直，行为要合乎道义。"直方大，不习无不利"，是说有了这种品德，行为上就不会游疑不决，自然会把事情处理好了。

【启示】当处于有利的位子上时，要充分发挥自己的能力。而且要正直、端方、胸襟阔大，做到这三点，并且做事不反复无常，才会得到君王的重用，担负起辅佐之重任。坤以乾为主，顺乾而行，乾动而坤应之即可，自己不必另有作为。如此行事对于坤来说是最佳的，无往而不利。

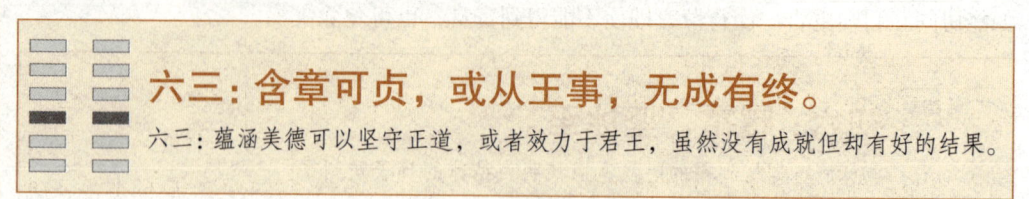

六三：含章可贞，或从王事，无成有终。

六三：蕴涵美德可以坚守正道，或者效力于君王，虽然没有成就但却有好的结果。

【原文】象曰：含章可贞；以时发也。或从王事，知光大也。

文言曰：阴虽有美，含之；以从王事，弗敢成也。地道也，妻道也，臣道也。地道无成，而代有终也。

【译文】象辞说：含章可贞，是为了等待时机。为君王做事是因为智慧广大。

文言说：阴柔是一种美好的品质，含蓄而不显耀地为君王效力，不能居功自傲。这是地道的法则，这是妻道的法则，这是臣道的法则。地的法则就是不显示自己的功劳，而求得万事都有一个善终。

【启示】功业小成，接近于上层，但形势不利，需要谨慎，以免猜忌。为君王做事不要过于显露自己的才华，有功要归于君王。如果能不露锋芒，做成了事也不专有其功，功成而不居功自傲，采取外表糊涂内心明白的方式，便能获善终。这是很难达到的修养。

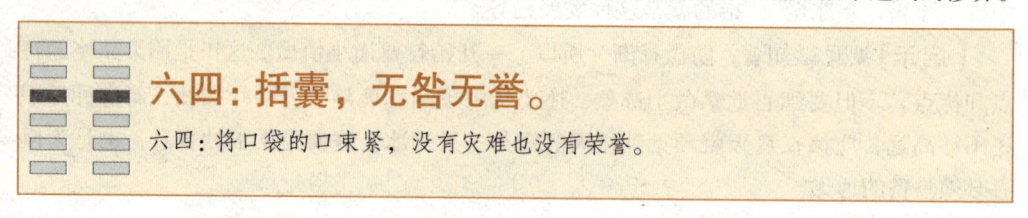

六四：括囊，无咎无誉。

六四：将口袋的口束紧，没有灾难也没有荣誉。

【原文】象曰：括囊无咎，慎不害也。

文言曰：天地变化，草木蕃；天地闭，贤人隐。易曰："括囊；无咎，无誉。"盖言谨也。

【译文】象辞说：扎起口袋不会有灾难，是谨慎能使自己免于灾害。

文言说：天地变化，草木滋长旺盛。天地闭塞，贤人就要隐退。《易经》中说"括囊，无咎无誉"，就是教导人们在这种情况下要谨慎从事。

【启示】天地闭塞，处境尴尬，在嫌疑是非之地，贤人应当隐退，怀着大智慧观察时局的动态，归隐保全以等待出仕的时机。为了免遭猜忌谗谤，要像囊袋扎口一样勿言勿动，非如此不能逃祸。恶不可为，善也不可为，恶不为则无咎，善不为则无誉。既没有过失，也没有荣誉，这便是免祸之道。

六五：黄裳元吉。

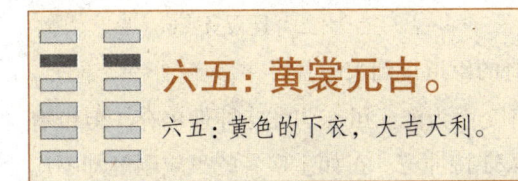

六五：黄色的下衣，大吉大利。

【原文】象曰：黄裳元吉，文在中也。

文言曰：君子黄中通理，正位居体，美在其中，而畅于四支，发于事业，美之至也。

【译文】象辞说：黄裳之所以大吉，是因为六五有温文之德并且守于中道。

文言说：君子处在六五爻的地位上，应当按照爻辞的提示保持自己中庸的本色，通达事理，立身处世要摆正自己的位置。内心舒畅则会使四肢的血脉畅通，怀着舒畅的心情从事功业，就会达到极其美好的效果。

【启示】地位极高，但仍保持柔顺的本性，恭顺谦下，这是大吉之兆。君子处在六五的地位上，应保持自己中庸的本色。如同大权在握的诸葛亮，位极尊崇，而对后主刘禅仍然恭顺谦下，鞠躬尽瘁。这种精神来自内心的忠诚。所以诸葛亮始终吉星高照，左右的小人屡次想陷害他而不能得手。

上六：龙战于野，其血玄黄。

上六：与龙在旷野厮杀，旷野到处是青与黄色的血迹。

【原文】象曰：龙战于野，其道穷也。

文言曰：阴疑于阳，必战。为其嫌于无阳也，故称龙焉。犹未离其类也，故称血焉。夫玄黄者，天地之杂也，天玄而地黄。

【译文】象辞说：与龙战于野，是地道走到了穷途末路的缘故。

文言说：阴气受到阳气的猜疑，必然要发动战争。因为六爻全是阴爻使阳气怀疑没有自己的地位，所以爻辞要说到"龙"。由于上爻仍是阴的类别，所以称之为血。夫玄黄者，天地相杂的颜色，天是青色的，地是黄色的。

【启示】阴气受到阳气的猜疑，必然要发动战争。因为六爻全是阴气，使阳气怀疑自己失去了地位。坤阴发展到了极盛，一反柔顺从阳的本性，要与乾争个高低，局面很糟糕，势必两败俱伤，血流遍野。因此，此时的辅佐者要居卑而静，事业声誉极盛时要警惕争斗的局面。

用六：利永贞。

用六：利于永远坚守正道。

【原文】象曰：用六永贞，以大终也。

【译文】象辞说：用六的永贞，可以使坤卦的臣道得到大的善终。

【启示】六个阴爻都要变为阳爻，坤卦将变而为乾。虽变为乾，坤性仍存，但带有乾的精神。阴柔中带有阳刚之质，有利于永久守持坤道。正如主宰者乾虽应刚健却不应刚愎自用一样，辅佐者坤阴虽应柔顺却不应一味附和。乾卦用九是刚而能柔，坤卦用六是柔而能刚。刚柔应该相济。这里说明了臣道的原则便是永贞，这也是为妻之道的原则。永远忠贞，才可以得到大的善终。这好比周公称王摄政。武王死后，十多岁的成王继位。周公取代了成王来治理国家，巩固了政权后又把王位转给了成王，自己退回到臣子的位置上，这便是"永贞"。

《推背图·第四十九象》解坤卦

坤·壬子

【谶曰】
山谷少人口，
欲剿失其巢。
帝王称弟兄，
纷纷是英豪。

【颂曰】
一个或人口内啼，
分南分北分东西。
六爻占尽文明见，
棋布星罗日月济。

【金圣叹批注】

久分必合，久合必分，理数然也，然有文明之象，当不如割据者之纷扰也。

▶ 坤卦运势速断

运势——不应急进，应退守幕后，含蓄温和、持之以恒、以静制动。

事业——获得支持、与人合作则吉。不可冒险急进或独断专行。适合当副手。

爱情——进展缓慢，欲速则不达，急则有失，缓则易成。

疾病——多为慢性病。阳气为元气，过弱，所以抵抗力弱。宜向东南方求医。

经商——机遇不佳，不应冒险，应固守本分，稳健保守，小心为上。

诉讼——会因田土之事产生争执，为有始无终之象，宜和解。

出行——出行者未归，可能将有音信，如果是官事，有走失的可能。

人生——仕途上难有发展，适合从事文化类工作。有宗教倾向，易信仰女神。

第③卦 屯：水雷屯卦

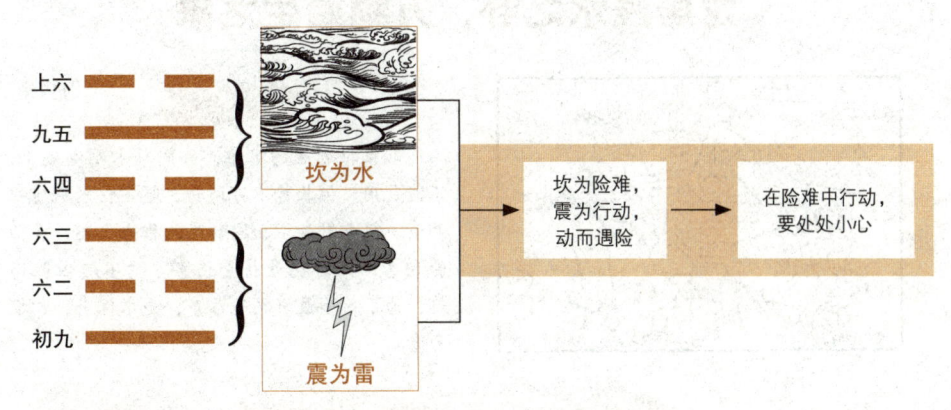

上六
九五
六四
六三
六二
初九

坎为水
震为雷

坎为险难，震为行动，动而遇险 → 在险难中行动，要处处小心

【原文】屯，元亨利贞，勿用有攸往，利建侯。

彖曰：屯，刚柔始交而难生，动乎险中，大亨贞。雷雨之动满盈，天造草昧，宜建侯而不宁。

象曰：云雷屯；君子以经纶。

【译文】屯卦，天始亨通，有利于坚守正道。不要到别处求取功名。利于在自己的地盘上建立功业。

彖辞说：屯卦，刚柔开始交流而出生艰难。上卦坎为险，下卦震为动，在险难中运动求得生存，会得到大的亨通并且是正道。震又为雷，坎又为雨，所以打雷下雨使天地满盈。天地草创，适于树立侯王，因为天下还处于不安宁的状态中。

象辞说：上卦为云，下卦为雷，这便是屯卦的卦象。君子应当从中得到启示，努力经营发展自己的事业。

【启示】乾坤两卦象征天地，其余六十二卦象征由乾坤相交错而生的万物。屯意为"初生"，象征万物始生状态，故以屯作为乾坤二卦始交而产生的第一卦。此时万物处在一片混沌中，即屯。事物初生，正待成长，有一股难以抑制的生机，其势极强，但初生之物毕竟脆弱，困难不少，必须坚守基地，培根固本，不能轻易有所动作。所以屯有艰难、停滞、烦恼之意，如同草木之芽无法突破坚硬的地面。虽富有生命力，但不能充分伸展。此外，屯还有聚集、积累、存贮的含义，代表财富的聚积。屯也象征创业之初，最重要的是建立根据地，扎牢根基。比如南昌起义胜利后，部队没有根据地，只能不停地转移。而秋收起义成功后，在井岗山建立革命根据地，走出了以农村包围城市的革命道路。

屯卦为四大难卦（屯、坎、蹇、困）之一。对人而言，屯卦指处于烦恼多的青春期；对事业而言，指困难重重的创业期。此时辛苦多、不如意，做事多被阻隔而停顿，稍有

《断易天机》解屯卦

龙居浅水之卦，万物始生之象

屯卦点睛

屯象征创业的艰难，如同草木刚刚破土，不能利用。但长势不可逆转，坚定信念则前程无量。得屯卦者，如同初生的稚嫩之躯，最怕受伤害，同时也最易受伤害。惹不起但躲得起，为了前途最好忍气吞声，先求保全，积聚力量。

季布得此卦，隐匿而获赦免

季布为项羽手下大将，曾数次击败刘邦。刘邦得天下后通缉季布。季布在落难时占得此卦，便不再逃窜，而是隐匿起来静观待变，后来刘邦果然赦免了季布。

卦图详解

◆ 有刀在牛头之上，为"角"字，有"角力"之意，代表费力。

◆ 一个人站在旗杆旁瞭望，是满怀期望但并没有意识到危险之意。

◆ 一个人在射箭，箭已经被射出。文书被箭射穿，利于考试。

◆ 一个车陷在泥中，车轮不能转动，象征阻碍。

◆ 一条狗的头上有"回"字，为哭泣之意。

◆ 一个盒子，寓意"和合"，利于婚姻。

动作就会陷入困境。测事得屯卦，事情近期发展多不如意，会因他人不理解而陷于孤独苦闷。谈判等事难以得到结论；求财小则可成，大则难取，妄动则易遭受损失。追求眼前利益、一己私利，或执意强行，都难以成事。预测婚姻，虽能成但容易生变，总体上是不吉之象。另外，此卦还有再婚或先奸后娶之象，或初难后解之意。

初九：磐桓，利居贞，利建侯。

初九：像大石与木柱一样坚定，有利于居守正道，宜于树立王侯的威信。

【原文】象曰：虽磐桓，志行正也。以贵下贱，大得民也。

【译文】象辞说：虽然徘徊难进，但前进的心愿符合正道。以高贵的地位平易近人地接近下贱的人，会广泛得到民众的拥护。

【启示】创始期不能轻举妄动，应在坎险之前徘徊不进。如同心怀大志而处于下层岗位的员工。举个例子，日本东京帝国酒店聘用了一名妙龄女郎，其工作是洗厕所，开始时她感到反胃，但一位领导给她做了示范：他耐心地将厕所洗干净后，用杯子从中盛了一杯水，一口气喝光了。她受到了启发，于是极其自信地打扫起了厕所。她就是后来的邮政大臣野田圣子。人处在低贱的岗位上，只要胸怀大志，便并不下贱。

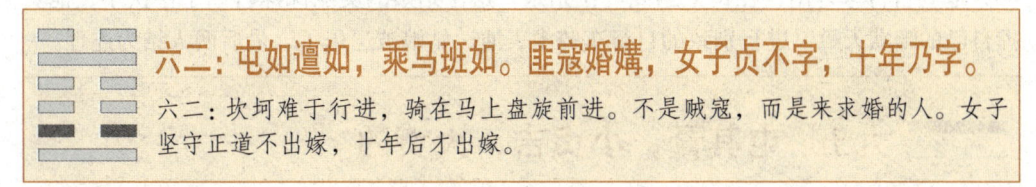

六二：屯如邅如，乘马班如。匪寇婚媾，女子贞不字，十年乃字。

六二：坎坷难于行进，骑在马上盘旋前进。不是贼寇，而是来求婚的人。女子坚守正道不出嫁，十年后才出嫁。

【原文】象曰：六二之难，乘刚也。十年乃字，反常也。

【译文】象辞说：六二爻的艰难，是由于乘驾在刚爻之上的缘故。十年才能生育，是返回常规。

【启示】力量柔弱，在艰难创始时，自身无力。虽有高昂的斗志，但在坎险之前只能徘徊彷徨。六二表明天地间云雨过后，万物便生长起来，此时人们开始了婚姻活动。但女子并没有嫁给前来的求婚者，求婚者是有权势的九五。居中的六二与初九两小无猜，她在等自己喜爱的初九事业有成以后，与他成婚。所以说择偶的要点不在于金钱、地位，只在于是不是意中人，以及他是不是胸怀大志。这位有眼光的六二在十年后嫁给了事业有成的初九。

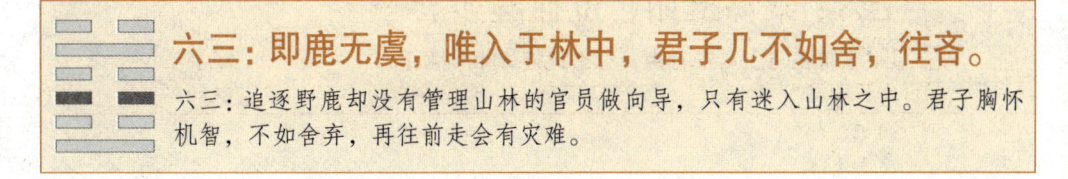

六三：即鹿无虞，唯入于林中，君子几不如舍，往吝。

六三：追逐野鹿却没有管理山林的官员做向导，只有迷入山林之中。君子胸怀机智，不如舍弃，再往前走会有灾难。

【原文】象曰：即鹿无虞，以从禽也。君子舍之，往吝穷也。

【译文】象辞说：追逐野鹿却没有管理山林的官员做向导，只能跟着野兽跑。君子弃而不追，是因为前往会被困住。

【启示】六二讲的是婚姻故事，六三讲的是打猎故事。本性决定他躁于进取，有所贪求，如果不及时停止，不仅徒劳，还会陷入困境。如同一个人追着一头鹿来到了森林中，这是一片陌生的森林，他没有向导而急于得到这只鹿，面临迷路的危险。继续追还是放弃？这个人是明智的，他选择了放弃。如果只想拥有而不愿放弃，最终吃亏的是自己。

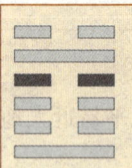

六四：乘马班如，求婚媾，往吉，无不利。

六四：骑马团团打转，前去求婚，前进吉祥，没有不利的后果。

【原文】象曰：求而往，明也。

【译文】象辞说：为了求婚而前往，是明智的选择。

【启示】爻辞说，一队人乘着四匹马拉的车缓慢行进，马队还团团打转，这是去求婚，没有什么不利的。举例来说，美国有一位很富有的喜剧大师，但他一直没有意中人。一天他骑自行车外出，在街上遇到一位姑娘，这位姑娘的美丽深深打动了小伙子，他发挥自己的幽默天赋，进行别致的自行车骑术表演。姑娘被逗乐了，最后两人结为连理。

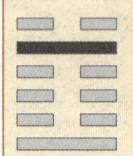

九五：屯其膏，小贞吉，大贞凶。

九五：屯聚云雨，雨小则吉祥，雨大则凶。

【原文】象曰：屯其膏，施未光也。

【译文】象辞说：屯积云雨，是还没有广大施舍之意。

【启示】凡事不可太过。比如丈夫爱妻子、爱子女、爱工作是好事，但如果太过分便会产生不好的后果。过分爱妻子往往会使妻子产生依赖心理；过分溺爱子女不利于子女的成长；过分爱工作会忽略对家人的关心。爻辞主要说明了婚姻上的过火行为的害处。如同上古时期的男人抢新娘，抢回来后便是自己的财产，做妻做妾或做奴随男主人的心意。

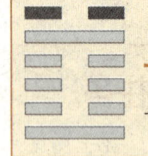

上六：乘马班如，泣血涟如。

上六：骑在马上艰难行走，泣血涟涟，泪如雨下。

【原文】象曰：泣血涟如，何可长也。

【译文】象辞说：哭得血泪满面，这样的状况怎么会长久呢。

【启示】爻辞说，男方的人马抢了新娘子，结果新娘子在途中又跑了回来，男方再来抢，新娘途中又跑，泣血涟涟，泪如雨下。崇尚礼制的大才子周公也感叹：这种婚姻怎么会长久？现在有不少男女结合并非是出于自己的心愿，有的是因为父母的强迫，有的是由于年龄大了没办法，有的是未婚先育不得不结婚，但愿人们能从古代的抢婚制中吸取教训，明白强扭的瓜不甜的道理。

《推背图·第十一象》解屯卦

屯·甲戌

【谶曰】
五人同卜，
非禄非福。
兼而言之，
喜怒哀乐。

【颂曰】
龙蛇相斗三十年，
一日同光直上天。
上得天堂好游戏，
东兵百万入秦川。

【金圣叹批注】
此象主伶人郭从谦作乱，唐主为流矢所中。

▶ 屯卦运势速断

运势	身处困境，多有困惑，欲进难进，应坚守不出，试图解决困难。
事业	万事开头难，应小心翼翼，修心养性，观察时机，静以待变。
爱情	感情发展受阻，多波折，双方都不妥协。多为男性得利、女性失利。
疾病	病在手足、肠胃、泌尿生殖系统或神经系统，应往东北方求医。
经商	创业初期，步履维艰，若无法打开出路，应退守保全，等待机会。
诉讼	有阻碍，为凶象。如果对方借钱给我方，吉。
出行	二人同行，中途有阻。需防口舌。
人生	多出生在社会底层。适合晚婚。不应久居家中，或信仰宗教。

第④卦 蒙：山水蒙卦

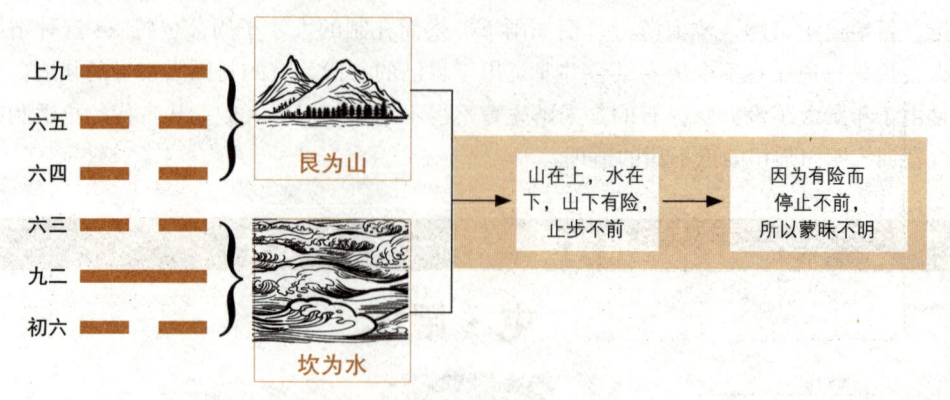

上九
六五
六四
六三
九二
初六

艮为山

坎为水

山在上，水在下，山下有险，止步不前 → 因为有险而停止不前，所以蒙昧不明

【原文】蒙，亨。匪我求童蒙，童蒙求我。初筮告，再三渎，渎则不告。利贞。

象曰：蒙，山下有险，险而止，蒙。蒙亨，以亨行时中也。匪我求童蒙，童蒙求我，志应也。初筮告，以刚中也。再三渎，渎则不告，渎蒙也。蒙以养正，圣功也。

象曰：山下出泉，蒙；君子以果行育德。

【译文】蒙卦，亨通。不是我要去求蒙昧的儿童，而是蒙童来求我。初次占筮就告诉他。两次三次占筮就亵渎了神灵，对于亵渎神灵的就不能告诉他，利于固守正道。

象辞说：蒙卦，上卦为艮，艮为山为止；下卦为坎，坎为水为险。所以说山下有险，遇险而止，这就是蒙卦的意思。蒙卦亨通，是由于顺应时序和中庸的原则。不是我去求蒙童，而是蒙童求我，这样蒙童的心志才能与我的心志相应。初次占筮可以告诉他，两次三次地占筮是对神的亵渎，不能把结果告诉他，因为他因蒙昧而亵渎神灵。要用启蒙的方法培养其纯正无邪的品质，这是圣人的功业。

象辞说：山下流出清泉，这是蒙卦的卦象。君子效法此卦以果敢的行为来培养自己的道德。

【启示】屯为初生，蒙为蒙昧。事物发展的初期阶段多处于蒙昧状态，所以需要启蒙教育。蒙是一种蔓草，茂盛时将树木遮蔽，其下阴暗，表示在无知蒙昧的幼儿状态，启蒙是当务之急。蒙卦也反映了人类社会刚刚形成时民智未开的一种状态，象征着伏羲对上古先民的启蒙。作为三皇之一，伏羲创立了易学，并由此开创了一个新的文明时期。蒙卦从"教"和"学"两方面，揭示了启蒙教育的原则方法。在教育学生之时，应采用启发式的方法，还要因时、因地、因人采用不同的方法。

《断易天机》解蒙卦

人藏禄宝之卦，万物始生之象

蒙卦点睛

蒙象征幼稚者需要启蒙，但必须动机纯正。得蒙卦者容易猜疑，猜疑生于不自信。要明白"疑人不用，用人不疑"。蒙也代表启蒙教育，璞玉待雕，当求良工巨匠；孟母择邻，为了远墨近朱。教不严师之惰，为尊长者要感受到社会责任。

王莽得此卦，得知汉室将中兴

　　王莽篡汉时占得蒙卦，知汉室必有中兴之主，后来王莽篡位建立新朝，却因绿林赤眉起义而被推翻，参加起义的西汉宗室刘秀统一天下。

卦图详解

◆李树有一个树枝被折断，会因犹豫不决而误事。

◆船上载有珍宝，为顺风利财之兆。

◆两串铜钱，象征既有财又有禄。

◆一盒子寓意"和合"，利于婚姻。

◆鹿象征应该动机纯正，坚持到底。

本卦强调"童蒙求我",也就是受教育者的主动性、积极性。如果他没有学习的自觉性,而成了"我求童蒙",便无济于事。学生向先生请教,要向占筮一样抱着诚心。如果不信任老师,对已经答复过的问题再三发问,怀疑老师的指教,那就不必再回答。比如占问凶吉,如果结果为凶,因为不合心愿而反复占问,不吉就问个没完,这是对神灵的不信任,或者说是亵渎,神灵就不再回答了。这样非但不能解疑,反而增加疑惑。同样,你问老师某事对不对,回答说不对,你因为不满意而再三地问,这也是对老师的不信任,是一种亵渎。老师回答一百遍也解决不了疑惑,所以不必再回答。卦辞"初筮告,再三渎,渎则不告"就是这种含意。也可以说,老师告诉学生一个道理,学生不能举一反三,老师就不再教他了。这种引导式的教学方式重在启发其领悟,培养其思考。让他在苦苦思索中领悟。蒙童虽然处于无知的蒙昧状态,但思想纯洁,天真无邪,此天性不可失。教育者应该涵养这种纯正无邪的本性,并从小加以保护。这就是"蒙以养正"。如果把纯真的儿童教育成了世故的"小大人",这就是失败的教育。

摇得此卦,求财望事皆难调,或被疑、受妨,久而事难成。常因不明事理、不够果断、犹豫不决而误事,或因言行过度、欲望过强而遭人厌恶。应追随他人而行,纵使心中有苦,也要压在心底。预测婚姻大多难成。不论男女得此卦,都容易被对方欺骗,有被蒙在鼓里的可能。

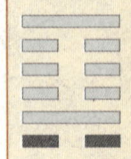

初六:发蒙,利用刑人,用说桎梏,以往吝。

初六:蒙昧的初期,利于用刑法惩治坏人,给冤屈者脱去枷锁,否则便会有忧吝。

【原文】**象曰:**利用刑人,以正法也。

【译文】**象辞说:**利于用刑法惩治坏人,是为了加强人们的法制观念。

【启示】本卦中,九二为良师,上九为严师。九二强调施教时要目的明确,上九强调要程度适当,施教方式应是宽容的,但在必要时也不排斥严厉。卦中有素质极佳的好学君子六五,也有品质不端、难以施教的六三;还有因幼稚顽劣的初六、不得师教的六四。应包容蒙昧者而不是排除他们,要帮助他们走上正路。同时要把教育与惩罚相结合,必要时应有严厉的措施。

初六是个蒙昧最甚、不守正道的学童。不过,处于蒙昧的最初阶段,可塑性强。严加管教,严师出高徒。必要时应惩罚,使其归于正途。在蒙昧的初期为什么有利于使用刑罚呢?是为了使社会安定,人们能更好地生活。

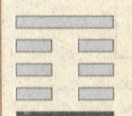

九二:包蒙吉;纳妇吉;子克家。

九二:包容蒙昧,吉祥。娶妇吉祥。儿子可以持家了。

【原文】象曰：子克家，刚柔接也。

【译文】象辞说：儿子持家，是刚爻与柔爻相接的缘故。

【启示】聪明人能够包容蒙昧的人是吉祥的。本爻就是能包容蒙昧的受教者。爻辞中说，不要娶见了有钱的男人就会失身的女子。俗话说"人比人，气死人"，再有钱的男人，也会遇到比自己更有钱的男人。

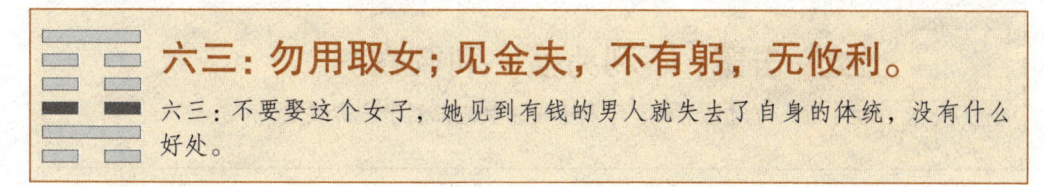

六三：勿用取女；见金夫，不有躬，无攸利。

六三：不要娶这个女子，她见到有钱的男人就失去了自身的体统，没有什么好处。

【原文】象曰：勿用取女，行不顺也。

【译文】象辞说：不要娶这个女子，是因为这个女子不具备女人的柔顺之德。

【启示】此爻也是一个受教的蒙童，但却是一个不可教的人。他的品性恶劣，凌辱位卑而中正刚明的良师九二，攀附与他同样不中不正而处于极位的上九。教育不是万能的，朽木不可雕。不过，逐出师门、弃而不教、鸣鼓攻之，有时候这些也是施教的特殊方式。六三也代表多夫的女子，在男权社会，这种女人肯定没有市场。在私有制的社会，谁娶了这种女人都不会有好结果的。

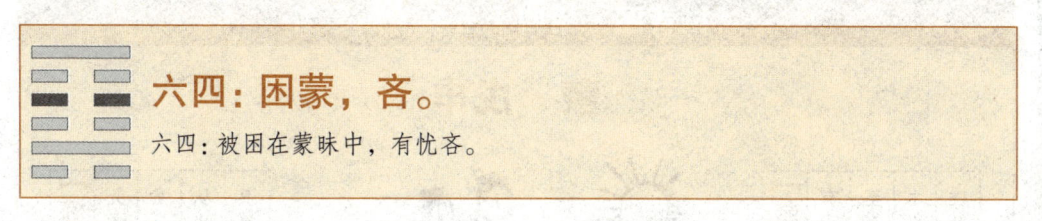

六四：困蒙，吝。

六四：被困在蒙昧中，有忧吝。

【原文】象曰：困蒙之吝，独远实也。

【译文】象辞说：受困于蒙昧之中而忧吝，是因为六四爻独自远离充实的阳爻的缘故。

【启示】六四得不到明师的教化，周围都是蒙昧阴暗之气，本身又气质昏暗，亟待教化。如同流浪街头的少年犯、弃学经商的儿童。六四处于艮卦的下面像被一座山压着，难逃被困的命运。不过由于六四得位，所以不会有凶险，只是有些忧吝。

六五：童蒙，吉。

六五：儿童的蒙昧，吉祥。

【原文】象曰：童蒙之吉，顺以巽也。

【译文】象辞说：儿童的蒙昧之所以吉祥，是因为他柔顺而谦逊。

【启示】全卦中只有九二和六五是吉的。九二启迪群蒙，是有道的老师；六五居尊谦逊，是好学的君子。九二与六五正应，是理想的师生关系，当然是吉祥的。儿童的蒙昧，是天真无邪的表现，没有人会因为儿童的无知而生气，正因为儿童的无知才会产生强烈的好奇心、求知欲望，并且儿童柔顺而谦虚，听大人的话，是大人保护的重要对象，怎么会不吉祥呢？

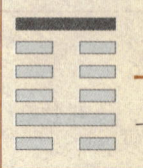

上九：击蒙；不利为寇，利御寇。

上九：用武力对付蒙昧，不利于追杀贼寇，利于防御贼寇。

【原文】象曰：利用御寇，上下顺也。

【译文】象辞说：利于防御贼寇，是因为上下顺从的缘故。

【启示】蒙卦的两个阳爻代表两种施教方法不同的师长：九二能够包容群蒙，治之以宽，叫"包蒙"；上九则高居上位，刚极而不中，以严厉措施治蒙，叫"击蒙"。蒙师不同，治蒙方式也各异。"击蒙"容易产生弊病，要注意分寸。可采取适当的严厉之举，但不能超越限度，能防止对方作乱就可以。如果举动暴烈，击之过猛，怎能教育别人？

《推背图·第四十五象》解蒙卦

蒙·戊申

【谶曰】
有客西来，
至东而止。
木火金水，
洗此大耻。

【颂曰】
炎运宏开世界同，
金乌隐匿白洋中。
从此不敢称雄长，
兵气全销运已终。

【金圣叹批注】

此象于太平之世复见兵戎，当在海洋之上，自此之后，更臻盛世矣。

▶ 蒙卦运势速断

- **运势**——初时迷惑，不知方向，应忍耐，多听他人，尤其是长辈的意见。
- **事业**——初始阶段，混乱无序，胆小、不果断，应接受教育，避免好高骛远。
- **爱情**——矛盾多现，难以沟通，缺乏勇气。应注意对方品德，宽容理解。
- **疾病**——病情不明，反复难治。应做好长期抗战的准备。可往西北方求医。
- **经商**——应小心谨慎，不可急功近利、贸然行事，更不宜为他人作担保。
- **诉讼**——案情纠结很久，事态不明朗，难以结案。
- **出行**——不宜出去，否则破财且有是非。如果要找人，寻找方向很难定。
- **人生**——应终生学习，求知不止。从事不断读书学习的行业会受益匪浅。

第 5 卦 需：水天需卦

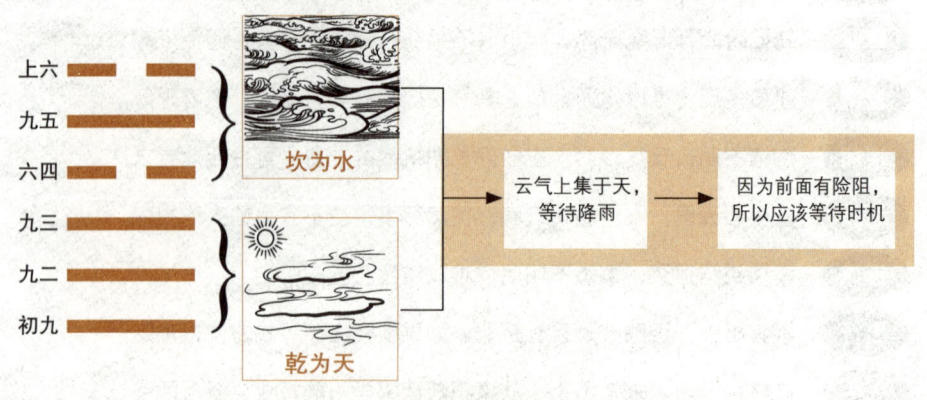

上六	
九五	
六四	坎为水
九三	
九二	
初九	乾为天

云气上集于天，等待降雨 → 因为前面有险阻，所以应该等待时机

【原文】需，有孚，光亨，贞吉。利涉大川。

彖曰：需，须也；险在前也。刚健而不陷，其义不困穷矣。需有孚，光亨，贞吉。位乎天位，以正中也。利涉大川，往有功也。

象曰：云上于天，需；君子以饮食宴乐。

【译文】需卦，有诚信，光明而亨通，坚守正道吉祥。有利于渡过大川险阻。

彖辞说：需就是等待的意思。为什么要等待？因为有险难在前面。性格刚健就不会陷于险难中，其象征的意义是不会困于穷途末路。需卦有诚信，光明而亨通，守正则吉祥。这是由于九五爻居于天子之位，既居中又居正位的缘故。所以利于涉过大川险阻，前进会建立功业。

象辞说：上卦为云，下卦为天，天上有云便是需卦的卦象。君子从中受到启示，要饮食宴乐。

【启示】屯卦处于事物的萌芽时期，相当于人的婴儿期；蒙卦处于事物的蒙昧时期，相当于人的儿童期；需卦则处于事物的生长期，相当于人的少年时期。本卦在蒙卦之后，因为在启蒙之后，民智大开，寻求发展，遇到险阻，这时不可急躁。这里需要"等待的哲学"。耐心待时，这里面大有文章。妄动则有危险，速进则会后悔，只能等待时机，但时机未到又会着急。须待危险去除后方可前进。万事开头难，这时不能轻易冒进，要慎言，保持冷静，以静制动，伺机而动。不能像黑旋风李逵那样，只管抡起板斧杀过去，以至掉进陷井。等待并不是无所作为，在等待过程中，可以气定神闲地做各种休闲之事，但是又要时时关注，暗中积蓄力量，以免错过最佳时机。

需卦凶中带吉，求财望事，十有二三可成；预测婚姻，男易贪婚，女易贪嫁，阻碍多而难成，要耐心等待时机，以恒心扫除障碍。夫妻双方常处于两地分居的状态，即便

《断易天机》解需卦

云霭中天之卦，密云不雨之象

需卦点睛

需象征需要，维生需要营养，遇事需要等机会。得需卦者如同禾苗需要雨水，这是事物的正常需要，只是暂时没有被满足。此时资源稀缺，不过，尽管只有一杯水，大家也都能润润嗓子。虽有险阻在前，终可因目的纯正而可成功。

蔡顺得此卦，获赠财物

蔡顺遇赤眉之乱时占得此卦。蔡顺生活在王莽乱政之时，他虽在乱世，但十分孝顺母亲。一次巧遇赤眉军，赤眉军感其孝心，赠其食物，以示敬意。

卦图详解

◆明月当空，说明是晴天。

◆墓碑代表水之墓库"辰"，说明水被储藏起来了。

◆大门代表龙门，此人想将龙拉回龙门里去降雨。

◆僧人也需要雨水，但他没有采取强制的手段，而是含情脉脉地看着龙，在等待着。

◆一人攀于龙尾，说明迫切需要雨水。

下篇·第二章 六十四卦详解

不分居也是有长辈干涉，影响两人感情。如恋爱过程火热，感情易有波折。男性得此卦一般会娶到心灵手巧的女性。在事业上，夫妻双方多会共同创业。

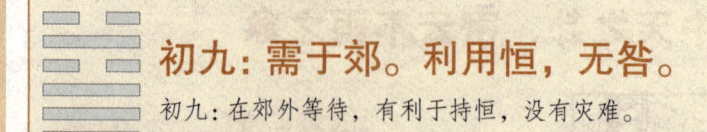

初九：需于郊。利用恒，无咎。

初九：在郊外等待，有利于持恒，没有灾难。

【原文】象曰：需于郊，不犯难行也。利用恒，无咎；未失常也。

【译文】象辞说：在郊外等待，是不冒险前进。利于持恒，没有灾难，是没有失去正常的理智。

【启示】刚健之人，为才能所使、意气所动、形势所激、利益所诱，很容易失去理智，常在时机不成熟时就冒险，把事情弄糟。能不能持之以恒地等是主要问题。比如春秋时的越王勾践卧薪尝胆，经过十年积蓄力量，才攻灭吴王夫差。不仅以弱胜强需要待时，以强击弱也需要。形成以石击卵之势，也要作周密的计划、长期的准备，待时而动，不轻易冒险蛮干。

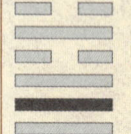

九二：需于沙。小有言，终吉。

九二：在沙滩上等待，有些小的口舌是非，最终是吉祥的。

【原文】象曰：需于沙，衍在中也。虽小有言，以终吉也。

【译文】象辞说：在沙滩上等待，是因九二爻宽厚而居中，虽然有些口舌，但最终是吉祥的。

【启示】渔民的生活不错，虽然比不上当朝的士大夫，但却也悠哉游哉，可以吃到不少海鲜。只是会发生一些口舌事非。因为需卦下面的互卦为兑，兑即含有口舌之意，九二正处于兑卦的最下，并且九二与初九和九三同性相斥，所以会有些小口舌。不过兑卦也有喜悦的含义，并且九二居中，所以说九二这个渔民的生活还是悠哉游哉，最终吉祥的。

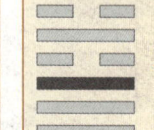

九三：需于泥，致寇至。

九三：在淤泥中等待，导致贼寇来到。

【原文】象曰：需于泥，灾在外也。自我致寇，敬慎不败也。

【译文】象辞说：在淤泥中等待，是因为外边有灾难。自己招来贼寇，是告诫人们要恭敬谨慎才不会陷于失败。

【启示】九三如同一群人在淤泥中捕鱼或捕捉猎物，结果陷入泥中不能自拔，这时一群贼寇过来了，抢走了淤泥中的猎物。处于这种情况怎么办呢？人在矮檐下，不得不低头，好汉不要吃眼前亏。人类在蒙昧时期，常用惊吓的方法把猎物赶到沼泽地里，再进行捕捉，但此时会有其他原始群的人们过来抢夺猎物，此爻反映的便是这种捕猎的缺点。

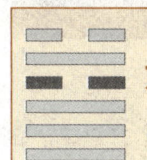

六四：需于血，出自穴。

六四：在忧患中等待，从洞穴中逃出。

【原文】象曰：需于血，顺以听也。

【译文】象辞说：在忧患中等待，是柔顺而听从才导致大难不死。

【启示】已经进入坎险中，并且受伤，极其危险，只有在血泊中冷静地等待脱险的时机。顺应形势，听从变化。能够如此行事，终究会化险为夷。比如周文王被商纣王囚于羑里，镇定自若，静待形势变化，同时潜心研究八卦，最后终于获释。这种气度非凡人所能及。

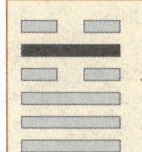

九五：需于酒食，贞吉。

九五：在酒食宴乐中等待，守正道则吉祥。

【原文】象曰：酒食贞吉，以中正也。

【译文】象辞说：酒食宴乐中的吉祥，是因为九五爻阳爻居中的缘故。

【启示】处于危难中，朝不保夕，给你酒食能吃得下么？九五能若无其事地品尝酒食，处变不惊，履险如夷，这才是处险待时的大境界。没有大胸襟、大气魄、大智慧是很难达到这地步的。如同孔子对颜回的赞美："贤哉回也！一箪食，一瓢饮，在陋巷，人也不堪其忧，回也不改其乐。贤哉回也！"

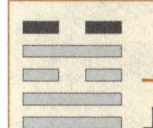

上六：入于穴，有不速之客三人来，敬之终吉。

上六：进入洞穴，有不请自来的三位客人来到，尊敬他们，最终会得到吉祥。

【原文】象曰：不速之客来，敬之终吉。虽不当位，未大失也。

【译文】象辞说：不速之客的来到，尊敬他们而最终吉祥；上六虽然位置不当，但没有大的损失。

【启示】已经到了坎险的极端，终于掉进陷阱中，无法脱身，只有等待外援。和上六有正应关系的是九三。九三会主动救上六。同时带动九二和初九，三阳并进，同来增援，很像富有侠义精神的"三剑客"。三阳虽然地位低下，但是勇武有力，忠肝义胆，上六地位虽高，但这时要尊重来自下层的义士，不能显示出丝毫架子，如此才能上下契合。幸好上六属阴，敬重三阳，终于获得救援。

《推背图·第五十五象》解需卦

需·戊午

【谶曰】

惧则生戒，
无远勿届。
水边有女，
对日自拜。

【颂曰】

觊觎神器终无用，
系翼小心有臣众。
转危为安见节义，
未必河山自我送。

【金圣叹批注】

此象有一石姓或刘姓一统中原，有一姓汝者谋篡夺之，幸有大臣尽忠王室，戒谨惕励，一切外侮不灭自灭，虽乱而也治也。

▶ 需卦运势速断

运势	不应冒险前进，投机急取反而失利。应待时而行，大器晚成。
事业	不可轻举妄动，应审时度势，保持冷静，积蓄实力，等待时机。
爱情	初始时为多事之秋，不如意。应耐心等待，逐渐培养感情。
疾病	此卦为"游魂卦"，多为长期之病，病情拖延，疗效不明显。
经商	情况困难，应以极大的耐心创造条件，观时待变。切莫功亏一篑。
诉讼	案情可能与女人有关，眼下还没有清晰的头绪。
出行	有贵人和合，也有得财禄之喜。若寻人，在近处，不久会遇见。
人生	能力够用，但并不十分突出。事业达到巅峰也不会成为顶级人才。

第❻卦 讼：天水讼卦

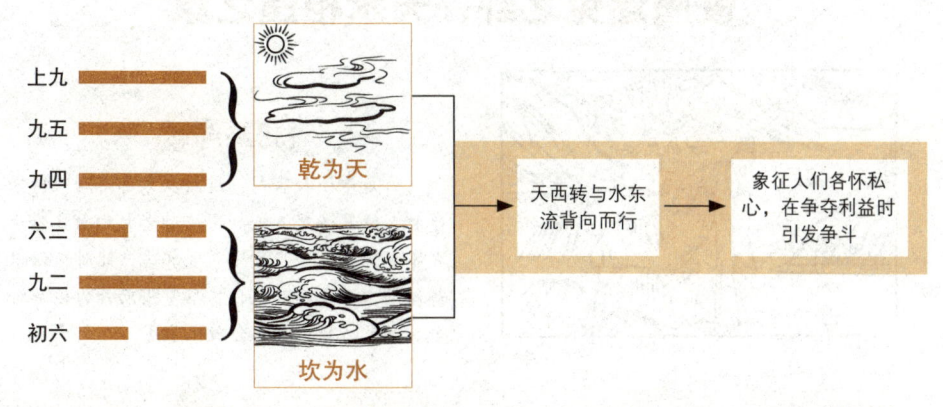

上九
九五
九四
} 乾为天

六三
九二
初六
} 坎为水

天西转与水东流背向而行 → 象征人们各怀私心，在争夺利益时引发争斗

【原文】讼，有孚窒。惕中吉。终凶。利见大人，不利涉大川。

彖曰：讼，上刚下险，险而健，讼。讼有孚窒，惕中吉，刚来而得中也。终凶，讼不可成也。利见大人；尚中正也。不利涉大川；入于渊也。

象曰：天与水违行，讼；君子以做事谋始。

【译文】讼卦，诚信被窒息，在警惕中生存会吉祥，但最终还是凶。有利于拜见大人物，不利于跋涉大川险阻。

彖辞说：讼卦，上卦乾为刚，下卦坎为险，阴险而又刚健所以会发生争讼。讼卦"有孚窒，惕中吉"是由于九二爻乘阳刚的德，而且得到中正之位。"终凶"，是由于持刚乘险将陷入深渊，所以争讼没有结果。"利见大人"是由于九五爻处于中位。"不利涉大川"，是因为会陷入深渊之中。

象辞说：上卦为天，下卦为水，天的性质向上，水的性质向下，双方背道而驰，这就是讼卦卦象。君子做事要从中受到启发，做事时要预先谋划好。

【启示】讼卦上为天，下为水。日月星辰从东往西转，地上的江河水流则从西往东流，二者是反方向运行的。古人看到这一现象，联想到在反向中存在着矛盾，预示着争讼的可能。"讼"就是诉讼，表示在法庭上争辩是非曲直。双方的意见不合，争执不下，背情、悖意、生讼，最后只好打官司解决。

乾健遇坎险是产生争讼的一个原因。一只巴掌拍不响。一方刚强，一方阴险，就斗起来了。个性刚强然而内心并不阴险的人不会滋事争讼；内心阴险然而个性软弱的人无力发动争讼；只有内心阴险同时个性刚强的人最喜欢引起争讼。遇到这样的人，要避免与他发生争执。《史记》中廉颇、蔺相如的故事，一个忍让息争，一个是迷途知返，最能说明止讼的要义。争讼无所谓胜败，如果一意孤行，争讼到底，即使把官司打赢了，也只能是相争结怨，难免劳神伤财，争讼时能有公平正直的权威人士来调停是最有利的。

199

《断易天机》解讼卦

俊鹰逐兔之卦，天水相违之象

讼卦点睛

讼是争讼打官司，这对双方都不利，恃强争胜，结果必然凶险。得讼卦者大都面临纷争之事。麻烦来了，肯定不能算吉，此时应该以静制动，避免两败俱伤，尽量借助外力化解纷争。如果恃势欺人则会激化矛盾。

刘邦得此卦，斩大将丁公

刘邦斩丁公时占得此卦。丁公为项羽的大将，却曾背着项羽放了刘邦，刘邦得天下后，赦免了项羽手下的季布，并封为郎中。丁公因此也向刘邦求官，刘邦却认为他不忠，并斩首示众。

卦图详解

◆ 云中有一卷文书，说明口舌之事可能会引起诉讼。

◆ 山中有睡着的老虎，虎为寅，代表东方震卦，说明忧患深藏，将有震动。

◆ 地上有"口""舌"二字，说明口舌之事为祸端的起因。

◆ 人在虎的下方，代表惊忧，可能会受到伤害。

◆ 树枝有很多分叉，说明事情有分歧。

即使与别人发生了冲突，也应该以忍让为上，尽量把事情化解。

　　占得讼卦，百事皆不利，而且事情已引起很大的口舌是非，互相攻击到了应该摊牌的程度。此时不应险进，以退守为安。如坚持己见或感情用事，会使对立更激烈，招来灾祸。

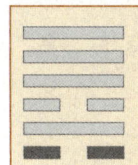

初六：不永所事，小有言，终吉。

初六：不要坚持诉讼，稍有议论，最终会吉祥。

【原文】象曰：不永所事，讼不可长也。虽有小言，其辩明也。

【译文】象辞说：不坚持诉讼，是因为争讼不能长期坚持。虽然有小小的责难，但通过辩论便可以明白是非曲直了。

【启示】诉讼时从一些言辞便可以判断出谁是谁非，根本不需要长时间地考察。由此可以看出，古人已经明白长期诉讼只会给双方带来更大的害处，所以主张裁决要果断迅速，不能拖拉。人与人之间难免会有矛盾，争讼就是矛盾的不断扩大。因此，我们要懂得"小言"可"辩明"的道理。

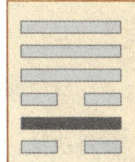

九二：不克讼，归而逋，其邑人三百户，无眚。

九二：官司败诉，回来后便躲起来，他采邑中的三百户人家不会受到牵连。

【原文】象曰：不克讼，归逋窜也。自下讼上，患至掇也。

【译文】象辞说：官司败了，所以回来后便躲起来了。身为下位上告有权势的人，这灾祸是自己找的。

【启示】地位和形势都极为不利。与九五处于相对位置，九五势不可敌，两刚相遇而不相应，造成争讼。九二居下，必然吃亏，祸患将俯拾皆是。幸亏九二很快就明白了过来，发现官司不能再打下去，立即打退堂鼓，退出争讼，急流勇退，十分明智。

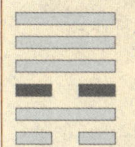

六三：食旧德，贞厉，终吉，或从王事，无成。

六三：吃祖宗留下的余荫，守正道有危险，最终会吉祥。或者为朝廷效力，没有成就。

【原文】象曰：食旧德，从上吉也。

【译文】象辞说：吃祖宗留下的余荫，是因祖先的功德而获得吉祥啊。

【启示】六三与世无争，只想安享俸禄，保持既得利益，可以靠祖宗留下的余荫生活，不与人争，自然吉祥了。六三与上九相应，上九为宗庙之位，所以有六三受益于宗庙的卦象。古语有"功高盖主"、"狡兔死，走狗烹"的说法，故在下者对在上者，切忌以功自居，唯有这样，"无成"才能"有成"，这即是人生的辩证法。

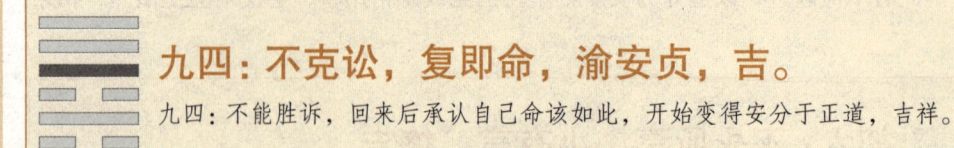

九四：不克讼，复即命，渝安贞，吉。

九四：不能胜诉，回来后承认自己命该如此，开始变得安分于正道，吉祥。

【原文】象曰：复即命，渝安贞；吉，不失也。

【译文】象辞说：回来后认命，变得安守正道，就不会有损失了。

【启示】与初六相对，以上压下，以强凌弱，不得人心。初六以柔克刚，退而不争，仅仅解释几句就使九四理屈辞穷。九四阳刚好争，见到自己在道义上失败了，赶快转弯，改变蛮横态度，修正行为，改弦易辙，丢掉一点小面子不算损失。他的可贵之处就在于回头和改变，变刚为柔，化讼为和。像是《水浒传》中的李逵。

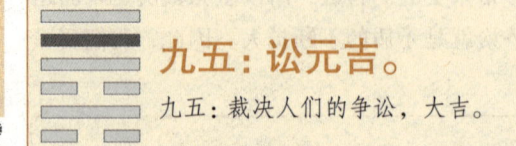

九五：讼元吉。

九五：裁决人们的争讼，大吉。

【原文】象曰：讼元吉，以中正也。

【译文】象辞说：裁决人们的争讼而大吉，是因为九五君位能守中正之道，秉公执法。

【启示】讼卦中只有九五是听讼之主，其余五爻都是诉讼之人。九五是个贤明的法官，象征刚健中正、明快无私的主讼者，能明断曲直，让人心悦诚服，而无不平之气，这是最大的吉祥。这也反映出平民对明镜高悬的公平法官的期待，所以包拯被呼为包青天。

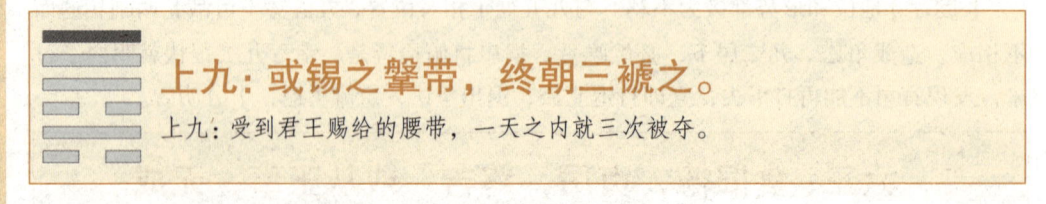

上九：或锡之鞶带，终朝三褫之。

上九：受到君王赐给的腰带，一天之内就三次被夺。

【原文】象曰：以讼受服，亦不足敬也。

【译文】象辞说：因为打官司受到官服，也不值得敬佩。

【启示】六三顺从上九，使得上九不讼而获胜，并因此而升官。这只是由于遇上了退让不争的六三而占了便宜。一般来说，这种强讼不止的人没有好下场。通过争讼而获得的高官厚禄也极不光彩，必然受到谴责，而且保不住，甚至在一天内被君王连下三道命令加以剥夺，被拔去顶戴花翎。身败名裂，咎由自取。

《推背图·第四十七象》解讼卦

讼·庚戌

【谶曰】
偃武修文，
紫微星明。
匹夫有责，
一言为君。

【颂曰】
无王无帝定乾坤，
来自田间第一人。
好把旧书多读到，
义言一出见英明。

【金圣叹批注】

此象有贤君下士，豪杰来归之兆，盖辅助得人，而帝不居德，王不居功，蒸蒸然有无为而治之盛。此一治也。

▶ 讼卦运势速断

运势	百事不顺，事与愿违，伤害频繁，小人加害。息事宁人为上策。
事业	起初顺利，有利可图，继而受挫，退让可化解矛盾或意外之灾。
爱情	是非频频，反复不定，有口舌之争、散离之象，应温和协调。
疾病	此卦为"游魂卦"，多病之象，病情严重，应往西北方求医。
经商	吃亏是福，和气生财。坚持互利的原则，尽量避免冲突。
诉讼	矛盾由言语口舌之事引起，不宜再起风波，应撤诉。
出行	不利，可能有口舌是非。若与公差之人同行则吉。
人生	年轻有为，自视较高，适合辅佐他人。也适合公检法的工作。

第⑦卦 师：地水师卦

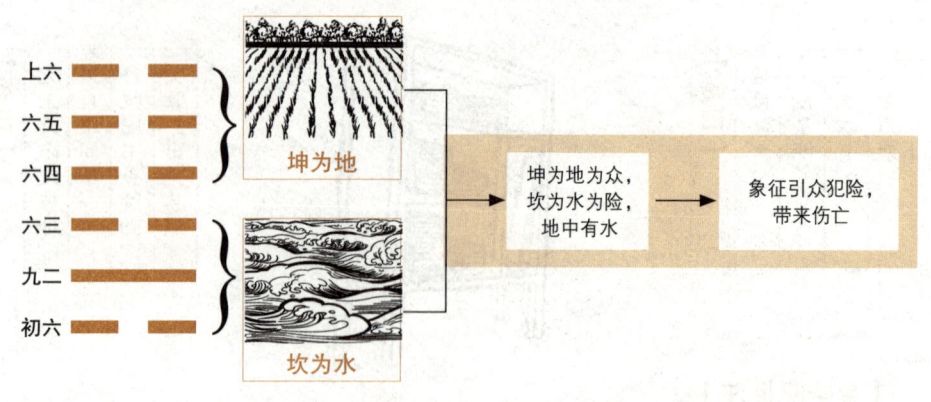

上六
六五
六四
} 坤为地

六三
九二
初六
} 坎为水

坤为地为众，坎为水为险，地中有水 → 象征引众犯险，带来伤亡

【原文】师，贞，丈人，吉无咎。

彖曰：师，众也，贞，正也。能以众正，可以王矣。刚中而应，行险而顺，以此毒天下，而民从之，吉又何咎矣。

象曰：地中有水，师。君子以容民畜众。

【译文】师卦，用兵出于正道并任用贤明的长者，不会有灾难。

彖辞说：师，是众的意思；贞，即是坚守正道。能统大众于正道，就可以兴旺了。九二刚爻中正，与六五相应。下卦坎为险，上卦坤为顺，行进在险中而能顺利，以这种方法治理天下，民众便会顺从他，很吉祥，怎么会有灾难呢？

象辞说：上卦坤为地，下卦坎为水，地中藏着水源，便是师卦的卦象。君子应当从这一卦象中得到启示，广容百姓以聚养兵众。

【启示】上一卦讼卦讲争讼，若没解决矛盾便会升级为战争，所以讼卦之后是师卦。师是兵众的意思，是古代军队的一级编制。古书中记载："藏兵于农，每户出一人，五人为一伍，五伍为一两，四两为一卒，五卒为一旅，五旅为一师，五师为一军。""师"就是两千五百人的编制，引申为战争之意，有战争必有忧患。

师有强烈抗争之意，会受到很大教训、挫折。打仗不是儿戏，它有几大原则：一、师出有名，是正义之师；二、善于选择统帅，以贤明而富有经验和威望的将领统兵；三、执法严明，以纪律来约束军队；四、赏罚公正，使军队乐于听从号令。然而，即使万众一心，舍生赴死，但战火一起，生灵涂炭，伤财损民。不过，正义战争又是非打不可的，这如同用毒药治病，非到迫不得已不轻易使用。由于是正义之师，符合人民的根本利益，虽然伤财损民，人民仍然愿意顺从。尽管付出了惨痛的代价，但推动了历史的进程。

《断易天机》解师卦

天马出群之卦，以寡伏众之象

师卦点睛

师象征在柔顺的外表下埋伏着凶险与机遇，看你如何选择。得师卦者，因众成势，但有隐忧。因为与聚众相比，服众更难。驾驭众人时，正则使之浑然一体，可成大业；邪则为乌合之众，一旦失控则为害惨烈。

周亚夫得此卦，平定七国之乱

相传周亚夫奉景帝之命，前往镇压七国之乱，布阵前占得师卦，得知此行必胜。后来七国之乱不到三个月就平定了。

卦图详解

◆ 猫为寅，马为午，羊为未，寅午半合，午未六合，这些合代表各种类型的人被聚到一起。

◆ 一个将军在"点将台"的中央，说明将要带兵出征。

◆ 一个人跪拜于地，他在分析出征的利弊，供将军权衡。

◆ 一个随从手中捧着将印，说明已经执掌了兵权。

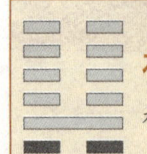

初六：师出以律，否臧凶。

初六：军队出动要严格军纪，否则便会有凶险。

【原文】象曰：师出以律，失律凶也。

【译文】象辞说：部队出征要严格军纪，没有军纪必有凶险。

【启示】纪律是军队的生命，出兵以军纪为先。以节制之师，依法度行事，才能所向披靡。初六处师卦之始，是兵众初出之象。可惜他以弱才为将，做不到"师出以律"。如果不严明军纪，将领不听主帅的指挥，士兵不听将领的指挥，怎么能打胜仗呢？不过"师出以律"只是取胜的一个前提，而不是唯一条件，不能仅根据这一点就预测胜负。

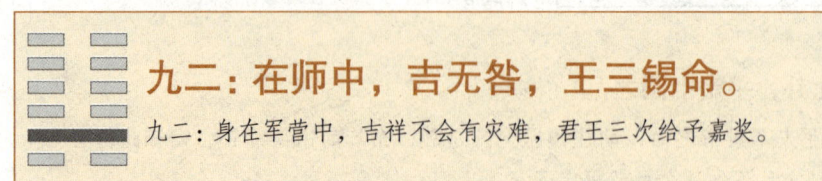

九二：在师中，吉无咎，王三锡命。

九二：身在军营中，吉祥不会有灾难，君王三次给予嘉奖。

【原文】象曰：在师中吉，承天宠也。王三锡命，怀万邦也。

【译文】象辞说：身在军营中吉祥，会受到君王的宠信。君王三次进行嘉奖他，是因为他安抚万国有功。

【启示】一卦之主，象征统军将帅，完全具备统帅的素质，刚而能柔，是有勇有谋的帅才。九二与六五这个温和中正的君主相应，象征带兵的统帅得到君主的完全信任，能大展才能。虽有指挥军队之权，但又不能过分专权，否则会受到君王的猜忌。这就要求统帅善于掌握分寸。君王三次奖赏作战有功的将帅，并不是鼓励穷兵黩武，而是为了迅速结束战争，将领对此应有所领会。

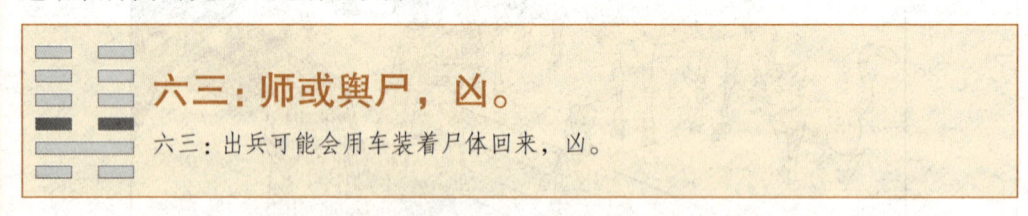

六三：师或舆尸，凶。

六三：出兵可能会用车装着尸体回来，凶。

【原文】象曰：师或舆尸，大无功也。

【译文】象辞说：出兵后，结果用车拉着尸体回来，是大败而无功。

【启示】象征将领力微而任重，才疏而志刚，不顾条件不利，贪功冒进，大败而归，全军覆没。六三这种类型的人决非将帅之才，不可任用此等人统率军队。如战国时期赵国的赵括全军覆没于长平，三国时期蜀汉的马谡一败涂地于街亭，这是鲜血换来的教训。

六四：师左次，无咎。

六四：兵众向左撤退驻扎防守，没有灾难。

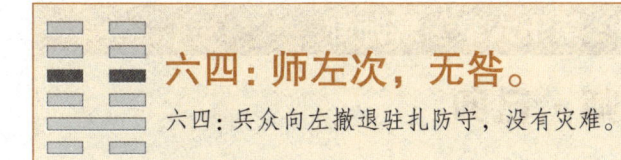

【原文】象曰：左次无咎，未失常也。

【译文】象辞说：向左撤防守没有灾难，是说明六四用兵没有违反用兵的通常法则。

【启示】六三冒进而败，六四却退守图存，他处在多惧之地，下面又没有援军，形势很不利。幸亏他细心慎重，不轻易冒险，暂时退后一步，按兵不动，保全了军队，比六三冒险惨败好多了。打仗不一定非得求胜，当不能取胜时，要懂得退避以保持实力。诸葛亮六出岐山都打了败仗，但撤退时巧妙布局，并没有造成大的人员伤亡，所以没有减损诸葛亮用兵如神的光辉形象。

六五：田有禽，利执言，无咎。长子帅师，弟子舆尸，贞凶。

六五：打猎获得了飞禽，有利于发表言论，不会有灾难。长子带兵出征，次子用车装着尸体大败而回，守正道也是凶。

【原文】象曰：长子帅师，以中行也。弟子舆师，使不当也。

【译文】象辞说：长子为统帅，是行中正之道，次子战败归来，是用人不当。

【启示】在战争期间，最高决策人要把握两大原则：一要师出有名，打正义战争；二要善于用人。六五君王任用九二时是何等明智，但忽然糊涂起来，画蛇添足，任命一位平庸的六三参与军指挥，去分统帅九二的权，这是猜疑之心作怪。六三干扰、破坏统帅的军事部署，成事不足败事有余，导致大败而归，这是君主六五用人不当所致。比如在平息安史之乱时，皇帝命郭子仪率军围攻叛军，又命宦官鱼朝恩节制各路军马，招致唐朝六十万人马大败。

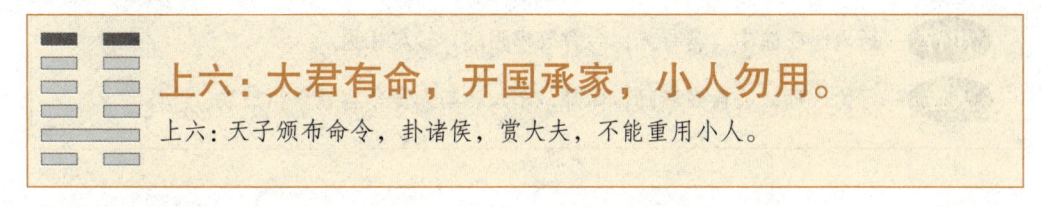

上六：大君有命，开国承家，小人勿用。

上六：天子颁布命令，卦诸侯，赏大夫，不能重用小人。

【原文】象曰：大君有命，以正功也。小人勿用，必乱邦也。

【译文】象辞说：天子颁布命令，是为了奖赏有功的人；不重用小人，是因为小人会扰乱国家。

【启示】此爻是师卦之终，战争结束，军队凯旋，该论功行赏了。但在封赏时要特别注意勿用小人的原则。小人有才无德，即使立了军功，也只能给以财帛田宅，不能让他们有掌权的机会。小人是不稳定因素，如果他们拥有实权，会伺机作乱。君子往往是推功让利的，而小人则不择手段地争权夺利，需要警惕。

《推背图·第十六象》解师卦

师·己卯

【谶曰】

天一生水,
姿禀圣武。
顺天应人,
无今无古。

【颂曰】

纳土姓钱并姓李,
其余相次朝天子。
天将一统付真人,
不杀人民更全嗣。

【金圣叹批注】

此象主宋太祖受禅汴都,天下大定,钱李二氏相率归化,此一治也。

▶ 师卦运势速断

运势——养兵聚众、出师攻伐则彼此有伤。忌独断专行,应提防潜在敌人。

事业——阻力很大,应谨小慎微,与他人密切合作,不贪功。忌盲目冒险。

爱情——外柔顺而内险恶,易有不和,求婚难成,应防多角关系、口舌冲突。

疾病——虽非绝症,但病况严重,需尽快找出原因。宜往南方或北方求医。

经商——已有积蓄,可做大事,但易卷入商战。加强沟通可摆脱困境。

诉讼——若有贵人参与则吉,先有忧,后有财。

出行——行人已在途中。若寻人,会有公事阻隔,较难相见。

人生——好为人师,适合当老师、律师、军人。与人竞争容易获得成功。

第⑧卦 比：水地比卦

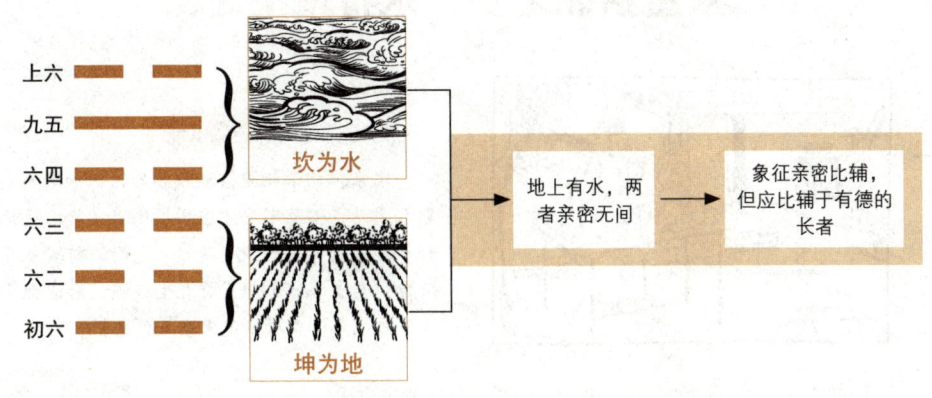

上六	
九五	坎为水
六四	
六三	
六二	坤为地
初六	

地上有水，两者亲密无间 → 象征亲密比辅，但应比辅于有德的长者

【原文】比，吉。原筮元永贞，无咎。不宁方来，后夫凶。

彖曰：比，吉也，比，辅也，下顺从也。原筮，元永贞，无咎，以刚中也。不宁方来，上下应也。后夫凶，其道穷也。

象曰：地上有水，比。先王以建万国，亲诸侯。

【译文】比卦，吉祥。原来的筮辞是从开始便永远坚守正道，不会有灾难。从不安宁的状态刚刚走出来，迟迟不来亲比的人凶。

彖辞说：比卦吉祥，比是辅佐、下顺的意思。"原筮元永贞，无咎"是因为九五刚健而中正。刚刚从不安宁中走出来，是因为六二与九五相应。迟迟不来亲比归顺的人凶险，是因为会无路可走。

象辞说：上卦为坎为水，下卦为坤为地，地上有水便是比卦的卦象。先王在这样的时势下，封建万国，亲近诸侯。

【启示】甲骨文中的"比"字是两人步调一致，并列、并排之象。比卦表示地上有水，象征着大地承载流水。如果没有水，地就会成为沙漠，如果没有地，水就没有地方可以停留，所以地与水亲密无间，互相依存。古人用比卦劝诫君主，君主与百姓的关系就像鱼与水，君主要与老百姓亲密无间，才会得到拥护。师卦和比卦是一组，说明战争平息之后，首要大事是休养生息，需要人际关系和谐，治理国家需要贤臣的辅佐。师卦讲武力征服，比卦讲政治安抚，这是恩威并施、宽猛兼济的两手。

人不能遗世独立，做任何事业都需要合作，但选择亲附对象必须慎重，不可滥交。亲附行为并不总是吉祥的。亲附对象不对，后果可能是灾难性的。结盟亲附时宜速不宜缓，要当机立断，不观望。疑惑、怠慢、犹豫则会失去先机。如果姗姗来迟，说明你没有诚意，人家也不会同你竭诚合作。

得此卦者，预测婚姻，速动可成，迟缓则难调。男性能引诱众多女性，因此此卦

下篇·第二章 六十四卦详解

209

《断易天机》解比卦

众星拱北之卦，水行地上之象

比卦点睛

比象征相亲相爱，和睦相处，但如果看到别人团结，心里不安才去团结则有凶险。得比卦者可能有两种情况：朋比、党附。前者基于情性，后者基于利益；前者生狎昵，后者酿党争。自己属于哪种情况需要具体分析。

陆贾得此卦，成功游说蛮邦归顺

陆贾游说蛮邦时占得比卦。陆贾为汉初的政治家，口才极佳，曾两次出使南越国，使其归顺大汉王朝，他为大汉的统一做出了很大贡献。

卦图详解

◆ 药炉在高处闲置，不需熬药，表示身体健康。

◆ 枯树开花，代表大器晚成。

◆ 有一个秀才在饮酒，举杯对月，自酌自饮，其乐盈盈。

对女性不利，在竞争中必定有人失利。不论男女得此卦，均应防色情或被甜言蜜语所惑而有所失。得此卦者适合从事竞争性行业，与人相比很出色，不可比的时候就是失败的时候。

初六：有孚比之，无咎。有孚盈缶，终来有他，吉。

初六：用诚信结交朋友不会有灾难。有诚信就好比美酒满缸，诚信会吸引更多的人来与你交往，吉祥。

【原文】象曰：比之初六，有他吉也。

【译文】象辞说：处在最下层的初六广交朋友，会得到意外的吉祥。

【启示】初六处于比卦的最下层，严格来讲他还不能辅佐谁，只能广泛结交一些朋友，由于他的这些朋友与他一样，都能一心辅佐九五，所以他会得到意外的吉祥。这里强调了诚信的重要性。从大的角度来说，君王只有讲诚信，就会有更多的邦国部族依附；引申到做人当中，一个人唯有讲诚信，才会使自己的学业和事业更上一层楼。

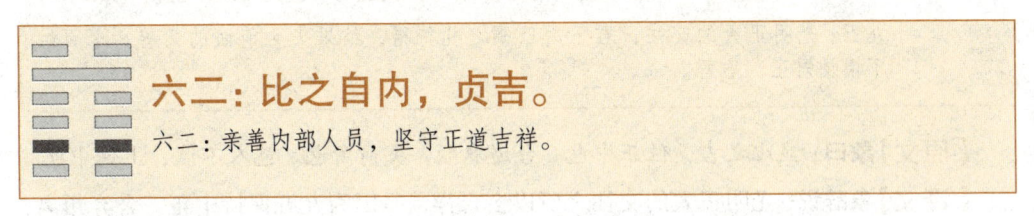

六二：比之自内，贞吉。

六二：亲善内部人员，坚守正道吉祥。

【原文】象曰：比之自内，不自失也。

【译文】象辞说：亲善内部人员，会使自己不会受到损失。

【启示】六二能够搞好统治阶级内部的团结，并且坚守正道，一心辅佐九五的君王，所以不会有任何损失。要想成就一番大事业，首先要搞好内部团结，这是稳住自己阵脚的前提条件。六二的客观条件极好，如果主观上不能坚守正道，仍将失去优势。伊尹、吕尚、诸葛亮等名臣都是如此行事，实现了君臣风云际会式的亲比。

六三：比之匪人。

六三：与盗匪结交。

【原文】象曰：比之匪人，不亦伤乎！

【译文】象辞说：与盗匪结交，怎能不受到伤害呢？

【启示】六三处境很不妙，想亲附而不得其人。初六、六二、六三、六四都想亲附唯一的阳爻九五。其中六二与九五有正应关系，六四与九五有亲比关系，条件都十分有利。初六与九五虽没有正应、亲比关系，但是初六处于初期阶段，不但无咎，甚至可能有吉。最糟糕的就是六三，与九五既无正应和比邻的关系，又没有捷足先登的机会。凶吉仍未定，只有静以待变。

六四：外比之，贞吉。

六四：结交外面的朋友，守正道则吉祥。

【原文】象曰：外比于贤，以从上也。

【译文】象辞说：结交外面贤明的人，是为了一起顺从九五君王。

【启示】六四位于君王之侧，得君王的信任，又以阴居于偶位，他能够与下面的贤臣交往，并共同辅佐九五君王，所以吉祥。在搞好内部团结的基础之上，也应善于联合外部的力量，这是"比"的范围的进一步扩大，但这里最关键的是，要选择那些有贞德且贤明的联合力量，否则，一旦引入奸小人士或行为不端的团体，则会对自身有极大的危害。

九五：显比，王用三驱，失前禽。邑人不诫，吉。

九五：光明正大的交往，君王用三驱之礼狩猎，结果失去前面的禽兽。老百姓不惧怕君王，吉祥。

【原文】象曰：显比之吉，位正中也。舍逆取顺，失前禽也。邑人不诫，上使中也。

【译文】象辞说：光明正大的交往之所以会吉祥，是因为九五保持中正。舍弃叛离，容纳归顺，所以失去前面的禽兽；百姓不惧怕君王，是因为君王以中正治国，平易近人。

【启示】唯一的阳爻处于君位，群阴都来亲附他，他能刚正无私，不偏不党，称为"显比"。这是完全的吉，不附加条件。比如君王打猎，只从三面设围驱赶猎物，在前面却网开一面，任凭禽兽逃跑。王者对于亲附于己的民众也应是这样，来者不拒，去者不追。如九五以下的四阴都愿意顺从亲附，则来者不拒，一概收容；只有上六违逆，以阴乘阳，不愿归依，去者不追。比如曹操就勉强做到了这一点，当暂时依附他的关公离去时，他总是想追回。最后终于网开一面，放了关公。

上六：比之无首，凶。

上六：结交不到首领，凶。

【原文】象曰：比之无首，无所终也。

【译文】象辞说：结交不到首领，不会有善终。

【启示】上六位高而自傲，开始时不愿与九五亲比，迟疑观望没有诚意，直到大家都纷纷亲附于九五，上六孤立无援才被动地求比，但为时已晚，错过了时机。上六好比殷商的外围势力，纣王被灭后，外围势力还没有消灭，这些人自然会认为自己的身份要比武王高贵，所以不会来辅佐武王的。而这些人的凶险来自于周公的东征。武王去世后，周公称王，消灭了五十多个诸侯国，清除了纣王朝的外围势力，使西周实现了真正的大统一。

《推背图·第五十六象》解比卦

比·己未

【谶曰】

飞者非鸟，
潜者非鱼。
战不在兵，
造化游戏。

【颂曰】

海疆万里尽云烟，
上迄云霄下及泉。
金母木公工幻弄，
干戈未接祸连天。

【金圣叹批注】

此象军用火，即乱不在兵之意。颂云，海疆万里，则战争之烈，不仅在于中国也。

▶ 比卦运势速断

运势	应速战速决，不可迟疑。适合做短平快的事情。与人相亲为吉。
事业	有亲密的伙伴相助，相互扶持，应注意择友，多与贤良者交往。
爱情	婚恋跟随世风。两相情悦，彼此忠诚，有桃花但不影响感情。
疾病	阴气紧密侵入阳体，久病则难医，近病速解可救。宜往东方求医。
经商	与他人合作会有丰厚利润。唯利是图、贪心不足会导致严重损失。
诉讼	局面较为平稳，宜和解，只需两日便见分晓。
出行	内忧外吉，中途有相识人说话，且志趣相投，路也不远。
人生	性格乐观，缺乏长远的计划，心思和行动都快，容易追风，有投机心理。

第9卦 小畜：风天小畜卦

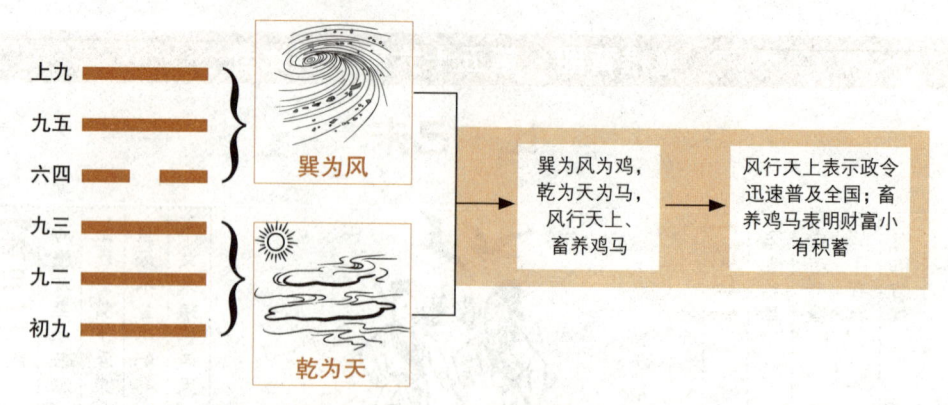

上九
九五
六四 } 巽为风

九三
九二
初九 } 乾为天

巽为风为鸡，乾为天为马，风行天上、畜养鸡马 → 风行天上表示政令迅速普及全国；畜养鸡马表明财富小有积蓄

【原文】小畜，亨。密云不雨，自我西郊。

彖曰：小畜；柔得位，而上下应之，曰小畜。健而巽，刚中而志行，乃亨。密云不雨，尚往也。自我西郊，施未行也。

象曰：风行天上，小畜；君子以懿文德。

【译文】小畜卦，亨通。浓云密布却没有下雨，从我西郊的上空压过来。

彖辞说：小畜卦，柔爻居四得位而与上下的阳爻呼应，这就是小畜卦。下卦乾为健，上卦巽为顺，所以健而顺，九五刚居中而且立志去施展抱负，于是亨通。密云不雨，是阳气往上升的缘故；我自西郊，是阴阳交合之气刚施行却还没有畅行。

象辞说：巽为风，乾为天，所以风行天上便是小畜卦的卦象。君子应当从卦象中受到启示，不断地提高自己的文明之德。

【启示】前面的比卦描述了君臣相亲、上下和谐的状态，这有利于经济建设，积蓄随之而增多。比卦之后的小畜卦就是小有积蓄的意思。《易经》中有小畜卦和大畜卦之分，其差别主要在于积蓄的少与多。小畜卦是小吉之卦，力量有限，要蓄以待时，不可贪大，以保守为佳。畜不仅代表蓄聚、蓄养，还有蓄止、阻止之意，表示小者（一个阴爻）想使大者（五个阳爻）停留，但只能使其稍作停留。以小劝大需要有好的方法，义气用事会产生破绽，不能暴躁冲动。所以，得此卦者虽有前进之志，但有障碍，不能速进。

预测婚恋，若男性得此卦，有争风吃醋之态；女性得此卦，有自暴自弃、堕落之象，或沦入风月场所。如果双方年龄差距不足三岁，婚恋关系不易稳定。

《断易天机》解小畜卦

匣藏宝剑之卦，密云不雨之象

小畜卦点睛

小畜表示企图心旺盛，但力量不足，需要休养生息。得小畜卦者不可贪大，在时机未成熟时需要自我克制，蓄养精神，积蓄力量，争取支援。虽暂时没有下雨，但时机一到雨必下。

韩信得此卦，暗度陈仓

韩信击取散关不破时占得此卦，此战就是著名的"明修栈道，暗度陈仓"，暗度陈仓的小道通向散关。韩信一击不成，说明遭遇小的堵塞，后来再击才获得成功。

卦图详解

● 中间有个"望"字竿，说明应该观望，蓄神以待时。

● 羊为未，马为午，午未相合，说明被合住而无法行动。

● 人在山顶，向前望去而无法前进，说明被"蓄止"。

● 右侧有舟，但却在对岸，代表虽有工具，但无法使用。

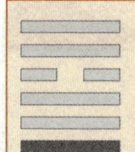

初九：复自道，何其咎，吉。

初九：回到原来的正道，怎么会有灾难呢？吉祥。

【原文】象曰：复自道，其义吉也。

【译文】象辞说：回到原来的正道，它的意义是吉祥的。

【启示】初九不宜急躁，明智的做法是返回本位，潜伏于下，等待时机。人走错了路，可是知错改过，重新回到了正道，当然吉祥。用毛主席的话来说就是，不怕犯错误，改了就是好同志嘛。这就好比武王去世后一些纣王的外围势力蠢蠢欲动，由于周公的文治武备，使有些人停止了危险的想法与行动，自然就不会遭到灭亡的危险了。

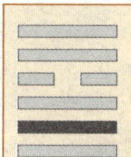

九二：牵复，吉。

九二：牵引而回，吉祥。

【原文】象曰：牵复在中，亦不自失也。

【译文】象辞说：牵引回到正道，又在中位，自己不会有什么损失。

【启示】初九和九二地位较低，刚质未盛，被蓄必危，他们就相互牵连地退守本位，联合抵制蓄聚。这就是初九、九二两爻皆吉的原因。比如在武王去世后，殷商的余党便想发动叛乱，可是箕子却没有这样，而是劝别人也不要叛乱，所以后来周公东征结束后，将宋国封给了箕子。这便是带着大家走正道会吉祥的例子。

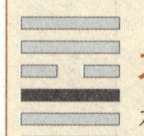

九三：舆说辐，夫妻反目。

九三：大车脱落了辐条，夫妻反目不和。

【原文】象曰：夫妻反目，不能正室也。

【译文】象辞说：夫妻反目不和，是由于妻子在丈夫之上，家室关系不正确的缘故。

【启示】形势对九三不利，失去了主导地位，阴阳冲突是不可避免的，如同弱主被强臣控制，将造成"夫妻反目"的结局。背叛君王的正是君王的亲戚。是谁呢？就是周公的哥哥管叔。周公称王后，管叔有意争权，于是散布流言："周公将不利于成王"，于是管叔联合他人一起叛周。起来响应的有几十个原来同殷商关系密切的大小方国。这对刚刚建立三年多的周朝是个异常沉重的打击。

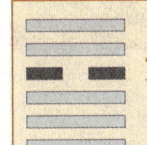

六四：有孚，血去惕出，无咎。

六四：有诚信，不再忧虑，从惧怕中脱离出来，没有灾难。

【原文】象曰：有孚惕出，上合志也。

【译文】象辞说：有诚信并从惧怕中脱离出来，是九五君王与自己心志相合的缘故。

【启示】本卦唯一的阴爻，上下五阳都受他蓄聚。但怎样对处于主导地位的九五发挥团结、吸引的作用？从属者要想发挥作用并不容易，因为很难避免主导者的猜忌，甚至有受伤的危险。六四最要紧的是心怀诚信，取得九五的信任与支持。比如诸葛亮写前后《出师表》，以诚信去感动刘禅。不过九五也是个明君，比刘禅强多了。

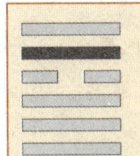

九五：有孚挛如，富以其邻。

九五：诚信相连，使邻居也一起富有。

【原文】象曰：有孚挛如，不独富也。

【译文】象辞说："有孚挛如"，是不想自己独自富有。

【启示】九五能诚心地配合，使六四充分发挥作用。九五要以诚信加强与六四的合作，要紧密得像握紧的拳头，只有如此才能消除六四对小人离间的疑虑，促使其大展其才，发挥辅佐的作用。如同刘备，他对诸葛亮一片至诚，君臣相得，如鱼得水，不由得诸葛亮不感动，也以一片赤诚相报，鞠躬尽瘁，死而后已。这正是上下级关系的完美范例。

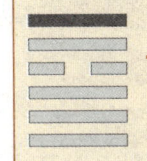

上九：既雨既处，尚德载，妇贞厉。月几望，君子征凶。

上九：需要的雨水已满，积德载物，妇女在危难中守于正道，月亮快要盈满，君子征战有凶险。

【原文】象曰：既雨既处，德积载也。君子征凶，有所疑也。

【译文】象辞说：需要的雨水已积满，这是道德的积累。君子征战凶险，是有所疑虑的缘故。

【启示】小畜之道已经发展到了极盛阶段，阴阳和合而降雨，这正是以阴蓄阳功德圆满的象征。阴阳达到了平衡状态，保持这种平衡才能稳定。阴蓄阳的事态如果再发展下去，必然会走向反面，引起阴阳抗争，由和谐转向对立。此时要避免物极必反。周公东征西讨，扩大了西周的领土，他"握发吐哺"，唯恐失去天下贤臣。这都是周公的"德积载"，可是确实有些功高盖主了，再执掌军事大权东征西讨就会受到成王与一些大臣的猜疑。周公因此急忙逃到了楚国进行政治避难。直到后来成王派人将周公迎回来。

《推背图·第三十四象》解小畜卦

小畜·丁酉

【谶曰】

头有发，
衣怕白。
太平时，
王杀王。

【颂曰】

太平又见血花飞，
五色章成里外衣。
洪水滔天苗不秀，
中原曾见梦全非。

【金圣叹批注】

证已往之事易，推未来之事难，然既证已往，似不得不推及将来。吾但愿自此以后，吾所谓平治者皆幸而中，吾所谓不平治者幸而不中，而吾可告无罪矣。此象疑遭水灾或兵戎与天灾共见，此一乱也。

▶ 小畜卦运势速断

运势	有阻止、反复难调之意，应忍耐，有节制，蓄养实力，静待时机。
事业	应耐心而积极地积存力量，不可冒险行动。对于所得应满足，适可而止。
爱情	不融洽或有观点分歧，或遭受长辈反对，或有第三者插足，要耐心应对。
疾病	少有疾病，身体健壮。若重病则难治，慢性病较危险，宜往南方求医。
经商	已有基础，但已失去，要慎重。争取合作，戒除贪心，适可而止。
诉讼	败诉的可能性很大，因为有阴险小人从中作梗。
出行	受到风雨的阻碍，出门将较为不利。若寻人，可能有两人到来。
人生	适合在幕后，多为偏职副职，适宜于在大人物之后工作。宜亲近佛教。

第⑩卦 履：天泽履卦

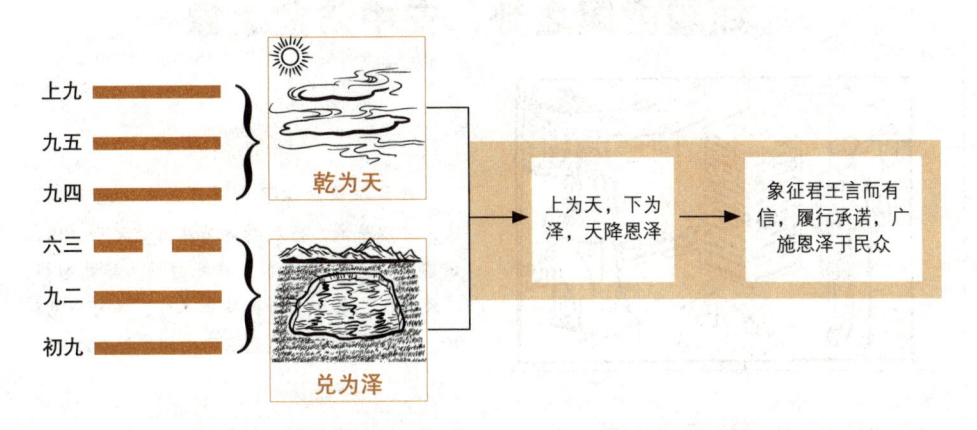

上九
九五
九四
九三
九二
初九

乾为天
兑为泽

上为天，下为泽，天降恩泽

象征君王言而有信，履行承诺，广施恩泽于民众

【原文】 履虎尾，不咥人，亨。

彖曰： 履，柔履刚也。说而应乎乾，是以履虎尾，不咥人，亨。刚中正，履帝位而不疚，光明也。

象曰： 上天下泽，履。君子以辨上下，定民志。

【译文】 踩在老虎的尾巴上，虎不咬人，亨通。

彖辞说： 履卦是以柔顺有礼对待刚健。下卦兑为悦，上卦乾为天，兑心悦诚服于上面的乾卦，因此踩在虎尾上，虎也不咬人，亨通。九五刚正而居中，踏上帝王之位而不愧疚，是因为正大光明。

象辞说： 上卦乾为天，下卦兑为泽，君子应当从卦象中受到启示，明白上下尊卑的等级秩序，安定民心。

【启示】 履是踏、实践的意思，实践就会遇到危险，要战战兢兢、如履薄冰而行。虽有险难，但多为有惊无险，能平安度过，为小凶带吉之象。如同卦辞所说，"履虎尾，不咥人"。

把小畜卦倒过来就是履卦。两卦含义也相反。"畜"是畜止、停止。"履"是履行、行走，引申为立身行事，此时要用礼节来规范行为。要像紧跟着老虎尾巴走路那样地战战兢兢，这是最危险不过的事了，然而老虎却不咬你。如能做到这一点，小心谨慎的功夫算是到家了，干什么事都不会出乱子。对君子来说，就是要遵循社会礼仪，不做违反道德的事情，不破坏规章制度。

得此卦者易有好色带来的烦恼。女性得此卦，应注意所交往的异性，避免被人伤害。女性预测婚姻，虽有喜悦但也有障碍，比如年岁的差距，或交往过程反复不和。应如履薄冰，谨慎面对，不可脚踏两条船。

《断易天机》解履卦

如履虎尾之卦，安中防危之象

履卦点睛

履象征虽然踩了老虎尾巴却没有受到伤害，可以亨通。得履卦者虽然有惊无险，但应该遵照"礼"来行事，非礼勿动，非礼勿视，非礼勿听。量力而行，安守本分，不可一意孤行，逞强冒进，以避免不必要的摩擦和麻烦。

子路得此卦，打死了老虎

传说子路和孔子出行时得此卦，子路去河边取水时碰到了老虎，他将老虎打死，又取下虎尾作为凭证。

卦图详解

◆台上有"千里"二字，这是诸侯"坐镇千里"之象。

◆右边有人端坐，旁边立有令旗，说明他有权力发号施令。

◆一个斗笠，象征保护伞。一女子举伞，说明有所庇护。

◆地上有文书，但已经残破，代表文书有折损。

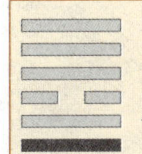

初九：素履，往无咎。

初九：按照常规的原则履行，前往不会有灾难。

【原文】象曰：素履之往，独行愿也。

【译文】象辞说：按照常规的原则往前行，是按照自己的愿望去行动。

【启示】初涉世事，这时应该以质朴的态度实践人生，没有虚饰，本分自然，虽然未必得吉，起码可以没有过错。能够一如继往地这样，必须不受世风影响，特立独行，我行我素。比如李四光根据对中国的地质勘探，感到中国是存在油田的。可是国外的专家却认为这是天方夜谭，但李四光认为自己的理论是正确的，他没有在意国外专家的意见，最后终于在中国找到了油田。

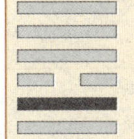

九二：履道坦坦，幽人贞吉。

九二：走在平坦的大道上，内心谋划的人守正道吉祥。

【原文】象曰：幽人贞吉，中不自乱也。

【译文】象辞说："幽人贞吉"，是因为九二居中而不怀乱坏之意的缘故。

【启示】九二是在人生道路上安闲行走的旅客，被称为安静恬淡的人。大大方方走在平坦的大道上，可是内心却早已把应对各种危险的方法考虑周全了，怎么会不吉祥呢？这就好比拿破仑所说，作为一名合格的将领，应当随时考虑好发生意外时的解决办法。这位世界军事奇才正是在平时养成了战略部署习惯，所以他才能够成为常胜将军。

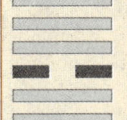

六三：眇能视，跛能履，履虎尾，咥人，凶。武人为于大君。

六三：瞎了一只眼还能用另一个眼睛看东西，跛了一条腿还有一条腿可以走路，踩到老虎尾巴上被咬伤，凶险。武士要做大王。

【原文】象曰：眇能视；不足以有明也。跛能履；不足以与行也。人之凶；位不当也。武人为于大君；志刚也。

【译文】象辞说："眇能视"，是不能看清东西的。"跛能履"，不能走得长远。被老虎咬是因为六三所处的位置不当造成的。武士想当大王，只是心志刚强罢了。

【启示】实质虚弱而盲目妄动，如此行事要出问题。好比一个瞎子兼跛子，还自以为视力和脚力好得很，偏要上路乱闯。六三虽然心雄万夫，但志大才疏，鲁莽行事，是一味逞强的武夫，闹到人仰马翻才完事。这是告诫人们，目标要与自己的能力及所处的地位相适宜，否则只能是招致凶险。

九四：履虎尾，愬愬终吉。

九四：踩在老虎尾巴上，心里战战兢兢，最终会吉祥的。

【原文】象曰：愬愬终吉，志行也。

【译文】象辞说："愬愬终吉"，是因为他能戒惧谨慎，立志施行自己的抱负。

【启示】九五代表老虎，九四紧跟在老虎后面，有"履虎尾"之象。不过九四能够以恐惧之心对待这件事，明白自己的过失，刚而能柔，小心仔细，内刚外柔，不会出岔子。可见九四非等闲之辈，而是有勇有谋之人。他与有勇无谋的六三也恰好形成对比。

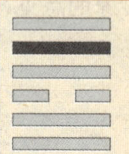

九五：夬履，贞厉。

九五：果断地行走，守正道以渡过危厉。

【原文】象曰：夬履贞厉，位正当也。

【译文】象辞说：履贞厉，是因为处于有利的位置。

【启示】九五拥有绝对权威，行事果决，处事刚硬，刚决有余，包容不足，听不得不同意见，长此以往会没有辅佐者，处于孤立状态中。这就好比一位刚来到新岗位的领导，既受到其他干部的排斥，又得不到员工的支持，这种处境是极其容易被排挤走的。如果不懂得行使自己的权力去解决困境，后果肯定是不堪设想。

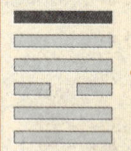

上九：视履考祥，其旋元吉。

上九：审视自己的行为考虑周详，就会胜利归来。大吉。

【原文】象曰：元吉在上，大有庆也。

【译文】象辞说：大吉居于上位，是有大的喜庆之意。

【启示】上九能够时刻检查自己的行为，改掉缺点，发扬优点，这种习惯会使人生减少失误。如孔子所说："吾日三省吾身。"能做到这一点，就会有大的成就。所以象辞中说"大有庆"。这一爻强调了及时反思、审视自身行为的重要。省自身、纠己错，是人之为人的基本心理机制。如能做到这一点，会在不断地完善自我中有更大的进步。

《推背图·第二十二象》解履卦

履·乙酉

【谶曰】
天马当空,
否极见泰。
凤凰淼淼,
木兜大赖。

【颂曰】
神京王气满东南,
祸水汪洋把策干。
一木会支二八月,
临行马色半平安。

【金圣叹批注】

此象：岳死秦专权。

▶履卦运势速断

运势　反复不和。先劳后逸、始惊后安。不应急进，应反省并请教于长辈。

事业　起初不顺，受到威胁，不应逞强、急于求成。应提高警惕，量力而行。

爱情　两情相悦，但阻碍重重，不易成功。也有先苦后甜之象。

疾病　多为慢性病，糖尿病、肝病等。心腹疼痛，行动不得，可往西方求医。

经商　财运尚可，不要为小利而动摇计划，更不可贪得无厌，应全面了解信息。

诉讼　对方主动来侵犯我方，官司可能有头无尾，不了了之。

出行　当前的态度是举棋不定，利于远行，如果不是出远门则失利。

人生　为人活跃，喜欢游走。但信义方面有所欠缺。适合以文字工作进入仕途。

第⑪卦 泰：地天泰卦

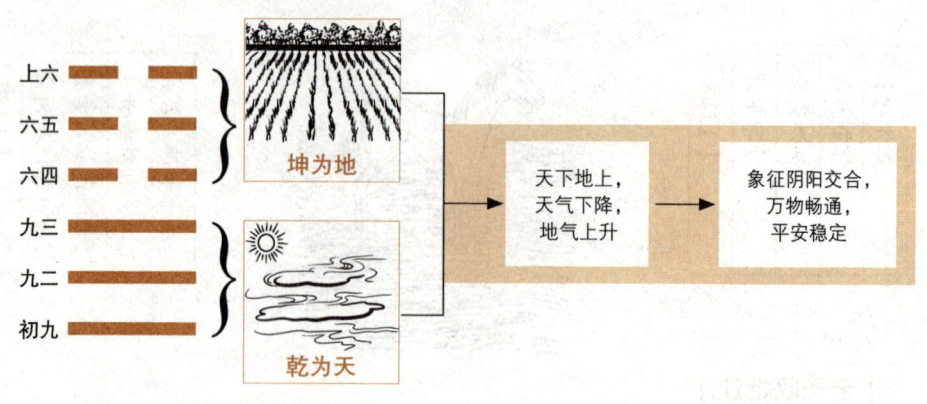

上六
六五
六四
坤为地
六四
九三
九二
初九
乾为天

天下地上，天气下降，地气上升 → 象征阴阳交合，万物畅通，平安稳定

【原文】泰，小往大来，吉亨。

彖曰：泰，小往大来，吉亨。则是天地交而万物通也；上下交而其志同也。内阳而外阴，内健而外顺，内君子而外小人，君子道长，小人道消也。

象曰：天地交，泰，后以财成天地之道，辅相天地之宜，以左右民。

【译文】泰卦，小的逐渐消失，大的逐渐来到，吉祥而亨通。

彖辞说： 泰，失小得大，吉祥亨通。这就是天地阴阳二气的交合，万物生养之道畅通，君臣志同道合，思想统一。里面是阳卦乾，外卦是阴卦坤，象征君子之道兴旺，小人之道削弱。

象辞说： 天地相交便是泰卦的卦象。君王按天地的法则制定出人的法则，助成天地法则的推行，以指导民众。

【启示】前面的小畜卦代表小的积蓄，人们在积蓄中不断发展（履卦），便过上了更富裕的生活。所以履卦之后是泰卦。泰象征通泰无滞，天地交感，因为君子之道占上风，小人之道占下风，正气压倒了邪气。泰卦的外卦坤代表阴与地，其性质向下，内卦乾代表阳与天，其性质向上。天地逆转为什么反而为吉呢？因为天之气上升，地之气下降，意志相交，终会合一，化生万物，体现了对立双方统一融合的最佳状态。泰卦的天与地交，实际上是互补；否卦地天不交，实际上是对立。

就人际关系而言，泰卦表示君王与下属、夫与妻、父与子、强者与弱者，均和合而一。但从"泰"到"否"也就是一念之差，大吉易转为凶，乐极易生哀，所以不能粗心大意，在顺利得意之时不可得意忘形、迷失方向、任意而为，居安思危才可保全。鉴于阴阳消长之理，得此卦者应减事不应增事，不适合做新事，应该尽量保持当前的状态不变。

《断易天机》解泰卦

天地交泰之卦，小往大来之象

泰卦点睛

泰象征万事如意，无论干什么事都会亨通。得泰卦者安如泰山，大吉大利，事半功倍。然而泰极则否至，要想持盈保泰，应有危机意识、忧患意识，修德进业，让泰的状态尽量得到延长。

尧帝得此卦，禅让于舜帝

尧帝禅位时占得此卦。尧为上古时代的圣王，相传他在位时政治清明、天下安宁，后来他将王位禅让给有才能的舜，为后世所景仰。

卦图详解

◆一个小儿在空中，腾云驾雾，代表年少也可平步青云。

◆一个官人登梯，将要取月中的桂花，代表利于行动。

◆一只鹿口中衔书，代表利于学业的进取。

◆羊为未为土，泰卦就如同土地一样，安然平和。

初九：拔茅，茹以其汇，征吉。

初九：拔茅草，茅草长长的根将它的同类也带离了土地，征战吉祥。

【原文】象曰：拔茅征吉，志在外也。

【译文】象辞说：拔出茅草征战吉祥，是因为他的心志在向上进取。

【启示】拔茅草会"拔出萝卜带出泥"，这是揪出主犯也带出从犯的意思。天子是众诸侯国的盟主，有不服从盟主的便要带兵讨伐。泰卦代表和平稳定，怎么一上来就谈征讨之事呢？因为古代的太平盛世没有不发生战争的。人民富裕，国家就会富强，然后就要扩充地盘，这是历史规律。太平盛世的条件之一便是国土广大，泰的本义是大中之大，不打仗怎么行呢？

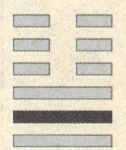

九二：包荒，用冯河，不遐遗，朋亡，得尚于中行。

九二：包容八荒，徒步涉河，不遗失偏远之地的朋友，不结党营私，这是中正的行为准则。

【原文】象曰：包荒，得尚于中行，以光大也。

【译文】象辞说：包容八荒，以中正为行为准则，这说明九二的道德广大。

【启示】九二有四大特点：一、大度包容，一切反面的东西都能容得下，包括小人；二、有气魄，有刚决果敢的勇气；三、不遗弃远贤；四、不结党营私。远者不弃，亲者不昵，这是理想的治世能臣。九二处于大夫之位，所以还必须忠心于盟主，怎么忠心呢？便是不拉帮结派结党营私。这些都是太平盛世的统治阶级所必须具备的。

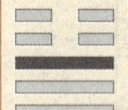

九三：无平不陂，无往不复，艰贞无咎。勿恤其孚，于食有福。

九三：没有只有平地而没有斜坡的，没有只有往而没有返的。艰难而守正道不会有灾难。不必过分忧虑，内心要诚信，在饮食方面有福可享。

【原文】象曰：无往不复，天地际也。

【译文】象辞说：没有只往而不返的，这是因为天地也是有边际的。

【启示】事物的发展往往是正反相互转化，泰极成否，否极泰来。九三处在泰卦上下二体的交接处，这里是"天地际"，是阳刚极盛的临界点，也是由阳转阴的转折点。人哪能一直往前走而不返回呢？没有平地就显不出斜坡，没有往就没有来。即使在太平盛世，也会有不平的事情发生，所以要心态放端正。

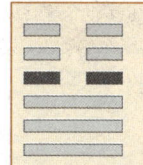

六四：翩翩不富，以其邻，不戒以孚。

六四：轻飘飘的不富足，与邻居来往，没有戒备，心存诚信。

【原文】象曰：翩翩不富，皆失实也。不戒以孚，中心愿也。

【译文】象辞说：轻飘飘的不富足，是因为他们都缺少殷实。不戒备而心存诚信，是因为心中愿意。

【启示】六四身为国家重臣，怎么会是轻飘飘的不富裕呢？原来他是一个清官！太平盛世没有清官怎么能行？如果国家重臣一个个既富又贪，怎么会出现太平盛世呢？所以说盛世不但需要好皇帝，也需要好官。六四这个大官就不错，平易近人，内心诚实讲信用，人们与他交往不必存有戒心。纪晓岚、刘罗锅就是这样的清官。

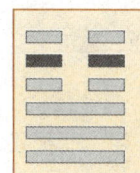

六五：帝乙归妹，以祉元吉。

六五：帝乙嫁妹，以此得福，大吉大利。

【原文】象曰：以祉元吉，中以行愿也。

【译文】象辞说：以此得福，大吉大利，是行中正之道而实现自己的愿望。

【启示】诸侯国富强了，盟主就该跟你拉关系了。怎么拉呢？就是把妹妹或女儿嫁给你。这是封建社会的经典治国方法。在秦朝以前都是分封制，诸侯之间以联姻的方式加强团结，结果导致了窝里斗、窝里反。从黄帝时期至战国时代，大部分战争都是有血缘关系的统治阶级的争权夺利之战。今天，两个相互竞争的大公司也往往因为一桩婚事而化敌为友，化友为亲。

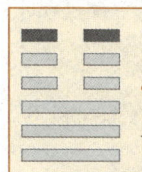

上六：城复于隍，勿用师。自邑告命，贞吝。

上六：城墙倒塌在城壕里，不可用兵。自己在城中宣布命令，守正道也有忧吝。

【原文】象曰：城复于隍，其命乱也。

【译文】象辞说：城墙倒塌在城壕里，说明泰卦发展到上六爻已由治转为乱了。

【启示】在泰卦的终结处。城墙本来就是挖掘城沟中的泥土累积而成的，好比泰的局面是由长期艰难积累而成的；现在城墙倒了，墙土又填塞在原来取土的城沟里，又回到了原地，比喻到达了"泰"的终极又复归于"否"。这是历史的必然，是人类社会的固有规律。不过否也并不会永远"否"下去，否之极仍然要复归于泰。历史是在循环变化中不断地前进，在螺旋运动中上升。

《推背图·第五十二象》解泰卦

泰·乙卯

【谶曰】
慧星乍见，
不利东北。
踽踽何之，
瞻彼乐国。

【颂曰】
棺枪一点现东方，
吴楚依然有帝王。
门外客来终不久，
乾坤再造在角亢。

【金圣叹批注】

此象主东北被夷人所扰，有迁都南方之兆。角亢南极也。其后有明君出，驱逐外人，再度升平。

▶ 泰卦运势速断

运势	百事吉祥。但应求内实，不求外虚。避免过于活跃，防止乐极生悲。
事业	非常顺利，应坚持由小而大、循序渐进原则，居安思危，不因循守旧。
爱情	情投意合，良缘缔结。不可任性、放肆妄为，否则会转为冷漠无情。
疾病	久病不利，下腹部易有病。心中热结，饮食不进，应往东南方求医。
经商	全凭自己闯荡创业。善于积累、固守财产，也易吝啬。
诉讼	是三人的事，或因小孩引起，宜和解，不宜打官司。
出行	已经动身，有三个人同行，不久之后会相见。
人生	适合文化艺术类工作。无法借助家族力量，仕途上不易有大作为。

第12卦 否：天地否卦

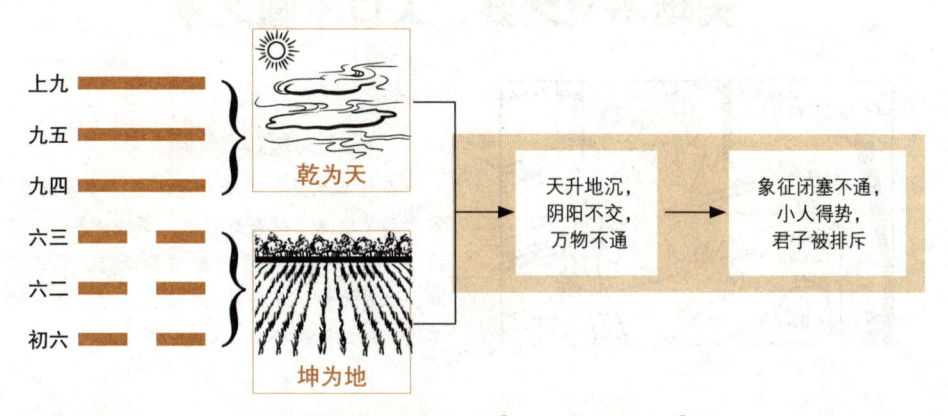

上九
九五
九四
乾为天
六三
六二
初六
坤为地

天升地沉，阴阳不交，万物不通 → 象征闭塞不通，小人得势，君子被排斥

【原文】否，否之匪人，不利君子贞，大往小来。

象曰：否之匪人，不利君子贞。大往小来，则是天地不交，而万物不通也；上下不交，而天下无邦也。内阴而外阳，内柔而外刚，内小人而外君子。小人道长，君子道消也。

象曰：天地不交，否。君子以俭德辟难，不可荣以禄。

【译文】否卦，闭塞而没有人道，不利于君子坚持正道，大的离去，小的来到。

象辞说："否之匪人，不利君子贞，大往小来"，这是天地不交感而致使万物不会亨通。君王高高在上，臣子位卑于下，天下的国家就无法治理。内卦为坤为阴，外卦为乾为阳，内柔弱而外表刚强，内小人而外表君子，这是小人之道强盛，君子之道削弱的表现。

象辞说：天地不交便是否卦的卦象。君子应当从这一卦象中得到启示，收藏自己的美德归隐保全，不可追逐荣耀与俸禄。

【启示】所谓"泰往否来"，前面的泰卦亨通到了极点，物极必反地出现了否卦。否的意思是闭塞、变坏、灭绝，上下不和，万事隔绝，不吉到了极点。否卦的天在地上，这本来是自然的情形，怎么会不吉祥呢？原来乾卦为天为阳，具有向上的性质；坤卦为地为阴，具有向下的性质；天与地相背离，上下不交流、不沟通，不能同心同德，就像君王与民众不一条心，怎么会亨通呢？这是太平盛世导致的，君王好大喜功，注重享乐排场与奢侈，这种生活是从民脂民膏中得来的。欲壑难填，于是君王与民众之间便会产生矛盾了。盛世也就由盛转衰了。纣王因为一根象牙筷子而逐渐走向了灭国，其实就是把全国的大象都杀了，也不致于灭国。悲惨的是纣王由这一双象牙筷子产生了欲壑。

闭塞时期，君子只能吃亏。"有道则现，无道则隐"。小人得志时，要收敛才德以求

下篇·第二章 六十四卦详解

229

《断易天机》解否卦

天地不交之卦，人口不圆之象

否卦点睛

否与泰相反，表示天地不通，万事隔绝，不吉到了极点。得否卦者凶，事倍功半，所得很少。在最黑暗时要学会居卑示弱，韬光养晦，积蓄力量，等待时机。冬天来了，春天便不远。一旦机遇出现，又是一个全新的我。

苏秦得此卦，备受冷落

苏秦周游列国而一无所成，被亲人冷漠时占得否卦，应了天地不通、夫妻不合之兆。后来苏秦发奋读书，终于得到诸侯的赏识，身佩六国相印，应了"否极泰来"的规律。

卦图详解

◆ 两对儿汉字"口""舌"，代表有口舌之争，或因口舌受辱。

◆ 一人张弓射箭，而弓和箭分别落在地上，说明半途而废。

◆ 一人在路上坐着，说明要积蓄力量，等待时机。

◆ 镜子破成两半，说明"破镜难圆"。

◆ 一人抱病在身，说明"明中有损"。

避难，显露才德必然遭嫉而受到迫害，要有才不露，有德不显，超然于荣禄之外。转否为泰的时机还未到，君子顺应否将变泰的客观趋势，积极而谨慎地行事，促使转否为泰局面的实现。

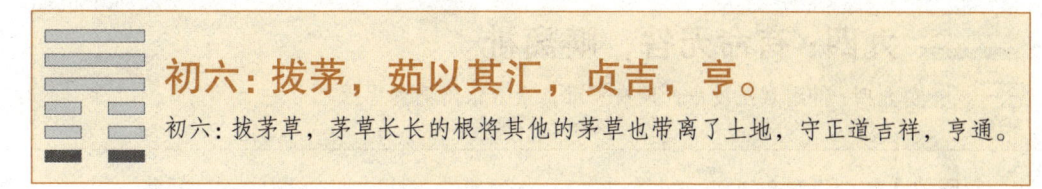

初六：拔茅，茹以其汇，贞吉，亨。

初六：拔茅草，茅草长长的根将其他的茅草也带离了土地，守正道吉祥，亨通。

【原文】象曰：拔茅贞吉，志在君也。

【译文】象辞说：拔茅草之所以守正吉祥，是心里想着君王的缘故。以喻清理君侧小人。

【启示】初六急功近利、轻举妄动。这时不动才可保平安，同时要等待变化。泰卦指的是天子征讨不服的诸侯，是何其威武。而此爻指处于下层的志士受君王重臣的邀请去清理君侧。这就好比三国中天下义士驱逐董卓。如果成功而坚持正道，肯定是吉祥的。曹操、刘备、孙权皆是因此而成为英雄人物，可见乱世出英雄不无道理。

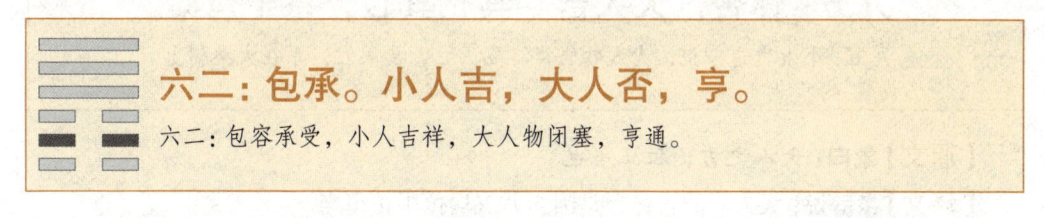

六二：包承。小人吉，大人否，亨。

六二：包容承受，小人吉祥，大人物闭塞，亨通。

【原文】象曰：大人否，亨，不乱群也。

【译文】象辞说：大人物闭塞，亨通，说明九五的君王不被小人的群党所乱。

【启示】这是个善于用柔顺手段奉承九五之君的小人，施展其阿谀奉迎的伎俩，巴结笼络君子，往往能得手。小人得意，君子应该甘居否塞的困境，划清界限，洁身自好，我行我素，安于闭塞，藏器待时，不受小人的迷惑。好比鲁昭公，虽为国君，但大权完全控制在季氏家族手中，当时的诸侯盟主已名存实亡，周天子被霸主所挟持，没法管这件事。鲁昭公为了保存自己，只得忍气吞声，但他终于忍不住了，想煞一煞季氏的威风，却被季氏给驱逐出了鲁国。由此可以看出泰极否来的凶险。

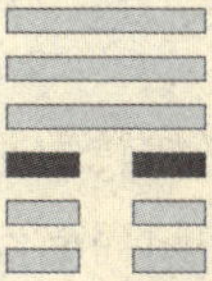

六三：包羞。

六三：包容羞耻。

【原文】象曰：包羞，位不当也。

【译文】象辞说：包容羞耻，是因为六三爻居位不当的缘故。

【启示】六三是个地位较高而又不中不正的小人，秉性浮躁。当政治否塞时，不能安守正道，为了飞黄腾达而急于高攀。这里讲了时代变坏的一个现象，就是人们不再有廉耻心，男女之间会有淫乱邪恶的事情发生。有男女授受之象，所以会"羞"。

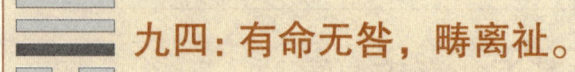

九四：有命无咎，畴离祉。

九四：得到君王授命，没有灾难，众人依附同受福禄。

【原文】象曰：有命无咎，志行也。

【译文】象辞说："有命无咎"，这是说明九四扭转小人之道的志向正在施行。

【启示】必须利用时机，转否为泰。时机不成熟就会枉费推移力。九四处在将要转为通泰的时候，时机已经到了，九四身为重臣，得到了君王的授权——清理君侧。九四请与自己相应的初六来成就这件事，得到了成功，众人都跟着受到福禄。九四行动威猛、出风头，可是他得到了君王的授命，所以不会有过失。

九五：休否，大人吉。其亡其亡，系于苞桑。

九五：小人之道停止，大人物吉祥。要灭亡，要灭亡，系在大桑树上。

【原文】象曰：大人之吉，位正当也。

【译文】象辞说：大人物的吉祥，是因为九五居位中正得当。

【启示】君王身边的小人终于被除掉了，重新掌权的君王于是吸取这次教训，要"安而不忘危，存而不忘亡，治而不忘乱。"越是在事业即将成功的关键时刻，越要防止败亡。君王常有忧患意识，国家才能长久。

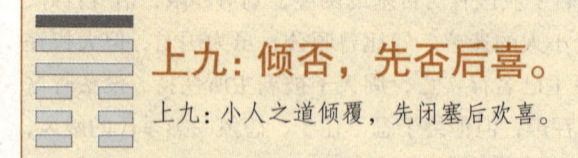

上九：倾否，先否后喜。

上九：小人之道倾覆，先闭塞后欢喜。

【原文】象曰：否终则倾，何可长也。

【译文】象辞说：小人之道到了终极就会倾覆，怎么会长久呢？

【启示】小人之路到了尽头，闭塞不通的局面到了尽头，物极必反，否塞必然转为通泰。此时要因势乘机而动，不可被动等待，人的力量起到重要作用。并不是否闭局面发展到极点时，不须人力就会自然地倾覆。上九有刚健勇猛、无坚不摧之力，能够乘时而起，倾覆否塞局面。其中需要审时度势，又需要机智与勇气。

《推背图·第四象》解否卦

否·丁卯

【谶曰】
飞者不飞，
走者不走。
振翅高岗，
乃克有后。

【颂曰】
威行青女实权奇，
极目萧条十八枝。
赖有猴儿齐着力，
已倾大树仗扶持。

【金圣叹批注】

此象主狄仁杰荐张柬之等五人反周为唐。武后常梦鹦鹉两翼俱折，狄仁杰曰：武者陛下之姓也，起二子则两翼折矣。五猴指张柬之等五人。

▶ 否卦运势速断

运势	百事不顺，损失较重，稍偏差则有灾害。遇事应忍，否极泰来。
事业	陷入逆境、衰退阶段，受小人干扰而不得志，应自保待机。
爱情	阴阳相背，是非很多，矛盾难调，易节外生枝，有离别之象。
疾病	病多在脑、肺、肾。凶兆，慎防癌症等绝症。可往东南方求医。
经商	处境不利。遇到强大的对手，应坚持守势，等待有利时机的到来。
诉讼	有不明之事，有口难言，或被人污蔑为小偷，日后会得理，吉。
出行	如果还没有出发则平安，已出发者有口舌是非，迟出发则吉。
人生	是辅佐型人才。性格上很孤独、孤苦、寂寞。动则生，不动则死。

第⑬卦 同人：天火同人卦

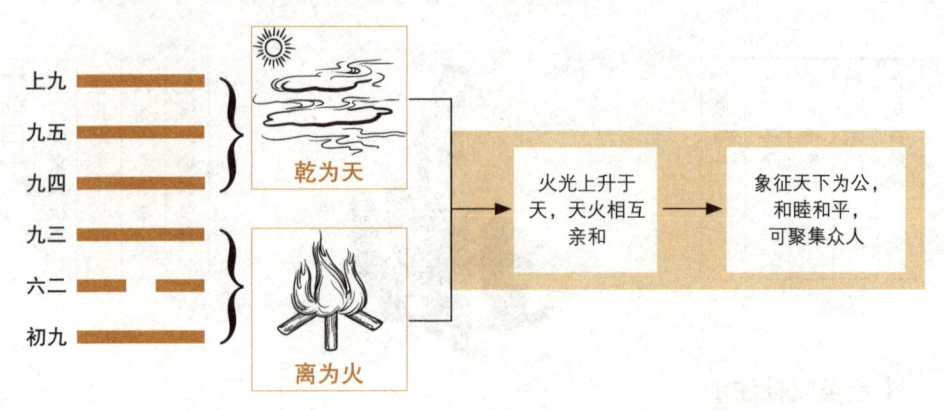

上九
九五
九四
九三
六二
初九

乾为天
离为火

火光上升于天，天火相互亲和 → 象征天下为公，和睦和平，可聚集众人

【原文】同人，同人于野，亨。利涉大川，利君子贞。

彖曰： 同人，柔得位、得中，而应乎乾，曰同人。同人曰："同人于野，亨。利涉大川。"乾行也。文明以健，中正而应，君子正也。唯君子为能通天下之志。

象曰： 天与火，同人。君子以类族辨物。

【译文】同人卦，大家聚集在野外，同心同德，亨通。有利于涉过大川险阻，有利于君子守正道。

彖辞说： 同人卦，柔顺的六二爻居于中位，与上卦的九五相呼应，所以称为同人卦。同人卦说："同人于野，亨，利涉大川。"这是乾阳之道所起的作用。即文明又刚健，六二与九五中正而相呼应，这是君子的端正。只有君子才能沟通天下人的心志。

象辞说： 上卦乾为天，下卦离为火，这便是同人卦的卦象。君子从此卦中受到启示，以不同种类分辨事物。

【启示】上面一卦是否卦，经历了大的磨难后，人们开始懂得团结的力量，所以接下来便是同人卦。在天底下生起一堆火是同人卦的卦象。这个场面正是上古时期、甚至是原始时期人类的生活写照。大家聚集在一堆篝火旁取暖，烧烤食物，一同商论有关生存的大问题，或者一同载歌载舞，尽管条件艰苦，但同心同德，极其快乐。俗话说"鱼找鱼，虾找虾，癞蛤蟆找青蛙。"物以类聚，人以群分。君子应当与自己的同类人聚集在一起，同人卦的经典故事是《三国演义》中刘备、关羽、张飞的"桃园三结义"。所以，同人又引申为同党，相同志向的人为追求共同目标而建立组织。

在与人和同时，柔顺品格虽然很重要，但这里则侧重于强调刚健品格在和衷共济、克服险阻时的决定意义。实行同人之道是为了齐心协力做成大事业，这时柔顺者必须得到刚健者的济助。不过，与人和同并不都是有益的。人们虽会互相鼓励、齐心协力做正事，也会相互影响、大伙一起做坏事。狐朋狗党，臭味相投，狼狈为奸，这也是"与人

《断易天机》解同人卦

浮鱼从水之卦，二人分金之象

同人卦点睛

同人象征团结众人才能有所收获。得同人卦者要善于借鸡下蛋，借助他人的力量成事。一个篱笆三根桩，一个好汉三个帮，大石头没有小石头垫脚就没有稳固的根基，能化敌为友才是干大事者的气度。

刘文龙得此卦，成功护送昭君

刘文龙护送昭君时占得此卦。刘文龙为西汉的状元，后来汉匈和亲，王昭君远嫁匈奴，他护送昭君出塞。从此汉匈和息，天下太平。

卦图详解

◆ 文书上有"心"字，象征同心协力。

◆ 一个人张弓射向山上，说明同心协力就会"高中"。

◆ 一个人手捧书文，象征利于功名学业。

◆ 一只鹿在饮水，象征同人之道是：共饮一江水。

和同"。所以，与人和同只利于君子坚持正道。如果以小人之道自媚于世，左右逢源，八面玲珑，不是真正的同人之道。

得此卦者，若与人共事，上下皆和，广结社交，可得上辈提拔，兴家立业，功就名扬。如果公正无私则吉，密谋隐事则有隐患。不可顽固气极，偏私失止。事业投资、婚恋感情都和睦融洽。最适合找人合伙事业或寻求认同自己理念的人。

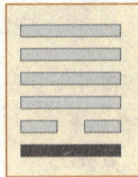

初九：同人于门，无咎。

初九：出门与人同心同德，没有灾难。

【原文】象曰：出门同人，又谁咎也。

【译文】象辞说：一出门便与人同心同德，又有谁会给他带来灾难呢？

【启示】处于同人卦之始，打破了门户之见。走出家门，去与志同道合的人相聚，怎么会有过失呢？有了问题，到外面求众人的帮助，怎么会有过失呢？走出家门，脱离自己的小圈子，到民众中去，怎么会有过失呢？有了君王不能解决的大事，便要贴皇榜，请天下有能力之人前来解决。这皇榜既有求天下贤人辅佐的意思，又有与民众打成一片的意思。

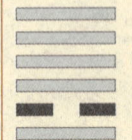

六二：同人于宗，吝。

六二：只与同宗的人同心同德，心胸狭窄会有忧吝。

【原文】象曰：同人于宗，吝道也。

【译文】象辞说：只与同宗的人同心同德，是自取忧吝之道。六二处于大夫之位，他只"同人于宗"，就难免会遭遇到忧吝之事了。

【启示】同人之道是广泛地与人和同。而六二却专攀高枝，专与处于君位的九五和同，只团结自己宗族内的人，有事只在宗族内商量。不但无法集思广益，也不代表大众的志愿。这就相当于国营企业的老板，把公司看成是自己和几个主要领导的公司，有事总是几个人聚在一起商谈，怎能不面临倒闭的危险呢？再如许多民营企业是家族式管理，管理模式是闭塞的，跟不上时代步伐，总是昙花一现。

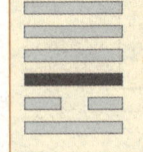

九三：伏戎于莽，升其高陵，三岁不兴。

九三：埋伏兵甲于草莽之中，登上高陵观察，三年不发动战争。

【原文】象曰：伏戎于莽，敌刚也。三岁不兴，安行也。

【译文】象辞说：伏兵甲于草莽，是敌人太强大了。三年不发动战争，是稳中求胜。

【启示】行同人之道也会打起仗来，因为争夺同盟者会导致兵戎相见。九三是个质刚而用刚、容易冲动的鲁莽之士。他利用有利地势，埋下伏兵，欲与九五争夺六二。了望敌情后深感九五实力雄厚，不能匹敌，故一再迟疑，以至很久没有交战。战争爆发后，九三以失败告终。

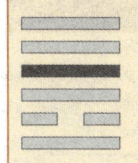

九四：乘其墉，弗克攻，吉。

九四：登上敌方的城墙，不占领全城，吉祥。

【原文】象曰：乘其墉，义弗克也；其吉，则困而反则也。

【译文】象辞说：登上敌方的城墙，道义不能攻打；吉祥，是遇到窘困而能返回到正当的法则上来。

【启示】九四在陷于困境时能够反躬自省，并困而知返，结果仍然是吉祥的。战争的目的不是杀人，而是使对方归顺，使自己得到更多的人与土地。不用武力把对方全部杀死，这是一种怀柔之策。中古时期，贵族永远是贵族，尽管贵族诸侯之间经常会发生战争，但只是为了归顺的问题。

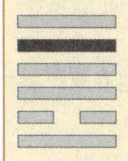

九五：同人，先号咷而后笑。大师克相遇。

九五：与人同心同德，先号啕大哭，后放声大笑。大部队相遇，克敌制胜。

【原文】象曰：同人之先，以中直也。大师相遇，言相克也。

【译文】象辞说：与人同心同德地先号啕大哭，是因为九五有中正直率的正义感。大部队相遇，是说克敌制胜。

【启示】大悲大喜、先哭后笑。这场战争关键在于对六二的争夺。九五与六二是同心相应的同盟者；但由于九三、九四横梗其间，割断联系，两者不能相遇。但九五刚健有力，尽管九三伏兵于林莽，九四登上城墙进攻，九五仍然决心一战，顺利地克服了阻碍，终于与同盟者六二相遇，破涕为笑。

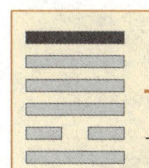

上九：同人于郊，无悔。

上九：与郊外的人同心同德，没有忧悔。

【原文】象曰：同人于郊，志未得也。

【译文】象辞说：与郊外的人同心同德，是还没有得志。

【启示】 上九在与人和同的宽泛性上有欠缺，求天下至公是极其不容易的。与人和同时最容易挟杂私心，所以卦辞特别告诫说"利君子贞"。有能力而不得志，只能隐居于平淡之中。上九就是一位隐士，虽然不得志，但无非分之想，所以不会发生悔恨。这就如同诸葛亮在《诫外甥书》中所言："夫志当存高远，慕先贤，绝情欲……"。

《推背图·第四十八象》解同人卦

同人·辛亥

【谶曰】

卯午之间，
厥象维离。
八牛牵动，
雍雍熙熙。

【颂曰】

水火既济人民吉，
手执金戈不杀贼。
五十年中一将臣，
青青草自田间出。

【金圣叹批注】

此象疑一朱姓与一苗姓争朝纲，而朱姓有以德服人之化，龙蛇相斗，想在辰巳之年，其建都或在南方。

▶ 同人卦运势速断

运势	百事顺通、平安如意，应掌握时机，维持盛泰。寻求私利则有破败。
事业	与人合作会成功，应广泛建立人脉，克服门户之见，协调多方面的关系。
爱情	谦和相待，互敬互谅，定成美眷。无恋人者可多认识异性，广撒大网。
疾病	多为脑部、神经或呼吸系统之病，头痛腹痛，血气聚心，往东北方求医。
经商	应真诚合作、精诚团结。照顾各方面的利益，求大同，存小异。
诉讼	我方受到侵犯的可能性较大，不久之后将和解。
出行	有人同行，一路上和顺喜悦，没有什么可疑虑的。
人生	喜欢交友，多依靠师友相助。仕途上先有威望后有权势，权势生于威望。

第14卦 大有：火天大有卦

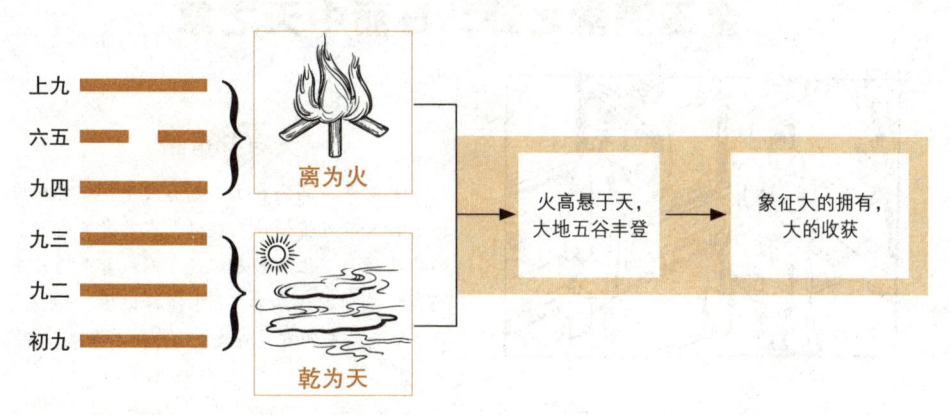

```
上九  ──────
六五  ──  ──    离为火
九四  ──────
九三  ──────
九二  ──────    乾为天
初九  ──────
```

火高悬于天，大地五谷丰登 → 象征大的拥有，大的收获

【原文】**大有，元亨。**

> **彖曰**：大有，柔得尊位，大中而上下应之，曰大有。其德刚健而文明，应乎天而时行，是以元亨。
>
> **象曰**：火在天上，大有。君子以遏恶扬善，顺天休命。

【译文】**大有卦，大的亨通。**

彖辞说：大有卦，阴柔居于九五君位，博大而中正，上下刚柔相呼应，所以说"大有收获"。它的卦德是性刚健而又文明，顺应天道而随时运转，所以大亨通。

象辞说：上离为火，下乾为天，火在天上就是大有卦的卦象。君子应当从中得到启示，除恶扬善，以顺应上天赋予的使命。

【启示】前面一卦为同人，众人同心同德，自然会有大的收获，所以接下来是大有卦。同人是我与人同，大有是物归我有。因为我与人同，所以物归我有。火着到了天上是大有卦的卦象。俗话说"众人拾柴火焰高"，大家围在一个火堆旁，每个人给火堆添一把柴便可以让火焰烧到天上去。

大有代表丰年，谷仓满溢，非常富裕，是吉卦。如同日当正中，发出强烈的光和热，做什么事都可一帆风顺，获得外界支持，是积极行动的大好时机。孔子曾说，人口多了该怎么办？要让他们富起来。已经富了又该怎么办？要教育他们。大有卦发挥了这种思想，讨论了两个问题：一是如何致富；二是富了以后如何保有其富。财富增长了，很容易在物欲享受中失去良知，欲壑难填，以至道德沦丧。所以止恶扬善，要像火一样以驱走阴暗。这样才是善处其富，保有其富。大有卦的原文极其简洁，只有两个字"元亨"，而没有"利贞"两个字。因为只要人多心齐，不走正道也会成功。

得此卦利于投资、合伙、感情。预测婚姻必成，但有夫长女幼之象。男性要慎防美艳之女的诱惑而损财，女性也应防感情有失。事业集中体现在财富上，财富外显而醒目，广为人知。

《断易天机》解大有卦

金玉满堂之卦，日丽中天之象

大有卦点睛

大有象征高高在上，拥有天下。此时应虚怀若谷，不可骄傲伤人。得大有卦者虽然当前的势头很好，但结果却难说。别人看中的只是利益，无利则作鸟兽散；不懂辩证法，"大有"将会成为一无所有。所以应该与他人分享利益。

蔺相如得此卦，完璧归赵

蔺相如持和氏璧前往秦国，临行前占得大有卦，说明尊柔得位、抑恶扬善，此行大吉。后来蔺相如以机智化解了秦王的刁难，最终完璧归赵。

卦图详解

◆一人持着宝葫芦，里面装着药，说明需要稳固胎气。

◆气中有两个小儿，但性别不知，说明结果难测。

光

◆犬为戌，为火库，里面藏有火，也是"大有"之意。

◆孕妇腹中有一道喜气冲向天空，说明已经"有了"。

初九：无交害，匪咎，艰则无咎。

初九：没有交往的灾害，不会有灾难，艰难自守就没灾难。

【原文】象曰：大有初九，无交害也。

【译文】象辞说：大有卦的初九爻，是没有交往的灾害。

【启示】初爻象征刚刚富有、地位低下的人，还没有多大影响，不涉及上层的利害，不至于树大招风，可以逃避过错、不受怪罪。但不可掉以轻心，谨慎行事才能免除过错。大有卦中除了初九以外，其他阳都与六五可以产生一定的关系，所以初九有无法交往的含义。可是正因为没有交往，就不会受到交往的害处。这就是"祸兮福所倚，福兮祸所依"的道理。

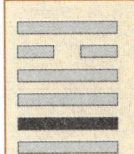

九二：大车以载，有攸往，无咎。

九二：用大车装载，有所前往，没有灾难。

【原文】象曰：大车以载，积中不败也。

【译文】象辞说：用大车装载，积量适中，就不会毁坏。

【启示】如同一辆载重大车，能够满满地装载财富，稳稳地前进。这里的大车是因为人们富裕了，送礼不再小家子气了，用大车盛着礼物去，所以说"大车以载"。这辆大车装载的不仅是物质财富，也是精神财富。

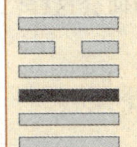

九三：公用亨于天子，小人弗克。

九三：公侯受到天子邀请而参加宴席，小人则不能这样。

【原文】象曰：公用亨于天子，小人害也。

【译文】象辞说：公侯受到天子的宴请，如果宴请小人则会有害。

【启示】九三象征不仅富有，而且已经取得了很高的名望地位的人。这时，要向天子作出物质上的贡献和精神上的敬意，才能保持其地位。小人做不到这一点，他们鼠目寸光，吝啬守财，无视天子的权威，无视国家的利益，只能因小失大。财富既会给人带来利益，也会带来危险。君子与小人的分界线就在这里。

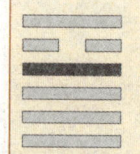

九四：匪其彭，无咎。

九四：不骄傲自满，没有灾难。

【原文】象曰：匪其彭，无咎；明辨晢也。

【译文】象辞说：不骄傲自满，没有灾难，是由于他能够明辨事非。

【启示】富有过盛，处在过盛阶段极易发生问题。应该怎样行事呢？幸亏有外柔的品质，能够谦以自处，不以富有骄人，能够自觉减损其盛大，急流勇退，自我损抑，是明哲之士。此爻说明，骄傲使人落后，谦虚使人进步。

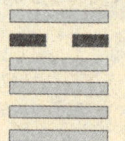

六五：厥孚交如，威如；吉。

六五：交往有诚信，有威信，吉祥。

【原文】象曰：厥孚交如，信以发志也。威如之吉，易而无备也。

【译文】象辞说：以诚代人，是以诚信引发他人的意志。有威信之所以会吉祥，是因为平易近人而无人戒备。

【启示】六五是首脑人物、一卦之主，有一种刚健威严的气象，但并不是作威作福，使人畏而远之，而是平易近人，温和诚信，坦然无私，受人拥戴，显示出威严庄重的王者气象。有一个故事：一位美丽的公主嫁给了海盗。海盗要出海，公主决定一起去。这使海盗为难了，因为按照习惯女人上船会给男人带来灾难。但海盗冒着生命危险同意了。几个月后，公主不但没有遭到危险，而且其他海盗们把她当成女王一样。为何会这样？因为公主有道德而不轻浮。

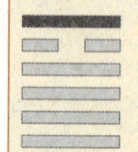

上九：自天佑之，吉无不利。

上九：自有天来保佑，吉祥没有任何不利的。

【原文】象曰：大有上吉，自天佑也。

【译文】象辞说：大有卦上九爻的吉祥，是来自上天的保佑。

【启示】居于大有卦之终，能察知盈满则溢、盛极则衰的规律，富而不骄，慎终如始，受到了上天的保佑，可长保富有。富于财产、富于资历、富于学问、富于年龄都可能成为骄傲的资本。"富而无骄"并不容易。如果不以其所有为"大"，才能保其大有。天道的法则是谦虚，所以接下来便是谦卦。

《推背图·第八象》解大有卦

大有·辛未

【谶曰】

榇枪血中土,
破贼还为贼。
朵朵李花飞,
帝曰迁大吉。

【颂曰】

天子蒙尘马首东,
居然三杰踞关中。
孤军一注安社稷,
内外能收手臂功。

【金圣叹批注】

此象主建中之乱。三人者,李希烈、朱次泚、李怀光也。李怀光以破朱泚功,为卢杞所忌,遂反,故曰破贼还为贼。三人先后犯关,德宗乘舆播迁,赖李晟以孤军收复京城,而社稷重安矣。

▶ 大有卦运势速断

运势	得时得运,隆盛昌荣。但物极必反,有盛极而衰的预兆,不得不慎。
事业	已有成就,应戒惧谨慎,大而不盈,满而不溢。得意忘形将有损失。
爱情	有情人终成眷属。对女性来说,可供选择者多,以慎重为好。
疾病	服药疗效不大。寒热往来,头痛眼昏,胸痛,可往东南方求医。
经商	兴隆昌盛,如能克勤克俭,注意动向,适时转轨,可以长久。
诉讼	大事可成,小事则有头无尾。以姓名中有"木"的人为贵人。
出行	出行到西方则吉。若寻人,到西方可以遇到。
人生	在与财富不相关的领域上难有成功。比如农业、水利、教育。

第15卦 谦：地山谦卦

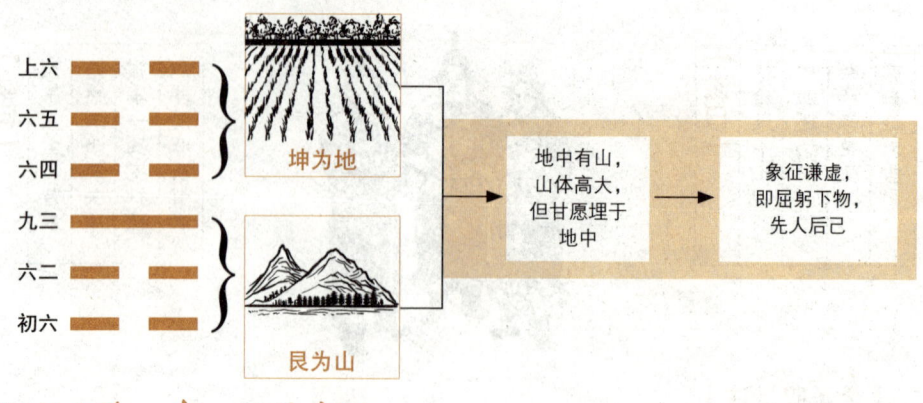

上六
六五
六四 } 坤为地
九三
六二
初六 } 艮为山

地中有山，山体高大，但甘愿埋于地中 → 象征谦虚，即屈躬下物，先人后己

【原文】谦，亨，君子有终。

彖曰：谦，亨，天道下济而光明，地道卑而上行。天道亏盈而益谦，地道变盈而流谦，鬼神害盈而福谦，人道恶盈而好谦。谦尊而光，卑而不可逾，君子之终也。

象曰：地中有山，谦；君子以裒多益寡，称物平施。

【译文】谦卦，亨通。君子会把事情完成到底，得到好的结果。

彖辞说：谦卦，亨通，天的阳气下降，带来光明，可普济万物，地的阴气上升而与阳气交合。天的法则是使满盈逐渐亏损而使谦虚受益；地的法则是把满盈的变少，流入低下之处；鬼神的法则是祸害骄傲自满而保佑谦虚的人；人的法则是厌恶自满而喜爱谦虚。谦虚受人尊重而荣耀，使地位卑下的人不逾越礼制。这就是君子的善始善终。

象辞说：谦卦的上卦为坤为地，下卦为艮为山，地中有山便是谦卦的卦象。君子从中得到启示，取多余以补不足，称量财物的多少而平均施舍于人。

【启示】谦为谦虚不出风头之意。其卦象为地下有山，内高外低，比喻功高不自居，名高不自誉，位高不自傲，不显山不露水。山本来是高于土地的，但由于谦逊，他甘于埋于地中，体现了以柔克刚、以下胜上的思想。比如曾国藩，一开始完全用儒家的自强不息精神，用法家"就地正法"的严厉手段来带兵，结果都是打败仗。后来他看了《道德经》后顿然开悟，觉得应该谦卑，于是采用道家以柔克刚的做法，谦虚地求助于左宗棠。而当时左宗棠是非常自负的，他给自己取了一个名：今亮，就是当今的诸葛亮。曾国藩的谦虚打动了左宗棠，得到了左宗棠的支持，之后才开始打胜仗。

谦卦认为，从开始直到最后都要谦虚。虽然六个阶段都要谦虚，但是每个阶段的具体情况不同，次序是：谦谦，鸣谦，劳谦，妨谦，虚谦，鸣谦。古人说："谦，大足以守天下，中足以守其国家，小足以守其身"。越是精神贫乏的人越是骄矜浮躁，越是内心充

《断易天机》解谦卦

地上有山之卦，仰高就下之象

谦卦点睛

谦就是谦虚，可以亨通，即使开始困难，最终也会受到赏识。得谦卦者，谦虚则有百利而无一害。谦之精义在于"敬"，敬人要戒势利，敬业要戒懒怠，敬物要戒奢侈。谦而不媚不傲，万事皆可成。

唐玄宗得此卦，得知动乱将平息

唐玄宗前期开创开元盛世，后因宠爱杨贵妃及其家族，导致暴发安史之乱，他避难蜀地时占得谦卦，得知干戈将平息。

卦图详解

◆一个人骑着鹿，代表得道高人到来。

◆一个人捧镜，"镜子"通"静止"，说明该止则止就为谦。

◆地上有一个"公"字，代表没有私心。

◆三个人站着，代表"三人行必有我师"的谦虚态度。

下篇·第二章 六十四卦详解

实的人越是谦逊深沉。谦虚不是浅薄，不是虚伪，谦虚者人皆乐于与他共事。有一分谦虚，必然有一分受益处。做到一时的谦虚并不难，难在一生谦虚。

摇得此卦，百事谦虚则吉，追随他人也为吉。应去除骄傲之气，虽辛劳多，但后福十足。

初六：谦谦君子，用涉大川，吉。

初六：谦谦有礼的君子，以谦德跋涉大川险阻，吉祥。

【原文】象曰：谦谦君子，卑以自牧也。

【译文】象辞说："谦谦君子"，是以谦卑自守，把自己管理好。

【启示】人在刚刚入世时容易锋芒毕露，不知深浅，尤其需要谦上加谦。初六处于谦卦的最下面，所以他是最谦逊的人，即谦而又谦的君子。能够以此态度做事，怎么会遇到困难呢？能够心怀谦卑地管理好自己，谦虚谨慎地对自己的言行进行反省，自然不会犯大的过失，所以吉祥。

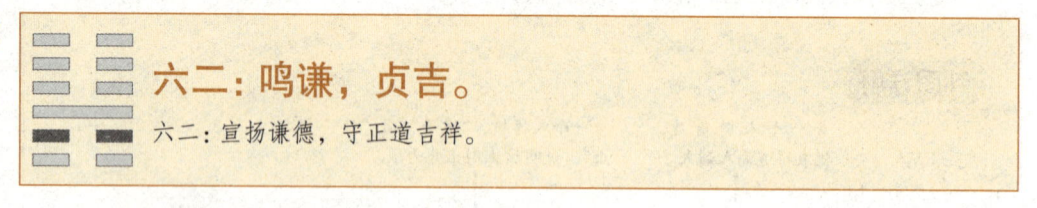

六二：鸣谦，贞吉。

六二：宣扬谦德，守正道吉祥。

【原文】象曰：鸣谦贞吉，中心得也。

【译文】象辞说：宣扬谦德，守正道吉祥，是内心中正所得的吉祥。

【启示】谦退居下，而又能行中正之道，所以谦声外传，远近闻名。但许多人的美名不一定是从正道而来。如伪君子王莽老奸巨猾，为了篡夺西汉政权，干了不少笼络人心的事，特别谦恭下士。但真实嘴脸暴露以后，人们才大吃一惊。因此，谦虚应该是发自内心的，非勉强可为，更不应该是假装出来骗人的。

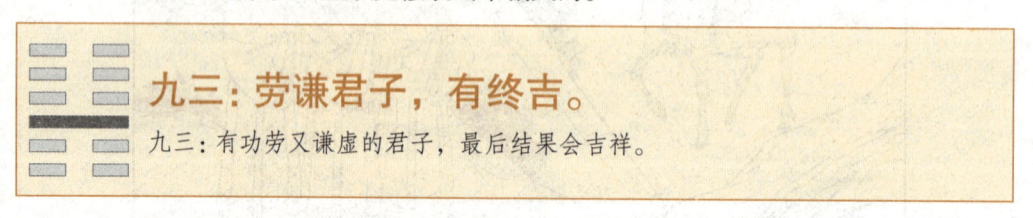

九三：劳谦君子，有终吉。

九三：有功劳又谦虚的君子，最后结果会吉祥。

【原文】象曰：劳谦君子，万民服也。

【译文】象辞说：有功劳又谦虚的君子，万民都愿意顺服。

【启示】一阳处于五阴之中，有出类拔萃之象，也正象征着君子谦退而万民归心。能者多劳，同时又甘心谦退，这是君子之象。有了功劳并不居功自傲，仍然以谦虚自处，这叫劳谦。始终如一的劳谦很难，这样的人无疑要受到众人的敬服和拥戴。比如周公，他东征之后使西周成为泱泱大国，政权也得到了统一与巩固，但他并没有居功自傲，所以西周因此而逐渐走向繁荣富强。

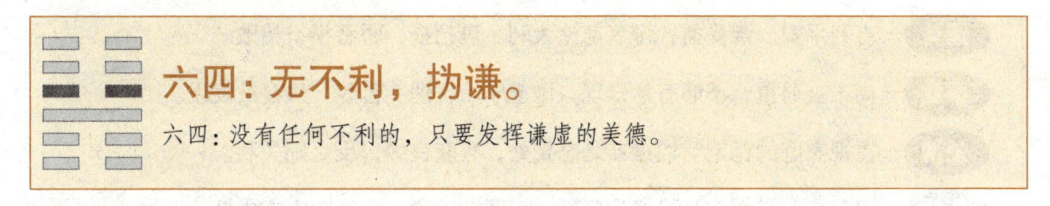

六四：无不利，㧑谦。

六四：没有任何不利的，只要发挥谦虚的美德。

【原文】象曰：无不利，㧑谦；不违则也。

【译文】象辞说：没有任何不利的，只要发挥谦虚的美德，这是不违背法则的缘故。

【启示】不患其不能谦虚，而患其谦虚过度。凡事超过了限度都不好。过分的谦虚可能掺杂着虚伪的成分。再说，有时候就该当仁不让，不必点头哈腰，退避三舍。对待谦虚的人切勿高傲，对待高傲的人不必谦虚！不可不谦，也不可过谦，需要的是适度。过犹不及，适度则符合于"中"的法则。

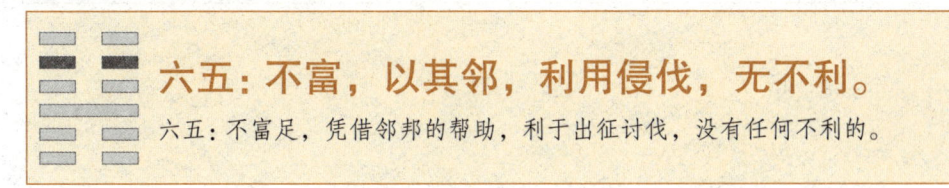

六五：不富，以其邻，利用侵伐，无不利。

六五：不富足，凭借邻邦的帮助，利于出征讨伐，没有任何不利的。

【原文】象曰：利用侵伐，征不服也。

【译文】象辞说：利于出征讨伐，是征伐不服的人。

【启示】谦虚宽容并不能解决一切问题。在某些情况下，征伐是许可的，不违谦道。六五的实力并不强，他广泛地施谦于下，指挥亲近他的力量。但是会有一些势力不服从他，抗拒他的权威。服从者是从道义上心悦诚服，不服从者是从实力上不甘心为之下。对待这些骄横强暴的势力，六五就不能再一味谦让，姑息养奸，任其坐大，必须利用人心归向的道义优势，以武力将其制服。

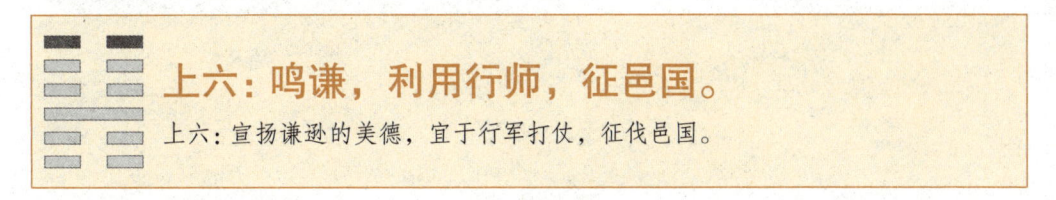

上六：鸣谦，利用行师，征邑国。

上六：宣扬谦逊的美德，宜于行军打仗，征伐邑国。

【原文】象曰：鸣谦，志未得也。可用行师，征邑国也。

【译文】象辞说：宣扬谦逊的美德，是因为还未得志；可以出兵打仗，但只能征伐邻近的小国。

【启示】上六和六五都是过于谦虚了，但谦虚退让并不能解决问题，最后不得不诉诸武力。上六位高谦极，足以感化众人，所以谦名远扬。不过，上六非刚健之才，只能征讨附近的邦国。在政治斗争中，谦让之术的作用也是有限的，决定性的因素还是实力。

▶ 谦卦运势速断

运势	吉利平安。谦受益，谦者前途大利；满招损，骄者横行招败。
事业	尚未被器重，不必有意表现，谦虚学习，埋头苦乾，终会被发现。
爱情	重视家庭的稳定。以谦恭之态相处，可获良缘，反之则失利。
疾病	腹部与头部之疾，或旧病复发。病留连难脱，宜往东南方求医。
经商	较顺利，但不会获暴利，须逐步积累，要小心谨慎，诚心与人合作。
诉讼	纷争包括两三人在内，宜息事宁人。
出行	有阻碍但无灾害，虽有口舌但没有严重的后果。
人生	有文化修养，但明谦暗争，不适合文字工作，适合经商、仕途。

第16卦 豫：雷地豫卦

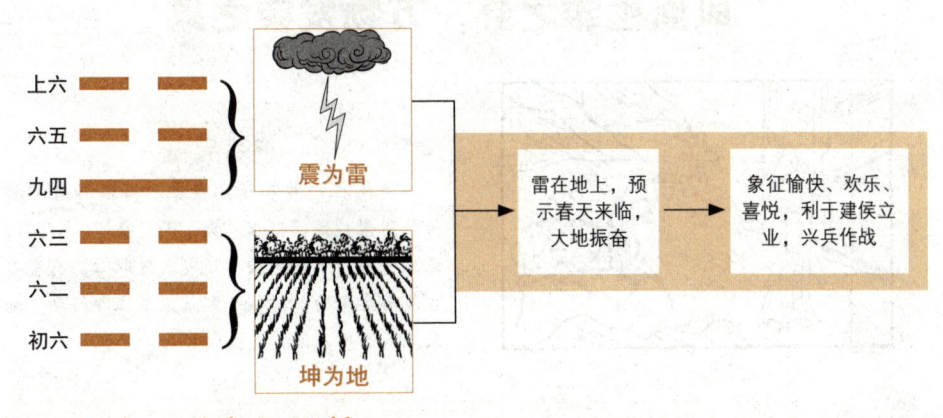

```
上六  ▬▬ ▬▬  ┐
六五  ▬▬ ▬▬  │ 震为雷
九四  ▬▬▬▬▬ ┘
六三  ▬▬ ▬▬  ┐
六二  ▬▬ ▬▬  │ 坤为地
初六  ▬▬ ▬▬  ┘
```

雷在地上，预示春天来临，大地振奋 → 象征愉快、欢乐、喜悦，利于建侯立业，兴兵作战

【原文】豫，利建侯行师。

彖曰：豫，刚应而志行，顺以动，豫。豫顺以动，故天地如之，而况建侯行师乎？天地以顺动，故日月不过，而四时不忒；圣人以顺动，则刑罚清而民服。豫之时义大矣哉！

象曰：雷出地奋，豫。先王以作乐崇德，殷荐之上帝，以配祖考。

【译文】豫卦，有利于建立王侯大业出兵征伐。

彖辞说：豫卦，一刚应五柔而志于上行，顺理而动，这就是豫卦。怡悦顺物性而动，所以天地与此相同，何况是分封诸侯，出兵征伐呢！天地顺理而动，所以日月运行不会出现差错。圣人因顺应时机而动，就能使赏罚分明而百姓悦服。豫卦所表现的顺应时序的意义真大啊！

象辞说：上卦震为雷，下卦坤为地，雷在大地上响起，这便是豫卦的卦象。先王从这一卦象中受到启示，制礼作乐推崇功德，用丰盛的祭品敬献天帝，并且同时祭祀自己的祖先。

【启示】豫的本义是指大象，大象的特点是走路缓慢，一副悠然自得的样子，所以豫卦是阴阳和乐的景象。在卦象上，雷声在大地上空轰鸣，使大地上的万物振作起来，这是大自然生机勃发的表现，使万物复苏。这显示出做事积极、有力，性情柔和、圆融，充满令人喜乐的气象。凡事可尽力去做，无大碍。不过，虽然豫是安逸、享受之意，主小吉，但欢乐的原则在于适中，不能过分，不可得意忘形，如果一味沉溺于欢乐，使别人有机可乘，会乐极生悲，招致失败。

此卦有住居不安之象，也有重新谋事之象。求财望事，久而必成。预测婚姻可成，男性得此卦时可能处于不稳定的状况。男女均有陷于酒色之情。凡事有迷意，须慎之。预测财运时，在财富的拥有方面不稳定，千谋百谋才见财，总是到事情的最后关头才能捞一把。做事情最好有计划。

《断易天机》解豫卦

凤凰生雏之卦，万物发荣之象

豫卦点睛

豫象征一片和乐的景象。得豫卦者不要为物所累、片面追求"大"而"全"。志可得，意不可满，不要消磨掉锐气、进取心，有童心才能有生命力，时机一到就应该立即行动。如果陷入怠惰，便将失去大势。

诸葛亮得此卦，七擒孟获

诸葛亮征讨苗蛮时占得此卦，兆示蜀军此去必定大获全胜。诸葛亮于225年南证，深入不毛之地，七擒孟获，终于使南蛮首领孟获心服口服，不再反叛。

卦图详解

◆ 房屋外面站着一位官人，生活悠闲，志得意满。

◆ 鹿代表乾卦的刚健，马代表坤卦的柔顺，所以此时要刚柔结合。

◆ 金银数锭，铜钱两串，说明财富足了就居于安逸了。

◆ 两座山代表"出"字，说明应该出门，消除居家的怠惰。

初六：鸣豫，凶。

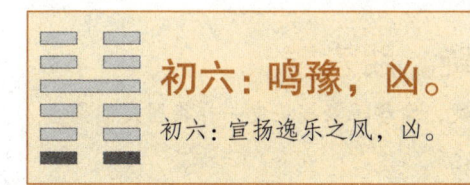

初六：宣扬逸乐之风，凶。

【原文】象曰：初六鸣豫，志穷凶也。

【译文】象辞说：初六沉迷于享乐，是心里没有一丝志向，所以凶险。

【启示】小人在下，行为不端，却依靠关系而得到上层强有力者的支持，偶然得志而得意洋洋，自吹自擂，一付轻贱相，可见其器量狭小，不会有出息，还会有难以预测的凶险。与此相反的历史事件有：东晋宰相谢安以少胜多，打赢了著名的淝水之战。谢安正在下棋时得知淝水大捷，他脸上了无喜色，若无其事，仍然下棋。客人询问何事，他只轻描淡写地答道："小孩子们已经破了秦军。"

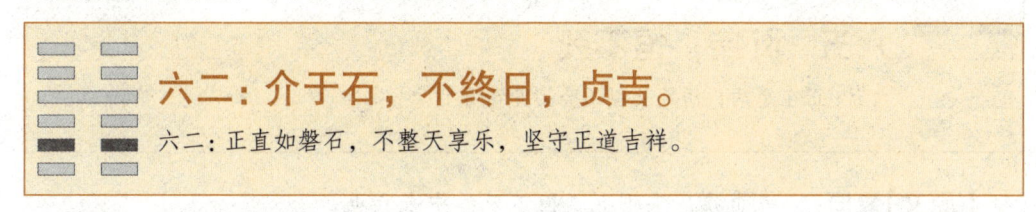

六二：介于石，不终日，贞吉。

六二：正直如磐石，不整天享乐，坚守正道吉祥。

【原文】象曰：不终日，贞吉；以中正也。

【译文】象辞说：不混日子，坚守正道吉祥，是因为六二爻居中而得正位。

【启示】六二能用道德约束自己，不过分追求享乐，坚定之心就像石头一样。又不为外物所吸引，能我行我素，对于安逸不动于心。这与器小志满的初六形成对比。就像文景之治时期的董仲舒，虽然身逢盛世，可是却不安于享乐。每日只读圣贤之书，最后终于成为学问的集大成者。

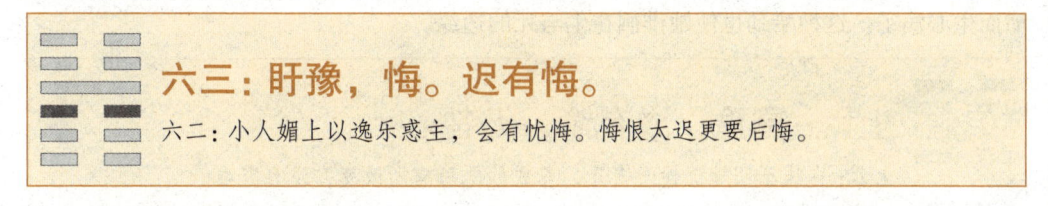

六三：盱豫，悔。迟有悔。

六二：小人媚上以逸乐惑主，会有忧悔。悔恨太迟更要后悔。

【原文】象曰：盱豫有悔，位不当也。

【译文】象辞说：小人媚上以逸乐惑主的忧悔，是因为六三爻阴居阳位的缘故。

【启示】小人对上面的人献媚奉承，对下面的人不屑一顾。这种人是和平年代较容易出现的一种人。因为靠这种手段可以享受荣华富贵，而不像战争年代，敢打敢杀、心怀谋略才能有发展前途。这便是和平年代与战争年代所需人才的不同之处。但小人最终还是不会有好下场的。一旦事实澄清，就会受到应有的惩罚。

九四：由豫，大有得。勿疑。朋盍簪。

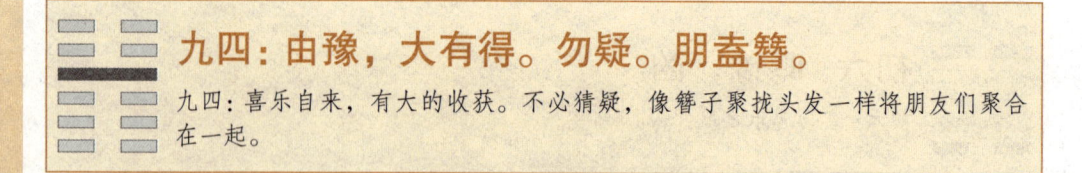

九四：喜乐自来，有大的收获。不必猜疑，像簪子聚拢头发一样将朋友们聚合在一起。

【原文】 象曰：由豫，大有得；志大行也。

【译文】 象辞说：喜乐自来，有大的收获，是万众一心的结果。

【启示】 象征给人家带来安乐的人。九四是卦中唯一的阳爻，他可以得到众阴的应和。所以喜乐自来，会有大的收获。正由于九四给人们带来了安乐，他才可能有自己的安乐。尽管处于上下二体之间的"多惧之地"，也不必疑惧，因为人心已经归向于他，会像朋友一样紧密地聚集在他周围。

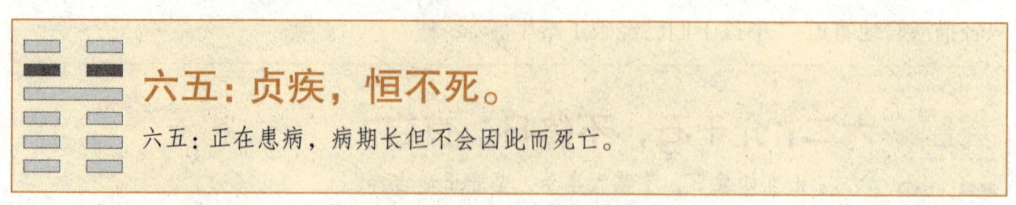

六五：贞疾，恒不死。

六五：正在患病，病期长但不会因此而死亡。

【原文】 象曰：六五贞疾，乘刚也。恒不死，中未亡也。

【译文】 象辞说：六五之所以会患病，是因为乘驾在刚爻九四之上的缘故。病期长但不会死亡，是因为六五身居中位，所以不会死亡。

【启示】 柔弱昏暗，依托于强臣，只图享乐，以至大权旁落于九四之手，处境十分糟糕。好像一个人疾病缠身，无法治愈，但经久不死，还可以在各种势力的平衡中维持自己的地位，但只是充当傀儡，苟延残喘。九四是一个男人，众阴是他的五个妻子，有一个妻子在家里处于领导地位，凌驾在丈夫之上，这个妻子便是六五，有权势的六五因吃醋而生心病了。这种醋劲也使她徘徊在生与死的边缘。

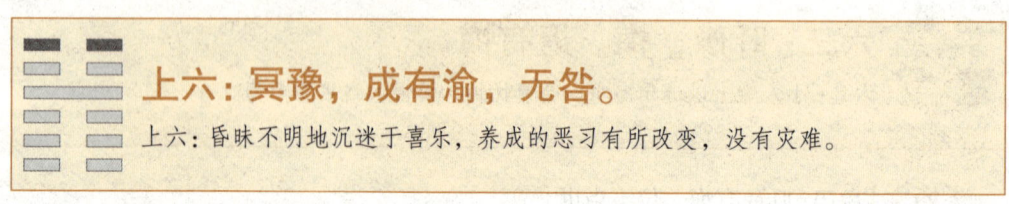

上六：冥豫，成有渝，无咎。

上六：昏昧不明地沉迷于喜乐，养成的恶习有所改变，没有灾难。

【原文】 象曰：冥豫在上，何可长也。

【译文】 象辞说：一味沉迷享乐的人高居上位，又怎么会长久呢？

【启示】 处于豫卦之终，极端享乐、昏昏沉沉、迷迷糊糊，如同醉生梦死地一味狂欢，以至失去理智，要乐极生悲。可是能够及早地发现自己的过失，及早地改正，所以不会有大的过失。比如汉武帝一心想成仙，结识了不少方士。这些方士不但骗了他许多钱，还令他失去了儿子和妻子，到了晚年，汉武帝悔过了，于是改正错误。

《推背图·第二十六象》解豫卦

豫·己丑

【谶曰】
时无夜，
年无米。
花不花，
贼四起。

【颂曰】
鼎沸中原木木来，
四方警报起边垓。
房中自有长生术，
莫怪都城彻夜开。

【金圣叹批注】

此象主顺帝惑西僧房中运气之术，溺于娱乐，以致刘福通、徐寿辉、方国珍、明玉珍、张士诚、陈友谅等狼顾鸱张，乘机而起。宦官朴不花、雍不上闻，至徐达、常遇春直入京师，都城夜开，毫无警备。有元一代，竟丧于淫僧之手，不也哀哉。刘福通立韩林儿为帝，故曰木木来。

▶ 豫卦运势速断

运势	万物欣畅，如意安泰，但不能因繁华而怠惰，或沉醉于声色中。
事业	十分顺利，但不可放松警惕，陷于懒散享乐。不可玩物丧志。
爱情	天赐良缘，一帆风顺，女大于男。但不可掉以轻心，更不可玩弄感情。
疾病	肝脏、腹内之疾。气急咳嗽，咽喉痛，骨节疼痛，宜往东南方求医。
经商	时运已到，应大胆行动，即使发生挫折，也可化险为夷。
诉讼	有头无尾，不见官，只破财，事情可能导致有人受牵连。
出行	还没出门则有人来访，有好事，不需要疑虑。
人生	好动，不安分，适合从事电脑、司机等手脚小动的行业。

第17卦 随：泽雷随卦

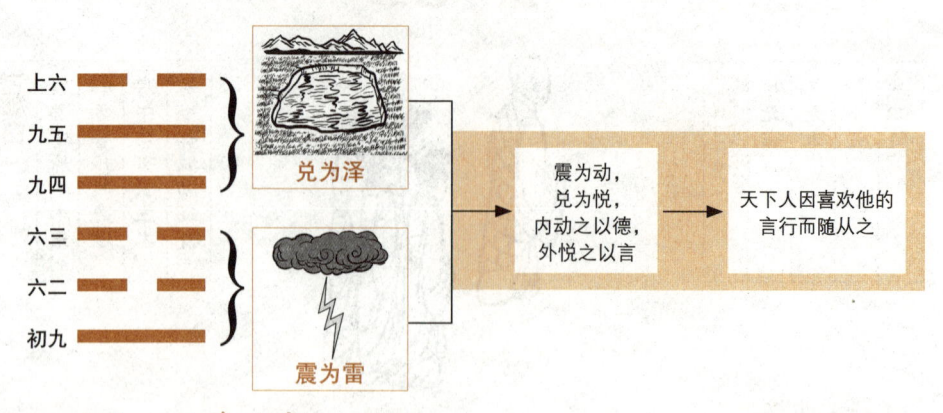

```
上六  ▬▬ ▬▬
九五  ▬▬▬▬▬     兑为泽
九四  ▬▬▬▬▬
六三  ▬▬ ▬▬
六二  ▬▬ ▬▬     震为雷
初九  ▬▬▬▬▬
```

震为动，兑为悦，内动之以德，外悦之以言 → 天下人因喜欢他的言行而随从之

【原文】随，元亨利贞，无咎。

> 彖曰：随，刚来而下柔，动而说，随。大亨贞，无咎，而天下随时，随之时义大矣哉！
>
> 象曰：泽中有雷，随；君子以向晦入宴息。

【译文】初始亨通，利于坚守正道，不会有灾难。

　　彖辞说：随卦，刚健居于阴柔之下，以自己的行动使下民喜悦，这就是随卦。大亨通，守正道没有灾难，天下百姓顺应时势而做事，顺应时势的意义太大了！

　　象辞说：上卦为兑为泽，下卦为震为雷，所以泽中有雷便是随卦的卦象。君子从这一卦象中得到启示，到了晚上回房间休息。

【启示】"元亨利贞"是《易经》中的最高荣誉，在六十四卦中只有六个卦得到了"元亨利贞"的评价，随卦就是其中之一。随表示随遇而安、顺从、随缘、随和，也可以表示有实力者退让一步，随从下位者。豫卦表示和平盛世人们尽享欢乐，所以接下来是人民拥护君王，跟随君王的随卦。人们为什么要跟随你呢？因为你能给人们带来喜悦。比如中国人民为什么要跟党走呢？因为党为人民谋福利，党是人民的大救星。再比如西方人为什么相信耶稣呢？因为耶稣能够给人们带来喜乐而远离伤害和罪恶。

　　从卦象上分析，上卦兑为泽为喜悦，下卦震为雷为动，雷在泽中、心喜而动。雷怎么会藏在沼泽地里呢？古人通过观察，发现春雷响过之后，万物苏醒。古人认为这是天道的善意，天气转暖了，天用雷声唤醒大地上的万物。如果天气转凉了，天便把雷藏了起来，不再惊动万物。由于此时沼泽地里也会发出一种声音，所以人们便认为雷到了秋天便藏到了沼泽地里了。

　　随从不是无主见的附和，随从什么要由当事人判断决定。摇得随卦，多数事情都可依自己的想法来执行，顺利地达成。事业、投资、理财、感情均会有令人满意的发展和

《断易天机》解随卦

良工琢玉之卦，如水推车之象

随卦点睛

随象征虚心随和，同时保障身心的安乐，这样才能得到信赖。得随卦者不可固执己见，应随和众人，从善如流。居高位、有大事业之人，一旦受身边人左右，就该用新桃换旧符。自己的历史应该自己写，别将笔墨付他人。

孙膑得此卦，两次击败庞涓

随卦为孙膑破魏时占得。孙膑是战国时的军事家，他为同门师兄庞涓所害，后来逃到齐国并担任军师，两度击败庞涓率领的魏军，扬名天下。

卦图详解

◆ 云中有鸿雁衔书而来，象征追随他人要名正言顺。

◆ 大门内有人端坐，坐镇官府。这是可以被追随的对象。

◆ 一个人在门外拜见，这是要主动追随对方。

◆ 地面上有两串铜钱，象征随从他人便可得利益。

收获。此卦有变动居处或外出变化之意，变则吉。求财有可成之兆，但会较迟。多表现为跟随他人所获得的财富。适合寻找跟随的"主人"，也适合在仕途上求发展。仕途与婚姻的关系很大，婚姻带来基业与财富。

初九：官有渝，贞吉。出门交有功。

初九：官职有变动，守正道吉祥。出门与人交往会有功效。

【原文】象曰：官有渝，从正吉也。出门交有功，不失也。

【译文】象辞说：官职有变动，安守正道则会吉祥。出门与人交往，不会有过失。

【启示】初九原来高高在上，现在来到了最下层，与民众打成一片。高高在上的人总会有变为平民的可能。可是，这样才能体察民间疾苦，磨练自己。比如春秋时期的晋文公重耳，正是十七年的流亡生活，磨砺了他的意志，丰富了他的阅历，从而使他回国后励精图治，成为春秋五霸之一。

六二：系小子，失丈夫。

六二：联系小人，失去了丈夫。

【原文】象曰：系小子，弗兼与也。

【译文】象辞说：六二爻倾心于初九的小人，就不能同时兼有九五的丈夫了。

【启示】六二面临着一个双向选择。六二好比一位女子，与其相临的是一个地位低下的小伙子，可是有一位有权势的人（九五）也喜欢她。由于小伙子离她近，她选择了小伙子。六二相当于大夫之位，他是搜刮民膏民脂进贡给君王，还是爱民如子，减轻税收，少给君王进贡？这是六二的两种选择，不能兼顾。六二选择了爱民，因为得人者得天下。

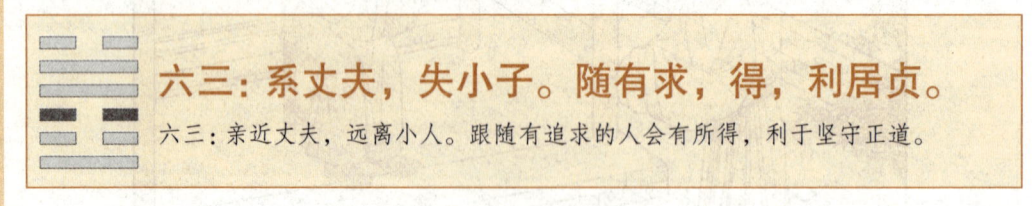

六三：系丈夫，失小子。随有求，得，利居贞。

六三：亲近丈夫，远离小人。跟随有追求的人会有所得，利于坚守正道。

【原文】象曰：系丈夫，志舍下也。

【译文】象辞说：亲近九四的丈夫，是说他的志向是决心舍弃在下位的小人。

【启示】六三的地位比六二大些，所以向上爬的欲望也大。六三好比富贵人家的小姐，与贫民阶层的小伙子们没有什么来往，所以不会与他们产生爱情。她愿意与比自己更高贵的人交往，于是便看上了九四。九四的地位比六三要高，六三得处处顺从九四。所以说六三失去了小伙子（初九），而到了丈夫（九四）。

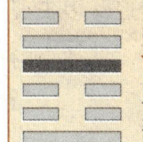

九四：随有获，贞凶。有孚在道，以明，何咎。

九四：跟随而来并从中有所收获，守正道也凶。如果诚信守正道，光明磊落行事，怎么会有灾难呢？

【原文】 象曰：随有获，其义凶也。有孚在道，明功也。

【译文】 象辞说：跟随别人去得到利益，卦辞的含义是有凶险。有诚信守正道不会有灾难，这是做事光明磊落的功劳。

【启示】 被六三随从，获得了六三的信任，却有凶险。有追随者说明有一定的威望。可是要留心，在某种情况下这不一定是好事。九四是近君之位，容易引起猜忌，九四的威望有可能超过九五，这就太危险了。九四性格耿直，功高盖主，又不懂得讨好皇上，肯定会受到皇上的猜忌。

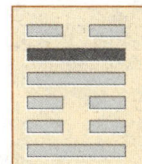

九五：孚于嘉，吉。

九五：诚信于美善，吉祥。

【原文】 象曰：孚于嘉，吉；位正中也。

【译文】 象辞说：诚信于美善，吉祥，这是因为九五位置居中而得正。

【启示】 位高尊崇者不刚愎自用，不偏听偏信，反而从善如流，这是优秀领导者的品质。反面教材是纣王：纣王娶了九侯的女儿，但她不喜欢纣王的荒淫，导致纣王把她给杀了。余怒之中把九侯也给剁了。鄂侯出面指责纣王，结果被做成了肉脯。文王对此只是轻叹了一声，便被关进了国家监狱。

上六：拘系之，乃从维之。王用亨于西山。

上六：把他拘囚起来，然后又捆起来，大王在西山上祭祀。

【原文】 象曰：拘系之，上穷也。

【译文】 象辞说：被拘囚并捆起来，是因为上六爻处在上面穷途末路的缘故。

【启示】 上六的随从之道已经发展到了穷尽的地步，于是由随变为不随，不愿随从。君王九五不得不以阳刚之力先强行拘系，然后再用诚意感化，顽石总有点头的一天。解放后对战犯进行的改造与本爻策略一致。上六被拘禁，被关押，此时不一味顺从也不行了。

《推背图·第三十二象》解随卦

随·乙未

[谶曰]

马踏北阙，
犬嗷西方。
八九数尽，
日月无光。

[颂曰]

杨花落尽李花残，
五色旗分自北来。
太息金陵王气尽，
一枝春色占长安。

【金圣叹批注】

此象主李闯、张献忠扰乱中原，崇祯投环煤山，福王偏安不久明祀遂亡。颂末句似指胡后，大有深意。

▶ 随卦运势速断

运势	有去旧迎新之吉象，与他人沟通协商为吉。三心二意或独立单行则凶。
事业	向人学习，择善而从，谦虚随和，会受到器重。但不可趋炎附势。
爱情	双方情投意合，重于情欲，依赖心重，感情深厚。
疾病	有头疾，咽喉痛，四肢沉重，饮食不安，须长期治疗，宜往西南方求医。
经商	顺利。在与他人的合作下能达到预期目的。应多从大处、长远考虑。
诉讼	没有大的纷争，但如果不快速处理，将有变化。
出行	应随时准备出发。若寻人，其行止不定，要费力寻找。
人生	有赌徒心理。喜欢流浪走动，性格优柔寡断，摇摆于两种意见之间。

第18卦 蛊：山风蛊卦

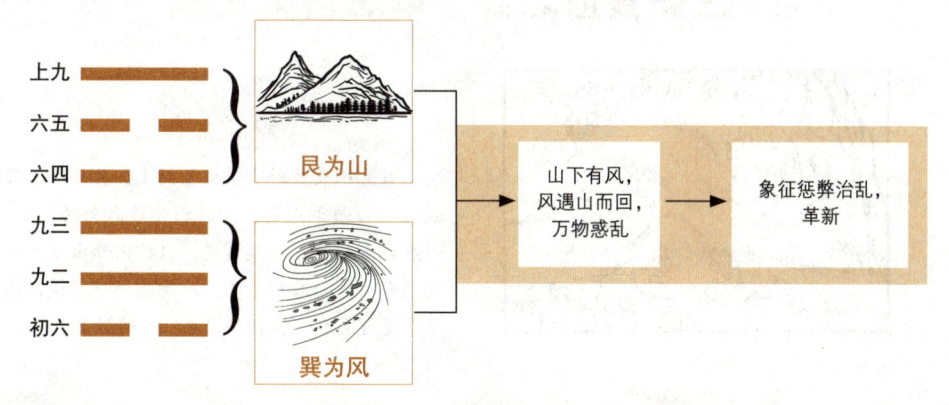

```
上九  ▬▬ ▬▬
六五  ▬▬ ▬▬      艮为山
六四  ▬▬ ▬▬
九三  ▬▬▬▬▬
九二  ▬▬▬▬▬      巽为风
初六  ▬▬ ▬▬
```

山下有风，风遇山而回，万物惑乱 → 象征惩弊治乱，革新

【原文】蛊，元亨，利涉大川。先甲三日，后甲三日。

彖曰：蛊，刚上而柔下，巽而止，蛊。蛊，元亨，而天下治也。利涉大川，往有事也。先甲三日，后甲三日，终则有始，天行也。

象曰：山下有风，蛊。君子以振民育德。

【译文】蛊卦，大亨通，有利于跋涉大川。适宜于甲日的前三天与后三天。

彖辞说：蛊卦是刚健在上阴柔在下，柔顺而静止，这就是蛊卦。蛊卦大亨通，是因为天下因柔顺而得到治理。利于跋涉大川，是因为要去做事。开始的前三天和后三天，是事情终结后又有新的开始，这是天道的运行规律。

象辞说：上卦为艮为山，下卦为巽为风，所以山下有风便是蛊卦的卦象。君子从这一卦象中受到启示，教化人民培育美德。

【启示】远古时代有些人会一种巫术。他们将一百种有剧毒的虫子放到一个坛子里，然后把坛口封住埋在地下。坛子里的毒虫互相攻击，若干年后只剩下一条最毒的虫子，这条虫子便叫"蛊"。谁要是被这条虫子咬伤，必死无疑。谁要是不小心把这条虫子吃了，更是不堪设想。这条虫子还可以迷乱人的心志，使被蛊者完全听从于"蛊"的主人的安排。这个"蛊"可以使人毫无察觉地受到伤害，所以不但有寄生、腐败的含义，还有诱惑、迷乱、淫邪等含义。蛊卦卦象为风在山下，逐渐把山掏空，最终坍塌，可在坍塌之前却难以察觉。

得此卦者往往因循苟且，姑息养奸，积弊已久，却未诚实面对而导致愈来愈严重，这时需要治蛊、惩治腐败。但蛊的形成是一个漫长的过程，要拨乱反正也不容易。物极必反，乱到了极点，治的局面就要出现，一乱一治，一治一乱，历史的辩证法就是如此。矛盾越深，反而越有从根本上解决的办法。这是一场艰苦的斗争，需要有大的勇气、决

《断易天机》解蛊卦

三蛊食血之卦，以恶害义之象

蛊卦点睛

蛊象征衰败时有新力量诞生，并最终使混乱的局面归于平静，此时利于建立新的功业。得蛊卦者往往是祸起萧墙，机构内部出了严重的问题，善始而难善终。此时应大刀阔斧，将革命进行到底，推翻了重来，开辟新天地。

伯乐得此卦，知老马将死

伯乐善于相马，曾为楚王和秦公访得数匹千里马。据说伯乐曾发现一匹年老生病的千里马，为它占得蛊卦，为腐烂之象，即知此马将死。

卦图详解

◆有一孩儿腾云驾雾而来，说明应该迎求新事物。

◆一串铜钱在空中，说明利益难得。

◆空中有一只雁衔着一卷文书，代表将有消息。

◆一对儿男女互拜成亲，说明此时可开辟新天地。

◆一只鹿在奔跑，说明行事应该刚健执着。

心和魄力，还要有周密谋划、贯彻始终的科学精神，在治蛊开始之前要进行调查研究，计划周密，作充分的准备；在开始以后更要坚决地监督执行，随时地补救缺失。这样才能真正地惩治腐败，根治蛊害。

摇得蛊卦，从事宣传、传媒、广告、招商引资等行业容易有发展。

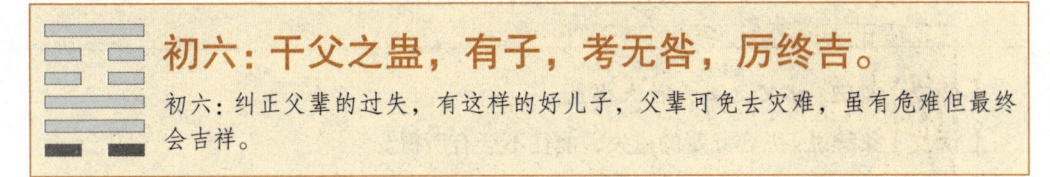

初六：干父之蛊，有子，考无咎，厉终吉。

初六：纠正父辈的过失，有这样的好儿子，父辈可免去灾难，虽有危难但最终会吉祥。

【原文】象曰：干父之蛊，意承考也。

【译文】象辞说：纠正父辈的过失，是振兴父亲的家业。

【启示】蛊害的产生是积久而成的，往往要经过一个世代才能充分表现出来。上代人造成的弊端，往往要到下一代人才能得到矫正。儿子继承了家业，应当纠正父亲遗留下来的弊病。纠正弊端是会带来好处的，即使有危险也要纠正。这就好比汉武帝"独尊儒术，罢黜百家"一改窦太后的治国方法；嘉庆帝杀贪官何，改变乾隆时期的政治格局一样，为了最终的吉祥，必须要这样做。

九二：干母之蛊，不可贞。

九二：纠正母亲的过失，不可固执守正。

【原文】象曰：干母之蛊，得中道也。

【译文】象辞说：纠正母亲的过失，符合中庸之道。

【启示】九二是刚柔并济的难得之才。六五象征仍然在位的前辈领导，其个性阴辟，难以听从正确意见。九二纠正这样的前辈领导的弊端，不可操之过急，不能强行扭转，以免把事情弄僵。而要委曲周旋，在可能情况下争取治弊的最佳成效。

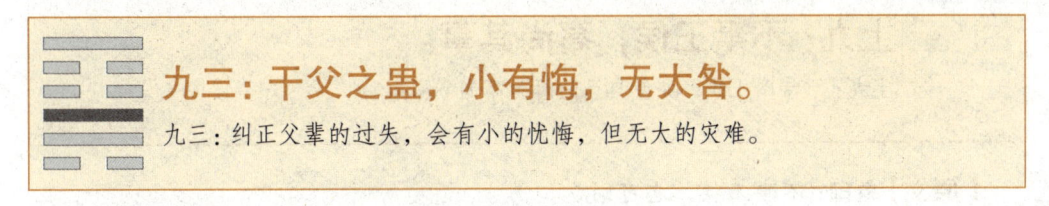

九三：干父之蛊，小有悔，无大咎。

九三：纠正父辈的过失，会有小的忧悔，但无大的灾难。

【原文】象曰：干父之蛊，终无咎也。

【译文】象辞说：纠正父辈的过失，最终不会有灾难。

【启示】位卑者以刚正不阿的精神整治位尊者的积弊，这是难能可贵的，需要鼓励提倡。以刚爻居于阳位，过于刚猛，整治父辈的弊病时会操之过急，有不当之处，会遇到挫折，感到小有悔恨。不过，行的是正直之道，失当时也能够适度退让，调整策略。因此虽然出了些小偏差，但没有大过失，不必畏缩不前。

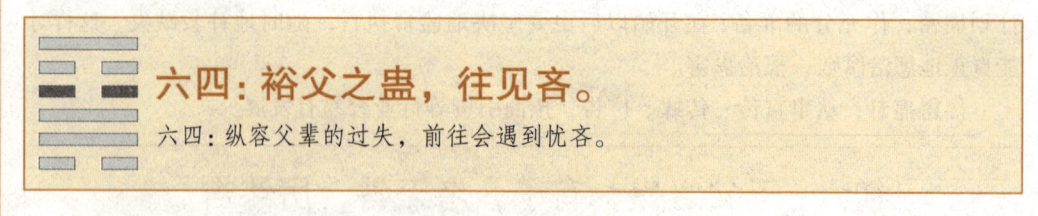

六四：裕父之蛊，往见吝。

六四：纵容父辈的过失，前往会遇到忧吝。

【原文】象曰：裕父之蛊，往未得也。

【译文】象辞说：纵容父辈的过失，前往不会有所得。

【启示】治弊过宽成了问题。九三过于刚猛、雷厉风行，而六四相反，不是治弊的材料，胆小怕事、不负责任，投鼠忌器，不敢下手，能拖就拖、得过且过，只能姑息宽容，敷衍了事。蛊不是小灾小病，不能拖延不治。如果长此以往，蛊将更深。如秦二世胡亥在赵高帮助下登上了王位。他继承了父亲的弊病，四处巡幸，刻石以歌颂秦朝。并且像他的父亲一样以严格的刑法治理国家。

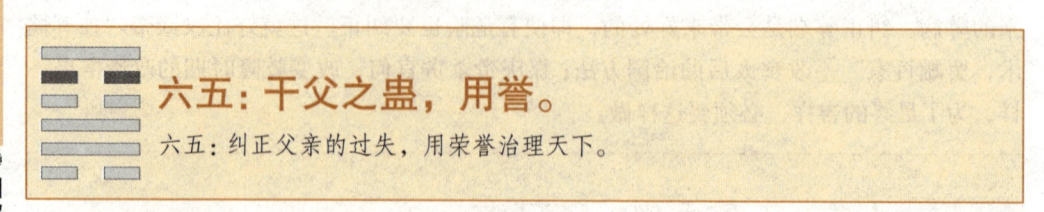

六五：干父之蛊，用誉。

六五：纠正父亲的过失，用荣誉治理天下。

【原文】象曰：干父之蛊；承以德也。

【译文】象辞说：纠正父辈的过失，是因为能够用道德继承大业的缘故。

【启示】整治前人的积弊并非易事，过缓则姑息养奸，过急则增加阻力。九三失于急，六四失于缓，六五以刚柔相济的中道治弊，恰到好处，因此取得成效。比如新中国成立初期，毛主席倡导人民勤俭节约、廉洁奉公、无私奉献、不怕牺牲，结果社会风气得到了很好的改善。人们不羡慕有钱有势的人，却赞扬道德高尚的人，这样就使小人的势力受到了制约与打击。

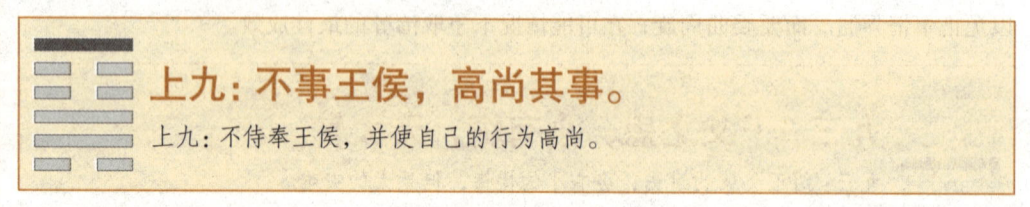

上九：不事王侯，高尚其事。

上九：不侍奉王侯，并使自己的行为高尚。

【原文】象曰：不事王侯，志可则也。

【译文】象辞说：不去侍奉王侯，这种志向是可以效法的。

【启示】治弊之事发展到了六五已经大功告成，因此，上九爻谈的就是治弊完成之后的行为。在完成的最后阶段，功劳卓著、众口交誉的人往往会经营自己的地位，产生称王称侯的欲望。此时，高尚的行为是功成身退，超然退出名利之争，保持高洁。如果追求私欲的满足，会反被名利权势蛊惑，身受其害，又蛊害社会。因此，要防治人心之蛊。

《推背图·第四十象》解蛊卦

蛊·癸卯

【谶曰】

一二三四，
无土有主。
小小天罡，
垂拱而治。

【颂曰】

一口东来气太骄，
脚下无履首无毛。
若逢木子冰霜涣，
生我者猴死我雕。

【金圣叹批注】

此象有一李姓，能服东夷，而不能图长治久安之策，卒至旋治旋乱，有兽活禽死之意也。

▶ 蛊卦运势速断

运势	积弊已深，不能进展，气运杂乱，艰难迷惑。应大胆改革，除旧布新。
事业	多事之秋，运气不佳，事业衰落，应找出弊端，大胆求变，不惜冒险。
爱情	多有障碍艰难。朽木不可为雕，当弃则弃，再婚、另觅新侣为吉。
疾病	心腹疼痛，寒热往来，或风劳气急及疮瘤，多为慢性病，宜往北方求医。
经商	备受困扰，不应继续走老路。应当机立断，另外找寻出路。
诉讼	事关三五个人，开始是对方帮我，后来我侵犯对方，可找姓张的人和解。
出行	如果是三人同行，将有矛盾、口舌是非。若寻人，宜急不宜缓。
人生	煽动他人、著书立说能成就事业。仕途上没有大发展。

第19卦 临：地泽临卦

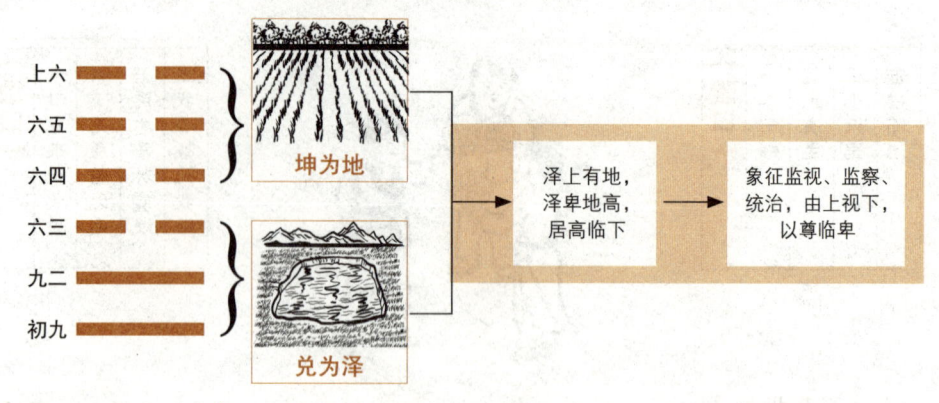

上六
六五
六四
坤为地

六三
九二
初九
兑为泽

泽上有地，泽卑地高，居高临下 → 象征监视、监察、统治，由上视下，以尊临卑

【原文】临，元亨，利贞。至于八月有凶。

彖曰：临，刚浸而长。说而顺，刚中而应，大亨以正，天之道也。至于八月有凶，消不久也。

象曰：泽上有地，临。君子以教思无穷，容保民无疆。

【译文】临卦，初始亨通，利于正道。到八月有凶险。

彖辞说：临卦，阳刚之气正在逐渐增长，喜悦而柔顺，九二刚爻与六五阴爻相应和，大亨通而属于正道，这是天的运行法则。到了八月有凶险，是因为阳刚不久就会削弱了。

象辞说：下卦为兑为泽，上卦为坤为地，所以泽上有地便是临卦的卦象。君子从卦象中得到启示，居安思危，教化民众，以无穷的思想教化民众，以广博的胸怀包容民众。

【启示】临是由上往下看的意思，引申为上级给予、支配、保护下级，是上下亲近的状态。临有大驾光临、贵人来到之意。临又为"君王临幸"之意，是上级对下级之象，贴近群众、亲近下属。君临天下是极为亨通的，但是有附加条件——以德临人才为有利。如果以威压人、以暴虐民，民众口服而心不服，非长治久安之道。前面的蛊卦是讲如何去除盛世中的淫邪与腐败，进行整治之后就没事了吗？不，君王还要经常巡视，观察社会的势态，以达到防患于未然的目的。所以蛊卦接下来便是临卦。临卦的"元亨利贞"与乾卦的意思相同。但这里的"元亨"指的是改革后的"初始亨通"，"利贞"则是说改革要坚持下去，不要半途而废。

摇得此卦，思想上容易给自己设置边界，易守成，不易开拓，总有危机感、不安定感。在事业投资上多有贵人相助。在感情上则有期待而至的欢喜。得此卦时，凡事不可自信过高，处事不可过刚，若太自信而忽略对方，则有遭挫折败事之累。做事情都有明显的灵机一动的特征，往往不用计划，不受计划约束。要善于把握灵感，不可犹豫不决。灵感驱动，临机而成，计划反而易败。事业上最应动静结合，静动有度。只能前进不能退缩，退缩则前功尽弃，满盘皆输。

《断易天机》解临卦

凤入鸡群之卦，以上临下之象

临卦点睛

临卦表示如果有愿望就可以实现。得临卦者在思想上容易给自己设置边界，善守成，不善开拓。应抓住时机，以霹雳手段占据主动地位。居高临下，积极给予，以高尚的人格来感召，以威信维持纪律。

蔡文姬得此卦，得曹操相救

蔡文姬在匈奴时占得此卦。蔡文姬是中国古代有名的才女，东汉末被掳往匈奴，受尽异地之苦，后得曹操相救，回到汉地。

卦图详解

◆ 车上有"令"字旗，说明要以威严来管理。

◆ 一个人在山顶，说明要以高尚的人格感召他人。

◆ 一妇人乘风急速而来，代表居高临下，积极给予。

◆ 虎为寅，代表东方震卦，说明威严可以维持纪律。

◆ 一个盒代表"和合"，利于婚姻。

◆ 一个人拿着弓，说明武力是后盾。

初九：咸临，贞吉。

初九：感应来临，守正道吉祥。

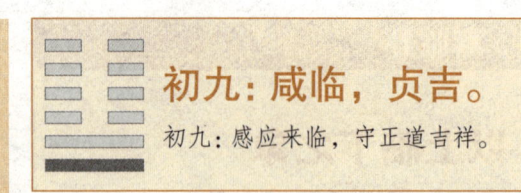

【原文】象曰：咸临贞吉，志行正也。

【译文】象辞说：感应来临，守正道吉祥，是由于心志与行为公正。

【启示】在临之初始阶段，象征刚刚上任、初出茅庐的领导者，不仅思想端正，用感化的方法统御民众，而且能打开局面，初战告捷。比如一个管理完善的企业，一线职工的业绩是企业领导必须要掌握的。这才能把产品质量搞上去，减少损耗，控制成本，提高质量。但总经理不能整天盯着工人干活，初九与六四相应，说明他的一举一动都会通过六四的观察而反映到总经理那里。

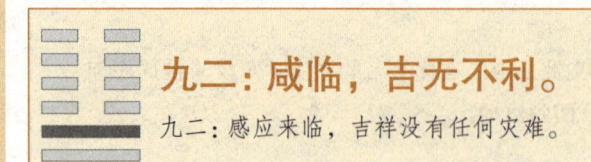

九二：咸临，吉无不利。

九二：感应来临，吉祥没有任何灾难。

【原文】象曰：咸临，吉无不利；未顺命也。

【译文】象辞说：感应来临，吉祥没有任何灾难，是因为天下还没有归顺于王命。

【启示】九二对群众也是实行感化式的领导，但隐藏着不利因素，权、势、术三者不可分，不能滥用权势，应该讲究领导艺术，协调群众关系，在感化中建立权威。九二与身为君王的六五相应，他的一举一动可以受到君王的赏识，怎么会有不利的因素呢？

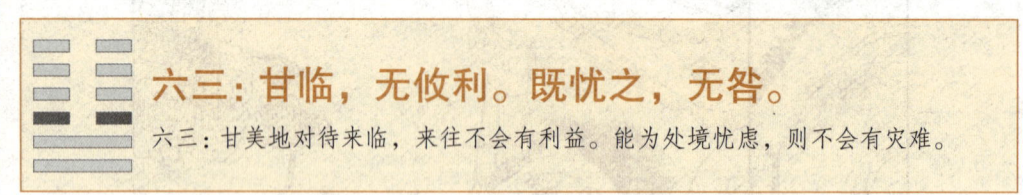

六三：甘临，无攸利。既忧之，无咎。

六三：甘美地对待来临，来往不会有利益。能为处境忧虑，则不会有灾难。

【原文】象曰：甘临，位不当也。既忧之，咎不长也。

【译文】象辞说：甘美地对待来临，是位置不当的缘故。如果能对这种处境有忧虑，则灾难不会长久。

【启示】六三虽然权力大于两个阳爻，但却无法得到上面的赏识，处境不是很好。以空言欺骗民众的支持，这种领导作风要不得。自食其言必然丧失威信，招来怨恨，百无一利。骗术不可能长久生效，必有技穷之时。如果能知危而忧，改弦易辙，可以挽回局面。

六四：至临，无咎。

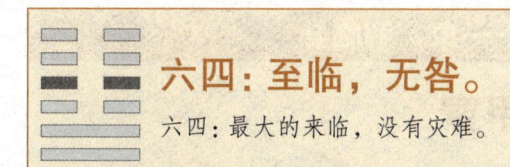

六四：最大的来临，没有灾难。

【原文】象曰：至临无咎，位当也。

【译文】象辞说：来临而没有灾难，这是由于六四阴爻居于偶位，得位的缘故。

【启示】体察民情，深入到最下层，能亲临现场指挥，能亲近人民，温和虚心地亲近群众，领导作风踏实深入，一定会受到欢迎。这种视察就是"至临"。领导能做到这一点，是难能可贵的，怎么会有灾难呢？

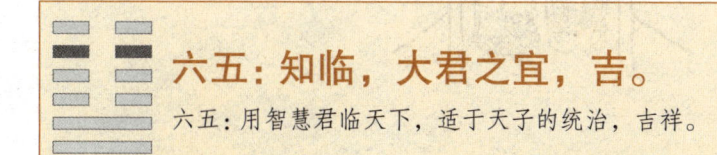

六五：知临，大君之宜，吉。

六五：用智慧君临天下，适于天子的统治，吉祥。

【原文】象曰：大君之宜，行中之谓也。

【译文】象辞说：适合天子的统治，是施政适中的缘故。

【启示】领导者应该选贤任能，适当授权。真正聪明睿智的统御之术是"智临"——以众智为己智，善取下级之智慧以临天下，不事必躬亲，又不脱离民众。如果领导者事事亲临，疲于奔命，穷于应付，不利于调动众人的积极性。

天安门的两个华表上有两个小兽，兽头一个朝南一个朝北。朝南的是警示国君要到民间去体察民情。因为大臣会粉饰太平。比如袁世凯称帝后，举国反对。有的大臣印报纸，每天只印一份，只给袁世凯看。上面全是形式大好的话。结果他登基81天便下台了。朝北的兽头是警示君王在外巡视时不要忘了朝政，朝廷出了奸臣怎么办？所以巡视不要时间太长，应及时回来巩固政权，这就需要"智临"。

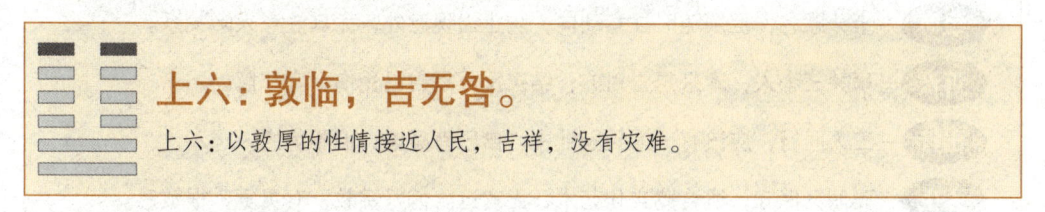

上六：敦临，吉无咎。

上六：以敦厚的性情接近人民，吉祥，没有灾难。

【原文】象曰：敦临之吉，志在内也。

【译文】象辞说：以敦厚接近人民之所以吉祥，是因为胸中怀有大志的缘故。

【启示】上六处于太上皇的位置，他巡视民众时，可以得到真实的民情，然后帮助皇上谋划治理天下的决策。上六属于隐士阶层，由于没有地位与权势，更能了解到民众的想法，并对君王提出忠告。在今天，上六相当于可以发挥余热的退休干部，他们退休后与平民百姓有了更多的接触，若将这些情况反映到有关部门，就能解决许多问题。

《推背图·第五十一象》解临卦

临·甲寅

【谶曰】

阴阳和，
化以正。
坤顺而感，
后见尧舜。

【颂曰】

谁云女子尚刚强，
坤德居然感四方。
重见中天新气象，
卜年一六寿而康。

【金圣叹批注】

此象乃明君得贤后之助，化行国内，重见升平，又一治也。卜年一六，或在位七十年。

▶ 临卦运势速断

运势	运势渐增，百事亨通，上下安合，前途有望，仕途有成，不应急进。
事业	是成功的极好时机，但时运会转瞬即逝，务必抓紧。
爱情	加紧进行，全力以赴。在准备充分的情况下不必再犹豫。
疾病	夜梦颠倒，狂言妄语，或因酒得病，心腹疼痛，应向东南方求医。
经商	十分顺利，但须随时注意动向，防止出现意外，尤其注意人际关系。
诉讼	事关三个人，本来想告对方，结果反而是自己受伤，宜和解。
出行	三人同行，应该有一人到别处去，自己有疑虑，但不为患。
人生	聪明又保守，适合搞文化艺术，无官运。偏好佛教，有灵气，很敏感。

第⑳卦 观：风地观卦

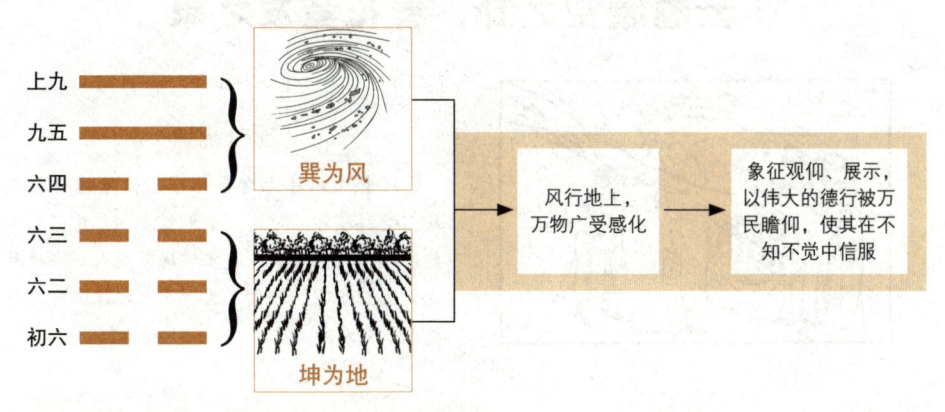

爻位	
上九	
九五	
六四	巽为风
六三	
六二	
初六	坤为地

风行地上，万物广受感化 → 象征观仰、展示，以伟大的德行被万民瞻仰，使其在不知不觉中信服

【原文】观，盥而不荐，有孚颙若。

彖曰：大观在上，顺而巽，中正以观天下。观，盥而不荐，有孚颙若，下观而化也。观天之神道，而四时不忒，圣人以神道设教，而天下服矣。

象曰：风行地上，观。先王以省方，观民设教。

【译文】观卦，在祭祀之前洗净双手，尚未献上祭品便显示出庄严恭敬、无比虔诚。

彖辞说：大君在上面观看，臣民顺从君王的命令，君王以中正之道察看天下，这就是观卦。祭祀之前先将酒浇在地上，尚未献上祭品便显出庄严恭敬与虔诚，民众也会因此而受到感化。观察天上的神道，顺应四季运行而做事没有偏差。圣人用天上的神道教化百姓，天下人都会信服的。

象辞说：上卦为巽为风，下卦为坤为地，风吹在大地上就是观卦的卦象。君子应当效法这一卦的精神，象风吹遍大地一样巡视四方民情，设置政教。

【启示】观的意思是凝视、清楚地观察，彻底透视其深层原因。此时需静思，静思比行动更重要。观也指众人看天子，这与临卦的天子去看民众正好相反。观察事物的立足点要高，眼界阔大才能纵览一切，这就是"大观"。要有"极目楚天舒"的气魄和"风物长宜放眼量"的胸襟，而不是坐井观天。此外，要想看得真、看得全、看得深入透彻，还必须有虚心求教的精神。

前面的临卦也有察看的意思，而观卦也有察看的意思。有什么不同呢？临卦的出发点是给予，而观卦的出发点是求取。临卦的巡视是为了掌握老百姓的真实情况，目的是给予老百姓更优惠的政策；观卦则是仔细观察大自然的变化，观察天地运转及神灵的相关信息，目的是为了掌握这种变化规律与哲理。简单来说，临是发现问题解决问题，观是探索未知而掌握知识。

《断易天机》解观卦

云卷晴空之卦，春花竞发之象

观卦点睛

观卦表示在上者要体察下情才能得到拥戴、受到敬仰。观是"下仰瞻上"之意，别人要"观"我，而不是我要"观"别人。得观卦者要有所保留，停于雾里，示人以朦胧美，别让人一览无余。

唐玄宗得此卦，一游月宫

相传唐玄宗与叶静能同游月宫占得此卦。唐玄宗于中秋之夜赏月，突发奇想，让术士叶静能助自己月宫一游。叶静能果然办到，唐玄宗以此创作了著名的《霓裳羽衣曲》。

卦图详解

◆ 太阳月亮当空挂，光线强烈，说明无处隐藏。

◆ 一只鹿在山坡上，说明利于刚健行事。

◆ 两人立于香案旁边，正在观瞻右侧的人。

◆ 一人手持秤，秤头挂将印，说明受人观瞻者应该手中握有权柄。

此卦虽有受人尊敬之意，但也有动摇不定、身心劳苦之意，或因外界诱惑而有所损失。预测事业、婚姻，有难成之象，因为双方互相观望、查看局势，不轻下决定，等待变化而后行动。预测工作，适合观光旅游，闲庭信步。适合担当到处看看走走的闲职。若入仕途，多为闲职。

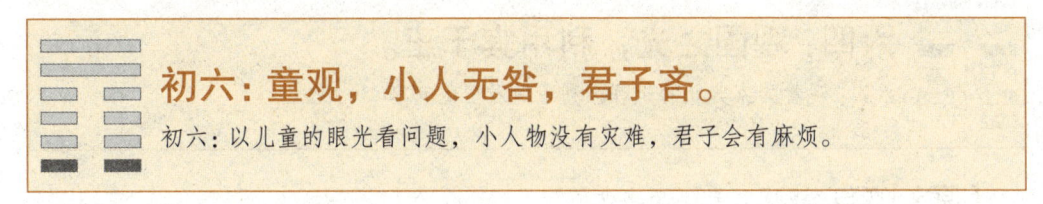

初六：童观，小人无咎，君子吝。

初六：以儿童的眼光看问题，小人物没有灾难，君子会有麻烦。

【原文】象曰：初六童观，小人道也。

【译文】象辞说：初六爻辞的"童观"，是小人物看问题的方法。

【启示】此爻说观察的幼稚性，像小儿或小人。儿童蒙昧无知，视力稚弱，认识肤浅，没有分清是非的能力。小人与君子是相对的两个阶层，君子代表统治阶级，小人代表贫困的百姓。中古时期，小人就是无知的代名词。后来识字的人越来越多了，小人成为女人、浅薄、无知、无德、无礼的代名词。最下层百姓及奴隶阶层是不需要知识的，这些人头脑简单怎么会有灾难呢？可是君子就不行了，他们得治理天下。

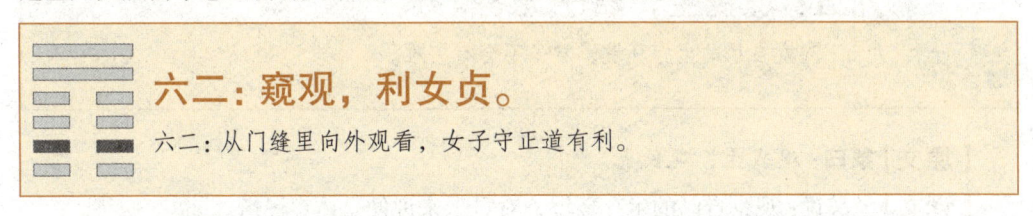

六二：窥观，利女贞。

六二：从门缝里向外观看，女子守正道有利。

【原文】象曰：窥观女贞，亦可丑也。

【译文】象辞说：从门缝里向外偷看对守正道的女子有利，但对于君子来说就显得不够体面了。

【启示】此爻说观察的狭隘性，像个女子。所谓妇人之见，古人认为不可取。六二阴柔暗弱，见识不广，像个足不出户的人，从门缝里向外窥看，只能见到一星半点。这对于不出闺房、自守贞洁的女子来说，还算正常；对于要外出办大事的男子就可羞了。男子汉应该眼界开阔，纵览全局，不计较一时之成败得失。

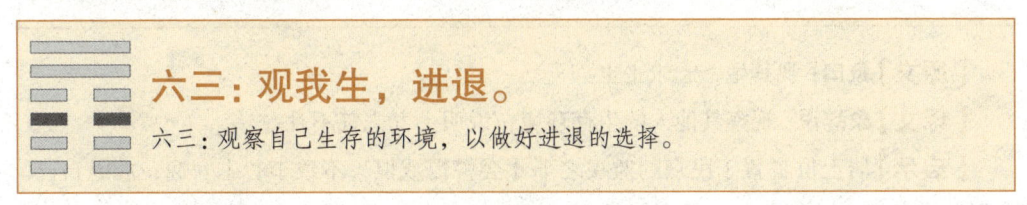

六三：观我生，进退。

六三：观察自己生存的环境，以做好进退的选择。

【原文】象曰：观我生，进退；未失道也。

【译文】象辞说：观察自己生存的环境以决定进退，是没有离开正道。

【启示】初六、六二讲的是向外观察，六三讲的是反身自省。在认知客观环境以后，

271

必须据此调整主观行为，以求适应环境。要吾日三省吾身，以决定是继续坚持进取，还是舍弃而退守。为了不断地改造客观，首先要不断地改造主观，这需要在观察自己的处境时，省察自己的行为，以决定自己用舍行藏，时可进则进，时不可进则退。

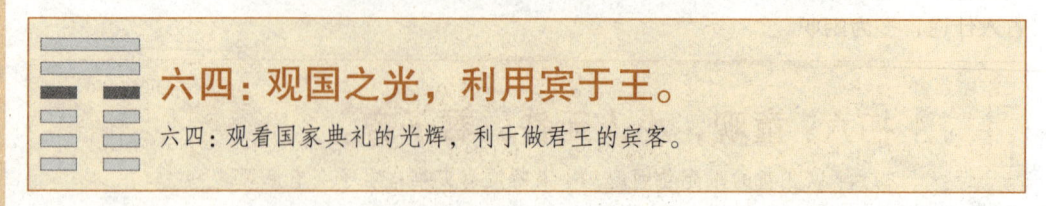

六四：观国之光，利用宾于王。

六四：观看国家典礼的光辉，利于做君王的宾客。

【原文】象曰：观国之光，尚宾也。

【译文】象辞说：观看国家典礼的光辉，是为了推尚宾主之礼。

【启示】这是有志于从政的人的观察。六四为诸侯之位，天子举行国家典礼，便邀请他前来观光。说明君王对他很有好感。既然君王喜欢他，他也就应当在君王面前好好表现自己，做好君王的宾客。六四虽不居中，但柔居于偶位为得位，又与上面的九五阴阳相合，所以会受到君王的器重。

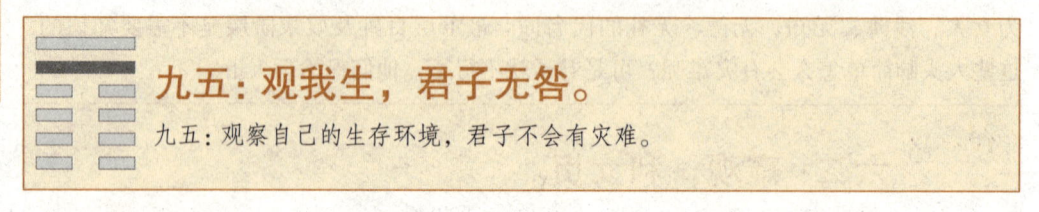

九五：观我生，君子无咎。

九五：观察自己的生存环境，君子不会有灾难。

【原文】象曰：观我生，观民也。

【译文】象辞说：观察自己的生存环境，对君王来说便是体察民情。

【启示】六四是从政之臣，九五是执政之君。执政之君坐在权位顶峰，颂歌盈耳，威势逼人，最不容易看到自己的毛病，也最需要作清醒的自我审察，而且实现自我审察极其困难。而民风之美恶、民情之好恶正是检验为君者政绩的尺度，是自我审察的明鉴。

上九：观其生，君子无咎。

上九：观察其他人的生存环境，君子不会有灾难。

【原文】象曰：观其生，志未平也。

【译文】象辞说：观察其他人的生存环境，说明上九志气不凡。

【启示】居上位者置于民众的监视之下才会警惕戒惧，不致于心志安逸，放纵自己。这里包含着民主的精华。上九居于最上位，是天下人仰观的对象，一举一动皆为万民注目，要格外自我检点，垂范于人。上九相当于太上皇的位置，他观察他人的生存环境，能够了解民间的风土人情，了解民间的疾苦，以这种观察他人的方式来考虑自己的处境，能够引以为戒，所以不会有灾难。

《推背图·第五象》解观卦

观·戊辰

【谶曰】

杨花飞，
蜀道难。
截断竹箫方见日，
更无一吏赖平安。

【颂曰】

渔阳鼙鼓过潼关，
此日君王幸剑山。
木易若逢山下鬼，
定于此处葬金环。

【金圣叹批注】

一马鞍指安禄山，一史书指史思明。一妇人死卧地上，乃贵妃死于马嵬坡。截断竹箫者肃宗即位，而安史之乱平。

▶ 观卦运势速断

- **运势**　阴长阳消，正道衰微，万物难行。处于变化中，应观望时势之利弊。
- **事业**　不应轻率行动。不可陷入近视行为中。多培养预见性，注意人心动向。
- **爱情**　不顺利，外表看好，内则虚浮，漂动不定。应经受住考验，从长计议。
- **疾病**　寒热头痛，或牙疾，病情怪异且变动，不能轻下结论。可往南方求医。
- **经商**　形势不稳定，处于变动时期，应随时观察动向，做好退却的准备。
- **诉讼**　得贵人的助力，贵人为姓名中带草字头的人。
- **出行**　不宜独行，应结伴而行。最好有三四个人结伴。
- **人生**　隔山观火之人，易从事文化工作。要成就事业适合于到处走走看看。

第21卦 噬嗑：火雷噬嗑卦

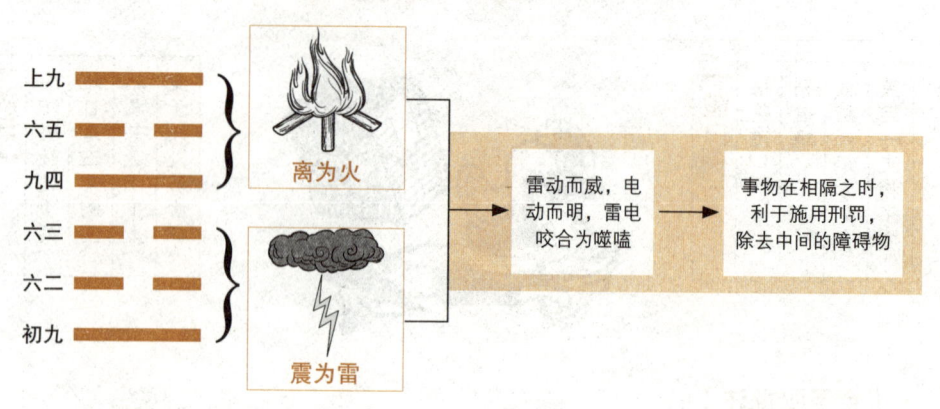

上九	
六五	离为火
九四	
六三	
六二	震为雷
初九	

雷动而威，电动而明，雷电咬合为噬嗑 → 事物在相隔之时，利于施用刑罚，除去中间的障碍物

【原文】噬嗑，亨。利用狱。

彖曰：颐中有物，曰噬嗑，噬嗑而亨。刚柔分，动而明，雷电合而章。柔得中而上行，虽不当位，利用狱也。

象曰：雷电噬嗑。先王以明罚敕法。

【译文】噬嗑卦，亨通。利于决断讼狱。

彖辞说：口中有物就是噬嗑。食物在口中被咬碎所以亨通。本阳爻与阴爻平均分配，变动明了，就像雷声与闪电一样明显。柔爻得中位能而够向上发展，虽然不得位，但有利于听讼治狱。

象辞说：雷电合在一起为噬嗑卦的卦象。先王从卦象中受到启示，声明刑罚的作用以法治天下。

【启示】在临卦中君王观察百姓需要什么，观卦中君王让百姓看到君王在做什么。君王给予了百姓所需，便会得到百姓的拥护；百姓看到了君王的典范行为便会明白自己该怎样做。君与民这样就团结起来了，于是一些不法分子便无处藏身了。所以临卦观卦之后是噬嗑卦。"噬"即咬的意思。"嗑"是用上下门牙咬有壳的或硬的东西。咬东西与法律有什么关系？上下牙齿相合，象征君民相合，口中的硬物则象征一小撮不法分子。怎么对待这一小撮不法分子呢？要君民团结起来像上下牙齿咬碎硬物一样把不法分子绳之以法。

从卦象上看，上卦离为火为电，下卦震为木为雷，闪电雷鸣，击中物体使其燃烧起来，古人认为这是天神在惩罚罪恶。君王效法天的做法，要像雷电击中物体一样打击犯罪分子，坚决、迅猛而彻底。此卦也象征以旺盛的生命力和积极性排除障碍物。但障碍物为刚阳，如果轻敌会遭到意料之外的抵抗，不可半途而废、妥协姑息。要倾注全力应战，既要迅速行动，如疾雷之奋威，又要明察秋毫，如电光之照耀。越到乱世，越应该用重典。

《断易天机》解噬嗑卦

日中为市之卦，颐中有物之象

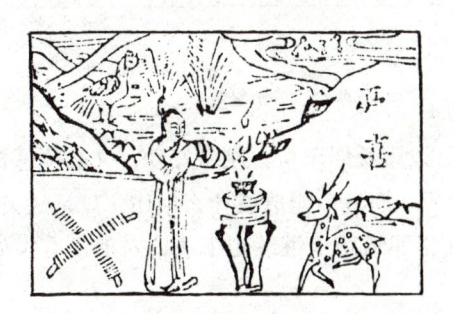

噬嗑卦点睛

噬嗑就是咀嚼，咬碎食物，象征铲除障碍才能亨通。得噬嗑卦者要学会含糊其辞、打擦边球。模糊是一种修养境界，模棱两可之间，许多事情可顺利解决。如果太过认真、较真，会失去人心，或把事情搞砸。

苏秦得此卦，佩戴六国相印

此卦为苏秦游说六国时占得。噬嗑象征咬合，也比喻口舌之事。苏秦排除万难，成功说服六国联合起来抗击强秦，六国也都任命苏秦为相。

卦图详解

◆ 大雁在吃稻子，代表用牙齿咬断之象，意为改革先要破除阻力。

◆ 北斗七星为北方，为坎卦，代表险阻。

◆ 繁体的"忧"字残缺不全，"喜"字很完整，说明喜多忧少。

◆ 一堆钱财，说明财利可得。

◆ 一个妇人烧香敬拜天神，象征要效法天道来行事。

◆ 一头鹿，说明利于刚健进取。

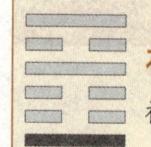

初九：屦校灭趾，无咎。

初九：带上脚镣，遮住了脚趾，没有灾难。

【原文】象曰：屦校灭趾，不行也。

【译文】象辞说：带上脚镣，只是不能行动了。

【启示】初触刑法，其过尚微，不必严惩。以阳爻居阳位，刚暴好动，又必须惩罚。量刑的结果是加以较轻的足刑，防止他继续发展。刑具不能造成什么创伤，只是约束他不得自由行走。限制他的自由，使他不至于在犯罪道路上继续走下去，对他没有害处。看来是惩治，实际上是挽救。

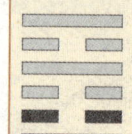

六二：噬肤灭鼻，无咎。

六二：咬肉吃，鼻子陷入肉中，没有灾难。

【原文】象曰：噬肤灭鼻，乘刚也。

【译文】象辞说：咬肉吃，鼻子陷入肉中，是因为六二爻乘驾在初九的刚爻之上。

【启示】六二象征柔顺中正的执法者。这样的人审讯治狱不能一味用柔，要注意执法的深严。要扬长避短，必须压住罪犯的气焰，乘凌于其上，宽猛相济，才能制服罪犯。初、上两爻从执法对象的角度谈量刑断狱；二、三、四、五各爻则从执法主体的角度谈审讯治狱。初九、上九是指罪犯而言，六二、六三、九四、六五是指执法者而言。

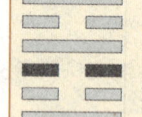

六三：噬腊肉，遇毒；小吝，无咎。

六三：咬腊肉干，却中了毒，小有不顺，没有灾难。

【原文】象曰：遇毒，位不当也。

【译文】象辞说：中毒，是由于六三爻居位不当的缘故。

【启示】六三在办案时，罪犯不服，甚至反诬执法人员。六三居位不当，又不居中，以柔弱之质居于执法者的刚强之位，犯人会欺软怕硬，小有顽抗，所以会遇到些小麻烦。不过六三上承于九四，得到刚强的上司支持，这块硬肉终究会咬下来，中点毒也无伤大体。

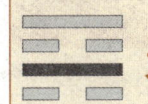

九四：噬干肺，得金矢，利艰贞，吉。

九四：吃骨头上的干肉，得到铜箭头，利于在艰难中持守正道，吉祥。

【原文】象曰：利艰贞吉，未光也。

【译文】象辞说：在艰难中守正道，是因为还没有进入光明的境地。

【启示】咬带骨头的干肉，咬出一只铜箭头，这是打猎时射进动物体内的箭头。带骨头的干肉比腊肉难啃，这意味着案子更难办；如果啃出一只铜箭头，办案人员就要像金属那样刚硬。九四虽然刚直守正，但有两点不理想，一是没有足够的职权；二是不能掌握中道的分寸，如：德治与法治、奖与惩、宽与严、急与缓、擒与纵……都有适度的问题，九四还没有达到这一层次。

六五：噬干肉，得黄金，贞厉，无咎。

六五：吃风干的肉，得到黄金，守正道并感到危机，没有灾难。

【原文】象曰：贞厉无咎，得当也。

【译文】象辞说：守正道没有灾难，是因为六五所处的位置得当。

【启示】六五虽然高居尊位，但是他性格柔弱，以阴居阳，以柔乘刚，在办大案要案之时显得魄力不足，像咬干肉一样困难。咬干肉时还无意中咬出一粒黄铜，暗示六五要注意刚决果断，以刚克柔。治狱之道，过刚则伤于严暴，过柔则失于宽纵。六五内怀温柔仁厚之心，外示刚毅果决之行，刚柔相济，宽严兼施，用来执法最为适宜。

上九：何校灭耳，凶。

上九：带着枷锁，遮住了耳朵，凶险。

【原文】象曰：何校灭耳，聪不明也。

【译文】象辞说：带着枷锁，遮住了耳朵，是耳不聪眼不明的缘故。

【启示】初九和上九指罪犯。初九罪行较轻；上九罪行很重。初与上两爻是始与终的关系。初九是初犯，故给以薄惩，使他痛改前非，重新做人。上九却是最后一爻，这意味着罪行已经发展到了极点，必须严办，处以重刑，以儆效尤。所以上九被钉上死囚大枷，极为凶险。

《推背图·第三十八象》解噬嗑卦

噬嗑·辛丑

【谶曰】
门外一鹿,
群雄争逐,
劫及鸢鱼,
水深火热。

【颂曰】
火运开时祸蔓延,
万人后死万人先。
海波能使江河浊,
境外何殊在目前。

【金圣叹批注】

此象兵祸起于门外,有延及门内之兆。

▶ 噬嗑卦运势速断

运势	吉凶未定,是个状况卦,偏小凶。百事被阻,去除阻碍才可成功。
事业	阻力很大,应联合各种力量,或采取强硬手段,一鼓作气排除障碍。
爱情	初时多是非,有被阻隔或横刀夺爱之象,应勇往直前,大胆出手。
疾病	病情严重,可能有神经、心脏、足部之症。应往西北方求医。
经商	处境不利,应头脑冷静,明察形势,不得徇私情,更不得触犯刑律。
诉讼	有外面市、县的公事,外人的言辞不可信。
出行	将出门而还没出门,与姓名中有草字头人的同行可免口舌。
人生	适合从事公检法行业,从事其他行业易因财务纠纷引起诉讼是非。

第22卦 贲：山火贲卦

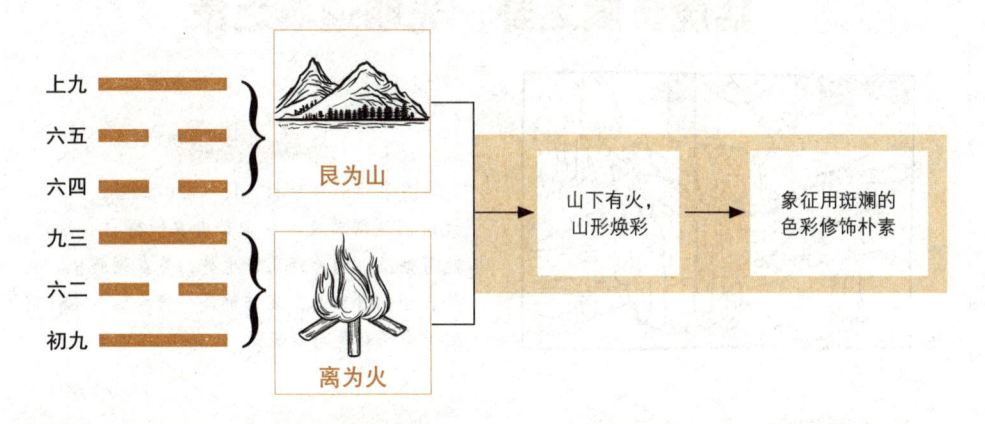

上九
六五
六四
九三
六二
初九

艮为山
离为火

山下有火，山形焕彩 → 象征用斑斓的色彩修饰朴素

【原文】贲，亨。小利有所往。

彖曰：贲，亨；柔来而文刚，故亨。分刚上而文柔，故小利有攸往。刚柔交错，天文也；文明以止，人文也。观乎天文，以察时变；观乎人文，以化成天下。

象曰：山下有火，贲。君子以明庶政，无敢折狱。

【译文】贲卦，亨通，有小的利益，有所交往。

彖辞说：贲卦亨通，柔爻来文饰刚爻，所以亨通。分出刚爻到上边去文饰柔爻（即泰卦变贲卦之意），所以只利于小的行动（即六二爻）。阴阳相错这就是天象的特征；用文教礼制来约束人们的行为，这就是人类文明的特点。所以观看天象以考察四时的变化；观看人文礼教以教化天下百姓。

象辞说：上卦为艮为山，下卦为离为火，山下有火便是贲卦的卦象。君子从这一卦象中得到启示，修明政事，不草率判案用狱。

【启示】贲由"卉"与"贝"组成，花草与贝壳都是古人的装饰品，所以贲卦表示装饰的艺术。质优价廉的产品，如果包装粗劣便不被认同。所以不仅要实干，也应懂得装饰。"文质彬彬，然后君子"，外在的文饰和内在的品质是文与质的关系。文质双兼，以刚为本，刚柔双兼，这是理想的人格。正如关羽，既有刚毅的个性，又有儒雅的风度，所以获得"儒将"的美名。反之，如果本质柔弱，仅以外表的刚强作为文饰，这样的人格并不能有大的作为。如同唐诗里描写的男装宫女，虽然学男子式的跪拜，不过是博得君王一笑，并无男儿气质，反而更显女子的妩媚。

文饰要恰如其分，不可太过。文过盛则实必衰。文饰只能起辅助作用，不起决定作用。过度文饰会使人追求奢华，丧失朴素的生命力、内涵，打肿脸充胖子，奢靡腐败的风气会泛滥，甚至由于物质文明的繁荣导致精神文明的堕落。文饰并不一定要用华丽贵重的东西，质朴无华其实也是一种装饰的思路。从下往上的文饰不是越来越浓重，而是

《断易天机》解贲卦

猛虎负隅之卦，光明通泰之象

贲卦点睛

贲表示装饰事物，使人赏心悦目，但如果过份则适得其反。得贲卦者要懂得自我修饰，隐蔽缺陷。因为距离产生美，美在朦胧中。无论出于何种目的，装饰都是一种修养。不懂得装饰自己就是自我贬低。

管仲得此卦，得到知己

此卦为春秋时期管仲与鲍叔牙共同占得。两人合伙做生意，分利时管仲故意多占一点，但鲍叔牙并不在意，因为他知道管仲家贫。管仲说："生我者父母，知我者鲍子也！"

卦图详解

◆ 天下雨时，小舟扬帆而行，说明修饰过度会适得其反。

◆ 一个仙女在云中执丹桂赠之。说明距离产生美，美在朦胧中。

◆ 一人推着简单的车，说明没有任何装饰会暴露出缺陷。

◆ 一个人登梯，说明利于进取。

越来越轻淡，最后是不文饰。此外还要互相文饰，你文饰我，我文饰你。

此卦象征百事虽美但却短暂，小事可成，大事难成。且难速成，或因短视而有破损。此时不应随波逐流，应寻求有实力的人物提携自己，图谋更大的发展。

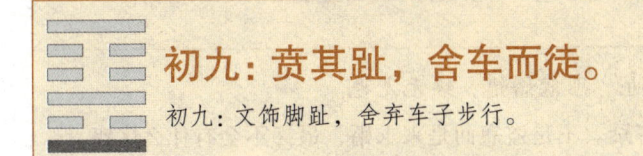

初九：贲其趾，舍车而徒。

初九：文饰脚趾，舍弃车子步行。

【原文】象曰：舍车而徒，义弗乘也。

【译文】象辞说：舍弃车子步行，是道义上不必乘车。

【启示】处于贲的初始阶段，文饰程度最轻。把脚包扎一下，这是为徒步远行作准备最基本的文饰，表现出一种质朴之美。为什么徒步行走？因为初九是最下面的一爻，是个处于社会底层的寒士，却颇有些骨气，有人格的自尊，宁肯徒步，也不愿向人乞求，所以以布衣草鞋为最粗陋质朴的文饰。

六二：贲其须。

六二：修饰胡须。

【原文】象曰：贲其须，与上兴也。

【译文】象辞说：修饰胡须，是为了与上司（九三）一起兴起。

【启示】文饰胡须，加以修剪、美化。古人对胡须的美化很重视，美化胡须的习俗很古老。三国时的关羽长须飘拂，有"美髯公"之称。胡须附着在脸面上才能装饰仪表。胡须与脸面的关系正如文与质的关系，胡须是一种文饰，脸面才是实质，文不能脱离质而独立存在。

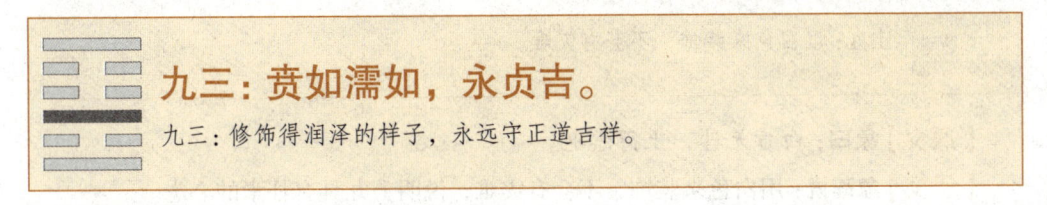

九三：贲如濡如，永贞吉。

九三：修饰得润泽的样子，永远守正道吉祥。

【原文】象曰：永贞之吉，终莫之陵也。

【译文】象辞说：永远守正道的吉祥，是因为最终不会有人凌驾在他的上面。

【启示】处在两个阴爻之间，同时受到两个柔爻的文饰，上下文饰，锦上添花，到处是赞美辞。不过，适当的文饰是必要的，过分了就会适得其反，这就成了"文胜灭质"。所以要头脑清醒，不要被假大空的浮华迷惑。文应该从属于质，为质服务。文饰过分是本末倒置。在任何时候也不要把文抬高到质之上。

六四：贲如皤如，白马翰如，匪寇婚媾。

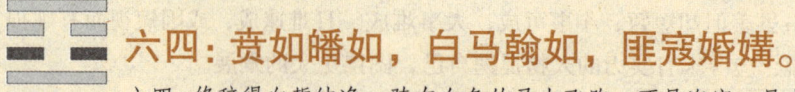

六四：修辞得白皙纯净，骑在白色的马上飞跑，不是盗寇，是来求婚的。

【原文】象曰：六四，当位疑也。匪寇婚媾，终无尤也。

【译文】象辞说：六四得位而多疑。不是盗寇而是来求婚，最终不会有什么忧怨。

【启示】九三已经出现文胜于质的倾向。六四则到了贲极返素的时候了，由文饰转为质朴，尚质而不尚文。由于是盛世，求婚时更加注重个人形象了。一般来说，每个时代都会出现新的风俗。古人求婚，最初是血腥的抢婚，接着是扮成鬼一样地去求婚，现在人们富裕了，开始了更健康的求婚方式。穿着干净漂亮的衣服，骑着干净漂亮的白马求婚。

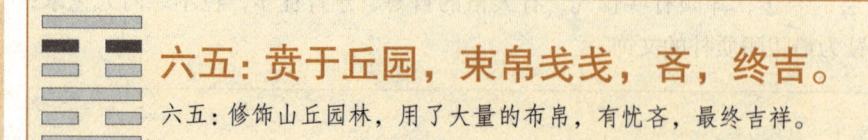

六五：贲于丘园，束帛戋戋，吝，终吉。

六五：修饰山丘园林，用了大量的布帛，有忧吝，最终吉祥。

【原文】象曰：六五之吉，有喜也。

【译文】象辞说：六五爻的吉祥，是有喜庆的事情。

【启示】以柔居尊位，象征仁厚之君。他并不兴建壮丽的宫殿，只修饰一下山丘中的庭园，没有国君的排场和气派，但是这种崇尚简朴无华的清廉举措，对政风的影响巨大。传说上古时代的贤君尧舜都提倡俭朴，带头住在茅屋里，墙上连白灰也不涂，与百姓同甘共苦，有一种朴素的特殊魅力。

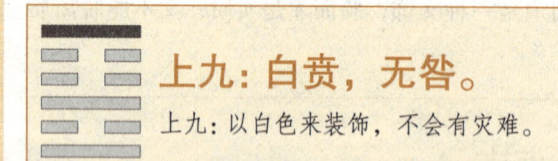

上九：白贲，无咎。

上九：以白色来装饰，不会有灾难。

【原文】象曰：白贲无咎，上得志也。

【译文】象辞说：用白色来装饰，不会有灾难，说明上九具有朴素的心志。

【启示】一般来讲，事物发展到极至便不好了。但装饰则不然，它的极至是回到朴素简单的状态，由追求文饰转为崇实尚质，这也是最高的境界。这是自然的美、朴素的美、本色的美。如同清水出芙蓉，加以文饰反而是亵渎。比如八十年代以前人们统一穿蓝、绿、红色衣服。生活水平提高后开始穿奇装异服。但今天主领服装市场的还是朴素的单色服装。而白色服装一直是高贵的标志，从几千年前至今天没有改变过。蓝色服装一直是销量最大的服装。

《推背图·第十八象》解贲卦

贲·辛巳

【谶曰】
天下之母,
金刀伏兔。
三八之年,
治安巩固。

【颂曰】
水旱频仍不是灾,
力扶幼主坐灵台。
朝中又见钗光照,
宇内承平气象开。

【金圣叹批注】

此象主仁宗嗣立,刘太后垂帘听政。旁有一犬,其惟狄青乎。

▶ 贲卦运势速断

运势	外表好看,内在空虚。落日灿烂,但光明力量渐消,阴暗的力量扩大。
事业	好务虚名,不切实际,或半途而废。应收敛自重,追求实质性的内容。
爱情	不可自视太高,或过高估计对方,不要为表面现象欺骗,而忽略内涵。
疾病	多为非器质性疾病,与情绪有关。头痛手脚无力,可到东南方求医。
经商	起初会小有收获,但不可为开始的小利而忽略了长远的目标。
诉讼	我方开始占优势,中途开始产生麻烦,最后难以和解。
出行	将要出门而还没动身,左顾右盼,举棋不定。
人生	善于修饰自己。适宜于艺术性行业,或做不动产投资。

第㉓卦 剥：山地剥卦

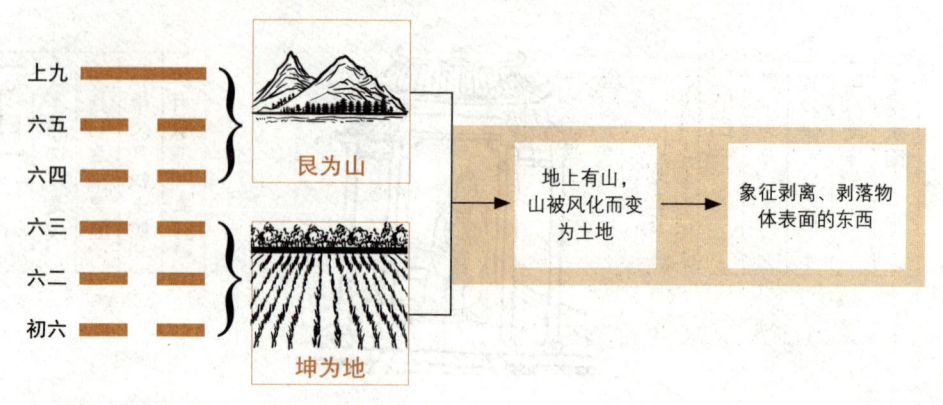

```
上九  ▬▬▬
六五  ▬▬ ▬▬        艮为山
六四  ▬▬ ▬▬
六三  ▬▬ ▬▬
六二  ▬▬ ▬▬        坤为地
初六  ▬▬ ▬▬
```

地上有山，山被风化而变为土地 → 象征剥离、剥落物体表面的东西

【原文】剥，不利有攸往。

象曰：剥，剥也，柔变刚也。不利有攸往，小人长也。顺而止之，观象也。君子尚消息盈虚，天行也。

象曰：山附于地，剥；上以厚下，安宅。

【译文】剥卦，不利于有所前往。

彖辞说：剥，就是剥蚀的意思。是柔爻侵蚀、改变刚爻的意思。不宜有所往，是因为小人得势。顺着规律加以制止，从卦象上可以看出吉凶。君子重视客观规律的消、长、盈、虚的变化，因为这是天道运行的规律。

象辞说：上卦为艮为山，下卦为坤为地，山附在地上就是剥卦的卦象。君子从卦象上受到启示，厚待下民，才能安居稳定。

【启示】过度的奢侈就像腐烂物一样，会逐渐剥蚀盛世的繁荣，使盛世走向衰落。就像我们搞家装一样，过几年墙表面就得剥落，还得重新装修。所以贲卦之后便是剥卦。剥指去掉物体表面上的东西，即剥离、剥脱、剥落。剥卦是十二消息卦之一，代表的节气为霜降。此时万物活力大减，草木凋零，落叶纷飞。天地间的生气被剥夺。从卦象上看，由下往上升的阴爻即将压倒残存的阳爻，阳爻只剩最后一个，高耸的山因风化侵蚀而即将化为平地。对社会而言，象征崩溃的前期。比如在春秋战国时代，无论你投靠哪一个诸侯国，都无法保证长久吉祥。因为每个诸侯国都处于危机中，随时有被吞并的危险。在这种大背景下，礼制已经失去了对人们思想的束服力，只能静观时势，因为这是一个小人得势的时代。

剥卦探讨的是处衰败之道、退守待变的哲学。此时天时、地利、人事均对君子极为不利，不能作正面抗争，不可与小人同流，不可急于求成，不可冒险，要藏器待时，保存自己，静观时势。剥卦的另一个启示是，万物都是从下面开始往上败坏的，都是下面

《断易天机》解剥卦

去旧生新之卦，群阳剥尽之象

剥卦点睛

剥就是剥落，小人得势，君子失势，如同墙面被逐层剥落。得剥卦者，衰势已成，不可逆转，放弃是种明智的选择。但此处的山穷水尽并不影响日后的柳暗花明，要积蓄力量，等待机遇。等来日重整旗鼓，改弦更张。

尉迟恭得此卦，生擒敌将

唐将尉迟恭东征与高丽大将金牙征战时占得此卦。尉迟恭当时年迈患病，金牙却向尉迟恭下战书。但尉迟恭一上战场便精神抖擞，将金牙生擒，应了"剥极必复"的规律。

卦图详解

◆屋外的蜡烛在风中摇曳，明灭不定，说明局势一发千钧。

◆一个妇人坐于床边，说明女人或小人得势，处于高位。

◆有一个药葫芦，说明有弊病需要整治。

◆一个官人独坐，冠巾挂在树枝上，说明要去旧迎新。

◆地上有一束乱丝，象征事情繁难，不好收拾。

一些最细微的、潜在的东西先变质，千里之堤，溃于蚁穴。剥有一个过程，这个过程越来越盛，怎样止住这个局面？要往下看，把取得的成果给百姓，不能一个人独享，老百姓有福了就不会反对你，也就止住了这种剥落。生死存亡的决定因素是上九这最后独存的孤阳。星星之火既可以燃成燎原之势，也有可能被扑灭。君子得之则存，小人剥之则亡。

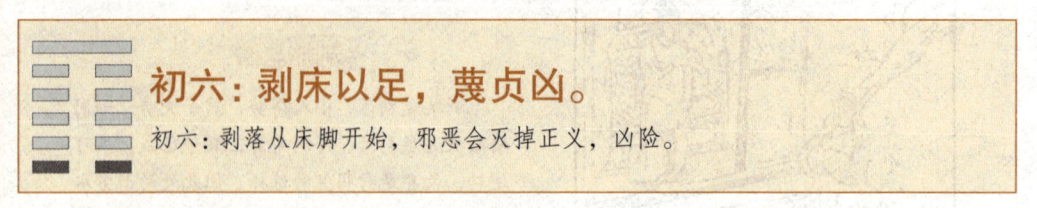

初六：剥床以足，蔑贞凶。

初六：剥落从床脚开始，邪恶会灭掉正义，凶险。

【原文】象曰：剥床以足，以灭下也。

【译文】象辞说：剥落从床脚开始，是从下开始毁坏。

【启示】剥蚀是逐渐产生的，虽然它刚出现时势力还很小，但是它的损害却是相当大的。这股邪恶的势力不及早灭掉，它最终就会将正义恶灭掉。齐桓公就不懂防微杜渐。扁鹊发现他有病，劝他及早治疗，可他没听。后来真病了，请扁鹊来治，扁鹊说，您的病已经病入膏肓，没法治了。

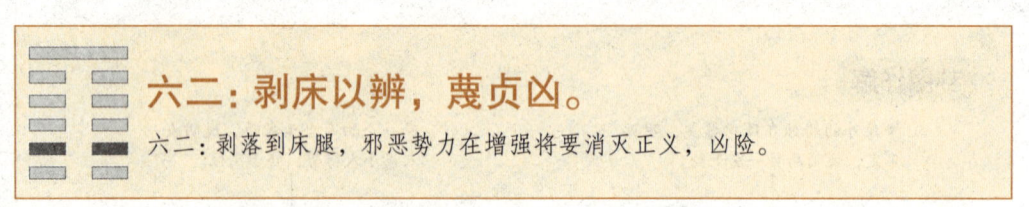

六二：剥床以辨，蔑贞凶。

六二：剥落到床腿，邪恶势力在增强将要消灭正义，凶险。

【原文】象曰：剥床以辨，未有与也。

【译文】象辞说：剥落到床腿，是因为六二与六五没有相应的缘故。

【启示】剥蚀已经到了床腿，说明小人的势力更强盛了，君王很难除掉他们，最终构成对天下的威胁。汉朝的文景之治是中国第一个盛世，可是腐败却同盛世一起发展起来。汉文帝身上长了脓包，邓通用嘴把他的创口里的脓舔出来。汉文帝把四川的铜山赐给邓通，并准他自己印钞票。小人之道就是这样增长起来了。

六三：剥之，无咎。

六三：任其剥落，没有灾难。

【原文】象曰：剥之无咎，失上下也。

【译文】象辞说：剥落而没有灾难，是因为六三爻与上下众阴爻无关联（而独与上九呼应）。

【启示】盛世之中如果人人都艰苦朴素，就不叫盛世了。追求享乐是盛世的必然产物。六三也追求享乐，可是他不结朋党，不损害朝廷的利益。比如纪晓岚是个清官，但性欲旺盛，妻妾成群，但他不强抢民女，不从国库中偷钱，不损坏国家利益，能做好本职工作，怎么会有灾难呢？

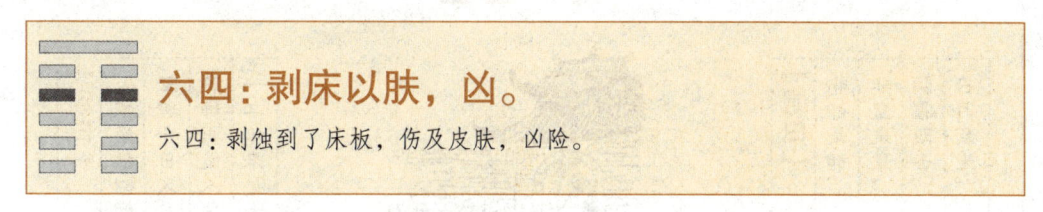

六四：剥床以肤，凶。

六四：剥蚀到了床板，伤及皮肤，凶险。

【原文】象曰：剥床以肤，切近灾也。

【译文】象辞说：剥蚀到了床板而伤及皮肤，说明灾难已太近了。

【启示】剥蚀到了床面，剥到极点了，问题非常严重，借以坐卧安身的床快要剥蚀完了。六四重权在握，又贪得无厌，既欺压百姓又损害国家利益，所以他的势力太大了，罪恶太明显了，自然难逃凶险的命运。这就好比和珅，比国王都富有，他贪污的行径皇上怎么会不知道呢？

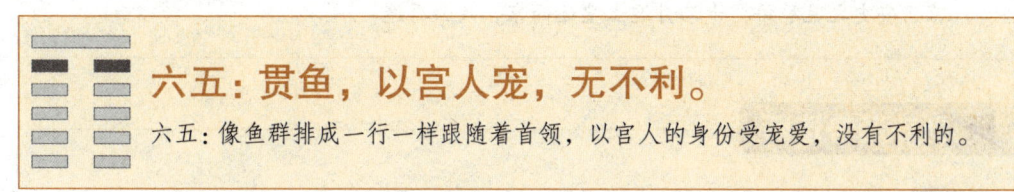

六五：贯鱼，以宫人宠，无不利。

六五：像鱼群排成一行一样跟随着首领，以宫人的身份受宠爱，没有不利的。

【原文】象曰：以宫人宠，终无尤也。

【译文】象辞说：以宫人的身份受宠爱，最终不会有罪过。

【启示】六五并非君王，她能统领众阴，使天下井然有序，所以吉祥。比如武则天，当了皇帝后使天下得到很好的治理，使国家能够继续兴旺下去。这怎么会有不利的呢？唐朝的盛世之所以能够从武则天开始继续延续，与武则天的以法制国是分不开的。

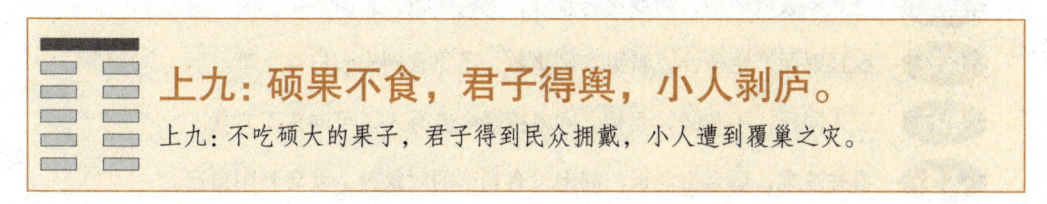

上九：硕果不食，君子得舆，小人剥庐。

上九：不吃硕大的果子，君子得到民众拥戴，小人遭到覆巢之灾。

【原文】象曰：君子得舆，民所载也。小人剥庐，终不可用也。

【译文】象辞说：君子得车，是说明得到了人民的拥护。小人遭到覆巢之灾，是说明小人最终不可用。

【启示】诸阳都已被剥成阴，只剩上九独存。如果君子能够得到这可贵的一阳，把握矛盾转化的时机，就可以力挽颓势，历史就会展开一个新的历程。经过拨乱反正，整个局势转危为安。如果在此危急关头，小人占了上风，扑灭了仅存的阳气，大家都无法生存了，如同掀去屋顶。在同样的局势下，却有两种天壤之别的发展趋向，失之毫厘，差之千里。

《推背图·第六象》解剥卦

剥·己巳

【谶曰】
非都是都，
非皇是皇。
阴霾既去，
日月复光。

【颂曰】
大帜巍巍树两京，
辇舆今日又东行。
乾坤再造人民乐，
一二年来见太平。

【金圣叹批注】

此象主明皇还西京，至德二载九月，广平王叔郭子仪收复西京，十月收复东京，安史之乱尽弭，十二月迎上皇还西京，故云再造。

▶ 剥卦运势速断

运势	动荡严重、变化剧烈，厄运缠身，正义被损。大凶象。应重新部署。
事业	时运不佳，大势已去，不可抱持野心，应暂停行动，谨慎隐忍。
爱情	不顺利，有生离死别之苦。男防桃色纠纷，女防争风吃醋。
疾病	有病情恶化之象。手术治疗的效果好。可往东南方求医。
经商	进入不景气时期，需要进行整顿，等待时机，东山再起。
诉讼	因钱财而产生争斗，若见官则事散，不见官则小心打斗之事。
出行	三人同行，不和睦，互相之间多猜疑。若寻人，可向东南方找。
人生	喜好炫耀，适合当老板。周围没有剥削的对象时，就会剥削自己。

第24卦 复：地雷复卦

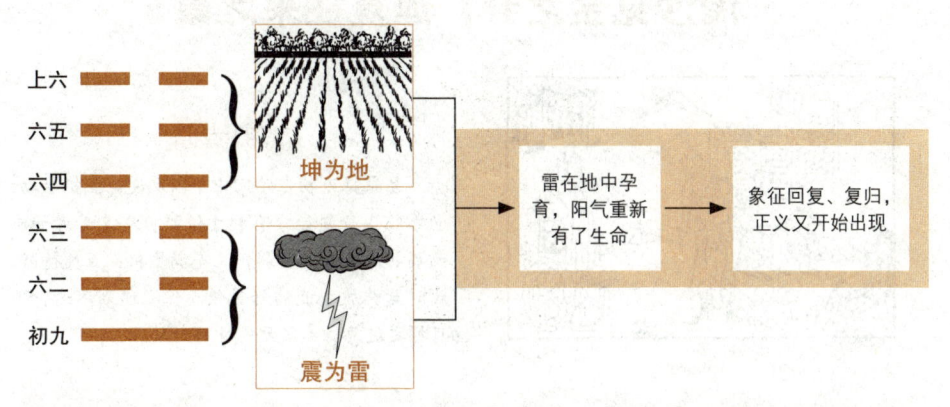

上六
六五
六四 } 坤为地
六三
六二 } 震为雷
初九

雷在地中孕育，阳气重新有了生命 → 象征回复、复归，正义又开始出现

【原文】复，亨。出入无疾，朋来无咎。反复其道，七日来复，利有攸往。

彖曰：复亨；刚反，动而以顺行，是以出入无疾，朋来无咎。反复其道，七日来复，天行也。利有攸往，刚长也。复其见天地之心乎？
象曰：雷在地中，复；先王以至日闭关，商旅不行，后不省方。

【译文】复卦，亨通。出入没有疾病，朋友来访没有灾难。还回其道，七天往返一次，有利于前往。

彖辞说：复卦的亨通，是刚爻又返回来（即一阳复生），顺着轨迹运行，因此出入不会有疾病，朋友来访不会有灾难。往返途中，七天可归，这是天道运行的规律。有利于前往，是因为阳气升长了。从复卦中可以看到天地万物生生不息的规律了吧？

象辞说：上卦为坤为地，下卦为震为雷，雷在地中便是复卦的卦象。先王在冬至这一天锁闭城门关口，商人旅客不出门走动，君王也不到四方去巡视（意在家过节）。

【启示】事物都有一个循环往复、周而复始的规律，前面剥卦群阴剥去阴爻，接下来便开始一阳复生。所以剥卦的下面是复卦。一阳来复，使天地出现了生机，虽然表面上还看不出来，但这种孕育着的生机却有着极其顽强的生命力。冬至一阳生，复卦表示的便是冬至这一天。这一天在古代有着极其重要的意义，象征一年的开始。从这一天开始，人体内的阳气初生了，体质会得到增强，不容易得病。

在复卦中，阳气从地面产生，长期的痛苦即将结束，没有阻碍，利于勇往直前有所作为。但不可迫不及待想一步登天，因为过于急进会遭遇晚霜而枯萎。阳气始生，不能随意损耗，应该静养以待其壮大。人在此时也要养精蓄锐。猛力前冲之前，先要后退几步，这叫蓄势。静养正是为了积蓄力量。

此卦是个状况卦，吉凶未定。好事会重复，坏事也会重复。复有重复再来、循环往

《断易天机》解复卦

淘沙见金之卦，返复往来之象

复卦点睛

复象征万物在轮回中不断反复，生机勃勃，也象征生命复始，有利于做事。得复卦者如同大病初愈，身体虚弱但又充满生机，百废待兴，此时是施展才能的好时候。但欲速则不达，不可操之过急，养足元气才可行动。

唐太宗得此卦，死后七天又苏醒

唐太宗归天时占得复卦。唐太宗李世民是中国历史上最有作为的皇帝之一，在位23年，相传在其归天后，过了七天又苏醒过来。

卦图详解

◆ 城墙上有"东"字，兔为卯，虎为寅，都代表东方、震卦，说明会有震动。

◆ 右上方有两面旗，代表复辟是需要有旗号的。

◆ 一将持刀而立，说明有武将协助复辟。

◆ 有官人乘车而来，是来"复辟"的。

复之意，有反复的特征，经历大的反复获得大的成功，经历小的反复获得小的成功，没反复则不能成功。摇得此卦，求财望事可成，虽有碍终无妨。凡事会逐渐好转，但要按部就班，不可贸然急进。尤其不可固执己见。合伙生意有拆伙之象，有被私欲驱使而不听人劝之害。

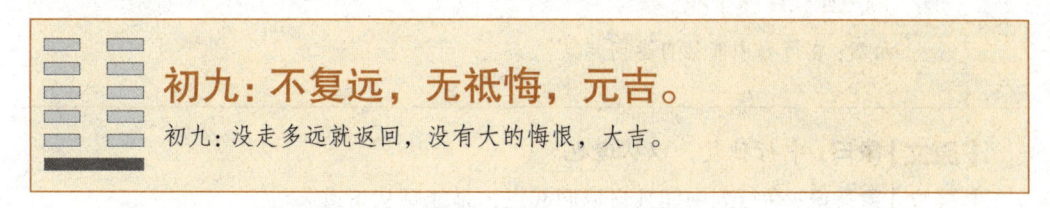

初九：不复远，无祗悔，元吉。

初九：没走多远就返回，没有大的悔恨，大吉。

【原文】象曰：不远之复，以修身也。

【译文】象辞说：走不远便返回，是返回正道提高自身修养。

【启示】处在复卦之初，离开正道不远就回来了，还不至于达到悔恨的程度。古人在冬至日是不出门的。可是有的人出门了，走出家门不远后一想，这天不应该出门，于是便返回了家中。这种行为不会带来灾难。这告诉人们不要在错误的道路上走得太远，只要及早返回到正道中，便会吉祥。

六二：休复，吉。

六二：停止返回，吉祥。

【原文】象曰：休复之吉，以下仁也。

【译文】象辞说：停止返回的吉祥，是因为六二能亲近下边的仁人贤士。

【启示】当阳气回复之时，性柔居中得正，与初九最为亲近，最早受到阳刚之气的影响，以回复于阳为可喜庆之事。不返回也吉祥。六二与初九不同。初九代表阳气的生长，而六二则代表阴气的消退，所以六二必须前进才吉祥。六二的前进便是向上升，使下面的阳气得到更大的生长，这种行为是适应时势的。六二柔顺中正而有顺应时势之德，会明智地朝上发展。

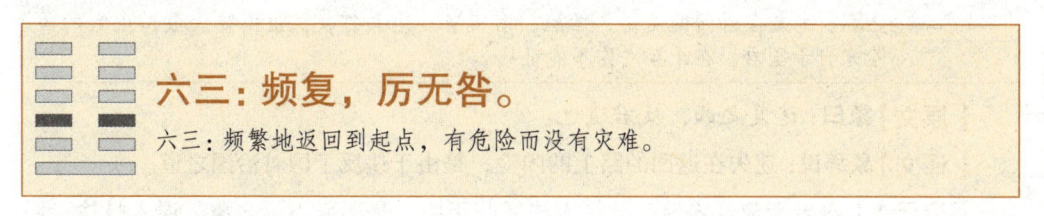

六三：频复，厉无咎。

六三：频繁地返回到起点，有危险而没有灾难。

【原文】象曰：频复之厉，义无咎也。

【译文】象辞说：频繁返回起点的危险，从道义上说不应当有灾难。

【启示】六二能够心怀喜悦地主动回复到正道上来，六三却是愁眉苦脸地勉强回复到正道上来。一个人滑向邪恶的泥坑十分容易；重新回到正道上来却很不容易，有时候就是要强迫自己改邪归正，愁眉苦脸的回复也必要。是否回复于正道是问题的关键，哪怕是内心不情愿，也可以免过。

六四：中行独复。

六四：在行列中能独自返回起点。

【原文】象曰：中行独复，以从道也。

【译文】象辞说：在行列中能独自返回起点，是能顺从正道。

【启示】一般人都习惯于随大流、从众，而六四不从众，走自己的路，有其超凡之处。在五个阴爻中，唯独他处在与阳刚相应的位置，这是十分有利的条件。所以虽然居于群阴包围之中，却能顺利地回复于阳。在阳气初生之时，要认清趋势，坚决果断，敢于独自回复于阳。

六五：敦复，无悔。

六五：敦厚笃诚地返回，没有悔恨。

【原文】象曰：敦复无悔，中以自考也。

【译文】象辞说：敦厚笃诚地返回而没有悔恨，说明六五中正并能做自我反省。

【启示】以柔爻居尊位，持中而不偏；能敦厚诚恳地一心向善，回复于阳。能否回复于阳，外部的条件固然不可忽视，内在的秉性尤其能起决定作用。六五与初九无比应关系，但是由于六五居中而且能复，以中道作自我考察，调整自己的行为，也就无悔了。能通过自我反省的方式意识到当前的时势，选择顺时而退，怎么会有悔恨呢？

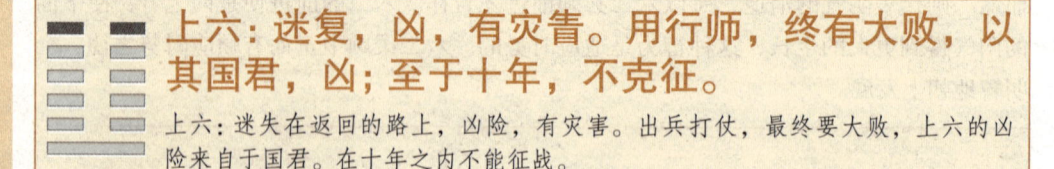

上六：迷复，凶，有灾眚。用行师，终有大败，以其国君，凶；至于十年，不克征。

上六：迷失在返回的路上，凶险，有灾害。出兵打仗，最终要大败，上六的凶险来自于国君。在十年之内不能征战。

【原文】象曰：迷复之凶，反君道也。

【译文】象辞说：迷失在返回的路上的凶险，是由于违反了国君治国之道。

【启示】上六居于极外之地，已经无法复归于阳，是迷而不复之象。误入歧途，回头是岸。最可怕的是昏迷而不知回复，愈滑愈远。上六认不清事物发展的大趋势，逆潮流而动。当阳气回复、众阴归向阳刚之时，他仍然违反阳刚之道，一意孤行，不知回头。盲人骑瞎马，夜半临深池，必然遇到灭顶之灾。如果作战，会全军覆灭，使整个国家陷入险地。

《推背图·第五十象》解复卦

复·癸丑

【谶曰】

水火相战，
时穷则变。
贞下起元，
兽贵人贱。

【颂曰】

虎头人遇虎头年，
白米盈仓不值钱。
豺狼结队街中走，
拨尽风云始见天。

【金圣叹批注】

此象遇寅年遭大乱，君昏臣暴，下民无生息之日，又一乱也。

▶ 复卦运势速断

运势	春回大地，一阳来复，万事苏伸，即将好转。但初时不应急进。
事业	已过难关，但不可操之过急，要冷静思考，一旦有反复，应暂行退让。
爱情	顺利，但不可性急，性急则败，缓可得利，应冷静考虑。
疾病	为慢性病，可治但不易好，会反复发作，应疗养。可向东方求医。
经商	可大胆投资，不要因小挫折而退缩。还可以打入外地，开发新市场。
诉讼	事关五个人，没有大的纷争，讨论个三五次就可了结。
出行	走到半途后折回，回来后可能又要出门。
人生	在仕途上能有所作为。这主要得益于反复，越反复越有利于事业。

第25卦 无妄：天雷无妄卦

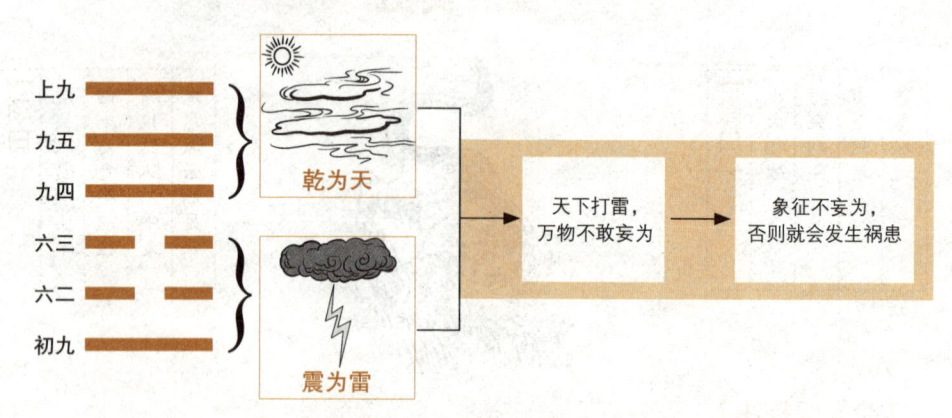

上九
九五
九四
六三
六二
初九

乾为天
震为雷

天下打雷，万物不敢妄为 → 象征不妄为，否则就会发生祸患

【原文】 无妄，元亨，利贞。其匪正有眚，不利有攸往。

彖曰： 无妄，刚自外来，而为主于内。动而健，刚中而应，大亨以正，天之命也。其匪正有眚，不利有攸往。无妄之往，何之矣？天命不佑，行矣哉？

象曰： 天下雷行物与，无妄；先王以茂对时，育万物。

【译文】 无妄卦，初始亨通，利于坚守正道。若不守正道则会有灾害。不利于前往。

彖辞说： 无妄卦，刚健（初九爻）从外部来到内部成为内卦之主。震象征动而乾象征健，所以说"动而健"，九五刚爻居中与六二阴爻相应，所以大亨通而属于正道，这就是天命。如果不正则会有灾害，不利于有所前往。没有希望而前往，做什么去呢？这样上天不会保佑，能行得通吗？

象辞说： 天下有雷在运行，万物应声而起，这就是无妄的卦象。先王从卦象中得到启示，奋勉努力，配合天时变化，养育万物。

【启示】 "妄"字的结构为"亡"字与"女"字相结合，本义是指女奴逃亡。引申为虚妄、极不真实、悖乱的意思。"无妄"便是不可虚妄、不可妄为的意思。阳气的复生使阴气不再妄为了，所以复卦之后便是无妄卦。无妄也通无妄之灾，多为出乎预料、稀奇古怪的事情或妄想，有抛弃希望、期待、计划之意。深虑、戒慎、务实、踏实、退守则吉，否则会招祸。

得此卦者多有迷惘，事物难通，强行则惹祸上身。遭遇意想不到的事也应该不动摇、不作为，保持平静，坦然接受，但这和消极避世不同。如果不该动时妄动，不该求的东西却妄求，就会发生祸殃。比如战国的商鞅以严法制国。一些不遵守法度的人不收敛行为，便受到了制裁。按现在的话说，赶在运动点子上了，本来该判两年，结果掉了脑袋；本来该判罚款，结果蹲了大牢。这些在严打期间犯法的人，便是没有看清时势。所以说此时要

《断易天机》解无妄卦

石中蕴玉之卦，守旧安常之象

无妄卦点睛

无妄就是不要有妄念。坚持正义则无往不胜，走向邪道则必然不利。得无妄卦者的客观条件不成熟，如果有妄念、妄动则会带来灾祸。如果循规蹈矩、只耕耘而不问收获、不作非分之想，就会相安无事。

李广得此卦，妄动而自刎

李广为西汉著名大将，镇守边境，战功显赫，匈奴不敢犯。但其时运不济，一生未曾封侯，他占得此卦不久后拔剑自刎。后世用"李广难封"来比喻人生失意。

卦图详解

◆有一只鹿口衔文书而至，说明循规蹈矩则无事。

◆铜钱落在水中，说明妄动会使钱财打水漂。

◆鼠为子，猪为亥，代表北方、坎卦，说明有险难。

◆官人射向另一只鹿，代表刚健的非分之想会有灾。

坚守正道，不要行动。要符合礼仪，"非礼勿视，非礼勿听，非礼勿言，非礼勿动"。

预测婚姻难成，无心相合。但若是重婚而嫁则可。此外，卦象有男性随意而为，女性受损难伸之意。

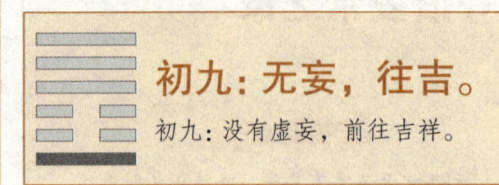

初九：无妄，往吉。

初九：没有虚妄，前往吉祥。

【原文】 象曰：无妄之往，得志也。

【译文】 象辞说：不妄为而前往，心志是会得以实现的。

【启示】 以刚爻居阳位，纯阳不杂，没有妄想妄行，一切按照天道规律行事，当然就无往而不吉。初九象征事情开始的第一步，起步就有了一个好的开端，就预示着吉祥的前途。好比给商鞅搬木头的人，他遵从告示的内容把木头搬到了北城门，没有做什么不对的事情，所以他受到了奖赏。商鞅的变法也正如这初九，言必行，行必果，所以改革成功了。

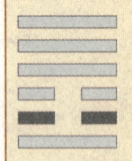

六二：不耕获，不菑畬，则利有攸往。

六二：不耕种而有收获，不开荒而有熟田，那么有利于前往。

【原文】 象曰：不耕获，未富也。

【译文】 象辞说：不耕而有收获，是因为还不富裕。

【启示】 不用耕耘就可以收获，不用开垦就能得到熟田，这当然是很有利的事情的。刚开垦出来的荒地杂草丛生，不利于种植，三年后杂草便少了。可是不开垦荒地怎么会得到人家已经耕种了三年的土地呢？只能是主人的赏赐或用钱买才能得到。六二便是说前往会得到大的奖赏，所以"利有攸往"。

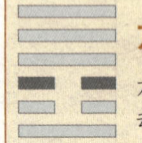

六三：无妄之灾，或系之牛，行人之得，邑人之灾。

六三：意想不到的灾难，就好比有人系牛于此，被路过的人牵走了，村里的人却遭到了怀疑。

【原文】 象曰：行人得牛，邑人灾也。

【译文】 象辞说：过路的人得到了牛，而村里的人却被怀疑偷牛而得到了灾难。

【启示】 没招谁没惹谁，结果灾难却降临了，这就叫"无妄之灾"。别人把牛拴在村边的大树旁，被外村人偷了，牛主人怀疑是村里的人偷走了牛，大闹一场，有的人被打伤了。这说明，要想逃避灾难，不单自己不要做坏事，还要谨防别人做坏事会连累到自己。如果总是以"事不关己，高高挂起"的态度，迟早会蒙受不白之冤。

九四：可贞，无咎。

九四：可以保持正道，没有灾难。

【原文】象曰：可贞无咎，固有之也。

【译文】象辞说：可以保持正道而没有灾难，是九四爻本身固有的品质。

【启示】刚而能柔，有助于应付复杂的环境，坚守正道而不妄为，得以免过。处在这种情况下，在主观上自求无妄就够了，祸福只有听其自然。九四与初九不应而相敌，并且九四又以刚居于柔位，所以处境不是很好。但是九四是无妄卦下互卦艮卦的最上，同时又是上互卦巽卦的中，所以能够坚守正道以随顺之德而免于灾难。

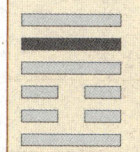

九五：无妄之疾，勿药有喜。

九五：无缘无故的疾病，不必吃药治疗，会有喜庆的事情。

【原文】象曰：无妄之药，不可试也。

【译文】象辞说：治无缘无故疾病的药，不可轻易试服。

【启示】此爻无可指责，无懈可击。但却出了毛病，原因是来自外部。九五与六二相应，六二有不耕而获的虚妄之求，九五受六二牵连而造成问题。既然无妄，就没有妄想、妄行需要纠正，就意味着思想行为合乎正道；如果用药攻治，岂不是否定自己的行为？所以，无端地得了无妄之疾，应该坚持守正安常，泰然处之。

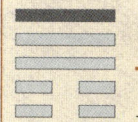

上九：无妄，行有眚，无攸利。

上九：不要妄为，行动会有灾害，前往不会有利。

【原文】象曰：无妄之行，穷之灾也。

【译文】象辞说：之所以不要妄为行事，是因为会有末路穷途之灾。

【启示】上九居于全卦的最上方，处于极亢之位。在这种位置上不能胆大妄为，最好少行动，什么事也别做。这就好比一个人有过激情绪，说话做事都不能保持适中的原则。这种人居于平时还不会有大的损失，但处于政治运动时期，极有可能被抓个典型，不检点自己就要大祸临头了。

《推背图·第三十七象》解无妄卦

无妄·庚子

【谶曰】
汉水茫茫，
不统继统。
南北不分，
和衷与共。

【颂曰】
水清终有竭，
倒戈逢八月。
海内竟无王，
半凶还半吉。

【金圣叹批注】

此象虽有元首出现，而一时未易平治，也一乱也。

▶ 无妄卦运势速断

运势	小凶。有空幻、虚妄、不切实际的想法。行为不检点会遭受灾祸。
事业	贵有自知之明，不抱非分之想，检点行为，遵循礼法可防意外灾祸。
爱情	有不顺、不和，有被伤害者欲分离之象。不可轻率或急于求成。
疾病	有虚惊，自愈能力较强，意气用事则凶。宜往西南方求医。
经商	摒弃投机心理，不可勉为其难，不可贪图暴利。
诉讼	多因死伤之事而争斗，适宜和解，但没有贵人出来相助。
出行	还没出门，不久后将有消息，虚惊无大事，不必担忧。
人生	标榜自我，喜欢评说是非。在仕途上易成为行政的一把手、正职主官。

第26卦 大畜：山天大畜卦

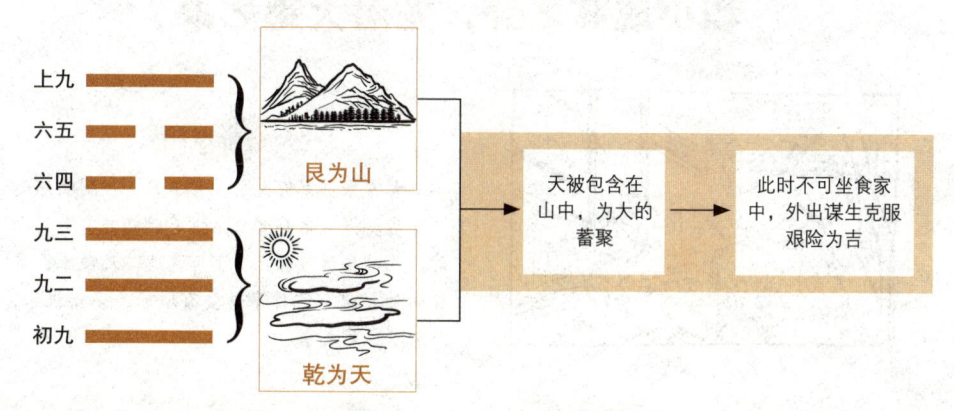

```
上九  ▬▬▬
六五  ▬ ▬
六四  ▬ ▬    艮为山
九三  ▬▬▬
九二  ▬▬▬
初九  ▬▬▬    乾为天
```

天被包含在山中，为大的蓄聚 → 此时不可坐食家中，外出谋生克服艰险为吉

【原文】大畜，利贞，不家食吉，利涉大川。

彖曰：大畜，刚健笃实，辉光日新，其德刚上而尚贤。能止健，大正也。不家食吉，养贤也。利涉大川，应乎天也。

象曰：天在山中，大畜。君子以多识前言往行，以畜其德。

【译文】大畜卦，守正道有利。不在家吃饭，吉祥。有利于跋涉大川险阻。

彖辞说：大畜卦刚健厚实，日日放射新的光辉。刚爻居上位，象征国君崇尚贤能之士，刚健而能有所自制，是非常正确的。"不家食"的吉祥，是因为君王养贤士，故贤士不必在家里吃饭。利于跋涉大川，是顺应天道的。

象辞说：天地山中就是大畜卦的卦象。君子从中得到启发，多学习前人的言论和行为，以积蓄自己的道德。

【启示】人们都不妄为不妄想，社会财富就可以得到大的积蓄，所以在无妄卦的后面是大畜卦。大畜卦象征大的涵养、积蓄、包容精神，也表示大丰收，包括德才、知识、资金、气力等。从卦象上看，外卦为艮为山，内卦为乾为天，天在山中。天比山大得多，但山把天装了起来，可见积蓄非常大。大畜与小畜的意思相近，只是有大与小的区别。大畜卦所表示的时代比小畜更加富裕。人们拥有更多的家畜、更多的奴仆，柴米油粮都有富余，相当于中国的文景之治或开元盛世。

不过，富足了就会安于现状，停滞不前。大畜与小畜卦的"畜"都含有蓄止、蓄聚、蓄养的意思。止则聚，聚则蓄，蓄则养。小畜卦谈的是作为从属因素的阴对于作为主导因素的阳所起的微小的蓄聚作用，大畜卦谈的则是道德和智慧的蓄聚、培养，是人生最大的蓄聚。道德、智慧高的人，不能让他们在家中困守、自己谋食，社会应该把他们蓄养起来，让他们食天子之禄。对于国家来说，这是一种"大畜"。他们能发挥才智，是国

《断易天机》解大畜卦

积小成高之卦，龙潜大壑之象

大畜卦点睛

大畜象征家有大的积蓄，只要找到明路必然发达。得大畜卦者，占据天时就会有大的积蓄。此时要适可而止，不可贪恋二尺硬土、乘势向外扩张。运作事情要有城府，保守机密，否则不容易成事。

尧帝得此卦，登基为天子

尧曾占得此卦，后来果然登天子之位。相传尧父为帝喾，帝喾去世后由尧的异母兄挚继位。挚在位9年，为政不善，引起诸侯不满，最后禅让于尧。

卦图详解

◆月下有一卷文书高挂，说明有文书消息。

◆鹿代表乾卦的刚健，马代表坤卦的柔顺，所以要刚柔相济。

◆马前的花很茂盛，说明有积蓄。

◆一官人靠栏而望，因为有积蓄而停滞不前。

家之吉。所以，大畜不仅是指个人的德智蓄养，也指国家的人才储备。

摇得此卦，要有城府，保守机密，密不透风，否则举事不成。拥有伟大志向者必须先储存实力，财富要转化为固定资产，可蓄不可散，否则容易丧失。可以考虑较大的投资案，但现金周转可能会较不利，因为蓄也有守财小气之象。奉公职者吉，但也有住居不安、身心忧苦，且有含怒怀恨之意。应待得时机，徐徐处事。性急不利，短虑则易生争端。预测婚姻有不成之兆。女性得此卦，交友应慎。

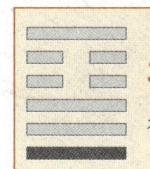

初九：有厉利已。

初九：有危险，利于停止不动。

【原文】象曰：有厉利已，不犯灾也。

【译文】象辞说：有危险便停止，不会带来灾难。

【启示】刚健之才，初出茅庐，阳德卑微，不待德智有所蓄积就急于进取，而被位置相应、性质相反之柔爻六四所蓄止。警告他贸然前进有危险。如果初九强进，必然因蓄养不厚、德智不足，无力冒险犯难而招致灾祸。初九的行动会受到九二的压制。初九的行动不能与他上面的直接领导者有冲突，否则，就会有些小灾小难了。

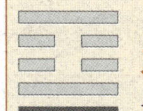

九二：舆说輹。

九二：车厢从车轴上脱了下来。

【原文】象曰：舆说輹，中无尤也。

【译文】象辞说：车厢从车轴上脱了下来，但因为九二居中位不急于前进，所以没有忧患。

【启示】既然家中有很多的积蓄，自然不必到处求取功名，而可以在家里享受生活了。古代苏杭的人们便是这个样子，不想当官，只愿意从事商贸活动，一有了钱便开始享乐。这是盛世中人们普遍的想法，六二既有一定的地位，又有很多财富，自然也会像大多数人一样，开始追求享乐了。

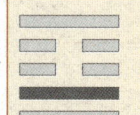

九三：良马逐，利艰贞。日闲舆卫，利有攸往。

九三：良马互相追逐，有利于在艰难中守正道。每日演练战车防卫，前往有利。

【原文】象曰：利有攸往，上合志也。

【译文】象辞说：前往有利，是由于九三与六四的意志相合。

【启示】在盛世时期，也有一些人会利用财富，积蓄自己的武力装备。有两种目的，一种是使自己的武力增强，然后吞并其他诸侯国，甚至是推翻总盟主，成为天子。周文王便是出于这种目的。一种是出于为朝廷效力的目的，想加强武力装备，备战备荒，随时准备替天子征伐叛乱。不管目的如何，都会得到天子的夸奖与支持。

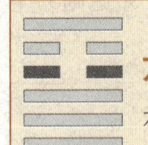

六四：童牛之牿，元吉。

六四：小牛角上绑着防止顶人的横木，大吉大利。

【原文】象曰：六四元吉，有喜也。

【译文】象辞说：六四大吉大利，是因为有喜庆之事。

【启示】小牛刚长出角，喜欢用角到处乱顶，古人在小牛的双角上绑上一根木棍，木棍上有一根细绳穿在小牛的鼻子上。这样，牛一撞东西，就会因绳子牵动鼻子而感到疼痛，所以不会轻易去撞人。好的习惯需要逐渐培养，就像驯小牛一样。所以说，人类的好习惯需要惩恶扬善的政策进行培养。

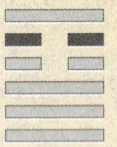

六五：豮豕之牙，吉。

六五：割掉公猪的生殖器，猪嘴里的长牙便不会伤害人了，吉祥。

【原文】象曰：六五之吉，有庆也。

【译文】象辞说：六五的吉祥是因为有值得庆幸的事。

【启示】阉割是古代畜牧业的一种驯养术，其法沿袭至今。猪性刚躁，常以利齿伤人，阉割后则牙齿犹存而凶性已除。九二的刚暴之性已成，像以牙伤人的公猪。只治猪的牙就不行了，需要治本，以阉割法制约公猪的烈性。六五柔中而居尊，能以柔止刚，有效地蓄止了九二，因此吉祥。

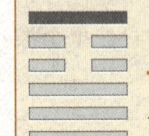

上九：何天之衢，亨。

上九：四通八达的天街大路，亨通。

【原文】象曰：何天之衢，道大行也。

【译文】象辞说：四通八达的天街大路，是积蓄之道得到大的通行。

【启示】本卦中对乾体的三个刚爻的蓄止、蓄养，都用畜牧打比方。初九是顶人的小牛，需要加以防护；九二是咬人的公猪，需要去其野性；九三则是经过驯养的良马，可以任其奔驰。所以这时上九已经不需要对九三加以蓄止，而是放开大路，任凭良马奔驰。

《推背图·第十九象》解大畜卦

大畜·壬午

【谶曰】
众人嚣嚣，
尽入其室。
百万雄狮，
头上一石。

【颂曰】
朝用奇谋夕丧师，
人民西北尽流离。
韶华虽好春光老，
悔不深居坐殿墀。

【金圣叹批注】

此象主神宗误用安石，引用群邪，致启边，用兵西北，丧帅百万。熙宁初，王韶上平戎三策，安石惊为奇谋，力荐于神宗，致肇此祸。

▶ 大畜卦运势速断

运势	应脚踏实地、务实行事。不可好高骛远，气盛凌人，目空一切。
事业	应适可而止，有所畏惧，保守面对阻力，不可贪图小利或冒险。
爱情	日久生情。虽有阻碍，但终有望。如果气盛凌人则会遭到破败。
疾病	病为缓慢形成，有思想负担，心腹浮肿，日轻夜重，往东北方求医。
经商	有获大利之象。应循序渐进，保守行事，深思熟虑，忌贪心不足。
诉讼	多因田土之争而争讼，事情有头无尾，可能要破财。
出行	有一人出来阻拦，迟一些时间可出行。若寻人，会有二人同归。
人生	喜欢反复酝酿，幻想不切实际的东西，思考多，行动少。

第27卦 颐：山雷颐卦

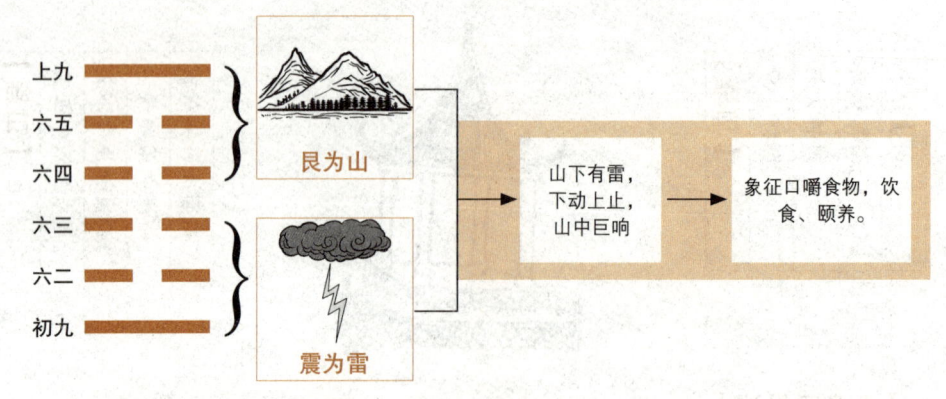

上九
六五
六四
六三
六二
初九

艮为山
震为雷

山下有雷，下动上止，山中巨响 → 象征口嚼食物，饮食、颐养。

【原文】颐，贞吉。观颐，自求口实。

象曰：颐贞吉，养正则吉也。观颐，观其所养也；自求口实，观其自养也。天地养万物，圣人养贤，以及万民；颐之时义大矣哉！

象曰：山下有雷，颐。君子以慎言语，节饮食。

【译文】颐卦，守正道吉祥。看人家吃东西，不如自己谋求食物。

象辞说：颐卦守正道而吉祥，是说养生遵循正道就会吉祥。看别人吃什么，就是观察他的养生之道；自己谋求食物，是要考虑自己怎样养生。天地养育万物，圣人养贤士，并因此而使万民得到养育；颐卦的时势意义太大了。

象辞说：山下有雷是颐卦的卦象。君子从卦象中得到启示，谨慎自己的言语，控制自己的饮食。

【启示】财物有了极大的积蓄后，人们便开始注重饮食的养生之道了。所以大畜卦之后是颐卦。颐卦上为山下为雷，山下怎么会有雷呢？这指的是山崩或地震，因倒塌而埋藏大山表面的万物，古人认为这是山在吃东西——这是最大的"吃"的形象。上古的人类从山也需要吃东西这一现象，领悟到饮食的重要性。人的口不但可以因吃食物而使生命延续，另一个功能是传授知识，得到精神食粮。所以颐卦不单是指物质方面饮食，还指精神方面的颐养。精神养生为重，物质养生为轻。

口是食物必经之部位，言多必失，病从口入，祸从口出。如果饮食、言语有节制，则可养身怡气。如果暴饮暴食、胡言乱语，则为害。所以要慎言慎食，三思而后言。凡廉洁寡欲、不贪饮食者，皆得养生之正道；凡贪食无厌、欲壑难填者，尽入邪途。养生的功夫正要在口的一出一入之间留意。

摇得此卦，求财望事可成，适合经营房地产、园林建筑、公墓、医药、保健养生等行业。预测婚姻可成，但终难和。有男克妻、女克夫之兆，若是再婚则无妨。

《断易天机》解颐卦

龙隐深潭之卦，近善远恶之象

颐卦点睛

颐象征保养，保养身体才能得到健康，休整之后才能健康发展。得颐卦者要懂得正确的养生之道，这包括饮食、语言两个方面。饮食、言语都要有节制，适可而止，吃饭要八分饱，说话前要三思。

张骞得此卦，考察黄河之源

颐卦为张骞寻黄河之源时占得。张骞曾两次出使西域，据传他考察了塔里木河与罗布泊，并确认其为黄河源头。相传他乘槎溯黄河而上，到达银河，所以称"黄河之水天上来"。

卦图详解

◆一个官人引导另一个人走向案边，这是告诉他如何颐养。

◆天在下雨，说明草木需要雨水滋养。

◆左侧有香案，为御筵。象征廉洁寡欲、不贪饮食者可得养生正道。

◆有三个小儿，说明养生之道要返璞归真。

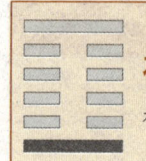

初九：舍尔灵龟，观我朵颐，凶。

初九：扔下属于你的灵龟，只看我吃东西，凶险。

【原文】象曰：观我朵颐，亦不足贵也。

【译文】象辞说：看我吃东西，这是不高尚的行为。

【启示】灵龟是有灵气的大龟。龟寿命长，能长时间不吃东西，所以古人认为这是一种神奇的动物，并由此发明了一种养生术——龟息大法，认为这样可以修炼成神仙。初九就是一位懂得龟息术的人，可是他不安于清淡平静的生活，看到别人荣华富贵便嘴馋，急于去求取功名，结果自然是凶险。

六二：颠颐，拂经，于丘颐，征凶。

六二：躺着吃东西，违背养生常规，在土堆边吃东西，征讨有凶险。

【原文】象曰：六二征凶，行失类也。

【译文】象辞说：六二征讨有凶险，是因为他的行为会失去同类。

【启示】六二较富裕，养成了好吃懒做的习惯，养得又肥又胖，与人争斗自然不会成为赢家。富裕的人极其注重饮食享乐，往往吃饱了之后还想吃，怎么办？有些医生便发明了可以使人呕吐的药，吃完佳肴便吃这种药，吐了之后再接着吃。这么吃又不运动，身体素质肯定不会提高，一旦出现争战，只能吃败仗。

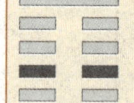

六三：拂颐，贞凶，十年勿用，无攸利。

六三：违背养生之道，守正道也凶险，会导致十年无所作为，没有利益。

【原文】象曰：十年勿用，道大悖也。

【译文】象辞说：十年无所作为，是因为与养生之道违背得太远了。

【启示】六三也不遵守养生之道，导致体质很差。即使好好调养十年也养不过来了。宋代的邵雍名气很大，皇上非常敬重他，请他到朝中做官，可他却一直没有去。他既不贪女色也不图享乐，可是由于每天苦苦研究学问，导致身体素质很差。这种体质当朝为官不会有所作为的，所以他不接受皇帝的美意。

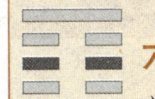

六四：颠颐吉，虎视眈眈，其欲逐逐，无咎。

六四：躺着吃东西，吉祥。虎视眈眈，追逐欲求，没有灾难。

【原文】象曰：颠颐之吉，上施光也。

【译文】象辞说：躺着吃东西的吉祥，是六五君王布施广大。

【启示】六四也违背养生之道，贪图享乐，欲望无穷，却没有灾难。因为他位于君王之侧，贪图享乐可以避免君王对他的猜忌。秦朝的王翦东征西讨立下汗马功劳，秦王却对他非常信任。因为王翦极其贪婪，常让秦王赏他土地与美女。他认为，因为他贪婪，君王就会觉得他胸无大志，不会争夺王位，所以不会引来杀身之祸。

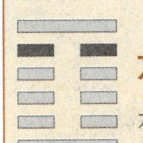

六五：拂经，居贞吉，不可涉大川。

六五：违背养生理论，居守正道吉，不可跋涉大川。

【原文】象曰：居贞之吉，顺以从上也。

【译文】象辞说：居守正道的吉祥，是因为六五柔顺地听从上九的贤者。

【启示】六五身处君王之位，但没有实权，大权仍然在太上皇手中，所以他只能坚守正道，并且不易有大的作为。好比汉武帝刚刚登基时，政治大权掌握在窦太后手中。窦太后喜欢老庄思想，所以汉武帝虽然想"有为而治"，但也不敢提出来。只有等窦太后去世后，再施展自己的政治抱负。

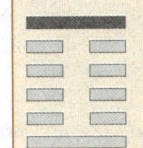

上九：由颐，厉吉，利涉大川。

上九：由此得到养生，表面上危险实则吉祥，有利于跋涉大川。

【原文】象曰：由颐厉吉，大有庆也。

【译文】象辞说：由此得到养生，表面上危险实则吉祥，这是由于有喜庆的事情。

【启示】颐卦发展到了上九这一爻，已经可以兼养天下。上九处于颐卦之极，这时元气已经得到了充分的积蓄，阴虚已经转为阳实，不仅因刚实能够自养，同时又能养四个阴虚，既养己又养人，既养体又养德，最得颐养之正道，是颐道大成的象征。当此之时，排难涉险必利，但也要防危虑险，心存戒慎，以免功亏一篑。

《推背图·第三十九象》解颐卦

颐·壬寅

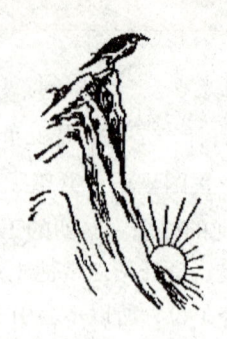

【谶曰】

鸟无足,
山有月。
旭初升,
人都哭。

【颂曰】

十二月中气不和,
南山有雀北山罗。
一朝听得金鸡叫,
大海沉沉日已过。

【金圣叹批注】

此象疑一外夷扰乱中原,必至酉年始得平也。

▶ 颐卦运势速断

运势	小吉带凶。须慎言,注重细节。任性非为,欠缺周详考虑则有害。
事业	不能依赖他人,不可粗心大意,应自食其力,慎言敏行,不贪功。
爱情	容易自恋,应加强修养,不傲气凌人。有阻碍时要改进言行,重估利弊。
疾病	饮食引起的病症。久病者有险。寒热水痛,服药无效,可往东北方求医。
经商	不可急于求成,循序渐进,不断追求新方向,必要时可适当冒险。
诉讼	事情有头无尾,是我方起诉对方,最终不了了之。
出行	一往一来,事多疑虑,要动而不动,在途中会有相遇之事。
人生	注重保健、生命质量。性格小心谨慎,常有怀疑态度,容易颐指气使。

第 28 卦 大过：泽风大过卦

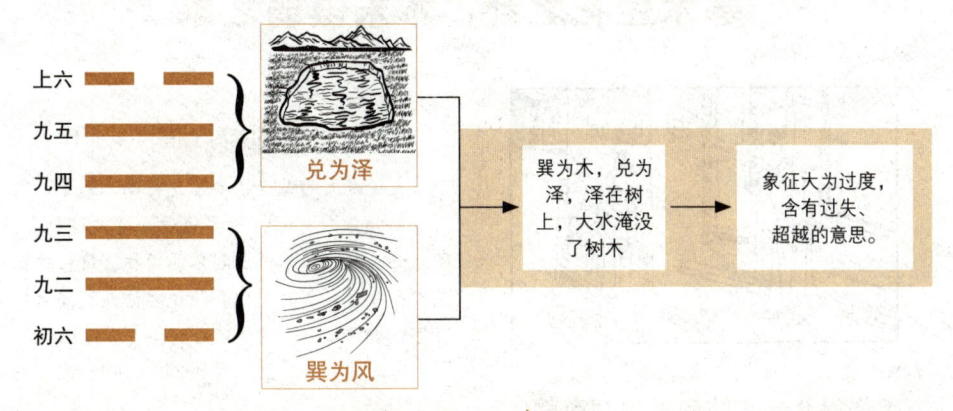

上六
九五
九四 } 兑为泽
九三
九二 } 巽为风
初六

巽为木，兑为泽，泽在树上，大水淹没了树木 → 象征大为过度，含有过失、超越的意思。

【原文】大过，栋桡，利有攸往，亨。

彖曰：大过，大者过也。栋桡，本末弱也。刚过而中，巽而说行，利有攸往，乃亨。大过之时义大矣哉！

象曰：泽灭木，大过；君子以独立不惧，遁世无闷。

【译文】大过卦，栋梁弯曲。前往有利，亨通。

彖辞说：大过，即是阳刚过盛的意思。栋梁弯曲，是由于栋梁两头太柔弱的缘故。阳刚过盛却处于中部，柔顺、喜悦地前往，所以前往有利并能亨通。大过卦的时势意义太大了！

象辞说：泽水淹没了树木就是大过卦的卦象。君子从卦象中得到启示，独立而不惧怕，隐身遁世也不烦闷。

【启示】大过是大为过度的意思。凡事都要适度，不及或者过头都不好，都要纠正。卦辞中以栋梁弯曲作为比喻。四阳在中间，两阴在头尾，中间过强，两头太弱，然而栋梁是着力于两头的，柔弱的两头不胜重压，以致弯曲，房子要塌了。比如当权者过于刚强，下级无法忍受。对于个性刚强而修养不深者，即表现为刚有余而柔不足，缺少弹性和韧力，易于摧折，难以持久。

大过卦的基本精神是反对阳刚过度，主张接受阴柔的反向作用，以纠正偏差，拯治弊病，达到阴阳平衡，使事物恢复到"适中"状态。君子正是在"大过"的灾祸中磨炼出大过人的德才。在这个非常时期，要有过人之举，立过人之行。必须有所作为，进则"独立不惧"，独立支撑起将倾的大厦，挽狂澜于既倒；在独木难支、回天乏术之后，退则隐身遁世，独善其身，不怨天尤人。

此卦有险象，得此卦者有如身陷水中，身心不安，百事衰退，事情到了一定关口，必须果断行动，但强行己意又可能会后悔。需努力找出问题之所在，尽快解决才能扭转

《断易天机》解大过卦

寒木生花之卦，本末俱弱之象

大过卦点睛

大过是大的过度，要暴发行动，到了一定关口必须果断行动，不要错过。得大过卦者，矫枉必须过正，不过正则不能矫枉。矫枉过正是成大业者必备的气魄和胆识。拯危救弊要有壮士断腕的魄力，瞻前顾后则会失去良机。

姜尚得此卦，助武王推翻商朝

姜尚在渭水垂钓时占得此卦。姜尚垂钓时碰到出巡的周文王，文王通过交谈而知其才，拜姜尚为太公。后来他辅佐周武王推翻了商朝，开创了持续八百载的周朝。

卦图详解

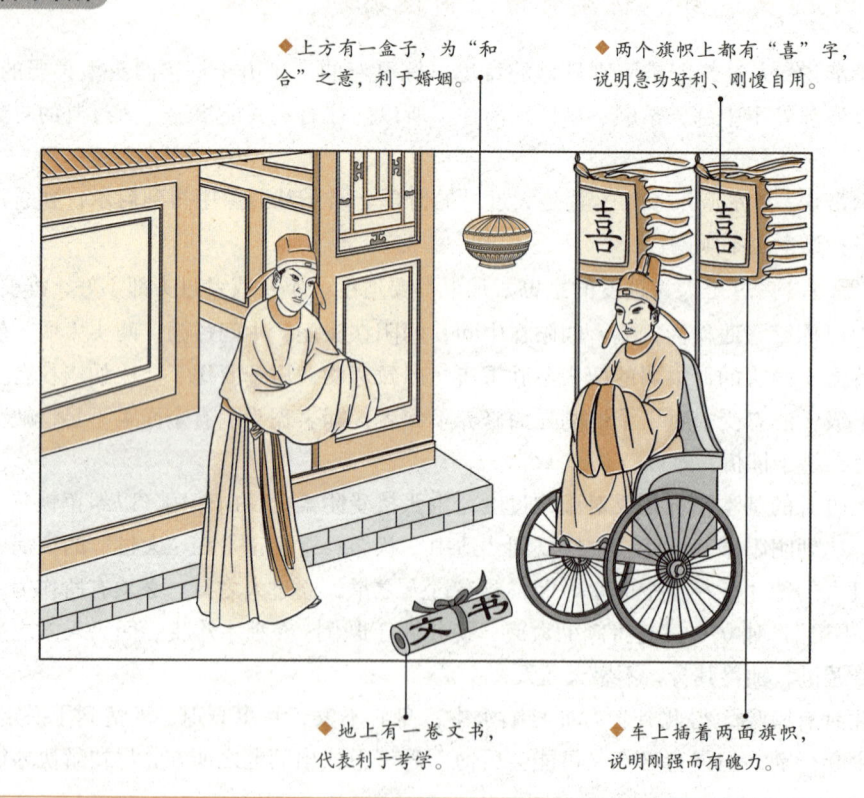

◆ 上方有一盒子，为"和合"之意，利于婚姻。

◆ 两个旗帜上都有"喜"字，说明急功好利、刚愎自用。

◆ 地上有一卷文书，代表利于考学。

◆ 车上插着两面旗帜，说明刚强而有魄力。

劣势。得此卦之女性多有月经滞之病，或有久病之象。在男女关系上也会不平衡，尤其是已婚女性，有与年轻男子发生畸恋的倾向。在社会关系方面，链接上下的管道受阻塞，因为中间地位者过强。计划好的事情往往做不成功，越计划越失败。反而是突然碰到的事情能够成功。

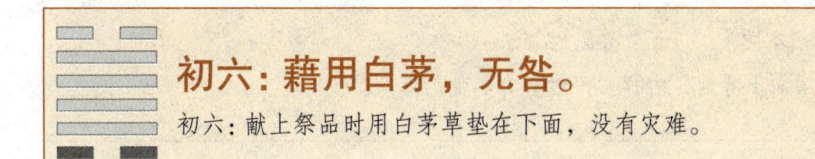

初六：藉用白茅，无咎。

初六：献上祭品时用白茅草垫在下面，没有灾难。

【原文】象曰：藉用白茅，柔在下也。

【译文】象辞说：用白茅草垫在下面，说的是柔爻在下位。

【启示】祭祀时不但把地与桌子打扫干净，还在祭品下面垫上白色的茅草，这可以表现出对神的虔诚，所以不会带来灾难。这就像我们怀着极其敬重之心，是不会引起他人反感的。这与我们俗语所说的"瓜子不饱是人情"是一个道理。"礼轻情意重"的成语典故也说的是这一道理。

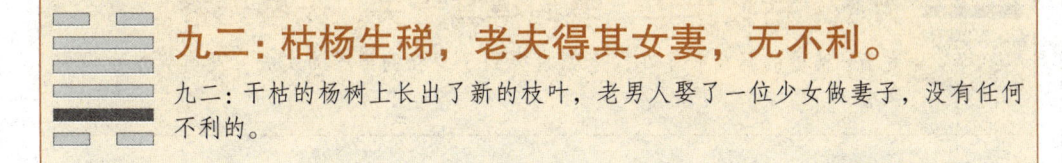

九二：枯杨生稊，老夫得其女妻，无不利。

九二：干枯的杨树上长出了新的枝叶，老男人娶了一位少女做妻子，没有任何不利的。

【原文】象曰：老夫女妻，过以相与也。

【译文】象辞说：老男人娶少女为妻，是说九二虽然阳刚过了头，但仍然能与初六爻和睦相处。

【启示】枯杨树生出嫩芽新枝，老男人得到处女幼妻，无所不利。当大过之时，阳刚发展过度，所以用枯杨、老夫比喻九二；阴柔过于幼弱，所以用嫩枝、幼妻比喻初六。两爻比邻，取柔济刚，以阴柔抑制过度的阳刚。这种阴阳调济的情况如同"老夫少妻"，这确实是不同平常的过人之举，非此过人之举不足以纠正阳刚的过度偏胜。

九三：栋桡，凶。

九三：栋梁弯曲，凶险。

【原文】象曰：栋桡之凶，不可以有辅也。

【译文】象辞说：栋梁弯曲，是得不到好的辅佐导致的。

【启示】九三不像九二那样，可以得到初六的辅助而抵消掉过度的阳刚，使阴阳归于平衡。九三以阳刚之质居于阳刚之位，居刚用刚，这样就有摧折之危。能否取柔济刚是能否转危为安的关键。在生活中，阳刚气质的人富于进取精神和决断能力，但阳刚过甚就会流于急功好利和刚愎自用，优势转而成为弊病。阴柔气质的人较为宽容退让和优柔寡断，但是正好可以弥补阳刚者之不足。

九四：栋隆，吉；有它吝。

九四：栋梁向上弯曲，吉祥。不过会有其他的麻烦。

【原文】象曰：栋隆之吉，不桡乎下也。

【译文】象辞说：栋梁向上弯曲之所以吉祥，是因为栋梁没有朝下弯曲。

【启示】九四也相当于一段受潮的栋梁。因为他与初六相应，所以也有受潮而弯曲或因女人变节的形象。不过庆幸的是九四处于上卦，所以他只会向上弯曲，而不会向下弯曲。对于一间房子来说，栋梁朝上弯曲不会引起房屋顶部的塌陷，所以吉祥。但会有其他的忧吝，因为受潮了，如同因女人而变节，所以忧吝。

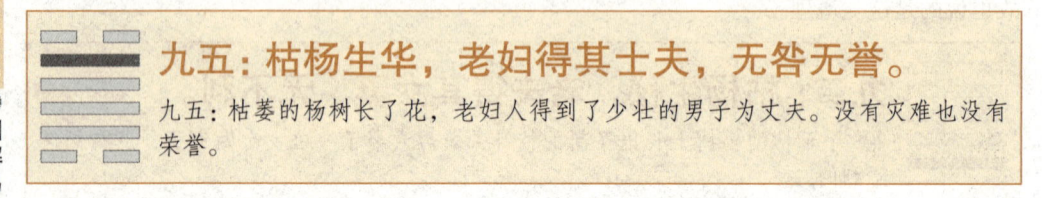

九五：枯杨生华，老妇得其士夫，无咎无誉。

九五：枯萎的杨树长了花，老妇人得到了少壮的男子为丈夫。没有灾难也没有荣誉。

【原文】象曰：枯杨生华，何可久也。老妇士夫，亦可丑也。

【译文】象辞说：枯萎的杨树生出了杨树花，怎么会长久呢？老女人得了个少壮的男士为夫，也是件丢人的事情。

【启示】九五如同小伙子，上六如同老太婆。小伙子找不到配偶，无可奈何地与老太婆结婚，虽然是特殊情况下的应急举措，也是过人之举；但是这种婚配只能新鲜一时，长久不了，而且有花无果，仅仅是形式上的凑合而已。

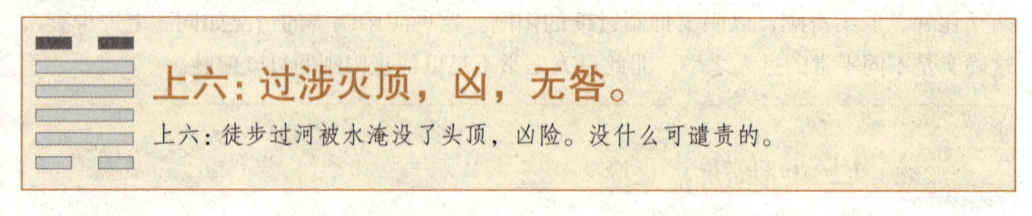

上六：过涉灭顶，凶，无咎。

上六：徒步过河被水淹没了头顶，凶险。没什么可谴责的。

【原文】象曰：过涉之凶，不可咎也。

【译文】象辞说：徒步过河遇到了凶险，没有什么可指责的。

【启示】处在卦终，孤阴残存。下面的四阳刚健强盛，上六无法匹敌，随时都可能被排斥掉，遭遇灭顶之灾。上六在客观形势上已经没有可能与过盛之阳刚相抗衡，无法免祸。这不是主观努力不够或决策失误所造成，而是客观形势使然，这时只有自损其身。相当于比干谏纣王的典故，但又怎么能指责比干做得不对呢？

《推背图·第三十一象》解大过卦

大过·甲午

【谶曰】
当涂遗孽
秽乱宫阙
一男一女
断送人国

【颂曰】
忠臣贤士尽沉沦，
天启其衷乱更纷。
纵有胸怀光坦白，
乾坤不属旧明君。

【金圣叹批注】
此象主天启七年间，妖气漫天，元气受伤。一男一女指魏阉与客氏而言。客氏熹宗乳母，称奉圣夫人。

▶ 大过卦运势速断

运势	力弱不支，负担过重，势将摧折。大凶。变化是突发的，应慎重行动。
事业	危机四伏，此时不应作决策。不可轻举妄动、优柔寡断。
爱情	困难重重，双方眼光都很高。他人介绍的姻缘难成，偶遇之人易成。
疾病	大凶。女性得此卦多为妇科病、肿瘤等。宜往西南方求医。
经商	处于不利地步，操之过急，发展过快，应收缩调整。不可刚愎自用。
诉讼	有内贼为患，有姓名中有木的人劝解则吉，但仍然不能了断。
出行	外忧内，内忧外，不久将有消息，可能有人相约。
人生	仕途上追求一帆风顺。家庭的支撑对仕途有助，否则会发展艰难。

第29卦 坎：坎为水卦

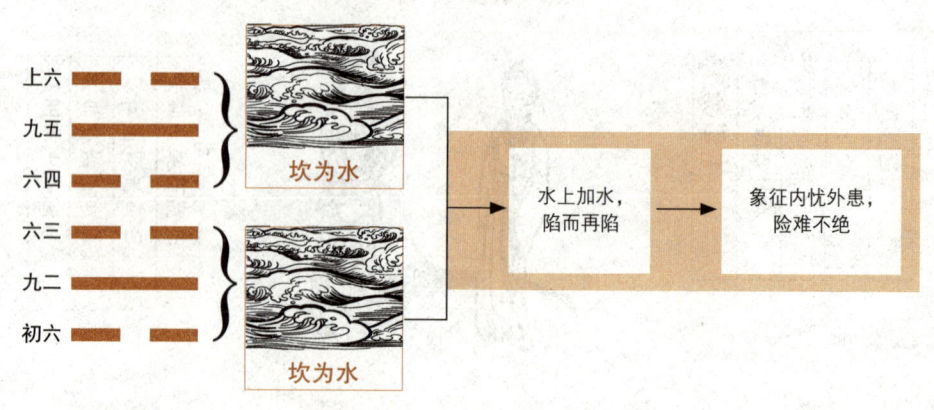

上六
九五
六四
六三
九二
初六

坎为水
坎为水

水上加水，陷而再陷 → 象征内忧外患，险难不绝

【原文】习坎，有孚，维心亨，行有尚。

象曰：习坎，重险也。水流而不盈，行险而不失其信。维心亨，乃以刚中也。行有尚，往有功也。天险，不可升也，地险，山川丘陵也，王公设险以守其国，险之时用大矣哉！

象曰：水洊至，习坎；君子以常德行，习教事。

【译文】坎卦，在重险中有诚信，因为心诚而亨通，行动会有功赏。

象辞说："习坎"，便是双重危险的意思。水流动就不会溢出河床，行在险中而不失诚信。因为心诚而亨通，是由于坎卦刚爻居中。得动会有功赏，是因为前往会建立功业。天险高不可攀越，地险有山川丘陵（也难能跨越），君王公侯利用险阻守卫自己的国家，险的时势作用太大了！

象辞说：水流叠连而至便是坎卦的卦象。君子从中受到启发，恒久保持美好的德行，不断提高教化人民的水平。

【启示】事物不可能永远是顺利地得以通过，总会有坎坷阻挡，所以大过之后便是坎卦。八纯卦相重都用八卦原名，惟有坎卦称作"习坎"。"习"是重，习坎就是重坎。也就是说坎卦是两个三爻坎卦重叠而成，象征一个陷阱接着一个陷阱，一个险阻接着一个险阻，进也险、退也险，陷中有险，困上加困，进退两难，有灭顶之患。历史上最大的灾难就是伏羲女娲时期的洪水。重坎时期就是洪荒时期，每次洪荒时期都极其危险，坎水灭人丁，使生灵涂炭。

坎卦为四大难卦之一。上卦的坎可代表天上的水，即雨、露、霜、雪、云、雾等，也代表外面来的灾难；下卦的坎可代表地中的水，即河、海、泉、湖、泊等，也代表内部引发的灾难。坎卦内忧外患，可是卦辞中却没有凶险二字，这是怎么回事？原来人类是不怕任何艰难险阻的，因为人类可以克服任何艰难险阻，人类就是在与险难的搏斗中

《断易天机》解坎卦

船涉金滩之卦，外虚中实之象

坎卦点睛

坎是坎坷、陷入困境，在失落之中不可改变自己的信念。得坎卦者大都处于险难中，明枪易躲暗箭难防，如果前面有陷阱，与其抢一秒，不如停三分。不可害人，但要防人，尽管阴谋防不胜防，但身正不怕影子斜。

唐玄宗得此卦，遭遇安史之乱

唐玄宗避安禄山之乱时占得此卦。755年，安禄山叛乱，长安失陷，唐玄宗逃往蜀中，虽然失败，但信心未失。他整顿兵力，最终得胜还都。

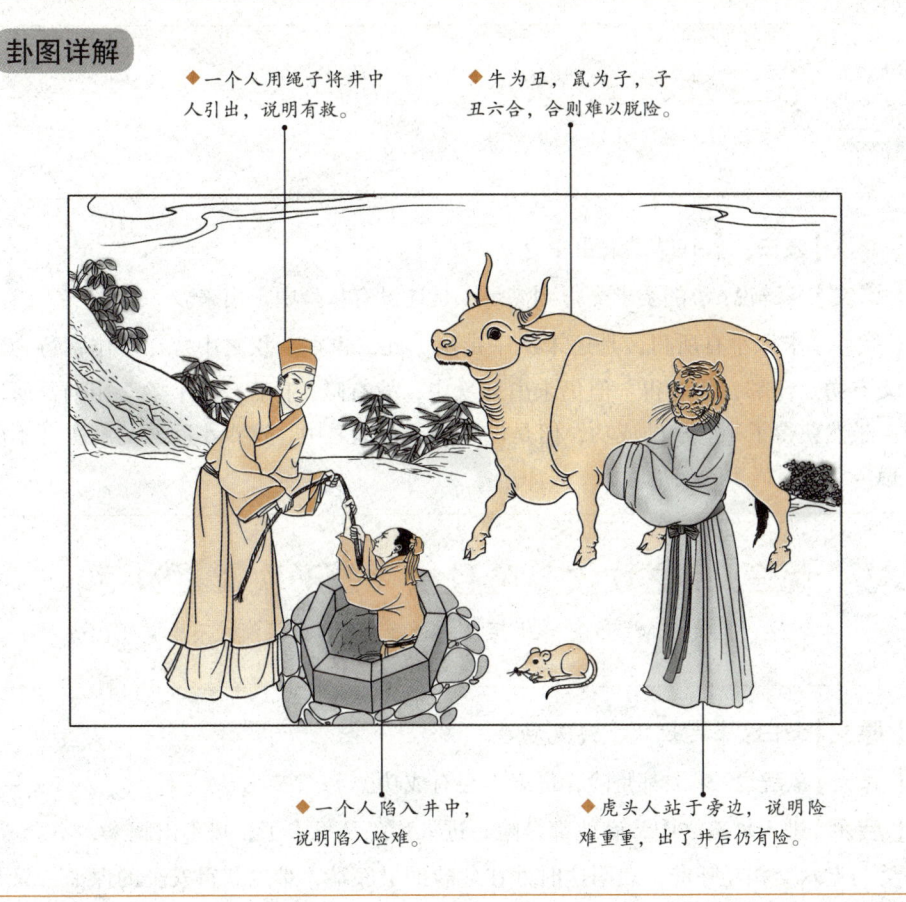

卦图详解

◆ 一个人用绳子将井中人引出，说明有救。

◆ 牛为丑，鼠为子，子丑六合，合则难以脱险。

◆ 一个人陷入井中，说明陷入险难。

◆ 虎头人站于旁边，说明险难重重，出了井后仍有险。

成长起来的。怎样冲破重重险难的呢？只有靠诚信。诚信是人类的大智慧，靠小聪明是无法冲破险难的。

得此卦者应处处小心，随时留意警惕。预测婚姻，多反复折磨，进退难断，受阻难成。男性得此卦有色情之灾，女性也有败节受困之恼。坎卦容易有好的财运，但运转不停的只是过手财富，随来随走。

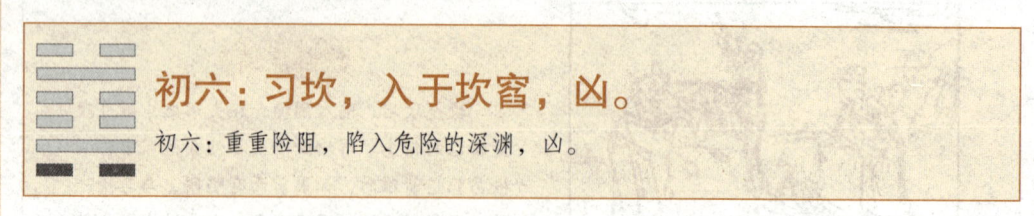

初六：习坎，入于坎窞，凶。

初六：重重险阻，陷入危险的深渊，凶。

【原文】象曰：习坎入坎，失道凶也。

【译文】象辞说：身陷重重险阻中，是迷失道路的凶险。

【启示】初六是从临卦的五位推移到初位，成为坎的最下一爻。自己走错路，掉到坎下之坎。落入坎中就不易出来，再落坎下之坎，陷得太深了，无法出来，故凶。陷入困境，是因为没有固守正行，加上自身的性格软弱和能力不足，没有外人帮助，遭致凶境也就是必然的了。

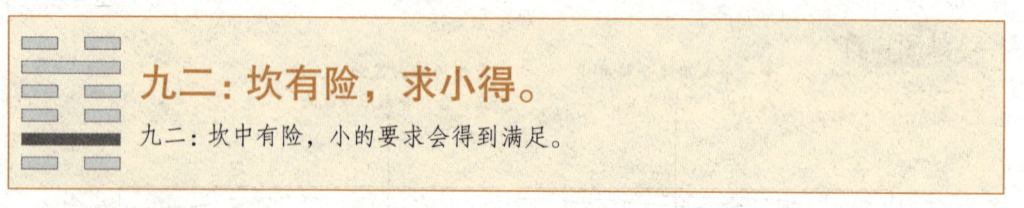

九二：坎有险，求小得。

九二：坎中有险，小的要求会得到满足。

【原文】象曰：求小得，未出中也。

【译文】象辞说：小的要求会得到满足，是还没有从险中走出来。

【启示】求取小有所得，是还未从中走出。九二也在下坎之中，在中位，行为不失中，又有初六比邻，故有得。但仍未离开坎中，故有险；上下有两个柔爻相辅，所以有所得。虽然获得了一些小的成功，但是仍然处于险境之中，这点小问题的解决并不能改变大趋势。此时尚未脱离危险。

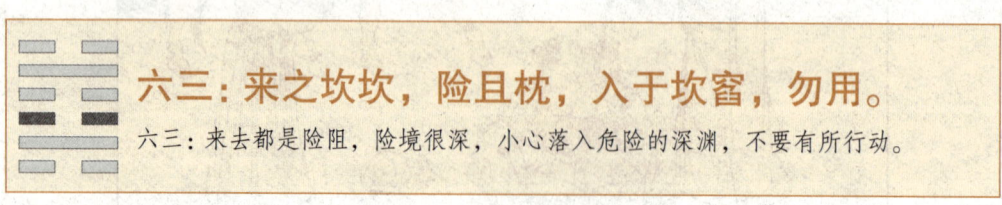

六三：来之坎坎，险且枕，入于坎窞，勿用。

六三：来去都是险阻，险境很深，小心落入危险的深渊，不要有所行动。

【原文】象曰：来之坎坎，终无功也。

【译文】象辞说：来去都是险，最终不会有成功。

【启示】进入坎陷之中，满地都是险，进入坎陷丛里去了，拔不出腿来，不会成功。这一爻与上六爻相互呼应，表明这时处在危险的最底端，难以获得安全的保证，只有暗自等待，万不可轻率行事。这个时候向前进发和向后退却都会招致祸患，不如苟且自守，如果急于获得安宁，反而会带来更大的危机，不利于走出险境。

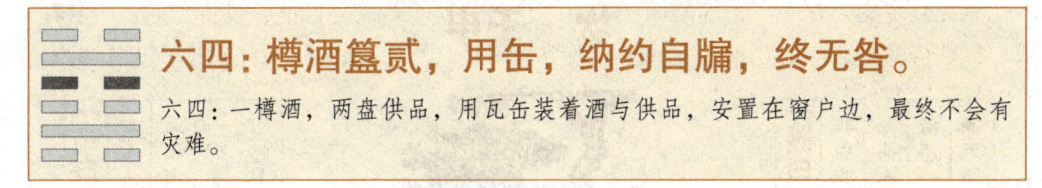

六四：樽酒簋贰，用缶，纳约自牖，终无咎。

六四：一樽酒，两盘供品，用瓦缶装着酒与供品，安置在窗户边，最终不会有灾难。

【原文】象曰：樽酒簋贰，刚柔际也。

【译文】象辞说：一樽酒，两盘供品，说明六四爻与九五爻阴阳相交。

【启示】在艰难的境况中能诚信交往，刚柔并用，就可以避开灾难。好比舜治理天下的时候，水灾泛滥，而大禹则主动向帝尧提出要担任治水的重担。他不负众望，呕心沥血十三载，三过家门而不入，最后终于成功地制伏了水患。而舜因此把天子的位子禅让给大禹。可见，心怀诚信会得到好处。

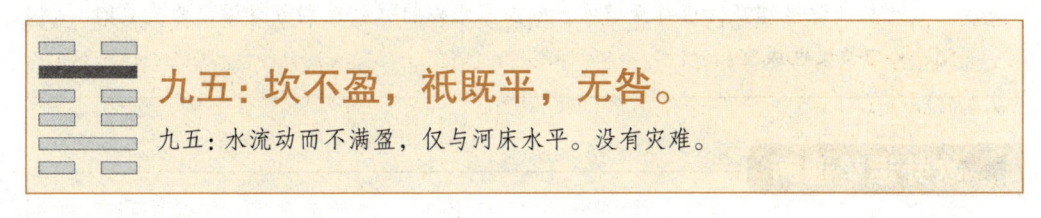

九五：坎不盈，祗既平，无咎。

九五：水流动而不满盈，仅与河床水平。没有灾难。

【原文】象曰：坎不盈，中未大也。

【译文】象辞说：水流动而不满盈，是九五居中还没有发展壮大。

【启示】土坑中的水还没有溢出来，但是已经与地面平齐了，表明灾害还没有降临。很多灾难是由于骄傲造成的。据史料记载，在太戊执政之前，商王朝出现了衰落的局面，内忧外患不断，天灾人祸频频，一些诸侯国趁机进行叛乱，以摆脱商朝的控制。太戊执政后任用贤臣，励精图治，使商朝呈现"中兴"的大好形势。

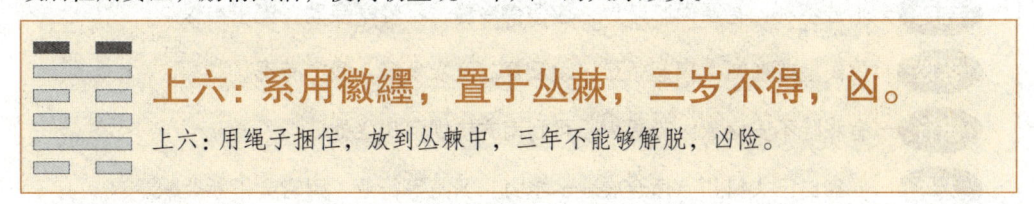

上六：系用徽纆，置于丛棘，三岁不得，凶。

上六：用绳子捆住，放到丛棘中，三年不能够解脱，凶险。

【原文】象曰：上六失道，凶三岁也。

【译文】象辞说：上六迷失道路，会有三年的凶险。

【启示】古代监狱的围墙上为了防止犯人逃跑，往往放着一些有刺的荆棘，所以此处的"丛棘"也代指监狱。"三岁不得"按现在的话来说便是给判了三年徒刑。上六为什么会犯罪呢？象辞的解释是"上六失道"。也就是说，水本该向下流，可是上六却居于坎卦的最上面，所以违背了水的运行之道而导致凶险。

《推背图·第九象》解坎卦

坎·壬申

【谶曰】
非白非黑，
草头人出。
借得一枝，
满天飞血。

【颂曰】
万人头上起英雄，
血染河山日色红。
一树李花都惨淡，
可怜巢霞也成空。

【金圣叹批注】

此象主黄巢作乱，唐祚至昭宗。朱温弑之以自立，改国号梁温，为黄巢旧党，故曰覆巢也成空。

▶ 坎卦运势速断

运势	大凶之象。危机重重，应忍辱负重，保持平和，吃得苦中苦。
事业	陷入重重艰难中，不可冒险，应镇定自若，运用智慧，静观待变。
爱情	自身和外界的困扰和压力都很大。有私奔或分裂之忧，应慎重行事。
疾病	久病者凶，近病者速医可救。病在泌尿生殖系统。可向东南方求医。
经商	十分不利，甚至面临破产，应保持冷静，不轻举妄动，先求自保。
诉讼	因田地或盗贼之事起争讼，须反复二三次争辩，我方有理。
出行	有艰险不安之象。若寻人，可到南方坑坝河川之处。
人生	要靠自己去打拼，适合农业、水力、养殖等行业，财富会不断聚积。

第30卦 离：离为火卦

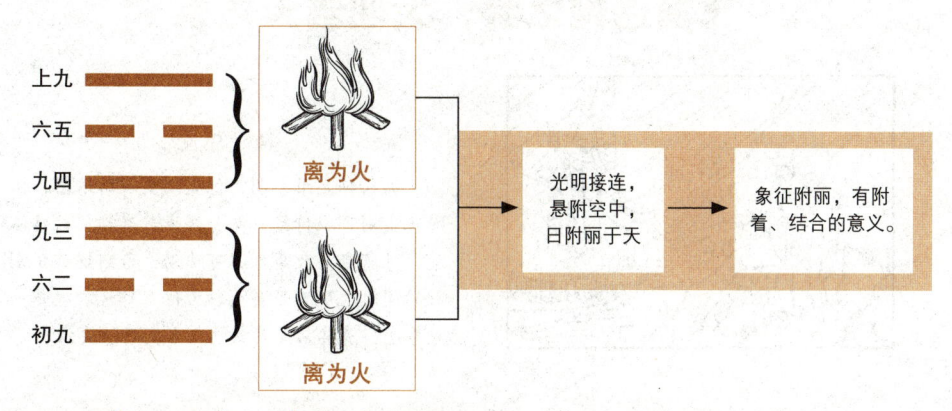

上九
六五
九四
九三
六二
初九

离为火

离为火

光明接连，悬附空中，日附丽于天 → 象征附丽，有附着、结合的意义。

【原文】离，利贞，亨。畜牝牛，吉。

象曰：离，丽也；日月丽乎天，百谷草木丽乎土，重明以丽乎正，乃化成天下。柔丽乎中正，故亨；是以畜牝牛吉也。

象曰：明两作，离；大人以继明照于四方。

【译文】离卦，利于守正道，亨通。畜养母牛，吉祥。

象辞说：离，美丽光耀的意思；太阳与月亮依附光耀于天际，百谷草木依附光耀于土地上，双重的光明依附于正道，才能教化天下达到文明。六二与六五以柔顺之德居中位，所以亨通，所以畜养温顺的母牛吉祥。

象辞说：两重光明就是离卦的卦象。大人物效法离卦的精神，发挥自己的光热于四方。

【启示】陷入坑里，肯定会附着在一处地方，所以坎卦之后是离卦。古字的"离"是"鹂"的本字。古人认为太阳便是一种神鸟，所以离的引申义也指日。又由于日光是光明、温暖又酷热的，离便又有光明、火、火热的含义。鸟不能总是飞翔，经常会停落在某处，于是离又有依附、附丽的意思。又由于黄鹂鸟总是成双成对地飞翔，所以离又有雌雄相依，阴阳相对的含义。

前面的比卦是紧靠、并列的依附，强调的是一方亲近地辅助另一方，侧重于亲辅关系；离卦强调一方密切地依附于另一方，侧重于主从之间的依附关系。人是需要互助依存的。但依附行为并不等于有依附人格，也并不妨碍独立人格的发展成长。应该把"依附"看作是一种手段，而不是目的。

得此卦者，心不易定，事物易变化，性急者易败事。有先凶后利之象。与人不亲和，易有损失。在婚恋上追求纯粹的感情交流。容易有艳遇，但当桃花运进入到肉体关系阶段时会形成纠纷困扰。男性得此卦，有良女为友。女性得此卦，有红杏出墙的可能。预

《断易天机》解离卦

飞禽遇网之卦，大明当天之象

离卦点睛

离象征无限光明，但火焰要有所依附，依附正当则可以持续光明。得离卦者往往心绪不定，性急者易败事。不可冲动，否则烧伤了别人的同时也熄灭了自己。为他人作嫁衣也是一种享受，有其名无其实总比名实两缺要强。

朱买臣得此卦，官至太守

朱买臣被妻弃时占得此卦。朱买臣为汉朝人，四十多岁时仍然贫寒，其妻引以为耻，离他而去，印证了离卦的离散之意。后来他得人推荐官至太守，印证了光明、高贵之意。

卦图详解

◆一只船行于江中，象征有明确的目标。

◆一只虎卧在地上，一个人站在老虎旁边，代表依附。

◆一人执箭在岸上站立，虽有射杀虎的动机但难以施行，说明有名无实。

测婚姻，女方无定性，有败丈夫之财之象。若是再嫁之女则有获得好配偶之象。

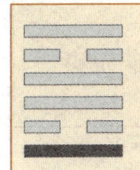

初九：履错然，敬之无咎。

初九：做事井然有序，错落有致，恭敬行事不会有灾难。

【原文】象曰：履错之敬，以辟咎也。

【译文】象辞说：做事井然有序，恭敬谨慎，是为了躲避灾难。

【启示】刚上场就乱了步伐，处离之始，以刚居刚，处于刚刚依附于人之时就躁动冒进。这时还没有得到对方的信任，也不知应该如何做事，行为举止必然有不得当处，难免乱了章法。依附之事贵柔，初九以阳刚的姿态出场就错了。幸亏初九居下，有谦虚恭敬的优点，这才没有继续闯祸，挽回了不良影响。

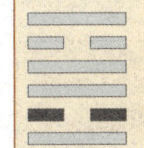

六二：黄离，元吉。

六二：六二爻黄中文明，大吉祥。

【原文】象曰：黄离元吉，得中道也。

【译文】象辞说："黄离元吉"，是因为六二爻居中位符合中庸之道。

【启示】黄在五色里为中之色，象征中道。六二以柔爻居阴位得正，又居于下体之中。能以柔顺中正之道依附于人，是吉祥的。当依附之时，初九过刚当然不可取，六二能柔并不难做到，难在一面柔顺依人，一面又不失其中正。这就是外圆内方的人格，在依附于人的同时，保持自己独立的人格。对利和义的追求很难平衡。

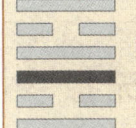

九三：日昃之离，不鼓缶而歌，则大耋之嗟，凶。

九三：太阳西斜后，听不到人们敲打着瓦盆唱歌，而是听到老人们的哀叹声，凶险。

【原文】象曰：日昃之离，何可久也。

【译文】象辞说：太阳已西斜，光明不会太迟久的。

【启示】太阳已经西斜了，仍然恋恋不舍地依附在天上。夕阳无限好，只是近黄昏。九三处于下离之终，光明已接近终点。日薄西山，精力俱衰，如不及时退休，等到年岁更加老迈时就该后悔了。唱歌行乐，以娱晚年，这是老人的最佳选择。如果仍然恋栈不舍，难免被视为老朽昏庸，自取其辱是必然的。

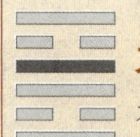

九四：突如其来如，焚如，死如，弃如。

九四：灾难突然而来，焚烧房屋，人死，丢弃亲人的尸体逃命。

【原文】象曰：突如其来如，无所容也。

【译文】象辞说：突然来到的灾难，是无法逃避的。

【启示】处于多惧之地，急欲向上逼近六五，有强宾逼主之势。名为依附，实为逼迫，会引起六五的戒备。六五拒绝、抵制九四。比如刘备势单力薄时曾多次依附于人，曹操，袁绍，刘表，处处谦顺任劳，韬晦自抑。等待时机，缓图进取，并不操之过急，更不采取"突如其来如"的强宾夺主的形式，在辗转寄人篱下的过程中，不仅保存了自己，还积蓄了力量。而吕布与刘备相反，先后依附过丁原、董卓、袁术、刘备、曹操，但处处以强宾夺主，咄咄逼人，终于被杀。

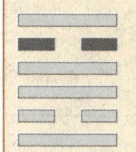

六五：出涕沱若，戚嗟若，吉。

六五：泪水、鼻涕如大雨一样，悲伤哀叹，吉祥。

【原文】象曰：六五之吉，离王公也。

【译文】象辞说：六五的吉祥，是因为其处于王公的位置。

【启示】六五是一位心怀仁慈的君王，面对这种不孝的社会习俗，他感到很伤心，所以痛哭流涕，愁眉不展地连连哀叹，他在为这种时代悲哀。正是他心怀仁慈与悲哀，给他带来了吉祥。因为他会得到更多人的共鸣，会得到更多人的拥护，三国中刘备的哭就是这样。

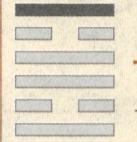

上九：王用出征，有嘉。折首，获匪其丑，无咎。

上九：君王带兵出征，战绩很好。斩了敌人首领，俘虏了二头目，没有灾难。

【原文】象曰：王用出征，以正邦也。

【译文】象辞说：君王带兵出征，是为了安邦定国。

【启示】众人皆来依附，这时仍有少数顽固分子要讨伐问罪。但是六五柔弱，无力征讨。六五任用具有刚健之才的上九为将，去征伐尚未依附的异己力量。诛杀首恶，其余没有归附的民众俘虏过来就行。武力征伐和分化争取相结合，实现了百姓的依附。

《推背图·第四十一象》解离卦

离·甲辰

【谶曰】
非白非黑，
草头人出。
借得一枝，
满天飞血。

【颂曰】
万人头上起英雄，
血染河山日色红。
一树李花都惨淡，
可怜巢窟也成空。

【金圣叹批注】

此象一武士擅握兵权，致肇地覆天翻之祸，或一白姓者平之。

▶ 离卦运势速断

运势	六冲卦，大吉大凶之象。外表极盛，但可能为虚假之象，内情多不实。
事业	已达到顶点，耀眼靓丽。但盛极而衰，应居安知危，寻求依托，求助他人。
爱情	热情奔放，相互依附，但不应性急，否则会弄巧反拙。请他人搭桥为吉。
疾病	情绪浮动，虚火旺，急病有解，久病则凶。宜往西北方求医。
经商	不可投机取巧、急于求成。应忧深虑远，与他人合作，或依附强势者。
诉讼	我方发动，则会有凶险，宜找姓名中有木的人调停。
出行	在外多凶险。若寻人，不宜去寻，若有消息皆为虚假。
人生	在事业上无法依靠家人，多为独立自主。仕途上一旦有发展就会衔阶较高。

第31卦 咸：泽山咸卦

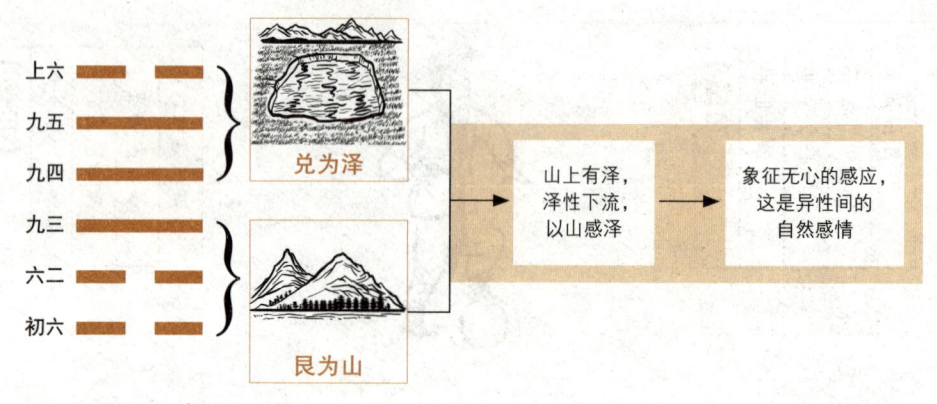

上六
九五
九四
九三
六二
初六

兑为泽

艮为山

山上有泽，泽性下流，以山感泽

象征无心的感应，这是异性间的自然感情

【原文】咸，亨，利贞，取女吉。

彖曰：咸，感也。柔上而刚下，二气感应以相与，止而说，男下女，是以亨利贞，取女吉也。天地感而万物化生，圣人感人心而天下和平；观其所感，而天地万物之情可见矣！

象曰：山上有泽，咸；君子以虚受人。

【译文】咸卦，亨通，宜于守正道。娶妻吉祥。

彖辞说：咸是感应的意思。阴柔在上而阳刚在下，阴阳二气相互感应结合在一起。有所控制而喜悦，艮男在下兑女在上，所以亨通利于守正道，且娶少女为妻吉祥。天地相互感应而万物生成，圣人感化人心而天下太平；观察阴阳交感的现象，便可以明白天地万物的性情。

象辞说：山上有泽便是咸卦的卦象。君子从卦象中得到启发，虚心接受别人的意见。

【启示】咸卦是《易经》的一个新开始。《易经》上经以乾坤两卦开篇，讲的是天道与地道；《易经》下经以咸、恒两卦开篇，讲的是人道，并以夫妻为五伦之首。整个六十四卦是一个完整的整体，起于万物的开端乾坤，终于万物的结局既济、未济。其中，上经三十卦是一个段落，下经三十四卦又是一个段落。乾、坤为天地之始，有天地然后有万物；天地始于阴阳二气。咸、恒为人伦之始，有万物然后有男女，人伦之始，始于夫妻。这样，下经三十四卦就从男女夫妇开始。咸、恒二卦便指男女和夫妻关系。

咸卦象征男女相感，少男少女的相感尤深。少男以笃实的态度相求，少女以喜悦的态度相应，交相感应，爱情专一。咸为感应、交感、沟通之意。"咸"字就是"感"的意思，表示没有利益纠葛的较感性的感情，包括纯真的认同和欣赏。产生心灵感应的常见事例为男女之情。所以预测男女感情时得此卦是最大的吉象。卦辞中说："君子以虚受人"。男女相合与虚心接受别人的意见有联系吗？当少男少女一见钟情时，往往会感到对

《断易天机》解咸卦

山泽通气之卦，至诚感神之象

咸卦点睛

咸表示不可三心二意，动机纯正才可以吉利。得咸卦者，大多是两情相悦，心灵沟通，互补而双赢。但别高兴得太早，令你头痛的事可能在后头。因为"唯女子与小人难养也，近之不逊、远则怨。"

王昭君得此卦，远嫁匈奴

王昭君去匈奴和亲时占得此卦。汉元帝时，匈奴呼韩邪单于请求和亲，身为宫人的王昭君请愿去匈奴，在匈奴时，王昭君为父子两代单于之妻，生儿育女。

卦图详解

◆贵人站在小山头上，是出身高贵之意。

◆云朵中有一拳头，说明沟通时不可动机不纯。

◆一个女人与官人遥相呼应，代表心灵沟通。

◆一个盒子为"和合"之意，利于婚姻。

◆地上有铜钱一堆，代表利于财运。

方全是优点。喜欢对方，便会认为对方的任性是有个性，对方的自私是人的天性。恋爱中的人能轻易接受对方的缺点，以及对方对自己的批评，而不恋爱的人往往难以做到这一点。

初六：咸其拇。

初六：感应到脚的大趾上。

【原文】象曰：咸其拇，志在外也。

【译文】象辞说：感应到脚的大趾上，是心里想着向外走。

【启示】咸卦各爻用人体的各部分作比方，表述感情的各种情况。初六的"拇"指的是人的足大趾。从卦象上看，与初六相感应的是九四。"咸其拇"则是说明事物的感应有一个由浅及深的阶段，此时处于初级阶段，所以只能得到较肤浅的感应。人与人之间是存在心灵感应的。曾子是大圣人，由于他非常有孝心，所以在很远的地方便可以感应到母亲的召唤。

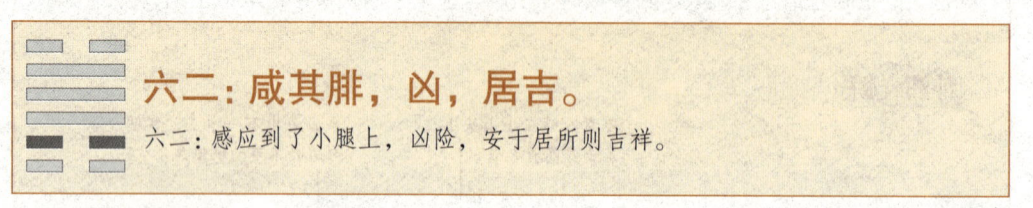

六二：咸其腓，凶，居吉。

六二：感应到了小腿上，凶险，安于居所则吉祥。

【原文】象曰：虽凶，居吉，顺不害也。

【译文】象辞说：虽然凶险，但安守于屋中则吉，顺应不会受到伤害。

【启示】位居下体之中，以小腿肚为象。走路时总是腿肚子的肌肉先动。六二处于下体，与九五相应，隐喻在男女感应之时，女子有急躁冒进之象。如果急于求成，有失稳重端庄。不过六二毕竟柔顺中正，如能安居不动，以逸待劳，以守为攻，等待九五来求，会吉祥。如果两心相应，最好稍待以时。

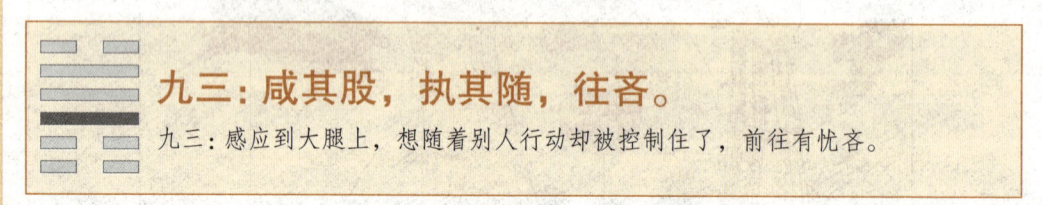

九三：咸其股，执其随，往吝。

九三：感应到大腿上，想随着别人行动却被控制住了，前往有忧吝。

【原文】象曰：咸其股，亦不处也。志在随人，所执下也。

【译文】象辞说：感应到大腿上，也是安静不下来的意思。心里想随别人去行动，却受下边所控制。

【启示】大腿总要跟随着小腿和脚活动，这就是执意于随从别人。九三处在下体之上，是大腿的位置；又是刚爻居阳位，性躁好动，也要随初六和六二而动，不能安居独处，前往与上六亲近。九三是随从别人而行动，无真情可言。上六不会以真情报之，仅用言语敷衍，使九三受到羞辱。

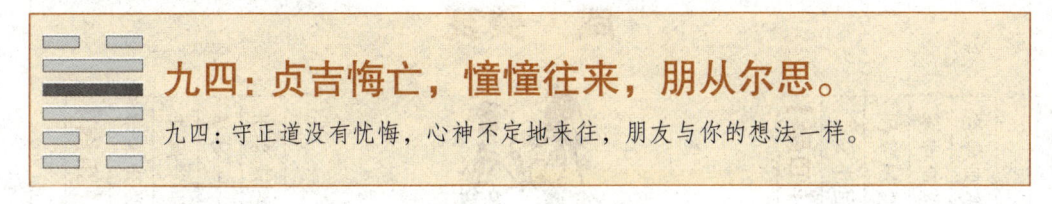

九四：贞吉悔亡，憧憧往来，朋从尔思。

九四：守正道没有忧悔，心神不定地来往，朋友与你的想法一样。

【原文】象曰：贞吉悔亡，未感害也。憧憧往来，未光大也。

【译文】象辞说：守正道没有忧悔，是还没感受到伤害。心神不定地来往，还不够光明正大。

【启示】九四在九三大腿之上，到了身体的上半部，隐喻为"心"。古代初恋男女的心里有些心神不定，怕被别人发现，行动较为诡秘。当然，现在人们搞对象不会这么小心了。不过那种心神不定的感觉还是有的。双方怀着这种心情交往，说明感应已达到了较为成熟的阶段了。只要守于正道，便会吉祥而不会有悔恨。

九五：咸其脢，无悔。

九五：感应到后背，没有忧悔。

【原文】象曰：咸其脢，志末也。

【译文】象辞说：感应到后背，是心愿还没有实现。

【启示】如同脊背的肉，不能活动，是人体反应最迟钝的部位。九五态度高傲，对六二的追求反映冷漠，所以用脊背肉作为喻象。漠然置之虽然没有凶险，也说不上吉。仅仅不会闯祸罢了，其志向无疑是浅而且小的。

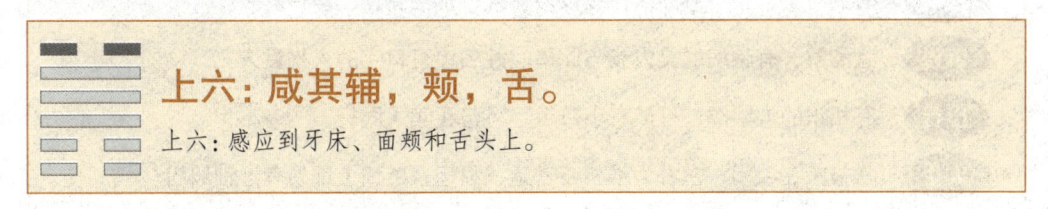

上六：咸其辅，颊，舌。

上六：感应到牙床、面颊和舌头上。

【原文】象曰：咸其辅，颊，舌，滕口说也。

【译文】象辞说：感应到牙床、面颊和舌头上。是信口开河、无所顾忌地说话。

【启示】居于感卦之末，有巧言令色之象。惯于摇唇鼓舌，腾扬空言，以花言巧语取悦于人，感动与之相应的九三。以言感人，不如以心感人。甜言蜜语，感人也浅。要防备口是心非、甚至口蜜腹剑的人。无论男女相感，还是其他人际感情，都要相感以心。只有真情发挥，才有感应的魔力。

《推背图·第六十象》解咸卦

咸·癸亥

[谶曰]
一阴一阳,
无终无始。
终者自终,
始者自始。

[颂曰]
茫茫天数此中求,
世道兴衰不自由。
万万千千说不尽,
不如推背去归休。

【金圣叹批注】

一人在前,一人在后,有往无来,无独有偶,以此殿图,其寓意至深远焉。无象之象胜于有象。我以不解解之,着者有知当也许可。

▶ 咸卦运势速断

运势	主吉象,求财、与人共事皆吉。但不要为不正当感情而意乱情迷。
事业	人际关系好,善于交际。总有两条路可同时走。应以诚待人。
爱情	正常恋情为吉。但欲望难以控制,不名正言顺的两性关系会带来混乱。
疾病	多为泌尿系统之症。寒多热少,内热外冷,应往西南方求医。
经商	有利可图。但不可强求,应以诚待人,加强合作,静待发展。
诉讼	宜和解,有带病的美人参与此事。姓名中有口字的人是贵人。
出行	有相识的人阻隔,可能有小口舌,可与买卖人同行。
人生	常被夹在中间,左右为难,在官运、财运、感情上都易有这种纠纷。

第32卦 恒：雷风恒卦

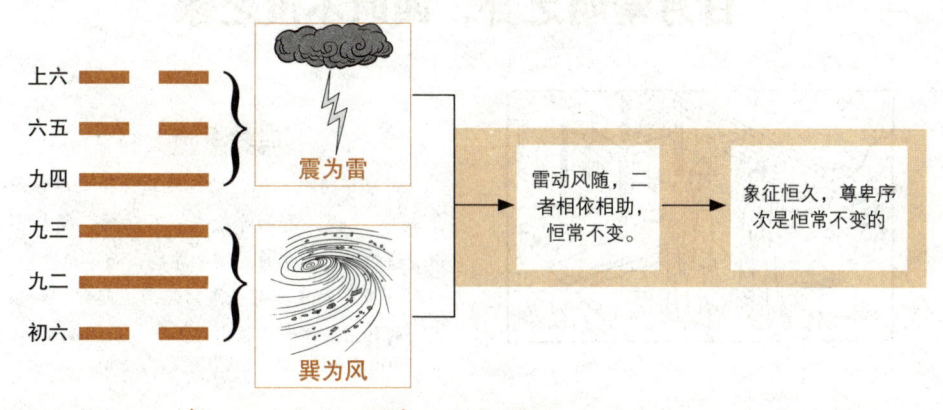

上六　六五　九四　九三　九二　初六

震为雷
巽为风

雷动风随，二者相依相助，恒常不变。

象征恒久，尊卑序次是恒常不变的

【原文】恒，亨，无咎，利贞，利有攸往。

彖曰：恒，久也。刚上而柔下，雷风相与，巽而动，刚柔皆应，恒。恒亨无咎，利贞；久于其道也，天地之道，恒久而不已也。利有攸往，终则有始也。日月得天，而能久照，四时变化，而能久成，圣人久于其道，而天下化成；观其所恒，而天地万物之情可见矣！

象曰：雷风，恒；君子以立不易方。

【译文】恒卦，亨通，没有灾难，利于守正道，前往有利。

彖辞说：恒即是持久的意思。阳刚在上而阴柔在下，雷风相激，顺势而动，刚柔呼应，这就是恒卦。恒卦亨通没有灾难，利于守正道，是持久坚持之道，是天地运作不停之道，是永远不停止的意思。前往有利，是终结之后又会有新的开始的意思。日月运行于天际，永远发出光明，四时运转变化，永远不会停止。圣人长久保持自己的圣人之道，天下的百姓就会受到教化。明白恒久的道理，天地万物的性情就能够明白了。

象辞说：雷与风组合在一起便是恒卦的卦象。君子效法这一卦的精神，立身修德而不改变自己的方向。

【启示】卦辞指出了"恒"的两重含义：不易之恒与不已之恒。不易之恒是守持正道不动摇；不已之恒是坚持不懈。这两个方面构成了一个统一完整的"恒"。前面的咸卦讲男女感应相合，于是结为夫妇，但夫妇之道应当天长地久，白头到老，所以咸卦的下面是恒卦。恒卦上卦震为雷为长子，下卦巽为风为长女，雷动风随，这是自然界最大的永远相随的形象。一打雷接着就会刮风，古人从这一自然现象来说明阴阳相随的道理。从而引申出夫妇应当像雷与风一样永远和睦相处。上一卦咸卦为少男与少女，这一卦则变为长子长女，这是喻示着男女由年少的相恋，到现在已经长大成熟，成为持久的夫妇关系。

曾经火热的恋情已经变为平稳无波的生活。人会产生追求波澜变化之心，此时不被

《断易天机》解恒卦

日月常明之卦，四时不没之象

恒卦点睛

恒象征持之以恒，动机纯正并持之以恒便会成功。"恒"有两个含义：不动摇，坚持不懈。得恒卦者，主旨是增加才德，而不是做事。与人共事方面应具有平衡的能力，起到"和稀泥"的作用。适合从事内部工作，而不是外勤。

韩朋之妻得此卦，陪葬丈夫

韩朋之妻占得此卦。韩朋出仕宋国时，宋王将其妻封为王后，残害韩朋，并以三公之礼葬之，其妻在葬礼上跳进墓穴而死，其后从二人坟墓中生出连理枝、鸳鸯鸟。

卦图详解

◆一只凤凰衔书，为诏书将至之象。

◆鼠为子水，两个"口"字为兑金，金水相生，代表有力量有源头，会持之以恒。

◆道士为人指路，指向屋内，说明适合做内部工作。

新奇所惑，一贯如初非常重要。如果未排除诱惑，无法获得恒久。古代的夫妇之道，男在上在外，女在下在内，和由此衍生出的男尊女卑、夫尊妻卑、父尊子卑、君尊臣卑等是恒常不变的；这种关系一经确立，就应当保持其稳定性，以恒久为贵。全卦的大义就是"人贵有恒"。真正做到持之以恒就会亨通。恒久之道极其高深，非一般人所能掌握，因此六个爻无一爻全吉。

摇得恒卦者，在生活事业的各个方面都要时刻注意解决内部的平衡问题，适合从事与内部相关的工作，而不是外勤。内部不出现问题才能顺利。应具有平衡的能力，与人共事方面起到"和稀泥"的作用。

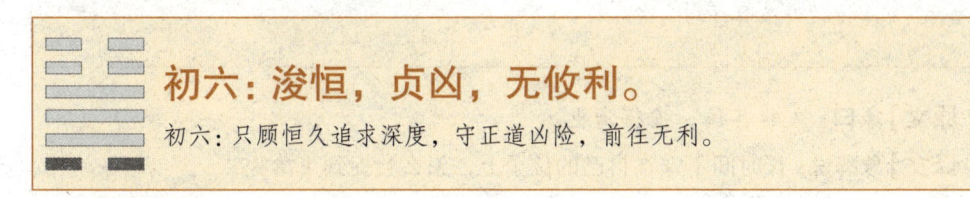

初六：浚恒，贞凶，无攸利。

初六：只顾恒久追求深度，守正道凶险，前往无利。

【原文】象曰：浚恒之凶，始求深也。

【译文】象辞说：恒久求深的凶险，是刚开始便追求深度的缘故。

【启示】长男与长女刚结婚，长女就要求长男像相处多年的夫妻一样对她感情很深，恐怕双方并不是自由恋爱，相知不深而又相求太急，欲速则不达，所以反而不能得恒之道。如果长女固守此道不变，必然会招致凶险，没有好处。恒道贵久，逐渐积累。做什么事都有个积渐过程，不只是夫妇之间的恒久之道。

九二：悔亡。

九二：不会有忧悔。

【原文】象曰：九二悔亡，能久中也。

【译文】象辞说：九二爻没有忧悔，是能持久于中庸之道的缘故。

【启示】九二居于下卦的中位，又与六五相应，所以不会有悔恨的事情发生。在恒卦中，九二能够恒久地守于中庸之道，既不过激也不过缓，所以可以恒而有成，不会造成悔恨。一般来说，男子用刚不用柔，女子用柔不用刚。九二以刚居阴位，是女子以刚行妇道，好在居中，能够用中和之道加以节制。

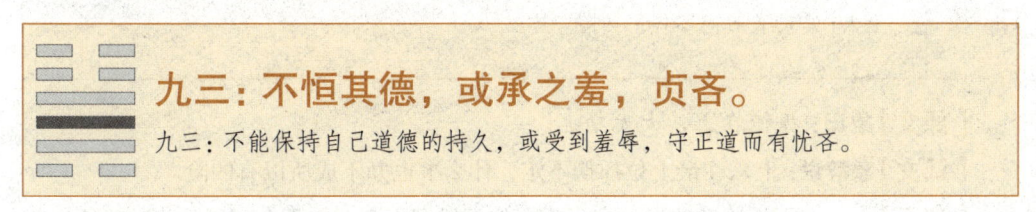

九三：不恒其德，或承之羞，贞吝。

九三：不能保持自己道德的持久，或受到羞辱，守正道而有忧吝。

【原文】象曰：不恒其德，无所容也。

【译文】象辞说：不能恒久保持道德，这种人哪里都不会容纳他。

【启示】九三的随顺不是一味的顺从，而是左右摇摆，一会儿跟随这个人，一会儿又跟随那个人，这样也就难免会"承羞"。这好比三国中的吕布，虽然勇猛英俊，但总是对主人不忠，见谁势力大就跟谁，所以人们骂他是"三姓家奴"，到最后没人敢收留他了，落得被杀的下场。这就是象辞所说的"不恒其德，无所容也"。

九四：田无禽。

九四：狩猎没有打到飞禽。

【原文】象曰：久非其位，安得禽也。

【译文】象辞说：长时间不守在自己的位子上，怎么会捉到飞禽呢？

【启示】九四的恒久是恒久地运动。打猎四处游走，可以捕到走兽，但这样经常走动却无法获得飞禽。为什么呢？因为鸟会受惊而飞走。我们捕鸟的时候必须要静悄悄地躲在一边，这样才会有鸟飞过来。如果大声喧哗，四处走动，鸟是不会飞过来的。

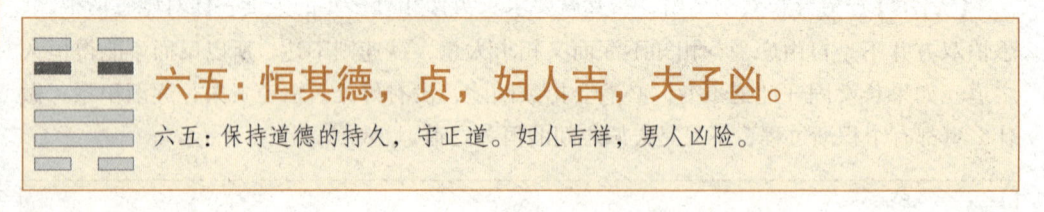

六五：恒其德，贞，妇人吉，夫子凶。

六五：保持道德的持久，守正道。妇人吉祥，男人凶险。

【原文】象曰：妇人贞吉，从一而终也。夫子制义，从妇凶也。

【译文】象辞说：妇人吉祥，是因为跟随一个男人白头偕老；男人应当受道义的约束，听从女人则会有凶险。

【启示】六五的恒久相对妇人来讲是吉祥的。因为跟一个男人白头到老符合封建思想。可是男人如果像女人一样就会凶险了。其实六五的夫子指的便是九二与九四。六五地位高于九二与九四，所以九二与九四必须听从六五的。而六五的吉祥则来自于她在九二与九四之间选一个人作为自己的丈夫，并且能够从一而终。

上六：振恒，凶。

上六：震动长时间不停，凶险。

【原文】象曰：振恒在上，大无功也。

【译文】象辞说：上六在最上位摇摆不定，什么事也办不成所以有凶险。

【启示】上六有剧烈摆动的形象。身临高位而摇摆不定，是不会有所作为的，所以凶险。老子说，治理大的邦国，政策不能频繁改动，如果朝令夕改，百姓很难明白政策到底是什么。而上六就好比一个经常改变自己主意的君王，怎么会不凶险呢？

《推背图·第二十八象》解恒卦

恒·辛卯

【谶曰】
草头火脚，
宫阙灰飞。
家中有鸟，
郊外有尼。

【颂曰】
羽满高飞日，
争妍有李花。
真龙游四海，
方外是吾家。

【金圣叹批注】

此象主燕王起兵，李景隆迎燕兵入都，宫中大火，建文祝发出亡。

▶ 恒卦运势速断

运势	此卦是状况卦，吉凶未定。不论吉或凶都会长久地持续下去。
事业	不可急于求成，不应变动或着手新事物，应持之以恒，守静而勿动。
爱情	可成，且有顺利如意、长久幸福之象。初婚者有口舌，久婚则较安稳。
疾病	有慢性病，不易在短期内治愈，内服药效果较好。宜往西北方求医。
经商	不得改变常理常道，坚持慎重选择的方向，勿追随潮流。
诉讼	争讼之事由口舌引起，有惊无害。
出行	不利，有口舌是非，破财。需要有贵人和解。
人生	性格温和不敏捷。持之以恒才能成功，但多会在中间出现变化导致失败。

第33卦 遁：天山遁卦

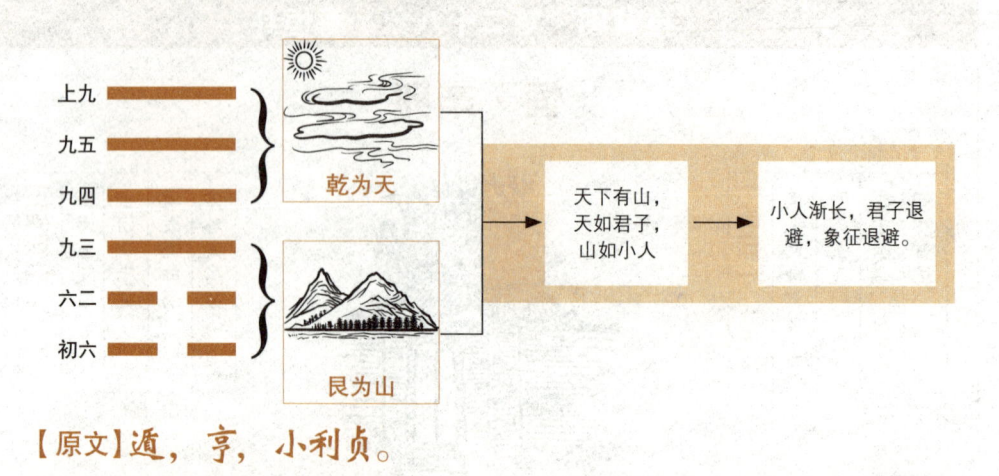

```
上九 ▬▬▬▬▬
九五 ▬▬▬▬▬
九四 ▬▬▬▬▬   乾为天
九三 ▬▬▬▬▬
六二 ▬▬ ▬▬   艮为山
初六 ▬▬ ▬▬
```

天下有山，天如君子，山如小人 → 小人渐长，君子退避，象征退避。

【原文】遁，亨，小利贞。

彖曰：遁亨，遁而亨也。刚当位而应，与时行也。小利贞，浸而长也。遁之时义大矣哉！

象曰：天下有山，遁。君子以远小人，不恶而严。

【译文】遁卦，亨通，小的地方利于正道。

彖辞说：遁卦的亨通，是因为隐遁而亨通。九五刚爻与六二阴爻相呼应，能够顺应时势。小的地方利于正道，是因为阴柔之气正在增长。遁卦的时势意义太大了！

象辞说：天下有山便是遁卦的卦象。君子从中受到启示，远离小人，不厌恶他们只是要严于律己不与他们同流合污。

【启示】遁的本义是逃跑、逃避，引申义为隐遁、躲避。遁卦代表小暑至立秋的三十余天。由于阴气的加重使天气更加闷热而潮湿，人与动物此时只能躲藏起来，以避暑气。阴气代表小人，阳代表君子，由于小人的势力在增强，君子应当采取隐退的办法来保全自己。隐退到哪里去呢？应当归隐山林中避难。古代有德的隐士，大多数都隐居于山林之中。既然已经归隐，自然不会有大的作为。

我们观察尺蠖这一类的小虫子的爬行就会发现，它前进时总是先要把身体缩起来，然后再将身子伸直。文武之道，一张一弛。人也应当这样，先需要退隐静处积蓄力量，等能力达到一定程度时再发挥。归隐不是无原则地消极逃世，而是一种以退为进的智慧。

退避有两种，一种是身退，一种是心退。有些场合要身退才能亨通，比如在战场上，敌人势力强大，我方处于劣势，身退才能保全自己，以图东山再起。此所谓战略转移或战术撤退。而有时不便身退或无法身退，则要心退。如办公室里邪气上升，小人当道，但无法将小人调出，此时可心退，不与其正面交锋或同流合污，既保留生存之地，又保持独立人格，静待时变，以图良策。

《断易天机》解遁卦

豹隐南山之卦，守道远恶之象

遁卦点睛

遁就是退避，但这不是因为胆小。韩信受胯下之辱却终成大事就是很好的说明。得遁卦者，身退不如心退，如果心有不甘，身退便无意义。"大隐隐于朝，中隐隐于市，小隐隐于野。"英雄处于末路，要学会保护自己，留得青山在。

孟尝君得此卦，脱险隐遁

遁卦为战国的孟尝君逃难时占得。前299年，孟尝君准备回国时受阻，为秦昭王所囚，后得鸡鸣狗盗门客之助，进白狐裘，度函谷关，最终脱险。

卦图详解

◆一座高山，象征阻滞。山下又有一水，所以无法前进。

◆一个官帽挂在树上，说明不利于追求名利地位。

◆酒旗上面有一个"文"字，象征宜文不宜武。

◆水中有一官人踏龟，龟谐音"归"，意思是应该归隐。

◆一人独饮，自得其乐，说明归隐才可得安宁。

遁卦有先凶险后通达之意，艰难时得此卦为艰难将散之吉兆。得此卦者，求财望事有碍难调。凡事应退不应进，要为自己留有余地，提前准备好撤退的方式。若不知退守之道，贸然进取，必受小人利用或迫害而遭受损失。

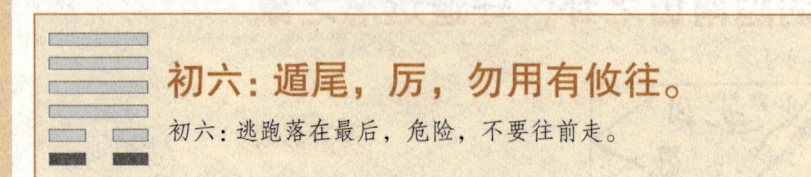

初六：遁尾，厉，勿用有攸往。

初六：逃跑落在最后，危险，不要往前走。

【原文】象曰：遁尾之厉，不往何灾也。

【译文】象辞说：逃跑落在后面的危险，不前往怎么会有灾难呢？

【启示】初六与六二为小人，小人渐盛，君子要顺时而遁。全卦六爻都代表君子在有关退避的不同情况下的处境。初六以阴柔居下，优柔寡断，丧失遁退的最佳时机，落在末尾，处境当然危险；此时若不知轻重而四处出击，问题就更严重。如同在动物界中，狮子不如羚羊跑得快，但是狮子只要比跑在最后的羚羊速度快就不至于饿死。

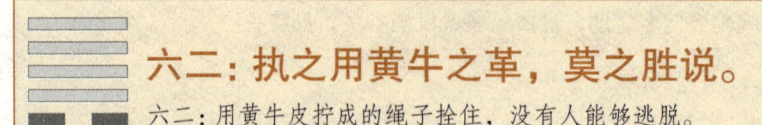

六二：执之用黄牛之革，莫之胜说。

六二：用黄牛皮拧成的绳子拴住，没有人能够逃脱。

【原文】象曰：执用黄牛，固志也。

【译文】象辞说：用黄牛皮拧成的绳子拴住，是巩固他的意志。

【启示】从卦形上看小人渐盛，君子当遁，但六二不退避的意志很坚定，不是威武不屈的英雄，就是不识时势的愚忠者。他上应贵主，与九五关系亲密，其牢固的程度很高，没有谁能把他们拉开。爻辞说，用黄牛皮拧成的绳子拴住自己，不是拴住自己的身体，而是拴住自己的意志，使自己的意志不会动摇。

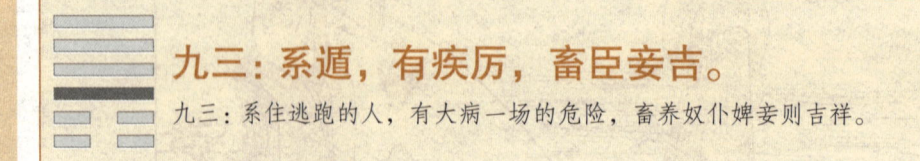

九三：系遁，有疾厉，畜臣妾吉。

九三：系住逃跑的人，有大病一场的危险，畜养奴仆婢妾则吉祥。

【原文】象曰：系遁之厉，有疾惫也。畜臣妾吉，不可大事也。

【译文】象辞说：系住逃跑者的危险，是因为就像长期患病一样疲惫不堪。畜养奴仆婢妾则吉，是不可以办大事的意思。

【启示】当遁之时，心有所系，不能超然远遁，会产生危险。孔子说："唯女子与小人为难养也"，因为与之太接近则不知逊避，上头上脸；与之疏远则怨恨不已。九三本会有危险，如能妥善对待小人，做为补救的手段，在当退避而未能退避的场合要施行心遁。

但君子也会被搞得疲惫不堪，不可能有大的作为了。

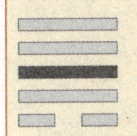

九四：好遁，君子吉，小人否。

九四：该退就退，君子吉祥，小人闭塞。

【原文】象曰：君子好遁，小人否也。

【译文】象辞说：君子能够急流勇退，小人则做不到这一点。

【启示】功成身退，但什么程度是"功成"？岳飞抗金，没有功成时就有人在背后捣鬼，从大形式来讲他此时就应该"身退"了。范蠡与文仲帮着吴王打败了越国，范蠡看出了形势，便带着西施归隐。文仲却仍然贪图荣华，结果遭到了杀身之祸。对于君子来讲，皇帝赐给金山银山，美女无数，当发现自己该隐退时，也要不为金钱美女所诱惑。

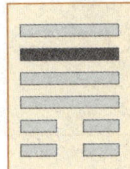

九五：嘉遁，贞吉。

九五：功成身退，守正道吉祥。

【原文】象曰：嘉遁贞吉，以正志也。

【译文】象辞说：功成身退而守正道的吉祥，是因为他明白正确的志向。

【启示】九五与九四有区别，他们都是毅然选择退避的君子，但九四本身不居显要地位，而九五高居尊位，却能不恋尊位，及时退避，令人钦佩。比如周公一举东征，扩大了疆域，而且使政权得到了巩固。他尽管有能力，却没有坐在君王的位子上不下来。而是功成身退，把君王的位子又还给了成王。如果周公当时被权势诱惑而继续大权独揽，便会遭到篡权的骂名，并且还会因此而使天下大乱。韩信便是不懂此道而遭到了杀身之祸。

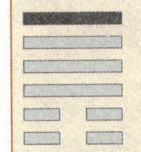

上九：肥遁，无不利。

上九：飞一样的隐遁，没有任何不利的。

【原文】象曰：肥遁，无不利；无所疑也。

【译文】象辞说：飞快隐遁而没有不利，是因为无所顾虑。

【启示】当遁之时，毅然退避，高飞远走，无所不利。离开小人罗织的网，在新天地里再展宏图，这不是一般的退避，而是胜利大逃亡，这是遁退的最佳境界了。古代的隐士们便是这样，他们将情志寄托于山水之间，自得其乐。可是他们仍然关心国家大事，他们既可以受到帝王们的重视和召见，又可深入百姓民众中了解民间的疾苦；既可以向贤明的君王提出忠告而得到赏赐，又可以避开当权的小人明哲保身。

《推背图·第三象》解遁卦

遁·丙寅

[谶曰]

日月当空，
照临下土。
扑朝迷离，
不文亦武。

[颂曰]

参遍空王色相空，
一朝重入帝王宫。
遗枝拨尽根犹在，
喔喔晨鸡孰是雄。

【金圣叹批注】

此象主武曌当国，废中宗于房州，杀唐宗室殆尽。先武氏削发为尼，故有参遍空王之句。高宗废后王氏而立之，故有喔喔晨鸡孰是雄之兆。

▶ 遁卦运势速断

运势	时运不佳，应退不应进，应韬光养晦，独善其身，勿管闲事。
事业	不可与人同流合污。应断然离去，暂避而发展个人实力，隐忍待机。
爱情	有别离之象。婚姻难合，虽成亦破。经济富裕后离婚的现象较多。
疾病	病情严重。多为经络不畅，肾精系统麻痹、疼痛，注意血气的调养。
经商	不应执意追求、盲目投入，应远离小人奸商，保存自己的实力。
诉讼	受到争斗之事牵连，如果逃移到远处，可大事化小，免罪。
出行	不宜动，动则有险。被同行人欺负，或同行人有灾。
人生	经济富裕。富裕后适合转移居住地区、变换工作、另择配偶等。

第34卦 大壮：雷天大壮卦

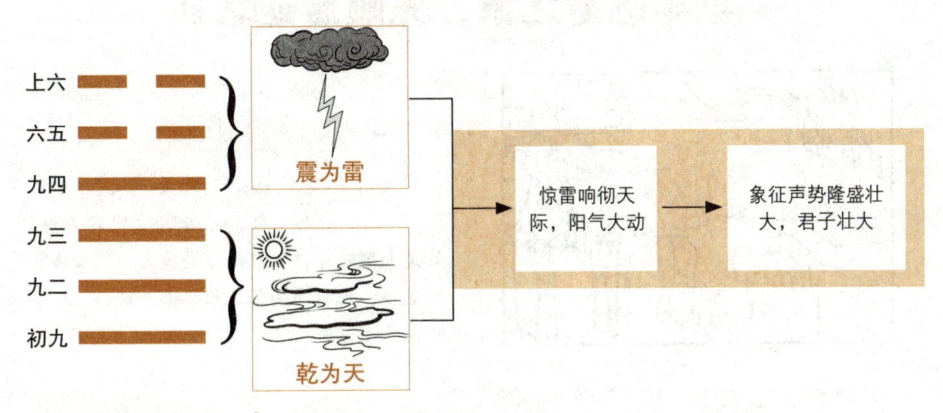

上六
六五
九四 } 震为雷
九三
九二
初九 } 乾为天

震为雷 → 惊雷响彻天际，阳气大动 → 象征声势隆盛壮大，君子以大

【原文】 大壮，利贞。

彖曰：大壮，大者壮也。刚以动，故壮。大壮利贞；大者正也。正大而天地之情可见矣！

象曰：雷在天上，大壮；君子以非礼勿履。

【译文】 大壮卦，利于守正道。

彖辞说： 大壮就是阳气强壮的意思。刚健而行动，所以强壮。大壮利于正道，因为强大者必须纯正。保持正直而强大的德性，天地的情理便可以明白了。

象辞说： 雷声响自天上，这就是大壮卦的卦象。君从卦象中受到启示，不做没有礼教的事情。

【启示】 古人将三十岁的男子称为壮年。可见"壮"是壮大、强壮的意思。遁卦是归隐保全，就好比隐者居于山林中积蓄自己的能力，经过不断的积蓄，终于变得能力强大了，所以遁卦后面是大壮卦。雷在天上滚动，有威震四方之象，也是强盛壮大之意。

此卦有躁动、过于强猛而生过失之象。"大壮"没有前进的意思，只是表示通过"遁"已使力量得到了最大的积蓄，是蓄势待发的意思。虽然强壮，但是不应显示这种强壮，硬做则难以成事。隐退才能吉，要想进就要先退，如果乱动妄动，过于显示自己的强壮反而是凶的。

凡事不可妄进，应反复检讨自己才可扩张事业。预测事业，多为声望大振而不显形迹。建立名声可直接成就事业，所以要善于制造声名鹊起的局面。预测婚姻不利，成也不和。得此卦时，婚恋大多呈两种相反的状况：一种是同时与三四个恋爱对象同时交往，另一种是根本无意于婚恋。男性得此卦，有刚愎自用的倾向。女性得此卦，若测婚姻可能有被强夺其节之事。

《断易天机》解大壮卦

羝羊触藩之象，先顺后逆之卦

大壮卦点睛

大壮就是壮盛，不但要"大"而且要"正"才能成功。得大壮卦者要凭实力说话，虽是大器晚成，但可以施展拳脚。媳妇终于熬成了婆，但前面的路还长得很，躁动、过于强猛容易生过失。

唐玄宗得此卦，开创开元盛世

唐玄宗在安史之乱爆发前占得此卦。唐玄宗在位早期大有作为，创开元盛世；但后期却沉湎女色，信任奸佞，致使发生安史之乱。叛乱平定后，他重回长安，做了太上皇。

卦图详解

◆ 天神执剑腾云驾雾而下，说明声势浩大。

◆ 北斗七星为北方，为坎卦，代表会有险阻。

◆ 猴为申，兔为卯，犬为戌，卯戌合，卯申暗合，说明有内部危机。

◆ 一位官人烧香拜谢，说明不可过于刚猛。

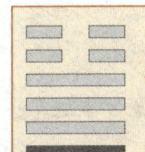

初九：壮于趾，征凶，有孚。

初九：足趾强壮，征讨有凶险，但有诚信。

【原文】象曰：壮于趾，其孚穷也。

【译文】象辞说：脚趾强壮，有诚信会受到穷困。

【启示】初九的强盛是有限的，还没有积蓄到足以征服别人的地步。如果自以为很强盛，可以去征讨别人，只能给自己带来凶险。比如隋炀帝即皇位时非常威风，可惜后来劳民伤财，不走正道，随即被推翻。

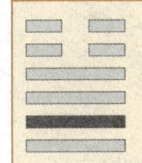

九二：贞吉。

九二：守正道吉祥。

【原文】象曰：九二贞吉，以中也。

【译文】象辞说：九二守正道吉祥，是因为九二居于中位。

【启示】九二阳居于偶位为不得位，但其居于下卦之中，能守中庸之道，并且有六五的应援，所以只要守正道，就会吉祥。九二能够在安稳中积蓄自己的力量，不盲目行动，这种行为会受到六五的支持与帮助，所以吉祥。

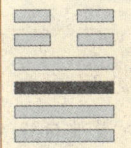

九三：小人用壮，君子用罔，贞厉。羝羊触藩，羸其角。

九三：小人靠力量，君子不这样，守正道有危险。公羊用角顶撞藩篱，角被挂住。

【原文】象曰：小人用壮，君子罔也。

【译文】象辞说：小人靠力气，君子用智。

【启示】正是强盛之时，小人处于这种形势会利用其壮以呈刚强，凌犯他人，凶险必至；君子处于这种形势则不妄用强盛，而是依循正道而行。九三性格刚健，极其喜欢用武力征服别人。如同公羊一生气就用角去撞，但完全依靠武力是解决不了问题的。比如夏桀一味采用武力镇压民众，大臣关云龙以忠言上谏，竟遭杀身之祸。结果使夏朝走向了灭亡。

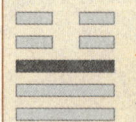

九四：贞吉悔亡，藩决不羸，壮于大舆之辐。

九四：守正道吉祥没有忧悔，藩篱被冲破，羊角解脱出来了，羊角像大车的车一样强壮。

【原文】象曰：藩决不羸，尚往也。

【译文】象辞说：冲破藩篱，是因为一直往前顶。

【启示】九四与下面的众阳联合起来，冲破前面的阻碍。九四就好比公羊角已触在藩篱上，已经是角被藩篱所缠，此时唯一的办法便是冲破藩篱，由于九四极其强健，就像大车的相厢底下的横木一样，所以他终于冲破了藩篱的缠绕。

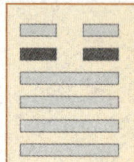

六五：丧羊于易，无悔。

六五：在易这个地方失去了羊，没有忧悔。

【原文】象曰：丧羊于易，位不当也。

【译文】象辞说：在易失去了羊，是因为六五位置不当的缘故。

【启示】所处环境不适当，故丢失了羊。比如殷朝的先祖王亥很会驯服牛马，养了很多的牛、马、羊。他坐着牛车，赶着牛群羊群，到河北的有易部落进行商业贸易活动，结果被那里的人们杀害，并抢走了他的牛羊。王亥本是一国之君，却离开君王之位到远方去做生意，这便是"位不当"，所以发生悔恨的事情。

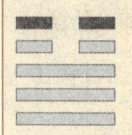

上六：羝羊触藩，不能退，不能遂，无攸利，艰则吉。

上六：公羊顶撞藩篱，角被挂住，结果不能退，不能进，没有好处，艰难自守就会吉祥。

【原文】象曰：不能退，不能遂，不详也。艰则吉，咎不长也。

【译文】象辞说：不能退，不能进，这种处境是由于当初没有考虑详细所致。艰难自守则吉祥，是因为灾难不会太长久。

【启示】上六处于极亢之位，行动鲁莽，但是又不强壮，所以被藩篱所困，进退不得。处于这种情形，只能是在艰苦中忍耐，只有这样才会吉祥。为什么呢？因为事物不会总是这个样子，最终是要发生变化的，形式一变上六的困境就解脱了。

《推背图·第五十三象》解大壮卦

大壮·丙辰

【谶曰】
关中天子，
礼贤下士。
顺天休命，
半老有子。

【颂曰】
一个孝子自西来，
手握乾纲天下安。
域中两见旋旗美，
前人不及后人才。

【金圣叹批注】
此象有一姓秦名孝者，登极关中，控制南北，或以秦为国号，此一治也。

▶ 大壮卦运势速断

运势	声势浩大，行动迅速，积极冲动，但物极必反，容易犯错，一般为凶。
事业	即将进退维谷，谋略重于勇气，不可逞强妄动，注意防范小人。
爱情	看似可成，实则空虚。不可高傲，忌血气方刚。否则将自取其辱。
疾病	健壮者遇此卦不利。多为呼吸道疾病，可不药而愈。宜往东北方求医。
经商	形势大好，但易反遭不测。不可逞强妄动，应做好衰退的准备。
诉讼	我方有大惊，遇贵人可相助。
出行	有惊阻，防失脱。若寻人，二人同行，不久将至，有惊恐。
人生	利于在文化行业发展，适合同一时间内在多各领域展开事业。

第35卦 晋：火地晋卦

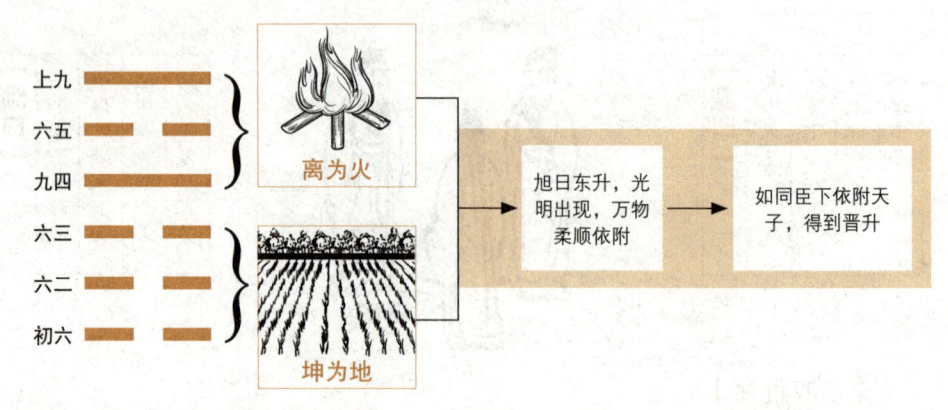

上九
六五
九四
六三
六二
初六

离为火
坤为地

旭日东升，光明出现，万物柔顺依附 → 如同臣下依附天子，得到晋升

【原文】晋，康侯用锡马蕃庶，昼日三接。

象曰：晋，进也。明出地上，顺而丽乎大明，柔进而上行。是以康侯用锡马蕃庶，昼日三接也。

象曰：明出地上，晋；君子以自昭明德。

【译文】晋卦，武王的弟弟康侯用武王赐给的良马生育许多良种马，武王因此而一天三次接见他。

象辞说：晋，进升的意思。太阳出现在大地上空，顺服地给天地间美丽的光明，柔顺之气前进而上升，所以康侯用天子赏赐的良马繁殖，一日之内被天子接见三次。

象辞说：太阳出现在大地上，这就是晋卦的卦象。君子效法此象，发扬光明的美德。

【启示】晋为日出地面、光明普照的上进之象。事物不可能总是停留在强壮的状态中，强壮后必有前进、发展，所以大壮卦的后面是晋卦。如果将太阳比作君王，君王对臣民最大的恩泽就是加官晋爵，所以"晋"有升官的含义。从卦象上看，晋卦外卦为离为日为光明，内卦为坤为地为柔顺，如同太阳从地平线上升起来，即将普照大地，一片欣欣向荣之象；或地上之火向上燃烧，进展顺利，越来越受人认可。过去受苦之人现已摆脱苦水。但上升的过程不为人注意。

晋卦尚柔不尚刚。六十四卦中，壮盛或呈上升之势时，都力戒用刚。上升之时刚健有余，冷静不足，往往得意忘形，逞刚斗胜，故须以柔相济，柔顺谦恭，加强修养。

得此卦有去苦赴乐，气运旺盛之象。如旭日中天，百事如意，声名闻达四方，家庭和睦，门庭欢乐，愿望可达，事业、投资、升迁、婚姻、感情均有雨过天晴、奋发向上的吉象。若获得上辈提拔，则可名利双收。也可与失去联系之人重逢，或与交恶之人化乾戈为玉帛。有钱之人多为暴发，多与政治结合。如司马懿与曹操，晋商与慈禧太后。

《断易天机》解晋卦

龙剑出匣之卦，以臣遇君之象

晋卦点睛

晋就是前进、上升，只有忠于职守的人才能得到提升。得晋卦者，最大的乐趣在于进取，最大的欣慰在于得到他人的赏识。已经赢得了上上下下的普遍尊重，但在鲜花掌声中切记成就来之不易。此时有人暗中妒忌，需慎防。

司马进策得此卦，官至宰相

司马进策求官时占得此卦，得知这为龙剑出匣之兆，有臣遇明君之象，利见权贵，能得上级的赏赐与帮扶，后来司马进策果然官至宰相。

卦图详解

◆一个"破"字被撕裂，说明去苦赴乐，气运旺盛。

◆枯树生花，说明大器晚成。

◆一球在上方，说明需要圆滑处世。

◆鹿衔书，说明刚健进取可得利。

◆地上有一堆元宝，说明有财利。

◆鸡为酉，代表西方兑卦，说明有喜悦。鸡衔秤，说明因为公平而喜悦。

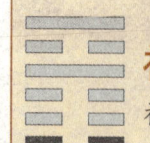

初六：晋如摧如，贞吉。罔孚，裕无咎。

初六：追求上进却受到排挤，守正道吉祥，不受信任，心放宽没有灾难。

【原文】象曰：晋如摧如；独行正也。裕无咎；未受命也。

【译文】象辞说：追求上进却受到排挤，是因为只有你走正道。心放宽没有灾难，是因为还没有受到任命。

【启示】晋卦下卦的三个阴爻都想向上发展，就好比官场上的明争暗斗。可是初六虽然处于最底层，但却有九四相应，所以就相当于领导眼中的红人，这种人也往往是官场中最容易受排挤的一类人。人在矮檐下，不得不低头，忍为上策，可总是忍着是要生病的，所以还要把心放宽，才能没有灾难。

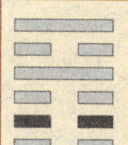

六二：晋如愁如，贞吉。受兹介福，于其王母。

六二：晋升了忧愁也来了，守正道吉祥。受到这样的大福，是来自于王母。

【原文】象曰：受之介福，以中正也。

【译文】象辞说：这到这样的福泽，是因为六二居中而得其位。

【启示】六二在官场上虽然有一定的地位，但是他却很忧愁，总是顾虑重重，如置身于险境的边缘一样。正是由于这样，六二才因行为谨慎而没有灾难。六二得位而居中，又具有中正之德，所以尽管他同六五同性相斥，但是他却能够受到六五的嘉奖。这就是"受兹介福，于其王母"。

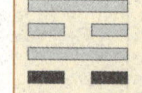

六三：众允，悔亡。

六三：借着众人之势向上升，没有悔恨。

【原文】象曰：众允之，志上行也。

【译文】象辞说：受到众人的信任，是因为他的志向是上进的。

【启示】六三下面的两个爻都有上升之势，所以六三也可以借助下面的力量往上升。六三相当于现在某单位的一位主任，底下的人都想升官，可是六三由其其上边有人，上边的领导很看重他，所以当下面的人员得到了他的职位后，他便自然而然地被提拔到更高的领导岗位上。这种水到渠成的晋升，怎么会有悔恨呢？

九四：晋如鼫鼠，贞厉。

九四：像鼠一样晋升，守正道也会有危险。

【原文】象曰：鼫鼠贞厉，位不当也。

【译文】象辞说：鼠守正道也会有危险，是因为所处的位置不当。

【启示】九四处于险境中却不能自拔，会飞却飞不了多远，会攀援却爬不到树上去，会游泳却游不到河的对岸，只能在小水坑里游来游去；会打洞却打不出一个可以藏身的洞穴，几条腿紧忙活，跑了半天还没有别人一步的距离远。这种样样都懂但没有专长的人，命运因此而像"鼠"一样了，即使守正道，也不会逃脱危险。

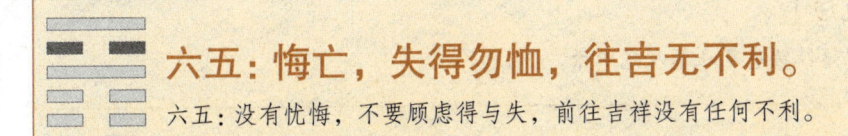

六五：悔亡，失得勿恤，往吉无不利。

六五：没有忧悔，不要顾虑得与失，前往吉祥没有任何不利。

【原文】象曰：失得勿恤，往有庆也。

【译文】象辞说：不计较得与失，前往才会有喜庆之事。

【启示】俗话说"舍得舍得"，没有失哪里有得？这就好比塞翁失马，会因失一匹马而得到了成群的马。如果塞翁把自己的马拴得很牢，那么这匹怎么会给他带回来成群的马呢？人生往往是得失并存的。六五身处尊位，有上下阳相拥相辅，所以无论前进还是后退，无论是得与失，他都会拥有值得喜庆的事。

上九：晋其角，维用伐邑，厉吉无咎，贞吝。

上九：晋升到了顶点，只有用征讨小国来建立功勋，危险中会有吉祥，没有灾难，守正道会遇到困难。

【原文】象曰：维用伐邑，道未光也。

【译文】象辞说：只能用征讨小国来建立功勋，是说明上九的晋升之道还不能光大。

【启示】晋升到了极点，反而失去了权力。比如太上皇连皇上都怕三分，可是实际上却没有实权。这位上九是一个追求功名的人，所以他要想继续提高自己的荣誉，只能去征讨一些小国家了。由于上九处于穷途末路，很快便会被众阴排挤掉，所以一味坚守正道就会有忧吝的事发生。

《推背图·第七象》解晋卦

晋·庚午

【谶曰】

旌节满我目，
山川踢我足。
破关客乍来，
陡令中原哭。

【颂曰】

蝼蚁从来足溃堤，
六宫深锁梦全非。
重门金鼓含兵气，
小草滋生土口啼。

【金圣叹批注】

此象主藩镇跋扈及吐蕃入寇中原。

▶ 晋卦运势速断

运势	事业繁荣，声誉渐高，于人、事、物都有利，有加官晋爵之兆。
事业	非常顺利，不断上升，阻力很小。不可犹豫，更忌优柔寡断。
爱情	可能会偶遇某人，应柔顺而求，不可蛮横或清高挑剔。适合早婚。
疾病	久病者凶，近病无妨。寒热头痛，上热下浮，可到西南方求医。
经商	行情好，但也会遇到困难，应迎难而上，因势利导，克敌制胜。
诉讼	二人官司，内外不和，我方不可动，终能得理。
出行	二人同行，将出行而未出行，中途遇到另一个人则有恐。
人生	有精神追求，适合求学，能因学问成就事业。为官多为虚职，无实权。

第36卦 明夷：地火明夷卦

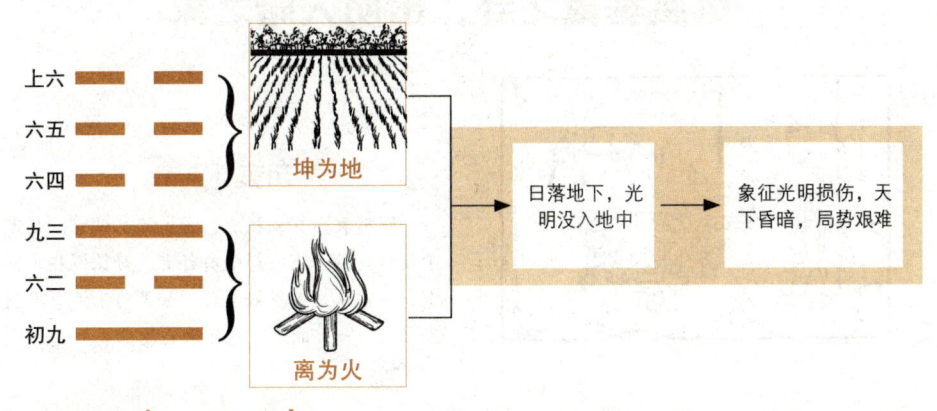

上六
六五
六四
坤为地

九三
六二
初九
离为火

日落地下，光明没入地中 → 象征光明损伤，天下昏暗，局势艰难

【原文】明夷，利艰贞。

彖曰：明入地中，明夷。内文明而外柔顺，以蒙大难，文王以之。利艰贞，晦其明也，内难而能正其志，箕子以之。

象曰：明入地中，明夷。君子以莅众，用晦而明。

【译文】明夷，利于艰难中守正道。

彖辞说：太阳沉入地中，便是明夷。内卦文明外卦柔顺，因此蒙受大难，周文王就是这样。利于艰难中守正道，韬光养晦，内部有难也能坚持自己的志向，箕子就是这样的。

象辞说：太阳落入地中，这就是明夷的卦象。君子从中受到启示，治理民众要隐去自己的才能，做到外愚内智。

【启示】夷是受伤之意，明夷就是光明受损。卦象为日落于地，光明熄灭，昏君在上，小人得势，世道黑暗，形势险恶，有才能的人被压抑在下，光明正大之人必受伤害。此时不可发挥才能、打开僵局，不能轻易用事。前面以旭日东升比喻晋卦，但太阳终究要落下，所以晋卦的后面是明夷。

在环境危险时要保全自己的实力，不与小人同流合污，在清苦的生活中坚守正道。要以愚昧的表象掩饰明智的真情，大智若愚。商朝的箕子就是坚守正道的一个例子。他发现纣王用餐时使用了象牙筷子，便预感到纣王会因为对象牙筷子的追求而逐渐演变成追求更奢侈的生活，导致腐败亡国。他劝纣王不要这样，但纣王不听，箕子预感到了商朝的亡国已不可避免，便开始装疯。纣王为了防止这个"疯子"胡说八道，便把他囚禁了起来。武王灭掉商朝后，箕子被放了出来。

摇得此卦，求财望事有碍，有前途暗淡之象，或被小人所害而身心受困，欲脱不能。预测婚姻，反复终成。

《断易天机》解明夷卦

凤凰垂翼之卦，出明入暗之象

明夷卦点睛

明夷表示坏到极点，曙光就在眼前，只需要最后坚持一下。得明夷卦者最好低调些，不显山不露水。保护好自己，如果为了做事而伤了自己，天大的本事也无法施展出来。

周文王得此卦，得知儿子被杀

周文王预测儿子的生死时占得此卦。当时周文王被商纣王囚禁，其长子携宝物拜见纣王却被杀，纣王将其子剁成肉酱给周文王吃。文王通过演卦知道了儿子已遇难，但仍忍痛吃下此肉。

卦图详解

◆ 一个人在逐鹿，说明刚健的性格已经不合时宜。

◆ 老虎对妇人虎视眈眈，说明妇人容易受伤。

◆ 一个铜钱被分成两半，说明会破财。

◆ 有妇人陷于井中，说明陷入困境，不宜轻举妄动。

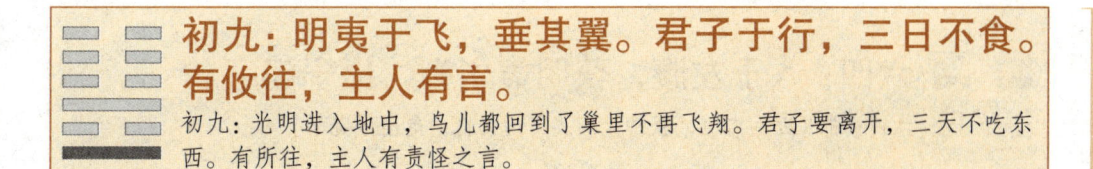

> **初九：明夷于飞，垂其翼。君子于行，三日不食。有攸往，主人有言。**
>
> 初九：光明进入地中，鸟儿都回到了巢里不再飞翔。君子要离开，三天不吃东西。有所往，主人有责怪之言。

【原文】象曰：君子于行，义不食也。

【译文】象辞说：君子决意要离开，道义上不能再接受食禄。

【启示】鸟的生活规律与太阳升降有密切关系。太阳刚跃上地平线，阳光尚未普照之时，鸟首先睡醒；太阳开始落山，尚未收尽其余晖时，鸟已开始归巢。因此，鸟对于阳光是很敏感的。明夷之初，距离光明受到伤害还远，但君子有见机之明，急速离去。这与傍晚时归巢的鸟十分相似，他们并不是等到天黑后才飞回。

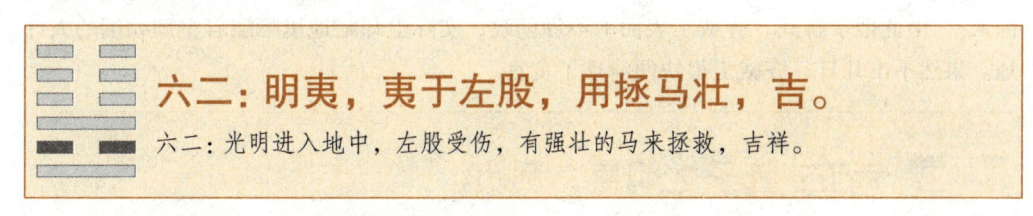

> **六二：明夷，夷于左股，用拯马壮，吉。**
>
> 六二：光明进入地中，左股受伤，有强壮的马来拯救，吉祥。

【原文】象曰：六二之吉，顺以则也。

【译文】象辞说：六二爻的吉祥，是由于他即顺从又有原则。

【启示】君子在明夷之时难免不受小人伤害，只是伤势不算太重。好比一个人走夜路，结果把大腿摔伤了。可是由于自己有一匹强壮的马，所以被马所拯救。遇险而有救，所以最终吉祥。

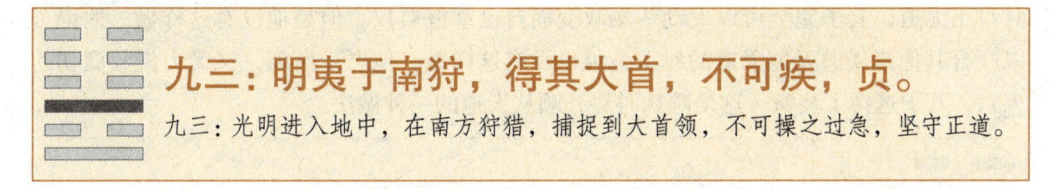

> **九三：明夷于南狩，得其大首，不可疾，贞。**
>
> 九三：光明进入地中，在南方狩猎，捕捉到大首领，不可操之过急，坚守正道。

【原文】象曰：南狩之志，乃大得也。

【译文】象辞说：南方狩猎的事件，说明可以得到大的收获。

【启示】天黑了，动物们都在熟睡，此时去捕捉，更容易获取猎物。相对于战争来说，夜袭也是一种极容易克敌制胜的战术。爻辞中所描述的便是一次成功的夜袭经过。不但打败了敌人，而且还俘获了敌人的头领。但是在这种情况下，由于黑暗不明，所以不利于穷追不舍，斩尽杀绝。

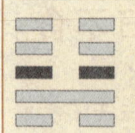

六四：入于左腹，获明夷之心，出于门庭。

六四：进入近臣内侧，获悉光明损伤的内情，走出了院子。

【原文】象曰：入于左腹，获心意也。

【译文】象辞说：进入近臣内侧，可以获得君王的真实想法。

【启示】六四是一位行事缜密之人。为臣者要弄明白君王是否真的昏庸无道，不能只从表面上看君王无所作为便毅然离去。战国时齐威王刚继位时整日沉湎于酒色，淳于髡想了解齐威王的想法，对他说："齐国有一只大鸟，栖息于宫苑的巢中有三年了，它既不飞又不鸣叫，这是一只什么鸟？"齐威王说："不飞则已，一飞冲天；不鸣则已，一鸣惊人。"由此他了解到，齐威王表面上不理朝政，实际上却暗地里酝酿着整理朝纲的大计划。果然不出几日，齐威王很快便清理了贪官。

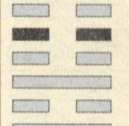

六五：箕子之明夷，利贞。

六五：像箕子一样受到伤害，利于像箕子一样守正道。

【原文】象曰：箕子之贞，明不可息也。

【译文】象辞说：箕子的坚守正道，使光明不致熄灭。

【启示】六五最靠近昏君，深陷黑暗之中，此时应守持正固。箕子是纣王的叔叔，当时纣王无道，箕子完全可以发动一场政变而自己掌握君权。但是他没有这样做。他也可以联合其他诸侯国灭掉无道的纣王，可也没有这样做。他忠于商朝，又无力挽救商朝的灭亡。箕子选择了装疯。这是顺从时势、顺从天道的一种做法。

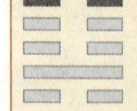

上六：不明，晦，初登于天，后入于地。

上六：不光明，晦暗。起初升上天空，后来落在地上。

【原文】象曰：初登于天，照四国也。后入于地，失则也。

【译文】象辞说：起初升上天空，可以光耀四方。后来落在地上，是失去了法则。

【启示】上六最初也曾是明君，施行仁政，但后来却违背天道，施行暴政，光明与黑暗交替。明者尽被其所伤之象。比如，纣王很聪明，很有才能，敏捷善辩，力大无比。可他将其才能用于压迫剥削人民，用于荒淫奢侈地生活，才能使他的暴君角色发挥得淋漓尽致，导致彻底失败。上六处于黑暗的极至之处，在最黑暗的时刻，光明就要来了。

《推背图·第十五象》解明夷卦

明夷·戊寅

【谶曰】

天有日月，
地有山川。
海内纷纷，
父后子前。

【颂曰】

战事中原迄未休，
几人高枕卧金戈。
寰中自有真天子，
扫尽群妖见日头。

【金圣叹批注】

此象主五代末造，割据者星罗棋布，惟吴越钱氏"钱四世"稍图治安，南唐李氏"李升三世"略知文物，余悉淫乱昏虐。太祖崛起，拯民水火。太小名香孩儿，手执帚着，扫除群雄也。

▶ 明夷卦运势速断

运势	运气极差，主大凶象。君子被小人伤，贤臣被昏君伤，应忍耐自重。
事业	处境不利，应表面柔顺，内心明察，隐忍行志，当离则离，避免灾祸。
爱情	未被对方接受，有被背叛抛弃之象。应全面分析对方，注意大节。
疾病	有不安、凶险之象。若为眼疾有失明之象。可往南方或北方求医。
经商	应韬光养晦。适合在西方文化背景下的机构、行业从事工作。
诉讼	处于罗网中，上了法庭也难脱罪责。
出行	到中途有阻，急则安，动则险。可问他人。
人生	外表忠厚，内心火爆。性格怪异。晚上思想活跃，白天爱打瞌睡。

第37卦 家人：风火家人卦

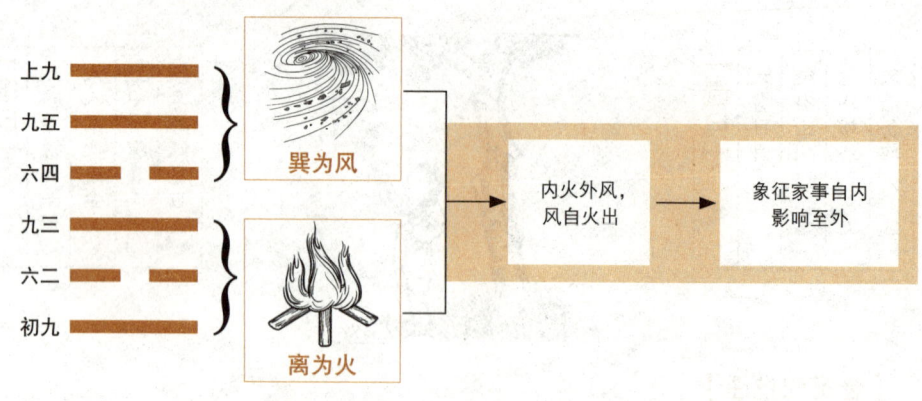

上九
九五
六四 } 巽为风

九三
六二
初九 } 离为火

内火外风，风自火出 → 象征家事自内影响至外

【原文】家人，利女贞。

象曰：家人，女正位乎内，男正位乎外，男女正，天地之大义也。家人有严君焉，父母之谓也。父父，子子，兄兄，弟弟，夫夫，妇妇，而家道正；正家而天下定矣。

象曰：风自火出，家人；君子以言有物，而行有恒。

【译文】家人卦，有利于女人守正道。

象辞说：家人卦，女子（指六二）得位居中于内卦，男子（指九五）得位居中于外卦，男女的位置正确，这是符合天地的礼义。家里面严肃的君长，便是父母。父亲像父亲，儿子像儿子，兄弟像兄弟，丈夫像丈夫，妻子像妻子，这样的治家之道才是正确的。这种治家之道可以使天下安定（即也是治国之道）。

象辞说：风从火中生出，这就是家人卦的卦象。君子从中受到启示，说话要讲究实际，做事要持之以恒。

【启示】上面的明夷卦代表受伤，人受伤后便会回到家中养伤，所以明夷卦之后是家人卦。家人就是家里人，卦辞极其简单，只有三个字——利女贞。这三个字却说出了家庭中女人的重要作用。俗话说"妻贤夫祸少"，家庭和睦的关键是女人是否贤惠。家庭以主妇的角色为重。主妇正则全家正；主妇不正则全家不正。妇女在家有大权，家庭的平和与否通常由女性操纵，如婆媳、姑嫂之间的问题等。如果主妇固守自己的岗位，安慰丈夫，教养孩子，事事以家人为重，家庭便和睦安宁。

治家之道，男子要严厉，女子要柔顺。治家也应该有不同的分工。男子齐家的目的是治国平天下，所以对男子的要求是在家外居正当之位，这是齐家的需要，也是治国的需要。女主家内事，男主家外事，家庭问题就解决了。家道正才能治国，治国才能平天下，由此可见正家道是正天下之本。

《断易天机》解家人卦

入海求珠之卦，开花结子之象

家人卦点睛

家人象征一家人和睦团结，相亲相爱。得家人卦者，家和则万事兴，家不和则外人欺，家丑不可外扬。父是父，子是子，家中要有明确的角色意识；男主外，女主内，治家应该有明确分工。

董永得此卦，娶得七仙女

董永卖身葬父时占得此卦，后来果然得家人。董永为东汉人，其卖身葬父的行为感天动地，扶柩返乡途中，七仙女受感动而愿为其妻，并在一月之内织绢三百匹，为董永偿还了债务。

卦图详解

◆有一个人张弓，射向空中的腰带，说明官位将至。

◆右侧有一官人持文书自云中而降，说明利于官运。

◆妇人携手而立，说明女人是此卦的核心，此卦利于婚姻。

◆一人在等着领旨，说明家中人要有角色意识。

家人卦认为家庭里要有尊卑次序。西方人讲究平等，却有许多弊端。他们的孩子因为强调平等而毫无顾忌，许多人不尊重长辈，学生可以凌驾于老师之上，子女可以凌驾于父母之上。而中国人讲尊卑，好像不平等，实际上并非如此。父尊子卑，因为父亲岁数大，社会经验丰富，又对子女有养育之恩，那么子女就应该尊重父亲。而且这也是会变的，等儿子将来做了父亲，自然就成为尊者，他的子女就要尊重他。

　　得此卦者，遇到困难可得家人之助。预测婚姻可成。预测事业，要先成家后立业，借助家庭力量才能有所作为。家人团结、夫妻和睦、孝顺长辈是最有利的因素。

初九：闲有家，悔亡。

初九：在家中做好防范，不会发生悔恨的事情。

【原文】象曰：闲有家，志未变也。

【译文】象辞说：在家中做好防范，是对家的观念没有改变。

【启示】刚建立家庭就要防止邪恶，如果一开始就约束不严，放任自流，等到家风败坏再加以管教，将难以收拾。远古时代的房屋虽然简陋，但却都有院落。院子的大门像两片木栅栏，关上门后插上一根横木，外面的人就进不来了。这根横木就叫做"闲"。这根横木还可以当武器用，进行自卫。

六二：无攸遂，在中馈，贞吉。

六二：不自作主张，在家中负责饮食之事，守正道吉祥。

【原文】象曰：六二之吉，顺以巽也。

【译文】象辞说：六二之所以吉祥，

【启示】妻子在家中不是一家之主，所以做事不能擅自做主，有事要与丈夫商量。而妻子在家中主内，主要任务便是给一家人做饭，每天中午给家中人准备好可口的饭菜，听从丈夫的命令，守持正道，就会吉祥。这个吉祥，既是六二的吉祥，同时也是一家人的吉祥。

九三：家人嗃嗃，悔厉吉；妇子嘻嘻，终吝。

九三：家里人被训斥，治家严厉吉祥；妇女、孩子嘻嘻哈哈，最终会有忧吝。

【原文】象曰：家人嗃嗃，未失也；妇子嘻嘻，失家节也。

【译文】象辞说：家里人被训斥，是没有失去家法；妇子、孩子嘻嘻哈哈，是失去了家的节制。

【启示】虽得正却不居中，是个治家过严的家长。治家很严，严过头了，有伤感情。治家当然以适中为宜，然而在不能适中的情况下，与其过宽不如过严。过严虽然会产生一些副作用，但最终还是吉的。如果过宽，妇人小孩都嘻皮笑脸无所畏惧，就会乱伦礼，生邪恶。

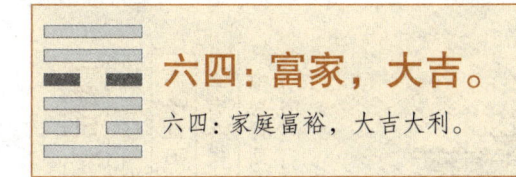

六四：富家，大吉。

六四：家庭富裕，大吉大利。

【原文】象曰：富家大吉，顺在位也。

【译文】象辞说：家庭富裕大吉大利，是因为六四爻柔顺而得位。

【启示】在一个家庭中，父是主管教化的，负责礼仪表率；母是主管饮食的，负责日常安排，勤俭则日富，奢侈则日贫。勤俭持家，不免聚敛，从而招至怨尤。六四柔顺而得位，与其下的初九相应，故能为家庭带来财富和吉祥。

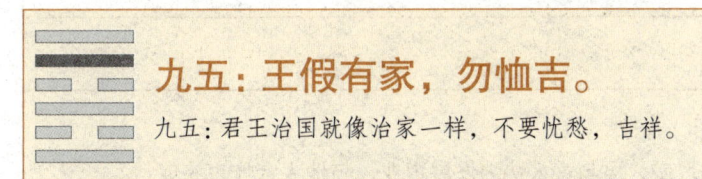

九五：王假有家，勿恤吉。

九五：君王治国就像治家一样，不要忧愁，吉祥。

【原文】象曰：王假有家，交相爱也。

【译文】象辞说：君王治国如治家，是让人们都像一家人一样相亲相爱。

【启示】九五不是一般的家长，而是一个君王，有代表性、权威性。君王以自己的美德和模范行为来感动家人。家人受其感动，也都和睦相处。同样是治家，九五的治家之术比九三要高明。古代的天子是所有诸侯国的总盟主，所以要宣扬大统一的思想。并且不单是从思想上进行宣传，而且通过联姻的关系促成大统一的格局。比如纣王的父亲见西周强盛了，便把自己的同宗妹妹嫁给了周文王的父亲。

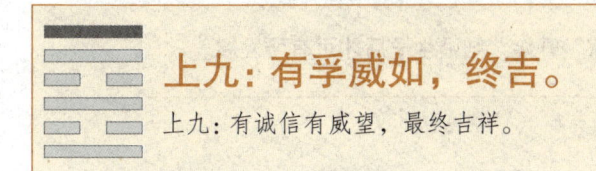

上九：有孚威如，终吉。

上九：有诚信有威望，最终吉祥。

【原文】象曰：威如之吉，反身之谓也。

【译文】象辞说：有威望的吉祥，说的便是能反身自律。

【启示】上九是家庭中位置最高的人物，就相当于国家的太上皇，民间家庭的老太爷。这些老人受到下面家庭成员的普遍尊重。所以上九必须不负众望，要有诚信有威望。

按现在的话来说就是要老而有德。中国历来尊重老年人，可是如果老人无德，便会失去应有的尊重了。

《推背图·第三十五象》解家人卦

家人·戊戌

[谶曰]
西方有人，
足踏神京。
帝出不还，
三台扶倾。

[颂曰]
黑云黯黯自西来，
帝子临河筑金台。
南有兵戎北有火，
中兴曾见有奇才。

【金圣叹批注】

此象疑有出狩事，也乱兆也。

▶ 家人卦运势速断

运势	风助火势，火助风威，可与家人协力发展事业，与他人合作也易成。
事业	成功与否与家庭支持密切相关。应严格治家，防止"后院起火"。
爱情	大吉之象，终成美眷。妻子是家道的根本，择妻应慎重。
疾病	若为腹部之病不严重，若为心脏病则危重，可往东南方求医。
经商	以治家的方式来经商，集中权力，严宽结合，以严为主。
诉讼	我方得理，不过有疑虑，但最终没有妨碍。
出行	与姓名中有木的人同行，事情与女人有关，钱财上反复。
人生	起步较晚。仕途应由"齐家"开始，结婚生子后才可有所发展。

第38卦 睽：火泽睽卦

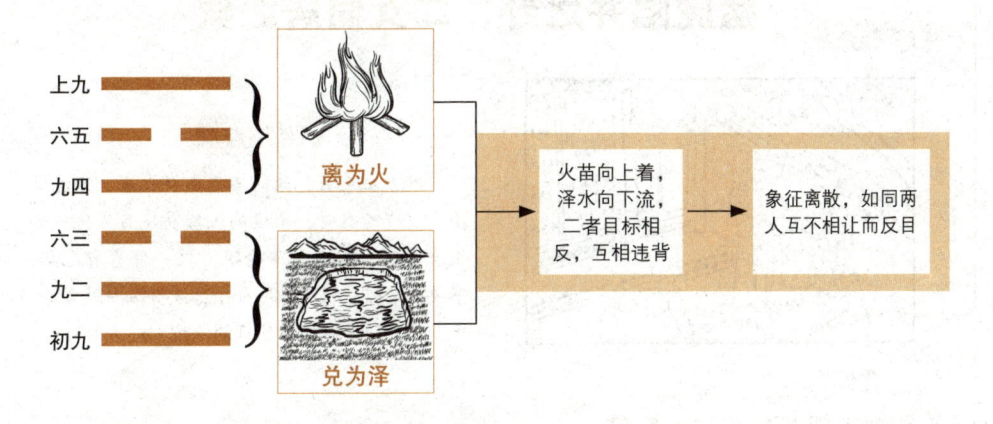

```
上九 ▬▬▬
六五 ▬ ▬     } 离为火
九四 ▬▬▬
六三 ▬ ▬
九二 ▬▬▬     } 兑为泽
初九 ▬▬▬
```

火苗向上着，泽水向下流，二者目标相反，互相违背 → 象征离散，如同两人互不相让而反目

【原文】睽，小事吉。

彖曰：睽，火动而上，泽动而下；二女同居，其志不同行；说而丽乎明，柔进而上行，得中而应乎刚；是以小事吉。天地睽，而其事同也；男女睽，而其志通也；万物睽，而其事类也；睽之时用大矣哉！

象曰：上火下泽，睽；君子以同而异。

【译文】睽卦，做小事吉。

彖辞说：睽卦，火在上面燃烧，泽水下向流动；（离与兑都是阴卦）两个女人居住在同一间房里，心愿不一样所以行为也不一样；喜悦而光明，柔顺地向上进取，六五占据中位又能够与刚健的九二相应，所以小事吉祥。天地分离而化育万物的事业相同；男女不同体而相互求爱的心愿相通；万物形态各式各样，但各有其相同的类别。睽卦的时势意义太大了！

象辞说：火在上面燃烧，泽水在下面流动，这就是睽卦的卦象。君子从卦中受到启示，应求大同而存小异。

【启示】睽的本意是两只眼睛不朝一个地方看，引申为背离、反目。如果家中穷困了，便会离异、不合，所以家人卦的后面是睽卦。卦象为上火下泽，火苗向上，泽水向下，二者目标相反，互相违背。表示意见不同，矛盾丛生，亲友疏散。

之所以有背离的情况，是因为人与人之间互相猜疑。此时求大同、存小异，个性、观点不同没有关系，只要沟通、交流就可以和合。通观全卦，每一爻都是在讲如何相和、不背离，小心谨慎，柔顺委婉，心平气和，慢慢解除猜疑，化解前嫌，把分离变为合作。睽卦的卦辞只有"小事吉"三个字，说明不利于做大的事情，只能从小处做起，最重要的是不缓不急，踏实处理。

《断易天机》解睽卦

猛虎陷井之卦，二女同居之象

睽卦点睛

睽象征反目，此时不能成就大事，只能做小事。得睽卦者，亲近的人容易反目成仇。如果十件事中有九件事愉悦，仅一件事有毛病，不要太计较。缘分尽即分手，没有必要结冤仇。气归气，还是要想想往日的情谊，对方的好处。

武则天得此卦，与人反目

武则天聘尚贾至时占得此卦，古书中说："精魅成，卜此除之"。其意为此事为凶，须及早行动除掉对方。后来武则天与对方果然反目成仇。

卦图详解

◆一个人执斧在手，代表愤怒，反目成仇。

◆天空中有雁飞过，说明应该沟通信息。

◆牛为丑，鼠为子，子丑六合，但间隔一人，说明合而不合。

◆地上有破损的文书，说明有争执。

◆一豪宅关着门，说明矛盾难以调和。

得此卦时，测大事有违叛之象，主凶象。人心睽违，百事难成，财物散乱。除学者之外，均须防口舌争论，或受欺之事。男女得此卦都有因桃花运而致家庭风波的可能。少女得此卦则可能因无知而被诱骗。预测婚姻为男女双方志趣不同，勉强结合则有争议。但若预测小事，上下能沟通。应加强团结，委曲以求相通。

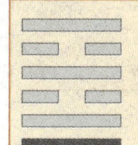

初九：悔亡，丧马勿逐，自复；见恶人无咎。

初九：没有忧悔，丢失马匹不用去追赶，它自己会回来；出现恶人，但没有灾难。

【原文】象曰：见恶人，以辟咎也。

【译文】象辞说：出现了恶人，所以要避免灾难。

【启示】睽卦讲的是在人际关系中发生背离时的对策。初九是背离之始，矛盾刚刚发生，还有回旋余地，处理得当可以化解矛盾。矛盾之初，对方在闹情绪，去讨好也未必领情。要给双方时间自我反省，只要不继续激化冲突，矛盾会逐渐淡化。如果对方主动示好，要立即抓住时机，赶快移船就岸，化分为合。

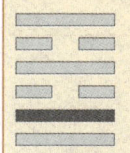

九二：遇主于巷，无咎。

九二：在巷子中遇到了主人，没有灾难。

【原文】象曰：遇主于巷，未失道也。

【译文】象辞说：在巷子里遇到主人，是说明九二爻没有失去主仆的相合之道。

【启示】九二有职无权，不可能升堂入室，朝见天子，只有委曲求全，经历曲折，私下与人遇合。好比一个已经潦倒的富人家的奴仆，家里人因为穷困四处谋生，结果没有能力畜养奴仆了，奴仆被主人遣散了。结果一天，主人与一名奴仆在一条小巷子里相遇了，奴仆仍然把旧主人当作主人看待，这种忠诚怎么会有灾难呢？

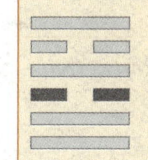

六三：见舆曳，其牛掣，其人天且劓，无初有终。

六三：见到大车被拽住，牛向前用力拖，赶车的人受了削发截鼻的酷刑。起初不好，最终会有好结果。

【原文】象曰：见舆曳，位不当也。无初有终，遇刚也。

【译文】象辞说：大车往后拽，是因为位置不当，起初不好最终会有好结果，是因为得到了强者的（上九）的帮助。

【启示】位置不当，力量薄弱，心有余而力不足。九二、九四一时逞强，横加障碍，终究难以阻止六三与上九的遇合。这种乖离的局面终究是暂时的。如同一个人赶着牛车，

361

车上的东西很多，牛也不听话，结果他从车上摔了下来，脸与鼻子被摔破了。但他遇到了别人的帮助，车子翻了却没有毁坏。

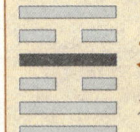

九四：睽孤，遇元夫，交孚，厉无咎。

九四：乖异孤独，遇到大丈夫，以诚信交往，虽遇危险但没有灾难。

【原文】象曰：交孚无咎，志行也。

【译文】象辞说：以诚信交往没有灾难，是因为心思能一致。

【启示】倍感孤立，似乎陷入绝境了。初九处在与九四对应的位置。初九和九四在危境中相逢。二者皆是阳刚，互不相容、互相排斥；但处境相似，需摆脱困境，于是毅然合作，真诚交往。如同孙权和刘备合作，共抗曹操。

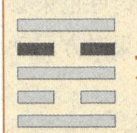

六五：悔亡，厥宗噬肤，往何咎？

六五：没有悔恨，同宗设宴吃肉，前往怎么会有灾难呢？

【原文】象曰：厥宗噬肤，往有庆也。

【译文】象辞说：同宗设宴吃肉，前往会遇到喜庆之事。

【启示】九二委曲宛转地与六五相遇，六五则居尊而柔顺，遇合像咬嫩肉一样容易，一咬就能合牙，合则不再睽离。这里说的是，潦倒的富人家里的人们各奔东西去谋生，结果有一个人混出了功名，所以设宴招待自己同宗族的人，大家在一起喝酒吃肉，自然不会有灾难了。

上九：睽孤，见豕负涂，载鬼一车，先张之弧，后说之弧，匪寇婚媾，往遇雨则吉。

上九：乖异孤独，见到猪满身污泥，拉了一车鬼，先张弓要射，后来又放下了弓箭，因为来者不是盗寇，而是来求婚的。前往遇到下雨就会吉祥。

【原文】象曰：遇雨之吉，群疑亡也。

【译文】象辞说：遇到雨就会吉祥，是因为许多疑虑都没有了。

【启示】上九刚极则暴躁，不能冷静地思考问题，容易神经过敏，难免妄生猜疑，产生误会，闹出乱子。所以，要清醒地分析情势，既不可轻信，也不可轻疑。上九处于极度穷困中，他的"睽孤"与九四的"睽孤"有所不同，九四是由于性格而孤独，上九的孤独则是由于穷困。因为睽卦的主要意思便是家境穷困导致的不合与离异。

《推背图·第二十一象》解睽卦

睽·甲申

【谶曰】

空厥宫中，
雪深三尺。
吁嗟元首，
南辕北辙。

【颂曰】

妖氛未靖不康宁，
北扫烽烟望帝京。
异姓立朝终国位，
卜世三六又南行。

【金圣叹批注】

此象主金兵南下，徽宗禅位。靖康元年十一月，京师陷，明年四月，金以二帝及宗室妃嫔北去，立张邦昌为帝。卜世三六者，宋自太祖至徽钦，凡九世，然则南渡以后又一世矣。

▶ 睽卦运势速断

运势	处于矛盾、对应状态。气运不通，势行低落，处变不惊可转危为安。
事业	小事可成，小事积累可成大事。成于协力合作，败于众志相异。
爱情	不和睦。若相互怀疑，可能有第三者介入。深藏不露则无大碍。
疾病	易有诊断错误，失先机，应尽快转换医治方法。可往东南方求医。
经商	多阻碍，难成，成也有损。应求大同而存小异，避免纠纷。
诉讼	双方反目成仇，意见相悖，宜和解。
出行	动则利，回则难，利于二人同行。若寻人，难寻。
人生	走仕途易成事业。在台上则挥洒自如，在台下则心里不平衡。

第39卦 蹇：水山蹇卦

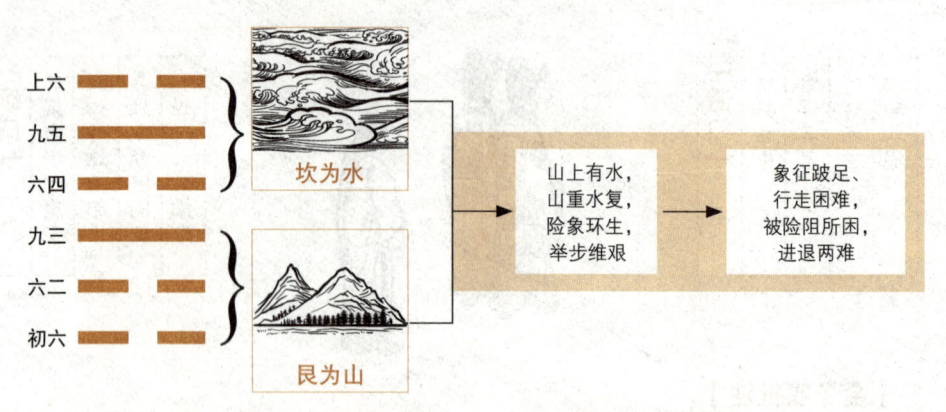

上六
九五
六四　坎为水
九三
六二
初六　艮为山

山上有水，
山重水复，
险象环生，
举步维艰

→ 象征跛足、
行走困难，
被险阻所困，
进退两难

【原文】蹇，利西南，不利东北；利见大人，贞吉。

象曰：蹇，难也，险在前也。见险而能止，知矣哉！蹇利西南，往得中也；不利东北，其道穷也。利见大人，往有功也。当位贞吉，以正邦也。蹇之时用大矣哉！

象曰：山上有水，蹇。君子以反身修德。

【译文】蹇卦，西南方有利，不利于东北方。宜于拜见大人物，守正道吉祥。

象辞说：蹇，即艰难的意思，前面有险阻。遇到险阻而停止前进，这是智慧的选择。利于往西南走，因为那边路平好走。不利于往东北去，因为那边山路崎岖不平无路可走。利于拜见大人物，是因为前往可以建立功业。有地位又守正道自然吉祥，这样可以达到安邦治国的目的。蹇卦的时势意义真是太大了！

象辞说：山上有水便是蹇卦的卦象。君子从卦象中受到启发，反省自身提高修养道德。

【启示】蹇卦为四大难卦之一。蹇的意思是跛足，行走困难。上一卦睽卦表示家道衰落，"家贫百事哀"，所以睽卦的后面是蹇卦。从卦象上看，坎于前，艮于后，山高水深，前路险陷，后有阻碍，主凶象。处蹇难之时而向危险之地进发，等于蹇上加蹇，死路一条。如果知险而能止，不去冒险，相时而动，则可避免不必要的牺牲。象辞的忠告是，在险难中要时刻反省自己，对自己的错误行为与错误选择进行改正，只有这样才能最终脱离险境。

得此卦时，求财难成。不论贵贱贫富，均身心忧苦、陷入困境。事业、感情均骑虎难下。但若能见险而止，慎重行事，不涉入险境，即可脱险。适合住好房子，不应租房子住。预测婚姻，虚多实少，多不成，成也有口舌是非。男得此卦，两相不应，有孤寡之运。女得此卦，有入尼出道之象，且多数女人不美。

《断易天机》解蹇卦

飞雁衔芦之卦，背明向暗之象

蹇卦点睛

蹇指瘸腿，走路困难。得蹇卦者如同跛脚之人难以走远路，进退两难，不可能亨通，只有遇到相助的人才能继续前进。事情往往坏在行为的不协调上，这会留下太多遗憾。

钟离昧得此卦，一去不返

此卦为钟离昧出兵收复楚国时占得。秦末汉初，钟离昧先为项羽之将，后投靠韩信，在其攻打楚国时，一去不返。

卦图详解

◆旗上有"使"字，台上有"千里"二字，说明要出使到千里之外。

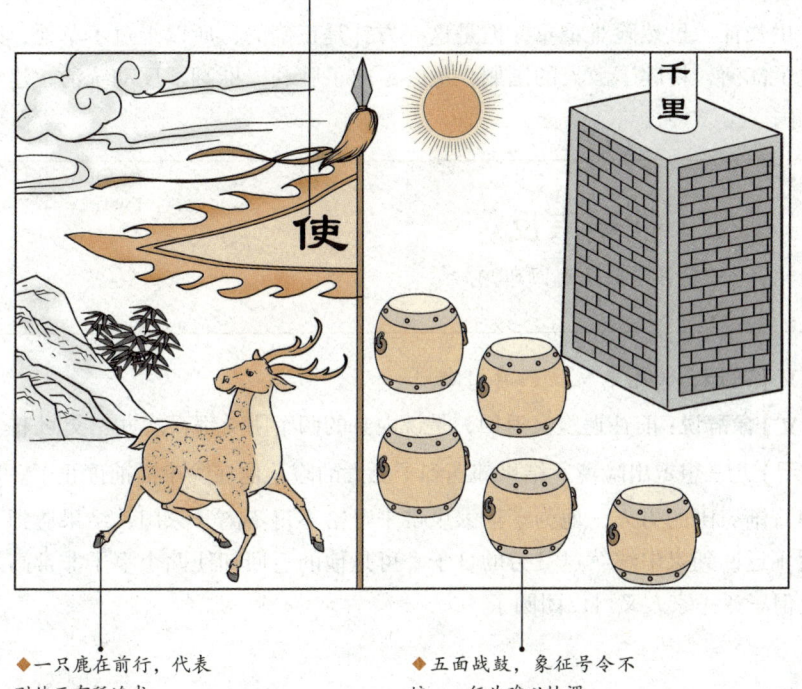

◆一只鹿在前行，代表刚健而有所追求。

◆五面战鼓，象征号令不统一，行为难以协调。

初六：往蹇，来誉。

初六：前往遇险，回来有荣誉。

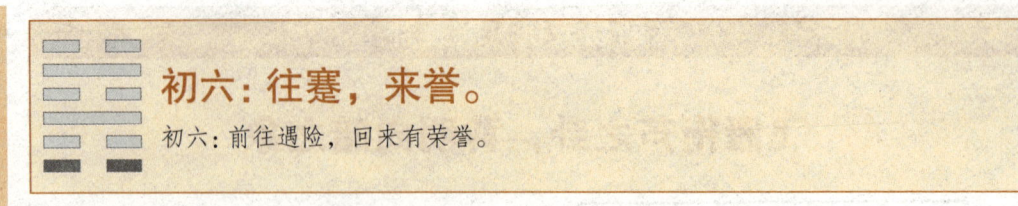

【原文】象曰：往蹇来誉，宜待也。

【译文】象辞说：前往遇险，回来有荣誉，这是说明应当等待时机。

【启示】初六没有力量跨越险阻，但是他的预见能力很强，所以还没有到危险的边缘，便知险而退。这种后退使自己减少了损失，自然会受到人们的赞誉。在现实生活中，我们经常会看到一些胆子小的人，这种人其实也有优点，就是能够及早预感到危险而做到防患未然，使自己不受损失。

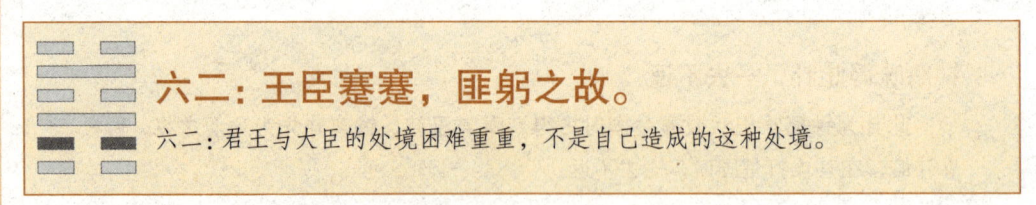

六二：王臣蹇蹇，匪躬之故。

六二：君王与大臣的处境困难重重，不是自己造成的这种处境。

【原文】象曰：王臣蹇蹇，终无尤也。

【译文】象辞说：君王与大臣的处境困难重重，最终不会有过失。

【启示】只要自己能够做到谨慎小心，不犯过失，就不怕任何艰难险阻。比如红军二万五千里长征，虽然险难重重，但是这一方针是正确的，所以走过了草地，跨过了雪山，渡过了江河，粉碎了敌人的围剿，最终走向了胜利，推翻了反动统治，建立了中华人民共和国。

九三：往蹇来反。

九三：前往遇险又返回来。

【原文】象曰：往蹇来反，内喜之也。

【译文】象辞说：前往遇险又返回，是说内卦的两个阴爻都喜欢九三爻回来。

【启示】九三想走出险境，结果却遇到了更大的险，他在险难面前停止了。这就好比一个家里日渐穷困的男人，他为了给家里带来财富不得不离开家门，结果遇到了大的险阻，不得不返回到家中继续过贫穷的日子。可是他的返回却使两个妻子非常高兴，因为虽然穷，但毕竟一家人又可以团圆了。

六四：往蹇来连。

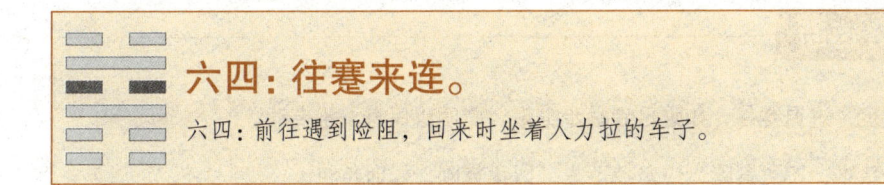

六四：前往遇到险阻，回来时坐着人力拉的车子。

【原文】象曰：往蹇来连，当位实也。

【译文】象辞说："往蹇来连"是因为六四有一定的地位并且富有。

【启示】六四自己无力出险，如果盲目前往则会更深入坎险，所以要与九三等爻联合，建立统一战线，团结一切可以团结的力量，改变敌我力量的对比，使自己走出困境。比如三国时期，刘备去世后，诸葛亮首先考虑到的就是建立统一战线，恢复与东吴的联盟关系。诸葛亮由于无后顾之忧，放手南征，七擒孟获，取得了一系列的胜利。

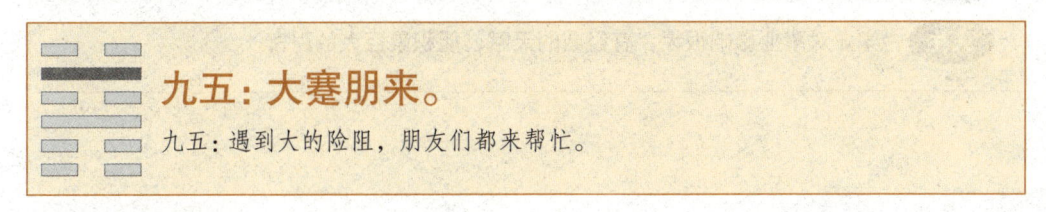

九五：大蹇朋来。

九五：遇到大的险阻，朋友们都来帮忙。

【原文】象曰：大蹇朋来，以中节也。

【译文】象辞说：有大险阻而得朋友的帮助，是因为九五阳刚中正合乎节度。

【启示】九五处在蹇难的深处，以一国之君居蹇难之中，是天下之大蹇。但他抱有济大难于天下的雄心壮志，六二也忠心耿耿地跟随九五。九五不是没有头脑的草莽英雄，他深知一个好汉三个帮的道理，充分运用领导艺术，使臣下冒死前来相助。九五的行为顺应民心，因而能得到拥护。

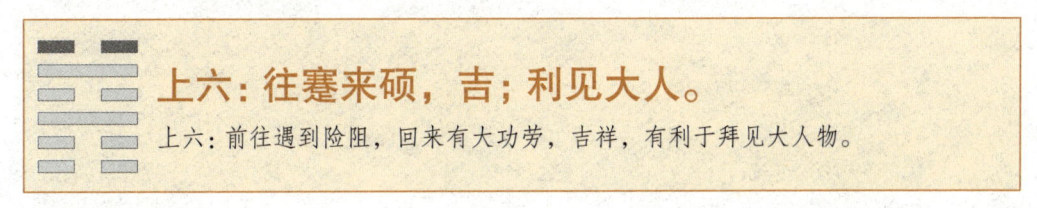

上六：往蹇来硕，吉；利见大人。

上六：前往遇到险阻，回来有大功劳，吉祥，有利于拜见大人物。

【原文】象曰：往蹇来硕，志在内也。利见大人，以从贵也。

【译文】象辞说：前往遇到险阻，回来有大功劳，是上六爻与大家齐心协力的结果。有利于拜见大人物，说明上六爻跟随尊贵的君主。

【启示】上六的吉祥就在于能够在无路可走的情况下退回来。好比一个部落中发生了水灾，上六从水灾中逃了出来，可是他却发现前面虽然没有水的灾害，但是却无路可走了。在这种情况下，他又回到了灾区，与大家团结在一起，共同抵抗灾害。"人多力量大，人心齐泰山移"，上六的回来增添了抗灾的力量，当然吉祥了。

► **蹇卦运势速断**

运势	衰运，进退维谷，如跛足者举步维艰。应明哲保身，不妄动。
事业	开头难，不可冒险，应坚持下去，以柔克刚，候时待机。
爱情	困境重重，情缘有破，舍弃难定。不可武断。
疾病	病危，有疏忽医治之现象。多为足疾，可向南方求医。
经商	改行、开业不吉。有是非、损耗之象。应交结贤人，坚守正道。
诉讼	步履艰难，不宜见官，只宜回避。
出行	动则有阻，或者路费不够用。若寻人，难以找到。
人生	学业对事业影响很大，有经商的天赋，能积累巨大的财富。

第 ④⓪ 卦 解：雷水解卦

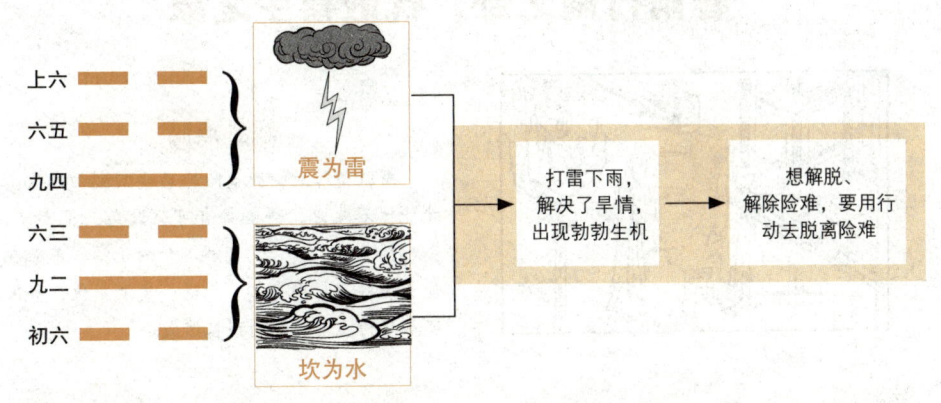

上六
六五
九四 } 震为雷
六三
九二 } 坎为水
初六

打雷下雨，解决了旱情，出现勃勃生机 → 想解脱、解除险难，要用行动去脱离险难

【原文】解，利西南，无所往，其来复吉。有攸往，夙吉。

彖曰：解，险以动，动而免乎险，解。解利西南，往得众也。其来复吉，乃得中也。有攸往夙吉，往有功也。天地解，而雷雨作；雷雨作，而百果草木皆甲坼，解之时义大矣哉！

象曰：雷雨作，解；君子以赦过宥罪。

【译文】解卦，有利于西南方，无所往，返回来吉祥。如有所往则提前一些吉祥。

彖辞说：解卦的象征是在险中行动，并且因为行动而脱离险境，这就是解。解卦西南方有利，因为在西南方可以得到群众的帮助。返回原处吉祥，因为这样符合中庸之道。若前往提前则吉祥，因为此时去可以建立功业。天地解冻后就有雷声和雨水降落，雷声与雨水可以使百果草木都破壳而出，解卦的时势意义太大了！

象辞说：雷雨交加，就是解卦的卦象。君子从卦象中得到启示，赦免有过失的人，宽恕犯人。

【启示】解是解脱、缓解、解决的意思。解卦象征在险中行动，并因为行动而脱离险境，凶带小吉。解相当于春分时坚冰溶解，万物觉醒。春雨初降，大地润和，此时可化干戈为玉帛，过去的难事面临解决的时机，应把握时机，犹豫不决将会遗憾。如果懈怠度日，年终将无收获。上一卦蹇卦代表险阻重重，进退维谷，但总会有缓解与解脱的时候，所以蹇卦的后面是解卦。有难而止是蹇，有难而能出则是解，出要靠动，动而免险。此时如同一个国家百废待兴，需要一个安定的环境，不要无事生非，要让人民休养生息。无事宜静不宜动，有事宜速不宜迟。

得此卦可解脱之前的险难，但仅为脱困而已。如病之初愈，元气没恢复，危机没根除。不应冒险，因为一切尚在元气初复阶段，应以中庸的方式、张弛结合的手段开拓方

369

《断易天机》解解卦

春雨行雨之卦，忧散喜生之象

解卦点睛

解就是释放，脱离险地后要回到初始状态才能休养生息。得解卦者可驱散乌云见太阳，全部烦愁瞬间消。没有解不开的死结，不必在使气斗胜上折磨身心。相逢一笑泯冤仇，如果变被动为主动，会功到自然成。

项羽得此卦，成功突围

项羽困在垓下时占得此卦。公元前202年，项羽被汉军围困于垓下，刘邦用四面楚歌致使楚军军心涣散，但项羽率八百士兵突围。

卦图详解

◆ 旗上有"捷"字，说明问题将被解决。

◆ 一个贵人带着鸡前来，鸡为酉。

◆ 兔为卯，与天上来的鸡相冲，说明曾经有矛盾。

◆ 一个人在献书，代表问题要得到和解。

◆ 一把刀插在地上，代表纷乱已停止。

兴未艾的事业。预测婚姻可成，但有不测之妨碍。男得此卦有利，女得此卦不利。

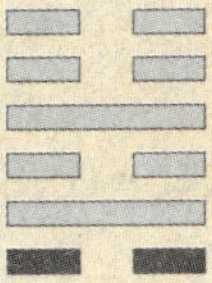

初六：无咎。

初六：没有灾难。

【原文】象曰：刚柔之际，义无咎也。

【译文】象辞说：初六与九二刚柔相济，合乎道义所以没有灾难。

【启示】初六是解卦下卦坎的最下，坎为险，所以初六处于险难的边缘，并且初六柔居奇位，所以处境不是很好。可是由于与九二阴阳相合，并且与九四相应，所以初六不会有灾难。因为九二与九四可以解除初六的灾难。也就是说初六虽然有难，但可以解脱，所以"无咎"。

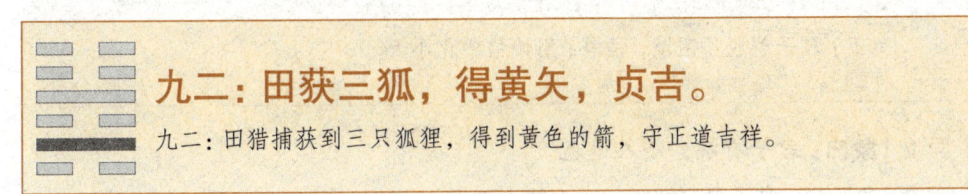

九二：田获三狐，得黄矢，贞吉。

九二：田猎捕获到三只狐狸，得到黄色的箭，守正道吉祥。

【原文】象曰：九二贞吉，得中道也。

【译文】象辞说：九二爻守正道的吉祥，是因为处于中正之道。

【启示】国家刚从险难中解救出来，需要一个安定的环境，但总有一小撮人逆历史潮流而动，想挑起事端，因此要肃清隐患。九二要为国家除掉了这些卑劣狡猾小人。初六、六三、六五和九二本身所具备的适中之德可以解脱九二的困境，所以九二只要坚守正道便会吉祥。

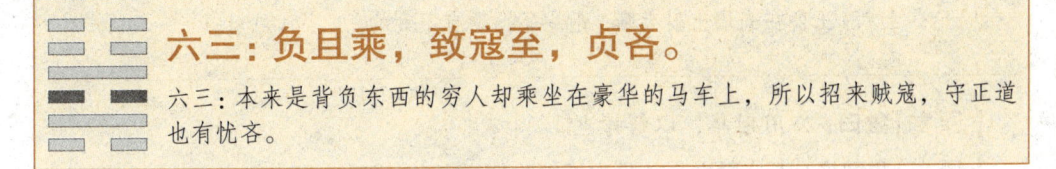

六三：负且乘，致寇至，贞吝。

六三：本来是背负东西的穷人却乘坐在豪华的马车上，所以招来贼寇，守正道也有忧吝。

【原文】象曰：负且乘，亦可丑也，自我致戎，又谁咎也。

【译文】象辞说：本来是背负东西的穷人却乘坐在豪华的马车上，这是件丑事（君子才可乘车），自己的行为招来贼寇，又能怨谁呢？

【启示】六三是一位穷人，他背着沉重的货物，然而却乘坐在一辆豪华的马车上，这种行为会使人愤愤不平，招来盗寇的抢劫。六三从穷困中解脱出来了，然而却又招来了盗寇之灾。这是告诫人们不要穷人乍富，不要招摇，否则只能是招致灾难。

九四：解而拇，朋至斯孚。

九四：解开足大趾上的束缚，朋友来到，这才是可以相信的。

【原文】象曰：解而拇，未当位也。

【译文】象辞说：解开足大趾上的束缚，这是因为九四把自己的位置摆错了。

【启示】九四有身陷险中的形象。小人得志，君子必然远遁，要想有所作为，一定要清除小人。九四能解除小人，引来像君子一样的朋友，这是好事。但小人为什么会纠缠于九四？九四本身也有空子可供钻营。

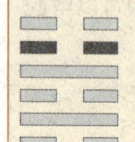

六五：君子维有解，吉；有孚于小人。

六五：君子解脱了困境，吉祥；用诚信感化小人。

【原文】象曰：君子有解，小人退也。

【译文】象辞说：君子得到解脱，小人势力消退。

【启示】六五有险难与被缚之象。但谁能够把国君缚束起来呢？一般没有人敢这样做。但是一些小人围靠在君王左右，就像绳子将君王捆住一样。君王只有亲贤臣远小人，才可解除小人对自己的羁绊。如同"不战而屈人之兵"，使小人知道在君子面前完全没有出路，要么改邪归正，要么自行退出历史舞台。

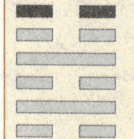

上六：公用射隼，于高墉之上，获之，无不利。

上六：王公在高墙上射大鹰，射中了，没有不利的。

【原文】象曰：公用射隼，以解悖也。

【译文】象辞说：王公射大鹰，是为了解除悖逆者。

【启示】解卦中让人印象最深的便是与小人的斗争。上六处解卦之极，危难已经解除，但新的隐患随时可能萌生，他随身暗藏着武器，时刻警惕，气氛又可能紧张起来。征讨叛乱的诸侯国，是为了使天下统一和平，是以战争解除战争的威胁。对于一个国家来说，既需要解除小人的羁绊，也需要用武力去解除叛乱的威胁，这就是文治武备。

《推背图·第二十七象》解解卦

解·庚寅

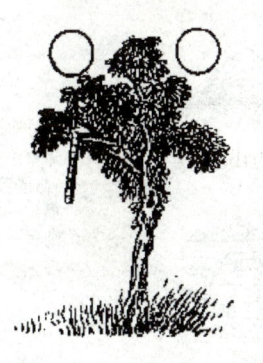

【谶曰】

惟日与月，
下民之极。
应运而兴，
其色曰赤。

【颂曰】

枝枝叶叶现金光，
晃晃朗朗照四方。
江东岸上光明起，
谈空说偈有真王。

【金圣叹批注】

此象主明太祖登极。太祖曾为皇觉寺僧，洪武一代海内熙洽，治臻太平。

▶ 解卦运势速断

运势	冰冻三尺非一日之寒，事出有因，到了可解决的时候。应快速处理。
事业	元气初复，准备就绪应立即行动，争取主动，不可拖延。
爱情	开花结果之兆。初有困难，但难关已过。不用犹豫，坚持可成。
疾病	久病可治愈，近病则危。肾脏、心脏容易出问题。宜往西北方求医。
经商	开业者吉，有很大的展望。行动快速才可摆脱险境。
诉讼	事情即将有眉目，丑未之日能见分晓。
出行	欲归不归，似有灾，或相识之人相留。
人生	能解决具体问题，但缺乏整体目光。适合开拓性的工作，以及副职。

第41卦 损：山泽损卦

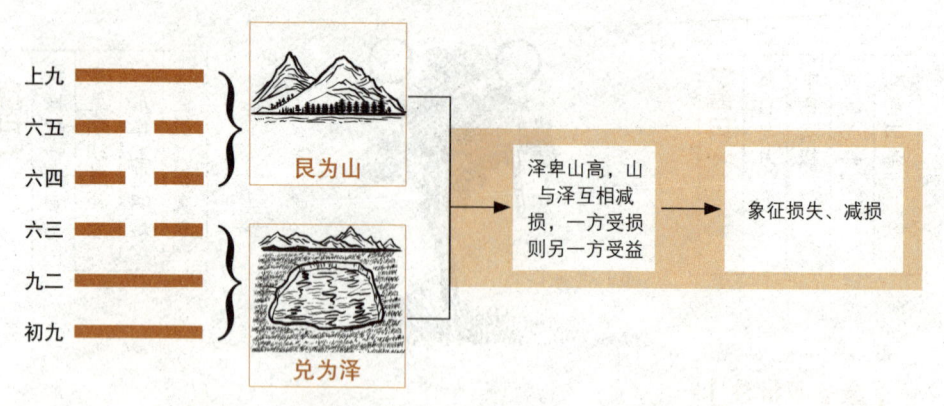

```
上九 ▬▬▬
六五 ▬ ▬       艮为山
六四 ▬ ▬
六三 ▬ ▬
九二 ▬▬▬       兑为泽
初九 ▬▬▬
```

泽卑山高，山与泽互相减损，一方受损则另一方受益 → 象征损失、减损

【原文】损，有孚，元吉，无咎，可贞，利有攸往，曷之用？二簋可用享。

象曰：损，损下益上，其道上行。损而有孚，元吉，无咎，可贞，利有攸往。曷之用？二簋可用享；二簋应有时。损刚益柔有时，损益盈虚，与时偕行。

象曰：山下有泽，损。君子以惩忿窒欲。

【译文】损卦，有诚信，大吉，没有灾难，可守正道，前往有利。用什么？用两簋供品祭祀神灵。

彖辞说：损卦是减损下体的阳刚增益上体的阴柔（即泰卦变损卦），是阳刚之道逐渐上升。减损时能心怀诚信，就会大吉，无灾难，可以守正道，前往有利。用什么祭祀？两盘淡食便可以了。当然，二盆淡食应当适合时宜，减损阳刚以增阴柔也应适合时宜，无论事物的减损、增益、盈满与亏虚都要适合时宜。

象辞说：山下有水泽，这就是损卦的卦象。君子从中得到启示，克制自己的愤怒，杜绝欲望。

【启示】损的本意是减少。上一卦解卦是缓解、解除危机的意思，但解除危机会带来损失，如同打完官司要交律师费、诉讼费等费用。所以解卦的后面是损卦。事物都会物极必反，阳气最强盛的时期正是阴气开始生长的时期，阴气最强盛时期正是阳气开始生长的时期。对于损益也是这样，受损达到一定程度，是走向强盛的起点，受益达到一定程度，是走向衰落的起点。

损卦有凶中带吉之象。其卦辞为"损下而益上"，意为减损内部、补益外部；减损自己、增益他人。损善也损恶，损好也损坏，损人则利己，损己则利人。此处的"损"字是中性词，仅表行为方式，无贬义。如果减损是出于诚信，合乎时宜，既不过也无不及，就是损所当损，这种损就可以取信于人，能得吉。

《断易天机》解损卦

凿石见玉之卦，握土为山之象

损卦点睛

损就是损失，为了根本利益需要做出牺牲，这样大家都能得利。得损卦者，善吃小亏则将占大便宜。比如植树，如果没有适时地砍掉多余的小树，便不利于其他树的生长，不能在总体上促进树林的壮大。

薛仁贵得此卦，平定契丹叛乱

薛仁贵平定契丹时占得此卦。薛仁贵是唐太宗和唐高宗时期的著名将领，曾征伐高丽、契丹、突厥等地，战功显赫。他虽平定契丹，但损失不小。

卦图详解

◆文书上有"再""告"二字，代表诉讼之事需要再次上访。

◆有球在地上，说明有所求，但未得手。

◆二人对酌，酒瓶倒在案上，瓶中酒已空，说明有了损失。

将损视为损失还是收获，主要在于当事者的价值判断。若心存诚信，虽微薄之物，足以奉献于上。在赠送别人礼品时以多少为宜，以什么时候送为宜？有人以为送礼越多越好，有的人送礼不看对象，似乎只要自己花了钱，情义就到了，其实不然。如果送得过多，就使人感到没有友情，只有物质关系；但也不要把不喜欢的东西送人，因为这不是诚心的表现。另一种情况是平时没有来往，等到要求人办事时才想起老关系，忙着送礼打点，这有功利色彩，送的人和被送的人都很尴尬，当然也就谈不上诚心。其实，逢年过节去看望长辈、好友，带上鲜花、水果等物品，既不特别贵重，也不带功利色彩，送的人和接受的人心情都很愉快。

得此卦，多为损己益人，或损利益德，或先苦后悦。事急则不成，一度难调，二度三度则易成。

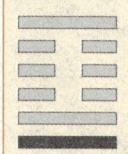

初九：已事遄往，无咎，酌损之。

初九：办完事急忙去，没有灾难，只是少喝点酒的损失。

【原文】象曰：已事遄往，尚合志也。

【译文】象辞说：办完事急忙去，早往合乎心志。

【启示】初九与六四相应，就好比六四设宴邀请初九，初九由于身边有事，所以做完手头的工作后便去赴宴，结果去得有些晚了，大家都已经吃得喝得只剩残局。这种损失，只是少喝点酒的损失，所以不会造成灾难。因为初九前去赴宴的目的，不是为了吃喝，而是为了与六四进行交往。

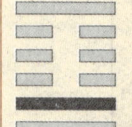

九二：利贞，征凶，弗损益之。

九二：利于正道，征讨凶。不受损也不受益。

【原文】象曰：九二利贞，中以为志也。

【译文】象辞说：九二爻利于正道，是以中庸为心愿。

【启示】九二不安于现状，不满意的是凌驾于他上面的六三，所以他想排挤掉六三，这种想法与行动是凶险的。好比一个部门经理，本来他的直接领导是一位有才干的人，可是调走了，上面又派下来一个平庸之辈。这位部门经理便有些不服，想把这位新领导排挤走。这种行为肯定会遭到总经理的反对而不会成功。

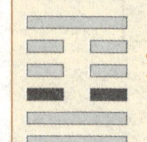

六三：三人行，则损一人；一人行，则得其友。

六三：三人同行就会减少一人，一人独行，则会认识新的朋友。

【原文】象曰：一人行，三则疑也。

【译文】象辞说：一个人行走则得友，是因为三个人在一起就会产生猜疑。

【启示】六三反映了人性的弱点。比如西方国家认为一个中国人可以打败一个日本人，可是十个中国人就打不过十个日本人了。因为存在"三人行，则损一人"的情形。十个中国人在一起，往往会出现"窝里斗"的局面，这样自然无法与对方的十个人抗衡了。这里说明的是人性的弱点也会给集体力量造成损失。

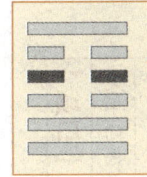

六四：损其疾，使遄有喜，无咎。

六四：减轻疾病痛苦，使病情快速好转，没有灾难。

【原文】象曰：损其疾，亦可喜也。

【译文】象辞说：减轻疾病痛苦，也是件可喜的事。

【启示】爻辞的"损其疾"指的是"窝里斗"。"窝里斗"会使集体力量造成损失。只能减损一个阴到下卦中，从下卦减损一个阳到上卦来。这样就形成了损卦。由于这样变动便不会出现"窝里斗"现象了，所以集体的力量便会得到增强。这就是损失便是强盛的开始的意思。

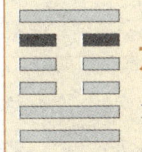

六五：或益之十朋之龟，弗克违，元吉。

六五：有人送给价值十朋的宝龟，不要拒绝，大吉祥。

【原文】象曰：六五元吉，自上佑也。

【译文】象辞说：六五的大吉祥，是来自上九的保佑。

【启示】六五得到了价值十朋的宝龟，其实这宝龟正是权力的象征。六五居于尊位，是谁给他的这个位置呢？是上九，上九从泰卦的九三来到损卦的上九，便是要帮助六五巩固政权。所以六五不用拒绝，只要正确行使自己的权力，便会大吉大利。

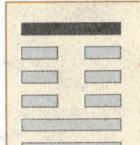

上九：弗损益之，无咎，贞吉，利有攸往，得臣无家。

上九：没有减损而是得到了益处，没有灾难，守正道吉祥，前往有利，得到无私忘家的臣子。

【原文】象曰：弗损益之，大得志也。

【译文】象辞说：没有减损而是有所收益，是志向可以得到大的施展。

【启示】上九是一位高尚之士，能将贵重的礼物赠送他人。六三不能再损，当下属已

377

无法再损的时候如果还要损下益上，就等于损害自己的根基。有鉴于此，上九反其道而行之，不减损他人反而增益他人。看起来是增益他人，其实是巩固自己。与其说上九是一个高尚之士，不如说是高明的统治者。为别人创造财富就是为自己造福。

《推背图·第二十象》解损卦

损·癸未

【谶曰】
朝无光，
日月盲。
莫与京，
终旁皇。

【颂曰】
父子同心并同道，
中天日月手中物。
奇云翻过北海头，
凤阙龙廷生怛恻。

【金圣叹批注】

此象主司马光卒，蔡京父子弄权，群小朋兴，贤良受锢，有日月晦盲之象。

▶ 损卦运势速断

运势	损益相间，损中有益，益中有损。塞翁失马，焉之非福。
事业	开拓事业必有投入，应力求损益得当。应有节度，投入适度。
爱情	不应斤斤计较，应从大处着眼。女得此卦易有损失。
疾病	身体衰弱，元气已动，病情虽重，但积极治疗可愈。往东南方求医。
经商	改行、开业可行。勿自我封闭。不必计较利润多少，获利即可。
诉讼	为争斗事，先损他人，破财后有理。
出行	虽有同行之人，也不可去，防途中有人侵袭。
人生	个人利益为上。内心有侵犯性。只能侵占别人，不能被别人侵占。

第42卦 益：风雷益卦

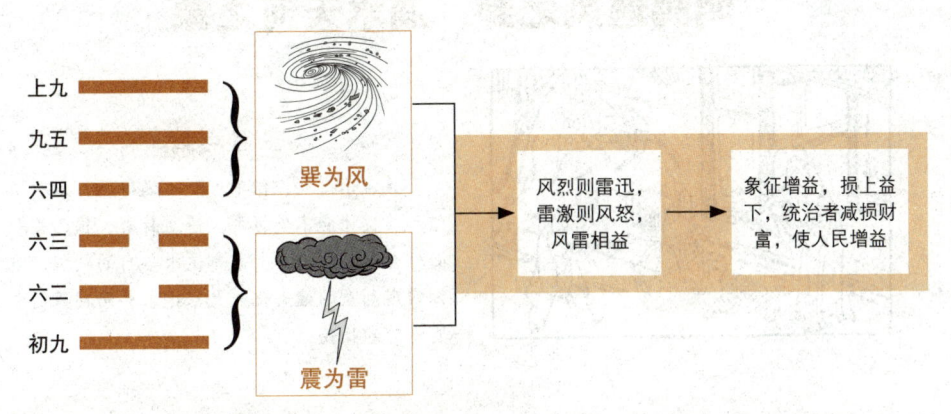

上九
九五
六四 } 巽为风
六三
六二
初九 } 震为雷

风烈则雷迅，雷激则风怒，风雷相益 → 象征增益，损上益下，统治者减损财富，使人民增益

【原文】益，利有攸往，利涉大川。

象曰：益，损上益下，民说无疆，自上下下，其道大光。利有攸往，中正有庆。利涉大川，木道乃行。益动而巽，日进无疆。天施地生，其益无方。凡益之道，与时偕行。

象曰：风雷，益；君子以见善则迁，有过则改。

【译文】益卦，前往有利，有利于跋涉大川。

象辞说：益卦，减损上面，增益下边，民众喜悦无边，从上到下，道德被发扬光大。利有所往，因为九五爻居中正之位而有喜庆之事。利于跋涉大川，是因为木船可以在水上航行。益卦动而能柔顺，日新月异发展没有边际。天降甘露，地养育万物，增益是没有固定的方式的。凡属增益之道，是随着时序一起前进的。

象辞说：风与雷组合在一起便是益卦的卦象。君子从中受到启示，向美善学习，改正自己的过失。

【启示】益通溢。器皿上面溢出水是"溢"字的形象。其引申义为增加、增益、增强。不停地减损就会出现损极而反的增益，所以损卦之后是益卦。此卦为由上对下的一种好的给予，主吉象。益卦和损卦要结合起来理解，如果想受益，必须先自损；如果一味求益，必然会受损。孔子对此曾经发出"自损者益，自益者缺"的感慨。

从卦象上看，下动可获上应，能得到协助，也表示民主、和平的时代。益卦有"损上益下"的含义，与损卦象反。相对于国家来说，统治者能够减轻民众的徭役与税赋，便是损上益下之举。君王能够减损自己来补益民众，会得到民众的拥护。

得此卦者，有受他人相助而得利之意。上级能使下级得到更多的利益，下级自然会拥护上级，从而巩固了上下级的团结，各方面均有增益。预测婚姻可成，男女感情相合，可增益子孙，或受其长辈照顾而有所得，相得益彰，相辅相成。但风雷激烈而身心受苦，住居不安宁，不慎短虑恐有惊动、意外的灾难或损失。占病有突发血光之灾。

《断易天机》解益卦

鸿鹄遇风之卦，滴水天河之象

益卦点睛

益表示得利，但不可能永远得利，只有诚信和善良才能不失根本。得益卦者，损己益人必然会得到回报。大家都追求各自的利益，难以实现利益的最大化。大家追求共同利益则会有意外的收获。

冉有得此卦，因慢师而得病

冉有得病时占得此卦。冉有是孔子的弟子，曾率军击败齐国军队，但其为政时违背了孔子的教诲，孔子对此颇为不满。冉有生病后占得此卦，得知此病因慢师而致。

卦图详解

◆一位官人怀抱盒子，代表由上对下的一种好的给予。

◆一只鹿，代表可以刚健地行事。

◆地上有两串铜钱，说明财禄皆可得。

◆一人推车迎接官人，说明"下动可获上应"。

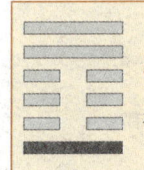

初九：利用为大作，元吉，无咎。

初九：有利于发展大事业，大吉祥，没有灾难。

【原文】象曰：元吉无咎，下不厚事也。

【译文】象辞说：大吉祥没有灾难，是因为下民不用承受繁重的剥削。

【启示】初九是成卦之主，为处下获益之象，发展是无限量的，利于大有作为。初九与六四相应，就好比六四设宴邀请初九，初九由于身边有事，所以做完手头的工作后便去赴宴，结果去得有些晚了，大家都已经吃得喝得只剩残局。这种损失，只是少喝点酒的损失，所以不会造成灾难。因为初九前去赴宴的目的，不是为了吃喝，而是为了与六四进行交往。

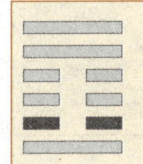

六二：或益之十朋之龟，弗克违，永贞吉。王用享于帝，吉。

六二：有人送给价值十朋的大龟，不要拒绝，永远守正道吉祥。君王祭祀天帝，吉祥。

【原文】象曰：或益之，自外来也。

【译文】象辞说：有人给予增益，是从外面得到增益。

【启示】六二不安于现状，不满意的是凌驾于他上面的六三，所以他想排挤掉六三，这种想法与行动是凶险的。好比一个部门经理，本来他的直接领导是一位有才干的人，可是调走了，上面又派下来一个平庸之辈。这位部门经理便有些不服，想把这位新领导排挤走。这种行为肯定会遭到总经理的反对而不会成功。

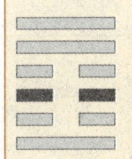

六三：益之用凶事，无咎。有孚中行，告公用圭。

六三：用收到的礼物救助灾区，没有灾难。有诚信而行中庸之道，用圭璧为信物向王公告急。

【原文】象曰：益用凶事，固有之也。

【译文】象辞说：用收到的礼物拯救灾区，可以巩固自己原有的利益。

【启示】正当荒歉之年，不必做别的事，只要能开仓赈济灾民，就体现了损上益下之道，必无咎害。开仓济民要有诚信，既要有信于上，也要有信于下，持守中道，慎于行事，不可借赈灾之机中饱私囊。六三要向王公报告，获致批准方可开仓。粮食本来就是百姓耕种出来的，现在官府开仓赈灾，是取之于民用之于民。

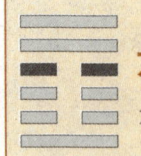

六四：中行，告公从。利用为依迁国。

六四：行中庸之道，告诉王公的随从。利于依附强大的邦国而进行迁都。

【原文】象曰：告公从，以益志也。

【译文】象辞说：告诉王公的随从，以增强众人的意志。

【启示】居益卦上体，说的迁徙其国都、避害就利之举。在灾荒之年，损上益下之时，最大的益下举动莫过于迁国，带领人民到庶富之地去耕耘收获，重建家园。古人常有迁徙国都之事。六四虽然主于益下，但他不在君位，迁国大事须请示君主，依附君主实施迁国，无往不利。

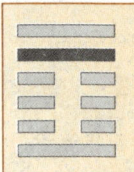

九五：有孚惠心，勿问元吉。有孚惠我德。

九五：有诚信惠心，不用问就知是大吉利，有诚信惠心于我的恩德。

【原文】象曰：有孚惠心，勿问之矣。惠我德，大得志也。

【译文】象辞说：有诚信惠心，是用不着问的。（天下人）报答我的德行，可以达到更大的发展。

【启示】以阳刚中正之德居尊位，下应六二，犹如怀有诚信惠下之心。天下之民受其恩惠，当然是不待问而必有吉祥，滴水之恩当以涌泉相报。九五以至诚益于天下，天下之人当然亦至诚爱戴，真心实意地回报其恩德。在九五看来，惠益下民是自己的心愿；在百姓看来，这就是赐予他们的恩德。损卦的六五是受下之益，益卦的九五是自损以益下，比较起来益卦的九五容易让人误解，益下也就益了自己。

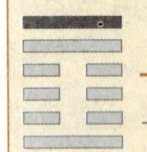

上九：莫益之，或击之，立心勿恒，凶。

上九：没有人增益它，有的人打击它，树立决心不够坚定，凶险。

【原文】象曰：莫益之，偏辞也。或击之，自外来也。

【译文】象辞说：没有人增益它，是国内普遍的情况。有的人打击它，则是来自外部的。

【启示】处益卦上体，本该像六四、九五那样坚持益下，但他益下之心不能恒久，反而要求损下益上，结果适得其反，陷入凶险的境地。六二不招自来的是益者，上九不招自来的是损者，是来攻击他的。从政治角度来看，就是统治者如对民取而不与，只是一味地侵夺和剥削，老百姓会起而反抗，甚至暴动。上九是一个贪得无厌、目光短浅的昏君。这是一个反面典型，用以警醒后人。

《推背图·第三十六象》解益卦

益·己亥

【谶曰】
纤纤女子，
赤手御敌。
不分祸福，
灯光蔽日。

【颂曰】
双拳旋转乾坤，
海内无端不靖。
母子不分先后，
西望长安入觐。

【金圣叹批注】
此象疑一女子能定中原，建都长安。

▶ 益卦运势速断

运势	强风配快雷，声威增长，正当吉运，可得贵人之助而成功。
事业	勇敢前进，大胆投入，勇于支持他人事业，施善于人，会相得益彰。
爱情	相成相益，可成良缘。有喜悦之象、发达之意。
疾病	足或胃部疾病，有小血光但无碍，可治愈。应往东南方求医。
经商	改行、开业有利可图。勿追求小利，让利于人则获丰厚利润。
诉讼	与粮食田地等事物有关，处理不好有牢狱之灾。
出行	三人同行，往东南方无险，财不旺。
人生	无论男女都有阳刚之气，喜欢争权称王。善于维护自身权益。

第43卦 夬：泽天夬卦

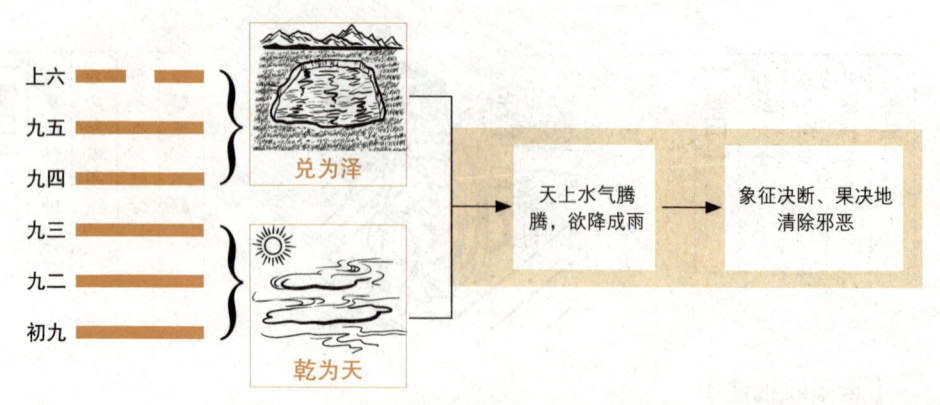

```
上六 ▬▬ ▬▬
九五 ▬▬▬▬▬
九四 ▬▬▬▬▬     兑为泽
九三 ▬▬▬▬▬
九二 ▬▬▬▬▬     乾为天
初九 ▬▬▬▬▬
```

天上水气腾腾，欲降成雨 → 象征决断、果决地清除邪恶

【原文】夬，扬于王庭，孚号，有厉。告自邑，不利即戎，利有攸往。

彖曰：夬，决也，刚决柔也。健而说，决而和，扬于王庭，柔乘五刚也。孚号有厉，其危乃光也。告自邑，不利即戎，所尚乃穷也。利有攸往，刚长乃终也。

象曰：泽上于天，夬；君子以施禄及下，居德则忌。

【译文】夬卦，在王庭上大声宣扬，竭诚地哭号将有危险，告诉同邑的人们，不利于立即采用军事行动，与对方建立交往有利。

彖辞说：夬，即决的意思，阳刚决断阴柔。刚健而喜悦，决断而能和谐，宣扬于王庭，是柔爻登乘在五个阳爻之上。心怀诚信哭号有危险，是说明这种危险已经很明显了。告诉同邑的人们，不利于立即采用军事行动，是因为崇尚武力是行不通的。与对方建立交往有利，是因为随着时间的推移，阳长自然阴消。

象辞说：泽水化气升腾于天，这就是夬卦的卦象。君子从中受到启示，将福禄施予百姓，稳居在上只想获取是应当禁止的。

【启示】夬通决，有决溃、决裂之意。上一卦益卦表示受益，但受益过多便会溢极而出，如同水多决堤，所以益卦的后面是夬卦。夬卦是个状况卦，吉凶未定。一个阴爻压在五个阳爻上，表示独裁者忽视舆论，施行暴政。一阴爻居卦极，象征盘踞君侧的小人，五阳爻在下，象征进步力量；诸阳蓬勃进长，必然要决去一阴，呈君子果决除奸之象。阴爻的消亡已成必然，谁也无法改变时势的变化规律。

但是小人难制，奸臣用事于君侧，投鼠忌器，不利于动用武力，这增加了除奸的难度。要避免使用暴力，谋划应具有隐秘性，隐蔽性。时机成熟，势态形成，隐藏之事实会骤然而成。比如康熙除鳌拜时，不是派兵拿下杀掉了事，而是巧设机关，使其同党班布尔善当众揭露鳌拜，并列其罪状，鳌拜只得伏法，从而平息了叛乱。君子的行动要尚

《断易天机》解夬卦

神剑斩蛟之卦，先损后益之象

夬卦点睛

夬就是决断，也象征清除小人。得夬卦者处在十字路口，不可在一棵树上吊死，不想决断也得做出决断。当断不断反受其乱，抗衡不了就应该变换思路，战略大转移。此时不可莽撞，要柔中带刚，有充分准备后再决断。

刘邦得此卦，斩杀韩信

刘邦杀韩信时占得此卦。刘邦在成就大业时得到韩信，如虎添翼，最终战胜项羽，夺得天下。但后来刘邦怕韩信势力过大，而将韩信斩于未央宫。

卦图详解

◆有一个人正在举刀斩蛇，说明小人将被清除。

◆竿上有"文字"二字，竿下有钱，代表历经艰难可得名利。

◆地上左侧有水，右侧有火，说明处境不佳，需要当机立断。

◆虎和蛇在附近，说明小人当道，有危险。

德，哪怕是制裁小人也要尚德而不尚武，如果不能以德取胜，而专用威猛，则有凶险。

夬卦和解卦谈的都是清除小人，解卦主要讲为什么要清除小人，由于解卦处于蹇难刚刚解除之时，人民需要一个安宁的环境以休养生息，而小人的捣乱足以葬送这大好的局面，所以必须清除小人。夬卦主要讲怎样清除小人，由于小人窃居高位，难以铲除，所以要果决除奸，又要讲究策略。另一方面，解卦的小人是从道义上来定义的，是无赖或盗匪一类的人物；夬卦中的小人主要是政治上的，并且在统治集团内部，是奸臣人物。

得此卦者，有过于刚强果断而败事的可能，心中苦而不安，有与人绝交之意。应忍耐柔和、深思熟虑后作决定。男女须慎防色情之事，女性有遭轮暴之险。预测婚姻有被破坏之象，若是再婚则易合。得此卦者，可能在秋冬之季有突发的血光之灾，且灾与金属有关，伤及头部，不能防备。

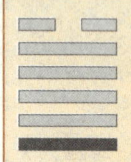

初九：壮于前趾，往不胜为咎。

初九：前脚趾健壮，前往不能胜任而造成灾难。

【原文】象曰：不胜而往，咎也。

【译文】象辞说：不能胜任而前往，自找灾难啊。

【启示】初九代表阳气渐生，相对于人体来说就好比脚趾，相对于人的能力来说表示能力较弱，所以前往会有不能胜任之忧。这就好比一个还在学校学习的大学生，品学兼优，但是凭这些就想承担某个企业的主要领导职位，显然是能力还有些欠缺。

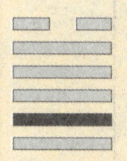

九二：惕号，莫夜有戎，勿恤。

九二：受惊感叫，在夜里有兵戎经过，不用忧虑。

【原文】象曰：有戎勿恤，得中道也。

【译文】象辞说：夜里有兵戎经过，九二处于中正之道，所以不必忧虑。

【启示】如果说初九是一个毛手毛脚的小伙子，九二则老成多了，他不仅自己时刻警惕，还发出呼号，使众人戒备，这就使大家在日常生活中处于高度警戒的状态。奸佞小人虽有诡计，甚至夜间举兵来袭，也不足忧虑。九二有备无患，是六爻中最好的一爻。不过从辞来看，九二还是因为兵的经过而受到了惊吓。

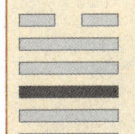

九三：壮于頄，有凶。君子夬夬，独行遇雨，若濡有愠，无咎。

九三：颧骨强壮，有凶险。君子一个人走得很急，遇到下雨被淋湿而有怨气，没有灾难。

【原文】象曰：君子夬夬，终无咎也。

【译文】象辞说：君子走得很急，最终没有灾害。

【启示】以刚居刚，有刚亢外露、嫉恶如仇的性格。恰巧又与上六这个阴柔小人相应，以九三这种性格遇到上六必然是怒火中烧，将其为国除恶的豪壮之情表现在脸上，似乎要大动干戈，急欲除之。这样做必有凶险。九三把对奸臣深恶痛绝的义愤表现在脸上，给对方以警觉，会招来杀身之祸。九三处位独特，够倒霉的，左也不是，右也不是。

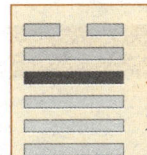

九四：臀无肤，其行次且。牵羊悔亡，闻言不信。

九四：臀部受伤，行走艰难。牵着羊没有悔恨，不听别人的话。

【原文】象曰：其行次且，位不当也。闻言不信，聪不明也。

【译文】象辞说：行走艰难，是九四的位置不当；不听别人的话是不聪明。

【启示】九四刚健不足而和悦有余，性格怯懦，没有勇气去果决除奸。这种犹豫的情形如同臀部受伤失去皮肤，既坐不下，又行走艰难。好比有一个人从悬崖上摔了下来，在下落的过程中他抓住了一棵灌木。此时山上的人没办法救他，因为他离上面太远。可是他这样一直抓着灌木也没法求生，这时山上有一位僧人大声对他说："放开手！"此时这个人怎么会听信这句话呢？

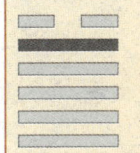

九五：苋陆夬夬，中行无咎。

九五：水中的苋陆脱离土地浮在水面上，以中正之道行事没有灾难。

【原文】象曰：中行无咎，中未光也。

【译文】象辞说：中正之道行事没有灾难，是因为九五居中但却还未光大。

【启示】九五紧临上六，并且与上六相合，但是从大的局势来说，他必须顺从众阳的意愿，将上六驱除掉。可是这不是他自己的心意，所以他只能保持适中的原则，一切顺从时势的安排了。九五就好比开元盛世中的李隆基，当安禄山造反后，朝中的众军士要求斩杀杨玉环时，身为国君的李隆基也救不了自己的爱妃。

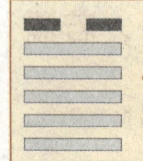

上六：无号，终有凶。

上六：不用痛哭喊叫，最终有凶险。

【原文】 象曰：无号之凶，终不可长也。

【译文】 象辞说：不用痛哭的凶险，是因为弱阴终究不会长久。

【启示】 奸臣居高位作恶，得势一时，气焰嚣张。但放肆之极必遭制裁。大势已去，上六的灭亡已不可避免。上六自知小命难保而号啕痛哭。哭也不能挽回败局。众阳的势力太强大了，上六无法与之抗衡。夬卦突出的思想是除奸要果决，但又强调斗争要讲究策略，这对后世人们对付奸佞小人提供了宝贵的经验。

《推背图·第五十四象》解夬卦

夬·丁巳

【谶曰】

磊磊落落，
残棋一局。
啄息苟安，
畏笑亦哭。

【颂曰】

不分牛鼠与牛羊，
去毛存鞹尚称强。
寰中自有真龙出，
九曲黄河水不黄。

【金圣叹批注】

此象有实去名存之兆，或为周末时，号令不行，尚颁正朔；也久合必分之徵也。

▶ **夬卦运势速断**

- **运势**——先吉后凶。鸿运当头，但危险将至。不可轻举妄动，应随时警惕。
- **事业**——表面刚强兴盛，但危险已孕育。不可莽撞，应柔缓地去除小人。
- **爱情**——决裂之象。夕阳虽好，却近黄昏。多为男性摒弃女性之象。
- **疾病**——病情严重，应速治疗。多为胃、头和恶性瘤之病。宜往东南方求医。
- **经商**——改行、开业者不利。难关重重，有失败破财之害。
- **诉讼**——宜急不宜缓，对我方有利。
- **出行**——恐有失脱，作事反复多忧，宜守旧。
- **人生**——好动，古怪，心性难成熟。如遇坐享其成之事，多无善终。

第44卦 姤：天风姤卦

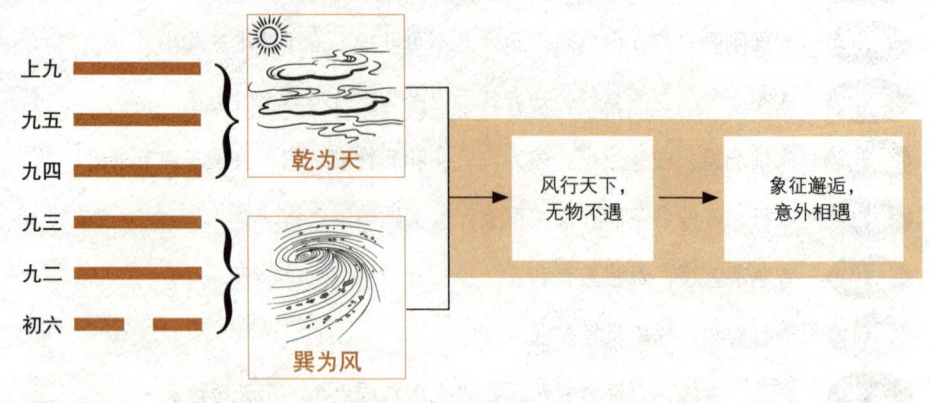

上九
九五
九四
九三
九二
初六

乾为天
巽为风

风行天下，无物不遇 → 象征邂逅，意外相遇

【原文】姤，女壮，勿用取女。

象曰：姤，遇也，柔遇刚也。勿用取女，不可与长也。天地相遇，品物咸章也。刚遇中正，天下大行也。姤之时义大矣哉！

象曰：天下有风，姤。后以施命诰四方。

【译文】姤卦，女子强壮，不要娶这个女子为妻。

彖辞说：姤，就是相遇的意思，阴柔相遇阳刚。不要娶这个女子，因为娶强壮的女子不会相处长久。天与地的阴阳之气相遇，天下万物才能生长繁衍。阳刚如果遇到居中守正的阴柔，那么天下化育之道就可以盛行了。姤卦的时势意义太大了！

象辞说：天下有风就是姤卦的卦象。君子从卦象中受到启示，发布命令，传告四方。

【启示】夬卦讲的是决除，有分的意思；姤卦讲的是相遇，有合的意思，象征遇合、邂逅、不期而遇。夬卦是众阳爻驱逐一个阴爻，这个阴爻被驱逐后又会与新的阳爻相遇，所以夬卦的后面是姤卦。姤卦外卦为乾为天，内卦为巽为风，天下刮起了风。风无孔不入，说明相遇在任何地方都会出现，即邂逅，有聚散不定、思虑模糊之意。这是个状况卦，有始料不及的事情发生，吉凶未定。

姤卦讲的是相遇之道，万物均可相遇，卦辞单以男女之事为喻，有一女遇五男之象。一女不通过明媒正娶而与五男苟遇，自然是非常厉害的角色，这样的女子不贞而又特壮，她有违礼之乱，不宜娶这样的女子为妻、长久生活。姤卦的外卦乾代表老男人，内卦的巽代表成熟的女性。老夫娶少妇被认为是好事，但此处却是一位成熟、强壮的女性。卦辞中说："女壮，勿用取女。"女壮指的不是女人身体强壮。在上古时代，女人身体强壮是一种美。而这里的壮指的是欲望强烈。古人将这样的女人称为"淫妇"，谁娶了都会倒霉。

空气无处不在，能和万物相遇。天不能直接与万物相遇，但可通过风与万物相遇。

《断易天机》解姤卦

风云相济之卦，或聚或散之象

姤卦点睛

姤指意外相遇。得姤卦者，碰到机遇才能有所为。此时，个人价值的实现与机遇有直接关系。要学习毛遂自荐，遇上识货之人才能获得撬动地球的支点。不过，有时这种相遇并不是好兆头，必要时要明智地退出。

吕雉得此卦，试图篡位

刘邦的皇后吕雉在为其亲戚封赏的时候占得此卦。吕雉准备立诸吕而篡夺刘氏天下，对自己的亲戚大肆分封。但吕雉死后，其亲戚被诛灭。

卦图详解

◆ 有一官人用箭射鹿，说明刚健者有危险。

◆ 带"喜"字的文书受绳子相连，由两个人牵着。说明机遇需要牵引。

◆ 有一人在指路，说明碰到机遇才能有所为。

同理，君王不能直接与万民相遇，但可以效法风，通过政令布告与万民相遇。姤卦在很大程度上寄托了作者的政治思想，反映了作者对合礼守正的"上下遇合"的追求。

预测婚姻不佳，表现为多有阻挠，成也不吉，肉欲重于感情。男性得此卦，留心被女色诱惑；家庭中女人当家；事业上多遇女老板、女贵人，各种事情多与女人有很大关系。

初六：系于金柅，贞吉。有攸往，见凶，羸豕孚蹢躅。

初六：系缚在金属的织具上，守正道吉祥。有所往，会遇到凶险，拴缚住的猪还要挣扎行动。

【原文】象曰：系于金柅，柔道牵也。

【译文】象辞说：系缚在金属的织具上，就是阴柔受阳刚的牵制。

【启示】初六好比一个单身女子来到了一个光棍村，被一名男子抢到家中，成了他的妻子，每天从事纺线的工作。在远古时期有抢婚的风俗，但不属于违法。在当时，这是一种婚姻形式，所以这名女子只能安守妇道，做个好妻子才会吉祥。如果逃跑便会凶险，就像被拴住的猪一样，挣扎是没有用的。

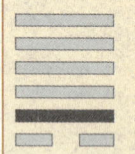

九二：包有鱼，无咎，不利宾。

九二：包裹里有鱼，没有灾难，不利于招待宾客。

【原文】象曰：包有鱼，义不及宾也。

【译文】象辞说：包裹里有鱼，从道理上讲是不想给宾客吃的。

【启示】九二得到了初六这位妻子。一个光棍有了妻子，当然是件好事了，男耕女织，共同致富，并且抢婚又是当时的法律所允许的，怎么会有灾难呢？但却不利于招待宾客。因为自己的妻子怎么能用来招待宾客呢？虽说这是个光棍村，但有福也不能这么同享啊！可是正是由于九二有了妻子，才使村里的光棍之间产生了一些小灾难。

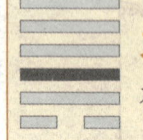

九三：臀无肤，其行次且，厉，无大咎。

九三：臀部受到重伤，走路艰难。有危险，但没有大的灾难。

【原文】象曰：其行次且，行未牵也。

【译文】象辞说：走路艰难，是因为没有人搀扶。

【启示】九三自然也想抢初六这个女子为妻，所以他与九二争夺，结果被打伤了，臀部的皮肤都没了，走路都十分困难。这就是抢婚中造成的危险。不过由于九三并没有因此而失掉性命，所以不会有大的灾难。

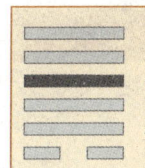

九四：包无鱼，起凶。

九四：包裹里没有了鱼，出现凶险。

【原文】象曰：无鱼之凶，远民也。

【译文】象辞说：包裹里没有鱼的凶险，是因为远离臣民造成的。

【启示】九四与初六互相看好对方，但距离太远了，在抢婚中也没如愿以偿，这种情形下就会发生凶险的事情。这就像西门庆与潘金莲。潘金莲嫁给了其貌不扬的五大郎，心里不太满意。于是便邂逅了西门庆，两个人都看中了对方，一场凶杀案就这样产生了。

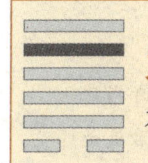

九五：以杞包瓜，含章，有陨自天。

九五：用杞柳把瓜包起来，内藏文采，从天上陨落。

【原文】象曰：九五含章，中正也。有陨自天，志不舍命也。

【译文】象辞说：九五内藏文采，是因为位置居中而守正；从天上陨落，是不舍弃天命的安排。

【启示】九五就相当于这个光棍村的村长，光棍都要娶妻子，这个光棍村的村长便不再有威信了。因为他是一个不想让人们娶妻的村长，从卦象上说，九五是想克制阴的生长。可是大局势对他却不利，九五的衰落便在所难免了。按照天道的运转规律，九五该被阴柔所驱退了。

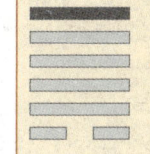

上九：姤其角，吝，无咎。

上九：遇到硬角顶撞，有麻烦，但没有灾难。

【原文】象曰：姤其角，上穷吝也。

【译文】象辞说：遇到硬角的顶撞，是由于上九处在穷尽之地，所以有麻烦。

【启示】上九相当于村里最年老的一位光棍，他不会有与阴柔相遇的机会。但是由于属于长辈，所以反而会受到下辈的顶撞。首先与他相敌的便是九四，九四因为没抢到妻子，迁怒于长辈："你怎么这么穷啊，怎么不能给我抢一个妻子啊.."上九还会受到九五的顶撞。上九忧心忡忡，但是没有灾难，因为古人年老而死属于喜事。

《推背图·第二象》解姤卦

姤·乙丑

【谶曰】
累累硕果,
莫明其数。
一果一仁,
即新即故。

【颂曰】
万物土中生,
二九先成实。
一统定中原,
阴盛阳先竭。

【金圣叹批注】

一盘果子即李实也,其数二十一,自唐高祖至昭宣凡二十一主。二九者指唐祚二百八十九年。阴盛者指武曌当国,淫昏乱政,几危唐代。厥后开元之治虽是媲美贞观,而贵妃招祸,乘舆播迁,女宠代兴,夏娣继之,也未始非阴盛之象。

姤卦运势速断

运势 —— 风云际会、聚散随缘。阴长阳衰,男性要防因色招祸,注意桃色纠纷。

事业 —— 阴阳不协调,潜伏危机,应提防小人的陷害。在恶势未成之前就制止。

爱情 —— 互不满意,感情复杂,用情不专,有第三者出现,可能会离散。

疾病 —— 多为外来感染或外伤,或泌尿系统之疾,有恶化的情况。

经商 —— 改行、开业不吉,强行发展有危险,易受小人之害。应及早脱身。

诉讼 —— 事关女人,有口舌之事,有惊阻,但不足为害。

出行 —— 往北方有利,防女人勾引,内有女人阻碍,或有口舌。

人生 —— 可创造很大财富,但过程复杂。女性开创事业能有大发展。

第45卦 萃：泽地萃卦

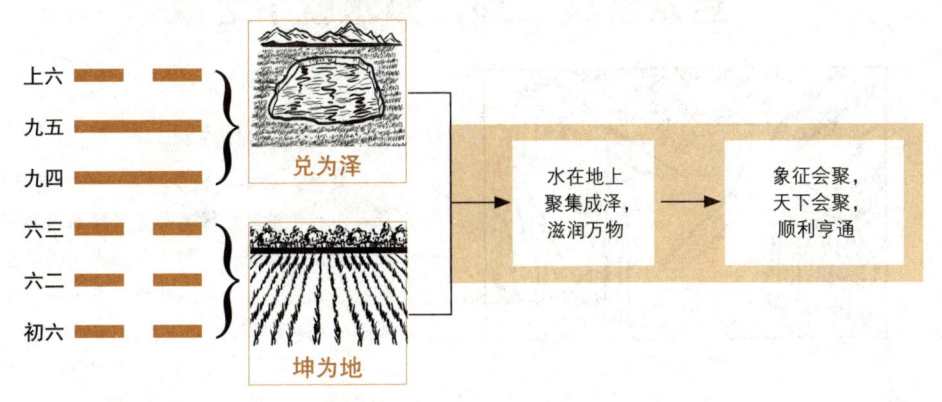

```
上六 ▬▬ ▬▬
九五 ▬▬▬▬▬
九四 ▬▬▬▬▬   兑为泽
六三 ▬▬ ▬▬
六二 ▬▬ ▬▬
初六 ▬▬ ▬▬   坤为地
```

水在地上聚集成泽，滋润万物 → 象征会聚，天下会聚，顺利亨通

【原文】萃，亨。王假有庙。利见大人，亨，利贞。用大牲吉，利有攸往。

> 彖曰：萃，聚也；顺以说，刚中而应，故聚也。王假有庙，致孝享也。利见大人亨，聚以正也。用大牲吉，利有攸往，顺天命也。观其所聚，而天地万物之情可见矣。
>
> 象曰：泽上于地，萃。君子以除戎器，戒不虞。

【译文】萃卦，举行祭祀时，君王来到宗庙里。有利于拜见大人物，亨通，有利于守正道。有利于用大牲畜作祭品，前往有利。

彖辞说：萃，便是聚的意思，柔顺而喜悦，九五刚爻居中而与六二相应，所以能够聚集。君王来到宗庙里，是向死去的祖先尽孝心。有利于拜见大人物，亨通，因为是按照正道集聚。用大牲畜作祭品吉祥，有利于前往，是因为顺应天命。观看相聚的道理，可以了解天地万物的情况。

象辞说：大地上面有水泽，便是萃卦的卦象。君子从卦象中受到启发，修治兵器，以防备意外事情的发生。

【启示】萃指草茂盛生长，引申义是不同类别的事物聚集、聚拢。姤卦讲的是阴柔与阳刚相遇，相遇便会聚集，所以姤卦后面是萃卦。从卦象上看，外卦兑为泽为喜悦，内卦坤为地为柔顺，沼泽本来比地面要低，可是由于不断积聚使泽水高出了地面，这便是聚集的大形象。物以类聚，人以群分，事物都会以类相聚。

此卦有精华聚集之意，被认为是"鲤鱼跳龙门"之象，但吉中带小凶。卦辞讲的是君王利用敬神来聚集天下人。在古代，统治者建国时最先建造的是宗庙，然后才建宫室。宗庙是国家的政治中心，上天的神命、祖先的福佑、民众的信仰，都围绕着宗庙祭祀体现出来。统治者加强民众对神的信仰，让民众服从天神的旨意，使民众思想得到统一，

《断易天机》解萃卦

鱼龙会聚之卦，如水就下之象

萃卦点睛

萃指聚集，聚集使物资丰富，人们团结，势力变大，利于进取。得萃卦者如同不同的事物汇聚一堂，可以竞争，但不要相残。物以类聚，大家能在同一方寸之地扎根，是缘分。虽然是借他人之壳上市，但可以往自己口袋装钱。

韩信得此卦，清高而迷茫

韩信被吕后疑忌时占得此卦。韩信为汉初三杰之一，为刘邦建立大汉立下汗马功劳，但功高震主，最后被杀害，如同"飞鸟尽，良弓藏；狡兔死，走狗烹。"

卦图详解

◆一个僧人、一个小孩、一个磨玉的人，说明一群不相干的人汇聚在一起。

◆一只凤凰衔书而来，为文书至，有喜。

◆一条鱼在火上，一个人泼水救了鱼，代表幸免于伤。

更好地服从天子。所以天子来到宗庙里祭祀是一种大的聚集，其目的是想聚集天下人心。

得此卦者，自视清高，有才气但迷茫。百事平顺，在应试、就职、人事调动等方面为吉，从艰难中起步容易成功。又有与离别之人相遇之意。愿望可达成，但须防女性的妨碍。男性得此卦为吉象，女性则有因顺从而失利之象。预测婚姻为和睦、相聚良缘。恋爱错卦年龄差距比较大，感情纠葛多，类似污泥。

> **初六：有孚不终，乃乱乃萃，若号，一握为笑，勿恤，往无咎。**
> 初六：有诚信但没有坚持到终点，于是出现了混乱与新的聚集，混乱的哭号，相聚者大笑，不用忧虑，前往没有灾难。

【原文】象曰：乃乱乃萃，其志乱也。

【译文】象辞说：于是出现了混乱与新的聚集，是由于众人的心志混乱不一造成的。

【启示】即使在和平繁荣的盛世，也会有不断聚集的小人势力；而在腐朽昏庸的社会环境中，各种势力不断聚集的现象就更普遍了。比如开元盛世，安禄山聚集自己的势力进行造反；嘉庆年间出现了白莲教起义；旧中国的上海滩有青红帮的聚集。

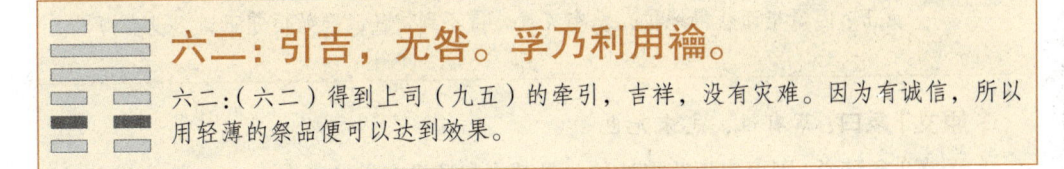

> **六二：引吉，无咎。孚乃利用禴。**
> 六二：（六二）得到上司（九五）的牵引，吉祥，没有灾难。因为有诚信，所以用轻薄的祭品便可以达到效果。

【原文】象曰：引吉无咎，中未变也。

【译文】象辞说：得到上司的牵引吉祥，是因为六二居中守正没有改变。

【启示】六二诚信而节俭，所以用轻薄的祭品献祭。轻薄的祭品，还说明他不厚取于民，给君王进贡心怀诚意，但不会为了给君王多进贡而增加民众的徭役税赋。并且六二不参与不利于朝廷的聚集，所以受到了君王的器重，这就是"引吉"。也就是君王给他的吉祥。

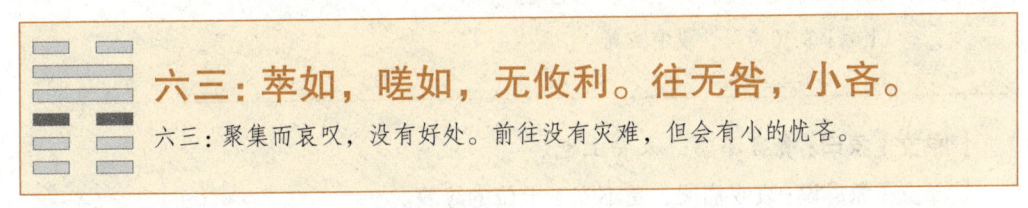

> **六三：萃如，嗟如，无攸利。往无咎，小吝。**
> 六三：聚集而哀叹，没有好处。前往没有灾难，但会有小的忧吝。

【原文】象曰：往无咎，上巽也。

【译文】象辞说：前往没有灾难，是因为上面是柔顺的巽卦。

【启示】六三是坤卦的最上，相当于下面两个阴的家长，所以他也想把底下的人聚集起来。可是底下的人却不听他的。因为初六属于受人欺负的劳苦阶层，他们和劳苦阶层聚集起来，防止再受欺负；六二身为大夫之位，他善待民众，与九五君王相合，所以不

397

会与六三相聚。六三只有同九四相合，但九四却位于自己的上位，六三没有权威，心里感到很失落。六三具有随顺之德，能够委曲求全。

九四：大吉，无咎。

九四：(占卜)大吉大利，(才能)没有灾难。

【原文】象曰：大吉无咎，位不当也。

【译文】象辞说：占卜大吉大利才能没有灾难，是因为九四阳爻居阴位的缘故。

【启示】九四是一位清官，他为初六的穷苦百姓做主，替他们伸张正义，并且又有六三与他阴阳相合，所以没有灾难。为什么呢？因为九四刚居于偶位，为不得位。也就是说身为臣子，但性格耿直，对皇上的错误与缺点毫不留情。尽管他这样做是为皇上好，但这样做毕竟不会使皇上对他太满意。

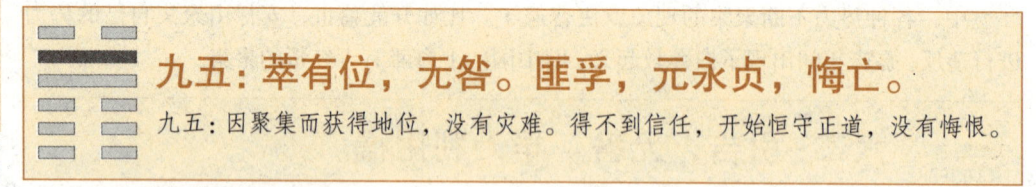

九五：萃有位，无咎。匪孚，元永贞，悔亡。

九五：因聚集而获得地位，没有灾难。得不到信任，开始恒守正道，没有悔恨。

【原文】象曰：萃有位，志未光也。

【译文】象辞说：因聚集而获得地位，是其志向还没有发扬光大。

【启示】九五登位不久，还没有普遍得到民众的信任。比如康熙刚登基时，生活还需要奶妈料理，虽然当时孝庄皇后在竭力辅助康熙执政，但政治大权仍然掌握在四大辅臣手中。尤其是鳌拜对康熙的执政造成重大威胁。可是康熙只能是表面若无其事，心中运筹帷幄。三年后，他利用一群会摔跤的小孩制服了鳌拜，巩固了政权。

上六：赍咨涕洟，无咎。

上六：哀叹痛哭，没有灾难。

【原文】象曰：赍咨涕洟，未安上也。

【译文】象辞说：哀叹痛哭，是不安于上位的缘故。

【启示】上六孤独而不能相聚，只好哀声叹息。上六与九五联系起来，相当于大清的孝庄皇后。孝庄太皇太后的势力无法与四大辅臣抗衡。所以她忧心忡忡，这种忧虑是担心康熙的人身安全与大清国的命运。处境孤单，势力弱小，难免被排挤出局，所以上六的爻辞较为伤悲。但是却没有灾难。

《推背图·第五十九象》解萃卦

萃·壬戌

【谶曰】
无城无府，
无尔无我。
天下一家，
治臻大化。

【颂曰】
一人为大世界福，
手执签筒拨去竹。
红黄黑白不分明，
东南西北尽和睦。

【金圣叹批注】

此乃大同之象，人生其际，饮和食德，当不知若何愉快也。惜乎其数已终，其或反本归原，还于混囵欤。

▶ 萃卦运势速断

运势	吉运昌盛，得信于人，得长辈照顾，但应小心财务上的纠纷。
事业	兴旺发达，蒸蒸日上，但人多则竞争激烈，盛则必衰，切勿骄傲。
爱情	吉象。可达成愿望。家庭融洽如意，相亲相爱。
疾病	多为胸部与腹部之疾。应速诊治，应往东南方求医方。
经商	改行、开业适合，可按计划进行。稳妥前进，有备无患。
诉讼	姓名有草字头之人是贵人，军人对我方不利，最终是我强他弱。
出行	不宜动，动必有口舌，中途会有军人、官员侵害，主破财。
人生	祖业败落，从艰难中起步，自视清高，迷茫孤傲，宗教信仰为佛教。

第46卦 升：地风升卦

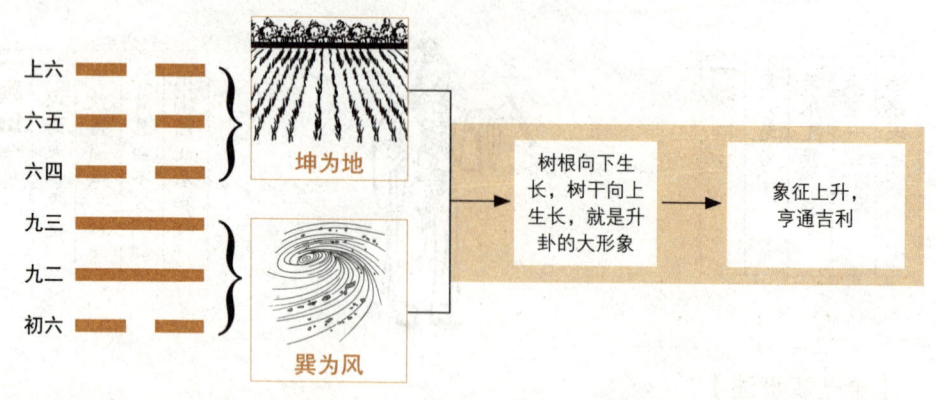

上六
六五
六四
九三
九二
初六

坤为地
巽为风

树根向下生长，树干向上生长，就是升卦的大形象 → 象征上升，亨通吉利

【原文】升，元亨，用见大人，勿恤，南征吉。

象曰：柔以时升，巽而顺，刚中而应，是以大亨。用见大人，勿恤；有庆也。南征吉，志行也。

象曰：地中生木，升；君子以顺德，积小以高大。

【译文】升卦，大亨通。需要拜见大人物，不用忧虑，向南征讨吉祥。

象辞说：柔顺的德行按时上升，随和而柔顺，九二刚爻居中而与六五相应，所以大亨通。需要拜见大人，不用忧虑，是因为有喜庆之事。向南征讨吉祥，是因为志向可以得到实现。

象辞说：大地上长出树木，这就是升卦的卦象。君子从卦象中得到启发，心怀柔顺之德，不断积累，获得壮大。

【启示】升就是上升的意思。升卦有"得时应"、"培养实力"、"获后援"三种含义。表示上升的卦有三个（晋、升、渐），从成长的顺利程度的角度看，升卦最吉；以势而言，旭日中升的晋卦最佳，但有些许危险和偏差。晋卦要顺应光明，而升卦是要顺性上升，侧重于要遵循大道、自然规律。两者相似，但侧重点不同。物积聚必增高，增高必向上，所以萃卦之后是升卦。升卦给人一种顺畅无忧、蓬勃向上的感觉，如同幼苗破土而出，成长为栋梁之材。在顺势上升之时，应勇敢前进，去干一番大事业。

从卦象上看，外卦为坤为地，内卦为巽为木，树木从地中向上生长。木之生长有两个特点：一是依时而长，顺势而生；一是从容渐进，积小成大。由幼小细嫩的树苗长成枝繁叶茂的大树，这是一个日积月累、从容渐积的过程。事业之弘大、学养之深厚、道德之崇高，都是积累而成的。不断积累，一方面是素质的积累和能力的积累，不断充电，不被时代淘汰；另一方面是行为的积累，多做好人好事，树立威信。

《断易天机》解升卦

高山植木之卦，积小成大之象

升卦点睛

升指上升。得升卦者乘势而上可以图谋发展，应利用良好的机遇将志向行于天下。丑小鸭此时已经变成白天鹅，但要记住自己曾经是鸭类。造成陈胜起义失败的因素之一，就是他怕儿时的伙伴说他年轻时为人佣耕。

房玄龄得此卦，协助开创贞观之治

房玄龄为唐太宗时期的宰相，相传此卦为房玄龄去蓬莱采药时占得，后来升为宰相，并开创了有名的"贞观之治"。

卦图详解

◆ 架上有镜子，说明已经有成器之物，可图谋发展。

◆ 天上有乌云，说明下雨需要水汽长时间的上升积蓄。

◆ 木匠在按墨线切割木材，说明要培养实力，慢工出细活。

◆ 右侧一个人在磨镜，说明精美物品需要长时间打磨。

初六：允升，大吉。

初六：可以上升，大吉祥。

【原文】象曰：允升大吉，上合志也。

【译文】象辞说：可以上升的大吉祥，是因为符合自己的志向。

【启示】初六有蓬勃的生长力，但处境不太好，他想改变自己的处境。打个比方，他相当于一个下层工人，他想当领导，于是便利用业余时间学习管理方面的知识。由于九二与初六阴阳相合，也就是说初六想当领导的想法得到了上面领导的支持。这位领导传授他一些官场经验，这无疑对初六有很大的帮助。

九二：孚乃利用禴，无咎。

九二：心诚有利于用薄礼献祭，没有灾难。

【原文】象曰：九二之孚，有喜也。

【译文】象辞说：九二爻的心诚，肯定会带来喜庆。

【启示】九二为什么支持初六成为领导呢？初六一上去不就占了九二的位子了吗？其实，九二也对自己的位置不满意。九二不厚取于民，也不过多向君王进贡，忠于职守，受民忠君，所以他的行为既受到了六五君王的赞赏，又使他深得初六的拥戴，这自然没有灾难。

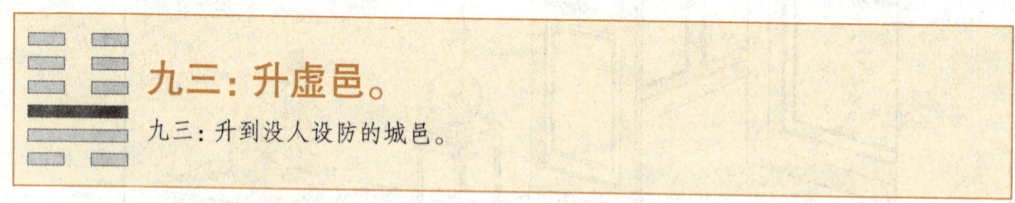

九三：升虚邑。

九三：升到没人设防的城邑。

【原文】象曰：升虚邑，无所疑也。

【译文】象辞说：升到没人设防的城邑，说明上升不必疑虑。

【启示】勇于前进，无所畏惧，比九二要爽快得多，所以上升之时畅通无阻。九三刚居刚位，有果断行事的素质，又应于上六，而上六对九三并无猜忌，有果敢前进的客观条件。但九三的优势同时也成了其不利因素，以刚居刚，刚过头了，所以其前途吉凶如何，难以断定，全看他能否把握住自己。

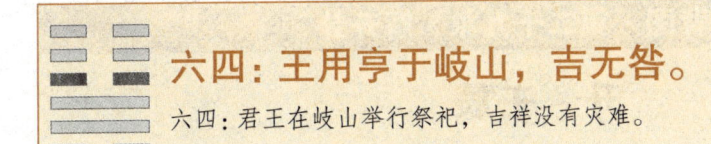

六四：王用亨于岐山，吉无咎。

六四：君王在岐山举行祭祀，吉祥没有灾难。

【原文】象曰：王用亨于岐山，顺事也。

【译文】象辞说：君王在岐山举行祭祀，是顺承先祖的事业。

【启示】周文王被纣王放回西周，举行祭祀，感谢神灵对他的保佑，然后励精图治。由于周文王并非天子，所以他的身份与六四的公侯职位相吻合。这里借用这个故事说明六四是有惊无险，并且可以得到大的发展。要想得到大的发展，就得通过祭祀敬神以获得民心。

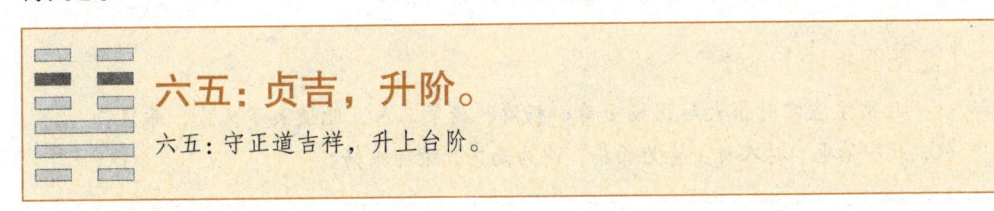

六五：贞吉，升阶。

六五：守正道吉祥，升上台阶。

【原文】象曰：贞吉升阶，大得志也。

【译文】象辞说：守正道吉祥，升上台阶，说明会步步高升，满足大的志向。

【启示】六五身处于君王之位，相当于诸侯的总盟主。天子与诸侯一起聚会时，天子不会与诸侯们平起平坐的，天子的位置要高于诸侯的位置，天子的座位下面有台阶，可以使天子走下来，与诸侯近距离接触。但天子的位子，诸侯是不能走上去的。六五是天子，有从台阶走向龙椅的资格。

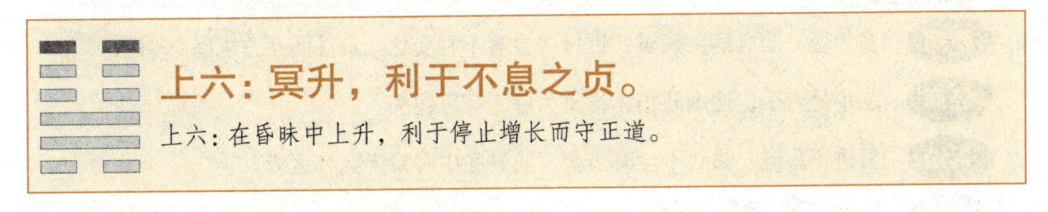

上六：冥升，利于不息之贞。

上六：在昏昧中上升，利于停止增长而守正道。

【原文】象曰：冥升在上，消不富也。

【译文】象辞说：在昏暗中上升已经到了最上面，阴气削弱所以不富。

【启示】高居极位，应尽力自我消损，使之不满盛。上六这位太上皇不能再升了，不应以势位满盛自居，而是要自我消损，使之不富、不满。否则就要由升而转向其反面。

《推背图·第二十九象》解升卦

升·壬辰

【谶曰】
枝发厥荣，
为国之栋。
皞皞熙熙，
康乐利众。

【颂曰】
一枝向北一枝东，
又有南枝种亦同。
宇内同歌贤母德，
真有三代之遗风。

【金圣叹批注】

此象主宣宗时张太后用杨士奇、杨溥、杨荣三人，能使天下又安，希风三代，此一治也。时人称士奇为西杨，溥为南杨，荣为东杨。

▶ 升卦运势速断

运势　状况卦，吉凶未定，偏小吉。开运之象，可做计划，但尚不可执行。

事业　积小成大，拼搏得益。不断发展，逐步上升，但不可冒进。

爱情　应逐步培养情感，不应过急，慢慢追求。

疾病　多为腹、胆之病。病重，近日内会有不利变化。宜往西北方求医。

经商　从小处着手，逐渐开拓，稳重为好，不可冒失。

诉讼　宜进不宜退，最终不会有大害，防姓名中有草字头者之害。

出行　欲动不动，很久以后才会得行。利北方，宜进不宜退。

人生　仕途没有发展，多为百姓。财运一般，婚姻非常好。

第47卦 困：泽水困卦

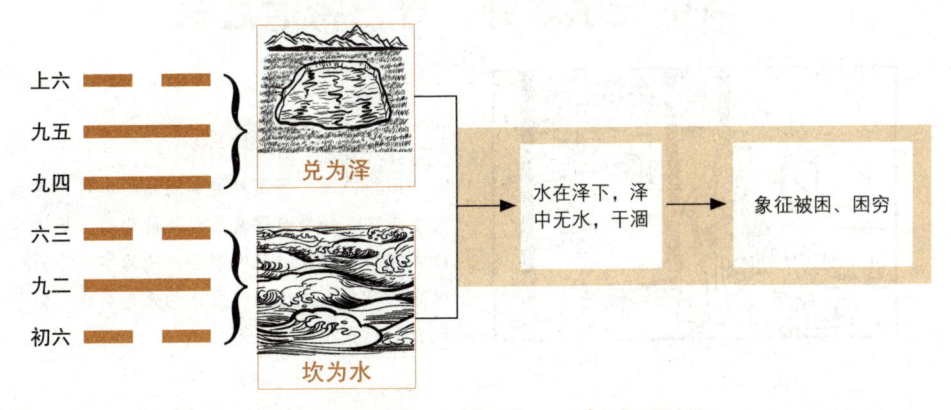

卦象：
- 上六
- 九五
- 九四
（兑为泽）
- 六三
- 九二
- 初六
（坎为水）

水在泽下，泽中无水，干涸 → 象征被困、困穷

【原文】困，亨，贞，大人吉，无咎，有言不信。

彖曰：困，刚揜也。险以说，困而不失其所，亨；其唯君子乎？贞大人吉，以刚中也。有言不信，尚口乃穷也。

象曰：泽无水，困；君子以致命遂志。

【译文】困卦，亨通，守正道，大人物吉祥，没有灾难，说话没人相信。

彖辞说：困卦，阳刚被阴柔所掩盖。处险地而喜悦，不因为困难而放弃自己的目标，所以亨通。这只有君子才能做到啊。守正道大人物吉祥，是因为刚爻居于中位。说话没人相信，说明只靠嘴说会导致穷困。

象辞说：大泽上面没有水，这就是困卦的卦象。君子从卦象中受到启示，不惜牺牲自己的生命为了志向。

【启示】困就是陷入困境之意。困卦为四大难卦之一，主大凶象。甲骨文中的"困"字是一个房屋里面长着树木。屋子里面怎么会长着树木呢？原来是树木与杂草充满房屋的意思。这样的房子应该是没人住的。但流浪的穷苦人会临时把这里当作一个安身的家。所以困的引申义便是穷困、贫穷。升是自下往上升，需要很多气力，如果升进不已，超过一定的限度，强弩之末，气衰力竭，走入困境，所以升卦之后是困卦。处于困境中不能急躁，要从容不迫，徐谋出困之计；还要有精神支柱，要看到光明的前途，而不要在精神上先把自己打垮。要脱困不能光靠口说，而要有实际行动。行动与否要因时因势而定，时不宜动而不可躁动，时适宜动而不可不动。

困穷中仍能自得其乐，唯君子有这般气度。君子能在困中静待时机，处之泰然，便不为大凶。此卦卦辞中说"困而不失其所"，晋代的陶渊明就是其典范。陶渊明生活极其贫困，家中没有存粮；冬天仍然穿短衣，屋子四处漏风，夏天遮不住太阳，冬天挡不住

《断易天机》解困卦

河中无水之卦，守己待时之象

困卦点睛

困指受困。得困卦者如同杨志卖刀，英雄处于末路。如果自得其乐、坚持原则、坚持不懈才能得到解脱。此时不要画地为牢，外面的世界很精彩，走出囚禁自己的无形高墙，会发现自己一直在坐井观天。

李德裕得此卦，死于海南岛

唐代李德裕罢相时占得此卦。李德裕当政时长期与牛僧儒为首的朋党斗争，后人称为"牛李党争"，唐宣宗时将其贬于海南岛，他最终死于此地。

卦图详解

◆一个轮子在地上，代表难以行动。

◆一个人卧病在床，代表处于困境，不能解脱。

◆有贵人在倒水，救旱池中的鱼，说明危而难救。

◆一个药炉在门外，为治病的工具，说明需要拯救弊病。

雪花。但在这种穷困中，他写出了"采菊东篱下，幽幽见南山"的田园诗。

摇得此卦者，在事业、财富追求、家庭关系上，都会得势于困难之中，一旦发展起来前途不可限量。婚恋上容易遇到困难，但是结婚之后多为好婚姻。

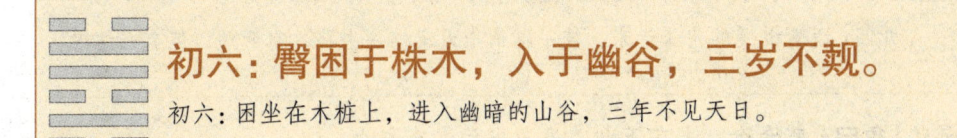

初六：臀困于株木，入于幽谷，三岁不觌。

初六：困坐在木桩上，进入幽暗的山谷，三年不见天日。

【原文】象曰：入于幽谷，幽不明也。

【译文】象辞说：进入幽暗的山谷，是幽暗不光明。

【启示】柔弱卑下，缺乏阳刚气质，而又陷入困境之中，进退两难，一困到底，不能自拔。人行走时脚在最下，而坐则臀在最下，臀部被困，正说明人已行动不得，不能自拔。应该退入幽深的山谷，从此隐姓埋名，不露面目。九四和初六相应，但是九四本身居位就不中不正，自己是泥菩萨过河——自身难保，哪里还有力量支援初六。

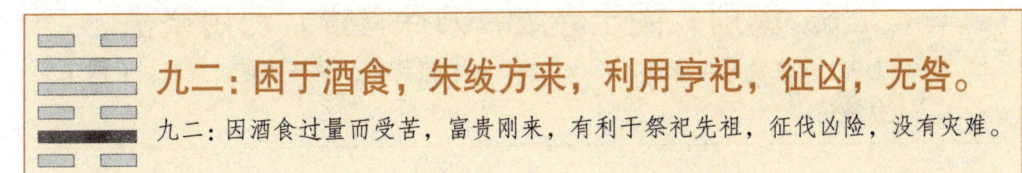

九二：困于酒食，朱绂方来，利用亨祀，征凶，无咎。

九二：因酒食过量而受苦，富贵刚来，有利于祭祀先祖，征伐凶险，没有灾难。

【原文】象曰：困于酒食，中有庆也。

【译文】象辞说：因酒食过量而受苦，是居中位而有喜庆。

【启示】困于酒食，连生计都难以维持了，但九二身为阳刚君子，不在乎"身之困"。相反，这却成为荣禄来临的先兆。九二困中求进，确实颇多凶险，但没有咎害。君子居困之时不要消沉，要相信眼前的困境只是黎明前的黑暗，做到耻中自守，安贫乐道。刚刚有荣禄降临到九二身上，此时行事千万要小心谨慎，不搞什么大动作。

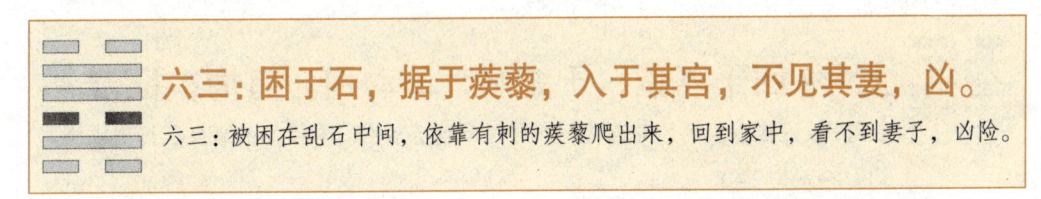

六三：困于石，据于蒺藜，入于其宫，不见其妻，凶。

六三：被困在乱石中间，依靠有刺的蒺藜爬出来，回到家中，看不到妻子，凶险。

【原文】象曰：据于蒺藜，乘刚也。入于其宫，不见其妻，不祥也。

【译文】象辞说：依靠蒺藜爬出来，是因为阴柔乘驾于阳刚之上。回到家里看不到妻子，这是不祥之兆。

【启示】六三无才无德，又不甘寂寞。孔子说："君子固穷，小人穷斯滥矣。"这位六三就是一位"穷斯滥矣"的小人，所以他犯了法，被关进监狱里，监狱的围墙用石头砌成，并且上面铺满了蒺藜。等刑满释放，回到家中已经看不到妻子了。这个六三从监

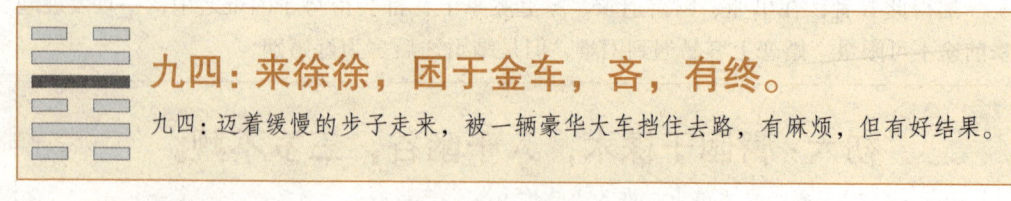

狱回来后，更穷困了，他肯定还会犯法，所以会凶险。

九四：来徐徐，困于金车，吝，有终。

九四：迈着缓慢的步子走来，被一辆豪华大车挡住去路，有麻烦，但有好结果。

【原文】 象曰：来徐徐，志在下也。虽不当位，有与也。

【译文】 象辞说：徐徐而来，是因为他的志向在于求下。虽然位置不当，但会得到下面的援助。

【启示】 其心志在于应合下面的初六。虽然居位不当，因有同道者相比邻而得以弥补。九四与初六正好形成正应。为了得到初六的配合与帮助，九四当然要自上向下去。九四欲得到初六的配合与帮助，但因隔山取水，势必不能性急。九四与初六之间虽有九二阻困，但这是暂时的困难。阴阳相应，终难阻隔，只要坚持住，自然能渡过这个难关。

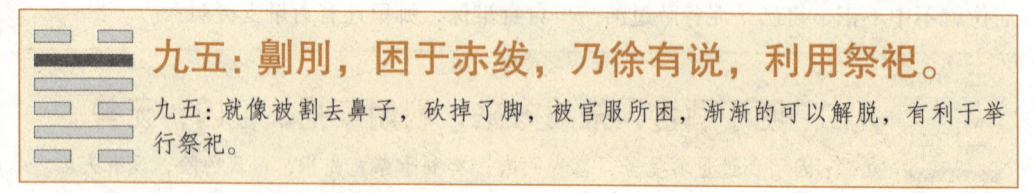

九五：劓刖，困于赤绂，乃徐有说，利用祭祀。

九五：就像被割去鼻子，砍掉了脚，被官服所困，渐渐的可以解脱，有利于举行祭祀。

【原文】 象曰：劓刖，志未得也。乃徐有说，以中直也。利用祭祀，受福也。

【译文】 象辞说：就像被割去鼻子砍去了脚，是因为还没有得志。渐渐的可以解脱，是因为九五可以受到神的保佑。

【启示】 高处不胜寒，九五心里不安，困于尊位。九五邻近上六，被上六阴爻所掩蔽，正如光绪帝，身居一国之君，偏偏有慈禧垂帘听政，指手画脚。光绪帝在政治上陷入困境，形势极为严峻，终日处于不安的状态。不过物极必反的，但由于其刚中居正，慢慢地就会得以摆脱。

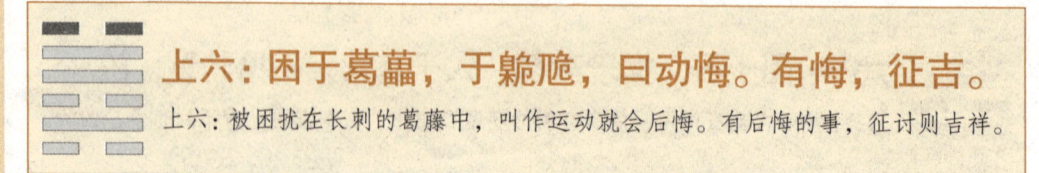

上六：困于葛藟，于臲卼，曰动悔。有悔，征吉。

上六：被困扰在长刺的葛藤中，叫作运动就会后悔。有后悔的事，征讨则吉祥。

【原文】 象曰：困于葛藟，未当也。动悔，有悔吉，行也。

【译文】 象辞说：被困扰在长刺的葛藤中，是因为位置不当。动一动就会后悔，因后悔而吉祥，是因为行动起来才能走出困境。

【启示】 困卦中有困极必反的道理，困到极点就会走向困的反面。但是上六得吉并不是一帆风顺的，而是在克服了重重困难之后获得的。上六被缠绕的藤蔓所困，而又濒临于危坠之地，不能有任何动作。动则有悔，受困已到了极致，反倒能使他十分冷静地分析自己，有所觉悟。闭门思过，吸取教训，重新制定方案。

《推背图·第五十八象》解困卦

困·辛酉

【谶曰】

大乱平，
四夷服。
称弟兄，
六七国。

【颂曰】

烽烟净尽海无波，
称帝称王又统和。
犹有煞星隐西北，
未能遍唱太平歌。

【金圣叹批注】

此象有四夷来王，海不扬波之兆。惜乎西北一隅尚未平靖，犹有遗憾，又一治也。

▶ 困卦运势速断

运势	在最困难之时，四处无援，事事难有进展，只能静待时机。
事业	境况很差，被小人欺，劳而无功。若采取不正当的手段，会愈陷愈深。
爱情	婚恋难成气候。家中重担多由女方承担，或丈夫有外遇，或夫妇不和。
疾病	多为口腔、泌尿系统之病。行走不便，坐卧不安，宜往西南方求医。
经商	受小人阻碍而不得志，四处碰壁，有破产的可能。应泰然处之。
诉讼	有人在狱中之象，或纷争难解，双方僵持。
出行	略有阻隔无妨，宜向西北方去。防财失。
人生	性格静若止水。有冒险精神，在困难之中见气节，容易被人利用。

第48卦 井：水风井卦

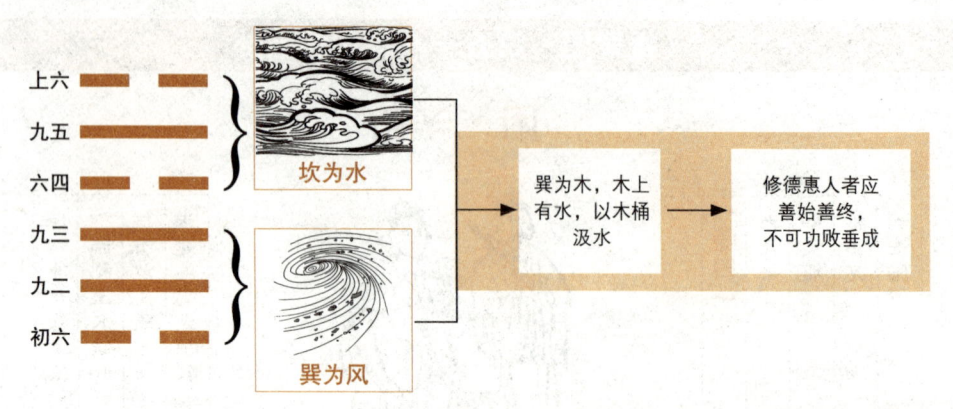

上六
九五
六四　坎为水
九三
九二
初六　巽为风

巽为木，木上有水，以木桶汲水 → 修德惠人者应善始善终，不可功败垂成

【原文】井，改邑不改井，无丧无得。往来井井。汔至，亦未繘井，羸其瓶，凶。

彖曰： 巽乎水而上水，井。井养而不穷也。改邑不改井，乃以刚中也。汔至亦未繘井，未有功也。羸其瓶，是以凶也。

象曰： 木上有水，井；君子以劳民劝相。

【译文】井卦，城邑可以迁移，井却迁不走。没有丧失，也没有获得。人们来来往往到井边打水，提水未到井上的时候，陶罐挂住被井壁碰碎，凶险。

彖辞说： 进入到里面可能提上水来，就是井。井中的水永远提不完。城邑可以迁移，井却无法迁移，是因为刚爻居中的缘故。提水未到井上的时候，陶罐被挂住，是还没有成功。井壁碰碎了陶罐，所以凶险。

象辞说： 木上有水便是井卦的卦象。君子从中受到启示，告诉劳作的民众要学会互相帮助。

【启示】井指的就是水井。以井喻君子，以井水喻美德。在困境中会力不从心、视野受限，变得保守，这是井卦的含义。所以困卦之后是井卦。井有节俭之意，节水备养，犹如节财备用。井通刑字，有含忧、刑戮、小通大滞之意。井水虽不能种植、畜养，却能养人度日。他取之不尽，经久不竭，永远干净，可自由汲取，象征君子的美德。君子要像井水浇灌田地一样，源源不断地以美德教育民众，让民众懂得团结、互相帮助。但打水需要水桶，否则井水会空自腐坏。水桶可能倾覆，所以平静中暗藏着凶险。另外，井不能移动，要永远守在原地。在井水已汲到接近井口，将要出井时，如果汲水的瓶罐坏了，就会一无所获，必有凶险。同理，人如果不能善始善终，一定会导致凶咎。水井如果只为个人独用而不养大家，这是水井的悲哀。汲用井水的人越多，水井施泽的范围

《断易天机》解井卦

珠藏深渊之卦，守静安常之象

井卦点睛

井水永远干净，象征美德。但打水的水桶可能倾覆，所以平静中暗藏着凶险。得井卦者如同井水一样，不枯不竭，不满不溢；不通江河，却是活水；所求不多，只想持平；与世无争，没有风波。

杨贵妃得此卦，被缢死

安禄山为唐朝范阳节度使，深得唐玄宗和杨贵妃宠信，曾调戏杨贵妃，并认其为母。后来安禄山叛乱，在军队的要求下，唐玄宗被迫将杨贵妃缢死。

卦图详解

◆一位金甲神人执神符从天而降，说明利于调兵遣将。

◆一女子抱盒，为"和合"之意，利于女性的婚姻。

◆一些元宝在闪闪发光，象征有财可供备用。

◆下方有一个人落入井中，为遇险之象。

◆一位官人用绳子将落井者引出，说明可以遇见贵人而脱险。

就越广。应该相信井水是源出不穷的，永远流不完。只有这样，水井养人的功用才可发扬光大。

摇得井卦，对人而言，表示心力有限，不能做太大的计划。也表示视野受限，保守心态重。但格局小能过活，主小吉象。忌公事诉讼。有思不定、居所有虚惊之意。预测婚姻有分开再合之象，应迟。

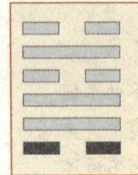

初六：井泥不食，旧井无禽。

初六：井底的污泥不能食用，废旧的井水污浊，禽兽也不来饮水。

【原文】象曰：井泥不食，下也。旧井无禽，时舍也。

【译文】象辞说：井中的污泥不能食用，是因为位置在最下面。废旧的井边没有野兽，是因为井随着时间的推移被舍弃了。

【启示】井底有污泥沉滞，井水污浊不能汲食，再加上久不修治已成为旧废之井，连鸟雀都不光顾了。一旦人们不来汲水饮用，水井就变成无用之物。如果清理完还不能用，只能重新再打一口井。旧井的水污浊，连禽兽也懂得那里的水不能喝。这喻示道德纯净的人，才会使更多的人与他交往，因为人们能从他的言行中获得益处。

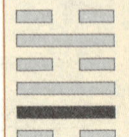

九二：井谷射鲋，瓮敝漏。

九二：投射井中的小鱼，结果水罐被碰破而漏水。

【原文】象曰：井谷射鲋，无与也。

【译文】象辞说：用水罐投射井中的小鱼，不会有收获。

【启示】爻辞认为，不要因小失大，占小便宜吃大亏。比如有些员工上班就是想挣钱养家。可是渐渐的，他忘记了自己这个目的。发现单位里管理不严格，便经常从单位里往外偷东西。结果被单位领导发现，不但受到了法律的制裁，而且也失去了工作。

九三：井渫不食，为我心恻，可用汲，王明，并受其福。

九三：井已清理干净而没有前来饮水，使我感到伤心。可以来提水了，君王贤明，人们会一同受益。

【原文】象曰：井渫不食，行恻也。求王明，受福也。

【译文】象辞说：井已清理而不来提水，这种行为使人悲伤。祈求君王贤明，是为了接受他的福泽。

【启示】九三就好比一口刚刚清理过的井，本来很洁净了，可是人们却认为他仍然是脏的，尤其是君王也认为是这样，那这个被冤屈的九三是够痛苦的。千里马必须有伯乐的赏识才行，有才之人不遇圣明君王也就不能发挥其作用。

六四：井甃，无咎。

六四：砌好井壁，没有灾难。

【原文】象曰：井甃无咎，修井也。

【译文】象辞说：砌好井壁没有灾难，是修井带来的好处。

【启示】六四不会有屈原一样的灾难。古代的井有用砖砌的，也有不用砖砌的。用砖砌井壁可以使井壁的土与水隔离开来。这样井水就更清洁了。这其实是说，六四的言行表现出对君王的忠诚，君王很容易了解到他是多么忠于君王，所以自然会得到君王的信任与宠爱，这怎么会有灾难呢？

九五：井冽，寒泉食。

九五：井水清澈，清凉的泉水众人饮用。

【原文】象曰：寒泉之食，中正也。

【译文】象辞说：清凉的泉水众人饮用，是因为九五居中而得位。

【启示】九五是一位贤明的君王，他可以给臣民带来源源不尽的好处。这位九五君王就像清澈的井水，源源不断地把甘甜清凉的水奉献给大家。井水的清，喻示的是君王执政的清明公正。一个国家，如果君王英明，群臣就会秉公执法，这样天下就可以得到大治了。

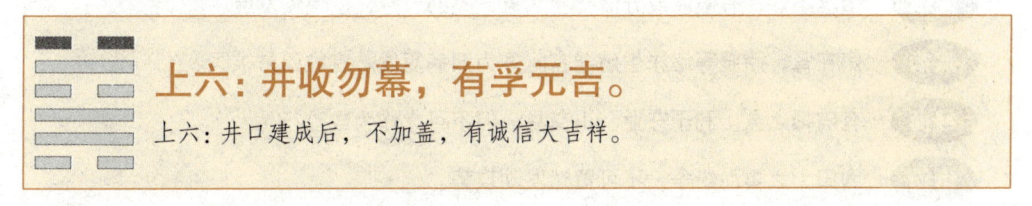

上六：井收勿幕，有孚元吉。

上六：井口建成后，不加盖，有诚信大吉祥。

【原文】象曰：元吉在上，大成也。

【译文】象辞说：大吉祥于上位，是大功告成的意思。

【启示】此时井水会源出不穷，无时不可取水为用，好得不能再好。六十四卦大多数到卦终时都向相反的方向转化，但这不是绝对的。井卦相当特别，以上爻为用，越往上越好。上六代表井水已经汲上来了，是大功告成之时。这象征君王要广纳天下忠言，才能使天下大治。比如尧帝在位时，大臣每天都称颂国泰民安。对此，帝尧十分不安。为了听到真实的情况，他命人制作一面大鼓放在宫殿门外，并发布公告，让天下人都可以

413

来这里击鼓进谏，任何人不得阻拦。由于他能诚心诚意地接受别人的意见，终于使天下大治。

《推背图·第三十象》解井卦

井·癸巳

【谶曰】

半圭半林，
合则有变。
石也有灵，
生荣死贱。

【颂曰】

缺一不成也占先，
六龙亲御到胡边。
天心复见人心顺，
相克相生马不前。

【金圣叹批注】

此象主张太后崩权归王振，致有也先之患。其后上皇复辟，石亨自诩首功，率以恣横伏诛，此一乱也。

▶ 井卦运势速断

运势	井为静而不能移之物。难以进取，缺乏冲劲，不如守之泰然。
事业	处境平稳。不应贸然前进或后退，应真诚奉献，充实个人实力。
爱情	情况不妙，有破裂或分而再合之象，不必过急，应慢慢发展。
疾病	病在肾、膀胱等泌尿生殖器官。多为旧病复发。宜往西方求医。
经商	有破损之象。利于守业、小交易，但不可大作为或改行。
诉讼	因田土之事而纷争，不可贸然发动攻势。
出行	动则不远，远则必然难动，近则有利。若寻人，暂无音信。
人生	性格安静、警惕。适合在家乡发展，离开家乡则事业难成。

第49卦 革：泽火革卦

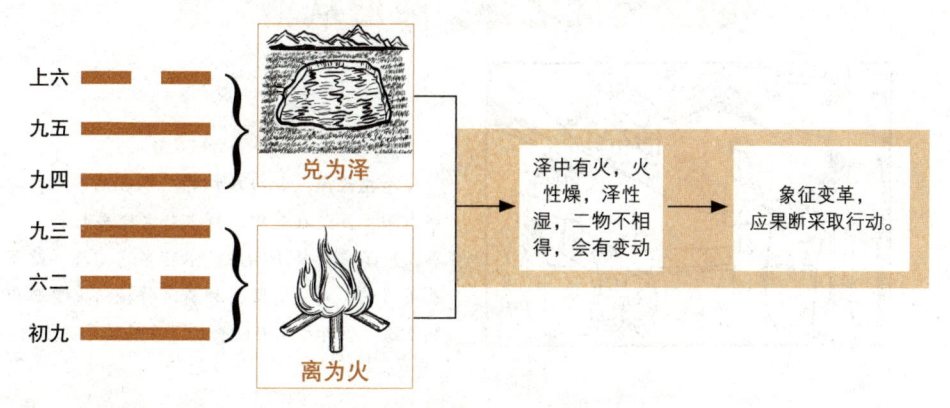

上六
九五
九四
} 兑为泽

九三
六二
初九
} 离为火

泽中有火，火性燥，泽性湿，二物不相得，会有变动 → 象征变革，应果断采取行动。

【原文】革，巳日乃孚。元亨利贞，悔亡。

象曰：革，水火相息，二女同居，其志不相得，曰革。巳日乃孚；革而信也。文明以说，大亨以正。革而当，其悔乃亡。天地革而四时成，汤武革命，顺乎天而应乎人，革之时大矣哉！

象曰：泽中有火，革。君子以治历明时。

【译文】革卦，巳日得到诚信。大亨通而利于守正道，没有悔恨。

象辞说：革卦，水火不相容，两个女人住在一起，心愿与志向不同，这就是革卦。巳日得到诚信，是通过变革取得人民的信任。内心光明而外表喜悦，大亨通于正道。改革适当，忧悔就会消失。天地变革才能形成四季，商汤革除了夏朝的天命，武王革除了商纣的天命，顺应天时与人心，革卦的时势意义太大了。

象辞说：泽中有火就是革卦的卦象。君子从卦象中受到启示，制定历法以明确天时的变化。

【启示】"革"字是象形字，像被剖剥下来的兽皮。其引申义是变革、改革、革命。井水需要不断的清理、革新才能保持洁净，所以井卦的后面是革卦。革卦是个状况卦，吉凶未定。从卦象上看，泽中有火。泽中会有火山爆发，人们必须重新择地而居，这是大的社会变革。不变革就不会前进，变革是历史发展到一定时段的必然产物，代表新时代的开始。变革会转换原有势态，变革的时代会有大机遇，乱世造英雄。

推行变革要克服相当大的阻力，甚至会出现一些不大不小的社会动荡。要成事，既要有"天时地利"的外在条件，又要有"人和"的内在条件。要想成功必须坚持两点：一要抓住时机，二要取信于人。变革旧的事物不是轻而易举的事情，需要一段时间的准备，才能逐渐被人们理解、接受。如果贸然变革，效果会适得其反。顽固的成见是极为可怕的。革卦的六个爻表示不同时位、不同特征、不同做法的变革，以及产生

《断易天机》解革卦

豹变为虎之卦，改旧从新之象

革卦点睛

革指改革。积习成积弊，不破则不立，破字当头，立就在其中。得革卦者需要批判和改革，改革需要坚决彻底，不可半途而废。改革是很难的，处处有既得利益者作梗，需要胆识和气魄。但开弓没有回头箭，要咬紧牙关挺住。

彭越得此卦，改变战术

彭越在楚汉之争中帮助刘邦，刘邦战败时，彭越占得革卦，于是改变战术，以游击之法攻击项羽后方，在梁地断绝项羽粮道，缓解了刘邦之危。

卦图详解

◆ 兔为卯，虎为寅，代表东方震卦，震为雷，说明改革需要胆识和气魄。

◆ 一个人在推车，车上有一个将印，代表改革需要权力的支撑。

◆ 一人拿一个柿子，另一个人拿半个柿子，全者象征"新"，半者象征"旧"。

◆ 车下面为一个三叉路口，说明如果改革就会面对选择。

的不同结果。

得此卦者，求财虽可成，但有小错而迟。预测婚姻，女克夫，并有急躁、破财之象，另觅配偶为吉。已婚者得此卦，有缘分破败、另起炉灶之象。

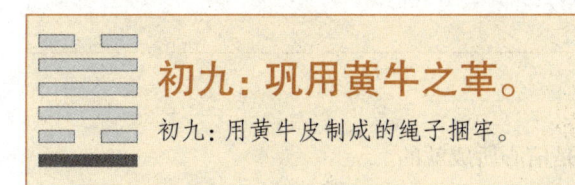

初九：巩用黄牛之革。

初九：用黄牛皮制成的绳子捆牢。

【原文】象曰：巩用黄牛，不可以有为也。

【译文】象辞说：用黄牛皮制成的绳子捆牢，是不能认为这便是有所作为的。

【启示】初九代表改革时的下层百姓，又代表改革的最初阶段。社会刚有大变革时，百姓还是不要参与为好，因为改革是否能够成功还不能肯定。所以百姓用黄牛皮的绳子把自己拴起来，不盲目参与。另一方面，对于实施改革的人来说，改革的初期如果时机不太成熟，最好也找根黄牛皮的绳子把自己拴结实。

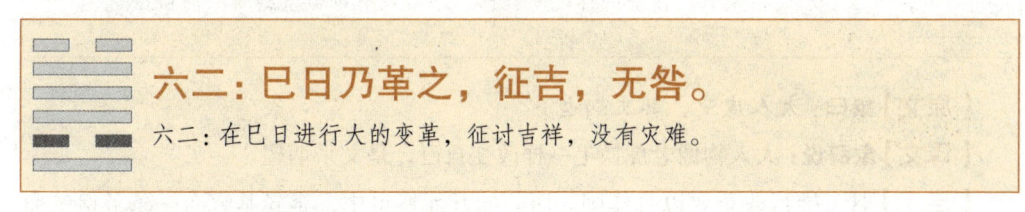

六二：巳日乃革之，征吉，无咎。

六二：在巳日进行大的变革，征讨吉祥，没有灾难。

【原文】象曰：巳日革之，行有嘉也。

【译文】象辞说：在巳日进行改革，行动会有好处。

【启示】具备了变革的主观条件，但还要把握变革的时机。旧的东西非革不可，已经到了亟须转变的时候，应抓住这个时机，否则将遗恨终生。不过，六二是阴柔之质，天生存有迟疑软弱的成分，瞻前顾后，不能果断行动。比如商汤讨伐夏桀时，便是根据诸侯已经背叛夏桀之后才进军攻夏。结果大获全胜。这说明的便是时机的重要作用。

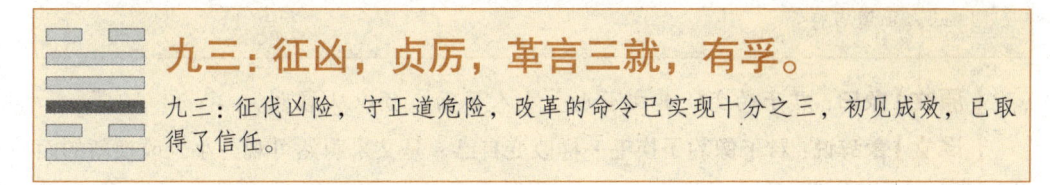

九三：征凶，贞厉，革言三就，有孚。

九三：征伐凶险，守正道危险，改革的命令已实现十分之三，初见成效，已取得了信任。

【原文】象曰：革言三就，又何之矣。

【译文】象辞说：既然改革的言语实现十分之三，又往什么地方去呢？

【启示】九三处于改革初见成效的阶段，"新官上任三把火"，三把火点得很旺，收到了良好的效果，应将改革深入下去。但九三只是个躁动之才，像个愣头青。对于九三这个急性子人来说，按兵不动无异度日如年，要大刀阔斧地行动，需要反复研究，周密安排。

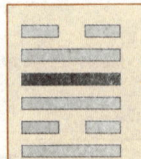

九四：悔亡，有孚改命，吉。

九四：没有悔恨，有信心改变旧的天命，吉祥。

【原文】象曰：改命之吉，信志也。

【译文】象辞说：改变天命的吉祥，是信心所成就的。

【启示】九四有信心将改革进行到底，这里的信心主要来自于天命的安排。也就是说，九四的行为是顺应天道的，所以他有改革成功的信心。武王伐纣时，卜官说卜兆不祥，认为不宜出兵。可是姜子牙把蓍草折断，把龟壳踏碎，认为这是迷信。结果按照姜子牙的计策出兵攻纣，大获全胜。

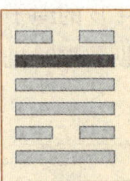

九五：大人虎变，未占有孚。

九五：大人物像老虎换毛一样改变自己，不用占卜也会得到人们的信任。

【原文】象曰：大人虎变，其文炳也。

【译文】象辞说：大人物像老虎换毛一样改变自己，是文采炳耀。

【启示】君王推行改革要以身作则。唐朝的开元盛世中，李隆基宣布一条节俭的命令，令全国不准以珠玉为饰，不许穿锦缎衣裳，鼓励人们种棉织布。可是李隆基自己的生活却并不节俭，他的改革方案怎么能得到彻底执行呢？结果后来李隆基与杨玉环沉溺于享乐，再也不提这件事了。

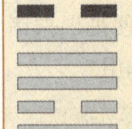

上六：君子豹变，小人革面，征凶，居贞吉。

上六：君子像豹子换毛一样改变自己，小人也换了新的面貌。征讨凶险，居守正道吉祥。

【原文】象曰：君子豹变，其文蔚也。小人革面，顺以从君也。

【译文】象辞说：君子像豹子换毛一样改变自己，是文采蔚然可观。小人改换新的面貌，是表面上顺从君王。

【启示】改革已经获得了大成功。变革之前，主要的问题是变革；一旦成功，主要问题就在于守成了。君子已去掉了旧的毛病，小人也洗心革面、重新做人。可是在这一片大好形势下，却仍然不利于出兵打仗。因为小人只是革面，而没有革心。出兵打仗，随时都有发生政变的可能。在改革成功后，应当继续巩固改革的业绩。

《推背图·第十三象》解革卦

革·丙子

【谶曰】

汉水竭，
雀高飞。
飞来飞去何所止，
高山不及城郭低。

【颂曰】

百个雀儿水上飞，
九十九个过山西。
惟有一个踏破足，
高栖独自理毛衣。

【金圣叹批注】

此象主周主郭威夺汉自立。郭威少贱，世称之曰郭雀儿。

▶ 革卦运势速断

- **运势**　不稳定，事情多有变动，应决心改革。去旧立新，弃腐朽而生新机。
- **事业**　正处在转折的关键时刻，应顺应形势，时机成熟后立即变革。
- **爱情**　多事之秋，去者难返，迎新为吉。易有外遇或婚外情，容易离婚。
- **疾病**　病大难治，病情多变，须转换求医或手术治疗。应往南方或北方求医。
- **经商**　改行、开业皆吉。适合乱中求财。应大胆求新，适时改变方向。
- **诉讼**　我方被动，有姓名中有草字头的人说合，可以和解。
- **出行**　与一人同往，须防此人，否则有连累。
- **人生**　性格叛逆，不认可主流意识，有革命精神。追求不平凡的人物。

第50卦 鼎：火风鼎卦

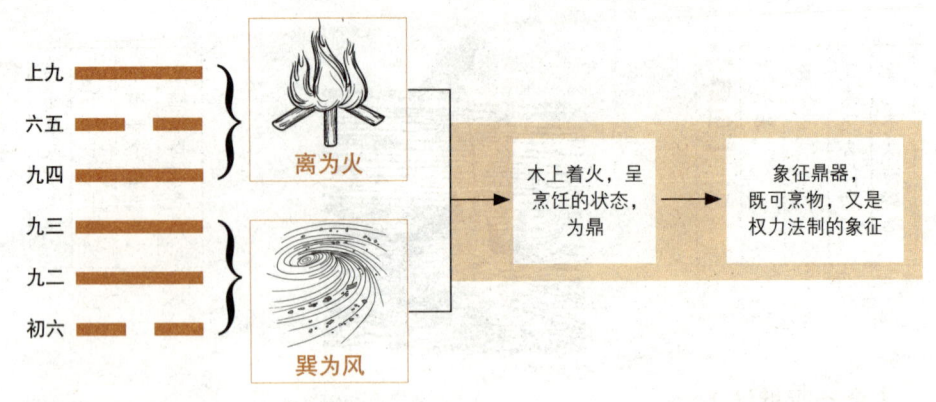

```
上九 ——
六五 — —
九四 ——    离为火
九三 ——
九二 ——    巽为风
初六 — —
```

木上着火，呈烹饪的状态，为鼎 → 象征鼎器，既可烹物，又是权力法制的象征

【原文】鼎，元吉，亨。

彖曰：鼎，象也。以木巽火，亨饪也。圣人亨以享上帝，而大亨以养圣贤。巽而耳目聪明，柔进而上行，得中而应乎刚，是以元亨。

象曰：木上有火，鼎。君子以正位凝命。

【译文】鼎卦，大吉祥，亨通。

彖辞说：鼎卦便是鼎的形象。以木生火烧鼎，可以烹饪食物。圣人用鼎煮食物祭祀上帝，大量烹煮食物以养圣贤之人。随顺并且耳聪目明，柔顺向上发展，即得中正又有阳刚之气相呼应，所以大亨通。

象辞说：木上生火便是鼎卦的卦象。君子从卦象中受到启示，端正自己的位置，重视上天赋予的使命。

【启示】在甲骨文中，"鼎"字上面的部分像鼎的左右耳及鼎腹，下面像鼎足，是一个象形字。鼎卦六爻的排列正好组成一个鼎的形象。其最底下的阴爻代表鼎足，中间的三个阳爻代表鼎腹，六五代表鼎耳，上九代表鼎杠。鼎是一件不寻常的厨房用品。它集权力、律法、威信于一身，是国家的重器。在中古时代，天子初登龙位的时候，第一件事便是铸鼎，颁布法律，以示吉祥。

鼎可用来象征变革。革是变故，改变旧事物；鼎是取新，建设新事物。鼎容易折足，也有推陈出新的含义。所以鼎卦紧接在革卦之后。鼎是建立一个新社会，巩固一个新局面。不像革卦是变革旧社会，施行起来还十分复杂，故鼎卦不讲条件，一切都通达顺畅。鼎卦与井卦卦义有一些共通之处，不过，井卦重在养民，而鼎卦重在养贤。

鼎以三足而立，态势平稳。此时事业可为，不应延滞。事业与人合伙为佳，可在平稳中发展。事业需要借助家族的力量，家庭团结或有家人帮助。求财可成，求他人之力有利。但对感情、婚姻略有凶象，测婚姻时，家庭顶梁柱会出现问题。此外，三角恋爱、

《断易天机》解鼎卦

调和鼎鼐之卦，去旧取新之象

鼎卦点睛

鼎象征王权的威严，有威严才可做事，但威严过重会适得其反，所以要内含谦逊。得鼎卦者要吐故纳新，一日新方能日日新。鼎新的要点在立不在破，在化不在变，变与破是化与立的基础。原材料已经准备好，等着厨师调和吧。

秦王得此卦，成为天下共主

秦王灭西周时占得此卦，便以九鼎象征九州，将象征天下九州的九鼎迁入秦都咸阳。此举意味着秦国将成为天下共主，可以名正言顺地讨伐诸侯。

卦图详解

◆ 左上方有喜鹊飞来，说明吐故纳新便会有喜。

◆ 一个人执剑面对屋内之人，说明有折足之险。

◆ 鼠为子，代表北方坎卦，说明革新中会有险阻。

◆ 共有三个人，说明当前有三足鼎立的态势。

三人同行的机率很高，有外遇出轨的迹象，已婚女性得此卦有两女侍一夫之象，但会理智地解决。最重要的是不可失去相互协助的关系。

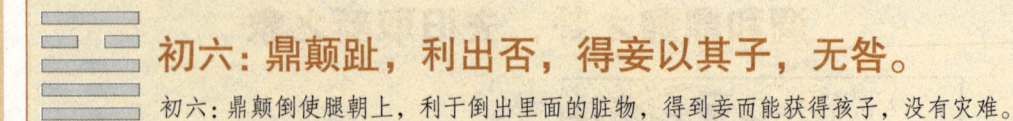

初六：鼎颠趾，利出否，得妾以其子，无咎。

初六：鼎颠倒使腿朝上，利于倒出里面的脏物，得到妾而能获得孩子，没有灾难。

【原文】象曰：鼎颠趾，未悖也。利出否，以从贵也。

【译文】象辞说：鼎颠倒使腿朝上，这不属于悖逆的事情。有利于倒出里面的脏物，说明初六应当顺从尊贵者的安排。

【启示】用鼎做饭之前要先清洗，喻示从事一项新事业之前，要先调整思想，摒弃旧观念。起用新人治理天下，要唯贤是举，不分贵贱。商汤起用伊尹为相时，伊尹是一个奴隶，可是伊尹却帮助商汤推翻了夏王朝。商朝的武丁任用傅说为相时，傅说是一个给人家筑墙的农夫，可是傅说却使商王朝出现了中兴。

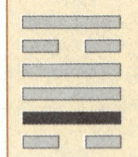

九二：鼎有实，我仇有疾，不我能即，吉。

九二：鼎中有食物，我的敌人有病，不能和我一起分享，吉祥。

【原文】象曰：鼎有实，慎所之也。我仇有疾，终无尤也。

【译文】象辞说：鼎中有食物，要谨慎地移动它。我的敌人有病，最终没有忧虑。

【启示】贤明的君王与诸侯列鼎而食，可是由于君王起用了卑贱的人为大臣，自然会有一些人看不惯，所以不想与下贱的新贵一起吃饭，而没有赴宴。没来赴宴的人，正是不支持君王变法的人，所以这些人不来是一件吉祥的事情。因为君王不会因此而失去贤臣。

九三：鼎耳革，其行塞，雉膏不食，方雨亏悔，终吉。

九三：鼎耳掉了，移动鼎有困难，里面的山鸡肉也吃不上，刚好有雨，悔恨渐消，最终吉祥。

【原文】象曰：鼎耳革，失其义也。

【译文】象辞说：鼎耳掉了，便失去了鼎耳的意义。

【启示】九三具有阳刚之才，但没有派上用场。古时初期的鼎耳就是铸在九三这个位置的。可是由于在这里经常会断裂，所以后来改在六五处铸鼎耳了。初登位的天子用新的政策治理国家时，要精简机构，去掉没必要的政府机构，节约开支。对于精简下来的政府官员，要施以一定的恩惠，使他们不至于心怀怨恨。

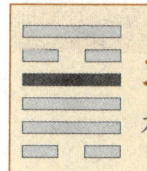

九四：鼎折足，覆公餗，其形渥，凶。

九四：鼎腿折断，（鼎倒使）王公的美味佳肴洒了一地，显得又脏又乱，凶险。

【原文】象曰：覆公餗，信如何也。

【译文】象辞说：王公的粥都洒了，还怎么再受信任呢？

【启示】九四相当于国家重臣，所以他的失误会对整个国家（鼎）造成损失。九四的失误在于用错了人。他与初六相应，可见他是一个勇于提拔新人，并且不分身份贵贱的好领导。可是他任用的人当中却有没能力的人，会对国家造成损害。

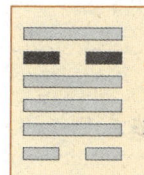

六五：鼎黄耳，金铉，利贞。

六五：鼎上铸有黄色的鼎耳，铜饰的举鼎杠，利于守正道。

【原文】象曰：鼎黄耳，中以为实也。

【译文】象辞说：鼎上铸有黄色的鼎耳，说明六五居中坚实。

【启示】鼎的功用要想发挥出来，关键问题在于鼎器要能移动。如果只停留于一处，怎能奉养大量的人？移动鼎的必备条件是要有"耳"。耳虽然不是鼎的主体，却是最重要的部件。有了它才可以将鼎提起来，就相当于有了天子才能将诸侯统一起来一样。鼎耳位于君位。六五有了移鼎的客观条件，但毕竟是阴柔之质，还要努力守正，遵循正道。

上九：鼎玉铉，大吉，无不利。

上九：鼎上配以玉饰的举鼎杠，大吉祥，没有不利的。

【原文】象曰：玉铉在上，刚柔节也。

【译文】象辞说：玉饰的举鼎杠在上位，是刚柔调节。

【启示】由于鼎是国家、权力、律法的象征，所以古代的君王对鼎的铸造极其讲究，而抬鼎用的举鼎杠制作得极其精美，是因为它们都是国家的祭器。一个国家只有按时举行祭祀，才能感召天下人，加强各诸侯的团结。因为古代的天子是替天行道，所以重视祭祀，则表明自己没有脱离天道。

《推背图·第四十三象》解鼎卦

鼎·丙午

【谶曰】
君非君，
臣非臣。
始艰危，
终克定。

【颂曰】
黑兔走入青龙穴，
欲尽不尽不可说。
惟有外边根树上，
三十年中子孙结。

【金圣叹批注】

此象疑前象女子乱国未终，君臣出狩，有一杰出之人为之底定，然必在三十年后。

▶ 鼎卦运势速断

运势	去旧立新，改过迁善之象。适合找人共事或合伙，但不应迟滞。
事业	利于创业，可得上辈提拔，主吉象。适合变革，可以迅速进行。
爱情	吉中带凶，外表平稳，但可能有第三者介入，且不易被发现。
疾病	病情有变，但可无碍。去医院治疗的效果不明显。
经商	利于开业，可顺利开展活动，遇到困难也能够克服。
诉讼	因小是非而引起矛盾，宜找第三个人劝和，可和解。
出行	途中与人同行，可能有忧虑，三个人中有一个人不合。
人生	仕途比商场更利于发展。多信奉佛教，但不如祭拜祖先。

第51卦 震：震为雷卦

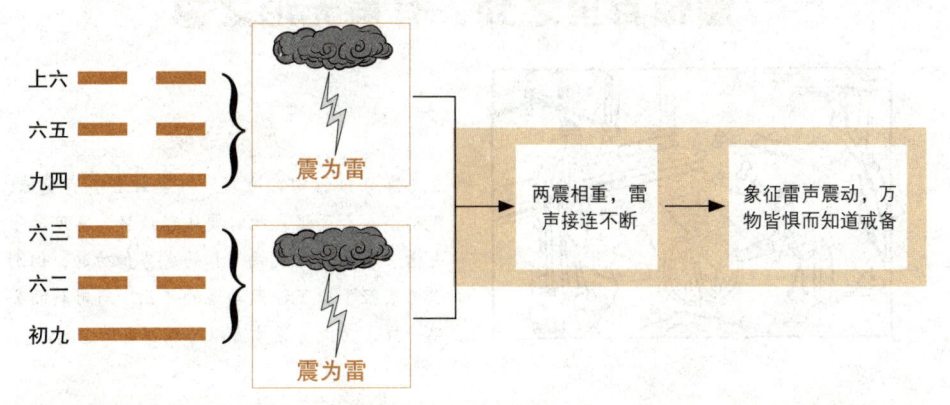

```
上六 ▬▬ ▬▬
六五 ▬▬ ▬▬    震为雷
九四 ▬▬▬▬▬
六三 ▬▬ ▬▬
六二 ▬▬ ▬▬    震为雷
初九 ▬▬▬▬▬
```

两震相重，雷声接连不断 → 象征雷声震动，万物皆惧而知道戒备

【原文】震，亨。震来虩虩，笑言哑哑。震惊百里，不丧匕鬯。

彖曰：震，亨。震来虩虩，恐致福也。笑言哑哑，后有则也。震惊百里，惊远而惧迩也。出可以守宗庙社稷，以为祭主也。

象曰：洊雷，震；君子以恐惧修身。

【译文】震卦，亨通。大的雷声让人感到害怕，可是人们明白雷声会降下雨泽，所以听到雷声都很高兴，尽管雷声震惊百里，却不会震落手中的酒杯。

象辞说：震卦亨通。震惊来临人们感到害怕，恐惧可以招来福佑。笑语声声，说明人们已经懂得了天地的规则。震惊百里，是震惊远方而使近处惧怕。君王出巡，长子守住宗庙社稷，作为祭祀的主持人。

象辞说：雷声一阵一阵响起，便是震卦的卦象。君子因有所恐惧而反省自己的过失。

【启示】震的本意是雷声。从卦象上看，两震相重，有雷声接连不断的意思。雷电可击杀邪恶势力，也可以给万物赋予生机。所以震卦既含有上天对人间进行惩戒的含义，又含有律法及政治运动对社会的惩治，还象征新秩序建立的起源。古人对雷是极其敬畏的，但它实际上并没有严重灾害，只要冷静对待就会安然度过。所以，此卦也表示虚有其表，虚张声势，要特别警惕。在古人看来，打雷是天发怒了，这时该怎么做？一、不要触犯天道、法律。二、在遇到惊险时要谨慎小心，临危不惧，镇定自若。三、发布号令、制定法规也要震惊百里，像打雷一样，要贯彻到所有人、所有地方，使上下都惊惧，远近无一遗漏。本卦揭示出的大多是心理而不是事理，是心态而不是事态。

得此卦者，初时危难，事情多有受惊、变动、喧噪的情况。须谨慎、戒惧，以免有失。女性预测婚姻，为两女争嫁而处境不利。此卦之阳气为重阴所抑制，压力愈大则抵抗愈强，势有冲破阴爻之象。如男性受女性的无理压制，有大发雷霆，一发不可收拾之

《断易天机》解震卦

震惊百里之卦，有声无形之象

震卦点睛

震象征打雷、地震。得震卦者多有受惊、变动，人人恐惧，此时要从容镇静，不可慌张失措。春雷虽然反映了春的威势和功勋，但别以为已经干出了惊天动地的伟业，与司晨的公鸡一样，功成身退才可以给人留下好念想。

李靖得此卦，为旱地施雨

相传李靖替龙行雨时占得此卦。李靖乃唐朝开国大将，传说他起事之前曾在龙母家借宿，受龙母之邀为久旱之土地施雨，但好心办了坏事，施雨过多，淹死了不少人。

卦图详解

◆一卷文书，代表有音讯。

◆树刚刚发芽，说明此时为春天，万物复苏。

◆一个人站在一块岩石上，说明虚有其表，虚张声势。

◆一人推车，车上有"文字"二字，说明信息在变动。

◆两串铜钱和几个元宝，说明可获厚利。

势。雷为声势浩大、有声无形之虚象，所以，与人交往多为表面热心，内心不诚。

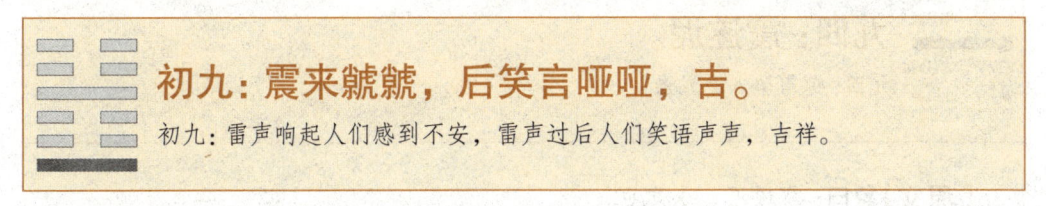

初九：震来虩虩，后笑言哑哑，吉。

初九：雷声响起人们感到不安，雷声过后人们笑语声声，吉祥。

【原文】象曰：震来虩虩，恐致福也。笑言哑哑，后有则也。

【译文】象辞说：雷声响起人们感到不安，是因为恐惧可招致福佑。笑语声声，说明人们已经懂得了天地的规则。

【启示】震雷打来时万民惶恐惊惧，若镇定能导致福泽。临震而能镇定自若，谈笑自如，说明初九在恐惧戒慎之后，行为就能遵循法则而不失常态。有两种人：一种是平日松懈，没有恐惧，当震雷炸响时却恐惧不已；一种是平日不敢自宁，谨慎戒惧，当震雷炸响时反倒镇定自若。初九说的是第一种人，希望这种人由于对震雷的恐惧而能修己省过，从此不敢自宁。

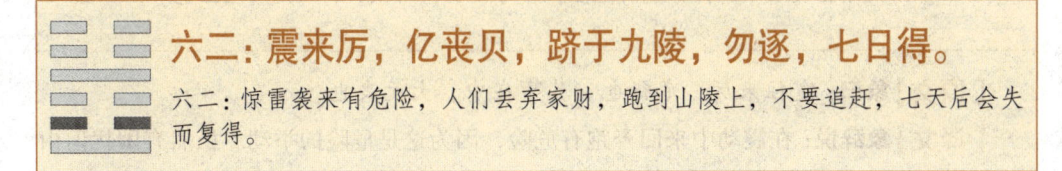

六二：震来厉，亿丧贝，跻于九陵，勿逐，七日得。

六二：惊雷袭来有危险，人们丢弃家财，跑到山陵上，不要追赶，七天后会失而复得。

【原文】象曰：震来厉，乘刚也。

【译文】象辞说：惊雷袭来有危险，是因为六二凌驾于初九刚爻之上。

【启示】六二紧临震动的中心，受到震动最严重。六二虽然有中正之德，但非常害怕，逃跑中丢了不少财物。但震动不是针对他而来的，所以震动过后他还会拥有自己的地位与财物。这就好比一场奴隶暴动。奴隶不堪忍受残酷的压迫，结果造反了。在这场运动中，六二很害怕，躲了起来。可是他平时有中正之德，善待奴隶，所以他不会有灾难。

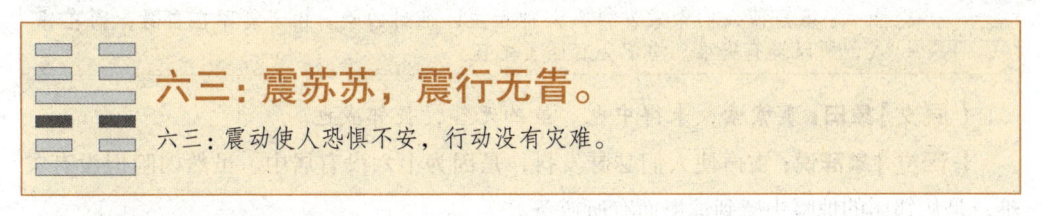

六三：震苏苏，震行无眚。

六三：震动使人恐惧不安，行动没有灾难。

【原文】象曰：震苏苏，位不当也。

【译文】象辞说：震动使人恐惧不安，是由于六三的位置不适当。

【启示】六三远离震动的中心，他是一位有过失的人。这场运动虽然离他的居所较远，却使他很害怕。可正是由于因惧怕使他得以自省改过，所以不会有灾难。

九四：震遂泥。

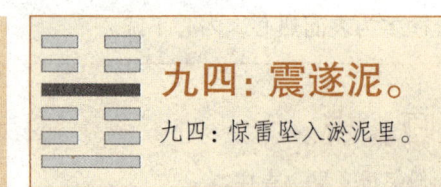

九四：惊雷坠入淤泥里。

【原文】象曰：震遂泥，未光也。

【译文】象辞说：惊雷坠入淤泥里，是因为还没有光大。

【启示】九四有雷入泥中的形象。九四的引申义可以从两个方面来解释。一是九四为国家重臣之位，所以在严打运动中尽管他受到了牵连，但是由于他位高权重，又与六五君王相合，所以法律无法制裁他。另一方面是，九四想以严法治国，可是他宣扬的法律威胁到了九五的君王，所以这种法无法实施，就像雷入泥潭一样。

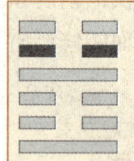

六五：震往来厉，亿无丧，有事。

六五：在震动中来回奔跑有危险，多亏没有大的损失，只是有些困扰。

【原文】象曰：震往来厉，危行也。其事在中，大无丧也。

【译文】象辞说：在震动中来回奔跑有危险，因为这是危险的举动。虽然有困扰但由于六五居中，所以没有大的损失。

【启示】六五身为君位，可是初六的震动也使他产生了惊惧，并且来自九四的震动虽然没有大的发作，却也是隐藏的一种危机。虽然这两方面的震动对君王威胁不大，可是六五阴柔力弱，所以他四处躲闪，害怕给自己造成伤害。如果国君内心摇摆不定，那么对国家及国君本身是有危险的。

上六：震索索，视矍矍，征凶。震不于其躬，于其邻，无咎。婚媾有言。

上六：雷声使人们索索发抖，六神无主，征讨凶险。由于震不在自身，而在邻人，所以没有灾难。婚配会有怪责之言。

【原文】象曰：震索索，未得中也。虽凶无咎，畏邻戒也。

【译文】象辞说：雷声使人们瑟瑟发抖，是因为上六没有居中。虽然凶险但没有灾难，是从邻居的惊险中感到惊惧而有所戒备。

【启示】九四的雷声没有响起来，初九的雷震到了上六已经力量很弱了，所以上六没有受到大的震动。可是上六阴柔无力，处于老弱状态，所以这一丝震动也让上六非常惊慌，六神无主。这么虚弱胆小的上六自然不适合带兵征讨别人了，由于运动的本身不是针对上六而来的，所以上六不会有灾难，只是他的配偶会责怪他胆小。

《推背图·第二十五象》解震卦

震·戊子

【谶曰】
北帝南臣，
一兀自立。
离离河水，
燕巢捕鷇。

【颂曰】
鼎足争雄事本奇，
一狼二鼠判须臾。
北关锁钥曷牢固，
子子孙孙五五宜。

【金圣叹批注】
　　此象主元太祖称帝离河，太祖名铁木真，元代凡十主。斧铁也，柄木也，斧柄十段即隐十主之意。

▶ 震卦运势速断

运势	六冲卦，大好大坏之象。有变动、动荡、不安、有惊无险之象。
事业	在转折的关头，面临危险，在突发事件中应泰然处之，以便迅速复原。
爱情	有虚无实，是非多杂。常有变动争吵，可能出现变故，应冷静处理。
疾病	多为神经系统或急性肝病，病情反复，血气攻上，宜往西南方求医。
经商	处于变动中。变动中容易获得权力或财富，但稳定后容易消失。
诉讼	口舌争辩中可能有惊扰，事态多反复。
出行	身难动，有二三人在途遇同伴，可以平安而归。
人生	聪明好动、活跃而暴躁。容易打架或伤害他人，婚姻中容易吵闹。

第52卦 艮：艮为山卦

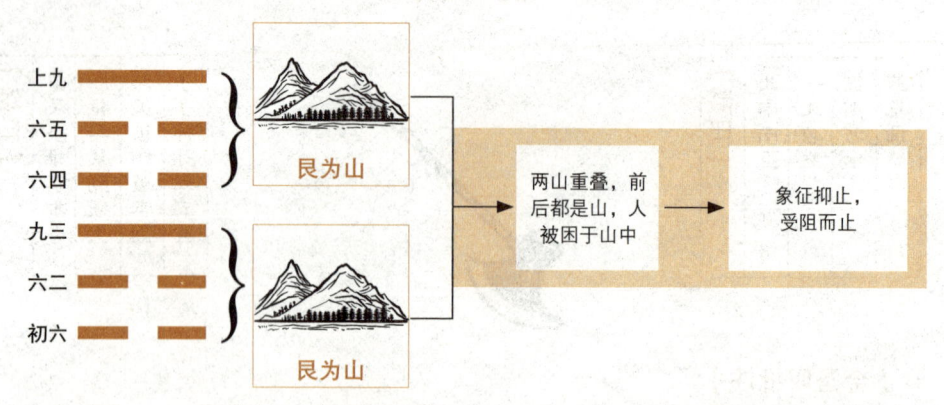

上九
六五
六四
九三
六二
初六

艮为山
艮为山

两山重叠，前后都是山，人被困于山中 → 象征抑止，受阻而止

【原文】艮，艮其背，不获其身，行其庭，不见其人，无咎。

彖曰：艮，止也。时止则止，时行则行，动静不失其时，其道光明。艮其止，止其所也。上下敌应，不相与也。是以不获其身。行其庭不见其人，无咎也。

象曰：兼山，艮；君子以思不出其位。

【译文】艮卦，停在他的背后看不到他的前身，走进他的庭院，却看不到他本人，没有灾难。

彖辞说：艮，即止的意思。该停止的时候便停止，该行动时就行动，行动与静止不失时机，这样道路才会光明。艮卦是讲停止的道理的，所以该抑止的行为必须抑止。艮卦上下卦的对应爻相互敌对，而不是相互亲近呼应。所以说不能获得其身。在他的庭院行走却看不到他本人，所以没有灾难。

象辞说：两山相重就是艮卦的卦象。君子因此考虑问题不能超过自己的位置。

【启示】艮是停止、退守的意思。事物不可能总是处于震动的状态中，总有停止下来的时候，所以震卦的后面是艮卦。在六十四卦中，两雷、两风、两水、两火、两泽都有互相交应的可能，惟独两山对峙，不可能有任何往来，谁都不作迁就，互不相涉，有抑止、受阻的含义。

卦辞认为，人要止于心无外求，也就是自我控制，抑制自己不良的欲望。而不是靠外力来制止。事当做则做，不当做则不做，做就要善始善终；话当讲则讲，不当讲则不讲，讲就要言之有序。控制言行要"思不出其位"，思想上要加强修养，经常反躬修己。

艮卦中的静止是相对的。比如两军对峙，准备开战，其中一方觉得自己没有取胜的把握，便退到城里，进入静止的状态。可是回到城里的将士不可能什么也不做，而是想计策的想计策，练兵的练兵，逃跑的逃跑。所以说静止是相对的。此时要掌握好动静的时机，该止则止，不超越一步。

《断易天机》解艮卦

游鱼避网之卦，积小成高之象

艮卦点睛

艮象征稳重、静止。得艮卦者，最突出的特点是"稳"，稳定如山，静止不动，恒久不变，相当有定力。此时要当止则止，所思所虑不超出本位，不超越一步，不轻举妄动，如果冒进会招致接连的灾难。

刘邦得此卦，坚守不出

刘邦曾败于项羽，退到荥阳，并被包围。此时刘邦占得艮卦，知眼下只能坚守，不能进攻或撤退。此后他采纳臣下的建议，离间项羽和谋士范增，最终反败为胜。

卦图详解

◆猴手中拿着文书，说明西方有消息音讯。

◆猴为申，为西方兑卦，猴向东望说明东方与西方对立，互不相涉。

◆东北角的台上有"东北字"三字，代表东北方的艮卦。

◆三个人被绳子连在一起，说明要安份守常，不可轻举妄动。

◆一人执镜，"镜子"通"静止"，说明该止则止，不可超越一步。

得此卦者，维持现在的地位、境遇最重要。应沉默思考，安份守常，不可轻举妄动，所思所虑不超出本位。冒进会招致接连的灾难，且难有协助者。此卦又有忧喜相叠之意，半调半难调。又有人合背站立之象，彼此独立而不能相助。求财则似成而不成，有危难损财，但也有外部救援，可逐渐转吉。预测婚姻似有成，但对峙双方有不通之势，有单恋或不被接受之象。若能保守面对、修身养性则安，适时休息方能平安度过。

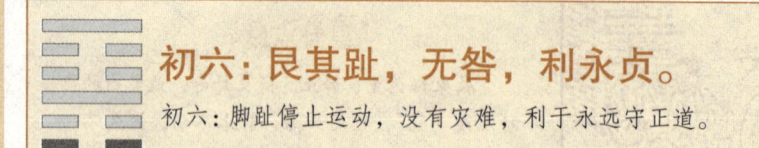

初六：艮其趾，无咎，利永贞。

初六：脚趾停止运动，没有灾难，利于永远守正道。

【原文】象曰：艮其趾，未失正也。

【译文】象辞说：脚趾停止运动，是没有失去正道。

【启示】止于其趾。脚趾处人体之下，人要行动则趾先动，而初六在尚未开始行动时就予以抑止，知不可为，则开始就不为之。止有两种情况：止于行和止于止。应当做的事开始就要坚决去做，不应当做的事开始就坚决不去做。这样才不会招致咎害。抑止不正当的行为一定要早，力争抑止于尚未萌发之时，一旦行为产生再去制止，会事倍功半。

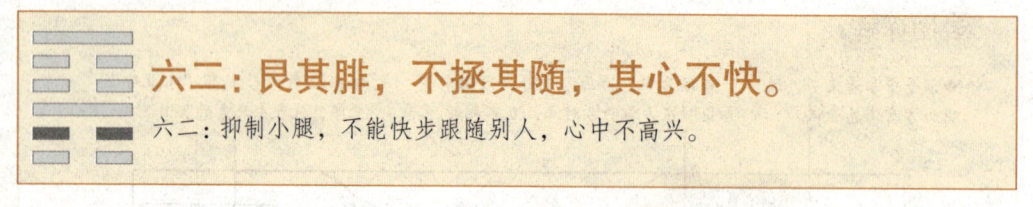

六二：艮其腓，不拯其随，其心不快。

六二：抑制小腿，不能快步跟随别人，心中不高兴。

【原文】象曰：不拯其随，未退听也。

【译文】象辞说：不能快步跟随别人，也没有听从后退停止的命令（所以不高兴）。

【启示】六二的品德使他在危险中能够自我约束，所以不会有大的灾难。只是由于必须对自己严格约束才能脱离危险，所以自己的内心会感到有些压抑。比如文革中被关进牛棚的老一辈革命家就处于六二这种困境中。不能多说，只能违心而说，坚持正义就会带来灾难。所以"其心不快"。

九三：艮其限，列其夤，厉薰心。

九三：止住腰部，撕裂脊背，危险如烈火烧心。

【原文】象曰：艮其限，危薰心也。

【译文】象辞说：止住腰部，其危险如烈火烧心一样。

【启示】抑止要合乎时宜，不可随便抑止，否则止于君臣则君臣失调，止于家庭则妻离子散，止于朋友则朋友失义。九三的静止不是自觉的静止，而是被困的静止。九三有动的形象。困于危险中而运动，肯定不会有好的结果。比如在文革中，有些人被关在牛棚里还是想要为自己讨个公道，想要伸张正义，结果使自己受到了更大的灾难。

六四：艮其身，无咎。

六四：止住上身，没有灾难。

【原文】象曰：艮其身，止诸躬也。

【译文】象辞说：止住上身，便止住了全身。

【启示】六四发现自己处于危险的境地，便开始严格要求自己，不乱说不乱动，又具有柔顺之德，所以不会有灾难。六四可以受到九三的帮助而免于灾难。并且他也能从九三身上吸取教训，从而严格约束自己，所以他的格外谨慎使他"无咎"。

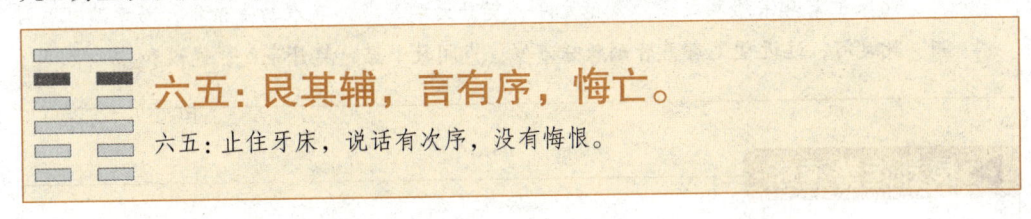

六五：艮其辅，言有序，悔亡。

六五：止住牙床，说话有次序，没有悔恨。

【原文】象曰：艮其辅，以中正也。

【译文】象辞说：止住牙床，是因为六五能居中守正。

【启示】六五是一卦中最重要的位置，所以也把人最应该静止的部位放在了这里。人最应该静止的部位便是嘴。"病从口入，祸从口出"，信口胡说，会给自己带来灾难。贤明的君王一般是不会提拔伶牙俐齿的人为重臣的。汉朝大臣张释说："有道德和真才实学的人不会夸夸其谈。越是有德的人，越是器宇深沉，言语简当。"

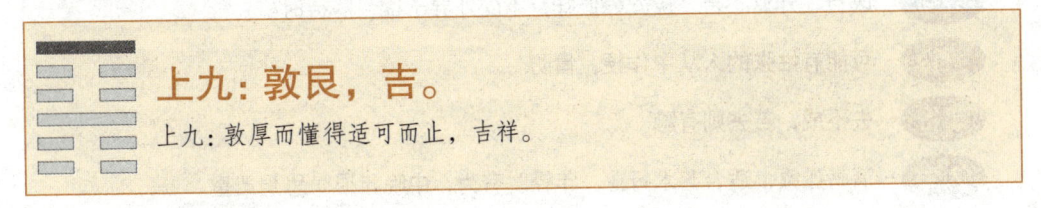

上九：敦艮，吉。

上九：敦厚而懂得适可而止，吉祥。

【原文】象曰：敦艮之吉，以厚终也。

【译文】象辞说：敦厚而懂得适可而止的吉祥，是因为以敦厚而得善终。

【启示】"大智若愚"是智的最高境界。上九便是这种境界。以敦厚的态度停止，这是表面上最大的停止。这种停止不是什么都不做，而是类似于老庄的清静无为。这就是无为而无不为，表面上没有做什么，但实际上已经成就了一切。

《推背图·第十七象》解艮卦

艮·庚辰

【谶曰】

声赫赫,
干戈息。
扫边氛,
奠邦邑。

【颂曰】

天子亲征乍渡河,
欢声百里起讴歌。
运筹幸有完全女,
奏得奇功在议和。

【金圣叹批注】

此象主宋真宗澶渊之役。景德元年,契丹大举入寇,寇准劝帝亲征,乃幸澶渊。既渡河,远近望见卸盖皆踊跃呼万岁,声闻数十里,契丹夺气,遂议和。

▶ 艮卦运势速断

运势	六冲卦,大好大坏之象。百事有阻,应知退,量力而为。
事业	不可依赖,应进行调整,停止行动。强行逞能为凶。
爱情	有对峙、单恋、难合之势,双方各有阻挠,关系停滞不前。
疾病	多为鼻、口、动脉硬化、胃胆之疾。难治。应往东北方求医。
经商	改行、开业不吉。应安静退守,不受外界干扰,静待时机。
诉讼	可能有姓张的人从中作梗,慎防。
出行	去不成,若去则有险。
人生	清高孤傲、适合艺术行业。年轻时有为,中晚年退隐思想严重。

第53卦 渐：风山渐卦

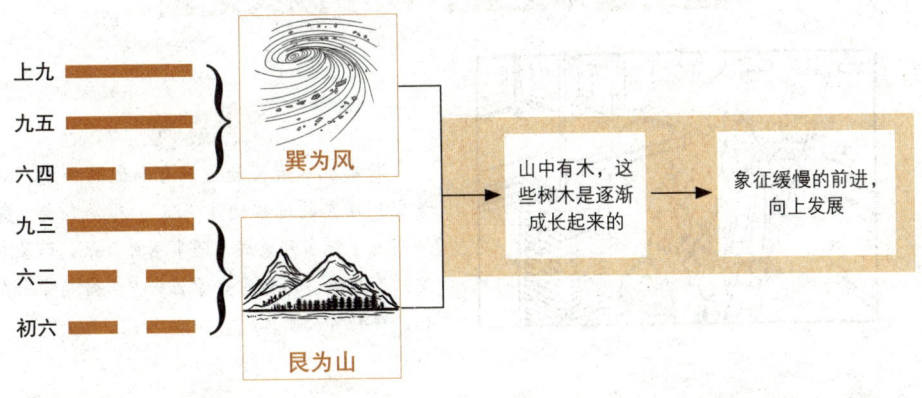

```
上九  ▬▬ ▬▬  ┐
九五  ▬▬▬▬▬  │ 巽为风
六四  ▬▬ ▬▬  ┘
九三  ▬▬▬▬▬  ┐
六二  ▬▬ ▬▬  │ 艮为山
初六  ▬▬ ▬▬  ┘
```

山中有木，这些树木是逐渐成长起来的 → 象征缓慢的前进，向上发展

【原文】渐，女归吉，利贞。

彖曰：渐之进也，女归吉也。进得位，往有功也。进以正，可以正邦也。其位刚，得中也。止而巽，动不穷也。

象曰：山上有木，渐。君子以居贤德，善俗。

【译文】渐卦，女子出嫁吉祥，利于守正道。

彖辞说：逐渐前进，就如同女子出嫁循礼渐进可获得吉祥。进取得到正位，前往有功业。按正道前进，可以安邦定国。渐卦九五爻刚爻居中。能适可而止并且随顺，行动起来就不会走向穷途末路。

象辞说：山上有树木，这就是渐卦的卦象。君子从卦象中得到启示，以贤德自居，改善民风杂俗。

【启示】渐是前进的意思，但不是突飞猛进，而是等待、顺应时势变化的渐进，主吉象。事物不会总是停留在静止状态中，所以艮卦后面是渐卦。从卦象上看，山上生木。山中的森林不是突然形成的，树的缓慢生长就是渐的含义。从人事上看，尽管升卦也要积小为大，但毕竟处在无阻碍的时位，顺势而升；而渐卦则是有所等待而进。品德修养和风俗的改善都是一个渐进的过程，修己、化俗都不能一朝一夕即见成效，而要靠累积渐进。

渐进是一种有次序的进，不越次序，因而缓慢。卦里借用女子出嫁来说明其中的道理。古代女子出嫁要行六礼：纳彩、问名、纳吉、纳征、请期、亲迎等六个步骤，必须严格按照这个程序去做。遵循了这六礼，这桩婚姻就是合理的，否则就是私奔。本卦如同女子出嫁那样，不能随便逾越任何一个步骤。

得此卦，不应急进，急躁必有损失。好事慢慢在进行中，一切遵循正里常规即可，事业投资均能有收益。感情婚姻有欢喜结局，也有再娶或私奔之兆。求财虽可行，但有隔阻难成之象。

《断易天机》解渐卦

高山植木之卦，积小成大之象

渐卦点睛

渐象征水慢慢浸透，有渐进的含意。从量变到质变的过程就是"渐"。得渐卦者，循序渐进才能水到渠成，遇事不可慌张，如果急躁则有损失。趋势存在于苗头中，好趋势应发扬，坏趋势应制止。

晏子得此卦，升为宰相

相传此卦为齐相晏子应试时占得，后来果然升为宰相。晏子身矮，其貌不扬，但很有才能，历任齐灵公、庄公、景公三朝，辅政长达50余年。

卦图详解

◆一人凭梯而上，说明有上升的趋势，利于进取。

◆一个"望"字在高处，说明需要观望发展趋势。

◆地上有一枝花，反映了渐渐、缓慢生长的含义。

◆地上有一个药炉，说明熬药是一个渐变的过程，不可操之过急。

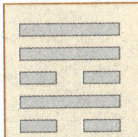

初六：鸿渐于干，小子厉，有言，无咎。

初六：大雁渐渐飞到了水边，小雁有危险，被大雁叫住，没有灾难。

【原文】象曰：小子之厉，义无咎也。

【译文】象辞说：小雁的危险，从道义上讲不应该有灾难。

【启示】渐卦取女子出嫁、鸿雁渐飞之象。初六软弱，不具备一飞冲天的条件，不适宜深进。传说伏羲取消了群婚制，改为对偶婚。并规定订婚时男方要给女方送一只大雁。这种习俗被沿袭下来，一直到单偶婚时代，改为男方向女方提婚时必须送礼。为什么送大雁？因为大雁是成双在一起，死掉一只，另一只终身不再成双。另外，大雁飞行时排成一行，非常有秩序，象征爱情的忠贞。

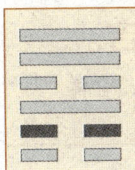

六二：鸿渐于磐，饮食衎衎，吉。

六二：大雁渐渐飞到磐石上，饮食和乐，吉祥。

【原文】象曰：饮食衎衎，不素饱也。

【译文】象辞说：饮食和乐，不是白吃。（即自己找食物，自得其乐。）

【启示】六二，大雁又飞高了一层，不在水边了，来到了石头上。这象征君子渐渐长大。君子长大了，与家人一起欢乐地享受饮食之乐，饮食营养可以使君子的身体更茁壮地成长，怎么会不吉祥呢？当然，这里的饮食也包括道德与知识的吸取。

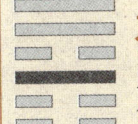

九三：鸿渐于陆，夫征不复，妇孕不育，凶；利御寇。

九三：大雁渐渐飞到陆地上，丈夫出征没有回来，妇女怀孕却流产了，凶险。但有利于抗击盗寇。

【原文】象曰：夫征不复，离群丑也。妇孕不育，失其道也。利用御寇，顺相保也。

【译文】象辞说：丈夫出征没有回来，是因为他离开了自己的同伴。妇女怀孕却流产了，是因为她失去了保胎的正道。利于抗击盗寇，是因为民众和顺相处共同保卫家园。

【启示】九三叛离了自己的同类，行为失去了夫妇相亲之道，有凶险。不过却有利于防御强寇。九三刚亢躁进，不知回头是岸。九三与六四只是比的关系，却相比无间，露水苟合，私情相悦，要犯错误。九三叛离了同类，成为独夫，发展下去只能落得个被千夫所指的下场。如果能够谨慎，就会使强寇无所乘。

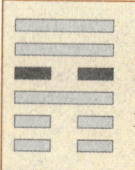

六四：鸿渐于木，或得其桷，无咎。

六四：大雁渐渐飞到树上，有的飞到屋顶上，没有灾难。

【原文】象曰：或得其桷，顺以巽也。

【译文】象辞说：飞落到屋顶上，说明六四柔顺而且随和。

【启示】大雁在空中飞行，却难逃猎人的利箭。大雁为了不被野兽所伤，飞到大树上和屋顶上栖息。这是喻示贤臣可得到明君的保护。古代读书的儒生一直处于饥寒交迫中，可是不负十年寒窗苦，终于学有所成，成为国家的栋梁了，自然处境变好了。这里喻示人们要选择明君而仕，不要辅佐昏君。

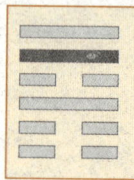

九五：鸿渐于陵，妇三岁不孕，终莫之胜，吉。

九五：大雁渐渐飞到山陵上，妇女三年不能怀孕，最终没有人欺凌她，吉祥。

【原文】象曰：终莫之胜，吉；得所愿也。

【译文】象辞说：最终没有人欺凌她，吉祥，是她最终的愿望能够实现（即与自己心慕的男人结合）。

【启示】由于渐卦主要是要宣扬忠贞精神。所以把雌雁的忠贞事迹放到最重要的九五的位置。死去丈夫的雌雁飞到高高的山陵上躲避猎人的侵害，她三年都没有找过配偶。但是她虽然没有了丈夫的帮助，雁群中并没有人因她身单势孤而欺负她。

上九：鸿渐于陆，其羽可用为仪，吉。

上九：大雁渐渐飞到陆地上，它的羽毛可用于礼仪饰品，吉祥。

【原文】象曰：其羽可用为仪，吉；不可乱也。

【译文】象辞说：它的羽毛可作为礼仪饰品，吉祥，是说明礼仪是有一定顺序的，不能乱来。

【启示】被射死的雄雁虽然没有了生命，但是人们敬佩大雁忠贞的行为，所以将它的羽毛制成礼仪的饰品，使他忠贞的精神得到永存。这就相当于因忠谏而被杀的贤臣，也相当于能与君王共存亡的忠义之士。他们虽然因为忠而失去了生命，但他们的精神是永存的。

《推背图·第二十四象》解渐卦

渐·丁亥

【谶曰】

山崖海边,
不帝也仙。
三九四八,
于万斯年。

【颂曰】

十一卜人小月终,
回天无力道俱穷。
干戈四起疑无路,
指点洪涛巨浪中。

【金圣叹批注】

此象主帝迁山,元令张弘范来攻,宋将张世杰兵溃,陆秀夫负帝赴海:宋室以亡。

▶ 渐卦运势速断

运势	逐渐顺利,光明开运之象。应打牢根基,循序渐进为吉。
事业	欲速则不达。忌急躁冒进,应脚踏实地,小心谨慎,态度谦和。
爱情	不可操之过急。慢慢交往、循序发展可成就良缘。也有再娶之象。
疾病	此卦为"归魂卦",常有耳鸣、心神涣散之象,应往东南方求医。
经商	改行、开业吉,渐进有利,过急不利,不可盲目乐观或停步不前。
诉讼	一波未平,一波又起。宜进不宜退,退则输,进则胜。
出行	有消息将至,三人中有一人先去。
人生	做事讲技巧,重名声。若有优秀的技术和创新,能获得声誉或权力。

第54卦 归妹：雷泽归妹卦

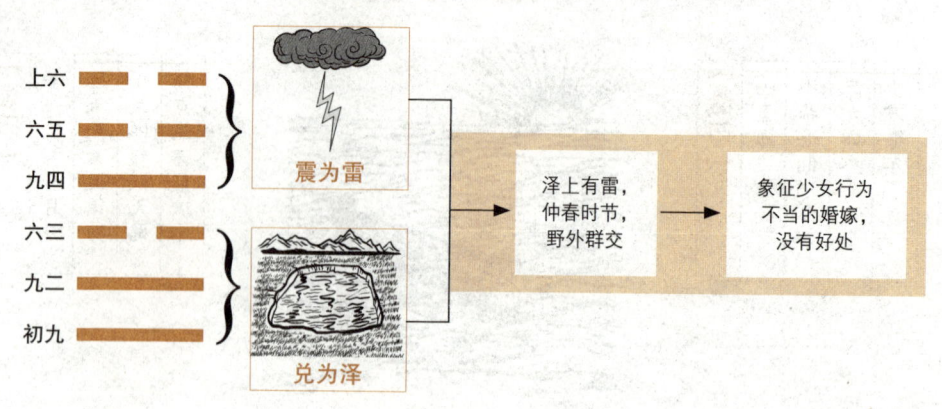

```
上六  ┐
六五  │ 震为雷
九四  ┘
六三  ┐
九二  │ 兑为泽
初九  ┘
```

泽上有雷，仲春时节，野外群交 → 象征少女行为不当的婚嫁，没有好处

【原文】归妹，征凶，无攸利。

彖曰：归妹，天地之大义也。天地不交，而万物不兴，归妹人之终始也。说以动，所归妹也。征凶，位不当也。无攸利，柔乘刚也。

象曰：泽上有雷，归妹；君子以永终知敝。

【译文】归妹卦，征伐会有凶险，无所利。

彖辞说：少女出嫁是体现天地交合的大道理。天地的阴阳之气不互相交合，万物就不能繁殖兴旺，少女出嫁可以使人类终而复始，生生不息。喜悦而运动，这就是归妹卦。征讨凶险，是因为所处的位置不当。没有什么利益，是因为柔爻乘驾于刚爻之上。

象辞说：泽上有雷就是归妹卦的卦象。君子从中受到启示，明白有终无始的弊端。

【启示】"归"的本意是女子出嫁，引申义为归宿、回家。归妹代表少女出嫁。出嫁是女人的最终归宿，上一卦渐卦为女子待嫁，所以渐卦的后面是归妹卦。归妹是关系到人类终始的大问题。《易经》中有四卦表示男女关系：咸、恒、渐、归妹，其中数归妹卦最不好。在六十四卦中，卦辞没有一点好处的只有归妹与否两卦。出嫁是喜庆的事情，但此卦并非正常结婚，不是两厢情愿，而是去抢夺少女成婚。此时女性处于被动地位，多为被迫进行肉体的结合，缺乏精神之爱。另外，此卦含有小妹比姐姐更急于出嫁之象，多为感情冲动、不理智，所以为小吉带凶。

在我国上古时代，抢婚制较为流行。如果女方不愿意，男方强迫娶妻，这对双方都没有好处。《易经》成书时，抢婚只是一种形式，早已没有了当初的强迫与残忍。但此时出现了女人夺夫权的问题。一个家庭中，男主人与女主人经常为了权力而争吵，怎么会有好处呢？这也反映出臣下夺大权欺君的弊端。

女性得此卦者多有障碍，思虑不决。求财多为半途而废，需要独立的商业意识，适应和朋友共同奋斗合作。成就事情需要独立精神，家族很难成为其有力依托。预测婚姻，

《断易天机》解归妹卦

浮云蔽日之卦，阴阳不交之象

归妹卦点睛

归妹指少女出嫁，此时要两厢情愿，不可强迫，否则应立刻终止。得归妹卦者，往往一厢情愿地用热脸去贴他人的冷屁股，人家未必领情。怀柔、和亲里反映了虚伪与无能。事关人格自尊，不要自取其辱。

舜帝得此卦，娶二女为妻

舜帝娶尧帝二女时占得此卦。上古时期，尧帝在选拔继承人时，人们推荐了舜，为了考察他的品行，尧将二女嫁给他，他最终通过了考验，得到帝位。

卦图详解

◆有个官人骑一头大鹿，代表他娶了正妻。

◆"望"字竿上有"文字"二字，指信息将至。

◆有一个人正向另一个人求教，这有怀柔、和亲之意。

◆一个小鹿陪着大鹿一起走，说明小妹比姐姐更急于出嫁，这是不理智的。

女性有被外诱之象，也有重夫之象，非良缘，易失败。应充实精神，促进成长，使其长久维持下去。

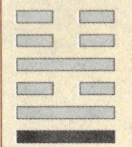

初九：归妹以娣，跛能履，征吉。

初九：少女出嫁并将少女的妹妹也嫁过去，两人可以互相帮助，前往吉祥。

【原文】象曰：归妹以娣，以恒也。跛能履吉，相承也。

【译文】象辞说：少女出嫁并将少女的妹妹也嫁过去，是合乎常规的行为。这样可以像腿拐有人搀扶一样，可以互相帮助。

【启示】嫁出少女给人做偏房，并不是什么淫奔之行，并未失婚嫁之常道。一夫多妻制度是原始社会群婚制的遗迹，为当时社会所承认。现在结婚仪式中有伴娘与伴郎，但在古代，伴娘得跟着新郎一块过日子。在周朝，诸侯娶一个妻子，一共可以得到九个女子。因为还有陪嫁过来的女子。一般是正室夫人一名，随嫁娣侄二人为媵，也称介妇；正室与媵又各有二侄娣陪嫁，共九个人。

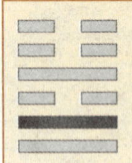

九二：眇能视，利幽人之贞。

九二：瞎了一只眼睛可是还可以看清事物，有利于未嫁少女守正道。

【原文】象曰：利幽人之贞，未变常也。

【译文】象辞说：有利于未嫁少女守正道，是没有违反常规道德。

【启示】六三为出嫁的妹妹，初九与九二为从嫁的娣。九四为新郎，六五为帝乙主婚，上六为宗庙受祭。九二是一个意志坚定的贤慧女子，初九与九二可以帮助六三这个出嫁的新娘。可以帮助新娘不受欺负是对的，如果帮助新娘夺夫权就不对了。九二性格坚强，能自执其志，始终用自己的贤德对待夫君的不贤，不会发生婚变。

六三：归妹以须，反归以娣。

六三：少女出嫁时以少女的姐姐作为陪嫁，嫁过去以后姐姐为妾，所以反而成为妹妹的妹妹了。

【原文】象曰：归妹以须，未当也。

【译文】象辞说：少女出嫁时以少女的姐姐作为陪嫁，是位置没有摆恰当。

【启示】新郎看中了妹妹，可是姐姐却还没出嫁，由于姐姐也觉得这家人不错，所以便作为陪嫁的与妹妹一起嫁过去。可是嫁过去以后，由于妹妹是正室，姐姐的身份要比妹妹低。这样姐妹俩便不会很好相处。比如陈世美已经有原配夫人，后来他又娶了皇帝的女儿，可是如果陈世美想逃过包公的铡刀，就得认自己的原配妻子，并且以原配妻子为正室，公主为妾。

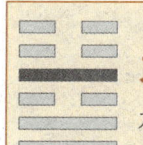

九四：归妹愆期，迟归有时。

九四：少女出嫁延误了婚期，只是晚一些出嫁但总会嫁出去的。

【原文】象曰：愆期之志，有待而行也。

【译文】象辞说：延误婚期的愿望，是有所等待再出嫁。

【启示】双方已经订好了迎亲的日子，可是女方推迟了婚期，这种情况也是允许的。这好比刘备三顾茅庐请诸葛亮，虽然诸葛亮一再推迟见刘备的日子，但最终还是跟随了刘备。按现在的话来说，这种做法有些扭捏作态，可是在古代却是一种权术，含有调胃口的成分。

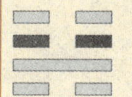

六五：帝乙归妹，其君之袂，不如其娣之袂良，月几望，吉。

六五：纣王的父亲将妹妹嫁给周文王，王后的衣饰还不如陪嫁者的衣饰好，月亮快圆的时候，吉祥。

【原文】象曰：帝乙归妹，不如其娣之袂良也。其位在中，以贵行也。

【译文】象辞说：纣王的父亲将妹妹嫁给周文王，王后的衣饰还不如陪嫁者的衣饰好，但王后的位置居于中位，是以尊贵的身份出嫁的。

【启示】自古王室女子，大都恃骄而宠，六五却不是这样。地位尊贵嫁为正妻，但衣饰还不如侧室的华美。商朝的天子将自己的表妹下嫁于周文王，这是周人念念不忘的一件盛事。尤其是帝乙的妹妹有节俭的美德，她所穿的衣服比陪嫁的娣穿的还要差。穿着简朴的新娘就像圆月一样引人注目，新娘与新郎能够幸福美满地生活在一起。

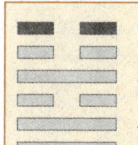

上六：女承筐无实，士刲羊无血，无攸利。

上六：新娘提着空篮子里面没有果实，新郎杀羊却没有留出羊血，无所利。

【原文】象曰：上六无实，承虚筐也。

【译文】象辞说：上六阴爻中虚无实，就如同新娘手中提的空篮子一样。

【启示】上六名存实亡。作为妇人似乎有资格与丈夫一起进行祭祀活动，但是作为偏室却没有这个资格。古人结婚后要举行祭祀祖先的活动，以求先祖保佑夫妻平安和多生子息。可是女方既不是处女，又不能生育，还有什么利益呢？在封建社会，这是让男人感到很吃亏、很没面子的一件事。

443

► **归妹卦运势速断**

运势	初时有悦，不久反凶，祸出百端，愿望受阻，有违常理，不可强行。
事业	百事难保，多有不测之祸，正直反而有困难，也有色情破财之兆。
爱情	有女追男之象，但多为悲剧。不可违背原则。不可强求，宁可晚婚。
疾病	易反复，会恶化。多为肝病、肿瘤、骨髓之病。宜向东南方求医。
经商	开拓新的市场即将成功。在商业活动中注意与他人的合作。
诉讼	事情可能与女人有关，暧昧不清晰，宜和解。
出行	女人不动则无事，如果遇阻隔，在未申日可动。
人生	要注重追随权贵之人。仕途上难成魁首，有封号也是傀儡。

第55卦 丰：雷火丰卦

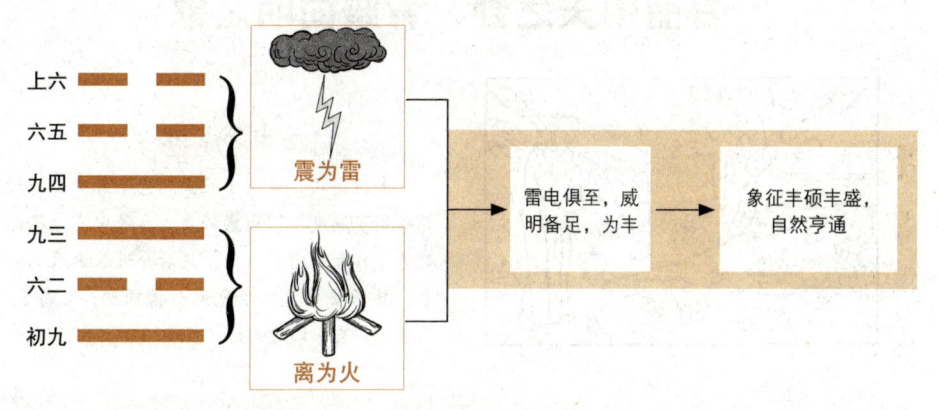

上六
六五
九四 } 震为雷
九三
六二 } 离为火
初九

雷电俱至，威明备足，为丰 → 象征丰硕丰盛，自然亨通

【原文】丰，亨，王假之，勿忧，宜日中。

> 彖曰：丰，大也。明以动，故丰。王假之，尚大也。勿忧宜日中，宜照天下也。日中则昃，月盈则食，天地盈虚，与时消息，而况于人乎？况于鬼神乎？
> 象曰：雷电皆至，丰。君子以折狱致刑。

【译文】丰卦，亨通，君王来到，不必忧虑，适宜日在中午。

彖辞说：丰，即大的意思。光明而有所行动，所以能丰大。君王来到，说明他将发扬宏大的美德。不必忧虑，适宜日在中午，是因为适宜普照天下。太阳过了中午就会西斜，月亮圆满后就会逐渐亏缺，天地间的盈满与亏虚，随着时间的变化而消长、生息，更何况是人和鬼神呢？

象辞说：雷鸣闪电声势浩大，这就是丰卦的卦象。君子从卦象中受到启示，审理案件，威严执行刑罚。

【启示】丰是一个象形字。甲骨文的丰字为"豐"，他本是盛有贵重物品的礼器。所以丰的引申义是丰满、丰盛、硕大、丰富。丰卦的盛大非同一般，它是一种无与伦比的绝对盛大，太阳刚升起或将降落时都不可能有丰盛的光照，只有升到高空时，才有万丈光芒。但月盈则亏，盛大一旦超过极点，必定会由盛变衰。盛大的背后就隐藏着衰落，这不能不使人如履薄冰。所以盛大的表面是喜悦，实际上是忧虑，不要头脑发昏，使行为超过极限。要保持如日中天的现况，而不能扩张新事业。

此卦虽然气势大，但盛为衰之时，百事不应进，应退守。有虚言计谋、意外惊险，应格外注意隐藏的忧患。预测婚姻，不易顺利，虽可成但不利。容易恋爱也容易分手，婚姻容易破裂。多为长男与次女的成熟夫妻，但不久将衰微。男女之间有损名节之事，但光明正大者则为吉。

《断易天机》解丰卦

日丽中天之卦，背暗向明之象

丰卦点睛

丰指丰收、收获了果实。得丰卦者，一切都得到了满足，但极盛必衰，盛景中有衰退的趋势，盛大中暗藏凶险，此后会进入衰败的淡季，要居安思危。狡兔死，猎狗烹；飞鸟尽，良弓藏，应该以退为进。

庄子得此卦，成功说服赵文王

赵文王嗜剑成痴，导致国家衰弱，庄子劝文王时占得丰卦。庄子以天子之剑、诸侯之剑、庶人之剑作比喻，讽刺文王有天子之位而好庶人之剑，不务正业。赵文王因此而专心国政。

卦图详解

◆一个人吹笙竽，代表丰衣足食而自得其乐。

◆有一个竹筒往外冒火，象征丰卦的"盛大"之意。

◆龙为辰，蛇为巳，代表东南方的巽卦，说明应该退让。

◆吹笙者身边有一只虎，说明应该警惕隐患，居安思危。

◆一个盒子寓意"和合"，利于婚姻。

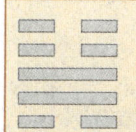

初九：遇其配主，虽旬无咎，往有尚。

初九：遇到与自己匹配的人，十天内没有灾难，前往会得到尊重。

【原文】象曰：虽旬无咎，过旬灾也。

【译文】象辞说：十天内没有灾难，是说超过十天便会有灾难了。

【启示】初九与九四两强相遇，一山不容二虎，必有一伤。但如果势均力敌，双方联手，其威力是可以想见的。初九正是如此，认为九四是自己的配主，而前往相从，与九四合作，不仅没有得到咎害，反而有所行动，共同达到"盛大"的目的。

六二：丰其蔀，日中见斗，往得疑疾，有孚发若，吉。

六二：草棚遮蔽很大，中午可以看到北斗星，前往会受人猜疑，出自内心的诚信，吉祥。

【原文】象曰：有孚发若，信以发志也。

【译文】象辞说：出自内心的诚信，是由于诚信可以启发心志。

【启示】居中得正，是离明之主，虽未能盛大自己，但也是光明正大之人。但令六二遗憾的是，卦主六五是个昏君，窃居尊位，六二的光明遭遮蔽，纵使六二想去迁就六五，也有被猜疑的危险。唯一的方法是用至诚之心去感化他人。如果能够感化成功，六五醒悟过来，猜疑变成了信任，结果还是吉祥的。这个过程是艰难的，始终要诚以待人，以求吉祥。

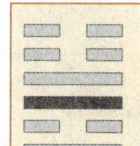

九三：丰其沛，日中见沬，折其右肱，无咎。

九三：幔幕遮日，在黑暗的中午下起了雷阵雨，折断了右臂，没有灾难。

【原文】象曰：丰其沛，不可大事也。折其右肱，终不可用也。

【译文】象辞说：幔幕遮日，太黑暗不可以干大事。折断右臂，最终无法有所作为。

【启示】处境有些不妙，在日食中突然雷鸣电闪，下起了大雨，行走中的九三摔断右臂，不过没有生命危险。九三与上六相应，自身的离明之象被上六的阴暗之质所遮盖，有用之才被置于无用武之地。最终不能施展才用、有所作为。此乃上六之过，其错不在九三。

447

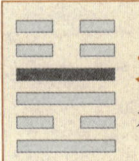

九四：丰其蔀，日中见斗，遇其夷主，吉。

九四：草棚遮蔽很大，中午可以看到北斗星，黑暗中遇到他的主人，吉祥。

【原文】象曰：丰其蔀，位不当也。日中见斗，幽不明也。遇其夷主，吉；行也。

【译文】象辞说：草棚遮蔽很大，是说明九四的位置不恰当。中午可以见到北斗星，是说明处于幽暗不明之中。遇到自己的同伴，吉祥，是说相伴可以继续前行。

【启示】九四也是处于日食的黑暗中，在中午看不到太阳，只能看到北斗星，可是他却在黑暗中遇到了自己的主人，有主人的帮助，使他在黑暗中不会迷失方向。好比在一场战乱中，一个流浪的贤臣遇到了自己的君王。君王又把他召到自己身边，所以他又有了官职。

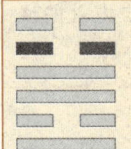

六五：来章，有庆誉，吉。

六五：召来有文采的人，得到喜庆与荣誉，吉祥。

【原文】象曰：六五之吉，有庆也。

【译文】象辞说：六五爻的吉祥，是因为有喜庆。

【启示】贤明的君王，身逢乱世却喜遇贤臣，自己既有中和之德，又获天下人才，德才兼备。这样一来，会万物顺遂，说他能获得荣誉与吉祥，也是在情理之中了。这是一件值得庆贺的事情。这位贤臣就是他下面的九四。明君有贤臣辅佑，自然会有更好的业绩。

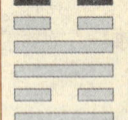

上六：丰其屋，蔀其家，窥其户，阒其无人，三岁不觌，凶。

上六：房屋高大，遮蔽其他的人家。从门缝中往里看，发现里面寂静无人，三年不见有人，凶险。

【原文】象曰：丰其屋，天际翔也。窥其户，阒其无人，自藏也。

【译文】象辞说：房屋高大，说明主人得意得像鸟在空中飞。从门缝中往里看，发现里面寂静无人，说明房屋的主人因避难躲了起来。

【启示】上六拥有高大的房屋，极其富贵，可以自由支配时间。可是在这次日食中，他却是受害者。政治的黑暗是他造成的，正是他的房屋高大，遮蔽了其他的人家，使其他人过着暗无天日的日子。运动来了，大家清理腐败分子，上六只能躲起来。人们逐渐地与他疏远了，最后没有人再与他交往，陷入孤立。

《推背图·第十四象》解丰卦

丰·丁丑

【谶曰】

李树得根芽，
石榴漫放花。
枯木逢春只一瞬，
让他天下竞荣华。

【颂曰】

金木水火土已终，
十三童子五王公。
英明重见太平日，
五十三参运不通。

【金圣叹批注】

此象主周世宗承郭威受命为五代之终，世宗姓柴名荣，英明武断，勤于为治，惜功业未竟而殂。五代共五十三年，凡八姓十三主，颂意显然。

▶ 丰卦运势速断

运势	吉中带小凶。雷电交加，声势壮大，运势极强，注意物极必反。
事业	鼎盛时期，但注意衰败之兆，应防微杜渐，保持当前状况的延长。
爱情	情投意合则速成，得意忘形则有失。如果一方自持或动摇则不利。
疾病	多为急性病，注意心脏病或意外伤害，可往东南方求医。
经商	改行、开业者吉。利于短期投资，但若有不慎，可能在一夜间破产。
诉讼	先吉后凶，小事变大，多反复。若拖延很长时间才见官，会难以摆脱。
出行	有阻隔，为他人所误，不可急动。
人生	人生平淡无奇。成功多为爆发，持续时间不长，而后恢复平淡。

第56卦 旅：火山旅卦

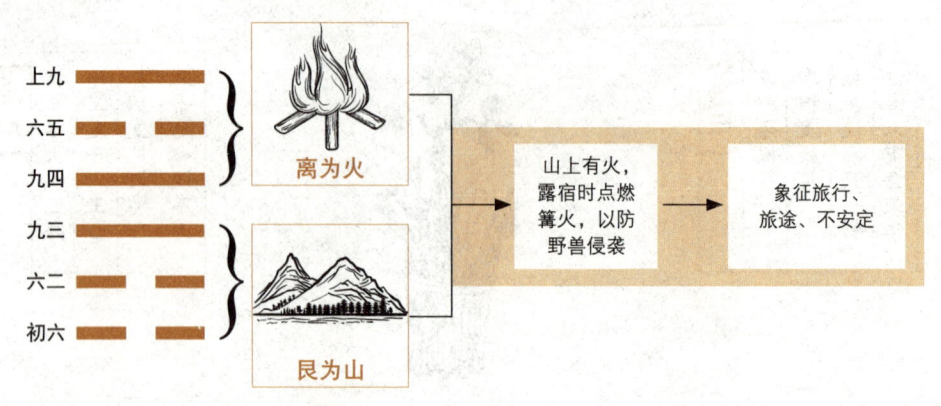

```
上九 ——
六五 — —
九四 ——      离为火
九三 ——
六二 — —      艮为山
初六 — —
```

山上有火，露宿时点燃篝火，以防野兽侵袭 → 象征旅行、旅途、不安定

【原文】旅，小亨，旅贞吉。

彖曰：旅，小亨，柔得中乎外，而顺乎刚，止而丽乎明，是以小亨，旅贞吉也。旅之时义大矣哉！

象曰：山上有火，旅；君子以明慎用刑，而不留狱。

【译文】旅卦，有小的亨通，旅行在外守正道则吉祥。

彖辞说： 旅卦有小的亨通，是由于居中的柔爻顺应外面的刚爻，并且懂得适可而止追求光明，所以会有小的亨通，旅行守正道就会吉祥。旅卦的时势意义太大了。

象辞说： 山上有火便是旅卦的卦象。君子从卦象中受到启示，明察审慎地使用刑罚，尽量不将犯人关在牢狱里。

【启示】旅字本意指兵士。兵士在战争中走到哪里便在哪里安营扎寨，没有固定的居所，所以旅字的引申义为抛家舍业、羁旅于外、无家可归、寄人篱下。上一卦丰卦出现了大运动，这会使一些人迁徙奔波，所以丰卦后面是旅卦。从卦象上看，旅卦外卦为离为火，内卦为艮为山，山上有火。远古人类追逐猎物，随处而居，有洞穴则居于洞穴中，没有洞穴则宿于露天。在露宿的周围点燃篝火，以防野兽的侵袭。这就是旅卦的大形象。

旅行在古代是一大难事，因为那时交通不便，旅行是一种不安定的行为，人在旅途，孤独寂寞，缺少照应，没有援助，不会亨通。一般来讲，家道穷困，不能维持生活，如果亲友多便会得到支持，不至于出门流浪。如果亲友少，便不得不背井离乡，另谋出路。流落异乡的人要想立刻有大作为是不可能的。这时不要勉强开拓道路，最好接受现实，入乡随俗。

得此卦者，住处多有劳苦，居无定所。为始吉后忧之象。但适合做小事。预测婚姻，为多劳不稳、易生离别、外遇。求财可少得，远求有利，近求不利。财富追求大都在旅途中，适合在动中求财，如从事装饰、树立形象等方面的行业。不适合搞房地产等静止

450

《断易天机》解旅卦

如鸟焚巢之卦，乐极生悲之象

旅卦点睛

旅指旅行，这是不安定的行为，因为旅途中缺少照应。得旅卦者如同旅行在外之人，举目无亲，孤立无援，无法倾诉。征程漫漫，要经历风霜雨雪才能见到希望。此时要耐得住寂寞，需要信念的支持。

陈后主得此卦，众叛亲离

陈后主得张贵妃时占得此卦。陈后主是南陈的最后一位皇帝，他宠爱贵妃张丽华，不理朝政，为她大兴土木、穷奢极欲，众叛亲离，最终成了亡国之君。

卦图详解

◆猴为申，羊为未，代表西南方的坤卦，说明应该柔顺，顺应环境。

◆天上有星星，说明是夜晚，暗示人们旅居在外。

◆河水代表北方的坎卦，说明有险难。

◆一个人在台上牵引另一人，说明流落异乡要入乡随俗。

的行业。

初六：旅琐琐，斯其所取灾。

初六：旅行外出显露自己的财富，这是自己招致灾难。

【原文】象曰：旅琐琐，志穷灾也。

【译文】象辞说：旅行外出显露自己的财富，是会因穷人的抢夺而招致灾难。

【启示】阴柔之质没有刚强振作的意志，故性格柔弱，目光短浅。处境不佳又是如此性格，想干的是一些粗贱的琐事，看到的也都是眼前小利，斤斤计较，使人讨厌，招致忌恨。于国于民不利，对自己也会造成灾祸。人在旅途，走路时身上不断发出玉器相击的声响，这种行为就危险了，因为会招来贼寇，是自取灭亡。怎样使自己安全？不显富，不招摇。

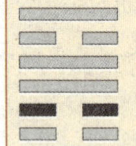

六二：旅即次，怀其资，得童仆贞。

六二：旅行在外住在客舍，带着足够的资财，得到忠心的僮仆。

【原文】象曰：得童仆贞，终无尤也。

【译文】象辞说：得到忠心的僮仆，最终不会有尤怨的事。

【启示】旅居于异地他乡，能免于灾害、没有过失就已经相当不错了。古代各诸侯之间通有国道，道上十里有庐，这个庐就相当于饭店；三十里有宿，这个宿就相当于旅馆；五十里有市，也就是城市。政府的官员外出，在这些地方都可以停下来吃饭或住宿。六二有钱有势，带着忠诚的奴仆住在国营旅馆里，自然不会有什么灾难了。

九三：旅焚其次，丧其童仆贞，厉。

九三：旅行在外所住的客舍发生了火灾，丢失了忠心的僮仆，有危险。

【原文】象曰：旅焚其次，亦以伤矣。以旅与下，其义丧也。

【译文】象辞说：旅行在外所住的客舍发生了火灾，也会给人造成伤亡。以旅行的态度对待僮仆，道义上也要失掉僮仆。

【启示】旅居在外却将童仆也看做陌生人，当然会失去童仆的帮助与照顾。九三也是一位权贵，他下面的两个柔就相当于他的奴仆。九三住在国营旅馆里，发生了一场大火，虽然从火中逃了出来，却丢失了奴仆。其实这里是告诫人们，主人外出时要善待自己的随从，只有这样奴仆才会更忠于职守，很好地保护主人。

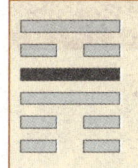

九四：旅于处，得其资斧，我心不快。

九四：旅行在外得到了较为固定的住处，得到了一些钱财，心中还是不高兴。

【原文】象曰：旅于处，未得位也。得其资斧，心未快也。

【译文】象辞说：旅行在外得到了较为固定的住处，是还没有得到应有的地位。所以得到了一些钱财，心中也还是不太满意。

【启示】九四羁旅于外，却得到了六五君王的赏赐，所以住处较为固定，并且有一些钱财。可是他却心里不高兴，因为九四的心愿不是这些。从卦象来说，他与初六相应，可是中间被艮所阻隔，九四十分想念家人，其愿望是家人团聚，成王成侯，眼前的利益他是看不上的。

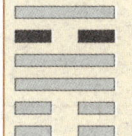

六五：射雉一矢亡，终以誉命。

六五：射野鸡，却失去了一支箭，最终会有荣誉的命。

【原文】象曰：终以誉命，上逮也。

【译文】象辞说：最终会有荣誉的命，是因为得到了君王的赐予。

【启示】六五以柔顺之德居于上卦中位，相当于一位性格柔顺的君王。他用箭射野鸡，结果不但没有射到野鸡，反而失去了一支箭。他给予优惠想笼络住九四，可是九四不买他的账。这就像射雉而丢箭一样，"偷鸡不成丢把米"。可是他最终会有荣誉的命。因为有上九相帮。并且他能够优待臣子，可以使更多的贤臣来辅佐他。

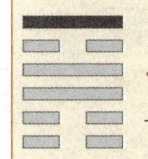

上九：鸟焚其巢，旅人先笑后号啕。丧牛于易，凶。

上九：鸟巢被火烧掉，旅行在外的人先笑后哭。在易国丢失了牛，凶险。

【原文】象曰：以旅在上，其义焚也。丧牛于易，终莫之闻也。

【译文】象辞说：客旅他乡而身处上位，从义理上讲必然会招致焚巢之灾。在易国丢失了牛，最终不会有音信的。

【启示】行旅之人却尊高自处，必然会有鸟窝被焚的灾祸。这里讲的便是殷人的先祖王亥到河北进行贸易被杀的历史事件。王亥的典故在《易经》中出现，说明他是一个重要的历史人物，他的贡献便是开创了经商，现在的"商人"一词，其原意指的是殷商部落的人。王亥带着自己的部落到处贸易，所以当时人们称他们为"商人"。

《推背图·第四十二象》解旅卦

旅·乙巳

【谶曰】

美人自西来，
朝中日渐安。
长弓在地，
危而不危。

【颂曰】

西方女子琵琶仙，
皎皎衣裳色更鲜。
此时浑迹居朝市，
闹乱君臣百万般。

【金圣叹批注】

此象疑一女子当国，服色尚白，大权独揽，几危社稷，发现或在卯年，此始乱之兆也。

▶ 旅卦运势速断

运势	小吉。变动不定，只能坚守信心，从小处着手，多参考他人意见。
事业	事情多变，虽不现凶象，但令人烦心。应先图生存，先易后难。
爱情	小矛盾多，意见不一。不确定因素多，游戏心态重。容易离婚。
疾病	情况变化不定，有病情转移之象，应速求医，不可拖延。
经商	障碍多，意料之外之事会随时发生。不可冒险，应从小买卖做起。
诉讼	即使我方有理也应和解，若不和则有灾。
出行	情况反覆，一会东一会西，两人同行则不可求财，否则易有损失。
人生	不安分，思想灵动，很有活力。喜欢走动，但容易疲惫孤独。

第57卦 巽：巽为风卦

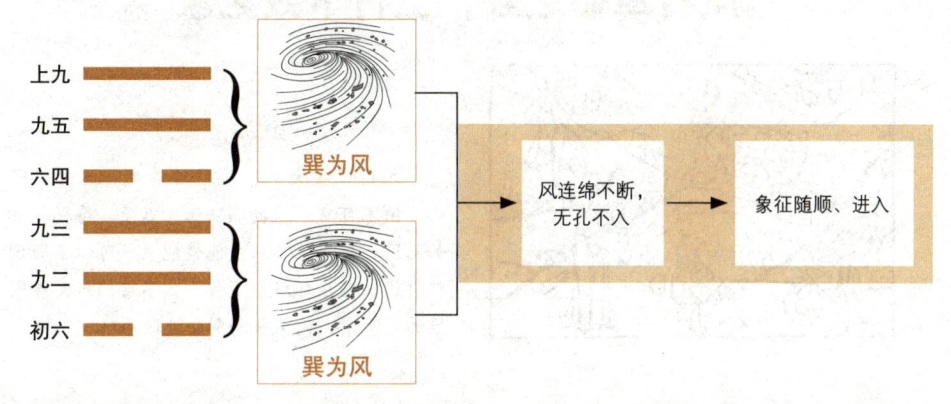

上九	▬▬▬
九五	▬▬▬
六四	▬ ▬
九三	▬▬▬
九二	▬▬▬
初六	▬ ▬

巽为风 / 巽为风 → 风连绵不断，无孔不入 → 象征随顺、进入

【原文】巽，小亨，利有攸往，利见大人。

彖曰：重巽以申命，刚巽乎中正而志行。柔皆顺乎刚，是以小亨，利有攸往，利见大人。

象曰：随风，巽；君子以申命行事。

【译文】巽卦，有小的亨通，前往有利，利于拜见大人物。

彖辞说：上下都顺从便可以申告命令。刚健之爻居中而外表柔顺可以心志大行。柔爻顺随刚爻，所以有小的亨通，前往有利，利于拜见大人物。

象辞说：风与风相随便是巽卦的卦象。君子从卦象中受到启示，反复申明自己的命令，发展自己的大事业。

【启示】巽在八卦中代表风，风柔顺而无孔不入，能在每一角落和每一裂缝中穿行，随时令变化而变化，对任何事物均有柔软适应性。它无实体，变化莫测。人们可以感受他的存在，但无法保存和掌握，容易有波折和变化。它有弹性但易陷入无原则性的危险中，优柔寡断，进退两难，智者遵循这一原则，不断调整自己，以顺应社会环境的变化。

巽卦阐述了顺从上级的做法，是与比自己位置高的人相处的智慧。顺从要保持在适当的时位上，不同的时位有不同的顺从方法。顺从不是懦弱的表现，不是无原则地服从。要从心底出发，不矫揉造作、勉强犹豫。卦辞说：君王让命令传达天下才能成就大业。古代信息业不发达，让天下人知道自己的命令是不容易的。现在社会也存在着上传下达的问题，如宣而不传、传而不做等。

巽是宇宙创生的初始作用，与震卦的作用相互垂直，呈现为波的扩展。如果将震卦定义为垂直的作用，则巽卦为水平的作用。

得此卦者性格飘忽不定，做事无定性，时而柔顺，时而狂暴。有骤变、破坏力强的一面。

《断易天机》解巽卦

风行草偃之卦，上行下效之象

巽卦点睛

巽指风吹大地，风跟随着风。此时要顺从，但不可盲从，要顺从正人君子。得巽卦者如同风一样无孔不入、能聚能散，可以不断调整自己来顺应环境的变化。但不要陷入无原则性的危险中，优柔寡断则会进退两难。

范蠡得此卦，得知文种优柔寡断

范蠡预测文种命运时占得此卦。范蠡、文种辅助勾践灭掉了吴国，在灭吴之际，范蠡携西施隐退，泛舟于五湖。他告诉文种：越王只可共患难而不可共安乐，文种难以决断，结果被杀。

卦图详解

◆ 云中有喜鹊传书，喻示书信将至。

◆ 虎时而柔顺，时而狂暴，有破坏力强的性质。

◆ 一个人持弓箭射虎，象征险中得救。

◆ 一个坐着的人观望着另外两个人，象征优柔寡断。

◆ 一人赐衣，一个人跪受，说明了择善而从的道理。

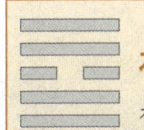

初六：进退，利武人之贞。

初六：进退不决，利于武士守正道。

【原文】象曰：进退，志疑也。利武人之贞，志治也。

【译文】象辞说：进退不决，是意志懦弱疑虑太多。利于武士守正道，是勉励其意志坚定。

【启示】初六体弱性柔，没有主心骨，进退犹豫，思想混乱，疑惑不决，补刚是初六的首要任务。如果临事能用武人的正气加以调整，则可勇猛果断，济其柔弱之不足。对症下药首先要整治其混乱的思想，树立其坚守正道的意志。

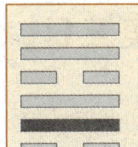

九二：巽在床下，用史巫纷若，吉无咎。

九二：进入床下隐藏起来，让史官、巫官祷告敬神，吉祥没有灾难。

【原文】象曰：纷若之吉，得中也。

【译文】象辞说：祷告敬神的吉祥，是因为九二居于中位的缘故。

【启示】九二钻到了床底下，因为床底下有初六。这种行为是有些不太雅观。可是其实这是一种巫术的仪式，是叫来史官巫师驱除室内的邪气，这自然不是有伤大雅的事情了，所以吉祥。九二帮助初六是出于正道，而不是出于自私的目的，所以吉祥没有灾难。

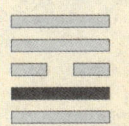

九三：频巽，吝。

九三：一味顺从，会有忧吝。

【原文】象曰：频巽之吝，志穷也。

【译文】象辞说：一味顺从的忧吝，是因为没有意志主见。

【启示】一个人自己没有主见，肯定不会有好结果。九三一直听六四的。六四为上卦的阴，所以九三有些太愚蠢了，他不相信家里人，反而相信外面的妇人之言，这怎么能不发生忧吝的事情呢？俗话说"妇人之口是非多"。在古代，妇女不关心国家大事，她们所关心的就是东家长西家短，这样说三道四肯定会招惹是非。所以古人认为听信妇人之言不会有好结果。

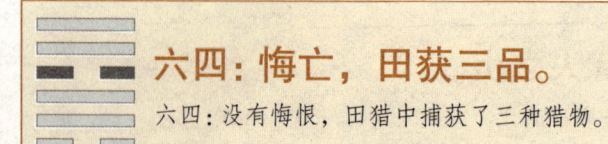

六四：悔亡，田获三品。

六四：没有悔恨，田猎中捕获了三种猎物。

【原文】象曰：田获三品，有功也。

【译文】象辞说：田猎中捕获了三种猎物，是狩猎有功。

【启示】六四柔居于偶位为得位，并且又可以得到九五与九三阳的帮助，所以他的收获不小。这就像打猎一样，他得到了很多猎物。"田获三品"指的是什么呢？指的是巽卦上卦巽为鸡，巽卦上互卦离为牛，巽卦下互卦兑为羊。当然，也指他可以笼络九五、九六、九三这三个阳。总之位高权重，又善于笼络人心，自然会左右逢源了。

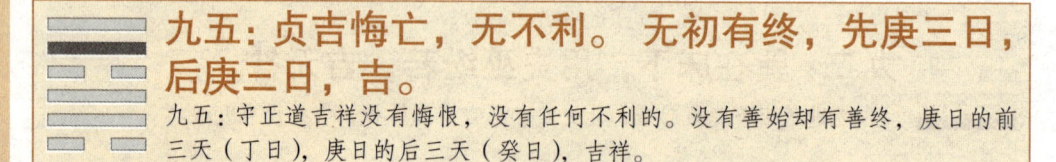

九五：贞吉悔亡，无不利。无初有终，先庚三日，后庚三日，吉。

九五：守正道吉祥没有悔恨，没有任何不利的。没有善始却有善终，庚日的前三天（丁日），庚日的后三天（癸日），吉祥。

【原文】象曰：九五之吉，位正中也。

【译文】象辞说：九五爻的吉祥，是由于其居中而得正位的缘故。

【启示】社会发生弊病时需要改革，要改革就要制定政策、发布命令并具体实施，在这一系列过程中特别注意做到谨慎，不可躁进躁动，要酝酿宣传在前，试行并总结经验于后。九五以阳居阳，损于谦逊，没有良好的开端却有良好的结尾。在变更的前三天发布新令，在后三天实行新令，办事谨严缜密，必获吉祥。

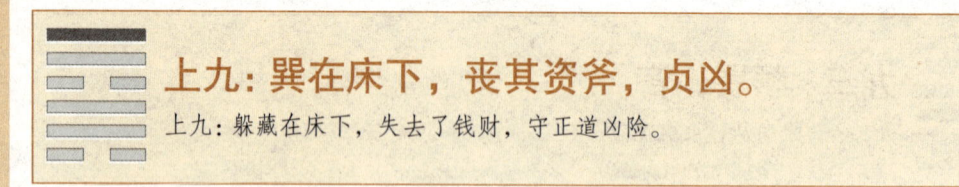

上九：巽在床下，丧其资斧，贞凶。

上九：躲藏在床下，失去了钱财，守正道凶险。

【原文】象曰：巽在床下，上穷也。丧其资斧，正乎凶也。

【译文】象辞说：躲藏在床下，说明上九穷途末路。钱财被抢走，正是凶象。

【启示】在继位的皇帝中，太子为了及早得到君权而发动政变把父亲赶下台的事太多了。上九就是这么一个被赶下台的君王，是一个真正的懦夫，不仅屈居床下，连象征临事决断的利斧都丢了。与其说上九逊顺，不如说是卑躬屈节。如果不能做到守持阳刚之正，等待他的只能是凶险的死路。

《推背图·第三十三象》解巽卦

巽·丙申

【谶曰】
黄河水清，
气顺则治。
主客不分，
地支无子。

【颂曰】
天长白瀑来，
胡人气不衰。
藩篱多撤去，
稚子半可哀。

【金圣叹批注】

此象乃满清入关之征。反客为主殆也气数使然，非人力所能挽回欤。辽金而后胡人两主中原，璜璜汉族对之得毋有愧。

▶ 巽卦运势速断

- **运势**——六冲卦，大好大坏之象。多波折，游离不定，应随机应变。
- **事业**——谦虚处世，会受到同辈欢迎和上级重视。但不可懦弱和虚伪。
- **爱情**——时好时坏，轻飘不实，把戏不少，风波已生，不可轻率。
- **疾病**——久病则凶，且病情多变。多为糖尿病、胃肠病等，宜往西南方求医。
- **经商**——开业可行，但不可急。易有变动。应以谦逊的态度行事。
- **诉讼**——能和能散，是当前的形势。宜和解，和解则会有贵人。
- **出行**——若无口舌，便有虚惊。宜二人同行，应速出行，不利北方。
- **人生**——性格飘忽不定，不愿深入思考，容易接受随风而来的新思潮。

第58卦 兑：兑为泽卦

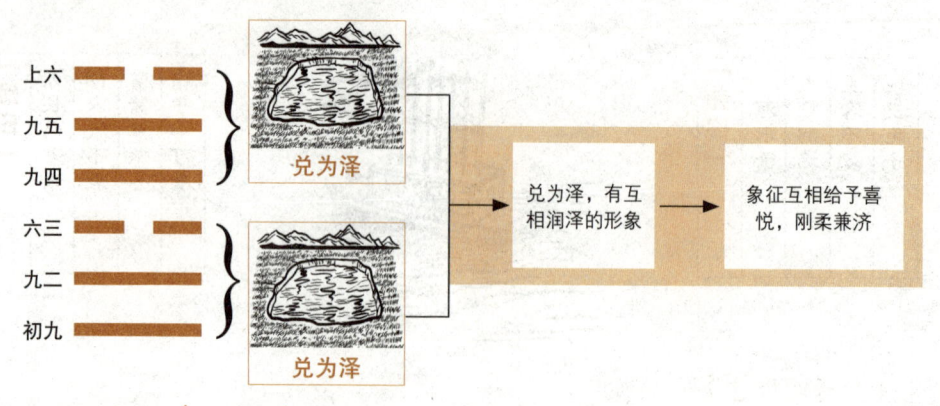

上六
九五
九四
兑为泽

六三
九二
初九
兑为泽

兑为泽，有互相润泽的形象 → 象征互相给予喜悦，刚柔兼济

【原文】 兑，亨，利贞。

彖曰： 兑，说也。刚中而柔外，说以利贞，是以顺乎天，而应乎人。说以先民，民忘其劳；说以犯难，民忘其死；说之大，民劝矣哉！

象曰： 丽泽，兑；君子以朋友讲习。

【译文】 兑卦，亨通，利于守正道。

彖辞说： 兑，即喜悦的意思。内心刚健外表柔和，怀着喜悦的心情守于正道，所以可以顺应天道，并且应合人心。上古时的人民怀着喜悦的心情劳作而不知劳苦。怀着喜悦的心情面临险难，人民可以忘却生死。喜悦的重大意义，是可以勉励民众去做啊！

象辞说： 大泽与大泽相连就是兑卦的卦象。君子从中受到启发，与朋友一起相互讲习。

【启示】 兑有中心诚实不虚伪之象，待人逊顺而不粗暴，所以给人带来喜悦。从卦象上看，兑为泽，有互相润泽、给予喜悦的含义；兑又为口，所以还有进行语言交流的含义。俗话说"会做的不如会说的"，"好汉出在嘴上，好马出在腿上"，可见语言的重要意义。谈话会使心灵沟通，但弄不好会相互谩骂，招致不合，所以善于言谈的人必须诚实，避免巧言令色。

得此卦者，有双重喜悦，受外物影响而有所变动。此卦有与女性和悦之情，男性得此卦有色情损财之灾，为了博取短暂的愉悦而产生困扰，所以不可放纵任性，沉醉在美人窝中。女性得此卦则吉利。求财，疑虑多不能决，有难成之兆，做大事易成，做小事难成。预测婚姻，有良缘，但须防口舌。在宗教信仰上，对佛教、道教都有兴趣，在文化上喜欢思考儒家思想。

《断易天机》解兑卦

江湖养物之卦，天降雨泽之象

兑卦点睛

兑指流通滋润、因言语带来喜悦。此时应相互交流，彼此受益。得兑卦者，往往左右逢源、讨好卖乖，容易失去人格和灵魂。以言悦人多属阿谀，以貌悦人多为皮肉生意。所以要学会自重、自强与自立。

玄奘得此卦，取得真经

玄奘去西天取经时占得此卦。玄奘是中国历史上最富传奇色彩的高僧。他曾在唐贞观年间去印度游学，历经千辛万苦，但都逢凶化吉，取得真经后回到唐朝。

卦图详解

◆一个人登梯，是利于上升进取之意。

◆文书被一只剑射中，说明已经有消息。

◆一位女子在旁边站立，说明女性得此卦则吉利。

◆一个盒子代表"和合"，利于婚姻。

◆一个人坐在担子旁边休息，反映了重语言而轻行动的问题。

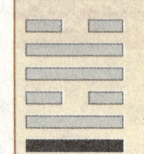

初九：和兑，吉。

初九：和合喜悦，吉祥。

【原文】象曰：和兑之吉，行未疑也。

【译文】象辞说：和合喜悦的吉祥，是由于行动中没有疑虑。

【启示】初九刚居于奇位为得位，可是他属于处于孤独中自得其乐。这就好比孔门弟子困于贫穷中束发而歌。虽然生活清苦，但能够自得其乐。这是古代儒家所倡导的行为。这种人自然不会得到别人的猜疑，因为他不与是非之人交往，所以吉祥。

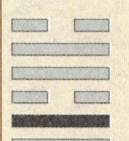

九二：孚兑，吉，悔亡。

九二：诚信而喜悦，吉祥，没有悔恨。

【原文】象曰：孚兑之吉，信志也。

【译文】象辞说：诚信与喜悦的吉祥，是由于心志诚信。

【启示】九二用诚信感化六三，就好比一个男子追求异性，要用真情使对方感动。可是对于国家来说，则是九二这个大夫用一片爱国之心使他的领导感动，当然这也就说明他的领导不是很爱国了。可是九二爱国，所以这种爱国热情会使六三受到感染。

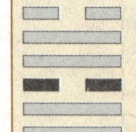

六三：来兑，凶。

六三：来求喜悦，凶险。

【原文】象曰：来兑之凶，位不当也。

【译文】象辞说：来求喜悦的凶险，是因为没有把自己摆正位置。

【启示】六三就像脚踩两只船的女子。她并不是想从两个人中间选择一个作为自己的终身伴侣，而是在追求情欲的享乐，所以会带来凶险。对于国家来说，六三就是一个自私心很重的大臣，他四处讨好，左右逢源，但拉拢关系是为了私欲。这种行为会受到君王的高度警觉，六三难逃凶险。

九四：商兑，未宁，介疾有喜。

九四：在喜悦的气氛中进行协商，还不安宁，除掉小毛病有喜庆之事。

【原文】象曰：九四之喜，有庆也。

【译文】象辞说：九四的喜事，是有值得庆贺的事。

【启示】九四明白自己与六三相处的害处。所以他要与六三商量："咱们是不是交往得太勤了，能不能少见几回面？"九四断决与六三的来往才会有喜庆之事。这就好比一个国家重臣，面对下面官员的糖衣炮弹的攻击，明白应该如何正确对待。所以他只要做到为官清廉，不收贿赂就会吉祥。

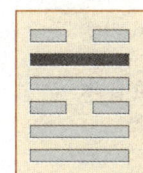

九五：孚于剥，有厉。

九五：信任剥蚀阳刚的小人，有危险。

【原文】象曰：孚于剥，位正当也。

【译文】象辞说：信任剥蚀阳刚的小人，处于九五的位置是没有好处的。

【启示】对于一个君王来说，放纵自己的情欲是最危险的。比如夏桀与喜妹放纵情欲，喜妹在夏桀的眼里比天下还重要；殷纣与妲己放纵情欲，结果使纣王不再关心朝政；周幽王与褒姒放纵情欲，使西周走向了灭亡。总之，君王如果放纵情欲，便会把国家的政权交到自己所爱的女子手中。

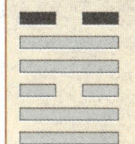

上六：引兑。

上六：用引诱取悦于人。

【原文】象曰：上六引兑，未光也。

【译文】象辞说：上六用引诱取悦于人，是说明这不是光明正大的事。

【启示】上六用引诱取悦于人，她所勾引的人便是九五君王。可是她不像六三那样不忠，所以她也没有六三那样危险。所以卦辞中没有"凶"的断语。比如武则天用姿色勾引君王使自己受宠，并因此而得到了权力。由于她执法严明，所以延续了唐朝的盛世，所以没有凶险可言。

《推背图·第五十七象》解兑卦

兑·庚申

【颂曰】
坎离相克见天倪，
天使斯人弭杀机。
不信奇才产吴越，
重洋从此戢兵师。

【谶曰】
物极必反，
以毒制毒。
三尺童子，
四夷詟服。

【金圣叹批注】

此象言吴越之间有一童子，能出奇制胜，将燎原之火扑灭净尽，而厄运自此终矣，又一治也。

▶ 兑卦运势速断

运势	六冲卦，不顺。两泽相依，令人怡悦，但有喜有忧。
事业	善长人际关系，能团结他人，获得援助。应保持谦虚，不可过分自信。
爱情	和悦，也会娇蛮、任性、斗嘴，不可意气用事，随和自律为吉。
疾病	多为与女色或口舌有关之病，可治。但久病则难愈。宜往东南方求医。
经商	改行、开业吉利。交易中可获利丰厚，但有反复之象。
诉讼	不是大事，只是有来往是非，有人解说后会和解。
出行	虽有失脱，一失一喜，有人同行则会有口舌。
人生	善于文化工作和语言表达。性格灵动温和，柔美内秀。

第59卦 涣：风水涣卦

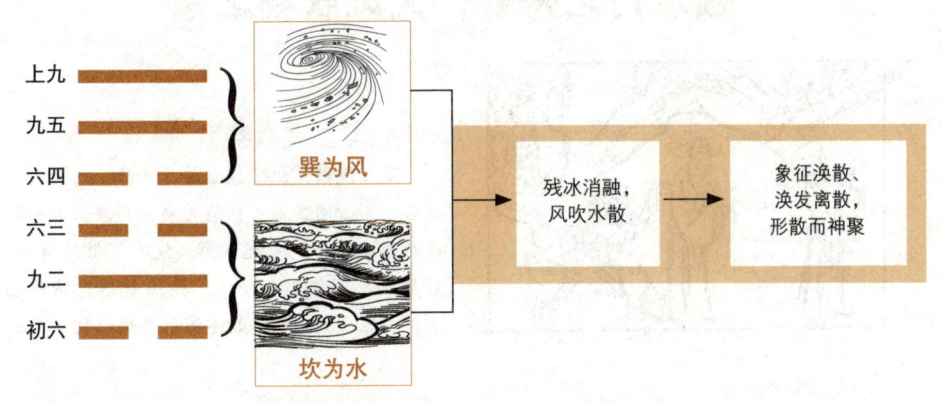

上九
九五
六四　　巽为风
六三
九二
初六　　坎为水

残冰消融，风吹水散 → 象征涣散、涣发离散，形散而神聚

【原文】涣，亨。王假有庙，利涉大川，利贞。

彖曰：涣，亨。刚来而不穷，柔得位乎外而上同。王假有庙，王乃在中也。利涉大川，乘木有功也。

象曰：风行水上，涣；先王以享于帝，立庙。

【译文】涣卦，亨通。君王来到宗庙祭祀先祖，有利于跋涉大川，利于守正道。

彖辞说：涣卦亨通。刚爻来到下边的九二处而不穷困。柔爻来到六四的位置与九五爻相合。君王来到宗庙，是君王来到居中的位置。有利于跋涉大川，是乘着木船可以顺利到达彼岸。

象辞说：风吹在水面上就是涣卦的卦象，先王从中受到启发，祭祀先帝，设立宗庙。

【启示】涣本意指水流分散，引申义为涣散、离散，主凶象。也表示民心反离、分裂。涣散不完全等于凶险，事物的发展往往是有散有聚的，散与聚是互相依存的辩证关系。水聚集于湖中，蒸发为水汽，这是散；但是雨又给湖泊补充了新的水源，这是聚。人与人、每个组织之间都经历过有散有聚的过程，原有的形态在完成特定性的使命后终将瓦解，而新的关系又将逐步确立。涣散促使陈旧制度瓦解，而孕育着新事物的诞生。关键是要抓住机遇，拯救涣散，促使其向聚合的方向转化。

涣卦所描述的便是人类大迁移的场面。远古人类发明了舟楫，于是离开故居，漂洋过海，流散到世界各地。迁移更有利于生存，所以亨通。来到新的居住地后，部落酋长第一件事便是要建宗庙，因为宗庙祭祀可以团结民众，所以这是最重要的事。

得此卦者会有任性、放纵的性格。求财难成，有不测之灾或蒙受损失，也有住居劳苦之象。我难彼顺，有颓废不振的运势。陷入困难，涣散溃败，向心力丧失，离心力增

《断易天机》解涣卦

顺水行之舟卦，大风吹物之象

涣卦点睛

涣指涣散，但不完全等于凶险，此卦凶中藏吉，同心同德则可化险为夷。得涣卦者如同风行水上，平地要起波澜。没有不散的筵席，好朋友也不能厮守一生。情缘将尽，猜疑已生，间隙已成，不要最终闹个不欢而散。

汉武帝得此卦，宠妃去世

汉武帝占李夫人生死时得此卦。李夫人是汉武帝的宠妃，但生下皇子之后不久即去世。传说术士李少翁施法术使李夫人还阳，与汉武帝再见了一面。

卦图详解

◆ 山上有个"寺"字，指代寺庙，象征情缘将尽。

◆ 金甲神人拿刀怒视鬼，说明涣散刚显露时应立刻出台对策挽救。

◆ 一个僧人与另一个人告别，说明好朋友也不能厮守一生。

◆ 一只鬼跟在一人身后，有疑神疑鬼之意，说明猜疑已生。

加。事业、感情、婚姻的根基开始松动，内部有不和，导致人们心神不宁、精神不佳，心绪沉闷。应稳定情绪、定下心神，在不稳定的情况下坚持主见，或远方交涉，或迁居，收拾涣散之局，重整聚合。

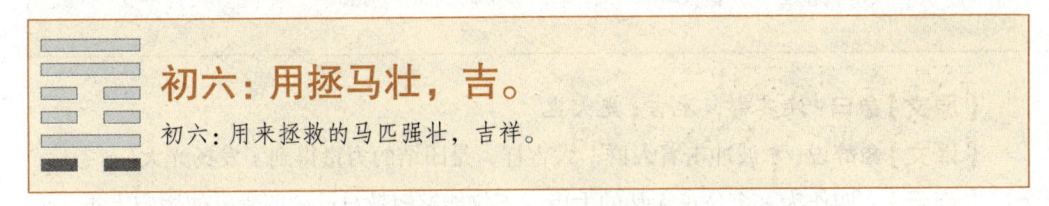

初六：用拯马壮，吉。

初六：用来拯救的马匹强壮，吉祥。

【原文】象曰：初六之吉，顺也。

【译文】象辞说：初六的吉祥，是因为具有柔顺的美德。

【启示】涣散刚刚开始，拯救起来还比较容易。初六处于迁移的初级阶段，人们走得累了，可以骑着马继续前进，寻找着自己的乐土。这是交通工具给人类的迁移带来的吉祥。如果没有先进的交通工具，人类靠两只脚是无法走到世界各地的。因为有大山与海河阻挡着。

九二：涣奔其机，悔亡。

九二：水波冲到岸边的台阶上，没有悔恨。

【原文】象曰：涣奔其机，得愿也。

【译文】象辞说：水波冲到岸边的台阶上，是九二与初六达成了相合的心愿。

【启示】涣散之时奔向可供凭依的几案，说明九二得遂阴阳相聚的愿望。九二处在涣散之时，凭着自己如壮马般的才力，不去拯救涣散。与其救而无功，不如急速离开危境到安稳的地方去。哪里是安稳之地呢？九二把初六看做可以安居之地。九二处涣散之时而急就于初六，得以实现阴阳相聚的愿望。

六三：涣其躬，无悔。

六三：水波冲击着身体，没有悔恨。

【原文】象曰：涣其躬，志在外也。

【译文】象辞说：水波冲击着身体，说明六三爻的志向是向外发展。

【启示】水冲击着身体，这个身体应当是舟的体表，人们乘舟远行了。波涛拍打着船舷。人们在茫茫的水面上航行，这水有可能是海水，也有可能是湖水，也有可能是河水，总之，他们在朝一个陌生的国度前进。这不应当悔恨。尽管前面的乐土也许是别人的领地，那么继续向别的地方行进，寻找自己的乐土。

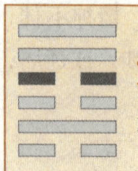

六四：涣其群，元吉。涣有丘，匪夷所思。

六四：水波冲击着人群，大吉祥。水中的人群聚为山丘，不是常人能够想到的。

【原文】象曰：涣其群，元吉；光大也。

【译文】象辞说：水波冲击着人群，大吉祥，是团结的力量得到了发扬光大。

【启示】六四作为一个公正无私的大臣，不仅能够解散自己的朋党，使国家大吉，而且还能解除各种有碍统一的小群割据势力，涣散小群而重新聚合如山丘般的国家。做到这一点是很不容易的，这不仅要求六四自身素质要好，能大公无私，还要有政治抱负、政治远见。

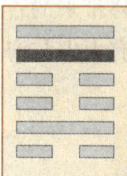

九五：涣汗其大号，涣王居，无咎。

九五：浩瀚无边的大水袭来，人们大声呼喊，水流到了王宫附近，没有灾难。

【原文】象曰：王居无咎，正位也。

【译文】象辞说：王宫没有灾难，是因为九五居中而得位。

【启示】当身体郁结风寒时，若能发一场大汗，病就好了。国家、社会也是如此，积弊久了，会出现各种问题，这时也需要"发汗"，将长期淤积壅滞的各种弊端一扫而尽。所以用"发汗"来比喻君王号令很恰当。六四只是执行号令的大臣。当机立断发布号令的是九五。有这样一位具有远见卓识的领导者坐阵指挥，又有六四这样无私干练的大将来贯彻执行，定可拯涣成功。

上九：涣其血，去逖出，无咎。

上九：流血后，远离伤害，没有灾难。

【原文】象曰：涣其血，远害也。

【译文】象辞说：流血后，就应当吸取血的教训远离伤害。

【启示】经过各爻的努力，大乱达到了大治，大散达到了大聚，终于达到了治涣的目的。故上九能远离伤害。涣散瓦解了旧观念、旧制度，同时也就孕育了新观点、新制度。拯治涣散的最好办法莫过于使用涣散的手段，以其人之道还治其人之身，散尽朋党，解除割据，国家自然由散而聚。

《推背图·第四十六象》解涣卦

涣·己酉

【谶曰】

黯黯阴霾，
杀不用刀。
万人不死，
一人难逃。

【颂曰】

有一军人身带弓，
只言我是白头翁。
东边门里伏金剑，
勇士后门入帝宫。

【金圣叹批注】

此象疑君王昏庸，一勇士仗义兴兵为民请命，故曰万人不死一人难逃。

▶涣卦运势速断

运势	有冰雪消解之意。初有小损失，但终可解困。忌任性、放纵、散慢。
事业	人心不齐，要去除私心，牺牲小我。不可介入争端，应力求重获安定。
爱情	因小障碍、外在因素而离散，但情缘仍在，可能复合。
疾病	病不稳定，有险象，但有解。起初体弱多病，多为逐渐康复之象。
经商	起初有损失和波折，但可渐入佳境。目标准确则有利，可适当冒险。
诉讼	宜缓不宜急，有第八个人和解，或不成事。
出行	身已动又回。若寻人，之前有信息则不可确定，而后有信息可速动。
人生	有强烈的权利欲望，有领导才能。做事情容易有所成就。

第60卦 节：水泽节卦

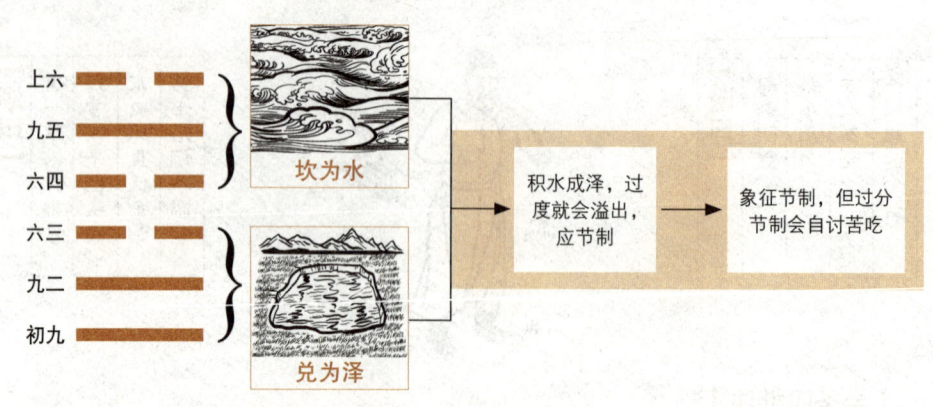

上六
九五
六四
　　　坎为水
六三
九二
初九
　　　兑为泽

积水成泽，过度就会溢出，应节制 → 象征节制，但过分节制会自讨苦吃

【原文】节，亨。苦节不可贞。

彖曰：节，亨，刚柔分，而刚得中。苦节不可贞，其道穷也。说以行险，当位以节，中正以通。天地节而四时成，节以制度，不伤财，不害民。

象曰：泽上有水，节；君子以制数度，议德行。

【译文】节卦，亨通。苦苦节制不能够守正道。

彖辞说：节卦亨通，是因为刚柔分工各得其所。苦苦节制不能够守正道，是因为这样会导致穷途末路。怀着喜悦迈过险境，恰到好处地进行节制，阳爻既居中又守正所以亨通。天地有所节制，于是形成了四季。用制度来节制，就可以达到不浪费财物，不祸害百姓的目的。

象辞说：沼泽上面有水便是节卦的卦象。君子从卦象中得到启发，制定数量上的限制，讨论人的道德行为规范。

【启示】节的本意是竹节，竹子都分为数节，每一节都有适中的长度，所以节的引申义是节制、限制、节俭、衔接、关联。人的健康（节制）、人际关系（节操）、政策（节义）、天地变化（季节），一切都要遵守节才能顺利。所以象辞中对君子的告诫是：要掌握好分寸。比如，什么级别享受什么样的待遇，要有明文规定。不超过这个度，就是节俭，超过这个度，便是奢侈。

从卦象上看，外卦坎为水，内卦兑为泽，泽上有水。水会由高至低流动，如果经过一个浅坑，水便会被积蓄而停止流动。沼泽比地面要低，可以蓄水。积水成泽便是节卦的大形象。节制是自然与人类社会共有的规律，刚柔相节，生成春夏秋冬四时，冬不能无限长，以春节制，夏也不能无限长，以秋来节制。

比如洛克菲勒就是因为节省一滴焊锡而发展起来的。当时美国装石油用铁桶，而从石油注入铁桶一直到用焊锡封口都是由机械完成。洛克菲勒观察焊接这道工序，发现每

《断易天机》解节卦

船行风横之卦，寒暑有节之象

节卦点睛

节指节俭、节制。节俭持家，节制做人，便可亨通。得节卦者，没有规矩难成方圆，有法度总比没有要好。然而时事在变，法度也在变，如果呆板迂腐，没有与时俱进的变通，便是自捆手脚、作茧自缚。

孟姜女得此卦，节哀顺变

孟姜女为丈夫万喜良送衣物时占得此卦。相传孟姜女的丈夫在新婚之后被秦始皇抓去修筑长城，孟姜女得此卦，得知丈夫已经身亡。

卦图详解

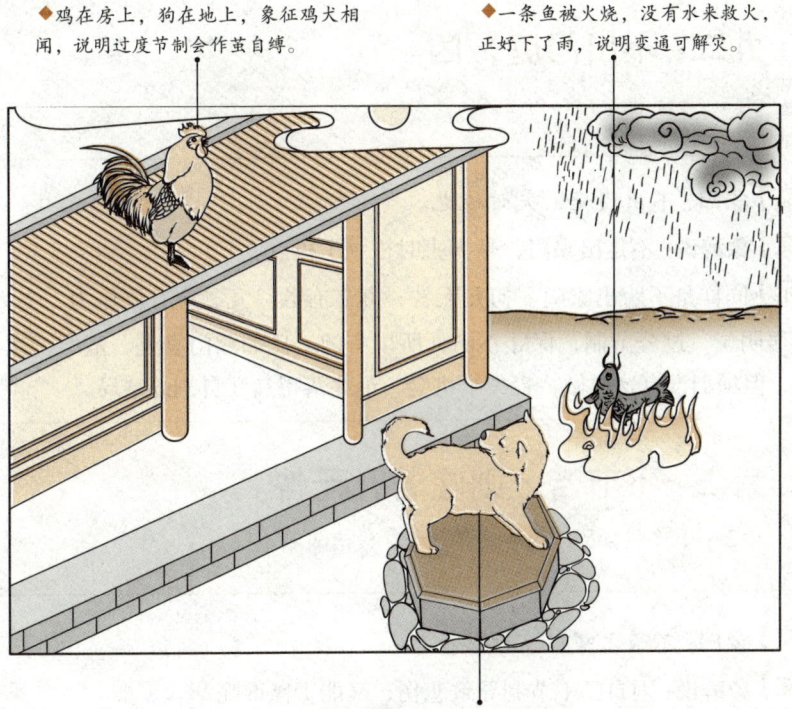

◆鸡在房上，狗在地上，象征鸡犬相闻，说明过度节制会作茧自缚。

◆一条鱼被火烧，没有水来救火，正好下了雨，说明变通可解灾。

◆狗在井口上，井口被封死了，无法取水救火，说明节制不要超过限度。

次都可以节省一个焊点。于是他对机械进行改造，使焊每一桶都可以节省下一小滴焊锡。这个小发明给老板带来了很大的经济效益，洛克菲勒因此而受到了老板的重用。这是正确的节俭之道。

得此卦者，应节制适中。于人于事，要有节度与分寸，适可而止。但若过于固执，又不近情理。应该明确自己的角色和定位，事业成功的重要条件是看首领人物是否使自己被量才使用。

初九：不出户庭，无咎。

初九：不走出房屋，没有灾难。

【原文】象曰：不出户庭，知通塞也。

【译文】象辞说：不走出房屋，是因为明白闭塞与通达的时势规律。

【启示】节卦可以表达"节"的多种含义，如时节、裁节、品节、名节、符节、节制、节操等。如相对于时势来说，初九被九二所阻挡，所以他应当节制自己的言行，不可轻举妄动。初九懂得畅通则行，阻塞即止的节制之道。所以才有足不出户、以静制动的上策。自然没有咎害。

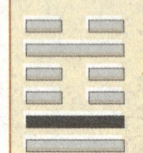

九二：不出门庭，凶。

九二：不走出家门，凶险。

【原文】象曰：不出门庭，失时极也。

【译文】象辞说：不走出家门，是失去时机到了极点。

【启示】同样是不跨出家门，初九无咎，九二有凶。九二应有所作为，去大展宏图。但九二阳居阴位，过分节制，保守不出，所以有凶。比如鸿门宴上，范增多次示意项羽除掉刘邦，但项羽没有这样做，丧失了机会，最终落得乌江自刎的结局。

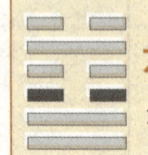

六三：不节若，则嗟若，无咎。

六三：不节制自己，就会哀叹悲伤，没有灾难。

【原文】象曰：不节之嗟，又谁咎也。

【译文】象辞说：因自己不节制导致悲伤，又能责怪谁呢？

【启示】处于喜悦之中的六三会有喜悦过度的形象，乐极生悲，所以六三会哀叹悲伤。这就好比有个人，沉溺于娱乐中不能自拔，结果钱也花光了，还欠了不少债，所以到头来会心中悲伤。不过也没有什么大的灾难。

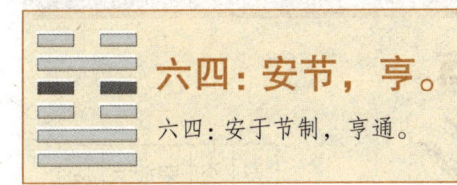

六四：安节，亨。

六四：安于节制，亨通。

【原文】象曰：安节之亨，承上道也。

【译文】象辞说：安于节制的亨通，是顺承九五的天道。

【启示】处境比六三好得多。身为重臣，可以从君王那里得到很多好处。可是六四并不铺张浪费，而是像平时一样适度地过日子，当然会受到国君的器重，前景一片亨通。

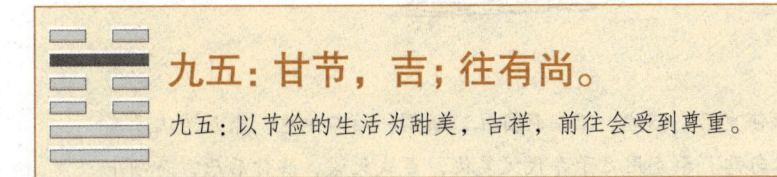

九五：甘节，吉；往有尚。

九五：以节俭的生活为甜美，吉祥，前往会受到尊重。

【原文】象曰：甘节之吉，居位中也。

【译文】象辞说：以节俭的生活为甜美的吉祥，是由于九五居中得位。

【启示】节卦的卦主。适当节制而能够令人感到适中，身为尊贵之君，节以制度，不伤财不害民，以节天下国家，施之于己，也施之于人，可以获得吉祥。合乎规律的节制有利于事物发展。如果不节制，无限度地放纵自己，就必然会导致凶咎。

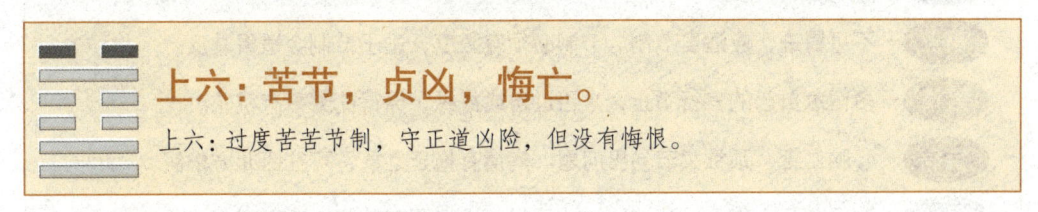

上六：苦节，贞凶，悔亡。

上六：过度苦苦节制，守正道凶险，但没有悔恨。

【原文】象曰：苦节贞凶，其道穷也。

【译文】象辞说：过度节制的凶险，是因为穷途末路。

【启示】上六处于极亢之位，节俭过了头，结局凶险。可是他并不为自己的凶险而感到后悔。这应该说是守财奴的通性，只要守住财，虽死无悔。

《推背图·第十象》解节卦

节·癸酉

【谶曰】

荡荡中原,
莫御八牛。
泅水不涤,
有血无头。

【颂曰】

一后二主尽升遐,
四海茫茫总一家。
不但我生还杀我,
回头还有李儿花。

【金圣叹批注】

此象主朱温弑何皇后、昭宣、昭宗而自立,所谓一后二主也。未几为次子友所弑,是颂中第三句意。李克用之子存代父复仇,百战灭梁,改称后唐,是颂中第四句意。

▶ **节卦运势速断**

运势	状况卦,吉凶未定。有志不能伸,应和悦,并有节制。
事业	不可冒进,应适当节制。节制必须有限度,过于节制会适得其反。
爱情	多留意自己的言行举止,是否过份或放纵。男得此卦多有桃花。
疾病	心脑血管、颈椎关节易出问题。病情有拖延之象,可往西北方求医。
经商	改行、开业应缓,计划周详才可行。投资要有节制,适可而止。
诉讼	应防女人。我方控诉对方,时间长了容易和解。
出行	出行者还在路上,未归。未出行者宜静不宜动。
人生	中意于仕途。人生呈阶段性特征,一段时间亨通,一段时间阻塞。

第61卦 中孚：风泽中孚卦

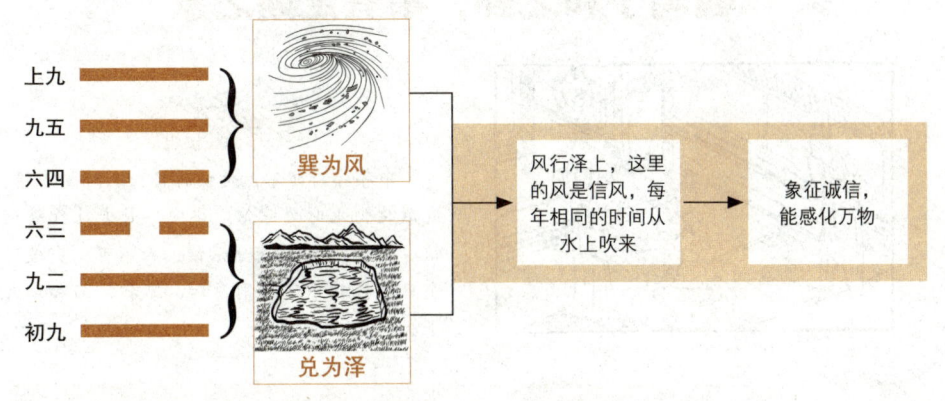

上九
九五
六四　巽为风
六三
九二　兑为泽
初九

风行泽上，这里的风是信风，每年相同的时间从水上吹来 → 象征诚信，能感化万物

【原文】中孚，豚鱼吉，利涉大川，利贞。

彖曰：中孚，柔在内而刚得中。说而巽，孚，乃化邦也。豚鱼吉，信及豚鱼也。利涉大川，乘木舟虚也。中孚以利贞，乃应乎天也。

象曰：泽上有风，中孚；君子以议狱缓死。

【译文】中孚卦，对小猪小鱼都有诚信所以吉祥，利于跋涉大川险阻，利于守正道。

彖辞说：中孚卦，柔顺居于内，刚健的阳爻居中，喜悦而随顺，这种诚信可以感化万邦的民众。小猪小鱼的吉祥，是说对小猪小鱼也有诚信。利于跋涉大川，是因为可以乘坐木船过河。心中诚信利于守正道，因为这是顺应天道。

象辞说：泽上有风吹过便是中孚卦的卦象。君子从卦象中受到启发，以忠信之德审判犯人，尽量不处死罪犯。

【启示】中孚之意为诚信、真诚。"孚"字原为"孵"字，鸟孵卵有固定的日期，不能延误，小鸟应该多少天出生就必然在那天破壳。所以"孚"字有信守时间、承诺的意思。诚信十分重要。儒家提出了"仁、义、礼、智、信"五德，把仁排在第一位，信排在最后一位，不是说信不重要，而是说他是做人的道德底线，人不可以突破这个底线。

从卦象上看，中孚卦的六爻组成一个符契的形象。古人订合同时将内容写在竹板上，然后把竹板断成两块，每人一块。当两块竹板能够完整地对在一起时，合同才可以生效。所以说符契是取信的证据。从内外卦看，泽上有风。这个风指信风，每年相同的时间，信风都会从同一个方向吹来，这是风的诚信。

卦辞说："君子以议狱缓死"，意为尽量不处死罪犯。罪犯虽然罪孽深重，但如果他们在受刑前有了悔改的诚意，想重新做人，为什么不能相信他们一次呢？所以应"缓死"。君子的诚信之德要无所不施，对犯人也不例外。

《断易天机》解中孚卦

鹤鸣子和之卦，事有定期之象

中孚卦点睛

中孚指孵卵不能延误时日，此时要守信，或教化他人时要守信。得中孚卦者往往很诚信。"信"是人的道德底线，人不可以突破这个底线。持中守信则身和、家和、国和、天下和。

辛君得此卦，取信于匈奴

辛君公主出嫁时占得此卦。汉武帝为了抵制匈奴，便与乌孙和亲，将辛君公主远嫁乌孙王。辛君公主在西域数年，为汉王朝安邦睦邻作出了巨大贡献。

卦图详解

◆ 上面有雁衔书而来，代表有信将至。

◆ 一个"望"字，象征应该有观望的态度。

◆ 左侧的人在巡夜，说明如果没有诚信，人们就会增加预防措施。

◆ 一人用绳牵鹿，但没杀死，说明诚信者尽量不处死猎物（罪犯）。

此卦始凶后吉，主吉象。得此卦者应正直而诚信，不得虚伪。如果此卦为本卦，变而成其他卦，多为事不成之兆；反之，如果此卦由其他卦变来，则多为可成，但有口舌。

初九：虞吉，有他不燕。

初九：考虑好再做事吉祥，有其他的猜疑会导致不安。

【原文】象曰：初九虞吉，志未变也。

【译文】象辞说：初九考虑好再做事吉祥，是因为没有改变自己的意志。

【启示】做事考虑好再做，自然可以避免危险。如果有其他的想法，改变了初衷便会导致不安了。初九的想法很简单，便是忠实于六四。如果初九不再忠诚于六四，那么他的处境就不好了。因为从卦象上分析，他只与六四有应。

九二：鸣鹤在阴，其子和之，我有好爵，吾与尔靡之。

九二：鹤在树阴下鸣叫，小鹤在旁边跟着鸣叫。我有上好的美酒，与你共同分享。

【原文】象曰：其子和之，中心愿也。

【译文】象辞说：小鹤在旁边跟着鸣叫，是心中真诚的愿望。

【启示】大鹤与小鹤的鸣声相应，这便是一种父子或母女之间的诚信。也有人认为是雌鹤与雄鹤的鸣声相和，表达了雌雄之间的诚信。九二只与六三阴阳相合，所以他必须对六三忠诚，如果不对六三忠诚，他便再也寻不到忠诚的朋友了。所以说，忠诚是相互的，人心换人心，这样才能体现出诚信的意义。

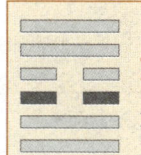

六三：得敌，或鼓或罢，或泣或歌。

六三：攻克了强敌，有的擂鼓有的休息，有的哭泣有的歌唱。

【原文】象曰：或鼓或罢，位不当也。

【译文】象辞说：有的擂鼓有的休战，是因为六三居位不当所以存心不诚。

【启示】六三的言行系诸外物，而且不自量力，杂念太多，投机钻营，将徒劳无益。六三爻辞又是一首古歌，文字简练，形象生动。描写的是打了胜仗归来的情景。有的击鼓庆贺，有的疲乏了在休息，有的兴奋得在哭（或为死去的战友而哭），有的在纵情高歌。这个画面表达了战友之间的友谊与忠诚，而其最大的忠诚则是对国家的忠诚。

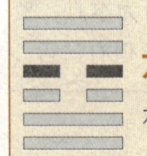

六四：月几望，马匹亡，无咎。

六四：月近十五，马匹丢了，没有灾难。

【原文】 象曰：马匹亡，绝类上也。

【译文】 象辞说：马匹丢了，是六四断绝同类而上承九五。

【启示】 如果地位达到极盛的程度，以至于与九五相匹敌，就会引起九五的不快，受到九五的制裁。六四一方面上承九五，一方面又下应初九，面临着一种痛苦的选择。可是最终只能选择忠实于九五的君王，这就是忠孝不能两全，他必须舍家保国。

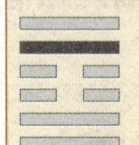

九五：有孚挛如，无咎。

九五：用诚信联系天下，没有灾难。

【原文】 象曰：有孚挛如，位正当也。

【译文】 象辞说：用诚信联系天下，是因为九五居中而得位。

【启示】 九五为中孚卦之卦主。身为尊贵之君，必须能使诚信之德施及天下。欲得为君之道，须有中正之德和至诚至信之心，从而使天下人都能以诚信相通。唐太宗的"纵囚归狱"的故事便能说明这个道理。唐太宗对死刑犯讲诚信，死刑犯也对唐太宗也讲诚信，结果是天下大治。

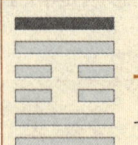

上九：翰音登于天，贞凶。

上九：鸡飞向天空，守正道凶险。

【原文】 象曰：翰音登于天，何可长也。

【译文】 象辞说：鸡飞向天空，怎么能飞得长久呢？

【启示】 诚信之德已衰，虚伪则随之生出。声音飞得越高，越显得虚无缥缈。上九缺乏的就是至诚至信之心与笃实之道，忠笃内丧，华美外扬，一味地追求虚名，以矫揉虚伪为尚，这种华而不实的人是不会有所作为的。

《推背图·第二十三象》解中孚卦

中孚·丙戌

【谶曰】

荡荡中原,
莫御八牛。
泗水不涤,
有血无头。

【颂曰】

一后二主尽升遐,
四海茫茫总一家。
不但我生还杀我,
回头还有李儿花。

【金圣叹批注】

此象主朱温弑何皇后、昭宣、昭宗而自立,所谓一后二主也。未几为次子友所弑,是颂中第三句意。李克用之子存代父复仇,百战灭梁,改称后唐,是颂中第四句意。

▶ 中孚卦运势速断

运势	泽水相应而起波浪,为共鸣之象。诚信则吉,利于他乡财路。
事业	不可以孤傲的性格自我封闭。真诚守信,和悦谦虚,可亡羊补牢。
爱情	结局吉,双方以诚相待可成良缘。男性得此卦有左右逢源之象。
疾病	小凶之象,腰部、下腹部容易得病。可往东南方求医。
经商	讲究信义,保质保量则吉,甚至冒险犯难也不会出问题。
诉讼	飞来之事,宜速速处理,如果延迟则有损伤。
出行	会遇到其他人,凡事方便、顺利。
人生	适合在政法、医院工作,多为中级干部,执掌过渡性的权力。

第62卦 小过：雷山小过卦

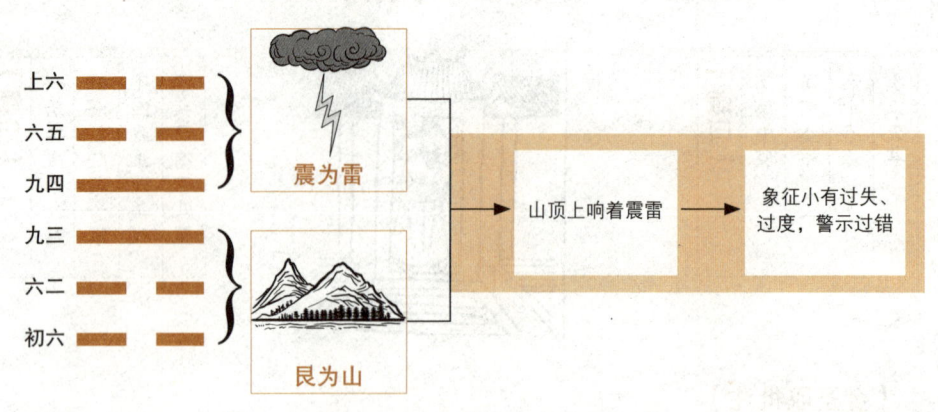

```
上六  ▬▬ ▬▬
六五  ▬▬ ▬▬    震为雷
九四  ▬▬▬▬▬
九三  ▬▬▬▬▬
六二  ▬▬ ▬▬    艮为山
初六  ▬▬ ▬▬
```

山顶上响着震雷 → 象征小有过失、过度，警示过错

【原文】小过，亨，利贞，可小事，不可大事。飞鸟遗之音，不宜上宜下，大吉。

> 象曰：小过，小者过而亨也。过以利贞，与时行也。柔得中，是以小事吉也。刚失位而不中，是以不可大事也。有飞鸟之象焉，有飞鸟遗之音。不宜上宜下，大吉；上逆而下顺也。
>
> 象曰：山上有雷，小过；君子以行过乎恭，丧过乎哀，用过乎俭。

【译文】小过卦，亨通，利于守正道。可以做小事情，不可做大事情。飞鸟遗有余音，不宜向上飞，宜于向下飞，大吉祥。

象辞说：小过卦，是小的通过而亨通。通过守正道则有利，因为这是与天时一起运行。卦中柔爻居中而有阳爻的帮助，所以做小事有吉祥。刚爻不得位而且不居中，所以不可以做大的事情。卦象有飞鸟的形象，所以飞鸟遗有余音。不宜向上飞，宜于向下飞，大吉祥，是因为向上为逆，向下为顺的缘故。

象辞说：山上响起惊雷就是小过的卦象。君子因此得到启示：行为要再谦逊一些，办丧事要再悲哀一些，花销要再节俭一些。

【启示】过是经过、度过、过度、超越的意思。小过卦象征小有过越，在小有过错的时候，适合做阴柔、柔小的事，以柔克刚，谦恭卑柔的心态可以改变局面。向上行大志则易违逆，向下施行小事则会安顺。向上过越则凶险，向下过越则吉祥。大过卦与小过卦的区别主要在于"大"与"小"的差异。

从卦象上看，小过卦像一只飞鸟，中间两个阳爻为鸟身，上下四个阴爻为展开的鸟翅，所以有小鸟飞过的形象。从内外卦看，外卦为震为雷，内卦为艮为山，山顶响惊雷。此时，小的过错太多，或稍微有些过分。山顶的雷声比平地上的要响亮，这喻示着对过错的警示。卦中阴爻代表小人，他们包围着阳爻，且数量多于阳爻，为小人猖獗得意。

《断易天机》解小过卦

飞鸟遗音之卦，上逆下顺之象

小过卦点睛

小过指小的过度、小过错。得小过卦者虽是守成之才，但难成大气候。得大过卦者善治国，得小过卦者善持家。所以得小过卦不可做大事，应该做小事。务实地规划可得顺利，做事留有余地才能保证安全系数。

刘邦得此卦，逢凶化吉

刘邦有难时占得此卦。刘邦曾多次有难，但都为小的凶险，不足为虑，最终都逢凶化吉。

卦图详解

◆ 明月当空，天空有星星，说明适合做阴柔、细小之事。

◆ 网中之人拿着剑，说明大事做过度，自不量力，可能招杀身之祸。

◆ 一人拿着官帽，象征辞官，说明不适合从政做大事。

◆ 带着官帽的人落入网中，说明从政做大事容易出大过错。

此时不可勉强解决大问题，按顺序处理小问题最重要。低调处事为吉。

得此卦者，工作、事业、婚恋容易走错路，需要再次努力。求财应迟。预测婚姻，虽有碍有疑但终可成，虽成又有不和。不应做大事、走大路，做事情要步步小心，走小路才能取得成功。

初六：飞鸟以凶。

初六：飞鸟带来了凶险。

【原文】象曰：飞鸟以凶，不可如何也。

【译文】象辞说：飞鸟带来了凶险，是没有办法解救的。

【启示】处于小过之始，不宜有所行动，若一个劲地往前飞而不知道往回飞，势必会折断翅膀坠落于地。初六的凶险与花木兰的故事有些相似。初六处于社会下层，归隐于山林，与世无争。也许就在他午睡的时候，王公射中的一只飞鸟落在了初六的屋前，王公前来寻鸟，结果就会发现这位隐士，如果这位隐士是不辞而别来深山归隐的，肯定就会有凶险了。这种凶险是无法防范的。

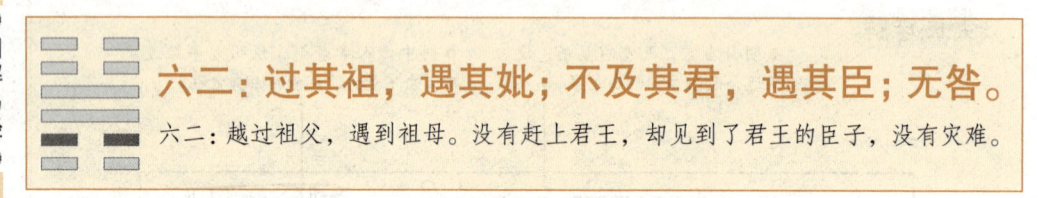

六二：过其祖，遇其妣；不及其君，遇其臣；无咎。

六二：越过祖父，遇到祖母。没有赶上君王，却见到了君王的臣子，没有灾难。

【原文】象曰：不及其君，臣不可过也。

【译文】象辞说：没有赶上君王，是因为臣子是不能超过君王的。

【启示】六二的功业超过了自己的祖辈，但没有受到君王的奖赏。没办法他只得因君王大臣的帮助而获取一个官位了。如果他的功业太大超过了君王，那么肯定就会有灾难了。正是由于他的功业还不是太大，并且能够甘居于下，所以才"无咎"。

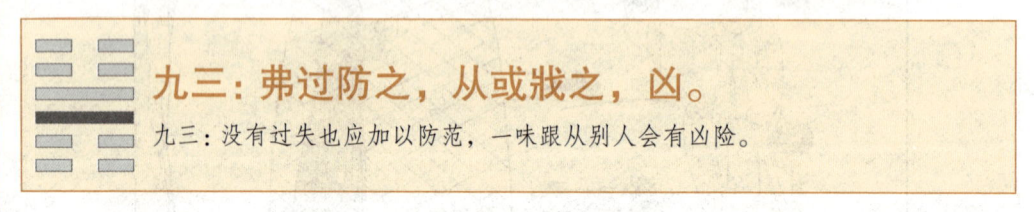

九三：弗过防之，从或戕之，凶。

九三：没有过失也应加以防范，一味跟从别人会有凶险。

【原文】象曰：从或戕之，凶如何也。

【译文】象辞说：一味跟从别人，这种凶险怎么办呢？

【启示】为诸多阴柔小人所忌恨，不断受到他们的加害。遗憾的是九三有致命弱点，自恃强盛，不把那些小人放在眼里，既不屑于谨小慎微，也不屑于严加防备，大意失荆州，大难临头而不自知，所以才遭到戕害。在官场上如果盲目地跟着别人混会很凶险。

因为自己不能把握自己的命运，自己不分辨是非，怎么能不危险呢？

九四：无咎，弗过遇之。往厉必戒，勿用永贞。

九四：没有灾难。不要越过，可以相遇，前往有危险一定要戒备，不要过于执著于正道。

【原文】象曰：弗过遇之，位不当也。往厉必戒，终不可长也。

【译文】象辞说：不要越过，可以相遇，是因为九四处的位置不当。前往有危险一定要戒备，说明最终不会长久。

【启示】不会有灾难，因为可以得到六五的帮助。但危险也是来自于六五，功高盖主便会受到君王的猜忌，所以九四不能有继续上升的想法，必须心怀戒备，不可施展才用。九四阳居阴位，不为过刚，于是能够遇合下卦之初，不会招致咎害。

六五：密云不雨，自我西郊，公弋取彼在穴。

六五：阴云密布却没有下雨，从我的西郊压过来。王公用带绳子的箭射猎物，从洞穴中把猎物捉到。

【原文】象曰：密云不雨，已上也。

【译文】象辞说：阴云密布却没有下雨，是因为阴云已经向上飘去。

【启示】高高在上，但是下无应，这时是不能大有作为的。身处人君之位，虽不能施惠天下万物，但是作为一个王公贵族尚可以稍稍过行其职，竭力除害，矫正弊端。

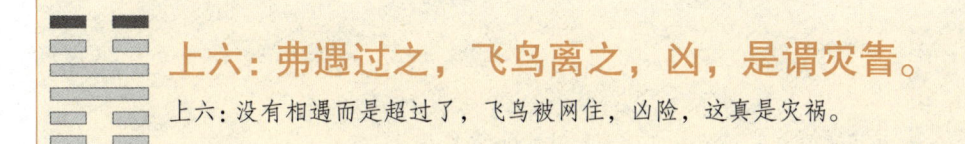

上六：弗遇过之，飞鸟离之，凶，是谓灾眚。

上六：没有相遇而是超过了，飞鸟被网住，凶险，这真是灾祸。

【原文】象曰：弗遇过之，已亢也。

【译文】象辞说：没有相遇而是超过了，这是说上六已居亢极之高位。

【启示】小过卦描述的是乱世时期，所以一切都应当"宜下不宜上"。君王应当向下恩泽民众，重新取信于民；臣民亦应当向下归隐于山林避难。可是上六处于极亢之位，所以高飞而不下，结果导致凶险。这是不识时务造成的。

▶ **小过卦运势速断**

运势	小有不顺，或被打压，忌冲动犯上。应做小事，不应做大事。
事业	行动应谨慎小心，步步为营，知退守则吉。不可冒险或钻营。
爱情	相处有障碍，常生口角，有去外地之象。虽可成功但最终又不和。
疾病	病在神经，行动不变，食物不落，心痛腹痛，宜向往东南方求医。
经商	改行、开业不利。应稍试探便收敛。不应大规模行动，应逐步发展。
诉讼	有人作梗，宜和解，和解则没有损失。
出行	会忧疑，破财后方能行动；或者在外有阻，事情反复。
人生	具有两面、多变性格。仕途上寻求靠山，会当秘书。

第63卦 既济：水火既济卦

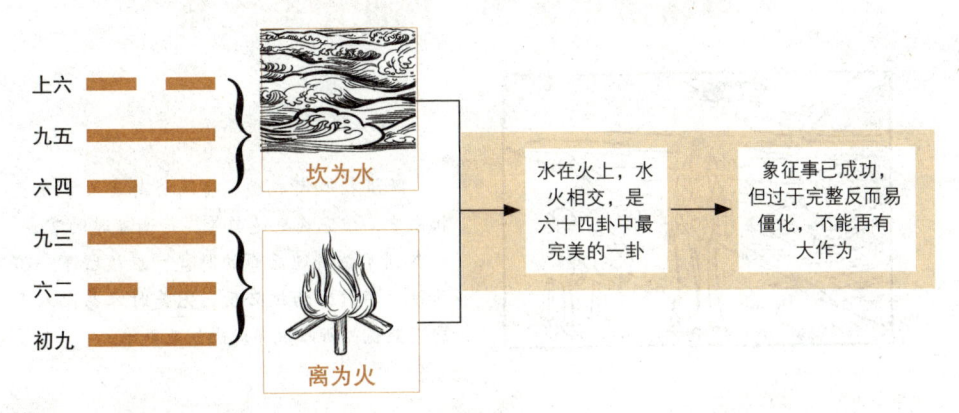

上六
九五
六四　　坎为水
九三
六二　　离为火
初九

水在火上，水火相交，是六十四卦中最完美的一卦

象征事已成功，但过于完整反而易僵化，不能再有大作为

【原文】既济，亨小，利贞，初吉终乱。

象曰：既济，亨，小者亨也。利贞，刚柔正而位当也。初吉，柔得中也。终止则乱，其道穷也。

象曰：水在火上，既济；君子以思患而豫防之。

【译文】既济卦，小有亨通，利于守正道，起初吉祥最终混乱。

象辞说：既济卦的亨通，是小人的亨通。利于守正道，是因为九五与六二刚柔得中而得位。起初吉祥，是因为六二柔爻居中位。终止则会混乱，说明天道已到了穷途末路。

象辞说：水在火上便是既济卦的卦象。君子从卦象中得到启示，要考虑到隐患，做到未雨绸缪。

【启示】既是成功、完成；济是渡河。既济是成功渡过的意思。将细节之事做得完美就会成就大事，所以小过卦的后面是既济卦。既济卦与乾卦似乎有某种联系，从乾卦开始的人生奋斗经历了六十余卦的变化发展，进入大功告成的既济境界。既济卦是六十四卦中最完美的一卦：一、卦爻的排列方式完全符合阳奇阴偶的规则，各爻均在正位，且相互正应，这是最理想的形态；二、卦中各爻都有相应相合者，没有一个爻处于孤立之中；三、从卦象上看，外卦为水，内卦为火，坎水润下，离火炎上，水与火相交相合，互相补救，处于平衡状态。

比如治国，高明的君王总是奸臣与忠诚并用，这便是水与火的平衡。比如乾隆既任用纪晓岚、刘墉，又任用何珅；慈禧太后既任用洋务派大臣，又任用保守派大臣……这是统治者的统御之道。只有忠臣，忠臣逐着权势加大也会变成妄为；只有奸臣，更会使局面动荡混乱。以忠臣克制奸臣，以奸臣制约忠臣，是最高明的统治之道。由此可以看出水火相交是多么重要。

既济是万物经过变化达到阴阳平衡的局面，代表大功告成。但既济只是人生的一个

《断易天机》解既济卦

舟楫济川之卦，阴阳配合之象

既济卦点睛

既济指渡河成功。得既济卦者处于完美状态中，但完美也是句号，是谢幕时的掌声。现在到了该料理后事的时候，应该留下一份总结。不过，物极必反，完美时容易陷入懈怠、混乱，所以说守成比创业更难。

季布得此卦，成功逃命

季布隐匿于周家时占得此卦。周家人为了救他的命，将他当奴隶卖给了朱家，朱家向刘邦求赦，刘邦最终将他赦免。季布当时占得既济卦，便预知周家人的计策将成功。

卦图详解

◆一卷文书上写着"姓名"二字，说明处于完美时要知道自己是谁。

◆右上角的天空阴云下雨，说明成功后容易陷入懈怠、混乱。

◆官人的前面有两串铜钱，代表财利可得。

◆一位官人在岸上准备渡河，正好有船过来，说明事情已成。

◆两个小和尚和平相处，说明处于和谐状态。

驿站，而不是终点。物极必反，成功后容易陷入懈怠、混乱，所以守成更为艰难。此时不要进行新事业，维持现状最重要。一旦平衡局面被打破，出现新的矛盾，新的过程又将开始，既济也就又转为未济。所以居安思危、慎终如始是既济卦的核心思想。

得此卦时，不懈怠则可保吉祥，若气盛骄傲则有凶。求财，似成而不成。预测婚姻，应缓慢发展。

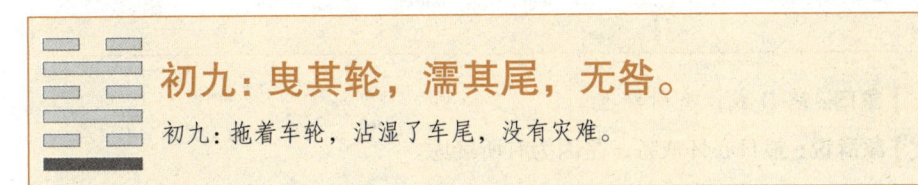

初九：曳其轮，濡其尾，无咎。

初九：拖着车轮，沾湿了车尾，没有灾难。

【原文】象曰：曳其轮，义无咎也。

【译文】象辞说：拉着车轮，道义上不会有灾难。

【启示】初九一切皆亨，就忘了居安思危、慎终如始的道理。比如有人立功受奖了，在荣誉面前感到很骄傲。这很可能使你停滞不前，甚至是退步。所以在荣誉面前一定要更加谨慎，从严要求自己。可这不是一般人能做到的，历史上更多的人是无法逃脱在巨大的成就面前人格变态的命运。

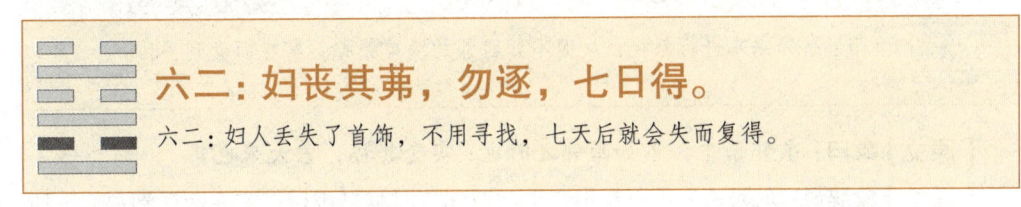

六二：妇丧其茀，勿逐，七日得。

六二：妇人丢失了首饰，不用寻找，七天后就会失而复得。

【原文】象曰：七日得，以中道也。

【译文】象辞说：七日后便会失而复得，是因为六二爻能守中庸之道。

【启示】本有建功立业之志，但处在既济之时，不可妄动，应维护局势的稳定。这样就失去了施展才干的机遇，心里不痛快，好在六二柔顺中正，用极大的毅力来克制自己。以大局为重。危境多机遇，盛世有遗贤。只要六二能坚持中正之道，机遇终将会到来。

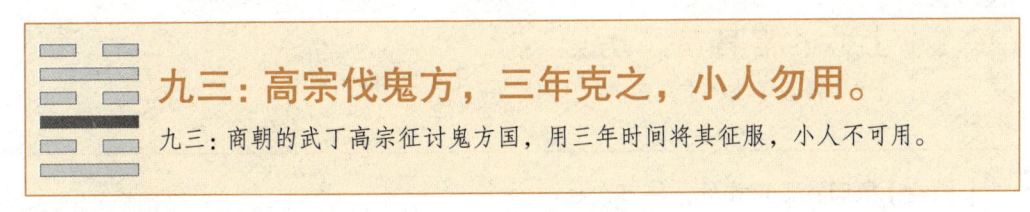

九三：高宗伐鬼方，三年克之，小人勿用。

九三：商朝的武丁高宗征讨鬼方国，用三年时间将其征服，小人不可用。

【原文】象曰：三年克之，惫也。

【译文】象辞说：三年才把对方征服，是太疲惫了。

【启示】战斗艰苦卓绝，胜利来之不易。创业难守成更难，胜利之后，在既济的形势下管理国事也不容易，要面临一个新问题：怎样对待小人？战乱之时，小人也能顺势立功。但小人焦躁激进，若任用小人管理国家，必致危乱。此时，对待小人宁可给以重赏，不可给以重用。

六四：繻有衣袽，终日戒。

六四：像用布条缝补衣服一样，整日心怀戒备。

【原文】象曰：终日戒，有所疑也。

【译文】象辞说：整日心怀戒备，是因为有所疑虑。

【启示】既济以内卦为主，至外卦则开始向未济方向转化，六四居外卦之始，将要变化但尚未变化。不过六四有很深的哲学素养，六四居多惧之处，有所疑虑，居安思危，终日戒惧，以防患于未然。表面看来，既济之时各种矛盾均已解决，实际上此时只是旧有矛盾止息了，新的矛盾正在酝酿，所以君子无论是处在事未成之时还是已成之时，都不应有瞬息的懈怠。

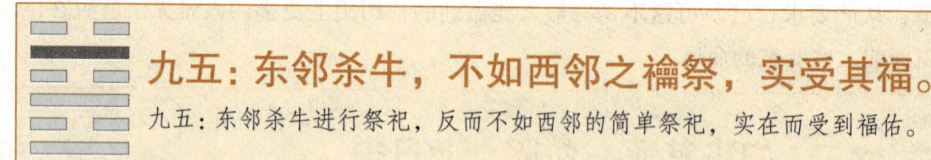

九五：东邻杀牛，不如西邻之禴祭，实受其福。

九五：东邻杀牛进行祭祀，反而不如西邻的简单祭祀，实在而受到福佑。

【原文】象曰：东邻杀牛，不如西邻之时也；实受其福，吉大来也。

【译文】象辞说：东邻杀牛进行祭祀，不如西邻按时献祭虔诚。实在而受到福佑，所以吉祥会源源不断涌来。

【启示】事成物盛，此时最易生骄奢之心而失诚敬之意。君王应当"垂裳而治"，做到"无为而无不为"。纣王用杀牛来祭祀先祖与天神，虽然隆重但却没有得到福佑；周朝只用简单的祭品献祭反而得到了福佑，结果周朝灭掉了商王朝而成为天子之国。原因是纣王不按时祭祀，而周朝则按时祭祀有诚信。言外之意是保持现状不要有所变动。

上六：濡其首，厉。

上六：浸湿了头，有危险。

【原文】象曰：濡其首厉，何可久也。

【译文】象辞说：浸湿头的危险，生命怎么会长久呢？

【启示】完美的极至是缺损的开始。既济卦是最完美的，所以每一爻都含有保持、延迟这种完美的意思。可是到了上六则没有这个意思了。因为万事万物的变化规律是不以人的意志为转移的，人可以延缓完美的早衰，却无法使完美不衰退。上六本质柔弱，有危厉，如果警钟要长鸣、慎终要如始，危机是可以挽救的。

《推背图·第十二象》解既济卦

既济·乙亥

【谶曰】

块然一石，
谓他人父。
统二八州，
已非唐土。

【颂曰】

反兆先多口，
出入皆无主，
系铃自解铃，
父亡子也死。

【金圣叹批注】

此象主石敬塘求救于契丹。唐主遣张敬达讨石敬塘，敬塘不得已，求救于契丹，事之以父礼，贿以幽蓟十六州。晋帝之立国契丹功也，然卒以契丹亡，故有系铃解铃之兆。

▶ 既济卦运势速断

运势	吉中带凶之象。百事有成，应保持初吉之成果，退守为吉，骄惰为凶。
事业	大功已成。保住这种势头是关键。盛极将衰，应思患预防，防微杜渐。
爱情	初时多为出双入对，形影不离，久后则易生变，甚至离散。
疾病	阴入阳体，相互抗衡，日轻夜重，需尽快处理。可往西北方求医。
经商	改行、开业不利。虽然形势有利，收益较多，但危机可能随时出现。
诉讼	有小人侵犯，但最终不过是一场虚惊。
出行	宜出行但不宜求财，往东北方有利，宜与人同行。
人生	年轻时灿烂辉煌，晚年孤独寂寞。财富机遇好坏参半。

第64卦 未济：火水未济卦

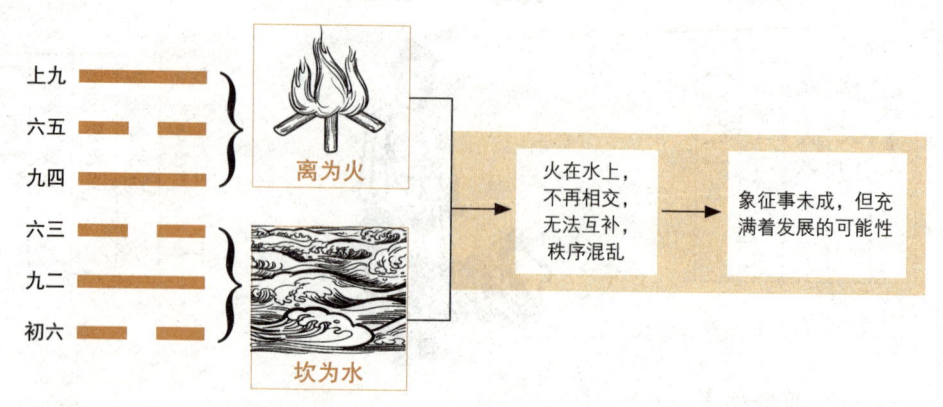

上九
六五
九四 ｝离为火
六三
九二 ｝坎为水
初六

火在水上，不再相交，无法互补，秩序混乱 → 象征事未成，但充满着发展的可能性

【原文】未济，亨，小狐汔济，濡其尾，无攸利。

象曰：未济，亨；柔得中也。小狐汔济，未出中也。濡其尾，无攸利；不续终也。虽不当位，刚柔应也。

象曰：火在水上，未济；君子以慎辨物居方。

【译文】未济卦，亨通，小狐狸快要能够走过小河，沾湿了它的尾巴，无所利。

象辞说：未济卦的亨通，是由于六五爻以柔顺居中。小狐狸过河，是还没有走出河中。沾湿了尾巴，无所利，是说明不能努力走到终点。虽然六爻没有得位，但能够做到刚柔相济。

象辞说：火在水上便是未济卦的卦象。君子从卦象中受到启发，谨慎分辨各种事物，选择好自己居住的地方。

【启示】既济表示事已成，未济表示事未成。与既济卦水在火上可以煮食相反，未济卦火在水上，不能烹饪，象征事未成，处于完全的混乱无序状态中。未济是没渡过河的意思。其引申义为未完成、未终止。人们常用"时运不济"形容运气不佳，这"不济"就是"未济"。既济之时要慎终如始，未济之时则要慎始慎终，一个环节疏忽大意就可能功亏一篑。

从卦象上看，火在水上，火向上而水向下，不再相交，无法互补平衡。六爻皆不得位，君不像君臣不像臣，国已不国。这么不好，卦辞中怎么还有"亨"呢？因为此卦是一个新开始的过渡阶段，任何力量也阻挡不了，所以亨通。但这种过渡极其艰苦，君子该怎么办呢？要明辨各类事物，重点在于选择。一切均会雨过天晴，值得等待。

既济、未济两卦在六十四卦中的地位极为特殊，仅次于乾、坤两卦。《易经》的作者把事物看做有始有终、终而复始、有生有灭、生生不息的过程。而这个过程是由阴阳相

《断易天机》解未济卦

竭海求珠之卦，忧中望喜之象

未济卦点睛

未济指渡河尚未成功，秩序混乱、时运不济就是"未济"。得未济卦者虽然混乱无序，但此时也是一个新开始的过渡期。这喻示着吉凶未定，使人对未来产生希望。如同种子刚刚播下，新的一次轮回开始了，一切都未确定。

孔子得此卦，遇到难题

孔子穿九曲明珠未成时占得此卦。孔子曾遇到难题：如何用丝线穿过九曲明珠？后来采桑女告诉他：把蜜糖涂在珠孔一边，将一只蚂蚁用线拴上放在另一孔。孔子如法炮制，果然成功。

卦图详解

◆ 梯子上方有"至"字，说明爬上梯子就可以达到目标。

◆ 一个人正要取走令旗，说明没有秩序可以遵循。

◆ 老虎在梯子旁边，说明前进会遇到危险。

◆ 一个梯子，说明一次新轮回开始了，此时应该积极进取。

◆ 一个人拿着斧和剑要去砍老虎，说明要前进先要排除隐患。

聚所形成的天地为起始的，故以乾坤两卦为开始；天地生成万物，遂有千万种变化，故乾坤两卦之后的各卦展开各种矛盾斗争：从自然规律到政治形势，从统治阶级到普通百姓，从婚姻家庭到衣食住行，从文化民俗到哲学思想……过程总有穷尽之时，矛盾总有解决之时，所以经过无数阴阳消长、事物盛衰的矛盾斗争，终于有了一个终结，迎来了阴阳协调、矛盾消失、大功告成、万事亨通的既济时代。矛盾的止息只是相对的，运动才是绝对的，随着旧事物的终结，新事物必将产生，所以并不以既济作结，而是以未济作结。这充分反映了作者对宇宙变易无穷的认识。

此卦有妇凌夫之象。男性有较女方贫困而受其辱的可能，女性应防外遇。预测婚姻，多劳但可成，有先难后易之象。也有精神恋爱的可能，或没有恋爱过程而直接结婚。性格上有自己的处世理论，忘记昨天而去做明天的事情。容易追求虚幻的东西，如信仰道教。

初六：濡其尾，吝。

初六：沾湿了尾巴，有忧吝。

【原文】象曰：濡其尾，亦不知极也。

【译文】象辞说：沾湿了尾巴，也不知道已到了自己承受的极限（即狐狸尾巴都湿了，说明水再深一些，小狐狸就有危险了）。

【启示】小狐还没有走到河中央就把尾巴浸湿了，说明再往前走水更深，根本过不了河。一直朝前走肯定会被水溺死。但为了生存，它必须过河。这是自然法则的优胜劣汰。一场灾难，一个转折，都是一种自然的淘汰赛。就像无能的人担任着重任，肯定吃不消。

九二：曳其轮，贞吉。

九二：拉着车轮，守正道吉祥。

【原文】象曰：九二贞吉，中以行正也。

【译文】象辞说：九二爻守正道吉祥，是居中而行正道。

【启示】九二代表河的中央，是渡河最关键、最险要的地方。只有信心坚固、谨慎万分，才能顺利脱离险境。九二虽不得位，但有初六、六三与六五相助，所以遇险有救，可以渡过河去。从卦象上看，坎为弓轮，所以有"曳其轮"的形象。又由于坎为水，所以有驾车过河之意。

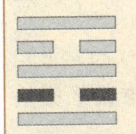

六三：未济，征凶，利涉大川。

六三：没有渡过河，征伐有凶险，有利于跋涉大川。

【原文】象曰：未济征凶，位不当也。

【译文】象辞说：没有渡过河，征伐有凶险，是由于六三的位置不当。

【启示】在事未成之时，以阴柔之质处坎险之上，居位不当，此时不宜妄动，更不利涉大川，若强行前进，必有凶险。六三是下卦坎的上爻，是上互卦坎的下爻，身前身后全是水，所以有还没有渡过河的形象。在险难重重的处境下，当然不利于打仗。

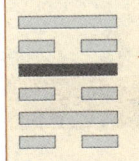

九四：贞吉，悔亡，震用伐鬼方，三年有赏于大国。

九四：守正道吉祥，没有悔恨，震（商）征伐鬼方国，三年获得成功，得到大国的奖赏。

【原文】象曰：贞吉悔亡，志行也。

【译文】象辞说：守正道吉祥，没有悔恨，是由于九四爻志在必行。

【启示】已脱离坎险，命运已开始改变，但天上不会掉下馅饼，应奋起斗争，投入艰苦卓绝的斗争。比如武丁之后，商朝又出现了一次衰落。各诸侯开始反叛商朝。周文王的父亲季历带着兵将协助商朝天子讨伐西羌的鬼方国，经过三年后打败了鬼方，并因此受到了商朝天子的重赏。这个故事是激励九四要像周文王的父亲那样建功立业，大胆行动。

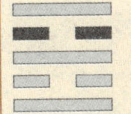

六五：贞吉，无悔，君子之光，有孚，吉。

六五：守正道吉祥，没有悔恨，君子的光耀，有诚信，吉祥。

【原文】象曰：君子之光，其晖吉也。

【译文】象辞说：君子的光耀，是说在他的光彩照耀下带来了吉祥。

【启示】象征君子之光，代表渡河成功。这是从未济转向既济的关键。六五有得到众贤臣辅佐之象，不仅自己能守持正固获得吉祥，而且下应九二，能带领大家共同渡过未济难关，进入既济的太平盛世。如同太阳驱散了乌云，光照大地，给人们带来光明。

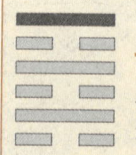

上九：有孚于饮酒，无咎。濡其首，有孚失是。

上九：带着诚信饮酒，没有灾难。如果酒喝多了，将酒浇到头上，有诚信也会失去。

【原文】象曰：饮酒濡首，亦不知节也。

【译文】象辞说：酗酒以至将酒浇到了头上，这也太不知节制了。

【启示】最后渡过了危险期，太平了，安稳了。人们开始饮酒作乐，无所节制了。喝醉了还喝，以至于本来想把酒倒进嘴里，结果却倒到了头上。既济卦贵在止，未济卦贵在动，可是未济卦的上九是"动"得有些过度了，不知节制。这是告诫人们做事要有分寸，要有节制。

《推背图·第四十四象》解未济卦

未济·丁未

【谶曰】

日月丽天，
群阴慑服。
百灵来朝，
双羽四足。

【颂曰】

中国而今有圣人，
虽非豪杰也周成。
四夷重译称天子，
否极泰来九国春。

【金圣叹批注】

此象乃圣人复生，四夷来朝之兆，一大治也。

▶ 未济卦运势速断

- **运势**：凶中带小吉、初衰后盛之象。气运不通，百事不如愿，阴阳不调和。
- **事业**：运气不佳，处于关键时刻。但因为"未完成"，所以前途无量。
- **爱情**：开始时不能沟通，背对而处，格格不入。应该慢慢接受对方。
- **疾病**：容易得慢性疾病。病情很不稳定，似有危险，应往东北方求医。
- **经商**：改行、开业为吉。初时不佳，前景不明确，有渐渐好转之象。
- **诉讼**：事情头绪杂乱，矛盾难解，我方克对方，最终会和解。
- **出行**：有四人同行，先失后得，虽有口舌但无妨。
- **人生**：自己闯荡，获得财富没有过程只有结果，适合长期投资。

附录 1

《系辞传》原文
上传

天尊地卑，乾坤定矣。卑高以陈，贵贱位矣。动静有常，刚柔断矣。方以类聚，物以群分，吉凶生矣。在天成象，在地成形，变化见矣。

是故，刚柔相摩，八卦相荡。鼓之以雷霆，润之以风雨。日月运行，一寒一暑。乾道成男，坤道成女。乾知大始，坤作成物。乾以易知，坤以简能。易则易知，简则易从。易知则有亲，易从则有功。有亲则可久，有功则可大。可久则贤人之德，可大则贤人之业。易简而天下之理得矣。天下之理得，而成位乎其中矣。

圣人设卦观象，系辞焉而明吉凶，刚柔相推而生变化。是故吉凶者，失得之象也。悔吝者，忧虞之象也。变化者，进退之象也。刚柔者，昼夜之象也。六爻之动，三极之道也。是故，君子所居而安者。易之序也，所乐而玩者，爻之辞也。是故，君子居则观其象而玩其辞，动则观其变而玩其占，是以"自天佑之，吉无不利"。

彖者，言乎象者也，爻者，言乎变者也。吉凶者，言乎其失得也。悔吝者，言乎其小疵也。无咎者，善补过也。是故，列贵贱者存乎位，齐小大者存乎卦，辩吉凶者存乎辞，忧悔吝者存乎介，震无咎者存乎悔。是故卦有小大，辞有险易。辞也者，各指其所之。

易与天地准，故能弥纶天地之道。仰以观于天文，俯以察于地理，是故知幽明之故。原始反终，故知死生之说。精气为物，游魂为变，是故知鬼神之情状。与天地相似，故不违。知周乎万物，而道济天下，故不过。旁行而不流，乐天知命，故不忧。安土敦乎仁，故能爱，范围天地之化而不过，曲成万物而不遗，通乎昼夜之道而知，故神无方而易无体。

一阴一阳之谓道，继之者善也，成之者性也。仁者见之谓之仁，知者见之谓之知，百姓日用而不知，故君子之道鲜矣！显诸仁，藏诸用，鼓万物而不与圣人同忧，盛德大业至矣哉！富有之谓大业，日新之谓盛德。生生之谓易，成象之谓乾，效法之谓坤，极数知来之谓占，通变之谓事，阴阳不测之谓神。

夫易广矣大矣！以言乎远则不御，以言乎近则静而正，以言乎天地之间则备矣。夫乾，其静也专，其动也直，是以大生焉。夫坤，其静也翕，其动也辟，是以广生焉。广大配天地，变通配四时，阴阳之义配日月，易简之善配至德。

子曰："易其至矣乎！夫易，圣人所以崇德而广业也。知崇礼卑，崇效天，卑法地，天地设位，而易行乎其中矣。成性存存，道义之门。"

圣人有以见天下之赜（zé），而拟诸其形容，象其物宜，是故谓之象。圣人有以见天下之动，而观其会通，以行其典礼，系辞焉以断其吉凶，是故谓之爻。言天下之至赜，而不可恶也，言天下之至动而不可乱也。拟之而后言，议之而后动，拟议以成其变化。

"鸣鹤在阴，其子和之；我有好爵，吾与尔靡之。"子曰："君子居其室，出其言善，则千里之外应之，况其迩者乎？居其室出其言，不善则千里之外违之，况其迩者乎？言出乎身，加乎民，行发乎迩，见乎远，言行，君子之枢机，枢机之发，荣辱之主也。言行，君子之所以动天地也，可不慎乎？"

"同人，先号口兆而后笑。"子曰："君子之道，或出或处，或默或语，二人同心，其利断金；同心之言，其臭如兰。"

"初六，藉用白茅，无咎。"子曰："苟错诸地而可矣，藉之用茅，何咎之有？慎之至也。夫茅之为物薄，而用可重也。慎斯术也以往，其无所失矣。"

"劳谦，君子有终，吉。"子曰："劳而不伐，有功而不德，厚之至也。语以其功下人者也。德言盛，礼言恭。谦也者，致恭以存其位者也。"

"亢龙有悔。"子曰："贵而无位，高而无民，贤人在下位而无辅，是以动而有悔也。"

"不出户庭，无咎。"子曰："乱之所生也，则言语以为阶。君不密则失臣，臣不密则失身，几事不密则害成。是以君子慎密而不出也。"

子曰："作易者其知盗乎？易曰：'负且乘，致寇至。'负也者，小人之事也；乘也者，君子之器也。小人而乘君子之器，盗思夺之矣。上慢下暴，盗思伐之矣。慢藏诲盗，冶容诲淫。易曰：'负且乘，致寇至。'盗之招也。"

天一地二，天三地四，天五地六，天七地八，天九地十。天数五，地数五，五位相得而各有合。天数二十有五，地数三十，凡天地之数，五十有五，此所以成变化而行鬼神也。

大衍之数五十，其用四十有九。分而为二以象两，挂一以象三，揲之以四以象四时，归奇于扐以象闰。五岁再闰，故再扐而后挂。

乾之策，二百一十有六，坤之策，百四十有四，凡三百有六十，当期之日。二篇之策，万有一千五百二十，当万物之数也。是故四营而成易，十有八变而成卦，八卦而小成。引而伸之，触类而长之，天下之能事毕矣。显道神德行，是故可与酬酢，可与佑神矣。子曰："知变化之道者，其知神之所为乎！"

易有圣人之道四焉：以言者尚其辞，以动者尚其变，以制器者尚其象，以卜筮者尚其占，是以君子将以有为也。将有行也，问焉而以言，其受命也如响。无有远近幽深，遂知来物。非天下之至精，其孰能与于此？参伍以变，错综其数。通其变，遂成天下之文；极其数，遂定天下之象。非天下之至变，其孰能与于此？易无思也，无为也，寂然不动，感而遂通天下之故。非天下之至神，其孰能与于此。

夫易，圣人之所以极深而研几也。惟深也，故能通天下之志；惟几也，故能成天下之务；惟神也，故不疾而速，不行而至。子曰："易有圣人之道四焉"者，此之谓也。

子曰："夫易何为者也？夫易开物成务，冒天下之道，如斯而已者也。"是故圣人以通天下之志，以定天下之业，以断天下之疑。"是故蓍之德圆而神，卦之德方以知，六爻之义易以贡，圣人以此洗心，退藏于密，吉凶与民同患。神以知来，知以藏往，其孰能与于此哉？古之聪明睿知神武而不杀者夫？是以明于天之道，而察于民之故，是兴神物以前民用。圣人以此斋戒，以神明其德夫。是故阖户谓之坤，辟户谓之乾，一阖一辟谓之变，往来不穷谓之通。见乃谓之象。形乃谓之器，制而用之谓之法，利用出入、民咸用之谓之神。是故，易有太极，是生两仪，两仪生四象，四象生八卦，八卦定吉凶，吉凶生大业。是故法象莫大乎天地；变通莫大乎四时；悬象著明莫大乎日月；崇高莫大乎富贵；备物致用，立功成器以为天下利，莫大乎圣人；探赜索隐，钩深致远，以定天下之吉凶，成天下之亹（mén）亹者，莫大乎蓍龟。是故天生神物，圣人则之。天地变化，圣人效之。天垂象，见吉凶，圣人象之，河出图，洛出书，圣人则之。易有四象，所以示也。系辞焉，所以告也。定之以吉凶，所以断也。

易曰："自天佑之，吉无不利。"子曰："佑者，助也，天之所助者，顺也。人之所助者，信也。履信思乎顺，又以尚贤也。是以自天佑之，吉无不利也。"子曰："书不尽言，言不尽意"。然则圣人之意其不可见乎？子曰："圣人立象以尽意，设卦以尽情伪，系辞焉以尽其言，变而通之以尽利，鼓之舞之以尽神。"乾坤，其易之缊邪？乾坤成列，而易立乎其中矣。乾坤毁，则无以见易。易不可见，则乾坤或几乎息矣。是故形而上者谓之道，形而下者谓之器。化而裁之谓之变，推而行之谓之通，举而措之天下之民谓之事业。是故夫象，圣人有以见天下之赜，而拟诸其形容，象其物宜，是故谓之象。圣人有以见天下之动，而观其会通，以行其典礼，系辞焉以断其吉凶，是故谓之爻。极天下之赜者存乎卦，鼓天下之动者存乎辞，化而裁之存乎变，推而行之存乎通，神而明之存乎其人，默而成之，不言而信，存乎德行。

下传

八卦成列，象在其中矣，因而重之，爻在其中矣，刚柔相推，变在其中矣。系辞焉而命之，动在其中矣。吉凶悔吝者，生乎动者也，刚柔者，立本者也。变通者，趣时者也。吉凶者，贞胜者也。天地之道，贞观者也。日月之道，贞明者也。天下之动，贞夫一者也。夫乾，确然示人易矣。夫坤，隤（tuí）然示人简矣。爻也者，效此者也。象也者，像此者也。爻象动乎内，吉凶见乎外，功业见乎变，圣人之情见乎辞。天地之大德曰生，圣人之大宝曰位。何以守位？曰仁。何以聚人曰财。理财正辞，禁民为非曰义。

古者包牺氏之王天下也，仰则观象于天，俯则观法于地，观鸟兽之文与地之宜，近取诸身，远取诸物，于是始作八卦，以通神明之德，以类万物之情。作结绳而为网罟，以佃以渔，盖取诸离。包牺氏没，神农氏作，斫木为耜，揉木为耒，耒耨（nòu）之利，以教天下，盖取诸益。日中为市，致天下之民，聚天下之货，交易而退，各得其所，盖取诸噬嗑。神农氏没，黄帝、尧、舜氏作，通其变，使民不倦，神而化之，使民宜之。易穷则变，变则通，通则久。是以自天佑之，吉无不利。黄帝、尧、舜，垂衣裳而天下治，盖取诸乾、坤。刳（kū）木为舟，剡（yǎn）木为楫，舟楫之利以济不通，致远以利天下，盖取诸涣。服牛乘马，引重致远，以利天下，盖取诸随。重门击柝，以待暴客，盖取诸豫。断木为杵，掘地为臼，杵臼之利，万民以济，盖取诸小过。弦木为弧，剡木为矢，弧矢之利，以威天下，盖取诸睽。上古穴居而野处，后世圣人易之以宫室，上栋下宇，以待风雨，盖取诸大壮。古之葬者，厚衣之以薪，葬之中野，不封不树，丧期无数，后世圣人，易之以棺椁，盖取诸大过。上古结绳而治，后世圣人易之以书契，百官以治，万民以察，盖以诸夬。

是故易者，象也。象也者，像也。彖者，材也；爻也者，效天下之动者也。是故吉凶生而悔吝著也。

阳卦多阴，阴卦多阳，其故何也？阳卦奇，阴卦偶。其德行何也？阳一君而二民，君子之道也。阴二君而一民，小人之道也。

易曰："憧憧往来，朋从尔思。"子曰："天下何思何虑？天下同归而殊途，一致而百虑，天下何思何虑？""日往则月来，月往则日来，日月相推而明生焉。寒往则暑来，暑往则寒来，寒暑相推而岁成焉。往者屈也，来者信也，屈信相感而利生焉。""尺蠖之屈，以求信也。龙蛇之蛰，以存身也。精义入神，以致用也。利用安身，以崇德也。过此以往，未之或知也。穷神知化，德之盛也。"

易曰："困于石，据于蒺藜，入于其宫，不见其妻，凶。"子曰："非所困而困焉，名必辱。非所据而据焉，身必危。既辱且危，死期将至，妻其可得见邪？"

易曰："公用射隼于高墉之上，获之，无不利。"子曰："隼者，禽也；弓矢者，器也；射之者人也。君子藏器于身，待时而动，何不利之有？动而不括，是以出而不获。语成器而动者也。"

子曰："小人不耻不仁，不畏不义，不见利不劝，不威不惩。小惩而大诫，此小人之福也。易曰：'履校灭趾，无咎。'此之谓也。"

"善不积不足以成名，恶不积不足以灭身。小人以小善为无益而弗为也。以小恶为无伤而弗去也。故恶积而不可掩，罪大而不可解。易曰：'何校灭耳，凶。'"

子曰："危者，安其位者也。亡者，保其存者也。乱者，有其治者也。是故君子安而不忘危，存而不忘亡，治而不忘乱，是以身安而国家可保也。易曰：'其亡其亡，系于苞桑。'"

子曰："德薄而位尊，知小而谋大，力小而任重，鲜不及矣。易曰：'鼎折足，覆公餗，其形渥，凶。'言不胜其任也。"

子曰："知几其神乎？君子上交不谄，下交不渎，其知几乎？几者动之微，吉凶之先见者也。君子见几而作，不俟终日。易曰：'介于石，不终日，贞吉。'介如石焉，宁用终日，断可识矣。君子知微知彰，知柔知刚，万夫之望。"

子曰："颜氏之子，其殆庶几乎？有不善，未尝不知，知之，未尝复行也。易曰：'不远复，无只悔，元吉。'""天地絪缊，万物化醇。男女构精，万物化生。易曰：'三人行则损一人，一人行则得其友。'言致一也。"

子曰："君子安其身而后动，易其心而后语，定其交而后求。君子修此三者，故全也。危以动，则民不与也。惧以语，则民不应也。无交而求，则民不与也。莫之与，则伤之者至矣。易曰：'莫益之，或击之。立心勿恒，凶。'"

子曰："乾坤其易之门邪？"乾，阳物也；坤，阴物也。阴阳合德而刚柔有体，以体天地之撰，以通神明之德。其称名也，杂而不越。于稽其类，其衰世之意邪？""夫易，彰往而察来，而微显阐幽。开而当名，辨物正言断辞则备矣。其称名也小，其取类也大，其旨远，其辞文，其言曲而中，其事肆而隐，因贰以济民行，以明失得之报。"

易之兴也，其于中古乎？作易者，其有忧患乎？是故履，德之基也。谦，德之柄也。复，德之本也。恒，德之固也。损，德之修也。益，德之裕也。困，德之辨也。井，德之地也。巽，德之制也。履，和而至。谦，尊而光。复，小而辨于物。恒，杂而不厌。损，先难而后易。益，长裕而不设。困，穷而通。井，居其所而迁。巽，称而隐。履以和行，谦以制礼，复以自知。恒以一德。损以远害，益以兴利，困以寡怨，井以辨义，巽以行权。

易之为书也不可远，为道也屡迁，变动不居，周流六虚，上下无常，刚柔相易，不可为典要，唯变所适。其出入以度，外内使知惧。又明于忧患与故，无有师保，如临父母。初率其辞，而揆其方，既有典常。苟非其人，道不虚行。

易之为书也，原始要终以为质也。六爻相杂，唯其时物也。其初难知，其上易知，本末也。初辞拟之，卒成之终。若夫杂物撰德，辨是与非，则非其中爻不备。噫！亦要存亡吉凶，则居可知矣。知者观其彖辞，则思过半矣。二与四，同功而异位，其善不同。二多誉，四多惧，近也。柔之为道，不利远者，其要无咎，其用柔中也。三与五，同功而异位，三多凶，五多功，贵贱之等也。其柔危，其刚胜邪？

易之为书也，广大悉备，有天道焉，有人道焉，有地道焉。兼三才而两之，故六；六者非它也，三才之道也。道有变动，故曰爻。爻有等，故曰物。物相杂，故曰文。文不当，故吉凶生焉。

易之兴也，其当殷之末世，周之盛德邪？当文王与纣之事邪？是故其辞危。危者使平，易者使倾。其道甚大，百物不废，惧以终始，其要无咎，此之谓易之道也。

夫乾，天下之至健也，德行恒易以知险。夫坤，天下之至顺也。德行恒简以知阻。能说诸心，能研诸侯之虑。定天下之吉凶，成天下之亹亹者。是故变化云为，吉事有祥，象事知器，占事知来。天地设位，圣人成能，人谋鬼谋，百姓与能。

八卦以象告，爻彖以情言，刚柔杂居而吉凶可见矣。变动以利言，吉凶以情迁。是故爱恶相攻而吉凶生，远近相取而悔吝生，情伪相感而利害生。凡易之情，近而不相得则凶，或害之，悔且吝。将叛者，其辞惭，中心疑者其辞枝，吉人之辞寡，躁人之辞多，诬善之人其辞游，失其守者其辞屈。

附录2

易经名词释义

1. **三易**：《周礼》记载，"易经"有三种，或称为三个系统，即：《连山》《归藏》《周易》。

2. **三才**：指天道、地道、人道，即天、地、人。三者是一个相互联系的有机整体，同时它们又各具不同的特点和规律。《易经》就是讲天、地、人"三才之道"的书。

3. **简易**：不论事物多么复杂深奥，人类的智慧都可以把它们转换成容易理解和处理的问题。

4. **变易**：万物每时每刻都在变化，没有一样东西是不变的，如果离开变化，万物就无法存在。

5. **不易**：在万物皆变的前提下，有不变的东西存在——万物变化所依据的根本规律是不变的。

6. **象**：象字在《易经》中有两种含义：一、名词，指现象、表象、形象。而卦象和爻象的象，指的则是形象。二、动词，意思是象征。象是《易经》的最基本、最主要的思维方式和表达方式，六十四卦的哲理就是通过象的形式表达出来的。

7. **彖**：读 tuàn。彖本为一种兽，猪形而有六牙。而卦有六爻，所以彖被借过来，用以总括六爻之义和一卦之义。《易经》中的"彖传"是论断一卦基本思想的文字。

8. **文言**：文是修辞、说明的意思。"文言"是解释、说明乾坤二卦的卦辞和爻辞的。

9. **卦辞**：说明六十四卦要义的文辞。各卦卦形下都有卦名和卦辞。如乾卦："乾，元亨，利贞。"其中"乾"是卦名，"元亨，利贞"是卦辞。

10. **象数义理**："象"是八卦、六十四卦及其所象征的事物的形象；"数"反映卦象中可以表现为"数"的关系；"义"反映《易经》表达的伦理道义；"理"是《易经》对万物规律所做的探讨。象数派接近自然科学，义理派接近社会科学。象数讲的是事实的"必然"性，义理则着重讲为何会"必然"。

11. **阴阳**：表示宇宙间一切相互对立的事物，矛盾统一的动态平衡势力或属性。凡动的、热的、在上的、向外的、明亮的、亢进的、强壮的均为阳；凡静的、寒的、在下的、向内的、晦暗的、减退和、虚弱的均为阴。阴阳观念体现了中国古人非凡的概括力。

12. **两仪**：对于两仪，历代易学家共有七种说法：一为阴阳，二为天地，三为奇偶，四为刚柔，五为玄黄，六为乾坤，七为春秋。但通常指阴阳。

13. **四象**：指少阳、老阳、少阴、老阴。此四者在数上为七、九、八、六，在时令上象征春、夏、秋、冬。此外，关于四象还有三种说法：一为金木水火，二为东西南北，三为阴阳刚柔。

14. **阴爻、阳爻**：阴爻、阳爻是组成卦的基本符号。阳爻用"——"表示，象征：阳、天、君、父、君子、大人、男人、奇数、刚、键、动等。阴爻用"— —"表示，象征：阴、地、民、母、小人、女人、偶数、柔、静、轻等。

15. **八卦**：由三个爻组成的卦，又称八经卦，包括：乾卦代表天，坤卦代表地，离卦代表太阳，坎卦代表月亮，震卦代表雷，巽卦代表风，艮卦代表山和陆地，兑卦代表海洋和河流。宇宙所有的东西都在这八个现象里。

16. **六画卦**：指由上下两个八经卦相重而成的卦。由于每卦都有六爻，所以叫六画卦，又叫重卦。

17. **六十四卦**：六画卦共有六十四个，即乾、姤、遁、否、观、剥、晋、大有、震、豫、解、恒、升、井、大过、随、坎、节、屯、既济、革、丰、明夷、师、艮、贲、大蓄、损、睽、履、中孚、渐、坤、复、临、泰、大壮、夬、需、比、巽、小畜、家人、益、无妄、噬嗑、颐、蛊、离、旅、鼎、未济、蒙、涣、讼、同人、兑、困、萃、咸、蹇、谦、小过、归妹。

18. **八宫卦**：西汉京房所确立，将六十四卦分为八宫，每宫八个卦，以八纯卦领头，各统领七卦。

19. **先天、后天**：万物没有形成以前的状况叫先天，有了万物就是后天。先天后天是划分阶段范围的一种说法。

20. **先天八卦**：伏羲发明的八卦，又称伏羲八卦。

21. **后天八卦**：周文王发明的八卦，又称文王八卦。

22. **八卦方位**：指八卦所象征的八个方位，在后天八卦中，乾为西北；坎为正北；艮为东北；震为正东；巽为东南；离为正南；坤为西南；兑为正西。

23. **爻位**：指每一爻在卦中所处的位置，根据不同位置，象征的内容就不同。如初爻象征开始阶段，二爻象征变化阶段，三爻象征发展阶段，四爻象征进步阶段，五爻象征成功阶段，上爻象征发展到尽头。

24. **元士位**：即六画卦的初爻。

25. **大夫位**：即六画卦的二爻。

26. **三公位**：即六画卦的三爻。

27. **诸侯位**：即六画卦的四爻。

28. **天子位**：即六画卦的五爻。

29. **宗庙位**：即六画卦的上爻。

30. **内卦**：六画卦的下三爻所组成的三画卦，也叫"下卦"。

31. **外卦**：六画卦的上三爻所组成的三画卦，也叫"上卦"。

32. **卦主**：在一卦中，有一爻占据该卦的主导地位，这一爻就是卦主。物以稀为贵，如五阴一阳卦，则阳爻为卦主；五阳一阴卦，则阴爻为卦主。

33. **卦变、爻变**："卦变"是说某卦是从某卦而来的，这种卦与卦之间的变化关系称为"卦变"。"爻变"一是指阴阳爻自身性质的变化，即阴变阳或阳变阴；二是指一爻与另一爻互相易位所引起的变化。

34. **当位**：阳爻在阳性的位置上，阴爻在阴性的位置上，就是"当位"。

35. **承**：在一卦中，如果阴爻与阳爻紧邻，且阴爻在阳爻之下，就称此阴爻"承"此阳爻。

36. **乘**：即乘虚而入，占据到对方的上面去。在一卦中，如果阴爻与阳爻紧邻，且阳爻在阴爻之下，就称此阴爻"乘"此阳爻。"乘"与"承"的意思相反，但两者都是阴爻对阳爻来说的。如果说"承"是支持，那么"乘"就是压制。

37. 据：有占据、压制、居高临下等含义。同样都是阳爻位于阴爻之上，"承"是阴爻对于阳爻来说的，而"据"则是阳爻对于阴爻来说的。

38. 比：在一卦中，相邻两爻在位置上的接近关系称之为"比"。原则是"同性相斥，异性相吸"：一个阳爻与一个阴爻容易亲近，这叫"亲比"；而两个阳爻或两个阴爻则会"同性相斥"，如同两个人不团结，常吵嘴或互相排挤，这叫"敌比"。

39. 应：应是相应、相互呼应、支援、观望之意。在一个六爻卦中，相隔两爻的两个爻之间都有相互呼应的关系，这被称为"应"。

40. 中：在一卦中，二爻与五爻可以视为阴阳两种事物的核心。不论阳爻或阴爻，只要处在二爻或五爻的位置就叫"得中"、"处中"、"中位"等。

41. 互卦：一卦中，如果将中间四个爻组成一个新卦，那么二、三、四爻组成新卦的内卦，叫"下互卦"；三、四、五爻组成新卦的外卦，叫"上互卦"。

42. 连互：把"互卦"中隐藏的深层事物层层展开，可以看清楚事物的细节、隐藏状态。连互分为两种情况：四个爻之间的连互，五个爻之间的连互。

43. 半象：将相邻且同性的爻合并成一个爻，从而将六爻卦压缩为五爻、四爻或三爻卦。如将六个爻的大过卦中间的四个阳爻两两合并，就形成了四个爻的大过卦。再将此四爻卦中间的两个阳爻合并，就得到三个爻的坎卦。这种方法与"连互"相反，被称为"半象"。

44. 错卦：将本卦中的爻的阴阳性质全部改变后，得到的卦与本卦互称为"错卦"。

45. 半错卦：一个六爻卦中，内外卦都各有自己的"错卦"，称其为"半错卦"，分为"上半错卦"和"下半错卦"两种。

46. 综卦：将一个卦反转180度而得到的另一卦，就是综卦。又称反卦、覆卦。

47. 半综卦：综卦也可以分为"上半综"、"下半综"、"上下同综"等情况。一个六爻卦中，外卦变成"综卦"，而内卦不变，这样组成的新卦叫原卦的"上半反卦"、"上半综卦"、"上半覆卦"等。

48. 交卦：内外两卦交换位置后会重新组成一个六爻卦，这个卦与原卦互为"交卦"。

49. 消息卦：消息卦共有十二个：乾、姤、遯、否、观、剥、坤、复、临、泰、大壮、夬。它们以节气来划分，依次代表当年四月到次年三月。

50. 二十四节气

立春：阳历2月4日或5日，春季开始。

雨水：阳历2月19日或20日，气温回升，空气湿度增大，冷空气活动仍频繁。

惊蛰：阳历3月5日或6日，冬眠生物开始活动。惊蛰前后乍寒乍暖。

春分：阳历3月20日或21日，阳光直射赤道，昼夜等长。作物将进入生长阶段。

清明：阳历4月4日或5日，气温回升，天气逐渐转暖。

谷雨：阳历4月20日或21日，雨水增多，利于谷类生长。

立夏：阳历5月5日或6日，万物生长，欣欣向荣。

小满：阳历5月21日或22日，麦类等夏熟作物此时颗粒开始饱满，但未成熟。

芒种：阳历6月5日或6日，麦类等有芒作物已经成熟，可以收藏种子。

夏至：阳历6月21日或22日，阳光直射北回归线。

小暑：阳历7月7日或8日，入暑，我国大部分地区进入炎热季节。

大暑：阳历7月22日或23日，我国广大地区是一年中最炎热的时期。

立秋：阳历8月7日或8日，草木开始结果，到了收获季节。

处暑：阳历8月23日或24日，"处"为结束的意思，至暑气即将结束。

白露：阳历9月7日或8日，气温下降很快，天气凉爽，晚上地面出现白色露珠。

秋分：阳历9月23日或24日，日光直射点回到赤道，昼夜等长。

寒露：阳历10月8日或9日，天气更冷，露水有森森寒意。

霜降：阳历10月23日或24日，霜对生长中的农作物危害很大。

立冬：阳历11月7日或8日，冬季开始。

小雪：阳历11月22日或23日，冷空气势力增强，气温迅速下降，出现雪花。

大雪：阳历12月7日或8日。太阳直射点接近南回归线，北半球昼短夜长。

冬至：阳历12月22日或23日，太阳直射南回归线，北半球一年中白昼最短。

小寒：阳历1月5日或6日，此时气候开始寒冷。

大寒：阳历1月20日或21日，数九严寒，一年中最寒冷的时候。

51. 几：预示事物即将出现的细微征兆，是从无过渡到有的状态。《易经》要人通过卜筮预见事物的征兆，以趋吉避凶。它盛赞这种预见力。

52. 道：道这个概念在"经"和"传"里都出现过，但由于产生的时间和背景不同，所以其含义在经里和传里有很大差异。"道"在经文中共出现四次，都是道路的意思。但在传里，道是阴阳双方相互对立和作用的规律。道并不是阴阳本身，而是阴阳双方的交变运动。道是抽象、无形的，不能为人的感觉器官直接感知，只能用理性思维去认识。道与万物的区别在于，道是"形而上"的，物是"形而下"的。

53. 器：《系辞》说："形而上者谓之道，形而下者谓之器。"这里的"器"与"道"相对。道是无形抽象的规律；器是有形、具体的事物，包括器物、制度。

54. 神：神有三种含义：一、指万物神奇而微妙的变化。《易经》是反映这种变化的，阴阳的对立转化非常迅速，不可测度，不会定于一体。这是"神"的根本含义。二、指人的智慧、德行的最高境界。三、指易卦预知未来的神奇作用。以上三种"神"都不是鬼神之神。

55. 形而上、形而下：形而上指无形无体，不能为人的感觉器官直接感知，只能借助理性思维去认识的抽象东西，即"理"。形而下指有形有体，既能为人的感觉器官直接感知，又能借助理性思维去认识和把握的具体东西，即"物"。

附录 3

易学古籍概览

《易经》是中华文化之根，其思想早在新石器时代就诞生了，并在而后的几千年中对中国的道教、中医、文字、哲学、民俗等产生了巨大影响。中国古代史上，研究易学的著作大约有 3000 种，我们选出其中最重要的十几种做简单介绍。

在介绍古籍之前，先来了解源头。伏羲是易学的创始人，他发明了永恒不变的"先天六十四卦方圆图"理论模型，涵盖了宇宙运行的根本规律，超越了时间和空间，行之万世而不悖，被称为"先天易"。不过，每个具体历史时期的万物要遵循具有"时代特征"的阶段性规律，这些规律被称为"后天易"。伏羲的先天易学理论中蕴含了多个"后天易"，比如伏羲所处时期的后天易是"重坎易"。但由于没有文字等种种原因，这个时期没有文字著作，所谓的"重坎易"只是理论上的说法。

上古

《连山易》

神农时期出现了第二个后天易"重艮易"，又称《连山易》，约有 80000 字。其后又出现了第三个后天易"重坤易"，即《归藏易》。再后来出现了第四个后天易"重乾易"，即《周易》。这些后天易揭示的都是局部规律，只能在特定的时空条件下发挥作用。《连山易》其名初见于《周礼》。但《连山易》与《归藏易》都已失传，它们已成为中华文化的千古之谜。也有一说认为，这两本书的核心思想已经被包容在《周易》之中，没有独立存在的必要了。

《归藏易》

黄帝对"先天六十四卦方圆图"进行了重新演绎，在《连山易》的基础上创造了"重坤易"，又称《归藏易》，有 4300 字。与《连山易》由艮卦开始不同，《归藏易》由坤卦开始，象征"万物莫不归藏其中"，引申为人类文明以大地为根，万物皆生于地，终于又归藏于地。《周礼》说："太卜掌三易之法，一曰连山，二曰归藏，三曰周易。其经卦皆八，其别皆六十有四。"意思是说《连山易》《归藏易》《周易》是三种不同的易学理论，但都是由 8 个经卦重叠出的 64 个别卦组成的。

西周

《周易》

周文王在狱中研究易学时发现世界已经进入了一个新的时期，原有的《归藏易》对规律的揭示显现出越来越大的局限性，于是他结合时代特征建立了以乾卦为首的后天易《周易》，创造了新的八卦体系"文王八卦"，又称"后天八卦"，与伏羲发明的"先天八卦"相对应。一般认为，易学以"先天八卦"为体，以"后天八卦"为用。在周文王之后，周公又为《周易》的各个爻添加了爻辞，《周易》正文部分由此完成。后来，人们逐渐将《周易》称为《易经》。

《易传》

《周易》产生后，很多学者对其作注。其中最有名的是孔子汇编的论文集《易传》。《易传》共 7 种 10 篇，分别是《彖传》上下篇、《象传》上下篇、《系辞传》上下篇、《文言传》、《说卦传》、《序卦传》和《杂卦传》。自汉代起，它们又被称为"十翼"，被视为学习《周易》的必备导读本。不过，由于其中参杂了孔子的世界观，《周易》的核心思想失去了原味。要研究《易传》，较好的古注本是唐朝孔颖达的《周易正义》。

《易林》

西汉焦延寿著。汉朝的象数易学创始于孟喜、焦延寿，京房师从焦延寿。焦延寿的《易林》（又称《焦氏易林》）源于《周易》，但与之有迥异之处。《周易》共有卦爻辞 450 条，《易林》有 4096 条占卦爻辞，较之《周易》卦爻辞有 10 倍之多，极大地丰富了占卜信息。他的思想后来被其弟子京房继承和发挥，开创了易学史上的一座丰碑《京氏易传》。

《京氏易传》

西汉京房著。历史上有无数学者终其一生研究易学，只有《京氏易传》一书以作者名命名，享受连孔子都没有的待遇。从易学史上看，从伏羲画八卦创建易学，至周文王为第一变，至孔子为第二变，至京房为第三变，每一次转变都使易学展开一个新的领域。京房的《京氏易传》使象数易学达到一个巅峰，而后的象数易学历时约 300 年（前 50 年～240 年），到王弼才终止。此书中将六十四卦分为八宫，重排卦序，独创的纳甲法（六爻预测法）沿用两千年而不衰，至今无人超越。

《周易参同契》

东汉魏伯阳著。中国古代最重要的丹道文献，被誉为"万古丹经之祖"，在道教史与古代科技史上都有重要地位。魏伯阳融汇《周易》《黄帝内经》《阴符经》《道德经》思想，认为易理与丹道相通，所以能用《周易》解释丹道，这对道教修炼产生了重大影响。全书约 6000 字，基本是用四字或五字一句的韵文写成的，借《周易》爻象论述丹道修炼之法。所谓"丹"，指人身体内部的能量流。该书用符号作为表意手段，如"坎离、乾坤、日月、阴阳、五行、父母、夫妻、男女……"这些概念都与其本义无关。

《周易注》

三国王弼著。此书尽扫先秦、两汉易学的腐迂学风，在学术上开一代新风，史称"正始玄风"。书中不用象数，而以老子思想从哲学高度注释《周易》，建立了体系完备、抽象的哲学，把象数之学变成思辨哲学，这是《易》学研究史上的一次飞跃。有人如此评价：王弼在哲学上奏出了时代的最强音，虽然他 23 岁便去世，却照亮了整个时代，指明了魏晋玄学的理论航向，对以后中国思想史的发展有深远影响。

唐朝

《周易正义》

唐朝孔颖达撰。唐太宗为统一经学，令孔颖达主持撰修《五经正义》，对南北朝以来的义疏进行整合。《周易正义》为《五经正义》之一。三国的王弼和晋朝的韩康伯均为《易经》作注。

孔颖达采用这两人的《周易注》，逐句疏解。他从王弼易学的原则出发，吸纳了汉易象数学方法，继承了王弼易学，又突破了王弼易学。采纳了很多两汉以来象数易学的思想，重新肯定了象数的价值，表现出象数、义理兼顾的特点，对后世有很大影响。

《周易集解》

唐朝李鼎祚撰。此书引述了三十五人的易学观点，如子夏、孟喜、焦赣、京房、马融、荀爽、郑玄、刘表、何晏、宋衷、虞翻、陆绩、干宝、王肃、王弼、姚信、王廙、张璠、向秀、王凯冲、侯果、蜀才、翟玄、韩康伯、刘瓛、何妥、崔憬、沈驎士、卢氏、崔觐、孔颖达、优曼容、姚规、朱仰之、蔡景君等，其中多数为象数派。

自王弼以来，汉代象数派著作渐次失传，所以此书的价值主要在于保存汉易资料，而不在于学术思想。

宋朝

《皇极经世》

北宋邵雍著。"皇者大也，极者中也"，以"皇极"命名，意为以最大的规范来经纬世事。书中创立了以"元会运世"为时间单位的理论。129600年为一元，为人类的一个发展周期，每元12会，每会30运，每运12世。"元会运世"各有卦象表示，只要洞其玄机，天地万物的生命运程皆了然于心，朝代兴亡、世界分合、自然变化皆可先知。

此书所测之事始于公元前2577年，止于公元1023年，跨度为3600年。其中有人事标注者始于公元前2357年，止于公元963年，即邵雍所谓的"中间三千年"。这3000年的历史大事记与《资治通鉴》有着异曲同工之妙，都纠正了前史中的一些错误。

《周易本义》

南宋朱熹著。《易传》是给《周易》填入的第一批新内容；而后的汉儒（如京房）给《周易》填充了象数内容"卦气说"；三国的王弼扫掉了象数，阐释了义理，影响深远，他的书直到唐朝时还是儒者的标准读本。宋朝的儒者继承汉朝的象数和王弼的义理，但都在给《周易》填充新内容。此时出现了朱熹的《周易本义》。朱熹的思想继承程颐，故世称"程朱"。程氏遵循王弼的道路，以义理解易。朱熹则认为《周易》是卜筮之书，著《周易本义》是要还《周易》的本来面目。《周易本义》确实更接近《周易》，至少可以说，它较之以往的易学著作更接近《周易》的本义。

明朝

《易经集注》

明朝来知德著。他用了30年完成此书,是继孔子后将象数结合义理注释《周易》取得巨大成就的第一人,因此被称为"夫子"。书中以象数阐释义理,以义理印证象数,纵横推阐,为学易者洞开了门户,使失去了一千多年的象数又回到了原处,震惊易学界,《易经集注》因此被称为绝学,来知德的易学也因此被称为"来氏易"。

清朝

《周易折中》

清朝李光地撰。李光地遍采诸家之说,阐幽发微洋洋凡百万言,通俗易懂,为学易者必读之书。书中的"爻象"说在各爻位的"比""应"里特别强调四五爻位之比,和二五爻位之应,并根据此"爻象"说提出了自己的"卦主"说,并以此来否定"卦变"说。此书认为卦德源于卦之阴阳爻,从卦与卦之间的反对、错综关系探讨八卦类象与卦画的关系。还对先后天八卦的方位做出了有意义的探讨。

民国

《周易尚氏学》

民国尚秉和著。此书是对《周易》全文的注释,是象数学派的经典著作。作者继承象数学的传统,认为卦爻辞皆由象而来,故重在以象解易。深入研究《周易》内外卦象、互象、对象、正反象、半象等一百多种卦象的规律,提出解易的新思路,多有创见,推崇"未学易、先学筮"。自民国以来,此书的易学理论影响巨大。

附录 4

六十四卦圆图的来历

"伏羲先天六十四卦圆图"是怎么来的呢？"太极图"又是怎么来的呢？从下图中可以看出，两个图是可以合为一体的，它们都来自于太阳运动轨迹对地球的影响，所以两图中的重要节点都与二十四节气吻合。

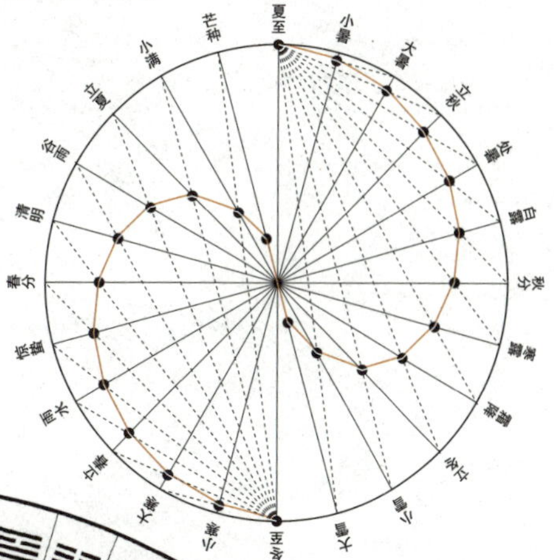

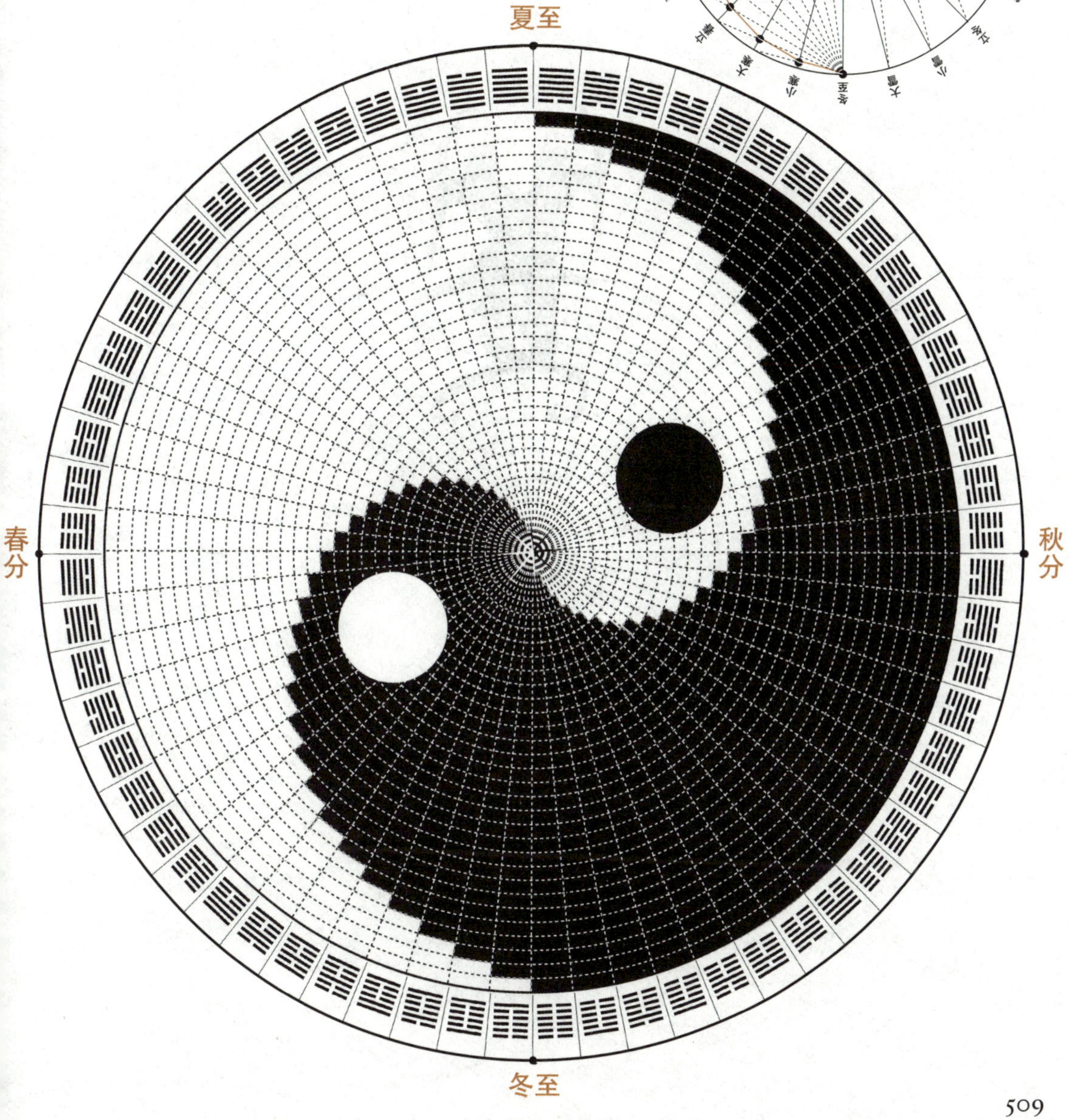

夏至

春分

秋分

冬至

图书在版编目（CIP）数据

图解易经／高永平著．
—南昌：江西科学技术出版社，2011.9（2024.10重印）
ISBN 978-7-5390-4475-0
Ⅰ.①图… Ⅱ.①高… Ⅲ.①周易-图解
Ⅳ.① B221.2
中国版本图书馆CIP数据核字（2011）第198591号

国际互联网（Internet）地址：http://www.jxkjcbs.com
选题序号：ZK2011194

监　　制／黄　利　万　夏
项目策划／设计制作／紫图图书ZITO®
责任编辑／魏栋伟
营销支持／曹莉丽

图解易经

高永平／著

出版发行	江西科学技术出版社
社　　址	南昌市蓼洲街2号附1号　邮编 330009
	电话:(0791) 86623491　86639342（传真）
印　　刷	艺堂印刷（天津）有限公司
经　　销	各地新华书店
开　　本	787毫米×1092毫米　1/16
印　　张	32
印　　数	235001—273600册
字　　数	320千字
版　　次	2012年3月第1版　2024年10月第29次印刷
书　　号	ISBN 978-7-5390-4475-0
定　　价	68.00元

赣版权登字 -03-2011-267　　版权所有　侵权必究
（赣科版图书凡属印装错误，可向承印厂调换）